Herold/Romanovszky · *Vorteilhafte Vertragsgestaltung*

Vorteilhafte Vertragsgestaltung

Vertragsmuster und Winke für die Praxis

Mitbegründet von
Dr. Georg Herold,
Notar a. D. in Augsburg

Verantwortlich bearbeitet von
Bruno Romanovszky,
Richter am Bayer. Obersten Landesgericht a. D. in München

9., überarbeitete und erweiterte Auflage

Rudolf Haufe Verlag, Freiburg i. Br.

Die Deutsche Bibliothek – CIP-Einheitsaufnahme

Herold, Georg:
Vorteilhafte Vertragsgestaltung : Vertragsmuster und Winke für
die Praxis / mitbegründet von Georg Herold. Verantw. bearb.
von Bruno Romanovszky. – 9., überarb. und erw. Aufl. –
Freiburg i. Br. : Haufe, 1992
  ISBN 3-448-02654-9
NE: Romanovszky, Bruno [Bearb.]

ISBN 3-448-02654-9   Best.-Nr. 71.01

1. Auflage: 1967
2., neubearbeitete und erweiterte Auflage: 1971
3., durchgesehene und ergänzte Auflage: 1972 (ISBN 3-448-00243-7)
4., durchgesehene und ergänzte Auflage: 1974 (ISBN 3-448-00428-6)
5., neubearbeitete und erweiterte Auflage: 1978 (ISBN 3-448-00918-0)
6., überarbeitete und erweiterte Auflage 1981 (ISBN 3-448-01152-5)
7., überarbeitete und ergänzte Auflage 1984 (ISBN 3-448-01388-9)
8., überarbeitete und umgestaltete Auflage 1989 (ISBN 3-448-01921-6)
9., überarbeitete und erweiterte Auflage 1992 (ISBN 3-448-02654–9)

Schutzumschlag-Entwurf: Strehlau & Hofe, Freiburg i. Br.
Druck: F. X. Stückle, Druck und Verlag, Ettenheim
Satz: CSF · ComputerSatz GmbH, 7800 Freiburg im Breisgau

Vorwort zur 9. Auflage

Trotz eines Nachdrucks war die 8. Auflage des Buches alsbald wieder vergriffen. Bei der dadurch notwendig gewordenen Neuauflage mußten wichtige gesetzliche Änderungen berücksichtigt werden, insbesondere das Verbraucherkreditgesetz vom 17. 12. 1990 und das Gesetz zur Durchführung der EG-Richtlinie zur Koordinierung des Rechts der Handelsvertreter vom 23. 10. 1989. Zahlreiche bedeutsame neue gerichtliche Entscheidungen und Literaturhinweise mußten ebenfalls angeführt werden. Darüber hinaus hat der Inhalt des Buches weitere Änderungen erfahren. Anstelle des Musters für einen „Grundstückskaufvertrag" wurde ein solches für einen „Kaufvertrag über eine Eigentumswohnung" aufgenommen, weil gegenwärtig der Erwerb von Wohnungseigentum bevorzugt wird.

Der seinerzeit vom Bundesjustizministerium herausgebrachte „Mustermietvertrag '76" hat sich in der Praxis nicht durchgesetzt; daher enthält das Buch nunmehr ein eigenes Muster „Mietvertrag über eine Wohnung". Ferner wurde das Muster für einen „Automatenaufstellvertrag", das nur für einen beschränkten Personenkreis in Betracht kam, durch ein Muster „Vertrag mit einer Detektei" ersetzt; die Einschaltung von Detekteien und Auskunfteien gewinnt zunehmend an Bedeutung.

Schließlich wurde der Inhalt auch erweitert. Neu aufgenommen wurde das Muster „Pachtrechtliche Erklärungen", dem die Parteien eines Pachtvertrages Hinweise für die Geltendmachung von Rechten und für die Abwehr unbegründeter Ansprüche entnehmen können. Mit dem neuen Muster „Vereinbarung einer nichtehelichen Lebensgemeinschaft" wird der Tatsache Rechnung getragen, daß in der Bundesrepublik schätzungsweise über 3 Millionen Menschen in derartigen Partnerschaften leben. In einem eigenen Abschnitt werden die rechtlichen Besonderheiten behandelt, die für die neuen Bundesländer gelten.

Es bleibt zu hoffen, daß das Buch, das sich als praktischer Ratgeber für private und geschäftliche Abmachungen bewährt hat, weiterhin freundliche Aufnahme finden wird.

München, im August 1992   Der Verfasser

Inhalt

Abkürzungen

AbzG	= Gesetz betr. die Abzahlungsgeschäfte
AFG	= Arbeitsförderungsgesetz
AG	= Amtsgericht
AGB	= Allgemeine Geschäftsbedingungen
AGBG	= Gesetz zur Regelung des Rechts der Allgemeinen Geschäftsbedingungen
AO	= Abgabenordnung
ArbG	= Arbeitsgericht
BAG	= Bundesarbeitsgericht
BAnz	= Bundesanzeiger
BayObLG	= Bayerisches Oberstes Landesgericht
BayObLGZ	= Bayerisches Oberstes Landesgericht, Entscheidungssammlung in Zivilsachen
BB	= Betriebs-Berater (Zeitschrift)
BeurkG	= Beurkundungsgesetz
BewG	= Bewertungsgesetz
BezG	= Bezirksgericht
BFH	= Bundesfinanzhof
BGB	= Bürgerliches Gesetzbuch
BGBl	= Bundesgesetzblatt
BGH	= Bundesgerichtshof
BGHZ	= Entscheidungen des Bundesgerichtshofs in Zivilsachen
BiRiLiG	= Bilanzrichtlinien-Gesetz
BlGBW	= Blätter für Grundstücks-, Bau- und Wohnungsrecht (Zeitschrift)
BNotO	= Bundesnotarordnung
BPatG	= Bundespatentgericht
BRAGO	= Bundesgebührenordnung für Rechtsanwälte
BSHG	= Bundessozialhilfegesetz
BStBl	= Bundessteuerblatt
BVerfG	= Bundesverfassungsgericht
BVerwG	= Bundesverwaltungsgericht
BStBl	= Bundessteuerblatt
DAR	= Deutsches Autorecht (Zeitschrift)

DB	= Der Betrieb (Zeitschrift)
DWE	= Der Wohnungseigentümer (Zeitschrift)
EG	= Einführungsgesetz *oder* Europäische Gemeinschaften
EheG	= Ehegesetz
ErbStG	= Erbschaftsteuergesetz
EStG	= Einkommensteuergesetz
EStR	= Einkommensteuer-Richtlinien
EuGH	= Europäischer Gerichtshof
FamRZ	= Zeitschrift für das gesamte Familienrecht
FGG	= Gesetz über die Angelegenheiten der freiw. Gerichtsbarkeit
GBl	= Gesetzblatt
GBlDDR	= Gesetzblatt der Deutschen Demokratischen Republik
GBO	= Grundbuchordnung
Gesamtvoll-streckungsO	= Gesamtvollstreckungsordnung
GewO	= Gewerbeordnung
GewStG	= Gewerbesteuergesetz
GewStR	= Gewerbesteuer-Richtlinien
GG	= Grundgesetz
GKG	= Gerichtskostengesetz
GmbHG	= Gesetz betr. die Gesellschaften mit beschränkter Haftung
GrEStG	= Grunderwerbsteuergesetz
GWB	= Gesetz gegen Wettbewerbsbeschränkungen
HandwO	= Handwerksordnung
HaustürWG	= Gesetz über den Widerruf von Haustürgeschäften und ähnlichen Geschäften
HGB	= Handelsgesetzbuch
JR	= Juristische Rundschau (Zeitschrift)
JZ	= Juristen-Zeitung (Zeitschrift)
KG	= Kammergericht *oder* Kommanditgesellschaft
KostO	= Kostenordnung
KraftStG	= Kraftfahrzeugsteuergesetz
LG	= Landgericht
LM	= Lindenmaier/Möhring, Nachschlagewerk des Bundesgerichtshofs in Zivilsachen
LStDV	= Lohnsteuer-Durchführungsverordnung
LStR	= Lohnsteuer-Richtlinien

MHG	= Gesetz zur Regelung der Miethöhe
MWSt	= Mehrwertsteuer
NJW	= Neue Juristische Wochenschrift (Zeitschrift)
NJW-RR	= Neue Juristische Wochenschrift – Rechtsprechungs-Report Zivilrecht (Zeitschrift)
OHG	= Offene Handelsgesellschaft
OLG	= Oberlandesgericht
OLGZ	= Entscheidungen der Oberlandesgerichte in Zivilsachen
PatG	= Patentgesetz
RE	= Rechtsentscheid
RGBl	= Reichsgesetzblatt
RiW	= Recht der internationalen Wirtschaft (Zeitschrift)
Rspr.	= Rechtsprechung
RVO	= Rechtsverordnung *oder* Reichsversicherungsordnung
SGB	= Sozialgesetzbuch
UWG	= Gesetz gegen den unlauteren Wettbewerb
UStG	= Umsatzsteuergesetz
VerbrKrG	= Verbraucherkreditgesetz
VO	= Verordnung
VOB	= Verdingungsordnung für Bauleistungen
VVG	= Versicherungsvertragsgesetz
WährG	= Währungsgesetz
WEG	= Wohnungseigentumsgesetz
WM	= Wohnungswirtschaft und Mietrecht (Zeitschrift)
WPM	= Wertpapier-Mitteilungen (Zeitschrift)
WRP	= Wettbewerb in Recht und Praxis (Zeitschrift)
WZG	= Warenzeichengesetz
ZMR	= Zeitschrift für Miet- und Raumrecht
ZPO	= Zivilprozeßordnung
ZVG	= Gesetz über die Zwangsversteigerung und die Zwangsverwaltung

Einleitung

Jeder Kaufmann, Handwerker und Gewerbetreibende und freiberuflich Tätige schließt im Laufe der Zeit unzählige Verträge ab, so z. B. wenn er Geschäfts- oder Praxisräume mietet, Arbeitskräfte einstellt, Anlagegüter erwirbt, Waren verkauft, sich zu Werk- oder Dienstleistungen verpflichtet, Darlehen gewährt oder erhält, Kundenforderungen abtritt, Sicherungsübereignungen vornimmt oder seinen Betrieb verpachtet oder veräußert. Verträge bilden – das kann man ohne Übertreibung sagen – die rechtliche Grundlage jedes Unternehmens. Verträge formell und inhaltlich richtig und zweckmäßig abzufassen, ist für jeden im Wirtschaftsleben Stehenden äußerst wichtig. Können doch nur auf diese Weise Mißverständnisse oder gar langwierige und kostenverursachende gerichtliche Auseinandersetzungen mit Geschäftspartnern und Kunden vermieden werden. Jeder Vertragsabschluß stellt aber die Beteiligten vor verschiedene Fragen: Welche Möglichkeiten der Vertragsgestaltung kommen in Betracht? Welche Punkte sind in den Vereinbarungen zu regeln? Inwieweit darf dabei von gesetzlichen Bestimmungen abgewichen werden? Wie sollen die Abmachungen zweckmäßigerweise getroffen werden? Bedarf der Vertrag einer besonderen Form, etwa notarieller Beurkundung?
In dieser Beziehung Aufschluß und Hinweise zu geben, ist die Aufgabe dieses Buches. Es ist ganz auf die praktischen Bedürfnisse der Wirtschaft ausgerichtet. Den einzelnen Erklärungs- und Vertragsmustern sind Erläuterungen vorangestellt, in denen die einschlägigen gesetzlichen Vorschriften und die wichtigsten Gesichtspunkte – teilweise auch steuerrechtlicher Art – aufgeführt sind. In Anmerkungen zu den einzelnen Klauseln der Musterverträge wird auf andere Gestaltungsmöglichkeiten und auf bedeutsame gerichtliche Entscheidungen verwiesen. In einem Anhang wird auf die Kosten eingegangen, die sich aus einer notariellen Vertragsbeurkundung oder aus einem Rechtsstreit ergeben. Ein umfangreiches Stichwortverzeichnis soll die Benutzung des Buches erleichtern. Vor einer schematischen und kritiklosen Anwendung der Vertragsformulare sei allerdings abgeraten. Musterverträge sind immer nur auf den Regelfall zugeschnitten und können etwaige besondere Umstände des Einzelfalles nicht berücksichtigen. Es wird sich deshalb nicht selten als notwendig erweisen, von den Bestimmungen der Vertragsmuster abzuweichen.

Das vorliegende Buch behandelt die wichtigsten Rechtsgeschäfte und Verträge des geschäftlichen und – soweit für den Kaufmann und Handwerker und Freiberufler von Bedeutung – des privaten Sektors. Bei dem Umfang und der Vielgestaltigkeit der Rechtsmaterie kann jedoch eine Vollständigkeit nicht erreicht werden. Auch ist nicht beabsichtigt, die individuelle Beratung durch eine rechtskundige Person in jedem Fall überflüssig zu machen. Zwar wird sich für den Benutzer des Buches bei einfachen Verträgen die Beiziehung eines Rechtsanwalts oder Notars meist als entbehrlich erweisen, bei komplizierten Vereinbarungen und schwierigen Rechtsfragen sollte sie aber nicht versäumt werden. Die damit verbundenen Kosten machen sich später bezahlt.

Allgemeine Hinweise für Vertragsabschlüsse

1. Auch Verträge, die keinem Formzwang unterliegen, sollten schriftlich abgeschlossen werden, selbst zwischen langjährigen Geschäftsfreunden. Das ist nicht Ausdruck eines Mißtrauens, sondern liegt im beiderseitigen Interesse.

2. Vor einem *überhasteten* Vertragsabschluß ist zu warnen. Wer am Zustandekommen eines Vertrages wirklich interessiert ist, wird stets bereit sein, seinem Partner eine Überlegungsfrist zuzubilligen. Wer dagegen auf einen Vertragsabschluß besonders drängt, erweckt den Eindruck, daß er den anderen Teil übervorteilen will.

3. Bei der Abfassung eines Vertrages ist auf eine *klare* und *unmißverständliche Ausdrucksweise* besonders zu achten. So wird späteren Mißverständnissen vorgebeugt.

4. Verträge sollen zwar alle erforderlichen Regelungen enthalten, aber dennoch *kurz* und *bündig* abgefaßt sein. Entbehrliche Floskeln sind wegzulassen, Wiederholungen zu vermeiden. Ebenso dient eine gute *Aufgliederung* der Vertragspunkte der Übersichtlichkeit und Verständlichkeit des Vereinbarten.

5. *Juristische Fachausdrücke* sollten nur verwendet werden, wenn ihre Bedeutung und Tragweite allen Vertragsbeteiligten genau bekannt ist. *Mehrdeutige Begriffe*, wie z. B. „Bilanz" (Handels-, Steuer- oder Betriebserfolgsbilanz?) sind durch Zusätze näher zu bestimmen.

6. Beim Abschluß komplizierter oder besonders bedeutsamer Verträge ist eine *rechtliche und steuerliche Beratung* der Beteiligten dringend ratsam. Sie sollte nicht an den dadurch entstehenden Kosten scheitern.

7. Wer einen Vertragsentwurf unterzeichnen soll, muß ihn zunächst *genau durchlesen*. Dabei ist auch auf Kleingedrucktes, auf Fußnoten und auf die Rückseite zu achten. Wer blindlings unterschreibt, kann sich später nicht auf einen Irrtum über den Vertragsinhalt berufen.

8. Wem eine vorgesehene Vertragsbestimmung nicht zusagt, der sollte auf ihrer *Abänderung* bestehen. Die Erklärung des Partners, es handle sich nur um eine „Pro-forma-Klausel", schützt nicht, wenn die Bestimmung später doch praktische Bedeutung gewinnt.

9. Von jedem Vertrag sollten mindestens *zwei unterzeichnete Exemplare* ausgefertigt werden. Sorgfältige Aufbewahrung eines Vertrages gewährleistet, daß er bei Bedarf stets griffbereit ist.

I. Schenkung und Darlehen

1. Schenkungsverträge

Rechtsgrundlage. §§ 516–534 BGB.

Erläuterungen. Schenkung ist eine vertragliche unentgeltliche Zuwendung an einen anderen. Gegenstand einer Schenkung können Sachen und Rechte aller Art sein: Eine Geldsumme oder ein Gegenstand, ein dingliches Recht, die Abtretung oder der Erlaß einer Forderung usw.

Wesensmerkmal der Schenkung ist die Unentgeltlichkeit; sie entfällt, wenn der Zuwendung eine Gegenleistung gegenübersteht. So stellt z. B. das Ruhegeldversprechen des Arbeitgebers an einen Angestellten keine Schenkung dar, weil es im Hinblick auf die geleisteten und noch zu leistenden Dienste erfolgt. Keine Schenkung ist auch die unentgeltliche Gebrauchsüberlassung einer Wohnung (BGH, Urt. v. 7. 12. 1983, NJW 1984 S. 797).

Wird der zugewendete Gegenstand sofort hingegeben (sog. Handschenkung), so bedarf das Rechtsgeschäft keiner besonderen Form. Dagegen bedarf das Schenkungsversprechen zu seiner Gültigkeit der *notariellen Beurkundung;* nur in diesem Fall erlangt der Empfänger einen klagbaren Anspruch auf die ihm versprochene Zuwendung. Diese gesetzliche Bestimmung ist vielfach nicht bekannt und wird deshalb oft mißachtet. Wird aber die Schenkung später vollzogen, so ist der Formmangel des Schenkungsversprechens ohne Bedeutung, er wird geheilt.

Auch bei der schenkungsweisen Hingabe eines Schecks bedarf der Begebungsvertrag zwischen dem Aussteller und dem ersten Schecknehmer der notariellen Beurkundung; erst mit der Einlösung des Schecks gilt die Schenkung als vollzogen und ein etwaiger Formmangel des Schenkungsversprechens als geheilt (BGH, Urt. v. 6. 3. 1975, BB 1975 S. 1039).

Der Schenker kann die Erfüllung des Schenkungsversprechens verweigern, soweit er bei Berücksichtigung seiner sonstigen Verpflichtungen außerstande ist, das Versprechen zu erfüllen, ohne seinen standesgemäßen Unterhalt oder die Erfüllung seiner gesetzlichen Unterhaltpflichten zu gefährden (sog. Notbedarfseinrede). Auch eine *vollzogene Schenkung* (nicht aber eine sog. Pflicht-

oder Anstandsschenkung; vgl. hierzu BGH, Urt. v. 19. 9. 1980, NJW 1981 S. 111) kann u. U. *rückgängig gemacht* werden:

a) Der Schenker kann das Geschenk nach den gesetzlichen Bestimmungen über ungerechtfertigte Bereicherung (§§ 812 ff. BGB) zurückfordern (vgl. BGH, Urt. v. 11. 1. 1980, NJW 1980 S. 1789, und Urt. v. 9. 4. 1986, NJW 1986 S. 1926; OLG Düsseldorf, Urt. v. 24. 5. 1984, FamRZ 1984 S. 887), *wenn er selbst in Armut gerät,* aber nur innerhalb von 10 Jahren nach der Hingabe. Der Beschenkte kann jedoch die Herausgabe des Geschenks durch Zahlung des für den Unterhalt des Schenkers erforderlichen Betrags abwenden.

b) Eine Schenkung kann widerrufen werden, wenn sich der Beschenkte durch eine schwere Verfehlung gegen den Schenker oder dessen nahe Angehörige des *groben Undanks* schuldig gemacht hat. Das gilt auch für Schenkungen unter Ehegatten (BGH, Urt. v. 24. 3. 1983, BGHZ Bd. 87 S. 145 und Urt. v. 8. 11. 1984, FamRZ 1985 S. 351). Der Widerruf ist aber nur innerhalb eines Jahres nach Kenntniserlangung von dem Verhalten des Beschenkten zulässig.

Bei einer gemischten Schenkung (s. unten) kann der Rückforderungsanspruch nur Zug um Zug gegen Wertausgleich des entgeltlichen Teiles geltend gemacht werden (BGH, Urt. v. 7. 4. 1989, NJW 1989 S. 2122). Bei einer Grundstücksschenkung kann die zwischenzeitlich erfolgte Bebauung – je nach Lage des Falles – einer Rückforderung entgegenstehen (BGH, Urt. v. 2. 10. 1987, NJW–RR 1988 S. 584).

c) Ist die *Schenkung unter einer Auflage* erfolgt (Beispiel: Zuwendung eines Gegenstandes mit der Verpflichtung, ihn für bestimmte Zeit einem Dritten leihweise zu überlassen), diese Auflage aber nicht erfüllt worden, so kann der Schenker (statt auf Erfüllung zu klagen) nach erfolgloser Fristsetzung das Geschenk zurückfordern.

Besondere Vorschriften gelten für die Rückforderung von Brautgeschenken (§ 1301 f. BGB).

Eine *gemischte Schenkung* liegt vor, wenn mit einem entgeltlichen Rechtsgeschäft, insbesondere einem Kauf, eine Schenkung verbunden ist. Beispiel: A verkauft seinem Neffen ein Grundstück zum halben Preis aus Anlaß seiner Eheschließung, wobei der überschießende Wert als Hochzeitsgeschenk gedacht ist. Auf ein derartiges – gewöhnlich als „Freundeskauf" bezeichnetes – Rechtsgeschäft sind grundsätzlich die Regeln über die Schenkung anzuwenden (Formzwang bei Versprechen!).

Schenkungen unter Lebenden unterliegen der *Schenkungsteuer* (§ 1 ErbStG). Der steuerliche Begriff der Schenkung ist wesentlich weitergehend als der des bürgerlichen Rechts (§ 7 ErbStG). Doch ist auch für das Gebiet des Steuerrechts grundsätzlich von der zwischen den Parteien getroffenen bürgerlich-rechtlichen Regelung auszugehen. Das Finanzamt hält sich in erster Linie an den Beschenkten, doch ist auch der Schenker Steuerschuldner (§ 20 Abs. 1 ErbStG). Zur Abgrenzung einer Grundstücksschenkung von der Schenkung einer Geldsumme s. BFH, Urt. v. 2. 11. 1989 BStBl I S. 443, und Urt. v. 29. 6. 1990, BB 1991 S. 332.

Muster

A. Schenkung beweglicher Sachen
Hiermit schenke ich meinem Bruder .... in .... das ihm seit dem Jahre ..... zur Verwahrung überlassene Ölgemälde .... (vgl. Anm. 1). Ich erkenne an, daß das Eigentum an dem Bild auf meinen Bruder übergegangen ist (vgl. Anm. 2).

...................., den ....
                                                Unterschrift

B. Schenkung eines Grundstücks (vgl. Anm. 3)
Ich verspreche hiermit, meiner Ehefrau .... zu ihrem 50. Geburtstag mein Hausgrundstück .... (vgl. Anm. 4) zu schenken (vgl. Anm. 5). Meine Ehefrau muß sich jedoch verpflichten, meiner Schwester .... für den Fall, daß diese in Not gerät, in dem Anwesen kostenlos Unterkunft zu gewähren (vgl. Anm. 6).

...................., den ....
                                                Unterschrift

C. Schenkung einer Rente (vgl. Anm. 3)
Mein Enkel .... (vgl. Anm. 7) in .... beabsichtigt, nach der Reifeprüfung an der Universität .... Volkswirtschaft zu studieren. Ich verpflichte mich hiermit, ihm für die Dauer dieses Studiums, höchstens jedoch für die Dauer von .... Jahren, eine monatliche Rente von .... DM schenkungsweise zu gewähren. Im Falle meines Ablebens sollen meine Erben ver-

pflichtet sein, das Schenkungsversprechen in vollem Umfang zu erfüllen (vgl. Anm. 8).

..............., den ....

Unterschrift

D. Schenkungsweise Abtretung einer Forderung (vgl. Anm. 9)
Die mir gegen Herrn .... zustehende Kaufpreisrestforderung von .... DM trete ich hiermit schenkungsweise an Herrn .... ab (vgl. Anm. 10).

..............., den ....

Unterschrift

E. Schenkungsweise erteiltes Schuldanerkenntnis (vgl. Anm. 11)
Ich, ..., erteile hiermit meinen beiden Söhnen ...... und ....schenkungsweise folgende Schuldanerkenntnisse:
1. Ich verpflichte mich, an meine beiden Söhne je einen Kapitalbetrag von .... DM zu bezahlen. Die Beträge können beiderseits unter Einhaltung einer halbjährigen Kündigungsfrist zum Schluß eines Kalenderhalbjahres zur Zahlung aufgekündigt werden, gläubigerseits jedoch frühestens zum .... (vgl. Anm. 12).
2. Ich verpflichte mich, die anerkannten Schuldbeträge von je ...... DM ab ....mit ...% jährlich zu verzinsen und die Zinsen jeweils halbjährlich im nachhinein zu bezahlen.
3. Meine beiden Söhne haben die Schuldbeträge bei Auseinandersetzung meines dereinstigen Nachlasses zum Ausgleich zu bringen (vgl. Anm. 13). Sie müssen sich auch den erhaltenen Betrag je auf ihren Pflichtteil anrechnen lassen (vgl. Anm. 14).

..............., den ....

Unterschrift

F. Schenkungsweiser Forderungserlaß (vgl. Anm. 15)
Herr .... schuldet mir aus Darlehensgewährung einen Betrag von ...... DM. Schenkungsweise erlasse ich hiermit Herrn .... diese Schuld (vgl. Anm. 16).

..............., den ....

Unterschrift

Anmerkungen

1) An sich bedarf es zu einer solchen Schenkung keiner schriftlichen Erklärung des Schenkers. Nichtsdestoweniger wird diese Form bei wertvollen Objekten häufig gewählt, damit der Beschenkte einen Nachweis über das erlangte Eigentum besitzt.

2) Da der Beschenkte bereits im Besitz des Gegenstandes ist, genügt für die Eigentumsübertragung die Einigung zwischen Schenker und Beschenktem (§ 929 Satz 2 BGB). Die Willenserklärung des Beschenkten kommt in dem Schriftstück nicht zum Ausdruck, sie wird aber durch dessen Entgegennahme erklärt.

3) Notarielle Beurkundung ist erforderlich. Schenkt ein Elternteil seinem minderjährigen Kind ein unbelastetes Grundstück, so können beim Abschluß des schuldrechtlichen Vertrages beide Eltern das Kind vertreten (BGH, Beschl. v. 16. 4. 1975, NJW 1975 S. 1885).

4) Das Grundstück ist nach Lage und Grundbuchstelle näher zu bezeichnen.

5) Die Unentgeltlichkeit wird nicht etwa dadurch in Frage gestellt, daß die Schenkung z. B. für die erfolgte Verzeihung einer ehelichen Untreue des Schenkers geschieht. Anders ist es dagegen, wenn der Mann seiner Frau Vermögenswerte zuwendet, um sie zur Rückkehr zu bewegen.

6) Schenkung unter einer Auflage (§§ 525–527 BGB).

7) Die Einwilligung des gesetzlichen Vertreters des Minderjährigen zur Annahme des Schenkungsversprechens ist nicht erforderlich, da der Minderjährige durch seine Willenserklärung lediglich einen rechtlichen Vorteil erlangt (§ 107 BGB).

8) § 520 BGB: Verspricht der Schenker eine in wiederkehrenden Leistungen bestehende Unterstützung, so erlischt die Verbindlichkeit mit seinem Tode, sofern sich nicht aus dem Versprechen etwas anderes ergibt.

9) Vgl. Nr. 40 (Forderungsabtretung). Die schenkungsweise Abtretung einer Forderung ist formfrei (Palandt, BGB 51. Aufl. Rdnr. 10 zu § 518). Das gilt auch für die Abtretung eines Sparguthabens. Durch Vertrag zwischen dem Kontoinhaber und der Sparkasse kann das Sparguthaben einem Dritten auch auf den Zeitpunkt des Todes des Kontoinhabers formlos schenkungsweise zugewendet werden (KG, Urt. v. 29. 4. 1971, NJW 1971, S. 1808).

10) Einer Benachrichtigung des Schuldners bedarf es an sich nicht, sie liegt aber im Interesse des neuen Gläubigers, da dieser sonst Zahlungen des Schuldners an den bisherigen Gläubiger gegen sich gelten lassen muß (§ 407 Abs. 1 BGB).

11) Nach § 781 BGB muß ein Schuldanerkenntnis schriftlich erteilt werden. Im Hinblick auf das darin enthaltene Schenkungsversprechen ist hier jedoch notarielle Beurkundung erforderlich (§ 518 BGB). S. hierzu BGH, Urt. v. 5. 12. 1979, NJW 1980 S. 1158.

12) Durch die Bestimmung einer Kündigungsfrist und eines frühestmöglichen Kündigungszeitpunktes schützt sich der Schenker gegen die Möglichkeit, die Beträge binnen kürzester Frist aufbringen zu müssen.

13) Vgl. § 2050 BGB (Ausgleichungspflicht für gesetzliche Erben).

14) Vgl. §§ 2315, 2316 BGB.

15) Der schenkungsweise Erlaß einer Forderung ist formfrei (OLG Hamburg, Beschl. v. 16. 2. 1960, NJW 1961 S. 76).

16) Der Forderungserlaß ist ein Vertrag. Die Annahmeerklärung des Schuldners ist in der Entgegennahme der Erklärung des Gläubigers zu sehen.

2. Darlehensverträge

Rechtsgrundlage. §§ 607–610 BGB; §§ 1 ff. VerbrKrG.

Wesen. Darlehen ist die Hingabe von Geld (oder anderen vertretbaren Sachen) gegen die Verpflichtung zur Rückgabe in Sachen gleicher Art, Güte und Menge. Kein Darlehen ist die bloße Stundung eines Kaufpreises (Zahlungsziel); jedoch kann eine Geldschuld, z. B. ein Kaufpreis, durch ausdrückliche Vereinbarung in ein Darlehen umgewandelt werden (§ 607 Abs. 2 BGB). Bei einem Kreditinstitut aufgenommene Gelder, insbesondere Fest-, Kündigungs- oder Termingelder, sind echte Darlehen; dagegen stellt die bloße Duldung einer Kontoüberziehung noch keine Darlehensgewährung dar (Palandt, BGB 51. Aufl. Rdnr. 17 Einf. vor § 607).

Form. Der Darlehensvertrag (zum Abschluß als sog. Haustürgeschäft vgl. BGH, Urt. v. 6. 10. 1988, BB 1989 S. 178) ist – außer bei einem Verbraucherkredit (s. unten) – formlos, also auch mündlich gültig (zur Abdingung der Schriftformklausel in einem Darlehensvorvertrag vgl. OLG Köln, Urt. v. 16. 4. 1975, BB 1975 S. 1040). Jedoch wird der Gläubiger aus Beweisgründen stets eine vom Schuldner unterzeichnete Schuldurkunde verlangen, die auch den Erhalt des Betrages als „Darlehen" zum Ausdruck bringen muß (vgl. BGH, Urt. v. 24. 5. 1976, WPM 1976, S. 974). Werden auch den Gläubiger verpflichtende Vereinbarungen getroffen, z. B. über die Laufzeit des Darlehens, so ist ein zweiseitiger schriftlicher Vertrag zu empfehlen. Mit einer Schuldurkunde, die alle anspruchsbegründenden Tatsachen enthält, kann der Gläubiger in kürzester Frist im Urkundenprozeß (§§ 592 ff. ZPO) einen Vollstreckungstitel erwirken. Überhaupt keines vorgängigen gerichtlichen Verfahrens bedarf es zur Vollstrekkung aus einer Schuldurkunde, in der sich der Schuldner der sofortigen Zwangsvollstreckung unterworfen hat. Die Urkunde muß in diesem Fall vor Gericht oder einem Notar errichtet sein (§ 794 Abs. 1 Nr. 5 ZPO).

Bestandteile des Darlehensvertrages bzw. der Schuldurkunde.
a) *Genaue Bezeichnung von Gläubiger und Schuldner.*
b) *Höhe des Darlehens.* Die Rückzahlungssumme wird meist dem Betrag des empfangenen Darlehens entsprechen, doch kann die laufende Verzinsung ganz

oder zum Teil durch eine Erhöhung der Rückzahlungssumme ersetzt werden. Wertsicherungsklauseln, z. B. die Berechnung der Rückzahlungssumme nach dem zum Zeitpunkt ihrer Fälligkeit geltenden Preis einer bestimmten Ware, Preisindex oder nach einem bestimmten Beamtengehalt, sind durch § 3 Satz 2 WährG verboten; mit einer Genehmigung der Landeszentralbank kann nicht gerechnet werden. Nur mit Genehmigung der Landeszentralbank dürfen Darlehen in ausländischer Währung, z. B. in Dollars, ausgedrückt werden (§ 3 Satz 1 WährG); dies gilt allerdings nicht für Darlehensverträge mit im Ausland ansässigen Personen oder Firmen (§ 49 Außenwirtschaftsgesetz).

c) *Höhe und Fälligkeit der Zinsen.* Das Darlehen kann verzinslich oder unverzinslich sein. Ein Kaufmann kann für im Rahmen seines Handelsgewerbes gewährte Darlehen auch ohne gesonderte Vereinbarung 5 % Zinsen verlangen (§ 352, 354 Abs. 2 HGB), sonst sind Zinsen nur nach Vereinbarung zu entrichten.

Die Höhe der Zinsen ist begrenzt durch § 138 BGB, wonach wucherische Geschäfte sittenwidrig und nichtig sind. Doch ist hierfür die Zinshöhe allein nicht entscheidend; auch ein höherer Zinssatz kann zulässig sein, wenn der Darlehensnehmer z. B. mit Hilfe des Darlehens außerordentliche Gewinne erzielen kann und die Darlehensgewährung für den Darlehensgeber besonders risikoreich ist. Wichtigste Bewertungsgrundlage ist aber ein Vergleich des effektiven Vertragszinses mit dem marktüblichen Effektivzins. Bei einem Ratenkreditvertrag ist ein auffälliges Mißverhältnis zwischen Leistung und Gegenleistung (§ 138 Abs. 2 BGB) grundsätzlich erst dann anzunehmen, wenn der Vertragszins doppelt so hoch ist wie der Marktzins. Allerdings handelt es sich hierbei nicht um eine starre Grenze, sondern um einen Richtwert; Sittenwidrigkeit kann daher auch dann gegeben sein, wenn die relative Zinsdifferenz zwischen 90 und 100 % liegt, aber die von der Bank festgelegten sonstigen Kreditbedingungen die Belastung des Kreditnehmers ins Untragbare steigern (Palandt a. a. O. Rdnr. 28 zu § 138 BGB). Indes kann auch der absolute Zinsunterschied zwischen Vertrags- und Marktzins die Sittenwidrigkeit eines Ratenkreditvertrages ergeben; einem Zinsunterschied von 12 Prozentpunkten kommt eine ähnliche Richtwertfunktion zu wie einem relativen Unterschied von 100 %. Bei einem Marktzins von beispielsweise 16 % liegt deshalb die Sittenwidrigkeitsgrenze bei (16 + 12 =) 28 %. Das gilt auch in Hochzinszeiten (BGH, Urt. v. 13. 3. 1990, BB 1990 S. 807). Zur Beurteilung der Sittenwidrigkeit in einer Niedrigzinsphase vgl. BGH, Urt. v. 9. 11. 1989, BB 1990 S. 235, und v. 11. 12. 1990, BB 1991 S. 297. Auf private Darlehen sind diese Grundsätze jedoch nicht ohne weiteres anzuwenden; es ist zu berücksichtigen, daß das Rückzahlungsrisiko einen privaten Darlehensgeber viel stärker trifft als ein Kreditinstitut, bei dem sich aus der Vielzahl von Krediten eine Risikostreuung ergibt und einkalkuliert werden kann (BGH, Urt. v. 19. 6. 1990, BB 1990 S. 1509). Ist ein Darlehensvertrag wegen Verstoßes gegen § 138 BGB nichtig, so entfällt der Zinsanspruch, der Darlehensgeber kann den Betrag aber trotzdem erst zum vereinbarten Zeitpunkt zurückfordern. Zinseszins kann nicht verlangt werden (§ 248 BGB). Bei sittenwidrigen Teilzahlungskrediten kann die Vollstreckung aus einem rechtskräftigen Vollstreckungsbescheid unzulässig sein, wenn die Bank in Kenntnis der Rechtsprechung die Sittenwidrigkeit des zugrundeliegenden Vertrages kennen mußte (BGH, Urt. v. 24. 9. 1987, BB 1988 S. 505, 507, u. Urt. v. 15. 12. 1988, BB 1989 S. 380). Eine besondere Form ist das sog. partiarische Darlehen, d. h. ein Darlehen mit Gewinnbeteiligung; vgl. dazu unten Muster E.

d) *Rückzahlung*. Das Darlehen kann in gleichbleibenden, steigenden oder fallenden Raten getilgt werden oder zu einem bestimmten Zeitpunkt oder nach vorheriger Kündigung rückzahlbar sein (zum Ausschluß einer Kündigung vgl. BGH, Urt. v. 10. 1. 1980, WPM 1980 S. 380). Häufig wird neben der ordentlichen Tilgung ein außerordentliches sofortiges Rückforderungsrecht (Verfallklausel) vereinbart, z. B. für den Fall, daß der Schuldner mit den laufenden Zahlungen in Verzug gerät (zur Berechnung des Verzugsschadens bei einem Bankkredit vgl. BGH, Urt. v. 28. 4. 1988, BB 1988 S. 1481, 1485) oder das Darlehen nicht zu dem vereinbarten Zweck verwendet wird. Ein besonderes Druckmittel für den Gläubiger ist die Vereinbarung einer Vertragsstrafe bei nicht rechtzeitiger Rückzahlung (§ 341 BGB). Fehlt eine Vereinbarung über den Zeitpunkt der Rückzahlung, bedarf es vorheriger Kündigung durch den Gläubiger oder den Schuldner: die Kündigungsfrist beträgt bei Darlehen über 300 DM drei Monate, bei Darlehen von geringeren Beträgen einen Monat. Ein zinsloses Darlehen darf der Schuldner auch ohne Kündigung zurückzahlen (§ 609 BGB).

Bis zum 31. 12. 1986 konnte ein Darlehen, für das ein über 6 % liegender Jahreszins vereinbart war, vom Schuldner nach Ablauf von sechs Monaten mit sechsmonatiger Frist gekündigt werden; ausgenommen vom Kündigungsrecht waren Inhaber- und Orderschuldverschreibungen. Bei Darlehen, die zu einer aufgrund gesetzlicher Vorschriften gebildeten Deckungsmasse für Schuldverschreibungen gehörten, konnte das Kündigungsrecht durch ausdrückliche Vereinbarung für die Zeit, während der sie zur Deckungsmasse gehören, ausgeschlossen werden (§ 247 BGB). Diese gesetzliche Bestimmung wurde mit Wirkung vom 1. 1. 1987 aufgehoben, bleibt aber auf Darlehensverträge, die vor diesem Zeitpunkt abgeschlossen worden sind, weiterhin anwendbar (Ges. v. 25. 7. 1986, BGBl I S. 1169).

Anstelle der genannten gesetzlichen Vorschrift gilt ab 1. 1. 1987 die neue Bestimmung des § 609a BGB. Danach ist für das dem Schuldner zustehende besondere Kündigungsrecht zwischen festverzinslichen Krediten und solchen mit variablem Zinssatz zu unterscheiden. Für festverzinsliche Darlehen gilt folgendes:

– Bei Auslaufen einer beiderseitigen Zinsbindung kann der Schuldner das Darlehen mit einmonatiger Frist für den Zeitpunkt kündigen, zu dem die Zinsbindung endet.

– Nach einer Laufzeit des Darlehens von zehn Jahren kann der Schuldner in jedem Fall mit sechsmonatiger Frist kündigen. In beiden Fällen gilt allerdings eine Kündigung des Schuldners als nicht erfolgt, wenn er den geschuldeten Betrag nicht binnen 2 Wochen nach Wirksamwerden der Kündigung zurückzahlt (gilt nicht für vor dem 1. 1. 1991 geschlossene Verträge).

– Für Verbraucherdarlehen besteht nach Ablauf von sechs Monaten nach Erhalt die Möglichkeit, mit dreimonatiger Frist zu kündigen.

Ein Darlehen mit veränderlichem Zinssatz kann der Schuldner jederzeit mit dreimonatiger Frist kündigen.

Dieses Kündigungsrecht des Schuldners kann nicht vertraglich ausgeschlossen oder erschwert werden, außer bei Darlehen an den Bund, ein Sondervermögen des Bundes, ein Land, eine Gemeinde oder einen Gemeindeverband.

e) *Sicherung des Darlehens.* Ein Darlehen kann allein auf persönlichem Vertrauen beruhen oder materiell abgesichert werden. Sicherungsmittel sind: Bürgschaft, Verpfändung, Sicherungsübereignung, Grundpfandrechte, Sicherungsabtretung, auch Vollmacht zur Veräußerung von Vermögenswerten des Schuldners.

Das *Versprechen, ein Darlehen zu gewähren* (Darlehensvorvertrag), kann der Versprechende widerrufen, wenn sich die Vermögensverhältnisse des anderen Teiles wesentlich verschlechtern (§ 610 BGB).

Für *Verbraucherkredite*, das sind alle entgeltlichen (verzinslichen) Geldkredite ab 400 DM eines gewerblichen Kreditgebers an einen Verbraucher, gelten die besonderen Bestimmungen des VerbrKrG v. 17. 12. 1990 (BGBl I S. 2840), das zum 1. 1. 1991 in Kraft getreten ist. Hiernach bedarf ein Kreditvertrag der Schriftform und die Urkunde muß bestimmte Angaben enthalten. Der Kreditnehmer hat ein einwöchiges Widerrufsrecht, auf das er ausdrücklich hingewiesen werden muß. Eine besondere Regelung gilt auch für Verzugszinsen.

Für die *neuen Bundesländer* gilt die Besonderheit, daß § 609a BGB das Kündigungsrecht betreffend (s. oben) auf Kreditverträge anzuwenden ist, die nach dem 30. 6. 1990 abgeschlossen worden sind (Art. 232 § 8 EGBGB).

Muster

A. Annuitätendarlehen mit Vollstreckungsunterwerfung
(Beurkundungsprotokoll)

Schuldbekenntnis
Ich, Franz Schuster .... bekenne, von Herrn Hans Glaser .... ein
Darlehen in Höhe von .... DM – in Worten: .... Deutsche Mark –
empfangen zu haben. Ich verpflichte mich, dieses Darlehen ab ..... mit .... %
jährlich zu verzinsen und mit jährlich ..... % aus dem Darlehensnennbetrag
zuzüglich der durch die fortschreitende Tilgung ersparten Zinsen zu tilgen. Die
Zins- und Tilgungsleistungen in der Gesamthöhe von jeweils .... DM sind
vierteljährlich nachträglich jeweils am 10. Januar, 10. April, 10. Juli und
10. Oktober zu entrichten.
Wegen der vorstehenden Verpflichtung unterwerfe ich mich der sofortigen
Zwangsvollstreckung aus dieser Urkunde in mein gesamtes Vermögen. Der
beurkundende Notar ist ermächtigt, eine vollstreckbare Ausfertigung dieser
Urkunde ohne den Nachweis der Fälligkeit zu erteilen.
(Schlußformel)

Anmerkung: Die aus Zins- und Tilgungsbeträgen bestehenden Jahresleistungen (Annuitäten) bleiben stets gleich; es kann ein fester Tilgungsplan erstellt werden, aus dem die jeweilige Höhe der Kapitalschuld zu entnehmen ist.
Bei einem Bankdarlehen ist die AGB-Regelung, nach der die in der gleichbleibenden Jahresleistung enthaltenen Zinsen jeweils nach dem Stand des Kapitals am Schluß des vergangenen Tilgungsjahres berechnet werden, u. U. wegen Verstoßes gegen das Transparenzgebot gemäß § 9 AGBG unwirksam (BGH, Urt. v. 24. 11. 1988, BB 1988 S. 2410, v. 17. 1. 1989, BB 1989 S. 243, v. 10. 7. 1990, BB 1990 S. 1656, und v. 5. 11. 1991, BB 1991 S. 2468, sowie OLG Düsseldorf, Urt. v. 28. 3. 1991, BB 1991 S. 1145).

B. Abzahlungsdarlehen, gleitender Zins, vorzeitige Fähigkeit

Schuldbekenntnis
Ich, Franz Schuster ...., bekenne .... (wie Muster A). Ich verpflichte mich, dieses Darlehen mit jährlich ..... % über dem jeweiligen Diskontsatz der Deutschen Bundesbank, jedoch mit mindestens .... %, höchstens .... %, beginnend ab .... in halbjährlichen Nachtragsraten zum 1. Mai und 1. November zu verzinsen und mit halbjährlichen Raten von .... DM, erstmals am ...., zu tilgen. Bei Veränderungen des Diskontsatzes der Deutschen Bundesbank tritt die entsprechende Erhöhung oder Verminderung des Darlehenszinssatzes mit dem ersten Tag des nächsten Monats ein. Das Darlehen habe ich mit der Bestimmung erhalten, damit offene Lieferantenverbindlichkeiten aus dem von mir betriebenen Feinkostgeschäft abzudecken. Der Gläubiger kann das Kapital nebst Zinsen für sofort fällig und rückzahlbar erklären, wenn ihm die bestimmungsgemäße Verwendung nicht bis .... nachgewiesen wird. Das gleiche Recht steht ihm zu, wenn ich mit einer fälligen Zins- oder Tilgungsrate länger als eine Woche im Rückstand bin oder im Fall einer Zwangsvollstreckung gegen mich.

........., den ....
gez. Franz Schuster

Anmerkung: Der Anpassung des Darlehenszinssatzes an das durch den Diskontsatz ausgedrückte allgemeine Zinsniveau steht § 3 WährG nicht entgegen. Die Zinsen werden für jedes Halbjahr aus der jeweils offenen Kapitalschuld berechnet. Die Verfallklausel kann beliebig erweitert werden.

C. Feste Laufzeit, Vertragsstrafe

Herr Hans Glaser .... und Herr Franz Schuster .... schließen hiermit folgenden Darlehensvertrag:
Herr Hans Glaser hat Herrn Franz Schuster ein Darlehen von ...... DM – in Worten: .... Deutsche Mark – gewährt, dessen Empfang Herr Franz Schuster hiermit bestätigt. Das Darlehen ist mit jährlich ..... %, beginnend ab ...., zu verzinsen. Die Zinsen sind nachträglich jeweils am ersten Tag eines Vierteljahres fällig.
Das Darlehen ist am .... zur Rückzahlung fällig. Bis dahin ist es beiderseits unkündbar. Für den Fall, daß der Schuldner die Rückzahlung nicht spätestens zehn Tage nach Fälligkeit leistet, ist eine Vertragsstrafe in Höhe ..... DM

verwirkt; weitergehende Schadenersatzansprüche des Gläubigers bleiben vorbehalten.

.........., den ....
Franz Schuster   *Hans Glaser*

Anmerkung: Die ordentliche Kündigung kann vertraglich ausgeschlossen werden (Palandt, a. a. O. Rdnr. 3 zu § 609 BGB; vgl. jedoch § 609a BGB). Nicht ausgeschlossen werden kann die außerordentliche Kündigung, die aus wichtigem Grund jederzeit zulässig ist. Wichtige Gründe sind z. B. Verzug mit Zins- und Tilgungsraten, Gefährdung der Sicherheit, schuldhafte Zerrüttung eines bei Vertragsabschluß vorhandenen Vertrauensverhältnisses, Wegfall der Geschäftsgrundlage, falsche Darstellung wesentlicher Tatsachen nach Vertragsabschluß und vor Auszahlung, bei betriebsbezogenem Kredit Unwirtschaftlichkeit des Betriebes (Palandt, a. a. O. Rdnr. 14 zu § 609 BGB; BGH, Urt. v. 6. 3. 1986, BB 1986 S. 1180).

D. Kündigungsdarlehen, Verzugszinsen, Sicherungen

Darlehensvertrag:
Herr Hans Glaser hat Herrn Franz Schuster ein Darlehen .... (wie vorstehendes Muster C). Die Zinsen sind .... fällig. Bleibt Herr Franz Schuster mit einer Zinsrate länger als zehn Tage im Rückstand, so erhöht sich der Zins für das zurückliegende Vierteljahr bis zur Leistung der fälligen Rate um 0,5 % pro Monat. Das Darlehen ist beiderseits mit einer Frist von sechs Monaten kündbar.
Für die vorbezeichnete Darlehensschuld seines Bruders Franz Schuster einschließlich der Zinsen übernimmt Herr Karl Schuster .... die selbstschuldnerische Bürgschaft.

.........., den ....
Hans Glaser   *Franz Schuster*   *Karl Schuster*

Anmerkung: Wegen der einzelnen Formen der Bürgschaft vgl. Nr. 35. Ein anderes Sicherungsmittel ist die Verpfändung beweglicher Sachen. Die Vereinbarung kann dann etwa lauten:
„Zur Sicherung dieser Darlehensschuld verpfände ich Herrn Hans Glaser die in der Anlage aufgeführten Gegenstände im Wert von .... DM, die ich zu diesem Zweck Herrn Glaser übergebe. Herr Glaser ist berechtigt, diese

29

Gegenstände versteigern zu lassen, wenn ich das Darlehen nicht innerhalb einer Woche nach Fälligkeit zurückzahle. Einer vorherigen Androhung der Verwertung oder der Einhaltung einer Frist bedarf es nicht."

Vgl. im übrigen Nr. 38, zur Sicherungsabtretung Nr. 35 und zur Sicherungsübereignung Nr. 36 und 37.

E. Partiarisches Darlehen

Herr Hans Glaser .... – Darlehensgeber – und die Firma Franz Schuster KG mit dem Sitz in .... – Darlehensnehmer –, vertreten durch den persönlich haftenden Gesellschafter Herrn Franz Schuster, schließen folgenden Darlehensvertrag:
Der Darlehensgeber gewährt der Firma Franz Schuster KG ein partiarisches Darlehen in Höhe von .... DM zur Ausweitung des Geschäftsbetriebes.
Das Darlehen ist unabhängig vom Gewinn oder Verlust des Darlehensnehmers mit einem festen Zins von ..... % jährlich zu verzinsen. Darüber hinaus wird der Darlehensgeber an dem vom Darlehensnehmer im Geschäftsjahr erzielten Reingewinn mit einem Anteil von ..... % beteiligt. Bei der Ermittlung des Reingewinns sind die festen Darlehenszinsen als Aufwendungen abzusetzen, Abschreibungen sind in der steuerlich zulässigen Höhe vorzunehmen. Der Jahresabschluß ist durch einen Wirtschaftsprüfer innerhalb von drei Monaten nach Schluß des Geschäftsjahres zu erstellen und dem Darlehensgeber unverzüglich zu übersenden. Der Darlehensgeber ist berechtigt, die Unterlagen innerhalb eines Monats nach Erstellung des Jahresabschlusses einzusehen oder auf seine Kosten von einem Beauftragten einsehen zu lassen. Die Zinsen sind vierteljährlich im nachhinein fällig. Die Gewinnbeteiligung ist einen Monat nach Bilanzerstellung an den Darlehensgeber auszuzahlen. Der Darlehensnehmer ist berechtigt, das Darlehen mit einer Frist von sechs Monaten zum Ende jedes Kalendervierteljahres zu kündigen. Der Darlehensgeber ist berechtigt, das Darlehen mit einer Frist von einem Jahr zum Ende eines Kalenderjahres zu kündigen. Der Darlehensgeber kann das Darlehen fristlos kündigen, wenn der Darlehensnehmer die Verpflichtungen aus diesem Vertrag nicht erfüllt oder wenn sonst ein wichtiger Grund vorliegt.

........., den ....
Hans Glaser   *Franz Schuster KG:*
                                                  Franz Schuster

Anmerkung: Das partiarische Darlehen ist der stillen Gesellschaft (§§ 230 ff. HGB) ähnlich. Der Darlehensgeber nimmt jedoch am Verlust niemals teil, der stille Teilhaber ist mangels ausdrücklicher Vereinbarung am Verlust mit seiner Einlage beteiligt. Der Darlehensgeber kann seine Rechte frei übertragen, der stille Teilhaber nur mit Zustimmung des Geschäftsinhabers. Der stille Teilhaber erhält – anders als der Darlehensgeber – keine gewinnunabhängige Verzinsung, seine Kontrollrechte sind gewöhnlich weitergehend. Der Übergang ist jedoch flüssig und von der Vertragsgestaltung im einzelnen abhängig.

3. Private und betriebliche Darlehen – Erklärungen der Beteiligten

Rechtsgrundlage: Wie bei Nr. 2.

Erläuterungen. Mit den Vereinbarungen, die vor oder bei der Hingabe eines Darlehens getroffen werden, ist es gewöhnlich nicht getan. Im Laufe des durch die Darlehensgewährung begründeten Dauerschuldverhältnisses, das beiderseits Rechte und Pflichten entstehen läßt, kann es sowohl für den Darlehensgeber wie für den Darlehensnehmer notwendig werden, gegenüber dem anderen Teil bestimmte Erklärungen abzugeben, sei es, um eigene Rechte wahrzunehmen, sei es, um ungerechtfertigte Ansprüche abzuwehren. Aus Beweisgründen und um Unklarheiten zu vermeiden, sollten solche Erklärungen nicht bloß mündlich oder fernmündlich, sondern regelmäßig *schriftlich* abgegeben werden. Wichtige Schreiben sollten stets „eingeschrieben" und, soweit sie eine Fristsetzung enthalten oder durch sie eine Frist gewahrt werden soll, auch noch „gegen Rückschein" zur Post gegeben werden.

Muster

I. Erklärungen des Darlehensgebers

A. Widerruf eines Darlehensversprechens
Herrn/Frau ....
Am .... habe ich Ihnen für den Monat .... die Gewährung eines Darlehens in Höhe von etwa .... DM zugesagt. Dieses Versprechen widerrufe ich

31

hiermit, weil in Ihren Vermögensverhältnissen zwischenzeitlich eine wesentliche Verschlechterung eingetreten ist (vgl. Anm. 1). Wie mir von verläßlicher Seite mitgeteilt wurde, haben Sie in den letzten Wochen anderweitig erhebliche Kredite aufgenommen und hierfür auch Ihren Pkw sicherungsübereignet. Unter diesen Umständen wäre mein Anspruch auf Rückzahlung des Darlehens gefährdet, zumal Sie mir bereits seinerzeit erklärt haben, daß Sie mir außer Ihrem Pkw keine Sicherheit einräumen könnten.

........., den ....   *Unterschrift*

B. Anfechtung eines Darlehensversprechens (vgl. Anm. 2)
Herrn/Frau ....
Am .... habe ich Ihnen auf Ihre Bitte hin zugesagt, Ihnen zur Überwindung eines Liquiditätsengpasses in Ihrem ....-Geschäft demnächst ein kurzfristiges Darlehen in Höhe von .... DM zu gewähren. Diese meine Erklärung fechte ich hiermit an, weil Sie mich bei der Schilderung Ihrer Vermögensverhältnisse arglistig getäuscht haben. Eine Auskunft, die ich über Sie eingeholt habe, hat ergeben, daß in Ihrem Geschäft nicht nur ein vorübergehender Liquiditätsengpaß besteht, sondern daß sich Ihr Betrieb seit Jahren ständig am Rande der Insolvenz bewegt. Es wurden gegen Sie auch schon mehrere Verfahren auf Abgabe einer eidesstattlichen Versicherung über Ihren Vermögensstand eingeleitet (vgl. Anm. 3). Wären mir diese Umstände schon seinerzeit bekannt gewesen, hätte ich Ihnen ein Darlehen selbstverständlich nicht in Aussicht gestellt. Meine frühere Zusage ist damit gegenstandslos.

........., den ....   *Unterschrift*

C. Anmahnung von Darlehenszinsen
Herrn/Frau ....
Nach dem Vertrag vom .... haben Sie für das Ihnen gewährte Darlehen von ...... DM jeweils zum .... Jahreszinsen in Höhe von ..... v. H. – also einen Betrag von .... DM – zu zahlen (vgl. Anm. 4). Mit der letzten Zinszahlung sind Sie bis heute im Verzug (vgl. Anm. 5). Ich ersuche Sie, Ihrer Zahlungspflicht unverzüglich nachzukommen, und kündige Ihnen an, daß ich bei weiterer unpünktlicher Zahlungsweise von meinem Recht zur außerordentlichen Kündigung des Darlehens Gebrauch machen werde.

........., den ....   *Unterschrift*

D. Anmahnung einer Gewinnbeteiligung
Herrn/Frau ....
Nach dem mit Ihnen am .... abgeschlossenen Darlehensvertrag bin ich – unabhängig von der Verzinsung des Darlehens – mit einem Anteil von ...... %

an dem von Ihnen in einem Geschäftsjahr erzielten Reingewinn beteiligt. Diese Gewinnbeteiligung ist jeweils einen Monat nach der Erstellung des Jahresabschlusses auszubezahlen (vgl. Anm. 6).

Aus dem von Ihnen für das abgelaufene Geschäftsjahr am .... erstellten Jahresabschluß ergibt sich ein Reingewinn in Höhe von .... DM, woraus sich die mir zustehende Gewinnbeteiligung mit .... DM errechnet. Dieser Betrag war am .... fällig, ist jedoch bis heute nicht auf meinem Konto eingegangen. Ich setze Ihnen für die Zahlung hiermit eine Frist bis spätestens .... Nach fruchtlosem Ablauf dieser Frist wäre ich zu meinem Bedauern gezwungen, die erforderlichen Schritte zu ergreifen.

........., den ....   *Unterschrift*

E. Ordentliche Kündigung eines Darlehens
Herrn/Frau ....
Für das Ihnen am .... gewährte Darlehen von ...... DM ist ein Rückzahlungszeitpunkt nicht vereinbart worden, weil Sie mir erklärt haben, Sie würden die Rückzahlung in angemessenen Raten entsprechend Ihren Einkommensverhältnissen vornehmen (vgl. Anm. 7). Bis heute haben Sie jedoch – abgesehen von den Zinsen – keine Zahlungen an mich geleistet. Ich kündige deshalb das Darlehen zum .... (vgl. Anm. 8) und ersuche Sie um pünktliche Rückzahlung und Entrichtung der bis dahin noch anfallenden Zinsen.

........., den ....   *Unterschrift*

F. Außerordentliche Kündigung eines Darlehens
Herrn/Frau ....
Am .... habe ich Ihnen ein Darlehen von ...... DM für .... Jahre, also bis zum ...., gewährt. Hiermit mache ich von meinem Recht zur außerordentlichen Kündigung dieses Darlehens Gebrauch, weil Sie
a) die vereinbarten Tilgungs- und Zinszahlungen jeweils nur mit erheblicher Verspätung und regelmäßig erst nach mehreren Mahnungen geleistet haben und
b) durch Ihre persönlichen Ausfälle mir gegenüber, insbesondere in Ihrem Schreiben vom ...., das ursprünglich zwischen uns bestandene Vertrauensverhältnis schuldhaft zerstört haben (vgl. Anm. 9).
Entgegenkommenderweise bin ich damit einverstanden, daß Sie den restlichen Darlehensbetrag nebst Zinsen nicht sofort, sondern binnen einer Frist von ..... Wochen an mich überweisen (vgl. Anm. 10). Sollten Sie auch diese Frist nicht einhalten, werde ich unverzüglich gegen Sie gerichtlich vorgehen.

........., den ....   *Unterschrift*

G. Geltendmachung einer Vertragsstrafe
Herrn/Frau ....
Im Vertrag vom .... ist vereinbart, daß Sie das Ihnen gewährte – bis
dahin beiderseits unkündbare – Darlehen am .... zurückzuzahlen und bei
Überschreitung dieses Termins um mehr als ..... Tage eine Vertragsstrafe in
Höhe von ..... DM zu entrichten haben (vgl. Anm. 11). Da seit dem Fälligkeits-
zeitpunkt bereits .... Wochen vergangen sind, ohne daß die Rückzahlung des
Darlehens erfolgt ist, haben Sie die bezeichnete Vertragsstrafe verwirkt. Den
Eingang dieses Betrages sowie der Darlehenssumme erwarte ich bis späte-
stens .... auf meinem Ihnen bekannten Bankkonto. Danach werde ich die
Angelegenheit meinem Rechtsanwalt übergeben.
........., den ....   *Unterschrift*

II. Erklärungen des Darlehensnehmers

A. Zurückweisung des Widerrufs eines Darlehensversprechens
Herrn/Frau ....
Mit Ihrem Schreiben vom .... haben Sie die mir am .... erteilte Darle-
henszusage mit der Begründung widerrufen, meine Vermögensverhältnisse
hätten sich zwischenzeitlich so erheblich verschlechtert, daß Ihr Anspruch auf
Rückzahlung des Darlehens gefährdet wäre.
Den Widerruf Ihres Darlehensversprechens muß ich zurückweisen (vgl.
Anm. 1). Seit Ihrer Zusage ist eine Verschlechterung meiner Vermögensver-
hältnisse nicht eingetreten. Daß ich bereits damals gewisse Schuldverpflich-
tungen hatte, war Ihnen bekannt und auch der Grund für meine – von Ihnen
positiv beantwortete – Bitte um Gewährung eines Darlehens in Höhe von ......
DM. Ich werde Sie demnächst persönlich aufsuchen, um den zugesagten Dar-
lehensbetrag in Empfang zu nehmen. Meine seinerzeit erklärte Bereitschaft,
das Darlehen bis zur Rückzahlung nach .... Jahren mit .... v. H. jährlich zu
verzinsen, besteht unverändert fort.
........., den ....   *Unterschrift*

B. Fälligkeit von Darlehenszinsen
Herrn/Frau ....
Mit Ihrem Schreiben vom .... monieren Sie, daß ich die Zinsen für das
Darlehen von .... DM, das Sie mir vor einem halben Jahr gewährt haben, zum
Ende des Kalenderjahres ..... nicht entrichtet habe. Ihre Zinsforderung ist
jedoch noch nicht fällig. Da in dem Darlehensvertrag vom .... Zeitpunkte für
die Zinszahlungen nicht festgelegt sind, gilt die gesetzliche Regelung, nach der
die Zinsen jeweils nach Ablauf eines Jahres, von der Hingabe des Darlehens
an gerechnet, zu entrichten sind (vgl. Anm. 12). Die Zinszahlung hat also

erstmals zum .... zu erfolgen. Zu diesem Zeitpunkt werde ich den Betrag von .... DM (....v. H. aus .... DM) an Sie überweisen.

........, den ....   *Unterschrift*

C. Ordentliche Kündigung eines Darlehens

Herrn/Frau ....

Das Darlehen von .... DM, das Sie mir am .... für unbestimmte Zeit gewährt haben, kündige ich hiermit unter Einhaltung der gesetzlich vorgeschriebenen dreimonatigen Frist zum .... Zu diesem Zeitpunkt werde ich den Darlehensbetrag nebst den geschuldeten Zinsen an Sie überweisen.

........, den ....   *Unterschrift*

D. Besondere Kündigung eines Darlehens

Herrn/Frau ....

Am .... haben Sie mir ein Darlehen in Höhe von .... DM gewährt, wobei eine Verzinsung mit .... v. H. vereinbart wurde. Dieses Darlehen, das ich für private Zwecke in Anspruch genommen habe, kündige ich hiermit unter Einhaltung einer dreimonatigen Frist zum ...., weil ich anderweitig ein Darlehen zu günstigeren Bedingungen erhalten kann (vgl. Anm. 13). Die Rückzahlung wird fristgerecht erfolgen.

........, den ....   *Unterschrift*

E. Verweigerung der Zinszahlung wegen sittenwidriger Zinshöhe

Herrn/Frau ....

Am .... haben Sie mir für 3 Jahre ein Darlehen von .... DM gewährt, wobei der extrem hohe Zinssatz von ..... v. H. vereinbart wurde. Infolge meiner damaligen Notlage war ich gezwungen, diesen von Ihnen verlangten Zinssatz zu akzeptieren. Die Zinsvereinbarung ist jedoch, wie mir kürzlich mein Rechtsanwalt erklärt hat, wegen Verstoßes gegen die guten Sitten rechtsunwirksam (vgl. Anm. 14). Der vertraglich festgelegte Zinssatz liegt erheblich über dem Zweifachen des damals für private Darlehen marktüblichen Zinses. Die Darlehensgewährung war für Sie auch nicht mit einem besonderen Risiko verbunden, da mein Schwager .... Ihnen gegenüber für meine Darlehensverpflichtungen die Bürgschaft übernommen hat.

Bei der gegebenen Rechtslage bin ich nicht verpflichtet, für das mir gewährte Darlehen überhaupt Zinsen zu zahlen und werde dies auch nicht tun. Den Darlehensbetrag werde ich nach Ablauf der 3 Jahre an Sie zurückzahlen.

........, den ....   *Unterschrift*

F. Rückgabe des Schuldscheins

Herrn/Frau ....

Über das Darlehen von .... DM, das ich Ihnen aufgrund Ihrer Kündigung am .... zurückgezahlt habe, habe ich Ihnen seinerzeit einen Schuldschein ausgestellt, zu dessen Rückgabe Sie nun gesetzlich verpflichtet sind (vgl. Anm. 15). Sollten Sie diesen Schuldschein – wie Sie mir bei unserem Telefonge-spräch vom .... andeuteten – nicht mehr auffinden können, muß ich Sie um Aushändigung eines öffentlich beglaubigten Anerkenntnisses über das Erlö-schen meiner Darlehensschuld ersuchen. Ich bitte Sie, in diesem Verlangen nicht den Ausdruck eines besonderen Mißtrauens Ihnen gegenüber zu sehen; ich mache damit nur von einem mir gesetzlich zustehenden Recht Gebrauch.

........., den ....   *Unterschrift*

G. Nachprüfung der Gewinnermittlung bei partiarischem Darlehen

Herrn/Frau ....

Mit Ihrem Schreiben vom .... haben Sie mir mitgeteilt, daß Sie beabsichti-gen, von dem Ihnen nach dem Darlehensvertrag vom .... zustehenden Recht Gebrauch zu machen, meine Jahresabschlußunterlagen für das Geschäftsjahr ......, aufgrund derer ich Ihre Gewinnbeteiligung errechnet habe, überprüfen zu lassen; mit der Einsichtnahme in diese Unterlagen haben Sie Ihrer Mittei-lung zufolge einen Herrn .... beauftragt, der sich über seine Person mir gegenüber ausweisen wird .

Ich habe gegen die angekündigte Einsichtnahme selbstverständlich keine Ein-wendungen und schlage vor, daß sich Ihr Beauftragter wegen eines diesbezüg-lichen Termins mit mir fernmündlich verständigt. Ich darf Sie allerdings dar-auf hinweisen, daß Ihr Beauftragter eine Person sein muß, die „zur Berufsver-schwiegenheit verpflichtet ist". Das ist im Darlehensvertrag ausdrücklich festgelegt (vgl. Anm. 16). Herr......... muß sich mir gegenüber also nicht nur über seine Person, sondern auch über seinen Beruf ausweisen. Andernfalls bin ich berechtigt, ihm die Einsicht in meine Jahresabschlußunterlagen zu verwehren.

........., den ....   *Unterschrift*

H. Ablehnung der Zahlung einer Vertragsstrafe

Herrn/Frau ....

Mit Ihrem Schreiben vom .... monieren Sie, daß ich das von Ihnen seinerzeit erhaltene Darlehen von .... DM nicht termingemäß zurückgezahlt habe, und verlangen die im Darlehensvertrag vom .... für den Fall nicht rechtzeitiger Rückzahlung vorgesehene Vertragsstrafe (vgl. Anm. 11).

Hierzu teile ich Ihnen mit, daß die Nichteinhaltung des Rückzahlungstermins allein darauf zurückzuführen ist, daß ich mich vor kurzem einer dringenden

Operation unterziehen mußte und in der Zeit vom .... bis .... deswegen in stationärer Krankenhausbehandlung war. Hierüber füge ich eine Bescheinigung der Krankenanstalt bei. Ich habe unmittelbar nach meiner Entlassung aus dem Krankenhaus die Überweisung des Darlehensbetrages auf Ihr Konto veranlaßt und nehme an, daß Sie inzwischen von Ihrer Bank über den Eingang des Geldes verständigt worden sind.

Die Zahlung der Vertragsstrafe lehne ich ab. Nach dem Gesetz ist die Vertragsstrafe nur verwirkt, wenn ich mit der Rückzahlung des Darlehens „in Verzug geraten" bin, d. h. wenn ich die Rückzahlung schuldhaft nicht rechtzeitig vorgenommen habe (vgl. Anm. 17). Das trifft jedoch nicht zu. Grund für die verspätete Rückzahlung war nicht böser Wille oder eine Nachlässigkeit meinerseits, sondern lediglich meine schwere Erkrankung. Ich betrachte die Angelegenheit damit als erledigt.

........., den ....   *Unterschrift*

Anmerkungen

1) Wer die Hingabe eines Darlehens verspricht, kann mangels gegenteiliger Vereinbarung das Versprechen widerrufen, wenn in den Vermögensverhältnissen des anderen Teiles eine Verschlechterung eintritt, durch die der Anspruch auf Rückerstattung gefährdet wird (§ 610 BGB). Wesentlich ist, daß die Verschlechterung nach Erteilung des Darlehensversprechens eingetreten sein muß (Palandt, BGB 51. Aufl. Rdnr. 5 zu § 610).

2) Lag die den Rückerstattungsanspruch gefährdende Verschlechterung der Vermögensverhältnisse des Versprechensempfängers bereits bei Erteilung des Darlehensversprechens vor, kann der Versprechende evtl. dadurch von seiner Verpflichtung loskommen, daß er seine Zusage wegen Irrtums (§ 119 Abs. 2 BGB) oder arglistiger Täuschung (§ 123 BGB) anficht. Die arglistige Täuschung setzt – wie der strafrechtliche Betrug – eine bewußte Täuschung zwecks Erregung oder Aufrechterhaltung eines Irrtums voraus; die Täuschung kann durch positives Tun oder Unterlassen begangen werden, und sie muß rechtswidrig sein. Die Täuschung muß für die Erteilung des Darlehensversprechens ursächlich gewesen sein, was der Fall ist, wenn der Getäuschte andernfalls die Erklärung überhaupt nicht oder mit einem anderen Inhalt abgegeben hätte. Eine Anfechtung wegen Irrtums muß unverzüglich nach Entdeckung des Irrtums (§ 121 BGB), eine Anfechtung wegen arglistiger Täuschung binnen Jahresfrist nach Entdeckung der Täuschung erklärt werden (§ 124 BGB).

3) §§ 899 ff. ZPO.

4) Nach bürgerlichem Recht ist ein Darlehen nur zu verzinsen, wenn dies – zumindest stillschweigend – vereinbart worden ist. Nur bei Handelsgeschäften besteht eine Zinspflicht auch ohne Vereinbarung (§§ 352, 354 HGB).

5) S. Anm. zu Nr. 2 Muster C.

6) S. Anm. zu Nr. 2 Muster E.

7) Ist das Darlehen für eine bestimmte Zeitdauer gewährt, so ist bis zu deren Ablauf eine ordentliche Kündigung in der Regel ausgeschlossen. Ist hingegen ein Rückzahlungs- zeitpunkt weder vereinbart noch dem Zweck des Darlehens zu entnehmen (z. B. bei Dar- lehen an Schwiegersohn zur Existenzsicherung für die Dauer der Ehe), so hängt die Fäl- ligkeit von einer Kündigung durch den Darlehensgeber oder den Darlehensnehmer ab.

8) Eine Angabe von Kündigungsgründen ist bei der ordentlichen Kündigung nicht erfor- derlich.

9) S. Anm. zu Nr. 2 Muster C. Für die Beurteilung, ob ein wichtiger Grund für eine außer- ordentliche Kündigung vorliegt, ist stets eine Gesamtwürdigung aller Umstände des Einzelfalles unter gegenseitiger Interessenabwägung vorzunehmen.

10) Die außerordentliche Kündigung kann im Zweifel fristlos erfolgen, der Kündigende kann aber auch einen beliebigen Rückzahlungstermin bestimmen.

11) Durch die Vereinbarung einer Vertragsstrafe für den Fall nicht rechtzeitiger Zurückzah- lung des Darlehens wird auf den Darlehensnehmer in zulässiger Weise Druck ausgeübt. Eine unverhältnismäßig hohe Vertragsstrafe kann auf Antrag des Schuldners durch ge- richtliches Urteil auf den angemessenen Betrag herabgesetzt werden (§ 343 BGB). Das gilt jedoch nicht für einen Vollkaufmann (§§ 348, 351 HGB).

12) Sind für ein Darlehen Zinsen vereinbart, so sind sie mangels anderweitiger Abrede nach dem Ablauf je eines Jahres – von der Hingabe des Darlehensbetrages an gerechnet – zu entrichten. Ist das Darlehen vor Ablauf eines Jahres zurückzuzahlen, ist die Zinszahlung bei der Rückerstattung vorzunehmen (§ 608 BGB).

13) Der Schuldner kann ein Darlehen, bei dem für einen bestimmten Zeitraum ein fester Zinssatz vereinbart ist, u. a. dann ganz oder teilweise kündigen, wenn das Darlehen einer natürlichen Person gewährt ist, nicht (ganz oder überwiegend) für Zwecke einer ge- werblichen oder beruflichen Tätigkeit bestimmt war und nicht dinglich gesichert ist, und zwar nach Ablauf von 6 Monaten ab Erhalt der vollen Darlehenssumme unter Ein- haltung einer dreimonatigen Kündigungsfrist. Dieses Kündigungsrecht kann vertrag- lich nicht ausgeschlossen oder erschwert werden (§ 609a Abs. 1 Nr. 2 und Abs. 4 BGB).

14) Zur Sittenwidrigkeit wegen überhöhter Darlehenszinsen (§ 138 BGB) s. die Ausführun- gen unter Nr. 2.

15) Ist über eine Forderung ein Schuldschein ausgestellt, so kann der Schuldner bei Erlö- schen der Schuld neben der Quittung über seine Zahlung Rückgabe des Schuldscheins verlangen. Behauptet der Gläubiger, zur Rückgabe außerstande zu sein, kann der Schuldner das öffentlich beglaubigte Anerkenntnis verlangen, daß die Schuld erloschen ist (§ 371 BGB). Damit soll vermieden werden, daß der Gläubiger mit dem vielleicht doch noch in seinem Besitz befindlichen Schuldschein Mißbrauch treibt.

16) Der Darlehensnehmer hat aus verständlichen Gründen ein besonderes Interesse daran, daß der Inhalt seiner Jahresabschlußunterlagen vertraulich behandelt wird.

17) Verspricht der Schuldner dem Gläubiger eine Vertragsstrafe für den Fall, daß er seine Verbindlichkeit nicht oder nicht in gehöriger Weise erfüllt, so ist die Strafe verwirkt, wenn er in Verzug gerät (§ 339 BGB). Der Schuldner kommt aber nicht in Verzug, so- lange die Leistung infolge eines Umstandes unterbleibt, den er nicht zu vertreten hat (§ 285 BGB), z. B. wegen eigener schwerer Erkrankung. Andererseits hat der Schuldner nicht nur für eigenes Verschulden, sondern auch für das seiner Hilfspersonen einzuste- hen (§ 278 BGB).

II. Kauf

4. Kaufverträge über bewegliche Sachen

Rechtsgrundlage. §§ 433 ff. BGB.

Erläuterungen. Der Kauf ist das am häufigsten vorkommende Rechtsgeschäft. Gegenstand eines Kaufvertrages kann eine (bewegliche oder unbewegliche) Sache oder ein Recht sein. Beim Sachkauf ist der Verkäufer verpflichtet, dem Käufer die Sache zu übergeben und ihm das Eigentum daran zu verschaffen; den *Käufer* trifft die *Pflicht, dem Verkäufer den vereinbarten Kaufpreis zu zahlen und die gekaufte Sache abzunehmen* (§ 433 BGB).

Ein wichtiger Grundsatz des Kaufrechts ist die *Gewährleistungspflicht des Verkäufers:* Dieser haftet dem Käufer dafür, daß die Kaufsache im Zeitpunkt des Gefahrenüberganges (d. h. bei der Übergabe bzw. – beim sog. Versendungskauf – bei der Auslieferung an den Transportvermittler) nicht mit Fehlern behaftet ist, die ihren Wert oder ihre Gebrauchstauglichkeit nicht nur unerheblich mindern; der Verkäufer haftet ferner für das Vorhandensein etwa zugesicherter Eigenschaften (§ 459 BGB); die Zusicherung kann auch durch sog. schlüssiges Verhalten erfolgen (BGH, Urt. v. 10. 7. 1991, BB 1991 S. 1658). Die Haftung des Verkäufers tritt allerdings nur ein, wenn der Käufer den Mangel bei Abschluß des Kaufes nicht gekannt hat; beruht die Unkenntnis des Käufers auf grober Fahrlässigkeit, so kann der Verkäufer nur in Anspruch genommen werden, wenn er den Mangel arglistig verschwiegen oder die Abwesenheit des Fehlers zugesichert hatte (§ 460 BGB). Die *Mängelansprüche des Käufers* sind wahlweise folgende: Er kann Rückgängigmachung des Kaufvertrages (Wandelung; dann auch Ersatz der „Vertragskosten" durch den Verkäufer: BGH, Urt. v. 9. 3. 1983, BB 1983 S. 793; vgl. auch BGH, Urt. v. 26. 6. 1991, BB 1991 S. 1659), Herabsetzung des Kaufpreises (Minderung), unter bestimmten Voraussetzungen Schadenersatz oder – beim Gattungskauf – Lieferung einer mangelfreien Sache verlangen. Diese Ansprüche des Käufers verjähren, außer bei arglistigem Verschweigen des Mangels durch den Verkäufer, innerhalb von 6 Monaten nach erfolgter Ablieferung (§ 477 BGB).

Die gesetzlichen Bestimmungen über die Mängelhaftung des Verkäufers können innerhalb des Rahmens der „guten Sitten" vertraglich abbedungen werden, was auch häufig geschieht. Eine solche Vereinbarung ist jedoch nichtig, soweit der Verkäufer den Mangel arglistig verschwiegen oder die Fehlerfreiheit arglistig vorgespiegelt hat (§ 476 BGB). Anstelle des Wandelungs- oder Minderungsrechts des Käufers kann ein Nachbesserungsrecht vereinbart werden (§ 476a BGB). Kaufverträge sind grundsätzlich nicht an eine bestimmte Form gebunden (vgl. jedoch Anm. 16). Soweit sie Gegenstände des täglichen Lebens betreffen, werden sie zumeist einfach dadurch vollzogen, daß der Verkäufer dem Käufer die Kaufsache aushändigt und dieser den Kaufpreis entrichtet. Der notariellen Beurkundung bedarf nur der Erbschaftskauf (§ 2371 BGB) und der Grundstückskauf (§ 313 BGB). Schriftlicher Abschluß des Kaufvertrages ist jedoch regelmäßig zumindest dann empfehlenswert, wenn abweichend von den gesetzlichen Vorschriften oder über diese hinaus besondere Vereinbarungen getroffen werden. Nach dem *Gesetz über den Widerruf von Haustürgeschäften und ähnlichen Geschäften* – HaustürWG – v. 16. 1. 1986 (BGBl I S. 122) mit spät. Änd. steht bei derartigen Geschäften den Kunden ein einwöchiges, schriftlich auszuübendes Widerrufsrecht zu. Die Wochenfrist, zu deren Wahrung rechtzeitige Absendung des Widerrufs genügt, wird erst durch die Aushändigung einer schriftlichen Belehrung über das Widerrufsrecht, die vom Kunden zu unterzeichnen ist, in Lauf gesetzt. Ist die Belehrung unterblieben, so erlischt das Widerrufsrecht des Kunden erst einen Monat nach beiderseits vollständiger Erbringung der Leistungen.

Sein Einverständnis mit einem Vertragsabschluß kann der Kunde widerrufen, wenn er

– durch mündliche Verhandlungen an seinem Arbeitsplatz oder im Bereich seiner Privatwohnung,

– anläßlich einer Freizeitveranstaltung, die entweder vom Vertragspartner oder zumindest auch in dessen Interesse von einem Dritten durchgeführt wurde, oder

– im Anschluß an ein überraschendes Ansprechen in einem Verkehrsmittel oder im Bereich öffentlich zugänglicher Verkehrswege

zu seiner Einverständniserklärung bestimmt worden ist. Ein Widerrufsrecht besteht nicht, wenn

– die mündlichen Verhandlungen am Arbeitsplatz oder in der Privatwohnung des Kunden auf dessen vorhergehende Bestellung geführt worden sind,

– die Leistung bei Abschluß der Verhandlungen sofort erbracht und bezahlt wurde und das Entgelt 80 DM nicht übersteigt,

– die Erklärung des Kunden notariell beurkundet worden ist,
– der Kunde den Vertrag in Ausübung einer selbständigen Erwerbstätigkeit abgeschlossen oder die andere Vertragspartei nicht geschäftsmäßig, sondern als Privatmann gehandelt hat, oder
– es sich um einen Versicherungsvertrag handelt.

Im Falle eines form- und fristgerecht erklärten Widerrufs haben beide Teile die erhaltenen Leistungen einander zurückzugewähren. Für Beschädigung oder Untergang der empfangenen Ware hat der Kunde u. U. Wertersatz und für die Gebrauchsüberlassung eine Überlassungsvergütung zu zahlen. Er hat seinerseits Anspruch auf Ersatz für notwendige Aufwendungen.

Von den Bestimmungen des HaustürWG abweichende Vereinbarungen sind nur gültig, wenn sie sich nicht zum Nachteil des Kunden auswirken. Für Klagen aus den vom Gesetz erfaßten Geschäften besteht ein ausschließlicher Gerichtsstand beim Wohnsitz- bzw. Aufenthaltsgericht des Kunden.

Für *internationale Kaufverträge* über bewegliche Sachen galten bis zum 31. 12. 1990 das Einheitliche Gesetz über den Kauf von beweglichen Sachen vom 17. 7. 1973 (BGBl I S. 856) und das Einheitliche Gesetz über den Abschluß von internationalen Kaufverträgen über bewegliche Sachen vom 17. 7. 1973 (BGBl I S. 868). Auf Verträge, die vor dem Ablauf des Jahres 1990 abgeschlossen wurden, bleiben diese Gesetze weiterhin anwendbar. Ansonsten gilt seit 1. 1. 1991 für grenzüberschreitende Kaufverträge einheitliches UN-Kaufrecht, das auf dem CISG (Convention on Contracts for the International Sale of Goods) beruht. Für die Bundesrepublik ist das Zustimmungsgesetz vom 5. 7. 1989 (BGBl I S. 586) maßgebend. Die neuen Bestimmungen, die vertraglich abbedungen werden können, gelten für Kauf- und Werklieferungsverträge, aber grundsätzlich nicht über Waren, die dem persönlichen Gebrauch oder dem Gebrauch für Familie und Haushalt dienen. Vgl. hierzu Schwenzer, NJW 1990 S. 602.

Muster

A. Kauf unter Zusicherung von Eigenschaften (vgl. Anm. 1)

1. Die Fa. August Huber, Elektrowarenhandlung in ...., verkauft an Herrn Egon Maier, ..., eine gebrauchte elektrische Waschmaschine, Marke ...., Fabr.-Nr ...... zum Preis von ...... DM (vgl. Anm. 2).

2. *Die Übergabe erfolgt am .... in der Wohnung des Käufers. Die Gefahr geht jedoch bereits mit Abschluß dieses Vertrages auf den Käufer über (vgl. Anm. 3).*
3. *Der Kaufpreis ist in voller Höhe bei Übergabe der Waschmaschine in bar zu entrichten (vgl. Anm. 4).*
4. *Die Verkäuferfirma sichert dem Käufer zu, daß die Waschmaschine beim Vorbesitzer nicht länger als 6 Monate im Gebrauch war und am .... generalüberholt worden ist (vgl. Anm. 5).*

......., den ....   *Fa. August Huber*
                                                         Egon Maier

B. Kauf unter Gewährleistungsbeschränkung (vgl. Anm. 6)

1. *Herr Franz Groß, ..., verkauft hiermit an Herrn Friedrich Klein, ..., eine gebrauchte elektrische Schreibmaschine, Marke ...., Fabr.-Nr. ..... zum Preis von ...... DM.*
2. *Herr Groß wird die Schreibmaschine bis spätestens .... mit der Bahn zum Versand bringen. Die Transportgefahr geht zu Lasten von Herrn Groß (vgl. Anm. 7).*
3. *Der Kaufpreis ist in Höhe von ...... DM mit einem Darlehen verrechnet worden, das Herr Klein am .... Herrn Groß gewährt hat (vgl. Anm. 8). Den Restkaufpreis von ...... DM hat Herr Klein binnen einer Woche nach Erhalt der Schreibmaschine an Herrn Groß zu entrichten.*
4. *Herr Klein hat die Schreibmaschine besichtigt und ausprobiert (vgl. Anm. 9). Im Falle etwaiger Mängel kann Herr Klein lediglich Minderung verlangen, weitere Gewährleistungsansprüche des Käufers sind ausgeschlossen (vgl. Anm. 10).*

......., den ....   *Franz Groß*
                                                         Friedrich Klein

C. Kauf unter Eigentumsvorbehalt (vgl. Anm. 11)

1. *Herr Georg Bichler, ..., hat von der Fa. Josef Häberle in .... seit dem .... ein Cello gemietet. Die monatliche Miete betrug DM ......*
2. *Herr Bichler kauft nunmehr dieses Cello von der Fa. Häberle zum Preis von DM ...... Damit erlischt der Mietvertrag vom ....*
3. *Auf den Kaufpreis wird die von Herrn Bichler bisher bezahlte Miete mit insgesamt DM ...... angerechnet. Eine weitere Zahlung in Höhe von DM ......*

hat Herr Bichler heute geleistet. Der verbleibende Restkaufpreis von DM ...... ist bis zum .... zu entrichten.

4. Bis zur vollständigen Bezahlung des Kaufpreises behält sich die Fa. Häberle das Eigentum vor (vgl. Anm. 12 und 13). Die Unterzeichneten sind sich darüber einig, daß mit der Entrichtung des noch geschuldeten Restkaufpreises das Eigentum an dem bereits im Besitz von Herrn Bichler befindlichen Cello auf diesen übergeht (vgl. Anm. 14).

.........., den ....

Josef Häberle
Georg Bichler

D. Abzahlungskauf (vgl. Anm. 15)

1. Herr Paul Schulze, ..., und seine Ehefrau Mathilde, geb. Seiler, – Käufer – kaufen hiermit von der Fa. Albert Maier & Söhne, Möbelhandlung in ...., – Verkäuferin – eine Schlafzimmereinrichtung Katalog-Nr. ......, bestehend aus ....
....

2. Der Barzahlungspreis beträgt DM ......, der Teilzahlungspreis DM ...... (vgl. Anm. 16). Die Käufer haben heute eine Anzahlung von DM ...... geleistet. Der verbleibende Restbetrag, dem ein effektiver Jahreszins von .... % vom Barzahlungspreis abzüglich der Anzahlung zugrunde liegt, ist in 10 gleichen Monatsraten zu DM ......, fällig jeweils am 20. eines Monats und beginnend am 20. ...., zu bezahlen (vgl. Anm. 17).

3. Bei Zahlungsverzug der Käufer ist die Verkäuferin berechtigt, Verzugszinsen in Höhe von 5 % über dem Bundesbank-Diskontsatz zu verlangen. Andererseits sind die Käufer auch zur vorzeitigen Tilgung ihrer Restschuld berechtigt; in diesem Fall werden ihnen die anteiligen Zinsen – höchstens jedoch für 3 Monate – gutgebracht (vgl. Anm. 18).

4. Geraten die Käufer mit zwei aufeinanderfolgenden Kaufpreisraten ganz oder teilweise in Verzug und erreichen die rückständigen Beträge mindestens ein Zehntel des Teilzahlungspreises, ist die Verkäuferin nach erfolgloser Setzung einer zweiwöchigen Nachfrist mit der Erklärung, bei Nichtzahlung die gesamte Restschuld zu verlangen, zum Rücktritt vom Vertrag berechtigt (vgl. Anm. 19).

Im Falle des Rücktritts kann die Verkäuferin für die von ihr infolge des Vertrages gemachten Aufwendungen sowie für solche Beschädigungen der Möbel, die die Käufer zu vertreten haben, Ersatz verlangen, ferner kann sie eine angemessene Vergütung für die Überlassung und Benutzung der Möbel unter Berücksichtigung der inzwischen eingetretenen Wertminderung fordern (vgl. Anm. 20).

5. *Die Verkäuferin behält sich bis zur völligen Bezahlung des Kaufpreises das Eigentum an den Möbeln vor (vgl. Anm. 21). Für die Dauer des Eigentumsvorbehalts verpflichten sich die Käufer,*
   a) *Über die Möbel weder durch Verkauf, Verpfändung, Vermietung, Verleihung noch sonst in irgendeiner Art zu verfügen;*
   b) *die Möbel pfleglich zu behandeln und sie auf eigene Kosten in Höhe des Kaufpreises gegen Feuer und Einbruchdiebstahlsgefahr zu versichern;*
   c) *von etwaigen Pfändungen oder Beschädigungen der Möbel sowie von einem etwaigen Wohnungswechsel die Verkäuferin unverzüglich zu benachrichtigen.*
   Im Falle der Nichterfüllung dieser Verpflichtungen verwirken die Käufer eine Vertragsstrafe von DM ...... (vgl. Anm. 22).
6. *Für die Verpflichtungen aus diesem Vertrag haften die Käufer als Gesamtschuldner (vgl. Anm. 23). Für die Wirksamkeit einer aufgrund dieses Vertrages abgegebenen Erklärung genügt es, wenn sie von oder gegenüber einem der Käufer abgegeben worden ist.*
   Die Käufer erklären, daß ihnen eine Abschrift dieser Urkunde ausgehändigt worden ist (vgl. Anm. 24).

........., den ....   *Paul Schulze*
                                          Mathilde Schulze
                                          Fa. Albert Maier & Söhne

Hinweis:
Die Käufer können ihre Erklärung binnen einer Frist von einer Woche ab heute gegenüber der Fa. Albert Maier & Söhne, Möbelhandlung in .... schriftlich widerrufen. Zur Fristwahrung genügt die rechtzeitige Absendung des Widerrufschreibens (vgl. Anm. 25).

                                          Paul Schulze
                                          Mathilde Schulze

E. *Kauf nach Probe (vgl. Anm. 26)*

1. *Die Fa. Erwin Berg, Elektrowerkstätte in ...., verpflichtet sich hiermit, der Fa. Richard Grund in .... in der Zeit vom ...... bis ...... monatlich zehn elektrische Schaltanlagen .... zum Preis von je DM ...... zu liefern.*
2. *Für die Beschaffenheit und Qualität der zu liefernden Anlagen ist die der Fa. Grund als Probemuster vorgelegte Schaltanlage maßgebend, deren Eigenschaften als zugesichert gelten (vgl. Anm. 27).*

3. *Die Abrechnung erfolgt am Ende eines jeden Liefermonats.*

........, *den* ....

Fa. Erwin Berg
Fa. Richard Grund

F. Kauf auf Probe (vgl. Anm. 28)

1. *Herr Georg Lohmann,* ...., *verkauft hiermit an Frau Irmgard Wessel,* ...., *einen elektrischen Rasenmäher Marke* ...., *wie besichtigt, auf Probe zum Preis von DM* ...... *Die Übergabe ist bereits erfolgt.*
2. *Die Probezeit läuft bis zum* .... *Wird bis zu diesem Zeitpunkt der Kauf von Frau Wessel nicht widerrufen, so gilt er als endgültig abgeschlossen (vgl. Anm. 29).*
3. *Während der Probezeit hat Frau Wessel den Rasenmäher pfleglich zu behandeln und etwa erforderlich werdende Reparaturen auf ihre Kosten vornehmen zu lassen (vgl. Anm. 30).*
4. *Den Kaufpreis hat Frau Wessel binnen einer Woche nach Ablauf der Probezeit an Herrn Lohmann in bar zu entrichten.*

........, *den* ....

Georg Lohmann
Irmgard Wessel

G. Wiederkauf (vgl. Anm. 31)

1. *Herr Leopold Schwarz,* ...., *verkauft hiermit die ihm gehörige Barocktruhe* ...., *wie besichtigt, zum Preis von DM* ...... *an Herrn Emil Winkler* .... *Herr Winkler wird die Truhe am* ....*abholen. Der Kaufpreis ist bei der Übergabe in bar zu zahlen.*
2. *Zugunsten von Herrn Schwarz und seiner Ehefrau Gerlinde, geb. Bauer, wird ein gemeinschaftliches Wiederkaufsrecht (vgl. Anm. 32) zum Schätzwert (vgl. Anm. 33) vereinbart, das bis zum* .... *ausgeübt werden kann (vgl. Anm. 34).*
3. *Im Falle des Wiederkaufs steht Herrn Winkler für Verwendungen, die er auf den Kaufgegenstand gemacht hat, kein Ersatzanspruch zu (vgl. Anm. 35).*

........, *den* ....

Leopold Schwarz
Emil Winkler

H. Sicherungskauf (vgl. Anm. 36)

1. *Herr Peter Engel,* ...., *verkauft hiermit den ihm gehörigen Fotoapparat, Marke* ...., *an Herrn Erich Schulze,* ...., *zum Preis von DM* ......

2. *Herr Engel schuldet Herrn Schulze an rückständigem Mietzins für die Wohnung im Hause .... aus der Zeit vom .... bis .... einen Betrag von DM .... Diese Forderung von Herrn Schulze wird mit dem Kaufpreisanspruch von Herrn Engel verrechnet; beide Forderungen sind damit erloschen.*

3. *Die Übergabe des Fotoapparates an Herrn Schulze zu dessen Eigentum ist heute erfolgt. Dieser beläßt den Fotoapparat leihweise Herrn Engel auf die Dauer eines Jahres, d. i. bis zum ....*

4. *Bis zu dem vorgenannten Zeitpunkt steht Herrn Engel ein Wiederkaufsrecht zu. Wiederkaufpreis ist der in Ziffer 1 genannte Kaufpreis zuzüglich .... % Zinsen p. a. Die Wirksamkeit der Erklärung über die Ausübung des Wiederkaufsrechtes ist von der gleichzeitigen Entrichtung des Wiederkaufpreises an Herrn Schulze abhängig (vgl. Anm. 37).*

........., den ....   *Peter Engel*
                                               Erich Schulze

Anmerkungen

1) Nicht jede bei Gelegenheit von Kaufverhandlungen über den Kaufgegenstand abgegebene Erklärung des Verkäufers stellt eine „Zusicherung" dar. Eine solche ist nur anzunehmen, wenn ersichtlich wird, daß der Verkäufer für das Vorhandensein einer bestimmten Eigenschaft eine besondere Gewähr übernehmen will. Eine Zusicherung kann aber auch stillschweigend oder durch schlüssige Handlungen erfolgen (BGH, Urt. v. 5. 7. 1972, NJW 1972 S. 1706). In der bloßen Warenbezeichnung liegt grundsätzlich noch keine Zusicherung (BGH, Urt. v. 25. 9. 1968, BB 1968 S. 1217), auch wenn die Ware einer industriellen Norm entsprechen müßte (BGH, Urt. v. 25. 2. 1981, NJW 1981 S. 1501). In der Beschreibung eines Auktionskatalogs (BGH, Urt. v. 13. 2. 1980, NJW 1980 S. 1619), in Angaben einer Gebrauchsanweisung (BGH, Urt. v. 18. 2. 1981, NJW 1981 S. 1269) und im Inhalt einer Zeitungsanzeige (OLG Schleswig, Urt. v. 12. 12. 1978, MDR 1979 S. 935) liegt grundsätzlich ebenfalls keine Zusicherung. Dasselbe gilt für Angaben in der Werbung (BGH, Urt. v. 21. 6. 1967, NJW 1967 S. 1903, und v. 26. 11. 1968, NJW 1969 S. 269), es sei denn, daß solche Angaben über allgemeine, unverbindliche Anpreisungen hinausgehen (OLG Köln, Urt. v. 19. 10. 1971, NJW 1972 S. 162; vgl. auch KG, Urt. v. 31. 1. 1972, MDR 1972 S. 604).

2) Ist der Kauf mindestens auf einer Seite ein Handelsgeschäft und hat er Waren oder Wertpapiere zum Gegenstand, so liegt ein *Handelskauf* vor. Auf diesen finden die Bestimmungen des BGH über den Kauf grundsätzlich Anwendung, doch enthalten die §§ 373 ff. HGB ergänzende und teilweise abweichende Vorschriften. Die wichtige Bestimmung über die Untersuchungs- und Rügepflicht des Käufers (§ 377

HGB) gilt nur, wenn der Kauf beiderseits ein Handelsgeschäft ist (vgl. hierzu BGH, Urt. v. 3. 12. 1975, BB 1976 S. 105).

3) Abweichend von § 446 Abs. 1 BGB, wonach die Gefahr des zufälligen Unterganges und einer zufälligen Verschlechterung der Kaufsache erst mit deren Übergabe auf den Käufer übergeht.

4) Nimmt der Verkäufer einen Scheck oder ein Wechselakzept an, so geschieht dies im Zweifel nur „erfüllungshalber" (§ 364 Abs. 2 BGB). Vgl. hierzu OLG Köln, Beschl. v. 8. 10. 1986, BB 1987 S. 432.

5) Für die Gewährleistungspflicht des Verkäufers bei Fehlen einer zugesicherten Eigenschaft ist es unerheblich, ob ihn ein Verschulden trifft.

6) Zur Frage, ob es zulässig ist, sämtliche Gewährleistungsansprüche des Käufers vertraglich auszuschließen, vgl. OLG Köln, Urt. v. 8. 11. 1972, BB 1972 S. 1519. In AGB ist jedenfalls ein solcher Ausschluß unwirksam (§ 11 Nr. 10a AGBG); vgl. hierzu BGH, Urt. v. 5. 4. 1984, BB 1984 S. 1638, und v. 3. 7. 1985, BB 1985 S. 2071.

7) Abweichend von der gesetzlichen Regelung des § 447 BGB.

8) Insoweit sind die beiderseitigen Ansprüche erloschen (§ 389 BGB).

9) Nur unter diesen Voraussetzungen wird der Käufer bereit sein, einer Einschränkung seiner Gewährleistungsansprüche zuzustimmen.

10) Ausgeschlossen ist demnach ein Wandelungs- und ein Schadenersatzanspruch des Käufers.

11) Der Eigentumsvorbehalt dient dem Sicherungsbedürfnis des Verkäufers, der den Kaufpreis nicht Zug um Zug gegen Übergabe der Kaufsache erhält. In der geschäftlichen Praxis ist der Eigentumsvorbehalt von besonderer Wichtigkeit.

12) Nach § 455 BGB ist bei vereinbartem Eigentumsvorbehalt im Zweifel anzunehmen, daß der Verkäufer zum Rücktritt vom Vertrag berechtigt ist, wenn der Käufer mit der Zahlung des Kaufpreises in Verzug kommt. Erst nach erfolgtem Rücktritt oder erfolgloser Fristsetzung unter Ablehnungsandrohung – nicht schon bei Zahlungsverzug des Käufers – kann der Verkäufer die Herausgabe der Kaufsache verlangen (BGH, Urt. v. 1. 7. 1970, NJW 1970 S. 1733).

13) Neben dem einfachen gibt es auch den sog. verlängerten Eigentumsvorbehalt. Bei diesem darf der Käufer die Ware regelmäßig im gewöhnlichen Geschäftsgang verkaufen, verarbeiten oder verbrauchen, er übereignet dafür aber dem Verkäufer sicherungshalber oder Umbildung geschaffenen Erzeugnisse oder tritt ihm den Anspruch auf den Veräußerungserlös ab.

14) Ist der Käufer bereits im Besitz der Sache, so genügt zur Eigentumsübertragung die diesbezügliche Einigung der Parteien (§ 929 BGB).

15) Das am 1. 1. 1991 in Kraft getretene VerbrKrG behandelt Ratenkredite und Abzahlungskäufe rechtlich gleich und definiert sie als „Kreditverträge, die die Lieferung einer bestimmten Sache oder die Erbringung einer bestimmten anderen Leistung gegen Teilzahlungen zum Gegenstand haben" (§ 4 Abs. 1 Nr. 2). Es müssen also mindestens 2 Raten – außer der bei Übergabe der Kaufsache geleisteten Anzahlung – zu zahlen sein (vgl. BGH, Urt. v. 22. 2. 1978, BB 1978 S. 579). Auf Abzahlungskäufe sind – außer in Bagatellfällen (Barzahlungspreis nicht über 400 DM, Zahlungsaufschub nicht mehr als 3 Monate) – die Bestimmungen des VerbrKrG neben den Vorschriften des BGB über den Kauf anzuwenden. Das VerbrKrG hat das Gesetz betreffend die Abzahlungsgeschäfte (Abzahlungsgesetz) v. 16. 5. 1894 mit späteren

Änderungen abgelöst; dieses bleibt jedoch mit Ausnahme der §§ 6a und 6b (ausschließlicher Gerichtsstand) auf Abzahlungskäufe anwendbar, die bis zum 31. 12. 1990 abgeschlossen wurden.

16) Barzahlungspreis ist der Preis, den der Käufer zu entrichten hätte, wenn spätestens bei Übergabe der Sache der Preis in voller Höhe fällig wäre; die Umsatz-(Mehrwert-)steuer muß darin enthalten sein. Der Teilzahlungspreis besteht aus dem Gesamtbetrag von Anzahlung und allen vom Käufer zu entrichtenden Teilzahlungen einschl. Zinsen und sonstigen Kosten. Bar- und Teilzahlungspreis müssen in der *schriftlichen* Erklärung angegeben sein.

17) Erforderlich ist auch die Angabe des Betrages, der Zahl und der Fälligkeit der einzelnen Teilzahlungen (Teilzahlungsplan) sowie des effektiven Jahreszinses; d. s. Zinsen und sonstige vom Käufer zu entrichtende Kosten (Differenz zwischen Teilzahlungs- und Barzahlungspreis), ausgedrückt als einheitlicher, auf das Jahr bezogener Prozentsatz abzügl. Anzahlung unter Berücksichtigung des Teilzahlungsplanes. Barzahlungspreis und effektiver Jahreszins brauchen jedoch nicht genannt zu werden, wenn der Verkäufer überhaupt nicht gegen bar, sondern nur gegen Teilzahlungen verkauft.

18) Der Zinssatz für Verzugszinsen (5 % über dem Bundesbank-Diskontsatz) gilt nicht, wenn im Einzelfall der Verkäufer einen höheren oder der Käufer einen niedrigeren Schaden nachweist (§ 11 Abs. 1 VerbrKrG). Die Rechtsfolgen vorzeitiger Zahlung durch den Käufer sind in § 14 VerbrKrG behandelt; danach kann der Verkäufer für die ersten 9 Monate der ursprünglich vorgesehenen Laufzeit Zinsen und sonstige laufzeitabhängige Kosten auf jeden Fall verlangen.

19) Nur unter diesen Voraussetzungen ist der Verkäufer zum Rücktritt vom Vertrag berechtigt. Bei einer Laufzeit des Vertrages über 3 Jahre genügt es allerdings, wenn die rückständigen Beträge mindestens ein Zwanzigstel des Teilzahlungspreises erreichen (§ 12 Abs. 1 Nr. 1, § 13 Abs. 1 VerbrKrG).

20) § 13 Abs. 2 VerbrKrG, § 347 BGB.

21) Die Vereinbarung eines Eigentumsvorbehalts (oder einer anderen vom Käufer zu bestellenden Sicherheit) muß im Vertrag über den Abzahlungskauf – nicht etwa außerhalb desselben – getroffen werden (§ 4 Abs. 1 Nr. 2 Buchst. f VerbrKrG). Zum Eigentumsvorbehalt s. auch § 455 BGB.

22) Die verwirkte Vertragsstrafe kann, wenn sie unverhältnismäßig hoch ist, durch gerichtliches Urteil auf einen angemessenen Betrag herabgesetzt werden. Nach Entrichtung der Vertragsstrafe ist jedoch eine Herabsetzung ausgeschlossen (§ 343 BGB).

23) Diese Vereinbarung ist bei Ehegatten-Käufern zweckmäßig, weil sich dann der Verkäufer notfalls auch an die selbst verdienende Ehefrau halten kann. Bei einer Gesamtschuld kann sich der Gläubiger nach seiner Wahl ganz oder teilweise an jeden der Schuldner wenden, die Leistung insgesamt aber nur einmal verlangen (§ 421 BGB).

24) § 4 Abs. 3 VerbrKrG.

25) Nur wenn dieser vom Käufer gesondert zu unterschreibende Hinweis in der Abschrift (Durchschrift) enthalten ist, die der Verkäufer bei jedem Abzahlungskauf dem Käufer auszuhändigen hat, beginnt die Widerrufsfrist zu laufen. Ansonsten erlischt das dem Käufer zustehende Widerrufsrecht erst nach der Lieferung der Ware

und der vollständigen Bezahlung des Kaufpreises, spätestens jedoch ein Jahr nach Abgabe der auf den Abschluß des Kaufvertrages gerichteten Erklärung des Käufers (§ 7 Abs. 1 und 2 VerbrKrG).

26) Zu unterscheiden vom „Kauf zur Probe". Dieser ist ein gewöhnlicher Kauf, bei dem lediglich unverbindlich zum Ausdruck gebracht wird, daß der Käufer weitere Bestellungen aufgeben kann.

27) § 494 BGB. Die Bezugnahme auf die Probe (Muster) dient nur der Vereinfachung, weil es u. U. schwierig ist, im einzelnen festzulegen, welche Eigenschaften der Kaufsache zugesichert werden (vgl. hierzu OLG Frankfurt, Urt. v. 26. 4. 1983, BB 1984 S. 177, und BGH, Urt. v. 7. 10. 1987, BB 1987 S. 2256). Zur Untersuchungspflicht des Käufers beim Handelskauf nach Probe s. OLG Köln, Urt. v. 14. 7. 1986, BB 1988 S. 20.

28) „Auf Probe" wird gekauft, wenn die Wirksamkeit des Kaufes von der ins freie Belieben des Käufers gestellten Billigung des Kaufgegenstandes abhängig sein soll.

29) Schweigen des Käufers wirkt nur dann als Billigung, wenn ihm die Kaufsache übergeben ist. Hat der Käufer nicht die Kaufsache selbst, sondern lediglich ein Muster erhalten, so ist sein Schweigen als Mißbilligung anzusehen.

30) Ungeachtet der bereits erfolgten Übergabe der Kaufsache geht die Gefahr eines zufälligen Untergangs und einer zufälligen Verschlechterung – entgegen § 446 BGB – erst mit der Billigung auf den Käufer über (vgl. Palandt, BGB 51. Aufl. § 495 Rdnr. 7).

31) Das Wiederkaufs-(Rückkaufs-)recht des Verkäufers kann entweder im Kaufvertrag selbst oder nachträglich vereinbart werden.

32) Ein mehreren gemeinschaftlich zustehendes Wiederkaufsrecht kann nur im ganzen ausgeübt werden. Ist es für einen der Berechtigten erloschen (z. B. infolge Ablebens) oder übt es von ihnen sein Recht nicht aus, so können die anderen das Recht im ganzen geltend machen (§ 502 BGB).

33) Als Wiederkaufpreis den Schätzwert zu vereinbaren, ist dann zweckmäßig, wenn für die Zukunft ein Ansteigen dieses Wertes zu erwarten ist (wie z. B. bei Kunstgegenständen), das Ausmaß der Wertsteigerung aber nicht näher abzusehen ist.

34) Ist eine bestimmte Frist für die Ausübung des Wiederkaufsrechtes nicht vereinbart, so gilt bei beweglichen Sachen eine Dreijahresfrist, von der Vereinbarung des Vorbehalts an gerechnet (§ 503 BGB).

35) Abweichend von § 500 BGB, wonach für wertsteigernde Verwendungen Ersatz verlangt werden kann.

36) Der Sicherungskauf ist im Gesetz nicht besonders geregelt. Er dient der Sicherung des Gläubigers (Käufers) wegen einer Forderung gegen den Schuldner (Verkäufer). Diese Forderung wird gewöhnlich mit der Kaufpreisforderung verrechnet und dem Schuldner ein Wiederkaufsrecht eingeräumt. Die Kaufsache wird dem Schuldner leih- oder mietweise überlassen.

37) Nach § 497 Abs. 1 BGB kommt der Wiederkauf mit der Erklärung des Verkäufers gegenüber dem Käufer, daß er das Wiederkaufsrecht ausübe, zustande, ohne daß es des gleichzeitigen Angebots des Wiederkaufspreises bedarf (BGH, Urt. v. 2. 2. 1951, NJW 1951 S. 517). Die im Vertragsmuster vorgesehene Erweiterung der Voraussetzungen für die wirksame Ausübung des Wiederkaufsrechts liegt im Interesse des Käufers.

5. Gebrauchtwagenkauf

Rechtsgrundlage. §§ 433 ff. BGB.

Erläuterungen. Die meisten Gebrauchtfahrzeuge werden heute direkt von Privat an Privat verkauft, also ohne Einschaltung eines Händlers, weil auf diese Weise der preisverteuernd wirkende Anfall von Mehrwertsteuer vermieden wird; allerdings unterliegt seit 1. 7. 1990 nur noch der Unterschiedsbetrag zwischen An- und Verkaufspreis der Besteuerung (§ 25a UStG). Oft finden sich Verkäufer und Käufer auf einem sog. Gebrauchtwagenmarkt, oft aber auch über eine Kleinanzeige in einer Zeitung.

Eine solche vom Verkäufer aufgegebene Anzeige sollte neben Marke und Typ des Kfz mindestens enthalten: Baujahr (Erstzulassung), bisherige Kilometerleistung, nächster TÜV-Termin und Preisvorstellung. Zweckmäßig sind Hinweise auf Ausstattungs-Extras (z. B. Katalysator, Automatikgetriebe, Schiebedach, Alufelgen) und wertbeeinflussende Reparaturen (Austauschmotor mit geringer Kilometerleistung, neues Getriebe o. ä.). Weitere Angaben wie „Liebhaberfahrzeug" oder „Notverkauf" sind wenig sinnvoll. Überflüssig ist der Zusatz „Garagenfahrzeug", weil ein Kfz in einer schlecht belüfteten Garage manchmal schneller rostet als im Freien. Gewisse Hinweise sind – zumindest gegenüber gewieften Gebrauchtwagenkäufern – sogar schädlich; so kann die Angabe „fahrbereit" dahin verstanden werden, daß das Fahrzeug eigentlich nur noch Schrottwert hat, sich aber gerade noch aus eigener Kraft fortbewegen kann, und der Bezeichnung „technisch o. k." läßt sich entnehmen, daß Karosserie, Sitze u. dgl. weitgehend verschlissen sind. Gebräuchlich ist in derartigen Kleinanzeigen die Verwendung von Abkürzungen; dabei ist jedoch darauf zu achten, daß sie für alle Interessenten verständlich sind.

Obwohl der Kaufvertrag über ein Gebrauchtfahrzeug nach dem Gesetz keiner bestimmten Form bedarf, also auch mündlich rechtswirksam abgeschlossen werden kann, liegt *schriftlicher* Abschluß im Interesse beider Vertragsteile. In der Regel entwirft der Verkäufer den Vertragstext, wobei sich das Zurückgreifen auf einen Mustervertrag als hilfreich erweist.

Bei der Veräußerung bzw. dem Erwerb eines Gebrauchtfahrzeugs ist es ratsam, gewisse Punkte zu beachten, um Schwierigkeiten zu vermeiden. Vorsicht ist namentlich dann geboten, wenn man den Vertragspartner – wie in den meisten Fällen – nicht näher kennt. Der *Verkäufer* sollte sich notfalls anhand eines Ausweises vergewissern, ob der Käufer schon 18 Jahre alt, also volljährig ist; ein Minderjähriger bedarf zum Abschluß des Kaufvertrages der Einwilligung seines gesetzlichen Vertreters (§ 107 BGB). Für eine Probefahrt darf das Kfz einem Interessenten nur überlassen werden, wenn dieser den erforderlichen Führerschein besitzt. Mögliche Unannehmlichkeiten erspart man sich, wenn Barzahlung des vollen Kaufpreises bei Übergabe des Kfz vereinbart wird. Eine Annahme von Schecks oder Wechseln sollte abgelehnt werden. Läßt es sich nicht umgehen, dem Käufer Ratenzahlungen zu gewähren, sind die Bestimmungen des Verbraucherkreditgesetzes (vgl. hierzu Nr. 4 Anm. 15 ff.) nicht anwendbar, wenn es sich um einen privaten Verkauf handelt (§ 1 Abs. 1 VerbrKrG). Auf jeden Fall sollte der Fahrzeugbrief dem Käufer nur übergeben werden, wenn der volle Kaufpreis bereits entrichtet ist. Die Verkaufsmeldungen an die Kfz-Zulassungsstelle und die Versicherungsgesellschaft sollten umgehend abgesandt werden.

Der *Käufer* wird vor allem auf einen einwandfreien Zustand des Kfz Wert legen. Eine genaue Untersuchung – evtl. unter Beiziehung eines Fachmanns – und die Durchführung einer Probefahrt sind deshalb unumgänglich. Allerdings darf der Käufer an ein Gebrauchtfahrzeug nicht dieselben Anforderungen wie an einen Neuwagen stellen. Mit gewissen Verschleiß- und Abnützungserscheinungen muß er rechnen; erst ein darüber hinausgehender Mangel stellt einen „Fehler" i. S. des § 459 BGB dar (OLG Koblenz, Urt. v. 8. 10. 1985, MDR 1986 S. 316). Dagegen ist das Fahrzeug regelmäßig fehlerhaft, wenn es infolge Rostschäden nicht mehr zum Verkehr zugelassen werden kann (OLG Karlsruhe, Urt. v. 16. 12. 1987, NJW-RR 1988 S. 1138).

Genau zu überprüfen sind die Eintragungen im Fahrzeugbrief; ergibt sich, daß der Verkäufer nicht der Fahrzeugeigentümer ist, sollte man sich eine schriftliche Verkaufsvollmacht vorlegen lassen. TÜV-Plakette und Fahrzeugschein müssen hinsichtlich des Zeitpunkts der nächsten Hauptuntersuchung übereinstimmen; im übrigen ist zu bedenken, daß der TÜV nur die Verkehrssicherheit, nicht aber die Qualität des Motors, des Getriebes usw. überprüft (OLG Hamm, Urt. v. 5. 2. 1980, NJW 1980 S. 2200). Wurde in das Fahrzeug ein Austauschmotor eingebaut (Eintragung im Fahrzeugbrief ist notwendig!), sollte man sich die Rechnung hierüber zeigen lassen; denn möglicherweise hat der Austauschmotor bereits beim Einbau eine hohe Kilometerleistung aufgewiesen. Will der Käufer die bestehende Kfz-Haftpflichtversicherung und eine etwaige Voll- oder Teilkasko-Versicherung fortsetzen (diese Möglichkeit scheidet aus, wenn die Versicherungsgesellschaft nur bestimmten Personengruppen, z. B. im öffentlichen Dienst stehenden Beamten und Angestellten, offensteht und der Käufer nicht dazu zählt), wird er sich zweckmäßigerweise wegen der Höhe der Prämien vergewissern; kann er sich anderweitig günstiger versichern, muß er sich bei der in Aussicht genommenen Versicherungsgesellschaft die für die Ummeldung erforderliche Doppelkarte besorgen.

Muster

A. Kaufvertrag über ein gebrauchtes Kraftfahrzeug
Herr/Frau ...., geb. am ...., wohnhaft in ...., ...–Straße Nr.
........., – Verkäufer –
veräußert hiermit an
Herrn/Frau ...., geb. am ...., wohnhaft in ...., ...–Straße Nr.
........., – Käufer –
das nachstehend beschriebene gebrauchte Kraftfahrzeug unter Ausschluß jeglicher Gewährleistung (vgl. Anm. 1);
Hersteller .... Typ .... amtl. Kennzeichen .... Fahrgestell-Nr. ....
Fahrzeugbrief-Nr .... Erstzulassung am .... Zahl der Vorbesitzer ....
Kilometerstand .... Original-/Ersatzmotor mit Laufleistung von km ....
Nächste TÜV-Hauptuntersuchung .... Nächste Abgassonderuntersuchung
.... Zusatzausstattung und Zubehör .... Der Kaufpreis beträgt ...... DM
(in Worten: .... DM) und ist wie folgt zu entrichten: ....
...

Der Verkäufer erklärt, daß
– das Fahrzeug sowie Zusatzausstattung und Zubehör sein unbeschränktes Eigentum sind,
– der angegebene km-Stand der tatsächlich zurückgelegten Fahrtstrecke entspricht,
– das Kfz fahrbereit/nicht fahrbereit ist,
– keine ihm bekannten Mängel/folgende Mängel aufweist: ....
– unfallfrei ist/lediglich folgende Unfallschäden erlitten hat (vgl. Anm. 2):
...
– bisher gewerblich/nicht gewerblich genutzt wurde,
– ohne/mit Anhänger betrieben wurde (vgl. Anm. 3),
– für das Fahrzeug folgende Versicherungen bestehen und die Prämien bis zum......... bezahlt sind:
Haftpflichtversicherung bei .... Vers.-Schein-Nr. ....
Teil-/Voll-Kaskoversicherung bei .... Vers.-Schein-Nr. ....
Insassen-Unfallversicherung bei .... Vers.-Schein-Nr. ....
Der Verkäufer wird die Versicherungsgesellschaft(en) vom Verkauf verständigen (vgl. Anm. 4).

Der Käufer erkennt an, daß das Kfz bis zur vollständigen Bezahlung des Kaufpreises Eigentum des Verkäufers bleibt. Er wird das Fahrzeug unverzüglich, spätestens innerhalb von .... Tagen, bei der Kfz-Zulassungsstelle auf seinen Namen ummelden (vgl. Anm. 5). Die für das Kfz bestehende(n) Versicherung(en) behält er bei und wird dem Verkäufer die über den Zeitpunkt der Übergabe des Fahrzeugs hinaus bezahlte(n) Versicherungsprämie(n) unverzüglich erstatten/setzt der Käufer nicht fort und kündigt den/die Versicherungsvertrag(äge) mit sofortiger Wirkung.
Der Käufer hat das Kfz am .... um .... Uhr übergeben erhalten./Die Übergabe des Kfz an den Käufer erfolgt am .... um .... Uhr.
Besondere Vereinbarungen: ....

........., den ....

Unterschriften

B. Empfangsbestätigung zur Vorlage bei der Kfz-Zulassungsstelle (vgl. Anm. 6)
Herr/Frau ...., geb. am ...., Anschrift: ....bestätigt hiermit, daß er/sie das Kraftfahrzeug
Hersteller .... Typ .... amtl. Kennzeichen .... Fahrgestell-Nr. ....
käuflich erworben und bei der am .... um ....Uhr erfolgten Übergabe
Fahrzeugbrief und Fahrzeugschein/Stillegungsbescheinigung (vgl. Anm. 7) ausgehändigt erhalten hat.
........., den ....

Unterschrift des Käufers

C. Begleitbrief
1. An die Kfz-Zulassungsstelle in ....
2. An die .... Versicherungsgesellschaft in ....
Betrifft: Kfz-Verkauf (Kraftfahrt-Versicherungs-Nr ....).
Hiermit zeige ich an, daß ich mein Kraftfahrzeug .... amtl. Kennzeichen .... am .... an Herrn/Frau .... Anschrift: .... veräußert − und ihm/ihr am .... um .... Uhr übergeben habe. Die Empfangsbestätigung des Käufers über den Erhalt von Fahrzeugbrief und Fahrzeugschein/Stillegungsbescheinigung füge ich bei (vgl. Anm. 8).

........., den ....

Unterschrift des Verkäufers

Anmerkungen

1) Beim Verkauf von Gebrauchtfahrzeugen ist ein vertraglicher Gewährleistungsausschluß – auch beim privaten Direktgeschäft – allgemein üblich und auch rechtlich
zulässig (BGH, Urt. v. 21. 3. 1966, NJW 1966 S. 1070, v. 11. 6. 1979, BB 1979 S. 1061,
und v. 21. 1. 1981, BB 1981 S. 757). Der Ausschluß erstreckt sich jedoch nicht auf eine
im selben Vertrag gewährte Zusicherung (Palandt, BGB 51. Aufl. Rdnr. 3 zu § 476).
Solche Zusicherungen liegen in der Angabe der Laufleistung des Fahrzeugs (BGH,
Urt. v. 15. 2. 1984, BB 1984 S. 630) und in der Marken- und Typenbezeichnung, die
dahin zu verstehen ist, daß das Kfz mit einem dem Fahrzeugtyp entsprechenden
Motor ausgerüstet ist (BGH, Urt. v. 3. 11. 1982, BB 1983 S. 1245, und Urt. v.
16. 1. 1985, BB 1985 S. 549; vgl. auch BGH, Urt. v. 17. 4. 1991, BB 1991 S. 1451). Zur
Verharmlosung eines Unfallschadens als Grund zur Anfechtung des Kaufvertrages
wegen arglistiger Täuschung vgl. OLG Köln, Urt. v. 11. 6. 1986, BB 1987 S. 1070.
2) Alle nicht ganz belanglosen Unfallschäden hat der Verkäufer dem Käufer von sich
aus – also auch ungefragt – mitzuteilen. Auf entsprechende Frage erstreckt sich die
Mitteilungspflicht auch auf folgenlose Blechschäden.
3) Beim Betreiben des Kfz mit Anhänger ist auf stärkere Abnutzung der Kupplung und
des Getriebes zu schließen.
4) Die Anzeigepflicht folgt aus §§ 158h, 71 VVG.
5) Die Steuerpflicht des bisherigen Kfz-Halters endet nicht mit der Ummeldung des
Fahrzeugs, sondern in dem Zeitpunkt, zu dem die Anzeige des Verkäufers über die
erfolgte Veräußerung des Kfz bei der Zulassungsstelle eingeht, spätestens mit der
Aushändigung des neuen Fahrzeugscheins an den Erwerber; gleichzeitig beginnt die
Steuerpflicht für den Erwerber (§ 5 Abs. 5 KraftStG).
6) Vgl. § 27 Abs. 3 StVZO.
7) Ist das Kfz stillgelegt, können und müssen dem Käufer nur der Fahrzeugbrief und die
Stillegungsbescheinigung übergeben werden.
8) Dieser Satz ist nur im Schreiben an die Kfz-Zulassungsstelle notwendig.

6. Allgemeine Geschäfts- und Lieferbedingungen

Rechtsgrundlage. Gesetz zur Regelung des Rechts der Allgemeinen Geschäftsbedingungen (AGBG) v. 9. 12. 1976 (BGBl I S. 3317) mit spät. Änd.
Erläuterungen. Allgemeine Geschäftsbedingungen (AGB) sind für eine Vielzahl von Verträgen vorformulierte Vertragsbedingungen (vgl. zu diesem Begriff
BGH, Urt. v. 22. 9. und 30. 9. 1987, BB 1988 S. 13 f.), die eine Vertragspartei –
meist ein Unternehmen oder Unternehmensverband – der anderen bei Abschluß
eines Vertrages stellt. Für die Eigenschaft als AGB ist es unerheblich, ob die
Bestimmungen einen äußerlich gesonderten Bestandteil des Vertrages bilden

oder in die Vertragsurkunde selbst aufgenommen werden, welchen Umfang sie haben, in welcher Schriftart sie verfaßt sind und in welcher Form (privatschriftlich oder notariell beurkundet) der Vertrag abgeschlossen wird.

Das AGBG verfolgt den Zweck, den Vertragsteil, der AGB unterworfen wird – insbesondere den Letztverbraucher –, vor unangemessenen, einseitig vorformulierten Vertragsbedingungen zu schützen (über Erfahrungen mit dem AGBG: Ulmer, BB 1982 S. 584, und Bohle/Micklitz, Beilage 11 zu BB Heft 28/1983). Hervorzuheben sind folgende Regelungen:

● AGB werden nur dann Vertragsbestandteil, wenn der Verwender bei Vertragsabschluß die andere Vertragspartei ausdrücklich (mündlich oder schriftlich) oder evtl. durch einen deutlich sichtbaren Aushang am Ort des Vertragsschlusses auf sie hinweist (vgl. hierzu OLG Hamm, Urt. v. 8. 6. 1979, BB 1979 S. 1789) und ihr die Möglichkeit der Kenntnisnahme verschafft (zur Notwendigkeit guter Lesbarkeit der AGB vgl. BGH, Urt. v. 30. 5. 1983, BB 1983 S. 2074, und OLG Hamburg, Urt. v. 14. 4. 1987, BB 1987 S. 1703), ferner, wenn die andere Vertragspartei – ohne daß es ihrer erklärten Zustimmung bedarf – mit der Geltung der AGB einverstanden ist. Die Vertragsparteien können aber von vornherein für eine bestimmte Art von Rechtsgeschäften die Geltung von AGB vereinbaren (zur stillschweigenden Vereinbarung im Rahmen laufender Geschäftsbeziehungen s. BGH, Urt. v. 7. 6. 1978, BB 1978 S. 1085).

● Auch bei Vorliegen dieser Voraussetzungen werden ganz ungewöhnliche Klauseln, mit denen der Vertragspartner nicht zu rechnen braucht, nicht Vertragsbestandteil.

● Unklarheiten in AGB gehen zu Lasten desjenigen, der die AGB verwendet. Es ist deshalb wesentlich, daß sie klar und eindeutig abgefaßt werden.

● AGB sind unwirksam, wenn sie den Vertragspartner des Verwenders entgegen den Geboten von Treu und Glauben unangemessen benachteiligen. Eine unangemessene Benachteiligung ist anzunehmen, wenn eine Klausel mit wesentlichen Grundgedanken der gesetzlichen Regelung, von der sie abweicht, nicht zu vereinbaren ist, oder wenn sie wesentliche Rechte und Pflichten, die sich aus der Natur des Vertrages ergeben, derart einschränkt, daß das Erreichen des Vertragszwecks gefährdet ist.

● Darüber hinaus erklärt das AGBG bestimmte Klauseln für unwirksam. Dabei wird zwischen Bestimmungen unterschieden, die stets unwirksam sind, und solchen, bei denen die Unwirksamkeit erst anhand der Umstände des Einzelfalles festgestellt werden muß. Diese Klauselverbote beziehen sich nur auf den Rechtsverkehr mit Letztverbrauchern, nicht aber auf Rechtsgeschäfte zwischen

Kaufleuten. Zur teilweisen Aufrechterhaltung unwirksamer AGB-Klauseln vgl.
BGH, Urt. v. 24. 9. 1985, BB 1986 S. 1186, sowie Urt. v. 19. 9. und 28. 4. 1983,
BB 1983 S. 1873 und 2015, ferner OLG Düsseldorf, Urt. v. 31. 1. 1980, BB 1980
S. 388, OLG Hamm, Urt. v. 9. 10. 1981, BB 1982 S. 455, und LG Hannover, Urt.
v. 14. 1. 1981, BB 1981 S. 324.

● Die Verwendung oder Empfehlung unwirksamer AGB-Klauseln führt zu
Unterlassungs- oder Widerrufsansprüchen, die jedoch nur von Verbraucherver-
bänden (vgl. jedoch OLG München, Beschl. v. 9. 2. 1978, BB 1978 S. 1183),
gewerblichen Verbänden, Industrie- und Handelskammern oder Handwerks-
kammern geltend gemacht werden können (zur Wiederholungsgefahr s. OLG
München, Beschl. v. 19. 11. 1980, BB 1981 S. 74).

● Ist ein Unternehmer dazu verurteilt worden, eine bestimmte Klausel in AGB
zu unterlassen und verwendet er die beanstandete oder eine inhaltsgleiche
Klausel später bei Abschluß eines Vertrages mit einem anderen Kunden erneut,
so kann sich dieser auf die Wirkung des Unterlassungsurteils berufen. Das
bewirkt, daß diese Klausel auch ihm gegenüber als unwirksam anzusehen ist.

● Beim Bundeskartellamt in Berlin (Anschrift: Mehringdamm 129, W-1000
Berlin 61) ist ein Register eingerichtet, in dem alle rechtskräftigen Entscheidungen über AGB-Klauseln erfaßt werden (vgl. Hardieck, BB 1979 S. 708 und 1635,
sowie Hennig/Jarre, BB 1980 S. 1161). Hierüber wird Auskunft an jeden erteilt,
der eine entsprechende Anfrage an die Behörde richtet. Das Auskunftsersuchen
muß enthalten Namen und Anschrift des AGB-Verwenders oder -Empfehlers
sowie die AGB-Klausel im Wortlaut, bei der es darum geht, ob sie bereits
Gegenstand einer Klage war.

● Einige Bestimmungen des AGBG – so u. a. die Vorschriften über die Einbeziehung von AGB in einen Vertrag und über spezielle Klauseln – sind *nicht
anzuwenden gegenüber Kaufleuten* (Voll- und Minderkaufleuten), wenn der
Vertrag, in dem die AGB verwendet werden, zum Betrieb ihres Handelsgewerbes gehört. Alle anderen Bestimmungen des Gesetzes gelten jedoch auch insoweit, insbesondere die allgemeine Vorschrift über die Unwirksamkeit von AGB-
Klauseln.

Muster

A. *Allgemeine Geschäfts- und Lieferbedingungen für Fabrikationsbetriebe*

§ 1 Zustandekommen des Kaufvertrages
(1) Alle Aufträge bedürfen einer schriftlichen Bestätigung des Verkäufers. Der Kaufvertrag kommt erst mit dieser Bestätigung zustande. Der Inhalt der Bestätigung ist ausschließlich maßgebend (vgl. Anm. 1).
(2) Mündliche, fernmündliche, fernschriftliche und telegrafische Abmachungen sind nur dann verbindlich, wenn sie nachträglich schriftlich bestätigt werden (vgl. Anm. 2).

§ 2 Abnahme der Ware
(1) Die Kosten der Abnahme und der Versendung der Ware nach einem anderen Ort als dem Erfüllungsort fallen von der Versandstation an dem Käufer zur Last. Die Wahl des Versandweges und der Versandart bleibt dem Verkäufer überlassen.
(2) Ist frachtfreie Lieferung vereinbart, so hat der Käufer die Kosten der Fracht und die unmittelbar dazugehörenden Nebenkosten zu verauslagen. Er ist berechtigt, diese Kosten vom Rechnungsbetrag abzuziehen. Die Fracht wird nach den am Tage der Berechnung gültigen Frachtsätzen vergütet. Jede Erhöhung der Frachtkosten durch nachträgliche Änderung der Verpackungsart, des Beförderungsweges, des Bestimmungsorts oder ähnlicher auf die Frachtkosten einwirkender Umstände hat der Käufer zu tragen. Frachtersparnis bei Änderung des Bestimmungsorts oder anderer auf die Frachtkosten einwirkender Umstände wird nicht vergütet.
(3) Werden Waren vom Lager des Herstellers zur ausschließlichen Verfügung des Käufers bereitgehalten oder zur Anfertigung ohne Versandbestimmungen verkauft (Abrufposten), so hat sie der Käufer innerhalb von 6 Wochen nach Meldung der Fertigstellung abzunehmen.
(4) Transportversicherung und sonstige Versicherungen der Ware gehen zu Lasten des Käufers.

§ 3 Gefahrenübergang
Die Gefahr geht auf den Käufer über, sobald die Ware das Herstellerwerk verläßt, auch wenn frachtfreie Lieferung vereinbart ist.

§ 4 Lieferfrist (vgl. Anm. 3)
Die Lieferzeit beginnt mit dem Tag der Absendung der Auftragsbestätigung und endet mit dem Tag, an dem die Ware das Lieferwerk verläßt, es sei denn, daß feste Liefertermine vereinbart sind. Verlangt der Käufer nach Abgabe der

Auftragsbestätigung Änderungen des Auftrags, so beginnt die Lieferzeit erst mit der Bestätigung der Änderung.

§ 5 Mängelrüge
(1) Die Ware ist unverzüglich nach dem Eintreffen am Bestimmungsort zu untersuchen und mit der Sorgfalt eines ordentlichen Kaufmanns zu hehandeln. Die Untersuchungspflicht besteht auch dann, wenn Ausfallmuster übersandt sind. Unterbleibt die Untersuchung, so ist jegliche Gewährleistungspflicht des Verkäufers für Mängel der Ware ausgeschlossen.
(2) Die Beschaffenheit der Ware gilt als genehmigt, wenn eine Mängelrüge nicht binnen 10 Werktagen nach Eintreffen der Ware am Bestimmungsort beim Verkäufer eingeht (vgl. Anm. 4).
(3) Verborgene Mängel, die bei unverzüglicher Untersuchung nicht zu entdek-ken sind, können nur dann gegen den Verkäufer geltend gemacht werden, wenn die Mängelanzeige innerhalb von 3 Monaten nach der Absendung der Ware beim Verkäufer eingegangen ist (vgl. Anm. 5).
(4) Ist die Ware mangelhaft, so ist der Käufer berechtigt, Herabsetzung des Kaufpreises (Minderung) oder Lieferung mangelfreier Ware gegen Rückgabe der gelieferten Ware zu verlangen. Weitere Gewährleistungsansprüche des Käufers sind ausgeschlossen (vgl. Anm. 6).

§ 6 Höhere Gewalt
Treten Ereignisse ein, die den Verkäufer an der Lieferung hindern, wie höhere Gewalt, Streik, Betriebsstörungen, Rohstoffmangel, Krieg, Versandsperren, Eingriffe staatlicher Behörden oder ähnliche Umstände, die der Verkäufer nicht zu vertreten hat, so entfällt die Lieferpflicht des Verkäufers für die Dauer des Bestehens des Hinderungsgrundes. Der Verkäufer ist in diesem Fall auch berechtigt, mit sofortiger Wirkung vom Vertrag ganz oder teilweise zurückzu-treten. Dem Käufer stehen in diesem Fall keinerlei Schadenersatzansprüche gegen den Verkäufer zu (vgl. Anm. 7).

§ 7 Abnahmeverzug des Käufers
(1) Gerät der Käufer mit der Abnahme der ordnungsgemäß gelieferten Ware in Verzug, so kann der Verkäufer nach Setzung einer angemessenen Nachfrist, die mindestens ...... Tage betragen muß, vom Vertrag zurücktreten oder Schadener-satz wegen Nichterfüllung verlangen.
(2) Statt dessen ist der Verkäufer berechtigt, innerhalb einer angemessen verlängerten Lieferfrist gleichartige Ware zu den vereinbarten Bedingungen zu liefern.

§ 8 Zahlungsfrist
(1) Die Rechnungen sind zahlbar innerhalb von ...... Tagen nach Zugang.
(2) Wird die Zahlungsfrist überschritten, so ist der Verkäufer berechtigt, ohne weitere Mahnung vom Zeitpunkt der Fälligkeit an die gesetzlichen Verzugszinsen, mindestens aber .... % Zinsen jährlich über dem jeweiligen Diskontsatz der Deutschen Bundesbank, zu verlangen (vgl. Anm. 8).

§ 9 Verschlechterung der Zahlungsfähigkeit des Käufers
(1) Verschlechtert sich die Zahlungsfähigkeit des Käufers im Zeitraum zwischen dem Zugang der Auftragsbestätigung und der Lieferung oder wird dem Verkäufer nachträglich bekannt, daß gegen die Zahlungsfähigkeit des Käufers Bedenken bestehen, so ist der Verkäufer berechtigt, Zahlung vor Eintritt des vereinbarten Zahlungstermins zu verlangen, ausstehende Lieferungen zurückzubehalten oder vom Vertrag zurückzutreten (vgl. Anm. 9).
(2) Die vereinbarten Zahlungstermine sind auch dann einzuhalten, wenn Gewährleistungsansprüche geltend gemacht werden (vgl. Anm. 10).

§ 10 Zahlung des Kaufpreises
(1) Alle Kosten für die Übermittlung des Rechnungsbetrages an den Verkäufer trägt der Käufer. Der Verkäufer übernimmt keine Haftung dafür, daß Wechsel, Schecks oder andere zahlungshalber gegebene Papiere rechtzeitig vorgelegt oder zu Protest gegeben werden.
(2) Die Gefahr der Übermittlung des Rechnungsbetrages an den Verkäufer oder die von diesem angegebene Zahlstelle trägt der Käufer. Die Verpflichtung des Käufers zur Zahlung des Kaufpreises ist erst erfüllt mit dem Eingang des Betrages beim Verkäufer, bei dessen Zahlstelle oder mit dem Eingang auf dessen Bank- oder Postscheckkonto.

§ 11 Eigentumsvorbehalt
(1) Die gelieferte Ware bleibt bis zur vollständigen Bezahlung sämtlicher Forderungen des Verkäufers aus der Geschäftsverbindung mit dem Käufer in Haupt- und Nebensache Eigentum des Verkäufers.
(2) Der Käufer ist jederzeit widerruflich berechtigt, die gelieferten Gegenstände im ordnungsgemäßen Geschäftsverkehr zu verarbeiten oder mit anderen zu verbinden. Die Verarbeitung oder Verbindung erfolgt für den Verkäufer, der Eigentum an den durch die Verarbeitung oder Verbindung entstehenden Gegenständen erwirbt. Soweit durch die Verarbeitung das Eigentum des Verkäufers an der Ware untergeht, überträgt der Käufer dem Verkäufer bereits heute das Eigentum an dem durch die Verarbeitung entstehenden neuen Gegenstand (vgl. Anm. 11).
(3) Der Käufer ist jederzeit widerruflich berechtigt, die Ware im ordnungsge-

mäßen Geschäftsverkehr weiterzuveräußern. Er tritt bereits heute seine Forderungen aus der Weiterveräußerung an den Verkäufer ab. Steht die Ware im Eigentum des Verkäufers und dritter Personen, so tritt der Käufer an den Verkäufer die Forderungen aus der Weiterveräußerung zu demjenigen Bruchteil ab, der dem Miteigentumsanteil des Verkäufers entspricht.

(4) Zu anderen Verfügungen über die Vorbehaltsware ist der Käufer nicht berechtigt.

(5) Der Käufer ist solange berechtigt und verpflichtet, an den Verkäufer abgetretene Forderungen einzuziehen, als der Verkäufer diese Ermächtigung nicht ausdrücklich widerrufen hat.

(6) Der Käufer hat die Ware sorgfältig zu verwahren und auf seine Kosten ausreichend gegen Diebstahl und Feuer zu versichern.

§ 12 Erfüllungsort und Gerichtsstand
Erfüllungsort für alle sich aus dem Liefergeschäft ergebenden Verbindlichkeiten und Gerichtsstand für alle Streitigkeiten aus diesem Liefergeschäft ist
... (vgl. Anm. 12).

§ 13 Nichtigkeit einzelner Klauseln
Sollten einzelne Bestimmungen dieser Allgemeinen Geschäfts- und Lieferbedingungen unwirksam sein oder werden, so bleibt deren Wirksamkeit im übrigen unberührt (vgl. Anm. 13).

Anmerkungen

1) Allerdings nur dann, wenn die Bestätigung inhaltlich dem Antrag entspricht, sonst gilt sie als Ablehnung, verbunden mit einem neuen Antrag (§ 150 Abs. 2 BGB).
2) Ungeachtet dieser Klausel sind mündliche Abreden gleichwohl wirksam, wenn dies der Absicht der Parteien entspricht oder wenn die Berufung einer Partei auf den Formmangel gegen Treu und Glauben verstößt (Palandt, BGB 51. Aufl. Rdnr. 8 zu § 125, und OLG Köln, Urt. v. 15. 10. 1975, BB 1976 S. 106). Das AGBG (§ 4) bestimmt ausdrücklich, daß individuelle Vertragsabreden den Vorrang vor AGB haben (s. hierzu Baumann, BB 1980 S. 551).
3) Gegenüber Letztverbrauchern ist eine AGB-Klausel im allgemeinen unwirksam, wenn sich der Unternehmer für die Annahme oder Ablehnung eines Angebots oder für die Erbringung einer Leistung eine unangemessen lange oder nicht hinreichend bestimmte Frist vorbehält (§ 10 Nr. 1 AGBG).
4) Eine Klausel, wonach eine Erklärung des Vertragspartners bei Vornahme oder Unterlassung einer bestimmten Handlung als von ihm abgegeben oder nicht abgegeben gilt, ist in AGB gegenüber Letztverbrauchern grundsätzlich unwirksam, es sei denn, daß dem Vertragspartner eine angemessene Frist zur Abgabe einer ausdrückli-

chen Erklärung eingeräumt ist und der Verwender sich verpflichtet, den Vertragspartner bei Fristbeginn auf die vorgesehene Bedeutung seines Verhaltens besonders hinzuweisen (§ 10 Nr. 5 AGBG; sog. Fiktionsklausel).

5) Bei einem Vertrag über die Lieferung neu hergestellter Sachen darf der Verwender der AGB einem Letztverbraucher für die Anzeige nicht offensichtlicher Mängel keine Ausschlußfrist setzen, die kürzer ist als die Verjährungsfrist für den gesetzlichen Gewährleistungsanspruch (§ 11 Nr. 10e AGBG). Nach § 477 Abs. 1 BGB verjähren die Gewährleistungsansprüche des Käufers beweglicher Sachen, sofern nicht der Verkäufer den Mangel arglistig verschwiegen hat, in 6 Monaten nach Ablieferung. – Gegenüber Kaufleuten kann die Rügefrist kürzer bemessen werden, nur darf dies nicht zu einer unangemessenen Benachteiligung des Käufers führen (§§ 9, 24 AGBG).

6) Bei Fehlen einer zugesicherten Eigenschaft oder bei arglistigem Verschweigen eines Fehlers durch den Verkäufer kann der Käufer nach dem Gesetz (§ 463 BGB) statt der Wandelung oder Minderung Schadenersatz wegen Nichterfüllung verlangen. Gegenüber Letztverbrauchern kann dieser Schadenersatzanspruch durch eine AGB-Klausel nicht wirksam ausgeschlossen oder eingeschränkt werden (§ 11 Nr. 11 AGBG). Zur Minderung des Kaufpreises vgl. BGH, Urt. v. 7. 10. 1981 und v. 30. 6. 1982, BB 1982 S. 2072, sowie Fehl, BB 1983 S. 223.

7) Da die vorgesehenen Rechtsfolgen – vorübergehende Befreiung des Verkäufers von der Lieferungspflicht, Rücktrittsrecht des Verkäufers und Ausschluß von Schadenersatzansprüchen des Käufers – nur an das Vorliegen vom Verkäufer nicht zu vertretender Umstände geknüpft sind, bestehen gegen die Wirksamkeit dieser Klauseln selbst gegenüber Letztverbrauchern keine Bedenken (§ 10 Nr. 3, § 11 Nr. 8b AGBG).

8) Einem Kaufmann können für den Fall einer Überschreitung der Zahlungsfrist auch ohne die sonst erforderliche Mahnung durch den Verkäufer (§ 284 Abs. 1 BGB) durch AGB Verzugszinsen auferlegt werden (vgl. sonst § 11 Nr. 4 AGBG). Vgl. jedoch OLG Hamm, Urt. v. 12. 3. 1986, BB 1986 S. 1464.

9) Der Rücktrittsvorbehalt zugunsten des Verkäufers ist hier sachlich gerechtfertigt (vgl. § 321 BGB). Die Klausel wäre deshalb auch gegenüber Letztverbrauchern zulässig (§ 10 Nr. 3 AGBG).

10) Darin liegt kein Aufrechnungsverbot. In AGB gegenüber Letztverbrauchern ist ein Aufrechnungsverbot nur mit gewissen Einschränkungen wirksam (§ 11 Nr. 3 AGBG).

11) Sog. erweiterter Eigentumsvorbehalt. Er ist gegenüber einem Letztverbraucher unzulässig (OLG Frankfurt, Urt. v. 11. 9. 1980, BB 1980, S. 1489, mit Anm. Braun, BB 1981, S. 632). Zur Auslegung eines erweiterten Eigentumsvorbehalts vgl. BGH, Urt. v. 20. 3. 1985, BB 1985 S. 1085 und 1150.

12) Gerichtsstandvereinbarungen sind im wesentlichen nur noch zwischen Vollkaufleuten zulässig (§ 38 ZPO).

13) Anstelle unwirksamer AGB-Klauseln gilt die gesetzliche Regelung. Die Verwendung unzulässiger Klauseln führt nur dann zur Unwirksamkeit des gesamten Vertrages, wenn das Festhalten an ihm für eine Vertragspartei eine unzumutbare Härte darstellen würde (§ 6 AGBG). Vgl. hierzu BGH, Urt. v. 29. 2. 1984, BB 1984 S. 1508.

B. *Allgemeine Geschäfts- und Lieferbedingungen für den Großhandel*

§ 1 Geltung der AGB
Nachstehende Geschäfts- und Lieferbedingungen gelten für alle Liefergeschäfte des Verkäufers. Abweichende Bestimmungen, insbesondere Einkaufsbestimmungen des Käufers, werden nur dann Vertragsbestandteil, wenn dies ausdrücklich schriftlich vereinbart ist (vgl. Anm. 1).

§ 2 Zustandekommen des Vertrags
(1) Angebote des Verkäufers sind unverbindlich. Aufträge und alle Lieferverträge werden erst mit der schriftlichen Bestätigung durch den Verkäufer für diesen bindend.
(2) Proben gelten als Durchschnittsmuster. Die Muster bleiben Eigentum des Verkäufers.

§ 3 Kaufpreis und Nebenkosten
(1) Zur Berechnung kommt der am Tage der Lieferung nach der Preisliste des Verkäufers geltende Preis (vgl. Anm. 2). Festpreise bedürfen der ausdrücklichen schriftlichen Vereinbarung.
(2) Verpackungskosten, Leih- und Abnützungsgebühren für Verpackungsmaterial sowie die Kosten der etwaigen Rücksendung des Verpackungsmaterials gehen zu Lasten des Käufers.
(3) Ist frachtfreie Lieferung vereinbart, so sind die Kosten der Fracht und die dazugehörenden Nebenkosten vom Käufer zu verauslagen. Der Käufer ist berechtigt, diese Kosten am Rechnungsbetrag zu kürzen. Die Angabe von Frachtkosten ist unverbindlich. Den Preisen liegen die am Tage des Angebots geltenden Fracht- und Versandkosten zugrunde. Veränderungen dieser Kosten bis zum Zeitpunkt der Lieferung gehen zugunsten oder zu Lasten des Käufers (vgl. Anm. 3).

§ 4 Gefahrenübergang
(1) Die Gefahr des Untergangs, der Verschlechterung und der Versendung geht in allen Fällen auf den Käufer über, sobald der Liefergegenstand die Geschäfts- oder Lagerräume des Verkäufers verläßt: dies gilt auch bei Lieferung frei Haus.
(2) Verzögert sich die Absendung der Ware aus einem Grund, den der Verkäufer nicht zu vertreten hat, so geht die Gefahr bereits mit der Anzeige der Versandbereitschaft auf den Käufer über. Dasselbe gilt, wenn der Verkäufer von einem Zurückbehaltungsrecht Gebrauch macht.

§ 5 Lieferfrist

Vereinbarte Liefertermine sind unverbindlich, es sei denn, daß in der schriftlichen Auftragsbestätigung ausdrücklich etwas anderes bestimmt ist. Ist eine Lieferfrist verbindlich vereinbart, so verlängert sich diese Frist angemessen bei Vorliegen höherer Gewalt (Verkehrsstockungen und -behinderungen, Mangel an Transportmitteln, Streiks, Krieg). Wird eine verbindliche Lieferfrist um mehr als ...... Wochen überschritten, so ist der Käufer berechtigt, nach Ablauf einer angemessenen Nachfrist von mindestens 30 Tagen vom Vertrag zurückzutreten (vgl. Anm. 4). Die Nachfrist muß schriftlich gesetzt werden. Der Rücktritt vom Vertrag muß durch eingeschriebenen Brief erklärt werden (vgl. Anm. 5). Das Recht zum Rücktritt kann nur innerhalb von 2 Wochen nach Ablauf der Nachfrist vom Käufer ausgeübt werden. Ein Schadenersatzanspruch des Käufers wegen verspäteter Lieferung ist in allen Fällen ausgeschlossen (vgl. Anm. 6).

§ 6 Abnahmeverweigerung

Verweigert der Käufer die Abnahme der Ware, so kann ihm der Verkäufer eine angemesse Frist zur Abnahme setzen. Hat der Käufer die Ware innerhalb der ihm gesetzten Frist nicht abgenommen, so ist der Verkäufer berechtigt, von dem Vertrag zurückzutreten oder Schadenersatz wegen Nichterfüllung zu verlangen (vgl. Anm. 7).

§ 7 Bezahlung des Kaufpreises

Soweit nichts anderes ausdrücklich vereinbart ist, sind die Zahlungen innerhalb von ...... Tagen seit Empfang der Rechnung zu leisten. Skonto wird nur aufgrund ausdrücklicher schriftlicher Vereinbarung gewährt. Ein vereinbarter Skontoabzug wird vom Nettorechnungsbetrag nach Abzug von Rabatt, Frachtkosten und sonstigen Kosten berechnet. Der Verkäufer ist nicht verpflichtet, Wechsel oder Schecks in Zahlung zu nehmen. Werden sie angenommen, so erfolgt die Annahme nur erfüllungshalber. Einziehungs- und Diskontkosten sowie die Wechselsteuer trägt der Käufer. Diese Kosten sind dem Verkäufer zusammen mit dem Rechnungsbetrag zu vergüten. Für rechtzeitige Vorzeigung, Protestierung, Benachrichtigung und Rückleitung des Wechsels im Falle der Nichteinlösung übernimmt der Verkäufer keine Gewähr.

§ 8 Zahlungsverzug des Käufers

(1) Wird die Zahlungsfrist überschritten, so hat der Käufer dem Verkäufer Verzugszinsen in Höhe von ... % über dem jeweiligen Diskontsatz der Deutschen Bundesbank zu bezahlen. Die Geltendmachung eines weiteren Verzugsschadens bleibt ausdrücklich vorbehalten (vgl. Anm. 8).

(2) Im Falle der Zahlungseinstellung, der Stellung eines Antrags auf Eröffnung

des Konkurses oder des Vergleichsverfahrens durch den Käufer ist der Verkäufer berechtigt, Vorauszahlung oder Sicherheitsleistung zu verlangen.

§ 9 Gewährleistung
(1) Gewährleistungsansprüche des Käufers wegen Mängel der Ware bestehen nur, wenn der Käufer diese Mängel spätestens innerhalb von 3 Tagen nach Ablieferung der Ware, in jedem Falle aber vor deren Verarbeitung oder Einbau, dem Verkäufer schriftlich anzeigt.
(2) Das Recht des Käufers, Rückgängigmachung des Kaufes (Wandelung) zu verlangen, ist ausgeschlossen. Der Käufer hat lediglich Anspruch auf Herabsetzung des Kaufpreises (Minderung) (vgl. Anm. 9).

§ 10 Eigentumsvorbehalt (vgl. Anm. 10)
(1) Alle Lieferungen erfolgen unter Eigentumsvorbehalt. Die gelieferte Ware bleibt bis zur vollständigen Bezahlung des Kaufpreises und aller sonstigen Forderungen des Verkäufers gegen den Käufer aus der laufenden Geschäftsverbindung (bei Bezahlung durch Scheck oder Wechsel bis zu deren Einlösung) Eigentum des Verkäufers.
(2) Wird die Ware durch den Käufer verarbeitet, so erfolgt die Verarbeitung für den Verkäufer, der damit als Hersteller im Sinne des § 950 BGB gilt und das Eigentum an dem Zwischen- oder Enderzeugnis erwirbt. Bei Verarbeitung mit anderen, nicht dem Käufer gehörenden Waren erwirbt der Verkäufer Miteigentum an der neuen Sache im Verhältnis des Wertes der von ihm gelieferten Ware zum Wert der fremden Waren im Zeitpunkt der Verarbeitung. Wird die Vorbehaltsware vom Käufer als wesentlicher Bestandteil in das Grundstück eines Dritten eingebaut, so tritt der Käufer dem Verkäufer schon jetzt den ihm hieraus entstehenden Vergütungsanspruch gegen den Dritten ab (vgl. Anm. 11).
(3) Der Käufer ist berechtigt, die Ware oder das verarbeitete Erzeugnis im ordnungsgemäßen Geschäftsgang zu veräußern. Er tritt schon heute seine sämtlichen Forderungen gegen den Erwerber aus der Weiterveräußerung an den Verkäufer zu dessen Sicherung ab. Der Käufer ist zum Einzug der Forderungen ermächtigt und verpflichtet, solange der Verkäufer diese Ermächtigung nicht widerruft.
(4) Die Einziehungsermächtigung des Käufers erlischt ohne ausdrückliche Erklärung des Verkäufers, wenn der Käufer seine Zahlungen einstellt. Der Verkäufer wird von seiner Einziehungsbefugnis keinen Gebrauch machen, solange der Käufer seinen Zahlungsverpflichtungen nachkommt.

§ 11 Aufrechnung
Der Käufer verzichtet auf die Geltendmachung von Zurückbehaltungsrechten.

Die Aufrechnung durch den Käufer mit Gegenforderungen ist nur insoweit zugelassen, als diese Gegenforderungen vom Verkäufer anerkannt sind (vgl. Anm. 12).

§ 12 Erfüllungsort und Gerichtsstand

Erfüllungsort für alle sich aus dem Liefergeschäft ergebenden Verbindlichkeiten und Gerichtsstand für alle Streitigkeiten im Zusammenhang mit dem Liefergeschäft ist der Ort der Hauptniederlassung des Verkäufers (vgl. Anm. 13).

§ 13 Nichtigkeit einzelner Klauseln

Sind oder werden einzelne Bestimmungen dieser Geschäfts- und Lieferbedingungen ungültig, so wird hierdurch die Gültigkeit der übrigen Bestimmungen nicht berührt (vgl. Anm. 14).

Anmerkungen

1) Bei einander widersprechenden AGB der Vertragsparteien gilt die gesetzliche Regelung (vgl. BGH, Urt. v. 12. 5. 1980, BB 1980 S. 1010, OLG Hamm, Urt. v. 6. 7. 1978, BB 1979 S. 701, und OLG Köln, Urt. v. 19. 3. 1980, BB 1980 S. 1237). Trotz kollidierender AGB kann der Vertrag zustande kommen (OLG Koblenz, Urt. v. 14. 7. 1983, BB 1984 S. 1319, und OLG Hamm, Urt. v. 11. 7. 1983, BB 1983 S. 1814).

2) Diese Klausel wäre nach § 11 Nr. 1 AGBG unwirksam, wenn das Großhandelsunternehmen neben dem Handel auch Letztverbraucher unmittelbar beliefert, es sich also um einen sog. Gemischtbetrieb handelt. Vgl. auch LG Frankfurt/M., Urt. v. 15. 10. 1974, BB 1975 S. 580. Zur Abwälzung einer MWSt-Erhöhung vgl. BGH, Urt. v. 23. 4. 1980 und 28. 1. 1981, BB 1980 S. 906 und 1981 S. 520.

3) Eine solche Klausel verstößt auch in AGB gegenüber Letztverbrauchern nicht gegen § 11 Nr. 1 AGBG.

4) Nach § 10 Nr. 2 AGBG kann eine Klausel unwirksam sein, durch die sich der Verwender der AGB für die von ihm zu bewirkende Leistung entgegen § 326 Abs. 1 BGB eine unangemessen lange oder nicht hinreichend bestimmte Nachfrist vorbehält. Dies gilt jedoch nicht bei Verwendung der AGB gegenüber einem Kaufmann (§ 24 Nr. 1 AGBG).

5) Gegenüber einem Letztverbraucher darf eine AGB-Klausel nicht vorsehen, daß eine dem Verwender der AGB gegenüber abzugebende Erklärung an besondere Zugangserfordernisse gebunden sein soll (§ 11 Nr. 16 AGBG).

6) Der Ausschluß von Schadenersatzansprüchen des Käufers ist unbedenklich, wenn es sich bei ihm um einen Kaufmann handelt, es sei denn, daß darin im Einzelfall eine unangemessene Benachteiligung des Käufers zu erblicken wäre (§ 9 AGBG).

7) Ergänzend kann auch noch eine Schadenspauschalierung vorgesehen werden, etwa durch die Bestimmung „In jedem Fall kann der Verkäufer auch ohne Nachweis des tatsächlich entstandenen Schadens 10 v. H. des vereinbarten Kaufpreises als Scha-

denersatz verlangen". Gegenüber Letztverbrauchern unterliegt eine solche Klausel jedoch gewissen Einschränkungen: Die festgelegte Pauschale darf den normalerweise zu erwartenden Schaden nicht übersteigen, auch darf dem Vertragspartner nicht die Möglichkeit des Nachweises abgeschnitten werden, daß im konkreten Fall kein oder nur ein wesentlich geringerer Schaden entstanden ist (§ 11 Nr. 5 AGBG). Gegen diese Bestimmung kann auch eine Verzugszinsenklausel verstoßen (OLG Hamm, Urt. v. 12. 3. 1986, BB 1986 S. 1464).

8) Unwirksam wäre gegenüber Letztverbrauchern eine AGB-Klausel, wonach dem Verkäufer auch ohne Mahnung des Käufers Verzugszinsen zustehen (§ 11 Nr. 4 AGBG; s. auch Anm. 8 zu Muster A). Eine Klausel über die sofortige Fälligkeitsstellung der Restschuld auch bei *unverschuldetem* Zahlungsrückstand ist – im Hinblick auf § 9 AGBG – ebenfalls im kaufmännischen Verkehr unwirksam (BGH, Urt. v. 30. 10. 1985, BB 1986 S. 489.

9) Innerhalb der Grenzen des § 9 AGBG (Verbot unangemessener Benachteiligung) ist gegenüber einem Kaufmann die Beschränkung oder der teilweise Ausschluß von Gewährleistungsansprüchen zulässig. Vgl. BGH, Urt. v. 4. 4. 1984, BB 1984 S. 1641, und OLG Hamm, Urt. v. 16. 9. 1981, BB 1981 S. 1914.

10) Der Ausschluß des Eigentumsvorbehalts in den Einkaufsbedingungen eines Supermarktes ist zulässig (BGH, Urt. v. 29. 10. 1980, BB 1981 S. 73).

11) Sog. verlängerter Eigentumsvorbehalt. Die dem Vorbehaltskäufer erteilte Ermächtigung zur Einziehung des Kaufpreises umfaßt auch die Befugnis, die Forderungen aus dem Weiterverkauf – nochmals – im Rahmen eines echten Factoring-Geschäfts zu verkaufen und abzutreten (BGH, Urt. v. 7. 6. 1978, BB 1978 S. 1028). Zur Frage einer Übersicherung des Verkäufers vgl. BGH, Urt. v. 20. 3. 1985, BB 1985 S. 1085, zum sog. erweiterten Eigentumsvorbehalt vgl. Anm. 11 zu Muster A.

12) Gegenüber Letztverbrauchern darf ein Zurückbehaltungsrecht des Vertragspartners nicht ausgeschlossen oder eingeschränkt werden (§ 11 Nr. 2b AGBG); auch ein Aufrechnungsverbot ist insoweit nur beschränkt zulässig (§ 11 Nr. 3 AGBG; vgl. BGH, Urt. v. 12. 10. 1983, BB 1984 S. 495). Ein generelles Aufrechnungsverbot verstößt im kaufmännischen Verkehr gegen § 9 AGBG (BGH, Urt. v. 16. 10. 1984, BB 1985 S. 885).

13) S. Anm. 12 zu Muster A.

14) S. Anm. 13 zu Muster A.

7. Mietkaufvertrag über bewegliche Sachen

Rechtsgrundlage. §§ 433 ff., 535 ff. BGB

Erläuterungen. Während ein Mietvertrag auf den zeitlich begrenzten Gebrauch einer Sache gegen Entrichtung eines angemessenen Mietzinses gerichtet ist, bezweckt ein Kaufvertrag die Übertragung des Eigentums gegen Bezahlung des dem Wert der Kaufsache entsprechenden Kaufpreises (vgl. Nr. 4: Kaufverträge über bewegliche Sachen). Der Mietkaufvertrag, für den eine spezielle gesetzliche Regelung nicht besteht, vereinigt in sich Elemente des Miet- und des Kaufrechts. In der Regel wird dabei so verfahren, daß Gegenstände des beweglichen Anlagevermögens (Büro- und andere Maschinen, Einrichtungsgegenstände, Investitionsgüter) zunächst vermietet werden, wobei dem Mieter das Recht eingeräumt ist, die Mietsache unter voller oder teilweiser Anrechnung der bis dahin gezahlten Miete zu einem bestimmten Kaufpreis zu erwerben (BGH, Urt. v. 15. 3. 1990, BB 1990 S. 2141). Es handelt sich also um einen mit einer Kaufoption verbundenen Mietvertrag. Bis zur Ausübung des Optionsrechts durch den Mieter beurteilt sich der Vertrag allein nach Mietrecht, von da an nach Kaufrecht (Palandt, BGB 51. Aufl. Rdnr. 22 Einf. vor § 535; Bergerfurth/Menard, Das Kaufrecht, 3. Aufl., Rudolf Haufe Verlag, Freiburg, Rdnrn. 15, 19 und 619).

Zu unterscheiden ist, vor allem im Hinblick auf die unterschiedlichen steuerlichen Auswirkungen, zwischen folgenden *Erscheinungsformen:*

a) Miete und Kauf sind voneinander unabhängig
Zwischen den Parteien wird nur ein Mietvertrag abgeschlossen, ein Kauf ist zunächst nicht vorgesehen. Erst nach geraumer Zeit wird zusätzlich vereinbart, daß der Mieter die in seinem Besitz befindliche Mietsache zum Zeitwert käuflich erwirbt.

b) Echter Mietkaufvertrag
Bei Abschluß des Mietvertrages vereinbaren die Parteien zugleich ein Kaufoptionsrecht zugunsten des Mieters. Ob der Mieter davon später Gebrauch machen will, bleibt ihm überlassen. Er kann also zu gegebener Zeit wählen, ob er das Mietverhältnis beenden und die Mietsache zurückgeben oder ob er sie unter Verrechnung der Mietzahlungen käuflich zu Eigentum erwerben will; evtl. besteht als weitere Möglichkeit die einer Verlängerung des Mietverhältnisses. In der Ausübung der Kaufoption liegt die im Zweifel damit zulässige fristlose Kündigung des Mietverhältnisses.

c) Ratenkaufvertrag
Die Parteien schließen von vornherein einen Ratenkaufvertrag ab, bezeichnen aber die Kaufpreisraten als Mietzahlungen. In einem solchen Fall ist der Käufer verpflichtet, den Gegenstand zu erwerben, er hat also kein Wahlrecht wie im Falle b).

In der Praxis ist die Abgrenzung nicht immer ganz einfach, weil die Parteien oft unklare oder gar widersprüchliche Abmachungen treffen. Im Streitfall muß dann durch Auslegung ermittelt werden, was wirklich gewollt war (§§ 133, 157 BGB). Anhaltspunkte können sich insbesondere aus der Dauer des Vertragsverhältnisses, den vom Mieter (Käufer) zu leistenden Zahlungen und aus den Bedingungen der Gebrauchsüberlassung ergeben. Sind Mietdauer, Mietzins und Mietbedingungen allein auf die Gebrauchsüberlassung abgestellt, so spricht dies für ein echtes Mietverhältnis (Fall a). Sind Höhe, Dauer und Fälligkeit der Zahlungen derart, daß sie als Mietzahlungen unverständlich, als Kaufpreisraten aber durchaus erklärbar sind, so handelt es sich in Wahrheit um einen Ratenkaufvertrag (Fall c). Für eine solche Beurteilung kann es auch sprechen, daß die laufenden Zahlungen in voller Höhe auf den Kaufpreis angerechnet werden. Bei einem echten Mietkaufvertrag (Fall b) sind die Zahlungen, die der Mieter zu leisten hat, höher als es allein die Gebrauchsüberlassung rechtfertigen würde, weil sie zum Teil das Entgelt für die Einräumung der Kaufoption darstellen.

Ein Mietkauf kann beiden Vertragsteilen Vorteile bringen. Der Mieter, der nicht über die zu einem sofortigen Kauf erforderlichen Mittel verfügt, erreicht eine sofortige Gebrauchsüberlassung. Bei dieser kann er den gemieteten Gegenstand erproben. Seine Entscheidung über die Ausübung des Kaufoptionsrechts kann der Mieter auch davon abhängig machen, ob die Mietsache noch dem neuesten technischen Stand entspricht oder demnächst zu veralten droht. Der Vermieter hat den Vorteil, daß er den Kaufpreis nicht langfristig stunden muß. Das Risiko, daß sich der Mieter dann doch nicht zum Kauf entschließt, deckt er durch einen verhältnismäßig hohen Mietzins ab.

Zwischen Mietkauf und Leasing (vgl. Nr. 27) bestehen Unterschiede. Leasing hat eine Gebrauchsüberlassung zum Gegenstand, während beim Mietkauf von vornherein ein – wenn auch aufschiebend bedingter – Eigentumserwerb in Frage kommt. Die Gefahr für Untergang, Beschädigung und Instandhaltung der Sache trägt beim Mietkauf nach dem Gesetz der Vermieter, während beim Leasing das Risiko ähnlich wie beim Kauf verteilt ist. Weiter ist Leasing durch wesentlich längere Grundmietzeiten und vor allem durch die Dazwischenschaltung einer Leasing- bzw. Finanzierungsgesellschaft gekennzeichnet.

Form. Ein Mietkaufvertrag über bewegliche Sachen unterliegt keinem gesetzlichen Formzwang. Schriftliche Abfassung ist dennoch dringend ratsam.

Muster

Zwischen der Firma .... in ....
– Vermieter – und .... in ....
– Mieter – wird folgender

Mietvertrag mit Kaufberechtigung
abgeschlossen:

§ 1 Vertragsgegenstand
(1) Der Vermieter überläßt dem Mieter .... (vgl. Anm. 1) zum Gebrauch.
(2) Der gegenwärtige Wert der Mietsache beträgt ...... DM (vgl. Anm. 2).

§ 2 Mietpreis
(1) Die monatliche Miete beträgt ...... DM. Sie ist jeweils zum .... d. Mts. im
voraus an den Vermieter zu entrichten.
(2) Für einen angefangenen Monat wird die Miete tageweise berechnet, und
zwar je Tag $^1/_{30}$ des in Absatz 1 genannten Betrages.

§ 3 Transportrisiko und -kosten
Risiko und Kosten der Verbringung der Mietsache zum Mieter bei Beginn des
Vertragsverhältnisses, des Rücktransports bei Beendigung des Vertragsverhältnisses sowie zwecks etwa erforderlicher Instandsetzung gehen zu Lasten
des Mieters.

§ 4 Versicherungen
(1) Der Mieter verpflichtet sich, die Mietsache für die gesamte Mietdauer auf
eigene Rechnung gegen Feuer und Diebstahl zu dem in § 1 Abs. 2 angegebenen
Wert zu versichern.
(2) Den Nachweis über den Abschluß eines Versicherungsvertrages hat der
Mieter dem Vermieter binnen .... Tagen/Wochen nach Mietbeginn vorzulegen (vgl. Anm. 3).

§ 5 Pflichten des Mieters
(1) Der Mieter ist zur pfleglichen Behandlung und sicheren Verwahrung der
Mietsache verpflichtet (vgl. Anm. 4). Er darf die Mietsache nur mit Zustimmung des Vermieters von ihrem Standort entfernen oder sie einem Dritten
überlassen (vgl. Anm. 5).
(2) Überprüfungen und Instandsetzungen der Mietsache dürfen nur durch das
Personal des Vermieters vorgenommen werden. Zu diesem Zweck hat der
Mieter dem Personal des Vermieters Zutritt zur Mietsache zu gewähren.

(3) Von einer Pfändung oder Beschlagnahme der Mietsache hat der Mieter den Vermieter sogleich in Kenntnis zu setzen, ebenso, falls ein Dritter irgendwelche sonstigen Rechte an der Mietsache geltend macht.

§ 6 Haftung des Mieters
(1) Der Mieter haftet dem Vermieter für Beschädigungen oder sonstige Wertminderungen der Mietsache, die nicht auf normalen Gebrauch oder natürlichen Verschleiß zurückzuführen sind (vgl. Anm. 6).
(2) Bei Zerstörung oder Verlust der Mietsache haftet der Mieter dem Vermieter ohne Rücksicht auf die Schadensursache (vgl. Anm. 7). Der Vermieter ist in einem solchen Fall berechtigt, aber nicht verpflichtet, das Mietverhältnis durch Lieferung einer gleichwertigen Mietsache fortzusetzen.

§ 7 Rücknahmerecht des Vermieters
Gerät der Mieter mit einer Mietzahlung länger als .... Tage/Wochen in Rückstand (vgl. Anm. 8), ist der Vermieter zur sofortigen Rücknahme der Mietsache berechtigt (vgl. Anm. 9).

§ 8 Mietdauer, Kündigung
(1) Das Mietverhältnis läuft vom .... bis ..../auf unbestimmte Dauer.
(2) Ist eine bestimmte Mietdauer nicht vereinbart, so kann das Mietverhältnis von jedem Vertragsteil unter Einhaltung einer ......-tägigen/-wöchigen Frist zum Ende eines .... gekündigt werden (vgl. Anm. 10).
(3) Das Recht jedes Vertragsteils zur fristlosen Kündigung des Mietverhältnisses aus wichtigem Grund bleibt unberührt (vgl. Anm. 11).

§ 9 Kaufrecht des Mieters
(1) Der Mieter ist jederzeit/frühestens nach ....monatiger Dauer des Mietverhältnisses berechtigt, die Mietsache käuflich zu erwerben. Er hat dieses Recht durch schriftliche Erklärung gegenüber dem Vermieter auszuüben. Der Kauf kommt dann mit dem Ablauf des Kalendermonats zustande, in dem die Erklärung beim Vermieter eingeht.
(2) Der Kaufpreis beträgt .... DM. Er ist binnen ...... Tagen/Wochen nach Zustandekommen des Kaufs an den Vermieter zu bezahlen. Auf den Kaufpreis werden ..... v.H. der bis dahin geleisteten Mietzahlungen angerechnet.

§ 10 Sonstiges
... (vgl. Anm. 12).
.........., den ....

Der Vermieter:
Der Mieter:

Anmerkungen

1) Die Mietsache ist – evtl. unter Angabe der Fabriknummer – genau zu bezeichnen. Es ist auch anzuführen, ob und welches Zubehör mit überlassen wird.

2) Die Wertangabe ist wegen der in § 4 Abs. 1 des Vertragsmusters getroffenen Vereinbarung notwendig. Sie kann auch für die Berechnung etwaiger Schadenersatzansprüche des Vermieters Bedeutung gewinnen. Schließlich ermöglicht sie dem Mieter die Beurteilung der Angemessenheit des Kaufpreises (§ 9 des Vertragsmusters).

3) Es kann auch vereinbart werden, daß der Mieter Ansprüche auf Versicherungsleistungen an den Vermieter abzutreten hat.

4) Die Obhutspflicht des Mieters folgt schon aus dem Gesetz (Palandt, BGB 51. Aufl. Rdnr. 1 zu § 545).

5) Vgl. § 549 BGB.

6) Gesetzlich haftet der Mieter nur für schuldhafte (also zumindest fahrlässige) Verletzung seiner Obhutspflicht.

7) Der Mieter haftet somit auch für sog. zufälligen Untergang der Mietsache.

8) Auf den Grund des Mietrückstandes kommt es nicht an. Bei „Verzug" haftet der Mieter dagegen nur für Verschulden (§ 285 BGB).

9) Diese Vereinbarung ermöglicht dem Vermieter die sofortige Rücknahme der Mietsache auch dann, wenn ein wichtiger Grund zur fristlosen Kündigung (s. § 8 Abs. 3 des Vertragsmusters) noch nicht gegeben ist.

10) § 565 Abs. 4 Nr. 2 BGB sieht nur eine dreitägige Kündigungsfrist vor. Sie ist für die Praxis viel zu kurz.

11) Es können auch bestimmte Gründe für eine fristlose Kündigung angeführt werden, z. B. Eröffnung des Konkursverfahrens oder des gerichtlichen Vergleichsverfahrens über das Vermögen des Mieters.

12) S. Nr. 6 Anm. 12 zu Muster A.

8. Kaufvertrag über eine Eigentumswohnung

Rechtsgrundlage. Wohnungseigentumsgesetz (WEG) vom 15. 3. 1951 (BGBl I S. 175) m. spät. Änd.; §§ 313, 314, 433 ff., 925 ff., 1008 ff. BGB.

Anbahnung des Verkaufs. Bei Werbeanzeigen für eine Eigentumswohnung haben Makler die Preisangaben-VO v. 14. 3. 1985 (BGBl I S. 580) zu beachten. Auf den qm bezogene Preisangaben genügen nicht, es muß der Endpreis angegeben werden (BGH, Urt. v. 7. 7. 1983, BB 1983 S. 1687; OLG Hamm, Urt. v. 18. 9. 1986, BB 1987 S. 1839). Die Angabe des Nettopreises + MWSt ist ebenfalls unzulässig, wenn nicht der Endpreis gesondert hervorgehoben wird (OLG Frankfurt, Beschl. v. 15. 2. 1979, BB 1979 S. 645). Ungenügend sind ferner

Angaben zur Höhe der monatlichen Belastung ohne Angabe des Endpreises (BGH, Urt. v. 4. 3. 1982, BB 1982, S. 2004).

Form. Der Kaufvertrag über eine Eigentumswohnung muß notariell beurkundet werden (§ 313 BGB, § 4 WEG).

Durchführung des Kaufvertrags. Der Verkauf einer Eigentumswohnung wird genau so durchgeführt wie der Verkauf eines Eigenheimes. Im Kaufvertrag sind die Bestimmungen der Teilungserklärung (Gemeinschaftsordnung) vom Käufer zu übernehmen. Für die Übertragung des Eigentums an einer Eigentumswohnung ist die Erklärung der Auflassung und die Eintragung des Eigentumswechsels in das Wohnungsgrundbuch notwendig (§§ 925, 925a, 1008 ff. BGB, § 4 WEG).

Wirkung des Eigentumswechsels. Der Erwerber einer Eigentumswohnung tritt kraft Gesetzes in alle aus dem Wohnungsgrundbuch – sei es auch nur durch Bezugnahme auf die Eintragsbewilligung – ersichtlichen Rechte und Pflichten ein und wird zugleich Mitglied der Eigentümergemeinschaft hinsichtlich des Gesamtgebäudes; er erlangt also auch personenrechtliche Mitgliedschaftsrechte und -pflichten. Das kann für den Erwerber u. U. zur Folge haben, daß er auch für Wohngeldrückstände seines Vorgängers haftet, nämlich dann, wenn eine solche Haftung in der Gemeinschaftsordnung vorgesehen und als Inhalt jedes Sondereigentums im Grundbuch eingetragen ist (§ 10 Abs. 2 WEG). Ohne eine derartige Regelung ist nach überwiegender Rechtsansicht eine Erwerberhaftung für Wohngeldrückstände zu verneinen (Deckert, Die Eigentumswohnung Gruppe 5 S. 59, Verlag Wirtschaft, Recht und Steuern, München-Planegg). Vgl. hierzu BGH, Beschl. v. 21. 4. 1988, BB 1988 S. 1141.

Erfordernisse für die Veräußerung. In der Gemeinschaftsordnung (Teilungserklärung) kann die Veräußerung einer Eigentumswohnung von der Zustimmung des Verwalters oder der Eigentümerversammlung abhängig gemacht werden. Diese Zustimmung darf nur aus einem wichtigen Grund versagt werden (BayObLG, Beschl. vom 16. 10. 1972, NJW 1973 S. 153; kein wichtiger Grund sind Wohngeldrückstände des Veräußerers: BayObLG, Beschl. v. 29. 12. 1983, DWE 1984 S. 60).

Vermietete Eigentumswohnung. Jedem Wohnungseigentümer steht es grundsätzlich frei, ob er seine Wohnung selbst bewohnen oder sie vermieten will. Wird eine vermietete Eigentumswohnung veräußert, so tritt der Erwerber anstelle des bisherigen Vermieters in die sich aus dem Mietverhältnis ergebenden Rechte und Pflichten ein (§ 571 BGB). Eine Sonderregelung für die Eigenbedarfskündigung des Vermieters gilt dann, wenn die Wohnung erst nach der Überlassung an den

Mieter in eine Eigentumswohnung umgewandelt und vom bisherigen Eigentümer veräußert worden ist; in einem solchen Fall kann sich der Erwerber nicht vor Ablauf von 3 bzw. 5 Jahren seit der Veräußerung auf Eigenbedarf berufen (§ 564b Abs. 2 Nr. 2 BGB; vgl. hierzu BayObLG, Rechtsentscheid v. 14. 7. 1981, NJW 1981 S. 2197). Ist die Mietwohnung noch keine Eigentumswohnung, so kann der Vermieter eine Eigenbedarfskündigung nicht damit begründen, daß er die Mieträume im Zusammenhang mit einer beabsichtigten oder nach Überlassung an den Mieter erfolgten Begründung von Wohnungseigentum veräußern wolle (§ 564b Abs. 2 Nr. 3 BGB).

Steuerpflicht. Die Übertragung von Wohneigentum ist nach § 1 GrEStG 1983 grunderwerbsteuerpflichtig, jede Eigentumswohnung bildet eine wirtschaftliche Einheit nach § 2 BewG, so daß der Einheitswert besonders festgestellt und die Grundsteuer besonders erhoben wird.

Muster

(Beurkundungsprotokoll; vgl. Anm. 1)

§ 1 Grundbuch- und Sachstand
(1) Die Eheleute .... sind im Wohnungsgrundbuch des Amtsgerichts,
.... Gemarkung .... Band .... Blatt .... Seite ....
als Inhaber folgenden Wohnungseigentums zu gleichen Teilen eingetragen:
Miteigentumsanteil zu ..../1000 an dem Mehrfamilienhaus Hs.-Nr. ....
an der ....-Straße in ...., beschrieben als Fl.-Nr. ....
Wohnanlage mit Garagen, Hofraum und Vorgarten zu .... qm, verbunden
mit dem Sondereigentum an der in sich abgeschlossenen und im Aufteilungs-
plan mit Nr. .... bezeichneten Wohnung im .... Stock, bestehend aus
.... Zimmern, Küche, Bad, WC, Kammer und Vorplatz sowie Keller und
Dachbodenanteil, beschränkt durch .... Sondereigentumsrechte, die
zu den anderen Miteigentumsanteilen gehören.
(2) Das vorbeschriebene Wohnungseigentum ist lediglich in Abteilung III
belastet mit: .... DM Buchhypothek der Stadtsparkasse .... (vgl.
Anm. 2, 3).

§ 2 Vertragsgegenstand
(1) Die Eheleute .... – Verkäufer – verkaufen hiermit ihr in § 1
näher bezeichnetes Wohnungseigentum mit allen Rechten und Bestandteilen

und dem gesetzlichen Zubehör an Herrn/Frau .... in ....
– Käufer – zum Alleineigentum.
(2) Die Vertragspartner sind darüber einig, daß das Eigentum am Vertrags-
gegenstand vom Verkäufer auf den Käufer übergehen soll, und bewilligen und
beantragen die Eintragung der Auflassung im Grundbuch (vgl. Anm. 4).
(3) Zur Sicherung des Anspruchs des Käufers auf Eigentumsübertragung wird
hiermit die Eintragung einer Auflassungsvormerkung am Vertragsgegenstand
im Grundbuch bewilligt und der beurkundende Notar ermächtigt, den Eintra-
gungsantrag zu stellen. Im Falle der Eintragung der Auflassungsvormerkung
wird heute schon ihre Löschung Zug um Zug mit Eintragung der Auflassung,
soweit Zwischenrechte nicht eingetragen wurden, bewilligt und beantragt (vgl.
Anm. 5).

§ 3 Kaufpreis
(1) Der vereinbarte Kaufpreis beträgt .... DM.
(2) Dieser Kaufpreis wird ausgewiesen wie folgt:
a) Ein Teilbetrag von .... DM gilt dadurch als getilgt, daß der Käufer die
der Buchhypothek zu .... DM noch zugrundeliegende Darlehensver-
bindlichkeit im Betrag von .... DM mit Zinsen und Nebenleistungen in
Anrechnung auf den Kaufpreis mit Wirkung ab .... als alleiniger persön-
licher und dinglicher Schuldner übernimmt, unter Befreiung des Verkäufers
von jeglicher Mithaftung. Die Zins- und Zahlungsbedingungen der über-
nommenen Darlehenshypothek sind dem Käufer nach seiner Angabe be-
kannt. Er unterwirft sich hinsichtlich der übernommenen Belastungen unter
Bezugnahme auf die Bestellungsurkunde der sofortigen Zwangsvollstrek-
kung aus dieser Urkunde in sein gesamtes Vermögen. Auf § 416 BGB
wurden die Vertragspartner hingewiesen (vgl. Anm. 6). Sie erklären, daß
sie den Hypothekengläubiger von der erfolgten Schuldübernahme selbst in
Kenntnis setzen werden. Soweit an der übernommenen Buchhypothek Ei-
gentümerrechte entstanden sind, werden diese auf den Käufer übertragen
und ihre Umschreibung auf ihn im Grundbuch bewilligt, womit sich der
Käufer einverstanden erklärt. Sollte der tatsächliche Schuldenstand mit
dem übernommenen Schuldbetrag von .... DM nicht übereinstimmen, so
sind die Vertragsteile zu einem sofortigen Ausgleich in bar verpflichtet.
b) Ein weiterer Teilbetrag von .... DM wurde heute bar gezahlt. Der
Verkäufer bestätigt den Empfang.
c) Der verbleibende Kaufpreisrest von .... DM wird dem Käufer gestundet
(vgl. Anm. 7). Er ist ab .... mit .... % jährlich zu verzinsen; die Zinsen
sind halbjährlich im nachhinein, erstmals am .... fällig und zahlbar. Der
Kaufpreisrest kann beiderseits unter Einhaltung einer Kündigungsfrist von
.... Monaten zum Schluß eines Kalendervierteljahres zur Bezahlung

aufgekündigt werden. Gläubigerseits ist eine Kündigung frühestens zum .... zulässig. Bleibt der Käufer mit einer Zinszahlung länger als 4 Wochen ganz oder teilweise im Rückstand, veräußert er den Vertragsgegenstand oder wird über sein Vermögen das Konkursverfahren oder das gerichtliche Vergleichsverfahren eröffnet, so kann der Verkäufer die sofortige Bezahlung des Kaufpreisrestes samt Zinsen ohne weitere Aufkündigung verlangen (vgl. Anm. 8).

d) Der Käufer unterwirft sich wegen aller in diesem Kaufvertrag eingegangenen Zahlungsverpflichtungen der sofortigen Zwangsvollstreckung aus dieser Urkunde, und zwar nicht nur persönlich, sondern in Ansehung der unter Buchstabe e) bestellten Sicherungshypothek auch in der Weise, daß die Zwangsvollstreckung gegen den jeweiligen Wohnungseigentümer zulässig sein soll (vgl. Anm. 9).

e) Zur Sicherung des Kaufpreisrestes von .... DM samt Zinsen bestellt der Käufer dem Verkäufer eine Sicherungshypothek in gleicher Höhe und bewilligt und beantragt die Eintragung dieser Hypothek mit den vereinbarten Zins- und Zahlungsbestimmungen und der dinglichen Unterwerfungsklausel in das Grundbuch.

§ 4 Besitzübergabe, Nutzen, Lasten, Gefahrübergang
(1) Die Übergabe des Vertragsgegenstandes und der Gefahrenübergang erfolgen am .... Vom gleichen Zeitpunkt an hat der Käufer die Nutzungen aus dem Vertragsgegenstand zu ziehen und die darauf ruhenden Steuern, Abgaben und sonstigen Grundstückslasten zu tragen. Das gilt auch hinsichtlich der Beitragspflicht zu den gemeinschaftlichen Lasten und Kosten des Gesamtgebäudes und seiner gemeinschaftlichen Räume, Anlagen und Einrichtungen (vgl. Anm. 10).
(2) Der Verkäufer überträgt hiermit seinen etwaigen Anteil an der gemeinsamen Instandhaltungsrücklage an den Käufer.

§ 5 Haftung des Verkäufers
(1) Der Verkäufer haftet für ungehinderten Besitz- und Eigentumsübergang und dafür, daß der Vertragsgegenstand zur Zeit des Eigentumsüberganges lediglich mit der von dem Käufer als Selbstschuldner übernommenen Hypothek zu .... DM der Stadtsparkasse .... belastet ist. Er erklärt, daß ihm nicht eingetragene Rechte Dritter an dem Vertragsgegenstand nicht bekannt sind. Im übrigen übernimmt er keinerlei Gewähr, namentlich nicht für den baulichen Zustand, für offene und verborgene Mängel der verkauften Wohnung und für die Richtigkeit des angegebenen Flächenmaßes des Grundstückes. Sämtliche Mängelrügen sind ausdrücklich ausgeschlossen. Auf § 476 BGB wurde vom Notar hingewiesen (vgl. Anm. 11). Der Käufer erklärt, daß er

sich vom Zustand der verkauften Wohnung eingehend überzeugt hat und sie übernimmt, wie sie derzeit liegt und steht.
(2) Der Verkäufer bestätigt, daß alle bereits fällig gewordenen Miteigentumslasten und -kosten von ihm bezahlt sind und insoweit keine Rückstände bestehen. Er übernimmt diese Lasten und Kosten noch bis einschließlich .... als Selbstschuldner.

§ 6 Gemeinschaftsordnung
(1) Der Käufer hat genaue Kenntnis von der für das Gesamtgebäude bestehenden Gemeinschaftsordnung vom .... und den darin für sein Wohnungseigentum festgelegten Beschränkungen. Er erkennt diese Beschränkungen als für ihn rechtsverbindlich an. Eine beglaubigte Abschrift der Gemeinschaftsordnung wurde dem Käufer ausgehändigt.
(2) Der Käufer hat auch Kenntnis von der bestehenden Hausordnung, zu deren gewissenhafter Einhaltung er sich verpflichtet.

§ 7 Räumungsverpflichtung des Verkäufers
(1) Der Verkäufer verpflichtet sich hiermit, die verkaufte Wohnung dem Käufer bis .... zum freien Einzug zur Verfügung zu stellen.
(2) Sollte der Verkäufer den in Abs. 1 genannten Räumungstermin nicht einhalten, so verpflichtet er sich – unbeschadet der Fortdauer seiner Verpflichtung zur Räumung – zur Zahlung einer einmaligen, sofort fälligen Vertragsstrafe von .... DM (vgl. Anm. 12) und zur Zahlung einer Nutzungsentschädigung von monatlich .... DM für jeden angefangenen Monat, zahlbar im voraus und bis zum dritten Werktag eines jeden Monats.

§ 8 Zustimmung des Verwalters
Die nach der Miteigentumsordnung erforderliche Zustimmung des Verwalters zu diesem Vertrag (vgl. Anm. 13) ist bereits erteilt und verkäuferseits nachgewiesen (oder: wird noch zu gesonderter Urkunde erklärt werden); das gleiche gilt für die Einverständniserklärung des Verwalters, daß der Käufer in der Vertragswohnung eine Praxis als .... ausüben darf (vgl. Anm. 14).

§ 9 Kosten, Grunderwerbsteuer, Ausfertigungen und Abschriften
(1) Die Kosten dieser Urkunde, ihres Vollzugs im Grundbuch und ihrer Ausfertigung sowie die Grunderwerbsteuer samt Zuschlag trägt der Käufer.
(2) Von dieser Urkunde erhalten die Vertragspartner je eine Ausfertigung und eine beglaubigte Abschrift, die Stadtsparkasse ...., das zuständige Finanzamt, das Grundbuchamt, der Gutachterausschuß beim Landratsamt und der Verwalter der Wohnanlage, Herr ...., je eine beglaubigte Abschrift.

Anmerkungen

1) Kennt der Notar einen Vertragschließenden nicht, muß er sich über dessen Person Gewißheit verschaffen (§ 10 BeurkG). Die Parteien müssen den Kaufvertrag entsprechend ihren tatsächlich getroffenen Vereinbarungen beurkunden lassen; andernfalls – z. B. wenn aus Gründen der Kostenersparnis der Kaufpreis niedriger angegeben wird – ist der Vertrag als Scheingeschäft (§ 117 BGB) nichtig (vgl. Palandt, BGB 51. Aufl. Rdnr. 36 zu § 313). Zur Geltendmachung von Gewährleistungsansprüchen in einem solchen Fall vgl. OLG Hamm, Urt. v. 21. 1. 1985, NJW 1986 S. 136.

2) Die Belastung einer Eigentumswohnung mit Grundpfandrechten (Hypotheken, Grundschulden, Rentenschulden) stößt auf keinerlei rechtliche Schwierigkeiten. Einzelbeleihung jeder einzelnen Eigentumswohnung ist heute das übliche. Eine Belastung sämtlicher Miteigentumsanteile mit einer Gesamthypothek wird immer auf den Einwand der Haftung des wirtschaftlich Stärkeren für den Gesamtbetrag stoßen; dieser Gefahr wird sich niemand aussetzen wollen. Bei Errichtung einer Wohnanlage mit einer größeren Anzahl von Eigentumswohnungen wird in der Regel zunächst eine Gesamthypothek (Gesamtgrundschuld) einer Hypothekenbank oder Sparkasse als Globalpfandrecht eingetragen und nach Veräußerung sämtlicher Eigentumswohnungen auf die einzelnen Miteigentumsanteile samt Sondereigentum aufgeteilt, wobei der nicht in Anspruch genommene Teil des Gesamtpfandrechts gelöscht wird.

3) Eine Eigentumswohnung kann auch mit einem Nießbrauch (§ 1066 BGB), mit einem dinglichen Vorkaufsrecht (§ 1095 BGB) oder mit einer Reallast (§ 1106) belastet werden. Auch die Belastung mit einer Dienstbarkeit (Grunddienstbarkeit oder beschränkte persönliche Dienstbarkeit, z. B. einem dinglichen Wohnungsrecht (§ 1093 BGB) oder einem Dauerwohn- oder Dauernutzungsrecht, ist zulässig. Die Eintragung erfolgt in Abteilung II des Wohnungsgrundbuchs.

4) Die Auflassung muß bei gleichzeitiger Anwesenheit beider Teile, des Veräußerers und des Erwerbers, vor einem Notar erklärt werden; sie darf nicht unter einer Bedingung oder Zeitbestimmung erfolgen (§ 925 BGB).

5) Die Auflassungsvormerkung dient zur Sicherung des Käufers, der vor Eintragung des Eigentumswechsels bereits Zahlungen an den Verkäufer leistet. Durch die Auflassungsvormerkung wird der Wohnungserwerber dagegen geschützt, daß der Veräußerer in der Zeit zwischen Vertragschluß und Eintragung des Eigentumswechsels im Wohnungsgrundbuch noch Verfügungen über die Eigentumswohnung trifft (§ 883 BGB). Bei Wohnungsveräußerungen an Personen, die mit dem Übergeber verwandt oder verschwägert sind, erübrigt sich in der Regel diese Sicherung für den Erwerber. Beim Grundbuchamt fällt für die Eintragung der Auflassungsvormerkung eine 1/2 Gebühr und für ihre Löschung eine 1/4 Gebühr an (§§ 66, 68 KostO).

6) Übernimmt der Erwerber eines Grundstücks durch Vertrag mit dem Veräußerer eine Schuld des Veräußerers, für die eine Hypothek an dem Grundstück besteht, so kann der Gläubiger die Schuldübernahme nur genehmigen, wenn der Veräußerer sie ihm mitteilt. Der Gläubiger kann der Hypothekenübernahme durch den Erwerber widersprechen.

7) Falls der Verkäufer auf baldige Barzahlung des Kaufpreisrestes angewiesen ist,

könnte auch vereinbart werden: „Der Kaufpreisrest von .... DM ist Zug um Zug mit der Räumung der Vertragswohnung ohne Zulage von Zinsen fällig und zahlbar."

8) Besteht ein Kündigungsausschluß für den Gläubiger (Verkäufer), ist die Aufnahme einer sog. Verfallklausel in den Kaufvertrag unbedingt anzuraten.

9) Die Zwangsvollstreckung in Eigentumswohnungen hat nach den allgemeinen Vorschriften des Vollstreckungsrechts (§§ 864 ff. ZPO) zu erfolgen, nämlich wie in Grundstücke schlechthin (vgl. § 864 Abs. 2 ZPO). Danach ist Zwangsversteigerung, aber auch Zwangsverwaltung oder die Eintragung einer Sicherungshypothek zulässig auf Grund eines vollstreckbaren Titels. Im Rahmen einer etwaigen Zwangsverwaltung schützt der § 149 ZVG den Wohnungseigentümer, der in der Eigentumswohnung selbst wohnt, vor der Wegnahme der unentbehrlichen Räume. Die Untrennbarkeit von Miteigentumsanteil, Sondereigentum und Mitgliedschaftsrecht hat zur Folge, daß die Zwangsvollstreckung nach §§ 864 ff. ZPO alle drei Bestandteile erfaßt, woraus sich ergibt, daß eine gesonderte Pfändung des Migliedschaftsrechts innerhalb der Eigentümergemeinschaft, etwa nach § 857 ZPO, nicht zulässig ist.

10) Statt dessen könnte z. B. auch vereinbart werden: „Die Übergabe der verkauften Wohnung und der Übergang der Gefahr erfolgen am Tag der Räumung der Wohnung durch den Verkäufer. Nutzen und Lasten wechseln erst von dem auf den Auszug des Verkäufers folgenden Monatsersten an." Für das Wohngeld haftet der Erwerber bereits ab Übergabe der Wohnung, nicht erst ab Grundbucheintragung (BayObLG, Beschl. v. 14. 11. 1985 – 2 Z 41/85).

11) § 476 BGB lautet: „Eine Vereinbarung, durch welche die Verpflichtung des Verkäufers zur Gewährleistung wegen Mängel der Sache erlassen oder beschränkt wird, ist nichtig, wenn der Verkäufer den Mangel arglistig verschweigt." Wegen der Sachmängelansprüche des Erwerbers einer Eigentumswohnung, zu deren Erstellung sich der Veräußerer verpflichtet hatte, vgl. BGH, Urt. v. 4. 12. 1975 und 5. 5. 1977, BB 1976 S. 623 und 1977 S. 1072, zur Freizeichnung des Bauträgers von der Haftung für Baumängel s. BGH, Urt. v. 10. 7. 1980, BB 1980 S. 1549.

12) Wegen einer Herabsetzung der Vertragsstrafe siehe § 343 BGB. Zur Berechnung des Verzögerungsschadens bei verspäteter Fertigstellung einer Eigentumswohnung vgl. BGH, Urt. v. 15. 4. 1983, BB 1983 S. 1691 (Anrechnung ersparter Zinsaufwendungen und einer evtl. Steuerersparnis).

13) Grund dafür, daß die Veräußerung einer Eigentumswohnung häufig von der Zustimmung des Verwalters abhängig gemacht wird, ist die Befürchtung der übrigen Wohnungseigentümer, daß der „Neuling" den Gemeinschaftsfrieden stören oder nicht in der Lage sein könnte, die gemeinsamen Lasten anteilig mitzutragen. Die Zustimmungserklärung des Verwalters muß notariell beglaubigt sein (§ 29 GBO).

14) In Wohnungseigentumsordnungen (Gemeinschaftsordnungen) wird meist vorgesehen, daß die Veräußerung einer Eigentumswohnung der Zustimmung des Verwalters der Wohnanlage oder der Eigentümerversammlung bedarf; die Zustimmung darf nur aus einem wichtigen Grund versagt werden (§ 12 WEG; vgl. hierzu LG Mannheim, Beschl. v. 9. 2. 1977, BB 1977 S. 319). In solchen Fällen ist evtl. auch eine nachträgliche Aufhebung des Veräußerungsvertrages sowie die Rückauflassung zustimmungspflichtig (BayObLG, Beschl. v. 22. 12. 1976, BB 1977 S. 318). Eine Zustimmung ist in der Regel auch dann erforderlich, wenn der Wohnungseigentümer in

seiner Wohnung einen Beruf oder ein Gewerbe ausüben will (§ 15 WEG; vgl. hierzu BayObLG, Beschl. v. 11. 11. 1988, BB 1989 S. 1155).

9. Vorkaufsrecht, Ankaufsrecht

Rechtsgrundlage. Für das Vorkaufsrecht die §§ 504–514 und 1094–1104 BGB; für das Ankaufsrecht bestehen keine speziellen gesetzlichen Bestimmungen. *Form.* Die Einräumung eines Vorkaufsrechts oder eines Ankaufsrechts an beweglichen Sachen bedarf keiner besonderen Form. Die Bestellung eines Vorkaufsrechts oder Ankaufsrechts an einem Grundstück oder grundstücksgleichen Recht (z. B. Erbbaurecht, Wohnungseigentum, Teileigentum) bedarf zu seiner Rechtswirksamkeit der notariellen Beurkundung (§§ 313, 125 BGB). *Bedeutung des Vorkaufsrechts.* Das Vorkaufsrecht ermöglicht es dem Berechtigten, die Sache, auf die sich das Vorkaufsrecht bezieht, vom Vorkaufsverpflichteten zu denselben Bedingungen zu kaufen, unter denen der Verpflichtete sie an einen Dritten verkauft hat; dessen Rücktritt vom Kaufvertrag steht der Ausübung des Vorkaufsrechts nicht entgegen (BGH, Urt. v. 11. 2. 1977, BB 1977 S. 471). Evtl. ist der Vorkaufsberechtigte auch zur Zahlung einer Maklerprovision verpflichtet (OLG München, Urt. v. 15. 2. 1977, BB 1977 S. 1627). Praktische Bedeutung hat das Vorkaufsrecht nur für Grundstücke und grundstücksgleiche Rechte. Dabei ist das vertragliche vom gesetzlichen Vorkaufsrecht zu unterscheiden, wie es z. B. aufgrund des Baugesetzbuchs v. 8. 12. 1986 (BGBl I S. 2253) bzw. des BauGB-Maßnahmengesetzes v. 17. 5. 1990 (BGBl I S. 926) unter bestimmten Voraussetzungen den Gemeinden zusteht. Wegen weiterer gesetzlicher Vorkaufsrechte vgl. Palandt, BGB 51. Aufl. Vorbem. vor § 504 Rdnr. 4.

Formen des Vorkaufsrechts. Die Einräumung des Vorkaufsrechts kann entweder in der Form einer bloßen *schuldrechtlichen* Verpflichtung des Grundstückseigentümers (§§ 504 ff. BGB) oder mit dinglicher Wirkung (§§ 1094 ff. BGB) erfolgen; letzterenfalls bedarf es der Eintragung des Vorkaufsrechts in das Grundbuch (wegen mehrerer ranggleicher Verkaufsrechte s. OLG Hamm, Beschl. v. 20. 3. 1989, BB 1989 S. 1722). Ein nur schuldrechtliches Vorkaufsrecht kann durch Eintragung einer Auflassungsvormerkung dinglich gesichert werden (BayObLG, Beschl. v. 16. 11. 1977, NJW 1978 S. 700). Zur Auslegung der Klausel eines dinglichen Vorkaufsrechts vgl. BGH, Urt. v. 30. 11. 1990, BB 1991 S. 503.

Ausübung des Vorkaufsrechts. Der Grundstückseigentümer muß dem Vorkaufsberechtigten die Veräußerung seines Grundstücks an einen Dritten mitteilen. Der Berechtigte kann dann erklären, daß er in den Kaufvertrag eintritt und selbst Käufer des Grundstücks wird, und zwar zu denselben Bedingungen, unter denen der Verkauf an den Dritten erfolgt ist (aber keine Bindung an Bestimmungen des Erstvertrages, die wesensmäßig nicht zum Kaufvertrag gehören: BGH, Urt. v. 13. 6. 1980, BB 1980 S. 1446). Die Erklärung über die Ausübung des Vorkaufsrechts kann bei einem Grundstück, soweit nicht eine andere Frist vereinbart ist, nur binnen zwei Monaten nach Erhalt der Mitteilung des Grundstückseigentümers abgegeben werden. Diese Frist wird nicht in Lauf gesetzt, wenn der Grundstückseigentümer dem Vorkaufsberechtigten nur den mit dem Dritten ursprünglich abgeschlossenen Kaufvertrag mitteilt, nicht aber eine vor dieser Mitteilung erfolgte Vertragsänderung (BGH, Urt. v. 23. 5. 1973, BB 1973 S. 1416). Die Wirksamkeit der Vorkaufserklärung hängt nicht davon ab, ob und wie der Berechtigte seine sich daraus ergebenden Verpflichtungen zu erfüllen vermag (BGH, Urt. v. 27. 10. 1971, BB 1972 S. 62). Es geht grundsätzlich zu seinen Lasten, wenn es ihm nicht möglich ist, sich den zur Bezahlung des Kaufpreises notwendigen Betrag zu dem im Ausgangsvertrag bestimmten Fälligkeitszeitpunkt zu verschaffen; er kann nicht verlangen, daß ihm andere Zahlungsfristen und -bedingungen eingeräumt werden (BGH, Urt. v. 13. 7. 1973, WPM 1973 S. 1403). Das Bestehen eines Vorkaufsrechts verpflichtet den Grundstückseigentümer, der verkaufen will, nicht, das Grundstück zunächst dem Vorkaufsberechtigten anzubieten, ehe er Verkaufsverhandlungen mit anderen Interessenten aufnimmt. Der Eigentümer kann mit einem Dritten nicht nur unbeschränkt verhandeln, sondern mit ihm auch einen Kaufvertrag über das Grundstück abschließen, in dem die Höhe des Kaufpreises, die Zahlungsbedingungen und alle weiteren Einzelheiten festgelegt werden. Allerdings wird sich der Veräußerer in diesem Vertrag ein Rücktrittsrecht für den Fall vorbehalten, daß der Vorkaufsberechtigte sein Vorkaufsrecht ausüben sollte (wegen der Maklerkosten bei Vertragsrücktritt vgl. BGH, Urt. v. 15. 10. 1981, BB 1982 S. 1579); er könnte ansonsten von dem Dritten, der das an ihn verkaufte Grundstück dann doch nicht erhält, auf Schadenersatz in Anspruch genommen werden (vgl. auch BGH, Urt. v. 25. 9. 1986, NJW 1987 S. 890).

Das Vorkaufsrecht bei anderen Veräußerungsfällen. Das Vorkaufsrecht bietet dem Verkaufsberechtigten nur einen Schutz für den Fall des Verkaufs des Grundstücks. Bei einer Schenkung, einem Grundstückstausch oder einer Übergabe des Grundstücks an Verwandte des Eigentümers (vielfach: gemischte

Schenkung) kann der Vorkaufsberechtigte von seinem Vorkaufsrecht keinen Gebrauch machen.

Bedeutung des Ankaufsrechts. Im Gegensatz zum Vorkaufsrecht gehört das Ankaufsrecht an Grundstücken nicht zu den im BGB zugelassenen dinglichen Rechten. Es kann deshalb nur mit schuldrechtlicher Wirkung bestellt werden und verpflichtet dann nur den Grundstückseigentümer selbst und gegebenenfalls seine Erben, nicht aber seine sonstigen Rechtsnachfolger. Es ist zulässig, das Ankaufsrecht als Anspruch auf Übertragung des Eigentums an einem Grundstück durch eine Vormerkung zu sichern (§ 883 BGB), wodurch eine ähnliche Wirkung wie durch die Bestellung eines dinglichen Rechts erzielt wird. Zur Auslegung einer wertgesicherten Ankaufsklausel in einem Erbbaurechtsvertrag s. BGH, Urt. v. 19. 5. 1989, BB 1989 S. 1716.

Die verschiedenen Formen des Ankaufsrechts. Die Praxis kennt drei Formen des Ankaufsrechts (vgl. BGH, Urt. v. 28. 6. 1969, NJW 1969 S. 1479):

a) Der Grundstückseigentümer gibt ein notariell beurkundetes Vertragsangebot ab auf Abschluß eines Grundstückskaufs, und zwar befristet oder unbefristet. Es liegt im Belieben des Ankaufsberechtigten, dieses Vertragsangebot anzunehmen oder nicht. Der Grundstückskauf kommt mit der rechtzeitigen notariellen Beurkundung der Vertragsannahmeerklärung des Ankaufsberechtigten zustande.

b) Das Ankaufsrecht wird vertraglich begründet, und zwar als Vorvertrag zu einem Grundstückskauf, aus dem für den Ankaufsberechtigten ein Recht auf ein Vertragsangebot des Grundstückseigentümers mit bestimmtem Inhalt besteht. Der Vorvertrag bedarf zu seiner Rechtswirksamkeit der notariellen Beurkundung (BGH, Urt. v. 21. 4. 1967, NJW 1967 S. 1605). Vgl. auch BGH, Urt. v. 31. 5. 1974, JR 1974 S. 513.

c) Es wird ein Grundstückskaufvertrag abgeschlossen, jedoch unter der aufschiebenden Bedingung, daß der Ankaufsberechtigte erst durch eine spätere Erklärung von seinem Recht Gebrauch machen kann. Die Ausübung des Ankaufsrechts kann hier formlos erklärt werden (BGH, Urt. v. 9. 1. 1970, WPM 1970 S. 493). Beispiel: Das Ankaufsrecht wird in der Weise eingeräumt, daß es vom Ankaufsberechtigten erst nach dem Tode des Ankaufsverpflichteten dessen Erben gegenüber ausgeübt werden kann.

Muster

A. Bestellung eines Vorkaufsrechts (vgl. Anm. 1)
(Beurkundungsprotokoll: vgl. Anm. 2)

I. *Grundbuchstand*
Hier werden aufgeführt: Nähere Bezeichnung des Grundstücks oder Grundstücksteils, auf das sich das Vorkaufsrecht beziehen soll, der oder die Grundstückseigentümer und die Belastungen des Grundstücks in den Abteilungen II und III des Grundbuchs.

II. *Vorbemerkung*
Frau Berta Wurm und Herr Richard Kaiser haben am .... *einen zehnjährigen Pachtvertrag über die Schreibwarenhandlung abgeschlossen, die in dem unter Ziffer I näher bezeichneten Hausgrundstück betrieben wird. Der Pachtvertrag verlängert sich jeweils um weitere drei Jahre, wenn er nicht zum Vertragsende unter Einhaltung einer Kündigungsfrist von drei Monaten aufgekündigt wird (vgl. Anm. 3).*

III. *Inhalt des Vorkaufsrechts*
Frau Berta Wurm räumt hiermit Herrn Richard Kaiser auf die Dauer des Pachtvertrags (vgl. Anm. 4) das dingliche Vorkaufsrecht an dem Grundstück .... *für den ersten Verkaufsfall ein (vgl. Anm. 5 und 6). Das Vorkaufsrecht ist vererblich, jedoch nicht übertragbar (vgl. Anm. 7 und 8). Es erstreckt sich auch auf einen Verkaufsfall, der mit Rücksicht auf ein künftiges Erbrecht an einen gesetzlichen Erben erfolgt (vgl. Anm. 9).*

IV. *Bewilligung und Antrag*
Die Vertragspartner bewilligen und beantragen die Eintragung des unter Ziffer III bestellten Vorkaufsrechts an dem Grundstück .... *im Grundbuch an nächstoffener Rangstelle (vgl. Anm. 10).*

V. *Erstreckung auf Zubehör*
Das Vorkaufsrecht erstreckt sich auch auf das gesetzliche Zubehör. Diese Bestimmung hat nur schuldrechtliche Bedeutung (vgl. Anm. 11).

VI. *Kosten und Ausfertigungen*
Die Kosten dieses Vertrages, der Ausfertigungen und des Vollzugs im Grundbuch trägt Herr Richard Kaiser.

Von dieser Urkunde erhalten die Vertragspartner je eine Ausfertigung, das Grundbuchamt eine beglaubigte Abschrift.

B. Einräumung eines Ankaufsrechts
(Beurkundungsprotokoll; vgl. Anm. 2)

I. Grundbuchstand wie Muster A

II. Inhalt des Ankaufsrechts
(1) Herr Georg und Frau Maria Welte, geb. Schmidt, − Eigentümer − räumen hiermit Herrn Max Gerstner − Ankaufsberechtigter − das Recht ein, ihr Einfamilienwohnhaus in .... mit allen Rechten, Bestandteilen und dem gesetzlichen Zubehör anzukaufen. Das Ankaufsrecht kann erst nach dem Ableben der beiden Eigentümer ausgeübt werden. Es muß binnen sechs Monaten nach dem Ableben des Längstlebenden der beiden Eigentümer gegenüber dessen Erben ausgeübt werden, widrigenfalls es erlischt.
(2) Das Ankaufsrecht ist vererblich, aber nicht übertragbar.
(3) Sollten sich die Vertragschließenden oder ihre Rechtsnachfolger über die Höhe des Ankaufspreises für das Vertragsgrundstück nicht einigen können (vgl. Anm. 12), so wird der Verkehrswert (Verkaufswert) durch einen vereidigten Bausachverständigen mit rechtsverbindlicher Wirkung für Käufer und Verkäufer festgesetzt. Sollten sich die Vertragschließenden über die Person des Bausachverständigen nicht einigen können, so wird dieser von der Industrie und Handelskammer/Handwerkskammer .... bestimmt (vgl. Anm. 13).
(4) Der vom Sachverständigen festgesetzte Verkehrswert gilt als Ankaufspreis.
(5) Der Ankaufspreis wird ausgewiesen und berichtigt wie folgt:
a) Unter Anrechnung auf den Kaufpreis übernimmt der Ankaufsberechtigte die etwa auf dem Vertragsgrundbesitz lastenden Hypotheken und Grundschulden als Selbstschuldner und Selbstzahler zur Verzinsung und Heimzahlung vom Tag der Ausübung des Ankaufsrechts an.
b) Der nach Abrechnung der übernommenen Hypotheken und Grundschulden noch verbleibende Kaufpreisrest ist vom Tag der Ausübung des Ankaufsrechts an mit .... % − .... v. H. jährlich zu verzinsen und binnen dreier Monate nach Ausübung des Ankaufsrechts zusammen mit den Zinsen bar und kostenfrei zu bezahlen.
(6) Besitz, Nutzen und Lasten sowie die Gefahr des zufälligen Untergangs gehen mit dem Tag der Ausübung des Ankaufsrechts auf den Ankaufsberechtigten über.
(7) Alle Kosten der Beurkundung, des Vollzugs im Grundbuch, desgleichen die Grunderwerbsteuer hat der Ankaufsberechtigte zu tragen.

*(8) Zur Sicherung des Anspruchs des Ankaufsberechtigten auf Eigentums-
übertragung bewilligen und beantragen die Eigentümer die Eintragung einer
Auflassungsvormerkung an ihrem Hausgrundstück .... im Grundbuch.
Die Kosten der Eintragung der Auflassungsvormerkung trägt der Ankaufsberechtigte.*

*(9) Die Grundstückseigentümer behalten sich das Recht vor, Hypotheken oder
Grundschulden bis zum Gesamtbetrag von .... DM mit beliebigen Zins- und
Zahlungsbestimmungen im Rang vor der Auflassungsvormerkung im Grund-
buch eintragen zu lassen. Die Eintragung dieses Rangvorbehalts bei der
Auflassungsvormerkung im Grundbuch wird hiermit bewilligt und beantragt
(vgl. Anm. 10).*

III. Kosten, Ausfertigungen

(1) Die Kosten dieser Urkunde trägt der Ankaufsberechtigte.

*(2) Jeder Vertragsteil erhält eine Ausfertigung; für das zuständige Grund-
buchamt und das Finanzamt ist je eine beglaubigte Abschrift zu fertigen.*

Anmerkungen

1) Steht das Vorkaufsrecht einer natürlichen Person, wie in diesem Vertragsmuster,
   oder einer juristischen Person zu, so spricht man von einem subjektiv-persönlichen
   Vorkaufsrecht (vgl. §§ 1094 Abs. 1, 1098 Abs. 3, 1103 BGB). Das Vorkaufsrecht
   kann auch zugunsten des jeweiligen Eigentümers eines bestimmten Grundstücks,
   z. B. eines Nachbargrundstücks, bestellt werden; man spricht dann von einem sub-
   jektiv-dinglichen Vorkaufsrecht (§§ 1094 Abs. 2, 1103 BGB). Ein Vorkaufsrecht
   kann aber immer nur an einem einzelnen Grundstück bestellt werden; ein Gesamt-
   vorkaufsrecht an mehreren Grundstücken ist unzulässig (BayObLG, Beschl. v.
   1. 10. 1974, BayObLGZ 1974 S. 365).
2) Beide Vertragspartner müssen nicht gleichzeitig anwesend sein. Vertragsangebot
   und Vertragsannahme können zeitlich und räumlich getrennt beurkundet werden;
   höhere Notargebühren entstehen dadurch nicht (vgl. §§ 37, 38 Abs. 2 Nr. 2 KostO).
3) Wird einem Pächter oder Mieter die Möglichkeit des Erwerbs des Pacht- oder
   Mietgrundstücks für den Verkaufsfall eingeräumt, so geschieht dies meist nur für die
   Dauer des Bestehens des Pacht- oder Mietverhältnisses. Mit der Beendigung des
   Pacht- oder Mietverhältnisses erlischt das Vorkaufsrecht. Der Vorkaufsberechtigte
   ist dann verpflichtet, die Löschung des Vorkaufsrechts zu bewilligen.
4) Würden in Abschnitt III die Worte „auf die Dauer des Pachtvertrags" fehlen, so
   bliebe das Vorkaufsrecht auch nach Beendigung des Pachtvertrags wirksam.
5) Das Vorkaufsrecht kann auch für mehrere Verkaufsfälle, z. B. „für den ersten und
   zweiten Verkaufsfall" bestellt werden (§ 1097 BGB). Wird es „für alle Verkaufsfälle" bestellt, so handelt es sich um ein sog. „Vorkaufsrecht auf ewige Zeiten".

6) Beim Vorkaufsrecht „für den ersten Verkaufsfall" erlischt dieses, wenn der Vorkaufsberechtigte beim ersten Verkaufsfall des Grundstücks von seinem Recht keinen Gebrauch macht.

7) Wird ein subjektiv-persönliches Vorkaufsrecht als „nicht vererblich" bestellt, so erlischt es mit dem Tod des Vorkaufsberechtigten.

8) Wird das Vorkaufsrecht als „übertragbar" bestellt, so kann es der Vorkaufsberechtigte veräußern, z. B. verkaufen.

9) Anders die gesetzliche Regelung (§§ 511, 1098 BGB).

10) Wird ein Vorkaufsrecht bestellt oder eine Auflassungsvermerkung zur Sicherung eines Ankaufsrechts bewilligt, so sollte der Grundstückseigentümer in Erwägung ziehen, ob er sich nicht für einen noch aufzunehmenden Kredit einen Rangvorbehalt ausnehmen will, damit er später bei Aufnahme einer Hypothek oder Grundschuld nicht erst noch den Vorkaufs- oder Ankaufsberechtigten um Rangrücktritt ersuchen muß.

11) Vgl. § 1096 BGB. Wegen des Zubehörbegriffs s. § 97 BGB. Zum Zubehör eines Grundstücks gehören z. B.: die Apothekeneinrichtung auf einem Apothekengrundstück, Baumaterialien auf einem Baugrundstück, die Maschinen, Rohstoffe, Vorräte und Materialreserven auf einem Fabrikgrundstück, das Inventar einer Gastwirtschaft, eines Hotels, eines Bäcker- und Fleischerladens.

12) Der Kaufpreis kann einer späteren Einigung der Parteien vorbehalten werden (BGH, Urt. v. 9. 11. 1966, NJW 1967 S. 153). Zur Auslegung einer Anpassungsklausel für die Bemessung des Ankaufspreises s. BGH, Urt. v. 7. 4. 1978, BB 1978 S. 731.

13) Der Sachverständige hat die Stellung eines Schiedsgutachters (vgl. §§ 317–319 BGB).

10. Mängelrüge

Rechtsgrundlage. §§ 478, 479, 545, 638, 639 BGB, §§ 377, 378 HGB.

Erläuterungen. Beim *Kauf* haftet der Verkäufer dem Käufer dafür, daß die Kaufsache nicht mit Fehlern behaftet ist, die ihren Wert oder ihre Gebrauchstauglichkeit aufheben oder mindern; ebenso haftet der Verkäufer für das Vorhandensein etwa zugesicherter Eigenschaften (§ 459 BGB). Nach bürgerlichem Recht ist die Erhaltung der Gewährleistungsansprüche des Käufers nicht von einer vorherigen Mängelanzeige abhängig; die Bedeutung der Mängelrüge erschöpft sich hier darin, daß der Käufer, wenn er vor Verjährung der Gewährleistungsansprüche dem Verkäufer den Mangel angezeigt oder mindestens die Anzeige an ihn abgesandt hat, auch nach Eintritt der Verjährung die Zahlung des Kaufpreises ganz oder teilweise verweigern oder mit Schadenersatzansprüchen aufrechnen kann (§§ 478, 479 BGB). Ist dagegen der Kauf für beide Teile ein *Handelsgeschäft*, so muß der Käufer unverzüglich nach Erhalt die Ware untersuchen, „soweit dies nach ordnungsmäßigem Geschäftsgang tunlich ist" (zu den Anforderungen an die Untersuchungspflicht vgl. BGH, Urt. v. 20. 4. 1977, WPM 1977 S. 821, und OLG Frankfurt, Urt. v. 3. 12. 1985, BB 1986 S. 1604), und, wenn sich ein Mangel zeigt, dem Verkäufer unverzüglich Anzeige machen. Wird die Anzeige unterlassen, so gilt die Ware als genehmigt, es sei denn, daß es sich um einen nicht erkennbaren Mangel handelt. Zeigt sich ein Mangel erst später, so muß die Anzeige an den Verkäufer unverzüglich nach Entdeckung erfolgen (§§ 377, 378 HGB).

Beim *Werkvertrag* hat der Unternehmer das Werk so herzustellen, daß es die zugesicherten Eigenschaften aufweist und nicht mit Fehlern behaftet ist, die seinen Wert oder seine Gebrauchstauglichkeit aufheben oder mindern. Ist das Werk nicht von dieser Beschaffenheit, so kann der Besteller die Beseitigung des Mangels verlangen und, wenn der Unternehmer damit in Verzug kommt, den Mangel auf Kosten des Unternehmers selbst beseitigen lassen (§ 633 BGB).
Bei einem *Mietverhältnis* hat der Mieter dem Vermieter unverzüglich Anzeige zu machen, wenn sich im Laufe der Miete ein Mangel der gemieteten Sache zeigt, es sei denn, daß der Vermieter von dem Mangel bereits auf andere Weise Kenntnis erhalten hat. Unterläßt der Mieter die Mängelanzeige, so macht er sich gegenüber dem Vermieter schadenersatzpflichtig und verliert unter Umständen auch das Recht, den Mietzins zu mindern und seinerseits Schadenersatz zu verlangen (§ 545 BGB).
Mängelanzeigen sollten aus Beweisgründen stets schriftlich erstattet werden.

Muster

A. Mängelanzeige beim Kauf

Fa. ....
in ....
Wie wir Ihnen heute bereits fernmündlich mitgeteilt haben, befindet sich die von Ihnen gelieferte, gestern bei uns eingetroffene .... Maschine nicht in ordnungsgemäßem Zustand. Eine genaue Überprüfung hat folgende Mängel ergeben: .... (vgl. Anm. 1). Wir sehen uns daher zu unserem Bedauern genötigt, Ihnen die Maschine wieder zur Verfügung zu stellen.

Unterschrift

B. Verlangen auf Mängelbeseitigung beim Werkvertrag

Fa. ....

in ....

Leider muß ich Ihnen mitteilen, daß die von Ihnen an meinem Haus ausgeführten Bauarbeiten nicht ordnungsgemäß vorgenommen worden sind. An der erstellten Garage zeigen sich folgende Mängel: .... (vgl. Anm. 1). Ich ersuche Sie, für umgehende Beseitigung dieser Mängel Sorge zu tragen (vgl. Anm. 2).

Unterschrift

Anmerkungen

1) Die Mängel sind genau zu bezeichnen.
2) Nach weiterer, vergeblicher Mahnung kann der Besteller die Mängel selbst beseitigen und vom Unternehmer Ersatz der erforderlichen Aufwendungen verlangen (§ 633 BGB).

11. Wandelung, Minderung, Schadenersatz wegen Nichterfüllung

Rechtsgrundlage. §§ 325 f., 462 ff., 537 f., 634 ff. BGB.
Erläuterungen. Unter Wandelung versteht man die Rückgängigmachung eines Kauf- oder Werkvertrages, unter Minderung die Herabsetzung eines Kaufpreises, Werklohnes oder Mietzinses (§§ 462, 634, 537 BGB). Beim Kauf- und beim Werkvertrag ist die Wandelung oder Minderung vollzogen, sobald sich der Verkäufer bzw. der Unternehmer auf Verlangen des Käufers bzw. Bestellers damit einverstanden erklärt (§§ 465, 634 BGB).
Beim Kaufvertrag kann der Käufer – wahlweise – wandeln oder mindern, wenn die Kaufsache einen Mangel aufweist, den der Verkäufer zu vertreten hat (§ 462 BGB). Beim Werkvertrag muß der Besteller, wenn das hergestellte Werk fehlerhaft ist, dem Unternehmer zunächst eine angemessene Frist zur Beseitigung des Mangels setzen mit der Erklärung, daß er nach Fristablauf die Mängelbeseitigung ablehne; wird der Mangel vom Unternehmer nicht rechtzeitig behoben,

kann der Besteller Wandelung oder Minderung verlangen (§ 634 BGB). Bei einem Mietverhältnis kann der Mieter, wenn die Mietsache mit einem Fehler behaftet ist oder wenn ihr eine zugesicherte Eigenschaft fehlt, für den betreffenden Zeitraum seine Mietzahlungen mindern oder unter Umständen auch ganz einstellen (§ 537 BGB).

Die Wandelung wirkt in gleicher Weise wie ein Rücktritt vom Vertrag (vgl. Nr. 65; zum Ersatz der „Vertragskosten" bei Durchführung der Wandelung vgl. BGH, Urt. v. 9. 3. 1983, BB 1983 S. 793). Beide Vertragsteile werden so gestellt, wie wenn der Vertrag nicht abgeschlossen worden wäre, d. h. die gegenseitigen Leistungen müssen Zug um Zug zurückgewährt werden (§ 467 BGB). Bei der Minderung wird der Kaufpreis (Werklohn, Mietzins) im Verhältnis des Wertes der mangelfreien Sache zu ihrem wirklichen Wert herabgesetzt (§ 472 BGB). *Beispiel:* Wert der Kaufsache ohne Mangel: 6000 DM, Wert bei Mangel: 4000 DM, Kaufpreis: 4500 DM. Die Minderung des Kaufpreises errechnet sich wie folgt: 6000 : 4000 = 4500 : x. Der geminderte Preis beträgt sonach 3000 DM. Hat der Käufer bereits mehr als 3000 DM an den Verkäufer bezahlt, so kann er die Differenz zurückfordern.

Wandelung kommt also in Betracht, wenn der Käufer (Besteller) die gekaufte (hergestellte) Sache zurückgeben, Minderung dagegen, wenn er sie behalten will.

Schadenersatz wegen Nichterfüllung – statt Wandelung oder Minderung – kann verlangen

a) der Käufer, wenn der Kaufsache eine zugesicherte Eigenschaft fehlt oder wenn der Verkäufer einen Fehler arglistig verschwiegen hat (§ 463 BGB);

b) der Besteller, wenn der Mangel des Werkes auf einem vom Unternehmer zu vertretenden Umstand beruht (§ 635 BGB).

In beiden Fällen muß der Berechtigte so gestellt werden, wie er sich bei einwandfreier Erfüllung stehen würde: er hat die Wahl, ob er die Sache zurückgeben und das gesamte Erfüllungsinteresse fordern oder ob er die Sache behalten und nur das Interesse an mangelfreier Lieferung geltend machen will (vgl. hierzu BGH, Urt. v. 13. 3. und 5. 6. 1981, BB 1981 S. 1120, 1800).

Beim Mietvertrag kann der Mieter, wenn die Mietsache einen Mangel aufweist, den der Vermieter zu vertreten hat, unbeschadet der Nichtentrichtung oder Minderung des Mietzinses Schadenersatz wegen Nichterfüllung fordern (§ 538 BGB). Schadenersatzansprüche wegen Nichterfüllung kommen auch bei sonstigen Verträgen in Betracht, namentlich bei Unmöglichkeit der Leistung oder bei Verzug des Schuldners (§§ 325, 326 BGB); hier besteht der Anspruch wahlweise neben dem Rücktrittsrecht (vgl. BGH, Urt. v. 17. 1. 1979, BB 1979 S. 861).

Muster

A. *Fristsetzung des Verkäufers zur Wandelung (vgl. Anm. 1)*

Herrn ....
in ....
Mit Schreiben vom .... haben Sie die von mir gelieferte Ware beanstandet und als mangelhaft bezeichnet. Entgegenkommenderweise bin ich bereit, den Kauf rückgängig zu machen (vgl. Anm. 2). Ich ersuche Sie hiermit, mir bis zum .... verbindlich zu erklären, ob Sie Wandelung verlangen wollen (vgl. Anm. 3).

Unterschrift

B. *Wandelung durch den Käufer*

Fa. ....
in ....
Das von mir am .... bei Ihnen bestellte elektrische Gerät .... ist gestern eingetroffen. Leider mußte ich feststellen, daß es nicht einwandfrei funktioniert. Bei der Inbetriebnahme zeigten sich folgende Mängel: .... (vgl. Anm. 4). Ich bin nicht gewillt, das Gerät zu behalten und verlange deshalb Rückgängigmachung des Kaufes. Ihre Zustimmung hierzu erwarte ich bis .... Andernfalls wäre ich zu meinem Bedauern gezwungen, die Sache meinem Rechtsanwalt zu übergeben.

Unterschrift

C. *Wandelung durch den Besteller beim Werkvertrag*

Herrn ....
in ....
Ich nehme Bezug auf mein Schreiben vom ...., mit dem ich Ihnen mitgeteilt habe, daß der von Ihnen angefertigte Anzug erhebliche Mängel aufweist und für mich so nicht brauchbar ist; ich hatte Sie unter Androhung späterer Ablehnung aufgefordert, den Anzug bis .... (vgl. Anm. 5) entsprechend zu ändern. Da Sie bis heute nichts von sich hören ließen, verlange ich die Rückgängigmachung des Vertrages und stelle Ihnen den Anzug zur Verfügung.

89

Ich ersuche Sie, mir bis .... mitzuteilen, ob Sie damit einverstanden und bereit sind, mir die geleistete Anzahlung in Höhe von .... DM umgehend zurückzuzahlen. Sollten Sie meinem Verlangen nicht nachkommen, werde ich die geeigneten Schritte gegen Sie unternehmen.

Unterschrift

D. Minderung durch den Käufer

Fa. ....
in ....
Sie haben mir am .... die bestellte Eßzimmereinrichtung zum Preise von .... DM geliefert. Leider mußte ich feststellen, daß die Möbel folgende Mängel aufweisen: .... (vgl. Anm. 4). Ich habe einen Fachmann zugezogen, der den Wert der mangelhaften Einrichtung auf höchstens .... DM beziffert hat. Ich verlange deshalb Herabsetzung des Kaufpreises auf diesen Betrag. Nachdem ich bereits eine Anzahlung in Höhe von .... DM geleistet habe, schulde ich Ihnen nur mehr einen Betrag von .... DM. Ich ersuche Sie, mir Ihr Einverständnis mit der Kaufpreisminderung bis zum .... mitzuteilen. Nach Ablauf dieser Frist wäre ich genötigt, Klage zu erheben.

Unterschrift

E. Minderung des Mietzinses (vgl. Anmerkung 6)

Frau ....
in...................
Wie ich Ihnen bereits mit Schreiben vom .... mitgeteilt habe, arbeitet in den Geschäftsräumen, die ich von Ihnen gemietet habe, die Heizungsanlage nicht einwandfrei. Trotz dauernder Inbetriebhaltung der Heizung ist eine höhere Temperatur als 16°C nicht zu erzielen. Ein von mir befragter Fachmann deutete an, daß möglicherweise die Ventile der Anlage falsch eingestellt seien. Da Sie bisher offenbar noch nichts unternommen haben, um den Mangel beseitigen zu lassen, erkläre ich Ihnen hiermit, daß ich ab sofort die vereinbarte Miete von .... DM monatlich um den Betrag von .... DM kürze, und zwar so lange, bis die Heizungsanlage wieder in Ordnung gebracht ist.

Unterschrift

F. Verlangen auf Schadenersatz wegen Nichterfüllung

Herrn ....

in ....

Mit Schreiben vom .... habe ich Ihnen für die Lieferung des von mir gekauften Zigarettenautomaten eine Frist bis zum .... gesetzt und Ihnen gleichzeitig mitgeteilt, daß ich nach dem Ablauf dieser Frist die Annahme des Automaten ablehnen werde (vgl. Anm. 7). Trotzdem haben Sie den Automaten bis heute nicht geliefert. Ich verlange nunmehr von Ihnen Schadenersatz wegen Nichterfüllung. Mein Schaden beläuft sich auf .... DM und besteht darin, daß sich der Anschaffungspreis für den Automaten zwischenzeitlich um den genannten Betrag erhöht hat. Wie Sie aus der beigefügten Ablichtung des Auftragsscheins der Fa. Richard Wenzel, ... ersehen, muß ich dort für denselben Automaten bereits den erhöhten Kaufpreis bezahlen (vgl. Anm. 8). Der Überweisung des Schadensbetrages von .... DM an mich sehe ich bis .... entgegen. Nach Ablauf dieser Frist werde ich gegen Sie Klage erheben.

Unterschrift

Anmerkungen

1) Damit der Verkäufer alsbald Gewißheit darüber erhält, ob er die mangelhafte Kaufsache zurücknehmen muß, räumt ihm das Gesetz die Möglichkeit ein, den Käufer unter Bestimmung einer angemessenen Frist zur Erklärung aufzufordern, ob er Wandelung verlangen will (§ 466 BGB).
2) Damit erbietet sich der Verkäufer seinerseits zur Wandelung.
3) Nach Fristablauf ist die Wandelung ausgeschlossen. Der Käufer kann dann nur noch Minderung oder – bei Vorliegen der gesetzlichen Voraussetzungen – Schadenersatz wegen Nichterfüllung verlangen.
4) Die Mängel müssen genau bezeichnet werden.
5) Die gesetzte Frist muß angemessen sein (§ 634 BGB; vgl. Nr. 65 Anm. 2).
6) Mitunter wird im Mietvertrag vereinbart, daß der Mieter ein Minderungsrecht nur ausüben kann, wenn er dies mindestens einen Monat vor Fälligkeit des Mietzinses dem Vermieter angekündigt hat. Bei einem Mietverhältnis über Wohnraum ist eine solche Vereinbarung jedoch unzulässig (§ 537 Abs. 3 BGB).
7) Vgl. Nr. 65 Muster D.
8) Dies ist einer der häufigsten Fälle der Schadensentstehung bei Nichtlieferung einer gekauften Sache.

III. Betriebsveräußerung und -übergabe

12. Verkauf eines industriellen Betriebes

Rechtsgrundlage. §§ 433–479, 419 BGB; §§ 22, 23, 25, 26 HGB.

Erläuterungen. Bei jeder Betriebsveräußerung ist zu unterscheiden zwischen dem schuldrechtlichen Kaufvertrag, aus dem für Käufer und Verkäufer Ansprüche und Verpflichtungen nach Maßgabe der §§ 433 ff. BGB entstehen, und dem dinglichen Erfüllungsakt, d. h. der Übertragung der einzelnen Bestandteile des Betriebsvermögens (Grundstücke, Geschäftseinrichtung, Maschinen, Fahrzeuge, Forderungen, Waren, Warenzeichen- und Patentrechte, Firmenwert, Geschäfts- und Betriebsgeheimnisse usw.) vom Veräußerer auf den Käufer. Während sich der Veräußerer in einem Zug verpflichten kann, seinen Betrieb mit allen Aktiven und Passiven, also als Vermögenseinheit, zu verkaufen, muß die Übertragung der einzelnen Bestandteile des Betriebsvermögens nach den hierfür geltenden gesetzlichen Bestimmungen erfolgen: Eigentumsübertragung an Grundstücken durch Auflassung und Eintragung im Grundbuch (§ 925 BGB), Eigentumsübertragung an dem beweglichen Anlagevermögen und an den Warenvorräten durch Einigung und Übergabe (§§ 929 ff. BGB), Übertragung von Außenständen, Warenzeichen und Patentrechten durch Abtretungserklärung (§§ 398 ff. BGB).

Zur Haftung des Veräußerers bei unrichtigen Angaben über den erzielten Reinertrag s. BGH, Urt. v. 18. 3. 1977, NJW 1977 S. 1538. Ein konjunkturbedingter Rückgang der Betriebseinnahmen zählt zum typischen Risiko des Erwerbers; dieser kann sich daher in einem solchen Fall nicht auf eine Änderung der Geschäftsgrundlage berufen (BGH, Urt. v. 13. 7. 1977, DB 1977 S. 1788).

Bei dem Erwerb eines Handelsgeschäfts und Fortführung der bisherigen Firma mit oder ohne Beifügung eines Nachfolgezusatzes haftet der Käufer kraft Gesetzes (§ 25 Abs. 1 HGB) für alle im Betrieb des Geschäfts begründeten Verbindlichkeiten des früheren Betriebsinhabers mit. Zur Frage der Steuerhaftung bei Unternehmensveräußerung vgl. Mösbauer, BB 1990 Beilage 3 zu Heft 4.

Vereinbart der Veräußerer mit dem Erwerber des Handelsgeschäfts, daß dieser trotz Firmenfortführung für Geschäftsverbindlichkeiten des früheren Inhabers nicht haften soll, so ist diese Vereinbarung gutgläubigen Dritten gegenüber nur wirksam, wenn sie in das Handelsregister eingetragen und bekanntgemacht worden ist (§ 25 Abs. 2 HGB). Eintragung und Bekanntmachung müssen unverzüglich nach der Geschäftsübergabe erfolgen; das Risiko einer verzögerten Eintragung trägt der Erwerber (OLG Frankfurt/M., Beschl. v. 1. 6. 1977, BB 1977 S. 1571). Zur Haftung bei Firmenfortführung vgl. auch BGH, Urt. v. 29. 1. 1979, BB 1979 S. 1117, und v. 29. 3. 1982, BB 1982 S. 888, sowie OLG Frankfurt, Urt. v. 20. 11. 1979, BB 1980 S. 279.

Form. Der Verkauf eines Betriebes bedarf nach dem Gesetz keiner besonderen Form, könnte also auch im Wege mündlicher Vereinbarungen erfolgen. Aus guten Gründen wird jedoch regelmäßig ein schriftlicher Kaufvertrag abgeschlossen. Notarielle Beurkundung des gesamten Kaufvertrages ist allerdings erforderlich, wenn auch das Eigentum an einem Grundstück mit übertragen oder ein Vorkaufs- oder Ankaufsrecht an einem Grundstück eingeräumt wird (§ 313 BGB).

Muster

Kaufvertrag
(notarielles Protokoll)

§ 1 Vertragsgegenstand
Die Firma „Lederfabrik .... GmbH" in ...., hier vertreten durch ihren Geschäftsführer Herrn Johann Brand in ...., verkauft hiermit ihren gesamten Geschäftsbetrieb mit allen Aktiven und Passiven (vgl. Anm. 1), jedoch ohne die Firma, an die Offene Handelsgesellschaft „Kugel und Hofmann" in ...., hier vertreten durch ihre beiden persönlich haftenden Gesellschafter Herren Franz Kugel und Ludwig Hofmann, beide in .... wohnhaft.

§ 2 Kaufpreis
Der vereinbarte Kaufpreis beträgt .... DM (vgl. Anm. 2). Er ist zur Hälfte am .... und zur anderen Hälfte am .... ohne Zulage von Zinsen fällig und zahlbar.

§ 3 Übertragung auf die Käuferin
(1) Die „Lederfabrik .... GmbH" überläßt und überträgt hiermit mit
Wirkung vom .... auf die Käuferin alle Aktiven, insbesondere
a) die Maschinen nach Maßgabe der Anlage 1 (Maschinenliste),
b) das Inventar (Einrichtungsgegenstände, Kraftwagen u. dgl.) nach Maß-
gabe der Anlage 2 (Inventarliste),
c) die Rohstoffe, Hilfs- und Betriebsstoffe, Halbfabrikate und Fertigwaren
nach Maßgabe der Anlage 3 (Warenliste),
d) die Außenstände (vgl. Anm. 3) nach Maßgabe der Anlage 4 (Liste der
Außenstände),
e) die auf den Bankkonten und dem Postscheckkonto der Firma befindlichen
Guthaben nach Maßgabe der Anlage 5 (Bankenliste 1),
f) Patente, Gebrauchsmusterrechte, Warenzeichen (vgl. Anm. 4) u. dgl. nach
Maßgabe eines besonderen Übertragungsvertrags,
g) die fünf gemieteten Werkwohnungen in .... (vgl. Anm. 5).
Sämtliche Anlagen sowie die Übernahmebilanz zum .... werden dem beur-
kundenden Notar zwecks Beifügung zu diesem Vertrag nachgereicht.
(2) Die Firma „Kugel und Hofmann" nimmt diese Übertragung hiermit an.
Die „Lederfabrik .... GmbH" erkennt an, daß mit Wirkung vom
.... die Firma „Kugel und Hofmann" allein berechtigt ist, über diese
Vermögenswerte zu verfügen.
(3) Sollten irgendwelche Vermögenswerte der „Lederfabrik ....
GmbH" nicht ausdrücklich aufgeführt worden sein, so geht doch der überein-
stimmende Wille beider Vertragsteile dahin, daß auch diese Vermögenswerte
auf die Firma „Kugel und Hofmann" übertragen sein sollen.
(4) Die Vertragsteile sind sich hinsichtlich der beweglichen Gegenstände
darüber einig, daß das Eigentum an ihnen von der „Lederfabrik ....
GmbH" auf die Firma „Kugel und Hofmann" übergehen soll. Die „Lederfa-
brik .... GmbH" ermächtigt die Firma „Kugel und Hofmann", am
Übernahmetag die vorhandenen beweglichen Gegenstände in Eigenbesitz zu
nehmen.
(5) Die Vertragsteile sind sich hinsichtlich der Forderungen und Ansprüche
der „Lederfabrik .... GmbH" gegen Kunden und Geldinstitute dar-
über einig, daß die Firma „Lederfabrik .... GmbH" diese Forderun-
gen und Ansprüche mit Wirkung vom .... an die Firma „Kugel und Hof-
mann" abtritt und daß die Firma „Kugel und Hofmann" diese Abtretung
hiermit annimmt. Die Firma „Kugel und Hofmann" wird hiermit unwiderruf-
lich ermächtigt, die Kunden und Geldinstitute der Firma „Lederfabrik
.... GmbH" von der erfolgten Abtretung in Kenntnis zu setzen (vgl.
Anm. 3).

§ 4 Verbindlichkeiten
(1) Die Firma „Kugel und Hofmann" übernimmt sämtliche Schulden und
Verbindlichkeiten der „Lederfabrik .... GmbH", insbesondere
a) die Verbindlichkeiten gegenüber den Lieferfirmen nach Maßgabe der An-
lage 6 (Lieferantenliste),
b) die Verbindlichkeiten gegenüber den Banken nach Maßgabe der Anlage 7
(Bankenliste 2),
c) die Verbindlichkeiten gegenüber sonstigen Gläubigern aus Dienst- und
Werkverträgen nach Maßgabe der Anlage 8 (Gläubigerliste).
(2) Die „Lederfabrik ....GmbH" versichert, daß ihr weitere Ver-
bindlichkeiten außer den in die drei Listen aufgenommenen, insbesondere
solche aus Haftungsfällen aus unerlaubter Handlung, Verkehrsunfällen u. dgl.,
nicht bekannt sind.
(3) Soweit die Gesellschafter der Firma „Lederfabrik .... GmbH"
den in obiger Liste angegebenen Gläubigern Sicherheiten aus ihrem Privat-
vermögen gegeben haben, verpflichtet sich die Firma „Kugel und Hofmann",
durch Gewährung anderer Sicherheiten dafür zu sorgen, daß diese Sicherhei-
ten wieder in das freie Eigentum der Gesellschafter übergehen.
(4) Die Firma „Kugel und Hofmann" wird die Gläubiger der „Lederfabrik
.... GmbH" in handelsüblicher Weise von der Übernahme der Ver-
bindlichkeiten in Kenntnis setzen.

§ 5 Eintritt in Verträge
(1) Die Firma „Kugel und Hofmann" tritt in alle laufenden Verträge ein,
insbesondere in die Dienstverträge mit den Betriebsangehörigen (vgl. Anm. 6),
die Versorgungsverträge mit den Stadtwerken ...., die bestehenden
Versicherungsverträge sowie die sonstigen Verträge, auch soweit sie hier nicht
im einzelnen aufgeführt sind.
(2) Die Firma „Kugel und Hofmann" wird den Eintritt in die bestehenden
Verträge den Vertragspartnern der „Lederfabrik .... GmbH" in han-
delsüblicher Weise bekanntgeben.
(3) Die „Lederfabrik .... GmbH" verpflichtet sich, alle über diese
Verträge bestehenden Urkunden und Schriftstücke sowie überhaupt alle ihre
Geschäftsbücher und Geschäftspapiere an die Firma „Kugel und Hofmann"
ordnungsgemäß zu übergeben.

§ 6 Saldoausgleich
Die Firma „Kugel und Hofmann" übernimmt den Betrieb der „Lederfabrik
.... GmbH" mit allen Aktiven und Passiven in der Weise, daß ein
Verlustsaldo zum Übernahmetag zu ihren Lasten, ein etwaiger Überschuß zu
ihren Gunsten geht (vgl. Anm. 7).

§ 7 Bestehendes Mietverhältnis
Das gesamte Fabrikgelände der „Lederfabrik .... GmbH" ist Eigentum der „X-Werke" in .... Diese sind damit einverstanden, daß der bisherige Mietvertrag mit der Käuferin vom .... bis .... zu den bisherigen Vertragsbedingungen fortgesetzt wird (vgl. Anm. 5). Spätestens bis zum Ablauf des Mietvertrages ist das gesamte Fabrikgelände zu räumen und der Eigentümerin zurückzugeben, soweit nicht zwischen den „X-Werken" und der Käuferin neue Vereinbarungen getroffen werden.

§ 8 Vertragsänderungen
(1) Mündliche Nebenabreden zu diesem Vertrag bestehen nicht.
(2) Ergänzungen und Abänderungen des Vertrages bedürfen zu ihrer Rechtswirksamkeit der Schriftform.

§ 9 Kosten
(1) Die Kosten dieses Vertrages trägt die Firma „Kugel und Hofmann". Die Umsatzsteuer aus diesem Vertrag trägt die „Lederfabrik .... GmbH" (vgl. Anm. 8 und 9).
(2) Jeder Vertragsteil erhält zwei Ausfertigungen dieses Vertrages.
In Gegenwart des Notars vorgelesen, von den Beteiligten genehmigt und wie folgt unterschrieben:

Johann Brand
Franz Kugel
Ludwig Hofmann
(Siegel) ...., Notar

Anmerkungen

1) Obwohl kein Grundstück mitverkauft wird, bedarf der Vertrag der notariellen Beurkundung gemäß § 311 BGB, weil die Verkäuferin sich zur Übertragung ihres gesamten Vermögens verpflichtet. Die genannte Bestimmung gilt auch für die Verpflichtung juristischer Personen zur Übertragung ihres Vermögens (Palandt, BGB 51. Aufl. Rdnr. 4 zu § 311).
2) Erhält der Veräußerer einen Kaufpreis, der den Buchwert übersteigt, so hat er den übersteigenden Betrag als Veräußerungsgewinn gemäß §§ 16, 34 EStG zu versteuern. Eine GmbH kann aber die Tarifermäßigung nach § 34 EStG nicht in Anspruch nehmen.
3) Vgl. die Vorschriften über die Abtretung in §§ 398 ff., insbesondere § 407 BGB.
4) Warenzeichen können nur mit dem Geschäftsbetrieb, zu dem sie gehören, veräußert werden (vgl. § 8 Abs. 1 WZG).

5) Die Zustimmung des Grundeigentümers ist nach § 549 BGB erforderlich, es sei denn, daß in dem Mietvertrag vereinbart ist, daß der Mieter berechtigt ist, die Rechte aus dem Mietvertrag auf einen Dritten, z. B. den Käufer des Unternehmens, zu übertragen.

6) Diese Klausel dient nur der Verdeutlichung, weil bei rechtsgeschäftlichem Übergang eines Betriebes oder Betriebsteils der Erwerber schon kraft Gesetzes (§ 613a BGB) in die Rechte und Pflichten aus den im Zeitpunkt des Übergangs bestehenden Arbeitsverhältnissen eintritt. Die Kündigung des Arbeitsverhältnisses eines Arbeitnehmers durch den bisherigen Arbeitgeber oder durch den neuen Inhaber wegen des Betriebsübergangs ist unwirksam, das Recht zur Kündigung aus anderen Gründen bleibt jedoch unberührt. Vgl. hierzu EuGH, Urt. v. 5. 5. 1988, BB 1991 S. 208.

7) Die Haftung des Erwerbers aus § 419 BGB tritt ein, wenn das Geschäftsvermögen das ganze Vermögen des Verkäufers umfaßt. Unerheblich ist es, wenn unbedeutende Teile nicht mitveräußert wurden.

8) Für betriebsbedingte Steuern wie Gewerbesteuer, Umsatzsteuer und Verbrauchsteuern, die das veräußerte Unternehmen schuldet, haftet der Erwerber neben dem Veräußerer, vorausgesetzt, daß die Steuern seit dem Beginn des letzten, vor der Übereignung liegenden Kalenderjahres entstanden und bis zum Ablauf von einem Jahr nach Anmeldung des Betriebes durch den Erwerber festgesetzt oder angemeldet werden (§ 75 Abs. 1 AO; vgl. BFH, Urt. v. 16. 3. 1982, BStBl II S. 483). Der Betriebserwerber kann sich aber auch vertraglich verpflichten, für Steuerschulden des Veräußerers einzustehen (§ 192 AO).

9) Die Veräußerung eines gewerblichen Betriebes im ganzen unterliegt der Umsatzsteuer (Mehrwertsteuer). Bemessungsgrundlage ist das Entgelt für die auf den Erwerber übertragenen Gegenstände (Besitzposten). Übernommene Schulden können nicht abgezogen werden (§ 10 Abs. 3 UStG). Die Steuerbefreiungen nach § 4 UStG bleiben unberührt. Der Erwerber des gewerblichen Betriebes haftet für die Umsatzsteuer mit.

13. Verkauf eines Handwerksbetriebes

Rechtsgrundlage. §§ 433–479, 419 BGB.

Form. Der Verkauf eines handwerklichen Betriebes (zur Unterscheidung von einem industriellen Betrieb vgl. BAG, Urt. v. 11. 3. 1981, BB 1982 S. 48) bedarf keiner besonderen Form. Wird auch das Grundstück, auf dem das handwerkliche Unternehmen betrieben wird, mitverkauft, so ist notarielle Beurkundung des gesamten Kaufvertrags erforderlich (§ 313 BGB).
Vgl. im übrigen die Erläuterungen zu Nr. 12.

Muster

Kaufvertrag

            Zwischen

Herrn ...., Inhaber eines Friseurgeschäfts, wohnhaft in ....
– Verkäufer –
Herrn ...., Friseurmeister in ...., – Käufer –, wird heute
folgender Kaufvertrag (vgl. Anm. 1)
geschlossen.

1. Der Verkäufer verkauft hiermit sein auf dem Grundstück .... in
    .... betriebenes Friseurgeschäft – Herren- und Damensalon –
    mit allem Zubehör, Ein- und Vorrichtungen, Maschinen und Geräten (vgl.
    Anm. 2) an den Käufer zu dessen Alleineigentum (vgl. Anm. 3).

2. Der vereinbarte Kaufpreis beträgt   .... DM
    von diesem Betrag entfallen auf
    a) die Geschäftseinrichtung laut Anlage 1   .... DM
    b) die vom Verkäufer bezahlte, unverzinsliche
       Mietvorauszahlung   .... DM
    c) Kundschaftswert, Kundenkartei und Geschäftsbücher   .... DM

                           zusammen: .... DM

3. Der Kaufpreis wird ausgewiesen und berichtigt wie folgt:
    a) Ein Teilbetrag von .... DM wurde vom Käufer heute bar bezahlt. Der
       Verkäufer bestätigt den Empfang (vgl. Anm. 4).
    b) Der Kaufpreisrest von .... DM ist in .... gleichen, unmittelbar
       aufeinanderfolgenden Monatsraten (vgl. Anm. 5) zu bezahlen, die erste
       Monatsrate wird fällig am .... Der jeweils noch geschuldete Kauf-
       preisrest ist ab .... mit .... % jährlich zu verzinsen, die Zinsen
       sind im nachhinein jeweils am Halbjahresletzten fällig und zahlbar.

4. Die Vertragschließenden sind darüber einig, daß das Eigentum an der
    Geschäftseinrichtung, allen Ein- und Vorrichtungen, Maschinen und Ge-
    räten erst nach vollständiger Bezahlung des Kaufpreises nebst den verein-
    barten Zinsen auf den Käufer übergeht (vgl. Anm. 6).

5. Der Verkäufer versichert, daß alle Gegenstände des verkauften bewegli-
    chen Anlagevermögens sein freies und unbelastetes Eigentum sind (vgl.
    Anm. 7).

6. Die Vertragspartner haben über die verkaufte Friseureinrichtung ein ge-
    naues Inventarverzeichnis angefertigt und unterzeichnet. Dieses Inventar-
    verzeichnis bildet einen wesentlichen Bestandteil dieses Vertrags.

7. Irgendwelche Friseurwaren werden vom Käufer nicht übernommen (vgl.
    Anm. 8).

8. *Der Verkäufer übernimmt keinerlei Gewähr für Umsatz und Ertrag des veräußerten Friseurgeschäfts. Dieses wird vom Käufer vielmehr so übernommen, wie es liegt und steht (vgl. Anm. 9).*

9. *Das Geschäft wird am .... mit allen Büchern und Unterlagen übergeben. Mit diesem Tage gehen auch die Nutzungen und Lasten auf den Käufer über.*

10. *Der Käufer haftet nicht für irgendwelche Verbindlichkeiten des Verkäufers (vgl. Anm. 10).*

11. *Der Verkäufer hat dem Käufer dafür einzustehen, daß der Hauseigentümer .... mit dem Käufer einen 10jährigen schriftlichen Mietvertrag über die Friseurräume mit einer monatlichen Miete von zur Zeit .... DM abschließt (vgl. Anm. 11).*

12. *Sollte dieser Mietvertrag bis .... infolge Weigerung des Hauseigentümers nicht schriftlich abgeschlossen werden können, so ist der Käufer berechtigt, von dem Kaufvertrag zurückzutreten (vgl. Anm. 12). Das Rücktrittsrecht muß spätestens bis .... durch schriftliche Erklärung gegenüber dem Verkäufer ausgeübt sein, widrigenfalls es erlischt. Im Falle der Ausübung des Rücktrittsrechts sind die vom Käufer auf den Kaufpreis bezahlten Beträge unverzüglich an diesen zurückzuzahlen. Auch treffen alle entstandenen und noch entstehenden Kosten und Auslagen einschließlich Vermittlerprovision in diesem Fall den Verkäufer (vgl. Anm. 13).*

13. *Der Verkäufer überträgt auf den Käufer alle seine Ansprüche aus der von ihm an den Hauseigentümer .... geleisteten Mietvorauszahlung, die nach dem Stand vom .... noch .... DM beträgt.*

14. *Der Käufer übernimmt die für das Friseurgeschäft bestehenden Versicherungen – Betriebshaftpflichtversicherung, Feuerversicherung und Glasversicherung – mit Wirkung ab .... (vgl. Anm. 14).*

15. *Der Käufer übernimmt alle Rechte und Pflichten aus den Anstellungs- und Arbeitsverträgen mit dem vorhandenen Personal, bestehend aus ....*

16. *Der Verkäufer verpflichtet sich, während der nächsten zwei Jahre in .... weder ein Konkurrenzgeschäft zu errichten oder zu betreiben noch sich an einem solchen kapital- oder arbeitsmäßig zu beteiligen. Für jeden Fall der Zuwiderhandlung ist eine Vertragsstrafe von .... DM verwirkt. Daneben bleibt der Anspruch des Käufers auf Unterlassung und Schadenersatz ausdrücklich aufrechterhalten (vgl. Anm. 15).*

17. *Da Käufer und Verkäufer im gesetzlichen Güterstand leben, erteilen deren Ehefrauen .... und .... ihre Zustimmung zu diesem Vertrag (vgl. Anm. 16).*

18. *Mündliche Nebenabreden haben die Vertragspartner nicht getroffen (vgl.*

Anm. 17). Änderungen und Ergänzungen des Vertrages bedürfen zu ihrer Rechtswirksamkeit der Schriftform.

19. Die Kosten dieses Vertrages einschließlich einer Vermittlungsprovision von .... % bezahlt der Käufer.

................., den ....
Unterschriften (auch der Ehefrauen)

Anmerkungen

1) Das Vertragsmuster kann auch für die Veräußerung anderer Arten von Handwerksbetrieben und von Einzelhandelsgeschäften verwendet werden. Bei Handelsgeschäften, die im Handelsregister eingetragen sind, müssen noch die Vorschriften des Handelsgesetzbuchs über Firma und Firmenfortführung berücksichtigt werden (§§ 22, 25 HGB). Macht der Erwerber vom Recht der Firmenfortführung keinen Gebrauch, so erlischt die bisherige Firma. Der Veräußerer hat das Erlöschen zur Eintragung in das Handelsregister anzumelden (BayObLG, Beschl. v. 27. 4. 1971, NJW 1971 S. 1616).

2) Wird ein Teil der Geschäftseinrichtung nicht mitverkauft, z. B. weil der Verkäufer sie für seinen neuen Geschäftsbetrieb mitnimmt, empfiehlt es sich, das im Vertrag ausdrücklich zu vermerken. Beispiel: „Nicht mitverkauft ist die Registrierkasse Fabrik-Nr. .... und die Schreibmaschine Marke Adler, Fabrik-Nr. ....“

3) Wird ein Handwerksbetrieb von mehreren Käufern erworben, so führen diese das Geschäft in der Regel in Form einer BGB-Gesellschaft weiter. Hier müßte die Fassung z. B. lauten: „... an die Herren .... und .... als Gesellschafter nach bürgerlichem Recht.“ Würde der Verkauf an einen Käufer allein erfolgen, der dann mit einem anderen eine BGB-Gesellschaft errichtet, so würde die Einbringung des Geschäfts in die BGB-Gesellschaft einen neuen umsatzsteuerlichen Vorgang bedeuten.

4) Wird die Zahlung oder Teilzahlung mit einem Bankscheck geleistet, so müßte es heißen: „Ein Teilbetrag von .... DM wurde heute vom Käufer mit einem Verrechnungsscheck Nr. .... auf das Bankhaus .... in .... bezahlt. Der Verkäufer bestätigt den Erhalt des Bankschecks.“

5) Statt Zahlung in „Monatsraten“ kann auch Zahlung in „Vierteljahresraten“ oder „Jahresraten“ vereinbart werden. Beispiel: „Der Kaufpreisrest von .... DM ist in unmittelbar aufeinanderfolgenden Vierteljahresraten zu je .... DM, jeweils fällig an den Kalendervierteljahresersten, erstmals am ...., zu bezahlen. Sollte der Käufer mit zwei Teilzahlungsraten ganz oder teilweise jeweils länger als 14 Tage im Rückstand bleiben, so wird damit der ganze jeweils noch geschuldete Kaufpreisrest ohne weitere Kündigung oder Mahnung sofort zur Zahlung fällig.“ Auch Stundung des Kaufpreisrestes und Kündigung können vereinbart werden. Beispiel: „Der Kaufpreisrest von .... DM wird dem Käufer gestundet und ist beiderseits zum Ende eines Kalendervierteljahres unter Einhaltung einer Kündigungsfrist von drei

Monaten aufkündbar." Eine angemessene Verzinsung des Kaufpreisrestes ab Übergang von Nutzen und Lasten ist ratsam.

6) Wird der Käufer zahlungsunfähig, so kann der Verkäufer nach erfolgtem Rücktritt vom Vertrag aufgrund des Eigentumsvorbehalts (Ziff. 4 des Vertragsmusters) die Herausgabe der Einrichtung verlangen.

7) Sollten Teile der Geschäftseinrichtung aufgrund eines Eigentumsvorbehalts einem Dritten bzw. dem Lieferanten gehören, so erlischt dessen Eigentum mit der Besitzübergabe an den Käufer, sofern der Käufer den Verkäufer gutgläubig für den Eigentümer gehalten hat (§§ 929, 932 BGB). Dasselbe gilt auch für den Fall, daß der Verkäufer die Geschäftseinrichtung ganz oder teilweise an einen Dritten sicherungsweise übereignet hatte.

Ist der Verkäufer mit der Bezahlung von Mietzins im Rückstand, so kann er die Versicherung nach Ziffer 5 nicht abgeben, weil dem Vermieter wegen seiner Mietzinsrückstände ein gesetzliches Vermieterpfandrecht an der Geschäftseinrichtung zusteht (§ 559 BGB). Der Käufer erwirbt hier zwar das Eigentum an der Geschäftseinrichtung, jedoch belastet mit dem Vermieterpfandrecht des Hauseigentümers.

8) Soll der Käufer das Warenlager des Verkäufers übernehmen, so könnte vereinbart werden: „Der Käufer übernimmt das vorhandene Warenlager aufgrund einer gemeinschaftlich aufzustellenden und durch Unterschrift anzuerkennenden Inventur nach dem Stand am .... Der Bewertung der Waren werden die Einkaufspreise aufgrund der vorliegenden Rechnungen zugrundegelegt. Der Übernahmepreis für das Warenlager ist bis spätestens .... bar und kostenfrei ohne Zulage von Zinsen zu bezahlen. Bis zur vollständigen Bezahlung des Kaufpreises behält sich der Verkäufer das Eigentum an den verkauften Waren vor."

9) Beim Kauf trifft den Verkäufer eine Gewährleistungspflicht: Er haftet dafür, daß die Kaufsache im Zeitpunkt der Übergabe nicht mit wert- oder tauglichkeitsmindernden Fehlern behaftet ist und daß sie die etwa zugesicherten Eigenschaften aufweist (§ 459 BGB). Gewährleistungsansprüche des Käufers können auf Wandelung, Minderung oder Schadenersatz gehen (§§ 462, 463 BGB; vgl. auch Nr. 11). Solche Gewährleistungsansprüche können vertraglich eingeschränkt oder ausgeschlossen werden; die Vereinbarung ist allerdings nichtig, wenn der Verkäufer den Mangel arglistig verschwiegen hat (§ 476 BGB). Durch die hier verwendete Klausel wird jede Gewährleistung des Verkäufers, auch für etwaige verborgene Mängel, ausgeschlossen (BGH, Urt. v. 27. 5. 1964, BB 1964 S. 906).

10) Wenn der Verkäufer nichts weiter besitzt als das verkaufte Geschäft, haftet der Käufer für Verbindlichkeiten des Verkäufers gemäß § 419 BGB kraft Gesetzes. Diese Haftung kann vertraglich nicht beschränkt oder ausgeschlossen werden.

11) Auf mündliche Zusicherungen des Hauseigentümers darf sich der Käufer nicht verlassen. Wird ein mehrjähriger Mietvertrag nur mündlich vereinbart, so gilt der Vertrag als für unbestimmte Zeit abgeschlossen und kann vom Vermieter oder Mieter schon für den Schluß des ersten Jahres unter Einhaltung der gesetzlichen Kündigungsfrist aufgekündigt werden (§§ 566, 580 BGB).

12) Wenn der Käufer vom Hauseigentümer einen mehrjährigen Mietvertrag für die Geschäftsräume nicht bekommen kann, dürfte es sich in der Regel für den Käufer empfehlen, von dem Kauf überhaupt abzusehen. Da es bei Geschäftsräumen keinen

Kündigungsschutz gibt, ist sonst der Käufer ständigen Mietzinssteigerungen durch den Hauseigentümer schutzlos ausgesetzt.

13) Der Verkäufer muß sich vor Abschluß eines Geschäftsverkaufs genau vergewissern, daß der Hauseigentümer, was die Übernahme des bestehenden Mietvertrags durch den Käufer oder den Abschluß eines neuen Mietvertrags mit ihm anlangt, keine Schwierigkeiten bereitet.

14) Es ist im allgemeinen ratsam, die bereits bestehenden Versicherungen zu übernehmen. Der Käufer wird sich durch Überprüfung der Versicherungsurkunden noch persönlich davon überzeugen, daß die verschiedenen Geschäftsrisiken ausreichend abgesichert sind. Wichtig ist, daß bei der Schadensversicherung die Veräußerung der versicherten Sache dem Versicherer – vom Veräußerer oder vom Erwerber – unverzüglich angezeigt werden muß (§ 71 VVG).

15) Die Vereinbarung einer Wettbewerbsbeschränkung zu Lasten des Verkäufers ist zulässig, sie darf aber nicht über die schutzwerten Interessen des Käufers hinausgehen und dem Verkäufer keine unzumutbaren Beschränkungen auferlegen.

16) Die Zustimmung des Ehegatten des Verkäufers bzw. des Käufers ist nach § 1365 BGB erforderlich, wenn das verkaufte Geschäft bzw. der Geldbetrag, den der Käufer für den Ankauf des Geschäfts aufwendet, sein ganzes oder nahezu sein ganzes Vermögen ausmacht.

17) Nach der Rechtsprechung gilt die Vermutung, daß ein schriftlicher Vertrag den Willen der Vertragspartner richtig und vollständig zum Ausdruck bringt. Will ein Vertragsteil aus mündlichen Sonderabreden Rechte für sich herleiten, muß er diese Vermutung im Prozeß durch Gegenbeweis widerlegen, z. B. durch die Aussagen von Zeugen, die beim Vertragsabschluß zugegen waren. Die hier verwendete Vertragsklausel macht einen solchen Gegenbeweis nahezu unmöglich.

14. Betriebsveräußerung gegen Rente

Rechtsgrundlage. §§ 433–479 BGB; §§ 22, 23, 25 HGB.

Erläuterungen. Die Verkäufe gewerblicher Betriebe werden vielfach auf Rentenbasis abgewickelt. Soweit dabei eine zeitlich begrenzte Rente (Zeitrente) vereinbart wird, handelt es sich bei den einzelnen Rentenzahlungen um nichts anderes als um Tilgungsraten auf den Kaufpreis, in denen gewöhnlich ein gewisser Zinsteil für die eingeräumte Stundung enthalten ist. Anders ist es dagegen, wenn statt des Kaufpreises eine lebenslängliche Rente (Leibrente) zu entrichten ist. Die Geschäftsveräußerung stellt dann für beide Teile ein Risikogeschäft dar: Je länger der Verkäufer lebt, desto höher ist die Summe, die der Käufer in Form der Rente an ihn zu zahlen hat; stirbt aber der Verkäufer bereits bald nach der Veräußerung, so hat der Käufer den Betrieb weit unter Wert erworben.

Es gibt verschiedene Möglichkeiten, um den spekulativen Charakter eines Verkaufs auf Rentenbasis zu beschränken. So kann z. B. nur ein Teil des Kaufpreises verrentet und für den anderen Teil sofortige Barzahlung oder Zahlung binnen kürzerer Frist nach Abschluß des Kaufvertrages vereinbart werden. Es kann aber auch die Abrede getroffen werden, daß der Käufer in den ersten Jahren höhere Renten zu zahlen hat als später, eine Möglichkeit, die namentlich dann in Betracht kommt, wenn der Verkäufer aus der Rente nicht nur seinen Lebensunterhalt bestreiten, sondern auch noch bestehende Verbindlichkeiten abdecken muß. Schließlich besteht für den Käufer eine interessante Möglichkeit der Risikobegrenzung darin, die Kaufpreisrente durch eine Versicherungsrente abzulösen und die Rentenverpflichtung durch einen getrennten Versicherungsvertrag abzudecken.

Wirtschaftliche Bedeutung. Durch die Geschäftsveräußerung auf Rentenbasis soll der Lebensunterhalt des Verkäufers und, wenn er verheiratet ist, auch der seines Ehegatten bis zum Ableben sichergestellt werden. Dem Käufer wird der Erwerb des Unternehmens ohne sofortigen hohen Kapitalaufwand ermöglicht. Zur Abänderung eines Kaufvertrages auf Rentenbasis durch langjährige abweichende Übung s. BGH, Urt. v. 16. 6. 1978. BB 1978 S. 1137.

Sicherung des Veräußerers. Der Rentenanspruch des Verkäufers wird in der Regel durch Eintragung einer Reallast am Geschäftsgrundstück – sofern dieses mitveräußert wird – dinglich gesichert. Gegen eine etwaige Geldentwertung oder einen Kaufkraftverfall der Währung schützt sich der Verkäufer durch Aufnahme einer sog. Wertsicherungsklausel in den Veräußerungsvertrag. Derartige Klauseln bedürfen zu ihrer Rechtswirksamkeit grundsätzlich der Genehmigung durch die zuständige Landeszentralbank (§ 3 WährungsG). Für die Beurteilung der Genehmigungsfähigkeit ist von den Grundsätzen auszugehen, welche die Deutsche Bundesbank in ihrer Mitteilung Nr. 1015/78 (BAnzNr. 109/1978, berichtigt in BAnz Nr. 124/1978), bzgl. der Entscheidung über Genehmigungsanträge aufgestellt hat. Es gibt aber auch genehmigungsfreie Wertsicherungsklauseln; in solchen Fällen erteilt die zuständige Landeszentralbank ein sog. Negativ-Attest, d. h. sie bescheinigt, daß für eine bestimmte Wertsicherungsklausel keine Genehmigungspflicht besteht.

Berechnung der Rente. Ausgangspunkt ist der Verkehrswert (Verkaufswert) des gewerblichen Unternehmens, der notfalls durch Sachverständige zu ermitteln ist. Zweiter wesentlicher Faktor ist die mutmaßliche Lebenserwartung des Verkäufers bzw. dessen Ehegatten, wenn dieser jünger ist und die Rente bis zum Tode des letztversterbenden Eheteils zu leisten ist. Die mittlere Lebenserwartung ergibt sich aus der nachstehend auszugsweise wiedergegebenen „Allgemeinen Sterbetafel 1986/88" für die Bundesrepublik Deutschland des Statistischen Bundesamts in Wiesbaden. Anhand dieser Tabelle läßt sich jedoch die Höhe der Leibrente noch nicht berechnen, weil bei der Verrentung des Kaufpreises auch noch die Verzinsung berücksichtigt werden muß. Die folgenden Rententafeln*) gehen von einem Zinssatz von 5,5 % (vgl. §§ 13 Abs. 1, 15 Abs. 1 BewG, § 24 ErbStG) und davon aus, daß die lebenslange Jahresrente mit je $1/12$ monatlich im voraus zahlbar ist.

Bei der Verrentung von Kaufpreisen ergeben sich noch gewisse Unterschiede in der Höhe der Rentenbeträge je nach Zahlungsweise der Rente, ob also die Rente im vorhinein (vorschüssig) oder im nachhinein (nachschüssig), ob sie monatlich, vierteljährlich oder jährlich bezahlt werden soll.

Tabelle 1: Mittlere Lebenserwartung

Alter in Jahren	durchschnittl. Lebenserwartung in Jahren	
	männlich	weiblich
50	25,50	30,78
51	24,65	29,87
52	23,81	28,96
53	22,98	28,06
54	22,17	27,17
55	21,37	26,28
56	20,58	25,40
57	19,80	24,52
58	19,04	23,66
59	18,29	22,80
60	17,55	21,95

*) Mit freundlicher Genehmigung der Verlagsgesellschaft Recht und Wirtschaft mbH Heidelberg entnommen dem Buch von Schneider u. a. „Kapitalisierungs- und Verrentungstabellen" (2. Aufl. 1992).

Alter in Jahren	durchschnittl. Lebenserwartung in Jahren	
	männlich	weiblich
61	16,83	21,10
62	16,11	20,27
63	15,41	19,44
64	14,73	18,63
65	14,05	17,82
66	13,39	17,03
67	12,75	16,24
68	12,12	15,47
69	11,50	14,71
70	10,90	13,96
71	10,32	13,23
72	9,76	12,52
73	9,22	11,82
74	8,70	11,14
75	8,21	10,48
76	7,73	9,85
77	7,28	9,24
78	6,85	8,66
79	6,44	8,10
80	6,06	7,57
81	5,69	7,07
82	5,35	6,60
83	5,03	6,15
84	4,72	5,73
85	4,43	5,34
86	4,17	4,97
87	3,91	4,63
88	3,68	4,31
89	3,46	4,01

a) Abstellung auf das Leben des Verkäufers allein:
Maßgebend für die Berechnung der Rente ist nicht das tatsächliche, sondern das versicherungsmathematische (rechnungsmäßige) Alter des Verkäufers, für das die Zahl der Lebensjahre (bei weniger als 6 Monaten) nach unten abgerundet oder (bei mehr als 6 Monaten) nach oben aufgerundet wird.

Tabelle 2:

Alter bei Verrentung	Divisor bei lebenslanger monatlich-vorschüssig zahlbarer Jahresrente	
	für Männer	für Frauen
50	13,101	14,474
51	12,872	14,285
52	12,638	14,088
53	12,399	13,884
54	12,155	13,672
55	11,906	13,453
56	11,653	13,227
57	11,396	12,993
58	11,134	12,751
59	10,868	12,501
60	10,597	12,243
61	10,321	11,978
62	10,042	11,705
63	9,757	11,423
64	9,469	11,134
65	9,177	10,837
66	8,881	10,532
67	8,581	10,220
68	8,280	9,900
69	7,977	9,573
70	7,673	9,240
71	7,370	8,902
72	7,068	8,559

Alter bei Verrentung	Divisor bei lebenslanger monatlich- vorschüssig zahlbarer Jahresrente	
	für Männer	für Frauen
73	6,770	8,214
74	6,476	7,867
75	6,188	7,521
76	5,905	7,176
77	5,630	6,835
78	5,363	6,499
79	5,104	6,170
80	4,854	5,848
81	4,613	5,536
82	4,381	5,223
83	4,159	4,942
84	3,947	4,662
85	3,744	4,394
86	3,550	4,138
87	3,366	3,896
88	3,191	3,666
89	3,025	3,449

Beispiele:
Berechnungsstichtag: 10. 1. 1991. Ist der Verkäufer am 10. 4. 1941 geboren, so ist er am Stichtag 49 Jahre und 9 Monate alt; hier wird das Alter auf 50 Jahre aufgerundet. Ist der Verkäufer dagegen am 10. 10. 1940 geboren, so ist er am Stichtag 50 Jahre und 3 Monate alt; hier wird das Alter auf 50 Jahre abgerundet. Die Rentenberechnung ist wie folgt vorzunehmen:

1. Beträgt z. B. der Verkehrswert des Betriebes nach Abzug der vom Käufer übernommenen Geschäftsverbindlichkeiten 50 000 DM und das Alter des Verkäufers 62 Jahre, so ergibt sich der Jahresbetrag der lebenslangen, in monatlichen Raten im voraus zahlbaren Rente mit $\dfrac{50\,000}{10,042} = 4979{,}09$ DM; die Monatsrente beträgt sonach 4979,09 : 12 = 414,92 DM. Ist eine Frau die

Verkäuferin, so errechnet sich die Jahresrente mit $\dfrac{50\,000}{11,705}$ = 4271,68 DM,

die Monatsrente mit 355,97 DM; wegen der größeren Lebenserwartung der Frau ist diese Rente niedriger als die eines gleichaltrigen Mannes.

2. Wird der Verkaufswert des Betriebes nach Abzug der vom Käufer übernommenen Geschäftsverbindlichkeiten mit 55 000 DM und das Alter des Verkäufers mit 69 Jahren angenommen, sollen aber vom Kaufpreis 15 000 DM bar bezahlt und soll nur der Restbetrag von 40 000 DM verrentet werden, so ergibt sich der Jahresbetrag der lebenslangen, in monatlichen Raten im voraus zahlbaren Rente mit $\dfrac{50\,000-15\,000}{7,977}$ = 5014,42 DM, die Monatsrente also mit 417,87 DM. Wird der Betrieb von einer Frau veräußert, so beträgt die Jahresrente nur $\dfrac{55\,000-15\,000}{9,573}$ = 4178,42 DM, die Monatsrente also 348,20 DM.

b) Bei Abstellung auf das Leben beider Ehegatten:
Die nachfolgende Verrentungstabelle für „verbundene Leben" ist nur dann anzuwenden, wenn die Frau jünger ist als der Mann oder genauso alt wie dieser. Sie berücksichtigt (versicherungsmathematische) Altersunterschiede der Ehegatten von 10,5 und 0 Jahren. Ist der Altersunterschied größer oder geringer, so ist der nächstliegende Wert heranzuziehen oder, was genauer ist, die Interpolation (Errechnung eines Zwischenwertes; vgl. das untenstehende Beispiel 2) durchzuführen.

Tabelle 3:

Alter des Mannes	Altersunterschied der Ehegatten von		
	10 Jahren	5 Jahren	0 Jahren
50	12,681	12,453	12,105
51	12,442	12,209	11,852
52	12,198	11,960	11,593
53	11,950	11,706	11,330
54	11,698	11,448	11,062

Tabelle 3:

Alter des Mannes	Altersunterschied der Ehegatten von		
	10 Jahren	5 Jahren	0 Jahren
55	11,441	11,186	10,790
56	11,180	10,919	10,515
57	10,915	10,648	10,235
58	10,646	10,374	9,952
59	10,373	10,095	9,665
60	10,095	9,813	9,374
61	9,814	9,527	9,080
62	9,529	9,237	8,782
63	9,240	8,945	8,482
64	8,948	8,649	8,178
65	8,653	8,350	7,872
66	8,355	8,048	7,564
67	8,054	7,745	7,253
68	7,752	7,440	6,942
69	7,449	7,134	6,630
70	7,146	6,829	6,319
71	6,845	6,525	6,010
72	6,546	6,223	5,705
73	6,251	5,925	5,404
74	5,960	5,632	5,110
75	5,675	5,344	4,824
76	5,396	5,062	4,547
77	5,124	4,788	4,279
78	4,860	4,523	4,022
79	4,603	4,266	3,766
80	4,355	4,019	3,542
81	4,116	3,782	3,320
82	3,886	3,555	3,110
83	3,665	3,340	2,911

Alter des Mannes	Altersunterschied der Ehegatten von		
	10 Jahren	5 Jahren	0 Jahren
84	3,454	3,135	2,725
85	3,253	2,941	2,551
86	3,061	2,758	2,387
87	2,879	2,586	2,235
88	2,707	2,424	2,093
89	2,544	2,273	1,961

Ganz allgemein ist zu sagen, daß die durchschnittliche gemeinsame Lebenserwartung der Ehegatten stets geringer ist als die durchschnittliche Lebenserwartung jedes einzelnen von ihnen. Das wirkt sich auf die Rentenhöhe aus.

Die vorstehende Tabelle 3 ist nur dann unmittelbar anzuwenden, wenn hinsichtlich der Dauer der Rentenzahlung auf das Ableben des *erst*versterbenden Ehegatten abgestellt wird; das ist jedoch bei Kaufpreisrenten nicht üblich. Soll dagegen die Rente bis zum Ableben des *letzt*versterbenden Ehegatten gezahlt werden, wie es regelmäßig vereinbart wird, so ist für die Formel

Rente = $\dfrac{\text{Kapital}}{\text{Divisor}}$ der Divisor besonders zu berechnen, und zwar wie folgt:

Faktor für den Mann (aus der Tabelle 2)
+ Faktor für die Frau (aus der Tabelle 2)
·/. gemeinsamer Faktor (aus der Tabelle 3).

Beispiele:
1. Verkaufswert des Betriebes 80 000 DM, der Verkäufer und seine Ehefrau sind beide 60 Jahre alt. Der Käufer übernimmt Geschäftsverbindlichkeiten im Betrag von 20 000 DM, der Restkaufpreis soll verrentet werden. Die lebens-

lange, bis zum Ableben des letztversterbenden Ehegatten in monatlichen Raten zu zahlende Jahresrente beträgt

$$\frac{60\,000}{10,597+12,243-9,374}$$

= 4455,67 DM, die Monatsrente also 371,31 DM. Ist die Ehefrau um 5 Jahre jünger als ihr Mann, so beläuft sich die Jahresrente auf

$$\frac{60\,000}{10,597+13,453-9,813} = 4214,37 \text{ DM}, \text{ bei einem Altersunterschied von}$$

10 Jahren auf $\dfrac{60\,000}{10,597+14,474-10,095} = 4006,41$ DM. Die geringeren Rentenbeträge erklären sich aus der höheren Lebenserwartung der jüngeren Frau.

2. Verkaufswert des Betriebes: 70000 DM, Alter des Verkäufers 70 Jahre, seiner Ehefrau 67 Jahre. Da der Altersunterschied der Ehegatten 3 Jahre beträgt, ist für die Berechnung des gemeinsamen Faktors aus der Tabelle 3 wie folgt zu interpolieren: $6,829-6,319 = 0,510:5 = 0,102\times3 = 0,306; 6,319+0,306 = 6,625$.

Die lebenslange, bis zum Ableben des letztversterbenden Ehegatten zu zahlende Jahresrente errechnet sich mit

$$\frac{70\,000}{7,637+10,220-6,625}$$

= 6212,28 DM, die Monatsrente also mit 517,96 DM.

Form. Die Veräußerung eines Handelsgeschäfts oder eines gewerblichen Betriebes bedarf keiner besonderen Form, doch ist schriftlicher Vertragsabschluß dringend zu empfehlen. Ein Formzwang ergibt sich auch nicht aus § 311 BGB (Übertragung des gesamten gegenwärtigen Vermögens): diese Vorschrift ist auf die Veräußerung eines Geschäftsbetriebes nicht anwendbar (BGH, Urt. v. 19. 6. 1957, BB 1957 S. 726). Wird allerdings in dem Kaufvertrag das Eigentum an einem Grundstück mitübertragen oder dem Käufer ein Vorkaufs- oder Ankaufsrecht an einem Grundstück eingeräumt, so muß der gesamte Vertrag notariell beurkundet werden (§ 313 BGB).

Zahlungsverzug des Käufers. Nicht rechtzeitig bezahlte Rentenbeträge sind vom Fälligkeitszeitpunkt an mit 4 % (§§ 284, 288 BGB) bzw. 5 % (§§ 352, 343, 344 HGB) zu verzinsen. Hat sich der Käufer im notariellen Kaufvertrag der sofortigen Zwangsvollstreckung unterworfen, so kann der Verkäufer die ausstehenden Beträge auf diesem Wege beitreiben. Fehlt eine Unterwerfungsklausel, so muß der Verkäufer den Käufer zunächst verklagen; er kann dann aber auch schon die Verurteilung des Käufers zur Zahlung der erst künftig fällig werdenden Rentenbeträge verlangen. Die Ansprüche auf rückständige Rentenbeträge verjähren in vier Jahren; die Verjährungsfrist beginnt mit dem Schluß des Jahres, in dem die Fälligkeit eingetreten ist (§§ 197, 201 BGB). So verjähren z. B. die im Jahre 1991 fällig gewordenen Rentenbeträge mit dem 31. 12. 1995. Nach einem Urteil des OLG Hamburg vom 17. 12. 1963 (MDR 1964, S. 414) ist bei häufiger unpünktlicher Rentenzahlung des Käufers der Verkäufer berechtigt, die Rückübereignung des veräußerten Unternehmens zu verlangen, weil der mit dem Abschluß des Kaufvertrages bezweckte Erfolg – die Sicherstellung des Lebensunterhalts des Verkäufers – nicht eingetreten ist.

Muster

Betriebsveräußerungsvertrag

§ 1 Sachlage
Herr .... ist Alleininhaber des ....-Handelsgeschäfts in ...., das in gemieteten Räumen betrieben wird. Hauseigentümer sind die Kaufmannsehegatten .... und .... in .... (vgl. Anm. 1).

§ 2 Vertragsgegenstand
Herr .... – Verkäufer – verkauft hiermit das Handelsgeschäft mit allen Rechten und Bestandteilen, insbesondere mit der vorhandenen Geschäftseinrichtung (vgl. Anm. 2), an seinen bisherigen Pächter, Herrn .... – Käufer – (vgl. Anm. 3, 4).

§ 3 Eigentumsübergang
Die Vertragschließenden sind darüber einig, daß das Eigentum an der Geschäftseinrichtung und an allen Ein- und Vorrichtungen des Handelsgeschäfts auf den Käufer übergehen soll (vgl. Anm. 5). Der Verkäufer versichert, daß an der Geschäftseinrichtung keinerlei Rechte Dritter bestehen (vgl. Anm. 6).

§ 4 Geschäftseinrichtung
Die Vertragschließenden errichten über die Geschäftseinrichtung ein genaues Inventarverzeichnis, das von beiden Teilen zu unterzeichnen ist und einen wesentlichen Bestandteil dieses Kaufvertrages bildet.

§ 5 Kaufpreisrente
Die Gegenleistung besteht aus folgendem:
a) Der Käufer verpflichtet sich, an den Verkäufer ab .... eine lebenslange
Leibrente im Betrag von monatlich ...... DM, i. W ...... Deutsche Mark, zu
bezahlen, immer zahlbar am Ersten eines jeden Monats. Der Verkäufer ist
geboren am ....
b) Im Fall des Todes des Verkäufers erhält dessen Schwester ...., geboren
am .... wohnhaft in ...., bis zu ihrem Ableben eine monatliche Lei-
brente im Betrag von ...... DM, i. W. Deutsche Mark, immer am Ersten eines
jeden Monats zahlbar.
c) Sollte sich in Zukunft das Grundgehalt eines ledigen Regierungsrats (Be-
soldungsgruppe A 13 des Bundesbesoldungsgesetzes in derzeit geltender
Fassung, niedrigste Dienstaltersstufe) gegenüber dem heutigen Stand er-
höhen oder vermindern, so erhöht oder vermindert sich die vereinbarte
Leibrente von ...... bzw. ...... DM im gleichen Verhältnis (vgl. Anm. 7).
Die Beteiligten haben davon Kenntnis, daß zur Rechtswirksamkeit dieser
Wertsicherungsklausel die Genehmigung der Landeszentralbank in ....
gemäß § 3 des Währungsgesetzes erforderlich ist. Der Käufer wird diese
Genehmigung einholen (vgl. Anm. 8)

§ 6 Verrechnung
Von dem Kapitalbetrag der Leibrente werden ...... DM auf die vom Käufer
übernommene Geschäftseinrichtung, der Rest auf den Geschäftswert (Firmen-
wert) des Handelsgeschäfts ausgeschieden.

§ 7 Gewährleistungsausschluß
Der Verkäufer übernimmt keinerlei Gewährleistung für Umsatz und Ertrag des
veräußerten Handelsgeschäfts (vgl. Anm. 9). Dieses wird vom Käufer vielmehr
so übernommen, wie es liegt und steht.

§ 8 Pachtbeendigung
Nutzen und Lasten des veräußerten Handelsgeschäfts wechseln am .... An
diesem Tag erlischt auch der zwischen den Vertragschließenden bestehende
Pachtvertrag.

§ 9 Eintritt in den Mietvertrag
Der Verkäufer hat dem Käufer dafür einzustehen, daß die Hauseigentümer sich
mit dem Eintritt des Käufers in den bestehenden schriftlichen Mietvertrag
bezüglich der Geschäftsräume, der bis .... beiderseits unkündbar ist, einver-
standen erklären. Der Verkäufer hat hierwegen mit den Hauseigentümern

bereits verhandelt. Diese haben sich mündlich damit einverstanden erklärt, daß der Käufer ab .... anstelle des Verkäufers in den bestehenden Mietvertrag eintritt (vgl. Anm. 10).

§ 10 Vorzeitiges Ableben des Veräußerers
Sollte der Verkäufer vor dem .... sterben, so tritt der Kaufvertrag mit der vereinbarten Leibrentenverpflichtung bereits rückwirkend vom ersten Tag des Monats in Kraft, an welchem der Verkäufer verstorben ist (vgl. Anm. 11).

§ 11 Schlußklausel
Mündliche Nebenabreden im Zusammenhang mit diesem Vertrag wurden nicht getroffen. Änderungen und Ergänzungen dieses Vertrages bedürfen zu ihrer Rechtswirksamkeit der Schriftform.

§ 12 Vertragskosten
Die Kosten dieses Vertrages trägt der Käufer.

........., den ....

Unterschriften

Anmerkungen

1) Hier könnte noch ergänzt werden: „Herr .... hat in den schriftlichen Mietvertrag vom .... Einsicht genommen."
2) Die Warenvorräte sind hier nicht Gegenstand des Kaufvertrags, weil sie dem Käufer als bisherigem Pächter des Handelsgeschäfts bereits gehören. Müssen Warenvorräte vom Käufer käuflich übernommen werden, empfiehlt sich folgende Klausel: „Der Käufer übernimmt die vorhandenen Warenvorräte aufgrund einer auf den .... aufzustellenden Inventur, und zwar zu Einkaufspreisen. Soweit der Warenbestand durch eine fremde Firma aufgenommen werden sollte, tragen beide Vertragspartner die dadurch entstehenden Kosten je zur Hälfte. Der Kaufpreis für das Warenlager ist wie folgt zu bezahlen ...."
3) Handelt es sich um einen vollkaufmännischen Betrieb (was in dem Fall, der dem Vertragsmuster zugrunde liegt, nicht zutrifft), so muß klargestellt werden, ob der Erwerber zur Fortführung der Firma berechtigt sein soll oder nicht (§ 22 HGB). Die Firmenfortführung begründet eine erweiterte Haftung des Erwerbers für Verbindlichkeiten des Betriebes (§ 25 HGB. Vgl. hierzu BGH, Urt. v. 29. 1. 1979, BB 1979 S. 1117, und Urt. v. 29. 3. 1982, BB 1982 S. 888, sowie OLG Stuttgart, Urt. v. 10. 6. 1987, BB 1987 S. 2184: zur Rechtsscheinhaftung bei Firmenfortführung s. OLG Frankfurt, Urt. v. 20. 11. 1979, BB 1980 S. 279). Macht der Erwerber von dem ihm eingeräumten Recht zur Fortführung der Firma keinen Gebrauch, sondern führt

er eine andere Firma, so erlischt die Firma des bisherigen Geschäftsinhabers und dieser ist verpflichtet, das Erlöschen zur Eintragung in das Handelsregister anzumelden (BayObLG, Beschl. v. 27. 4. 1971, DB 1971 S. 1009).

4) Geht ein Betrieb durch Rechtsgeschäft, z. B. aufgrund eines Kaufvertrages, auf einen anderen Inhaber über, so tritt dieser in die Rechte und Pflichten aus den im Zeitpunkt des Übergangs bestehenden Arbeitsverhältnissen ein. Dabei ergibt sich u. U. eine gesamtschuldnerische Haftung des bisherigen Arbeitgebers und des neuen Inhabers für Verpflichtungen aus solchen Arbeitsverhältnissen (§ 613a BGB). – Im vorliegenden Fall ist dies jedoch nicht von Bedeutung, da der Erwerber als bisheriger Pächter ohnedies schon Arbeitgeber des angestellten Personals ist.

5) Der Eigentumsübergang an beweglichen Gegenständen vollzieht sich nach den §§ 929, 930 BGB durch Einigung und Übergabe bzw. Vereinbarung eines sog. Besitzmittlungsverhältnisses.

6) Vgl. § 936 BGB (Erlöschen von Rechten Dritter).

7) Derartige Wertsicherungsklauseln (Spannungsklauseln) werden grundsätzlich genehmigt. Ist die Höhe einer in Rentenform vereinbarten Kaufpreiszahlung nicht an eine Spannungsklausel gekoppelt, so läßt sich mit dem Hinweis auf den allgemeinen Währungsverfall eine Erhöhung der Rente jedenfalls solange nicht rechtfertigen, wie die vereinbarte Leistung noch als unterstützende Versorgung des Empfängers angesehen werden kann (OLG Düsseldorf, Urt. v. 2. 3. 1972, NJW 1972 S. 1137). Zur Vereinbarung einer „gemischten" Wertsicherungsklausel (Abstellung auf Entwicklung der Lebenshaltungskosten und eines bestimmten Beamtengehalts) s. Dürkes, BB 1977 S. 1572, zur Wertsicherung einer Kaufpreisrente durch einen sog. Leistungsvorbehalt OLG München, Urt. v. 13. 8. 1981, BB 1982 S. 583.

8) Wird die Genehmigung versagt, so ist die Klausel unwirksam, was die Nichtigkeit des gesamten Grundstückskaufvertrages zu Folge haben kann, wenn der Vertrag ohne die Wertsicherungsklausel nicht abgeschlossen worden wäre (§ 139 BGB). Um dies zu vermeiden, ist in den Vertrag ein ausdrücklicher Vorbehalt mit aufgenommen werden, daß die Wertsicherungsklausel nur gelten soll, wenn sie genehmigungsfrei ist oder die zuständige Landeszentralbank die erforderliche Genehmigung erteilt, und daß – falls die Genehmigung versagt wird – die Vertragspartner verpflichtet sein sollen, eine andere genehmigungsfähige Wertsicherungsklausel zu vereinbaren.

9) Zur Schadenersatzpflicht des Verkäufers wegen falscher Angaben über den Gewinn des Betriebes vgl. BGH, Urt. v. 25. 5. 1977, NJW 1977 S. 1536.

10) Die Nachholung einer schriftlichen Vereinbarung zwischen den Hauseigentümern und dem Käufer über den Eintritt in den bestehenden Mietvertrag ist notwendig, da andernfalls die Form der §§ 566, 580 BGB nicht gewahrt ist.

11) Diese Vereinbarung ist notwendig, weil der Veräußerungsvertrag unter der aufschiebenden Bedingung abgeschlossen wurde, daß der Verkäufer im vorgesehenen Zeitpunkt der Übergabe noch lebt.

15. Betriebsübergabe

Rechtsgrundlage. §§ 516 ff. BGB, §§ 22 ff. HGB.

Erläuterungen. Übergibt der Betriebsinhaber aus Alters-, Gesundheits- oder sonstigen Gründen den Betrieb bereits zu Lebzeiten an seinen Sohn oder seine Tochter, so bedeutet dies gewöhnlich nur eine Vorwegnahme der Erbfolge: Der Übernehmer verzichtet dafür entweder auf sämtliche Erb- und Pflichtteilsansprüche oder es wird bestimmt, daß er sich den Wert des erhaltenen Betriebes auf seinen künftigen gesetzlichen Erbteil bzw. seinen Pflichtteil anrechnen lassen muß.

Im Übergabevertrag verpflichtet sich in der Regel auch der Übernehmer seinerseits zu gewissen Leistungen. Als solche kommen namentlich in Betracht: Zahlung einer Abfindung an den Übergeber, Versorgungsleistungen an den Übergeber und dessen Ehefrau, Auszahlungen an die Geschwister und Bestellung von Wohnungsrechten am Betriebsgrundstück. In fast allen Fällen sind aber diese Leistungen des Übernehmers niedriger als der Wert des Betriebes, so daß zumindest kein voll entgeltlicher Vertrag vorliegt. Es handelt sich dann entweder um eine *gemischte Schenkung* (teils Schenkung, teils Kauf) oder um eine *Schenkung unter Auflage* (§ 525 BGB). Das ist auch steuerlich von Bedeutung, weil die unentgeltliche Übertragung eines Geschäftsbetriebs weder eine Veräußerung i. S. des § 16 Abs. 1 noch eine Betriebsaufgabe i. S. des § 16 Abs. 3 EStG darstellt.

Wie bei einer Betriebsveräußerung ist auch bei der Betriebsübergabe zu unterscheiden zwischen dem schuldrechtlichen Vertrag, aus dem sich für beide Teile Ansprüche und Verpflichtungen ergeben, und der dinglichen Erfüllung, d. h. der Übertragung der einzelnen zu dem Unternehmen gehörenden Bestandteile des Betriebsvermögens (Grundstücke, Betriebseinrichtung, Maschinen, Fahrzeuge, Warenvorräte, Außenstände usw.). Zur Übertragung des Eigentums an Betriebsgrundstücken bedarf es der Auflassung und Eintragung des Erwerbers im Grundbuch (§§ 873, 925 BGB). Die Eigentumsübertragung an den Gegenständen des beweglichen Anlagevermögens und den Warenvorräten erfolgt durch Einigung und Übergabe (§§ 929 ff. BGB). Die Übertragung von Forderungen erfordert deren Abtretung (§§ 398 ff. BGB).

Zu beachten sind auch die handelsrechtlichen Bestimmungen: Mit Einwilligung des bisherigen Betriebsinhabers darf der Übernehmer die bisherige Firma mit oder ohne Beifügung eines das Nachfolgeverhältnis andeutenden Zusatzes fortführen (§ 22 HGB), und er haftet in diesem Fall für alle in dem Betrieb begründeten Verbindlichkeiten des Übergebers; eine abweichende Vereinbarung muß entweder ins Handelsregister eingetragen oder den Gläubigern mitgeteilt werden (§ 25 HGB). Deren Ansprüche gegen den bisherigen Betriebsinhaber verjähren spätestens in 5 Jahren (§ 26 HGB).

Form. Betriebsübergabeverträge sind an sich formlos gültig, doch ist notarielle Beurkundung notwendig, wenn sie ein Schenkungsversprechen (Zusage späterer Schenkung, § 518 BGB), eine Verpflichtung zur Eigentumsübertragung an einem Grundstück (§ 313 BGB), eine Auflassung (§ 925 BGB), die Begründung eines dinglichen Wohnungsrechts (sonst keine Bindung vor der Eintragung im Grundbuch, § 873 BGB) oder einen Erb- oder Pflichtteilsverzicht (§ 2348 BGB) enthalten. In diesen Fällen muß der gesamte Übergabevertrag notariell beurkundet werden, nicht nur die betreffende Vereinbarung oder Erklärung.

Auswahl des Übernehmers. Größere Schwierigkeiten als die Lösung der rechtlichen Fragen, die sich bei einer Betriebsübergabe ergeben, bereitet dem Betriebsinhaber oft die Entscheidung, an welches von mehreren Kindern er übergeben soll. Dieses Problem stellt sich, wenn entweder mehrere Abkömmlinge bereits im Betrieb mitarbeiten oder wenn zwar keines der Kinder im Betrieb tätig ist, aber mehrere Söhne oder Töchter zur Übernahme qualifiziert und bereit sind. Rechtlich ist der Betriebsinhaber in seiner Entscheidung grundsätzlich frei. Er braucht im allgemeinen nicht zu befürchten, daß eines der Kinder, das den Betrieb nicht erhält, den Übergabevertrag mit der Begründung zu Fall bringen könnte, daß es sich als Übernehmer besser geeignet hätte. In Betracht kommt allenfalls eine Berufung auf die „Sittenwidrigkeit" (§ 138 BGB) der Übergabe. Der Bundesgerichtshof (Urt. v. 10. 2. 1972, MDR 1972 S. 500) hat jedoch entschieden, daß eine unter Übergehung der übrigen Abkömmlinge vorgenommene Betriebsübergabe an einen Sohn oder eine Tochter nur bei Vorliegen ganz besonderer Umstände ein gegen die guten Sitten verstoßendes Rechtsgeschäft darstellt.

Muster

A. Übergabevertrag (vgl. Anm. 1)

zwischen Frau Anna Müller, geb. Schmidt, Inhaberin einer Tabakwarenhandlung, wohnhaft in .... (vgl. Anm. 2),
und ihrer Tochter Frl. Berta Müller, ebenfalls wohnhaft in ....

§ 1 Sachstand
*Frau Anna Müller betreibt in zwei gemieteten Räumen im Anwesen
..........-Straße .... in .... eine Tabakwarenhandlung. Anweseneigentü-
mer ist Herr Georg Maier, wohnhaft in .... Frau Müller ist als Minderkaufmann im Handelsregister nicht eingetragen (vgl. Anm. 3).*

§ 2 Vertragsgegenstand
*Frau Anna Müller übergibt hiermit wegen ihres sich fortschreitend ver-
schlechternden Gesundheitszustandes die Tabakwarenhandlung samt allem
Inventar (Anlage 1) und den gesamten Warenvorräten (Anlage 2) an Frl. Berta
Müller zu deren Alleineigentum. Die Übergabe ist bereits erfolgt (vgl. Anm. 4).*

§ 3 Bestehende Verträge
*Frau Anna Müller erklärt, daß irgendwelche offenen Verbindlichkeiten oder
Forderungen aus dem Geschäftsbetrieb nicht bestehen (vgl. Anm. 5) und daß
sich der Vermieter Georg Maier mit einem Eintritt von Frl. Berta Müller in den
laufenden Mietvertrag vom .... einverstanden erklärt hat (vgl. Anm. 6). Frl.
Berta Müller hat davon Kenntnis, daß mit Frau Emilie Schweighofer, ...,
ein Anstellungsverhältnis als Verkäuferin besteht (vgl. Anm. 7).*

§ 4 Gegenleistung
*Frl. Berta Müller verpflichtet sich, als Ablösung für das übernommene Waren-
lager an ihre Mutter den Betrag von ...... DM in ...... gleichen Raten, fällig
jeweils am 1. Tag eines Kalenderhalbjahres, zu bezahlen. Die erste Rate ist am
.... zu entrichten (vgl. Anm. 8, 9).
Der Ablösungsbetrag ist mit ...... v. H. jährlich zu verzinsen (vgl. Anm. 10). Die
Zinsen sind halbjährlich zusammen mit den Raten zu zahlen.*

§ 5 Übergang von Nutzen und Lasten
*Nutzen und Lasten des Geschäftsbetriebes gehen mit dem heutigen Tage auf
Frl. Berta Müller über (vgl. Anm. 11).*

.........., den ....

> *gez. Anna Müller*
> *gez. Berta Müller*

Anlage 1 (vgl. Anm. 12)
Anlage 2

Anmerkungen

1) Der Vertrag bedarf nicht notarieller Beurkundung, da er kein Schenkungsversprechen, sondern die Vollziehung einer (gemischten) Schenkung enthält.

2) Ist die Übergeberin verheiratet und lebt sie mit ihrem Ehemann im gesetzlichen Güterstand der Zugewinngemeinschaft, so muß der Ehemann dem Vertrag zustimmen, wenn das Geschäft praktisch das gesamte Vermögen der Ehefrau darstellt (§ 1365 BGB). Es empfiehlt sich dann, daß der Ehemann seine Zustimmung durch einen entsprechenden Vermerk, den er unterzeichnet, zum Ausdruck bringt.

3) Minderkaufmann ist, wessen Gewerbebetrieb nach Art oder Umfang einen in kaufmännischer Weise eingerichteten Geschäftsbetrieb nicht erfordert. Auf Minderkaufleute finden die handelsrechtlichen Vorschriften über Firma, Handelsbücher und Prokura keine Anwendung (§ 4 HGB).

4) In dieser Vereinbarung liegt die Einigung der Vertragsparteien über den Eigentumsübergang. Die Erklärung genügt, da die Übernehmerin bereits im Besitz der Sachen ist (§ 929 Satz 2 BGB).

5) Obwohl hier, weil die Übergeberin Minderkaufmann ist, eine Haftung der Übernehmerin für Geschäftsverbindlichkeiten nach § 25 HGB nicht in Betracht kommt, ist die Erklärung der Übergeberin, daß derartige Verbindlichkeiten nicht bestehen, keineswegs bedeutungslos; denn wenn, wie anzunehmen, die Tabakwarenhandlung praktisch das gesamte Vermögen der Übergeberin darstellt, ergibt sich eine Mithaftung der Tochter aus § 419 BGB (Schuldmitübernahme als Folge vertraglicher Vermögensübernahme). Diese Mithaftung kann durch Vereinbarung weder beschränkt noch ausgeschlossen werden.

6) Zum Eintritt der Übernehmerin in den Mietvertrag bedarf es noch einer Vereinbarung zwischen ihr und dem Vermieter. Rechtlich gesehen entspricht dies dem Neuabschluß eines Mietvertrages, auch wenn die Bedingungen des bisherigen Mietverhältnisses mit der Übergeberin übernommen werden. Eine andere Möglichkeit besteht darin, daß die Übergeberin die Mieterin der Räume bleibt und mit ihrer Tochter einen Untermietvertrag abschließt; Voraussetzung hierfür ist jedoch entweder, daß nach dem Mietvertrag eine Untervermietung zulässig ist oder daß der Vermieter zustimmt (§ 549 BGB).

7) Die Übernehmerin tritt unter dem Gesichtspunkt der Betriebsnachfolge anstelle der Übergeberin in den Anstellungsvertrag ein (§ 613a BGB; BAG, Urt. v. 25. 2. 1981, BB 1981 S. 848). Die Angestellte hat aber ein Widerspruchsrecht (BAG, Urt. v. 21. 7. 1977, BB 1977 S. 1549, v. 6. 2. 1980, BB 1980 S. 1585, v. 15. 2.1984, BB 1984 S. 2266, und v. 30. 10. 1986, BB 1987 S. 970). Vgl. hierzu auch Gaul, BB 1979 S. 1666. Zum Kündigungsschutz des Arbeitnehmers vgl. LAG, Berlin, Urt. v. 28. 11. 1983, DB 1984 S. 1151.

8) Entspricht der Ablösungsbetrag in etwa dem Wert des Warenlagers, handelt es sich insoweit um einen Kauf. Für die Mängelfreiheit der Kaufsachen haftet der Verkäufer nach Gewährleistungsgrundsätzen (§§ 459 ff. BGB). Diese Haftung kann jedoch vertraglich ausgeschlossen werden, was bei Übergabeverträgen meist geschieht.

9) Bezahlt die Übernehmerin den Kaufpreis für das Warenlager in verhältnismäßig kurzer Frist, erübrigt sich die Vereinbarung einer Wertsicherungsklausel. Hat aber

die Übernehmerin nach dem Vertrag über mehrere Jahre oder gar lebenslänglich eine Rente an die Übergeberin zu bezahlen, ist eine solche Klausel unerläßlich.

10) Die Verzinsung des geschuldeten Ablösungsbetrages entspricht der Billigkeit, weil die Übernehmerin aus der Veräußerung vorhandener Warenbestände bereits einen Gewinn erzielt.

11) Diese Vereinbarung dient nur der Klarstellung (vgl. für den Kauf § 446 Abs. 1 BGB: „Von der Übernahme an gebühren dem Käufer die Nutzungen und trägt er die Lasten der Sache").

12) Der Wert des übernommenen Inventars und des Warenlagers sollte zumindest insgesamt angegeben werden.

B. Übergabe einer Apotheke (vgl. Anm. 1)

Zwischen
Herrn Karl Wellhagen, Apotheker in ...., im gesetzlichen Güterstand lebend (vgl. Anm. 2), und seinem Sohn, Herrn Sieghart Wellhagen, Apotheker in ...., wird nachstehender Vertrag abgeschlossen (vgl. Anm. 3):

§ 1 Sachstand (vgl. Anm. 4)
Herr Karl Wellhagen ist Alleineigentümer des Anwesens .... in .... Er betreibt in diesem Gebäude unter der Firma „Stern-Apotheke Karl Wellhagen" eine Apotheke als Alleininhaber (vgl. Anm. 5).

§ 2 Vertragsgegenstand
(1) Herr Karl Wellhagen – Übergeber – übergibt hiermit sein Apothekenge-schäft mit allen Aktiven und Passiven und mit dem Recht, die bisherige Firma unverändert oder verändert fortzuführen (vgl. Anm. 6), an seinen Sohn Herrn Sieghart Wellhagen – Übernehmer.
(2) Herr Sieghart Wellhagen nimmt diese Übertragung hiermit an.
(3) Die Vertragspartner sind sich darüber einig, daß die sich aus einer steuerli-chen Außenprüfung für den Zeitraum bis zum 31. Dezember 19.... eventuell ergebende Steuernachforderung vom Übergeber zu tragen ist (vgl. Anm. 7).

§ 3 Gegenleistungen
(1) Als Übergabepreis ist der Betrag vereinbart, der aufgrund der Schlußbi-lanz zum 31. Dezember 19.... als Kapitalkonto des Übergebers ausgewiesen wird (vgl. Anm. 8). Diese Bilanz ist von dem Steuerberater Reinhold Mayer in .... nach den bisher geübten Grundsätzen aufzustellen, wobei die bisheri-gen Buchwerte fortzuführen sind (vgl. Anm. 9).
(2) Einen Geschäftswert (Idealwert) der Apotheke hat der Übernehmer dem Übergeber nicht zu vergüten (vgl. Anm. 10).

(3) Der sich aus der Bilanz zum 31. Dezember 19.... ergebende Übergabepreis ist ab 1. Januar 19.... mit ...... v. H. jährlich zu verzinsen und in vierteljährlichen, am Ersten eines jeden Kalendervierteljahres, erstmals am 1. April 19.... fälligen Teilbeträgen von .... DM bar und kostenfrei zu bezahlen. Der Übernehmer ist berechtigt, auch höhere Vierteljahreszahlungen zu leisten, jedoch müssen die Beträge durch die Zahl 100 teilbar sein (vgl. Anm. 11).

(4) Sollte sich in Zukunft der aus den Verkaufspreisen der nachfolgend aufgeführten Arzneimittel gebildete Durchschnittspreis um mehr als 5 v. H. erhöhen oder vermindern, so erhöhen oder vermindern sich der jeweils noch geschuldete Übergabepreisrest und die vierteljährlichen Teilzahlungsbeträge im gleichen Verhältnis (vgl. Anm. 12):

Arzneimittel (vgl. Anm. 13)	*Packungsgröße*	*Derzeitiger Verkaufspreis*
....	....	....
....	....	....
....	....	....
....	....	....
....	....	....

(5) Die Vertragspartner sind sich darüber im klaren, daß die in § 3 Abs. 4 und in § 9 Abs. 4 vereinbarten Wertsicherungsklauseln zu ihrer Rechtswirksamkeit der Genehmigung durch die Landeszentralbank in .... (vgl. Anm. 14) bedürfen (vgl. Anm. 15). Der Übernehmer verpflichtet sich, diese Genehmigung unverzüglich einzuholen und von dem ergehenden Bescheid dem Übergeber sofort Mitteilung zu machen (vgl. Anm. 16). Sollte die Genehmigung versagt werden, so wird hierdurch die Gültigkeit der übrigen Bestimmungen dieses Vertrages nicht berührt (vgl. Anm. 17); die Vertragspartner werden in diesem Fall andere genehmigungsfähige oder genehmigungsfreie Wertsicherungsklauseln vereinbaren (vgl. Anm. 18).

§ 4 Warenlager
Über das zum 31. Dezember 19.... zu übergebende Warenlager ist auf diesem Stichtag von .... in .... eine Inventur aufzustellen. Die Kosten dieser Inventur trägt der Übernehmer.

§ 5 Übergang von Nutzen und Lasten
Die Übergabe der Apotheke erfolgt zum 1. Januar 19.... Von diesem Tage an gehen Nutzen und Lasten der Apotheke auf den Übernehmer über (vgl. Anm. 19).

§ 6 Gewährleistung
(1) Das Apothekengeschäft wird übergeben, wie es steht und liegt (vgl.
Anm. 20). Der Übergeber übernimmt keinerlei Gewährleistung, insbesondere
auch nicht für Umsatz und Ertrag der Apotheke (vgl. Anm. 21).
(2) Der Übernehmer hatte während seiner langjährigen Mitarbeit in der
Apotheke Gelegenheit, in alle Geschäftsbücher und Geschäftspapiere, insbe-
sondere auch in frühere Bilanzen und in die monatlichen Umsatzsteuervoran-
meldungen, Einsicht zu nehmen (vgl. Anm. 22).

§ 7 Geschäftsbücher
Der Übergeber verpflichtet sich, dem Übernehmer sämtliche vorhandenen
Geschäftsbücher und Geschäftspapiere der Apotheke auszuhändigen.

§ 8 Bestehende Verträge
(1) Der Übernehmer tritt in alle für die Apotheke bestehenden Verträge ein,
insbesondere in die Arbeitsverträge mit den Angestellten der Apotheke und in
die bestehenden Versicherungsverträge (vgl. Anm. 23).
(2) Der Übernehmer wird den Eintritt in die bestehenden Verträge den Ver-
tragspartnern des Übergebers in handelsüblicher Weise bekanntgeben (vgl.
Anm. 24).
(3) Der Übernehmer verpflichtet sich, die Kunden und Lieferanten der Stern-
Apotheke, soweit tunlich, in handelsüblicher Weise von dem Inhaberwechsel in
Kenntnis zu setzen (vgl. Anm. 25).

§ 9 Apothekenräume
(1) Der Übergeber überläßt dem Übernehmer mietweise alle dem Apotheken-
betrieb dienenden Räume, und zwar Offizin, Labor, Materialkammer, Büro,
Nachtdienstzimmer und Apothekenkellerräume.
(2) Der Mietvertrag ist zu Lebzeiten des Übergebers und seiner Ehefrau Berta
Wellhagen beiderseits unkündbar.
(3) Die monatliche Miete für die Apothekenräume beträgt ...... DM.
(4) Sollte sich in Zukunft der aus den Verkaufspreisen der in § 3 Abs. 4 des
Vertrages aufgeführten Arzneimittel gebildete Durchschnittspreis um mehr als
5 v. H. erhöhen oder vermindern, so erhöht oder vermindert sich die verein-
barte Miete von ...... DM im gleichen Verhältnis (vgl. Anm. 26).
(5) Im übrigen gelten für den Mietvertrag die gesetzlichen Vorschriften der
§§ 535 ff. BGB.

§ 10 Mitarbeit des Übergebers
Der Übergeber ist zur Mitarbeit in der Apotheke berechtigt, aber nicht ver-

pflichtet. Er wird dem Übernehmer in allen Fragen der Apothekenführung weiterhin beratend zur Seite stehen.

§ 11 Zustimmung der Ehefrau des Übergebers
Die Ehefrau des Übergebers, Frau Berta Wellhagen, stimmt den in diesem Vertrag getroffenen Vereinbarungen zu (vgl. Anm. 27).

§ 12 Nebenabreden, Vertragsänderungen
Mündliche Nebenabreden zu diesem Vertrag wurden nicht getroffen. Änderungen und Ergänzungen des Vertrages bedürfen zu ihrer Rechtswirksamkeit der Schriftform.

........., den ....

gez. *Karl Wellhagen*
Sieghart Wellhagen
Berta Wellhagen

Anmerkungen

1) Die öffentlich-rechtlichen Vorschriften sind im Gesetz über das Apothekenwesen i. d. F. v. 15. 10. 1980 (BGBI I S. 1993, mit spät. Änd.) enthalten.
2) Siehe Muster A Anm. 2.
3) Da im Rahmen des Übergabevertrages ein Mietverhältnis für die Lebensdauer des Übergebers und seiner Ehefrau begründet wird (§ 9 des Vertrages), ist die Schriftform notwendig (§§ 566, 580 BGB). Auch wegen der Aufnahme von Wertsicherungsklauseln (§§ 4 und 9 des Vertrages) ist schriftliche Abfassung der Vereinbarungen erforderlich.
4) Eine Angabe des „Sachstandes" ist zwar nicht unbedingt notwendig, häufig aber zweckmäßig.
5) Der Apotheker ist Kaufmann im Sinne des Handelsrechts (§ 1 Abs. 2 Nr. 1 HGB).
6) Vgl. §§ 22, 25 und 26 HGB. Führt der Übernehmer die Firma fort, haftet er für alle im Geschäftsbetrieb begründeten Verbindlichkeiten des Übergebers. Zur Haftung des früheren Inhabers für schwebende Geschäfte s. BGH, Urt. v. 13. 3. 1974, BB 1974 S. 1363.
7) Diese Vereinbarung hat nur im Innenverhältnis der Vertragspartner Bedeutung. Nach § 75 Abs. 1 AO haftet der Erwerber eines Unternehmens für betriebsbedingte Steuern seines Vorgängers (vgl. BFH, Beschl. v. 28. 1. 1982, BStBl II S. 490, und Urt. v. 6. 8. 1985, BB 1985 S. 2225), und zwar auch dann, wenn die Steuerschuld erst durch eine nach dem Übergang stattfindende Außenprüfung aufgedeckt wird. Die steuerliche Haftung des Erwerbers kann nach außen hin durch eine abweichende Vereinbarung nicht ausgeschlossen werden.

8) Wegen der verschiedenen Möglichkeiten zur Bewertung des übergebenen Unternehmens vgl. z. B. Moxter, Grundsätze ordnungsgemäßer Unternehmensbewertung, 2. Aufl. 1983 mit Nachtrag 1990 (Gabler). Zur Ermittlung des Ertragswertes bei der Unternehmensbewertung vgl. BGH, Urt. v. 30. 9. 1981, BB 1982 S. 70.

9) Entsprechend dem Grundsatz der „Bilanzkontinuität".

10) Soll der Übernehmer dem Übergeber auch den Geschäftswert des Unternehmens vergüten, ist zur Ermittlung desselben eine Schätzung durch Sachverständige in der Regel unvermeidlich.

11) Die Vereinbarung, daß bei höheren Zahlungen des Übernehmers die Beträge durch 100 teilbar sein müssen, dient der rechnerischen Vereinfachung.

12) Die Vereinbarung einer Wertsicherungsklausel sollte regelmäßig nur unter rechtskundiger Beratung erfolgen. Grundsätzlich bedürfen solche Klauseln der Genehmigung durch die Deutsche Bundesbank. Die Genehmigungspraxis steht nicht immer im Einklang mit der Rechtsprechung. Einzelne Arten von Wertsicherungsklauseln gelten als genehmigungsfrei, doch ist die Abgrenzung zwischen genehmigungsfreien und genehmigungspflichtigen Klauseln oft schwierig. Die hier aufgenommene Klausel dürfte wegen der Bezugnahme auf einen dem Schuldverhältnis eigentümlichen Wertmesser als genehmigungsfähig anzusehen sein.

13) Es sind nur solche Arzneimittel aufzuführen, von denen anzunehmen ist, daß sie noch lange Zeit im Handel sein werden.

14) Genehmigungsanträge sind bei der zuständigen Landeszentralbank einzureichen. Die Landeszentralbanken sind die Hauptverwaltungen der Deutschen Bundesbank in den einzelnen Bundesländern.

15) Maßgebend sind derzeit die Genehmigungsgrundsätze der Deutschen Bundesbank vom 9. 6. 1978 (BAnz. Nr. 109/1978, berichtigt im BAnz Nr. 124/1978). Vorsichtshalber empfiehlt es sich, die Genehmigung auch dann zu beantragen, wenn es sich um eine als genehmigungsfrei geltende Klausel handelt; die Landeszentralbank erteilt dann ggf. ein sog. Negativattest, d. h. sie teilt mit, daß eine Genehmigung für die betreffende Wertsicherungsklausel nicht erforderlich ist.

16) Den Antrag auf Erteilung der Genehmigung kann jede Vertragspartei selbständig stellen, doch ist es zweckmäßig, im Vertrag die Verpflichtung zur Antragstellung einer Partei aufzuerlegen.

17) Die Versagung der Genehmigung führt grundsätzlich zur Nichtigkeit des ganzen Vertrages, es sei denn, daß die Parteien – wie hier – die Rechtsgültigkeit der übrigen Vertragsbestimmungen auch für diesen Fall ausdrücklich vereinbart haben (§ 139 BGB).

18) Aufgrund dieser Abrede hat im Falle einer Versagung der Genehmigung jede Partei einen Rechtsanspruch auf Abschluß einer neuen Vereinbarung.

19) Siehe Muster A Anm. 11.

20) Damit wird jede Gewährleistung des Übergebers, auch für etwaige verborgene Mängel, ausgeschlossen (vgl. BGH, Urt. v. 27. 5. 1964, BB 1964 S. 906).

21) Ein derartiger vertraglicher Gewährleistungsausschluß ist in Übergabeverträgen allgemein üblich. Im übrigen gehört ein konjunkturbedingter Ertragsrückgang zum typischen Risiko des Geschäftsübernehmers (BGH, Urt. v. 13. 7. 1977, DB 1977 S. 1788).

22) Vgl. § 460 BGB (Ausschluß der Gewährleistung des Verkäufers, wenn dem Käufer ein Mangel bekannt oder nur infolge grober Fahrlässigkeit unbekannt ist, außer bei Zusicherung der Fehlerfreiheit oder arglistigem Verschweigen).

23) Zum Fortbestehen von Arbeitsverhältnissen bei Betriebsübergabe vgl. BAG, Urt. v. 25. 2 1981 (BB 1981 S. 848; auch bei Pächterwechsel). Für die Schadensversicherung gelten insoweit die §§ 69 ff. VVG.

24) Anzeigepflicht gegenüber Schadensversicherern: § 71 VVG.

25) Die Verständigung der Kunden erfolgt üblicherweise durch eine Anzeige in der Tagespresse.

26) Vgl. Anm. 12.

27) Erforderlich wegen § 1365 BGB: vgl. Muster A Anm. 2.

IV. Miete und Pacht

16. Mietvertrag über eine Wohnung

Rechtsgrundlage. §§ 535–580 BGB; Gesetz zur Regelung der Miethöhe – MHG – v. 18. 12. 1974 (BGBl I S. 3603, 3604) mit spät. Änd.

Erläuterungen. Neben dem MHG, das dem vertragstreuen Mieter einer Wohnung weitgehenden Schutz gegen Kündigung gewährt und einseitige Mieterhöhungen durch den Vermieter nur unter bestimmten, eng begrenzten Voraussetzungen zuläßt, bildet in erster Linie der Mietvertrag die Grundlage für die Rechtsbeziehungen zwischen Vermieter und Mieter; denn nur soweit mietvertragliche Vereinbarungen fehlen oder ungültig sind, greifen die Vorschriften der §§ 535 ff. BGB ein. Einzelne dieser Bestimmungen sind allerdings unabdingbar, d. h. eine hiervon abweichende Vereinbarung – namentlich zum Nachteil des Mieters – ist unwirksam.

Da die Wohnungsmiete regelmäßig auf eine längere Dauer abzielt, ist eine klare und ausgewogene Regelung der beiderseitigen Rechte und Pflichten im Mietvertrag von besonderer Bedeutung. Um hierfür Anhaltspunkte zu geben, hat das Bundesjustizministerium einen Mustermietvertrag für Wohnräume erarbeitet und unter der Bezeichnung „Mustermietvertrag '76" herausgebracht (Beilage z. Bundesanzeiger Nr. 22 v. 3. 2. 1976). Dieses Vertragsmuster hat sich jedoch in der Praxis nicht durchgesetzt, meist greifen die Vertragsparteien zu anderen Vertragsgestaltungen. Als solche kommen z. B. der vom Deutschen Mieterbund e. V. herausgegebene Wohnungsmietvertrag (mit Hausordnung) oder eines der von den regionalen Haus- und Grundbesitzvereinen herausgebrachten Vertragsmuster in Betracht. Der Zentralverband der Deutschen Haus-, Wohnungs- und Grundeigentümer hat seinen Mitgliedsverbänden auch nicht empfohlen, Wohnungsmietverträge auf der Grundlage des Mustermietvertrages '76 abzuschließen. Der Verband vertritt die Auffassung, daß den regionalen und örtlichen Besonderheiten und der Unterschiedlichkeit der Wohnungsmärkte nicht mit einem einzigen Vertragstext ausreichend Rechnung getragen werden kann.

Ist der Mieter verheiratet, wird der Mietvertrag gewöhnlich mit beiden Ehegatten abgeschlossen. Dies ist für den Vermieter vorteilhafter, weil ihm dann auch die Ehefrau für die Miete haftet. Deren Eigenschaft als Mitmieterin muß jedoch im Mietvertrag zum Ausdruck gebracht werden; die bloße Mitunterzeichnung des Vertrages durch sie genügt nicht.

Form. Wohnungsmietverträge bedürfen keiner bestimmten Form, könnten also auch mündlich vereinbart werden (Ausnahme: Festlegung einer sog. Staffelmiete; § 10 Abs. 2 MHG). Nur wenn der Mietvertrag für längere Zeit als ein Jahr fest abgeschlossen wird, ist Schriftform erforderlich; bei Verletzung dieser Formvorschrift gilt der Mietvertrag als für unbestimmte Zeit eingegangen, kann jedoch frühestens zum Schluß des ersten Mietjahres gekündigt werden (§§ 566, 580 BGB). In den meisten Wohnungsmietverträgen wird eine bestimmte Mietdauer nicht festgelegt.

Schriftlicher Abschluß des Mietvertrages ist heute allgemein üblich. Der Vertrag ist in zwei Exemplaren auszufertigen, die von den beiden Parteien zu unterzeichnen sind. Ein Exemplar verbleibt beim Mieter, das andere erhält der Vermieter.

Muster

Zwischen Herrn/Frau/Fräulein .... *in* .... *– Vermieter –*
und Herrn/Frau/Fräulein (vgl. Anm. 1) .... *in* .... *und dessen Ehefrau* .... *– Mieter – wird folgender*

Mietvertrag

geschlossen:

§ 1 Mieträume
(1) Vermietet werden im Haus Nr. .... *an der* ....*-Straße Vorderhaus – Rückgebäude* .... *(vgl. Anm. 2) Stockwerk* .... *folgende Räume zur Benutzung als Wohnung (vgl. Anm. 3):* .... *Zimmer,* .... *Küche,* .... *Kammer,* .... *Bad,* .... *Balkon nebst Keller- und Speicheranteil.*
(2) Waschküche und Trockenspeicher darf der Mieter gemäß der Hausordnung (vgl. Anm. 4) mitbenutzen.
(3) Der Mieter erhält vom Vermieter für die Mietzeit ausgehändigt: ....
Hausschlüssel, ... *Korridorschlüssel,* .... *Zimmerschlüssel,* ....
Speicherschlüssel, ... *Kellerschlüssel.*

§ 2 Mietzeit
(1) Der Mietvertrag wird auf .... *Jahre abgeschlossen. Das Mietverhältnis beginnt am* .... *und endet am* .... *Wird es nicht spätestens* .... *Monate*

vor Ablauf der Mietzeit gekündigt, so verlängert es sich jedesmal um ein –
Vierteljahr – halbes Jahr – Jahr. (vgl. Anm. 5).

o d e r

(1) Das Mietverhältnis beginnt am .... Es läuft auf unbestimmte Zeit und
kann unter Einhaltung der gesetzlichen Frist spätestens am .... gekündigt
werden (vgl. Anm. 6). Fällt dieser Tag auf einen Sonnabend, Sonntag oder
gesetzlichen Feiertag, ist die Kündigung auch noch am folgenden Werktag
zulässig.
(2) Die Kündigung muß schriftlich erfolgen (vgl. Anm. 7). Für die Rechtzeitig-
keit kommt es nicht auf die Absendung, sondern auf die Ankunft des Kündi-
gungsschreibens an.

§ 3 Mietzins
(1) Der Mietzins beträgt – jährlich – vierteljährlich – monatlich .... DM,
in Worten .... DM.

o d e r

(1) Es wird ein gestaffelter Mietzins vereinbart, und zwar beträgt dieser –
jeweils ohne Nebenabgaben –
a) für die Zeit vom Beginn des Mietverhältnisses bis zum ....DM,
b) ab .... bis zum ....DM,
c) ab .... bis zum .... DM und
d) ab .... DM (vgl. Anm. 8).
(2) Neben dem Mietzins schuldet der Mieter nachstehend aufgeführte Neben-
und Betriebskosten, auf die er folgende monatliche Vorauszahlungen zu leisten
hat:
a) Heizung und Warmwasser   .... DM
b) Kaltwasser und Entwässerung   .... DM
c) Laufende öffentliche Abgaben (z. B. Grundsteuer,
*   Straßenreinigung, Müllabfuhr)   .... DM*
d) Auf das Grundstück entfallende Versicherungen
*   (z. B. Haftpflicht- und Gebäudeversicherung)   .... DM*
e) Allgemeinbeleuchtung   .... DM
f) Schornstein- und Kaminreinigung   .... DM
g) Aufzug   .... DM
h) Hausmeister und Hausreinigung   .... DM
i) Gemeinschaftsantenne   .... DM

128

j) .... *DM*

Gesamtbetrag der monatlichen Vorauszahlungen .... *DM*
(3) Die Neben- und Betriebskosten werden nach dem tatsächlichen Verbrauch
abgerechnet, soweit dies möglich ist, im übrigen aufgrund eines vom Vermieter
nach billigem Ermessen festgelegten Umlagenschlüssels (vgl. Anm. 9). Die
Abrechnung erfolgt jährlich, wobei eine etwaige Differenz zugunsten oder zu
Lasten des Mieters innerhalb eines Monats nach Zugang der Abrechnung an
den Mieter auszugleichen ist. Innerhalb dieser Frist kann der Mieter die
Abrechnungsbelege beim Vermieter einsehen, die Abrechnung auf ihre Rich-
tigkeit überprüfen und ggf. schriftlich Einwendungen erheben. Anderenfalls
gilt die Abrechnung als genehmigt.

§ 4 Mietkaution (vgl. Anm. 10)
(1) Als Sicherheit für die Erfüllung seiner Verpflichtungen hat der Mieter an
den Vermieter eine Mietkaution in Höhe von .... *DM zu zahlen. Die Zahlung*
kann in drei gleichen Monatsraten zu .... *DM erfolgen, wobei die erste Rate*
bei Beginn des Mietverhältnisses zu entrichten ist.
(2) Auf Verlangen des Mieters hat ihm der Vermieter nachzuweisen, daß er den
Kautionsbetrag auf einem Sonderkonto bei einer Öffentlichen Sparkasse oder
bei einer Bank zu dem für Spareinlagen mit gesetzlicher Kündigungsfrist
üblichen Zinssatz angelegt hat. Zinsen stehen dem Mieter zu und erhöhen die
Sicherheit.
(3) Nach Beendigung des Mietverhältnisses und Rückgabe der Mietsache ist
die Kaution zuzüglich der angefallenen Zinsen an den Mieter zurückzuerstat-
ten, es sei denn, daß dem Vermieter begründete Gegenforderungen zustehen,
mit denen er aufrechnen kann oder die ein Zurückbehaltungsrecht begründen.
Das Aufrechnungs- oder Zurückbehaltungsrecht kann der Vermieter nur inner-
halb von .... *Monaten nach Beendigung des Mietverhältnisses und Rück-*
gabe der Mietsache ausüben.

§ 5 Erhöhung des Mietzinses
Eine Erhöhung des Mietzinses kann vom Vermieter nur unter den gesetzlich
festgelegten Voraussetzungen und in dem gesetzlich bestimmten Umfang ver-
langt werden (vgl. Anm. 11).

§ 6 Zahlung des Mietzinses
Der Mietzins ist – monatlich – vierteljährlich – jährlich – im voraus (vgl.
Anm. 12) spätestens am dritten Werktag des Monats – Vierteljahres – Jahres
zu zahlen. Die Nebenabgaben sind zusammen mit dem Mietzins zu entrichten.
Sämtliche Zahlungen sind auf das Konto Nr. .... *des Vermieters bei der*
.... *-Bank zu leisten.*

129

§ 7 Instandsetzung der Mieträume
Der Vermieter – Mieter – verpflichtet sich, vor dem Einzug des Mieters –
seinem Einzug, jedenfalls aber bis zum ...., folgende Arbeiten in den
Mieträumen vornehmen zu lassen (vgl. Anm. 13).

....

....

....

§ 8 Aufrechnung mit Gegenforderungen, Minderung des Mietzinses,
    Zahlungsrückstand
(1) Der Mieter kann gegenüber dem Mietzins mit einer Gegenforderung nur
aufrechnen, wenn er dies mindestens einen Monat vor Fälligkeit des Mietzin-
ses dem Vermieter schriftlich angekündigt hat (vgl. Anm. 14). Die Aufrechnung
mit anderen als Ersatzforderungen wegen Beseitigung von Mängeln der Miet-
sache ist ausgeschlossen, es sei denn, daß es sich um unbestrittene oder
rechtskräftig festgestellte Forderungen handelt (vgl. Anm. 15). Das gleiche gilt
für die Ausübung eines Zurückbehaltungsrechts (vgl. Anm. 16).
(2) Ist der Mieter mit zwei Monatsmieten länger als .... Tage (vgl. Anm. 17)
im Rückstand, so kann der Vermieter das Mietverhältnis fristlos kündigen (vgl.
Anm. 18).

§ 9 Benutzung der Mieträume, Untervermietung
(1) Der Mieter verpflichtet sich, die Wohnung und die gemeinschaftlichen
Einrichtungen schonend und pfleglich zu behandeln (vgl. Anm. 19). Will der
Mieter die Mieträume zu anderen als Wohnzwecken benutzen, so bedarf er der
schriftlichen Zustimmung des Vermieters (vgl. Anm. 20).
(2) Der Mieter darf die Mieträume nur mit Zustimmung des Vermieters einem
Dritten zum Gebrauch überlassen, insbesondere untervermieten (vgl.
Anm. 21). Die Zustimmung kann widerrufen werden, wenn ein wichtiger Grund
vorliegt (vgl. Anm. 22). Bei genehmigter Untervermietung kann der Vermieter
einen angemessenen Zuschlag auf den Mietzins erheben (vgl. Anm. 23).
(3) Bei unbefugter Gebrauchsüberlassung kann der Vermieter verlangen, daß
der Mieter den Dritten binnen Monatsfrist aus den Mieträumen entfernt.
Geschieht dies nicht, so kann der Vermieter das Mietverhältnis fristlos kündi-
gen (vgl. Anm. 24).

§ 10 Ausbesserungen und bauliche Veränderungen (vgl. Anm. 25)
(1) Der Vermieter darf Ausbesserungen und bauliche Veränderungen, die zur
Erhaltung des Hauses oder der Mieträume zur Abwendung drohender Gefah-
ren oder zur Beseitigung von Schäden notwendig werden, auch ohne Zustim-
mung des Mieters vornehmen.

*(2) Maßnahmen zur Modernisierung der Mieträume oder sonstiger Gebäude-
teile oder zur Einsparung von Heizenergie (vgl. Anm. 26) dürfen ohne Zustimmung des Mieters vorgenommen werden, außer wenn sie für ihn oder seine
Familie eine nicht zu rechtfertigende Härte bedeuten würden. Im übrigen gilt
die gesetzliche Regelung in § 541 b des Bürgerlichen Gesetzbuches.
(3) Soweit der Mieter Arbeiten nach Absatz 1 erdulden muß, kann er weder
den Mietzins mindern noch Schadenersatz verlangen, es sei denn, daß durch
die Maßnahme der Gebrauch der Mieträume ganz oder teilweise ausgeschlossen oder erheblich beeinträchtigt wird.
(4) Der Mieter darf bauliche oder sonstige Veränderungen an den Mieträumen nur mit schriftlicher Einwilligung des Vermieters vornehmen.*

*§ 11 Instandhaltung der Mieträume
(1) Der Mieter erklärt, daß ihm der Zustand der Mieträume bekannt ist und
daß – keine – lediglich folgende – Mängel bestehen: ....
....
....*

*(2) Der Mieter ist verpflichtet, während der Dauer des Mietverhältnisses
notwendig werdende Schönheitsreparaturen in angemessenen Zeitabständen
auf seine Kosten vornehmen zu lassen (vgl. Anm. 27). Die Kosten notwendig
werdender Instandhaltungen und Reparaturen an Installationsgegenständen
für Elektrizität, Wasser und Gas, an den Heiz- und Kocheinrichtungen sowie
an Türverschlüssen hat bis zu einem jährlichen Gesamtbetrag von 6 % der
Jahresbruttokaltmiete der Mieter zu tragen, soweit es sich um die Behebung
kleinerer Schäden handelt und der Kostenaufwand im Einzelfall 150 DM nicht
überschreitet (vgl. Anm. 28).
(3) Schäden, die in den Mieträumen auftreten, hat der Mieter dem Vermieter
unverzüglich anzuzeigen (vgl. Anm. 29). Nimmt der Mieter selbst Instandsetzungen in den Mieträumen vor, ohne daß er zuvor den Vermieter zur Abhilfe
innerhalb angemessener Frist aufgefordert hat, so steht ihm ein Ersatzanspruch für Aufwendungen nicht zu (vgl. Anm. 30).
(4) Der Mieter haftet dem Vermieter für Schäden, die an den Mieträumen, am
Gebäude oder an den vorhandenen Anlagen durch ihn, die zu seinem Haushalt
gehörigen Personen, durch Untermieter, Besucher, von ihm beauftragte Handwerker usw. schuldhaft verursacht werden. Der Mieter hat zu beweisen, daß
ein schuldhaftes Verhalten nicht vorgelegen hat (vgl. Anm. 31).*

*§ 12 Pfandrecht des Vermieters
(1) Der Mieter versichert, daß die beim Einzug in die Mieträume eingebrachten Sachen sein freies Eigentum und nicht gepfändet oder verpfändet sind, mit
Ausnahme folgender Gegenstände (vgl. Anm. 32): ....*

....

....

(2) Sobald eingebrachte Sachen des Mieters gepfändet, verpfändet oder sicherungsübereignet werden, hat er dem Vermieter hiervon unverzüglich Mitteilung zu machen (vgl. Anm. 33).

§ 13 Betreten der Mieträume durch den Vermieter
(1) Der Vermieter oder ein von ihm Beauftragter kann die Mieträume betreten, um die Notwendigkeit unaufschiebbarer Instandsetzungs- oder sonstiger Arbeiten festzustellen (vgl. Anm. 34).
(2) Will der Vermieter das Grundstück verkaufen, so darf er oder sein Beauftragter zusammen mit den Kaufinteressenten die Mieträume an Wochentagen in der Zeit von .... bis .... Uhr, an Sonn- und Feiertagen in der Zeit von .... bis .... Uhr betreten. Dasselbe gilt, wenn das Mietverhältnis gekündigt ist und Mietinteressenten die Besichtigung der Räume ermöglicht werden soll.
(3) Der Mieter hat dafür zu sorgen, daß die Mieträume auch im Falle seiner längeren Abwesenheit betreten werden können.

§ 14 Beendigung des Mietverhältnisses
(1) Bei Beendigung des Mietverhältnisses hat der Mieter die Mieträume besenrein und mit sämtlichen Schlüsseln zurückzugeben.
(2) Einrichtungen, mit denen der Mieter die Räume versehen hat, kann er wegnehmen (vgl. Anm. 35). Der Vermieter kann verlangen, daß die Einrichtungen in den Räumen zurückgelassen werden; er muß dann aber dem Mieter soviel zahlen, wie zur Herstellung einer neuen derartigen Einrichtung erforderlich wäre, abzüglich eines angemessenen Betrages für inzwischen erfolgte Abnutzung (vgl. Anm. 36). Dem Vermieter steht ein Recht auf die Einrichtung nicht zu, wenn der Mieter ein berechtigtes Interesse an ihrer Mitnahme hat.
(3) Bei der Wegnahme von Einrichtungen muß der Mieter den früheren Zustand der Räume wiederherstellen (vgl. Anm. 37).

§ 15 Vorzeitige Beendigung des Mietverhältnisses
Endet das Mietverhältnis durch fristlose Kündigung des Vermieters, so haftet der Mieter für den Schaden, den der Vermieter dadurch erleidet, daß die Räume nach dem Auszug des Mieters eine Zeitlang leerstehen oder billiger vermietet werden müssen. Die Haftung dauert bis zum Ende der vereinbarten Mietzeit, höchstens jedoch für ein Jahr nach dem Auszug; sie besteht nicht, wenn sich der Vermieter nicht genügend um einen Ersatzmieter bemüht hat (vgl. Anm. 38).

§ 16 Ehegatten als Mieter
(1) Ehegatten haften für alle Verpflichtungen aus dem Mietverhältnis als
Gesamtschuldner (vgl. Anm. 39).
(2) Erklärungen, deren Wirkung beide Ehegatten berührt, müssen von oder
gegenüber beiden abgegeben werden (vgl. Anm. 40). Frau .... be-
vollmächtigt jedoch ihren Mann, bis auf weiteres solche Erklärungen in ihrem
Namen abzugeben oder entgegenzunehmen.
(3) Tatsachen, die für einen Ehegatten eine Verlängerung oder Verkürzung des
Mietverhältnisses herbeiführen oder für ihn einen Schadenersatz- oder ähnli-
chen Anspruch oder eine Schadenersatzpflicht begründen, haben für den ande-
ren Ehegatten die gleiche Wirkung.

§ 17 Änderungen und Ergänzungen des Mietvertrages
Mündliche Nebenabreden zu diesem Vertrag bestehen nicht. Spätere Änderun-
gen oder Ergänzungen sind nur wirksam, wenn sie schriftlich vereinbart
werden (vgl. Anm. 41).

§ 18 Sonstige Vereinbarungen (vgl. Anm. 42)
..
..
..
.................., den ....
Der Vermieter: ....
Die Mieter
(Ehemann) ....
(Ehefrau) ....

Anmerkungen

1) Nichtzutreffendes streichen.
2) Rechts, links, Mitte.
3) Das bedeutet nicht, daß der Mieter in den Wohnräumen keinerlei gewerbliche oder
   berufliche Tätigkeit entfalten dürfte. Die Erledigung von Heimarbeit, die nicht mit
   störenden Auswirkungen auf die übrigen Hausbewohner verbunden ist, kann z. B.
   nicht untersagt werden.
4) Die Hausordnung (vgl. Nr. 18) hat den Zweck, dem Mieter Verhaltensmaßregeln zu
   geben, deren Beachtung im Interesse eines reibungslosen Zusammenlebens der
   Hausbewohner sowie zum Schutz des Gebäudes und zur Sicherheit notwendig ist. In
   der Regel bildet die Hausordnung einen Bestandteil des Mietvertrages (vgl. Anm. 42)
   und wird daher mit dem Abschluß des Vertrages für den Mieter verbindlich.

5) Nach § 565 a BGB muß mindestens die gesetzliche Kündigungsfrist eingehalten werden, wie sie sich aus § 565 Abs. 2 BGB ergibt. Danach ist die Kündigung spätestens am 3. Werktag eines Monats für den Ablauf des übernächsten Monats zulässig. Nach 5-, 8- und 10jähriger Dauer des Mietverhältnisses verlängert sich die Kündigungsfrist um jeweils drei Monate. Bei einem auf bestimmte Zeit eingegangenen Wohnraummietverhältnis kann der Mieter spätestens 2 Monate vor Beendigung durch schriftliche Erklärung gegenüber dem Vermieter die Fortsetzung des Mietverhältnisses verlangen, wenn nicht der Vermieter ein berechtigtes Interesse an der Beendigung hat. Die Fortsetzung des Mietverhältnisses kann der Mieter *nicht* verlangen, wenn der Zeitmietvertrag für nicht mehr als 5 Jahre abgeschlossen wurde und der Vermieter die Räume als Wohnung für sich, die zu seinem Hausstand gehörenden Personen oder seine Familienangehörigen nutzen will oder wenn er in zulässiger Weise die Räume beseitigen oder so wesentlich verändern oder instandsetzen will, daß diese Maßnahmen durch eine Fortsetzung des Mietverhältnisses erheblich erschwert würden. Das Nichtbestehen eines Fortsetzungsanspruchs des Mieters ist ferner davon abhängig, daß ihm der Vermieter bei Vertragsabschluß die beabsichtigte Verwendung der Räume schriftlich mitteilt und ihm 3 Monate vor Ablauf der Mietzeit das Weiterbestehen dieser Verwendungsabsicht schriftlich bekanntgegeben hat (§ 564c BGB).

6) Der Vermieter kann nur bei berechtigtem Interesse an der Beendigung des Mitverhältnisses, insbesondere wegen Eigenbedarfs, kündigen (§ 564b BGB). Auf Grund der sog. Sozialklausel (§ 556a BGB) kann der Mieter einer Kündigung widersprechen; der Vermieter soll ihn auf diese Möglichkeit hinweisen. Der Widerspruch muß dem Vermieter mindestens zwei Monate vor Beendigung des Mietverhältnisses schriftlich erklärt werden; auf Verlangen des Vermieters soll der Mieter die Gründe für seinen Widerspruch unverzüglich angeben. Der Widerspruch ist beachtlich, wenn die Beendigung des Mietverhältnisses für den Mieter oder seine Familie eine Härte bedeuten würde, die auch unter Würdigung der berechtigten Interessen des Vermieters nicht zu rechtfertigen ist. Eine Härte liegt auch vor, wenn angemessener Ersatzwohnraum zu zumutbaren Bedingungen nicht beschafft werden kann.

7) Schriftform ist für die Kündigung gesetzlich vorgeschrieben. Dabei sollen die Gründe der Kündigung angegeben werden (§ 564a BGB).

8) Nach § 10 Abs. 2 MHG ist auch die Vereinbarung einer sog. Staffelmiete zulässig, und zwar sowohl für Neubauwohnungen als auch bei Neuvermietung von Wohnungen in älteren Gebäuden. Staffelmietvereinbarungen können ferner im Wege einer Vertragsänderung im Einvernehmen zwischen Mieter und Vermieter für bereits bestehende Mietverhältnisse getroffen werden. Die Vereinbarung bedarf der Schriftform und darf nur einen Zeitraum bis zu jeweils 10 Jahren umfassen. Während dieser Zeit ist eine Mieterhöhung allenfalls wegen gestiegener Betriebskosten, nicht aber wegen baulicher Verbesserungen oder gestiegener Kapitalkosten und auch nicht eine Anhebung bis zur ortsüblichen Vergleichsmiete zulässig. Der Vermieter, der bauliche Maßnahmen durchführen will und die hierdurch entstehenden Kosten nicht in die Kalkulation der zu vereinbarenden Staffelsätze einbeziehen kann, muß somit auf die Vereinbarung einer Staffelmiete für die Zeit nach Durchführung der Baumaßnahmen verzichten. Hat der Vermieter variable Kreditkosten zu tragen, so muß er sich entscheiden, ob er sich die Möglichkeit einer Mietanpassung

nach § 5 MHG erhalten oder eine Staffelmietabsprache treffen will. Zu beachten ist weiter, daß der Mietzins jeweils mindestens ein Jahr unverändert bleiben und betragsmäßig ausgewiesen werden muß, also nicht bloß die Erhöhung um einen bestimmten Prozentsatz festgelegt werden darf. Ist bei einer Staffelmietvereinbarung das Kündigungsrecht des Mieters für längere Zeit vertraglich ausgeschlossen worden, so ist eine solche Beschränkung des Kündigungsrechts unwirksam, soweit sie sich auf einen Zeitraum von mehr als 4 Jahren seit Abschluß der Vereinbarung erstreckt; dem Mieter kann also nicht verwehrt werden, sich für die Zeit danach aus dem Mietvertrag zu lösen, wenn er anderweitig Wohnraum zu besseren Bedingungen erhalten kann. Im Mietvertrag können auch mehr als vier Staffelungen (wie im Muster) vorgenommen werden. Nach Ablauf des Staffelmietzeitraums gilt die am Ende erreichte Miete für unbegrenzte Zeit weiter, bis eine Anhebung auf die ortsübliche Vergleichsmiete erfolgt (§ 2 MHG) oder eine neue (Staffel-)Miete vereinbart wird (Palandt, BGB 51. Aufl. Rdnr. 9 zu § 10 MHG).

9) Nach der VO über die verbrauchsabhängige Abrechnung der Heiz- und Warmwasserkosten (HeizkostenV) i. d. F. v. 20. 1. 1989 (BGBl I S. 115) hat der Gebäudeeigentümer zur Erfassung des anteiligen Wärmeverbrauchs Wärmezähler oder Heizkostenverteiler installieren zu lassen, die bestimmten Mindestanforderungen genügen müssen. Von den Kosten des Betriebs einer zentralen Heizungsanlage einschl. der verbrauchten Brennstoffe oder der Lieferung von Fernwärme sind mindestens 50 v. H., höchstens 70 v. H., nach dem erfaßten Wärmeverbrauch der Nutzer zu verteilen; die übrigen Kosten sind nach der Wohn- und Nutzfläche aufzuteilen. Mit Zustimmung der Nutzer kann der Höchstsatz von 70 v. H. auch überschritten werden. Entsprechendes gilt für die Erfassung des anteiligen Warmwasserverbrauchs sowie für die Verteilung der Kosten der Warmwasserversorgung. Vgl. hierzu Freywald, Heizkostenabrechnung leicht gemacht, 3. Aufl. Rudolf Haufe Verlag, Freiburg.

10) Eine Mietkaution stellt eine Sicherheitsleistung des Mieters für Ansprüche des Vermieters aus dem Mietverhältnis dar. Nach § 550b BGB ist der Vermieter von Wohnraum verpflichtet, die Mietkaution von seinem Vermögen getrennt bei einer öffentlichen Sparkasse oder Bank zu dem für Spareinlagen mit gesetzlicher Kündigungsfrist üblichen Zusatz anzulegen, wobei die Zinsen dem Mieter zustehen; eine zum Nachteil des Mieters hiervon abweichende Vereinbarung ist unwirksam.

11) Nach dem Gesetz zur Regelung der Miethöhe kommen als Gründe für eine Mieterhöhung die Anhebung bis zur ortsüblichen Vergleichsmiete und durchgeführte bauliche Verbesserungen in Betracht. Desgleichen können erhöhte Betriebs- oder Kapitalkosten auf den Mieter umgelegt werden. Es ist aber auch zulässig, für einen Zeitraum bis zu 10 Jahren von vornherein eine gestaffelte Miete zu vereinbaren (vgl. Anm. 8). Mietpreisgleitklauseln können nicht rechtswirksam vereinbart werden. Soweit in bestehenden Wohnraummietverträgen solche Klauseln enthalten sind, kommt ihnen keine rechtliche Wirkung mehr zu (Palandt, a. a. O. Rdnr. 9 zu § 1 MHG).

12) Nach dem Gesetz ist der Mietzins nachträglich zu entrichten (§ 551 BGB). Nach einem Urteil des OLG München v. 6. 2. 1992 (29 U 4154/91) soll eine Mietvorauszahlungsklausel in Verbindung mit einer wirksamen Aufrechnungsklausel wie in § 8

Abs. 1 des Vertragsmusters in einem Formularvertrag wegen unangemessener Benachteiligung des Mieters (§ 9 AGBG) unwirksam sein. Es empfiehlt sich deshalb, eine der beiden Klauseln zu streichen.

13) Nach dem Gesetz ist der Vermieter nur verpflichtet, die Mietsache dem Mieter in einem zum vertragsmäßigen Gebrauch geeigneten Zustand zu überlassen (§ 536 BGB).

14) § 552a BGB. In AGB können Aufrechnungsverbote oder -beschränkungen wegen § 11 Nr. 3 AGBG unwirksam sein (Palandt a. a. O. Rdnr. 3 zu § 552a BGB). Die mitunter getroffene Vereinbarung, daß der Mieter ein *Minderungsrecht* nur dann ausüben kann, wenn er dies mindestens einen Monat vor Fälligkeit des Mietzinses dem Vermieter angekündigt hat, ist bei Mietverhältnissen über Wohnraum unzulässig (§ 537 Abs. 3 BGB).

15) Ausgeschlossen ist demnach evtl. auch die Aufrechnung mit Forderungen des Mieters aus Verwendungen auf die Mietsache (§ 547 BGB).

16) Auch die Ausübung eines Zurückbehaltungsrechts durch den Mieter kann bei einem Wohnraummietverhältnis nicht schlechthin ausgeschlossen werden (§ 552a BGB).

17) Diese Frist kann kurz bemessen werden.

18) Nach dem Gesetz kann der Vermieter erst dann kündigen, wenn der Mieter für zwei aufeinanderfolgende Termine mit der Entrichtung des gesamten oder eines nicht unerheblichen Teiles des Mietzinses oder mit einem Betrag in Verzug ist, der den Mietzins für zwei Monate erreicht. Eine zum Nachteil des Mieters hiervon abweichende Vereinbarung ist unwirksam (§ 554 BGB).

19) Diese Verpflichtung des Mieters folgt schon aus dem Gesetz und wird hier nur zur Verdeutlichung erwähnt (vgl. Palandt, a. a. O. Rdnr. 1 zu § 545 BGB). Vgl. hierzu BGH, Urt. v. 15. 4. 1987, BB 1987 S. 1281.

20) Eine ohne weiteres zulässige gewerbliche oder berufliche Tätigkeit des Mieters in den Mieträumen (vgl. Anm. 3) ist nicht zustimmungsbedürftig.

21) Bei berechtigten Interessen hat der Mieter grundsätzlich einen klagbaren Anspruch auf Zustimmung (§ 549 Abs. 2 BGB).

22) Der wichtige Grund kann namentlich in der Person oder dem Verhalten des Untermieters liegen.

23) Übliche Vereinbarung.

24) Die Vereinbarung, daß die fristlose Kündigung erst einen Monat nach erfolgter Abmahnung erfolgen darf, stellt zugunsten des Mieters eine Erschwerung der gesetzlichen Kündigungsmöglichkeiten dar (§ 553 BGB).

25) In § 541b BGB wird zu der Frage, ob die Höhe der nach der Modernisierung der Wohnung zu erwartenden Miete bei der Prüfung der Zumutbarkeit der Maßnahme zu berücksichtigen ist, klargestellt, daß eine solche Berücksichtigung erfolgen muß, außer wenn die Mieträume lediglich in einen Zustand versetzt werden, wie er „allgemein üblich" ist. Hierzu hat der BGH (Rechtsentscheid v. 16. 3. 1992, VIII AZR 5/91) festgestellt, daß es bereits genügt, wenn durch die Modernisierung ein Ausstattungsniveau erreicht wird, wie es zwei Drittel der Wohnungen gleichen Alters in derselben Region aufweisen. Vom Vermieter vorgenommene bauliche Verbesserungen der Wohnräume oder des Gebäudes können diesem Anlaß geben, eine Erhöhung des Mietzinses zu verlangen (§ 3 MHG).

26) Hierunter fallen z. B. der Einbau eines Bades in die Mietwohnung, die Modernisie-

rung von Badeeinrichtungen, Isolierverglasung der Fenster und die Einrichtung einer Zentralheizung (Palandt, a. a. O. Rdnr. 9 zu § 3 MHG).

27) Nach dem Gesetz (§ 536 BGB) ist auch die Vornahme von Schönheitsreparaturen grundsätzlich Sache des Vermieters; es ist jedoch allgemein üblich, diese Verpflichtung dem Mieter aufzulasten (vgl. hierzu OLG Hamburg, Urt. v. 8. 2. 1973, NJW 1973 S. 2211). Das kann auch in einem Formular-Mietvertrag rechtswirksam geschehen (OLG Karlsruhe, Rechtsentscheid v. 1. 7. 1981, NJW 1981 S. 2823; BGH, Beschl. v. 30. 10. 1984, NJW 1985 S. 480, v. 8. 1. 1986, NJW 1986 S. 2102 und v. 1. 7. 1987, WM 1987 S. 306; vgl. auch Niebling, BB 1987 S. 916). Bei Schönheitsreparaturen muß aber dem Mieter das Recht gelassen werden, die Arbeiten evtl. selbst auszuführen (BGH, Beschl. v. 6. 7. 1988, WM 1988 S. 294).

28) Diese sog. Kleinreparaturklausel entspricht dem BGH-Urteil v. 6. 5. 1992 (VIII ZR 129/91). Schon früher hatte der BGH entschieden, daß in einem Formularmietvertrag für Wohnraum die Kosten für Kleinreparaturen auf den Mieter abgewälzt werden können, wenn zum einen die Klausel gegenständlich auf Teile der Mietsache beschränkt ist, die häufig dem Zugriff des Mieters ausgesetzt sind, und wenn zum anderen die Klausel eine im Rahmen des Zumutbaren liegende bestimmte Höchstgrenze für den Fall vorsieht, daß innerhalb eines bestimmten Zeitraums – etwa binnen eines Jahres – mehrere Kleinreparaturen anfallen (BGH, Urt. v. 7. 6. 1989, NJW 1989 S. 2247; vgl. auch BGH, Urt. v. 15. 5. 1991, BB 1991 S. 1218). Wichtig ist, daß dem Mieter zwar die Tragung der anfallenden Reparaturkosten, nicht aber die Instandhaltungspflicht selbst auferlegt werden darf; letzteres würde zu einem Ausschluß der Rechte des Mieters wegen Mängel der Mietsache (§ 537 Abs. 1 und 2 BGB) führen und damit gegen die zwingende Vorschrift des § 537 Abs. 3 BGB verstoßen, aber auch eine unangemessene Benachteiligung des Mieters im Sinne des § 9 AGBG darstellen.

29) Vgl. hierzu BGH, Urt. v. 4. 4. 1977, MDR 1977 S. 743.

30) Auf diese Vereinbarung kann sich der Vermieter dann nicht berufen, wenn die sofortige Vornahme der Instandsetzungsarbeiten zwecks Abwendung einer Gefahr von der Mietsache notwendig war (§ 547 Abs. 1 BGB).

31) Nach dem Gesetz wäre es Aufgabe des Vermieters, ein schuldhaftes Verhalten des Mieters oder der anderen genannten Personen zu beweisen. Dieser Beweis ist jedoch vom Vermieter meist nur sehr schwer zu erbringen.

32) Verschweigt der Mieter, daß gewisse in die Mieträume eingebrachte Gegenstände nicht ihm gehören, so erwirbt der Vermieter trotz guten Glaubens kein Vermieterpfandrecht an diesen Sachen.

33) Aus den entsprechenden Mitteilungen des Mieters erhält der Vermieter rechtzeitig Kenntnis von einer etwa eintretenden Verschlechterung der Vermögenslage des Mieters. Er wird dann in besonderem Maße auf pünktliche Entrichtung des Mietzinses bedacht sein. – Bei widerrechtlicher Ausübung seines Pfandrechts macht sich der Vermieter schadenersatzpflichtig (OLG Frankfurt, Urt. v. 16. 11. 1978, BB 1979 S. 136).

34) Das Betreten der Mieträume darf nicht zur Unzeit erfolgen, etwa während der Nachtzeit.

35) Z. B. elektrische Installationen, Einbaumöbel u. dgl.

36) Zum Zahlungsanspruch des Mieters vgl. BGH, Urt. v. 14. 7. 1969, NJW 1969 S. 1855.

37) Sonst macht sich der Mieter schadenersatzpflichtig (OLG Hamburg, Urt. v. 8. 4. 1976, ZMR 1977 S. 303).

38) Diese Haftung des Mieters hat bei herrschender Wohnraumknappheit nur geringe Bedeutung. Die Vereinbarung sollte aber bei langfristigen Mietverhältnissen getroffen werden. Vgl. hierzu auch BGH, Urt. v. 4. 6. 1969, NJW 1969 S. 1845, und Urt. v. 28. 6. 1978, BB 1978 S. 1338.

39) Das bedeutet, daß der Vermieter seine Ansprüche nach seinem Belieben entweder gegen den Ehemann oder gegen die Ehefrau geltend machen kann (§ 421 BGB).

40) Wichtigster Fall: Kündigung des Mietverhältnisses.

41) Trotz dieses Vorbehalts sind mündlich getroffene Vereinbarungen rechtswirksam, wenn sich die Parteien damit bewußt über diese Vertragsbestimmung hinweggesetzt haben (vgl. OLG Köln, Urt. v. 29. 10. 1975, BB 1975 S. 1606, und LG Mannheim, Urt. v. 19. 8. 1976, MDR 1977 S. 231).

42) Z. B. über eine Gartenbenutzung, Anbringung von Schildern usw. Die Verbindlichkeit einer Hausordnung kann durch die Bestimmung „Die anliegende Hausordnung ist Bestandteil dieses Vertrages" vereinbart werden.

17. Finanzierungsbeiträge des Mieters

Der Mieter kann sich an einem Neubauprojekt mit einem Baukostenzuschuß, einer Mietvorauszahlung oder einem Mieterdarlehen beteiligen. Die getroffene Vereinbarung muß jeweils klar erkennen lassen, um welche Art von Finanzierungsleistung es sich nach dem Willen der Vertragsparteien handeln soll.

1. Unter einem *verlorenen Baukostenzuschuß* versteht man eine Zuwendung des Mieters an den Bauherrn (Vermieter) mit der Zweckbestimmung, daß sie als Beitrag zu den Kosten der Gebäudeherstellung verwendet werden soll, ohne daß ein Anspruch auf Rückzahlung begründet wird. Die Zuwendung kann eine Geld- oder Sachleistung sein. Der verlorene Baukostenzuschuß hat grundsätzlich keinen Einfluß auf die Höhe des Mietzinses und wird auf diesen nicht angerechnet. Art. VI des Gesetzes zur Änderung des Zweiten Wohnungsbaugesetzes, anderer wohnungsbaurechtlicher Vorschriften und über die Rückerstattung von Baukostenzuschüssen v. 21. 7. 1961 (BGBl I S. 1041) mit spät. Änd. sieht zwingend die teilweise Rückerstattung verlorener Baukostenzuschüsse durch den Wohnungsvermieter vor, „soweit sie nicht durch die Dauer des Mietverhältnisses als getilgt anzusehen sind". Dabei gilt ein Betrag in Höhe einer Jahresmiete durch eine Mietdauer von 4 Jahren von der Leistung an als getilgt. Maßgebend ist die ortsübliche Miete für Wohnungen gleicher Art, Finanzierungsweise, Lage und

Ausstattung. Baukostenzuschüsse, die den Betrag einer Vierteljahresmiete nicht erreichen, bleiben außer Betracht. Der Rückerstattungsanspruch des Mieters verjährt nach Ablauf eines Jahres von der Beendigung des Mietverhältnisses an.

2. Eine *Mietvorauszahlung* ist, wie die Bezeichnung besagt, vorausbezahlte Miete. Ihre Verwendung kann zweckgebunden sein (abwohnbarer Baukostenzuschuß) oder nicht. Die Dauer der vereinbarten Abwohnung gilt als Mindestdauer des Mietvertrages.

Im Interesse des Mieters liegt es, daß die Zweckbindung vertraglich eindeutig festgelegt und der Betrag auch tatsächlich für den Bau verwendet wird; nur dann ist die Vorleistung des Mieters im Falle einer Veräußerung des Grundstücks oder der Zwangsversteigerung dem Erwerber bzw. Ersteher gegenüber voll wirksam. Hat dagegen der Vermieter wegen fehlender Zweckbindung die Mietvorauszahlung nicht zur Bezahlung von Baukosten verwendet, so kann es sein, daß bei einem Eigentümerwechsel des Grundstücks der Erwerber die Vorauszahlung zumindest teilweise nicht gegen sich gelten lassen muß (§ 574 BGB, § 57b ZVG).

3. Im Gegensatz zur Mietvorauszahlung bewirkt das *Mieterdarlehen* nicht, daß die Mietzahlungen ganz oder teilweise als im voraus getilgt gelten. Vielmehr hat der Mieter nur einen Anspruch auf Rückzahlung seines Darlehens nach den Bestimmungen des Darlehensvertrages, die auch eine Verrechnung mit der Miete oder eine Aufrechnung gegen die Mietzinsansprüche des Vermieters vorsehen können.

Hierbei läuft der Mieter – wie bei einer nicht zweckgebundenen Mietvorauszahlung – Gefahr, bei einem Eigentümerwechsel des Grundstücks oder bei Vermögensverfall des Vermieters zu Schaden zu kommen. Von dieser Art der Finanzierungsbeteiligung ist deshalb dem Mieter im allgemeinen abzuraten.

4. Die *Mietkaution* stellt keinen Finanzierungsbeitrag, sondern eine Sicherheitsleistung des Mieters für Ansprüche des Vermieters aus dem Mietverhältnis dar. Sie kann in verschiedener Form gestellt werden, wird aber in der Regel durch Barzahlung oder durch Einzahlung auf ein Konto des Vermieters oder auf ein Sperrkonto geleistet (vgl. Nr. 16 Anm. 10 und Nr. 39: Kautionsklauseln, Muster A).

Die *Zulässigkeit* von Finanzierungsbeiträgen unterliegt bei Sozialwohnungen erheblichen Einschränkungen (Palandt, BGB 51. Aufl. Rdnr. 81 ff. Einf. vor § 535).

Muster

A. *Verlorener Baukostenzuschuß (vgl. Anm. 1)*

„(1) Der Mieter verpflichtet sich, einen verlorenen Baukostenzuschuß in Höhe von .... DM zu leisten. Die Zahlung dieses Betrages hat wie folgt zu geschehen: .... DM sofort, je .... DM am .... und am ....
(2) Räumt der Mieter die Wohnung vor Ablauf von .... Jahren, so ist er berechtigt, dem Vermieter einen Mietnachfolger vorzuschlagen. Der Vermieter kann den Abschluß eines Mietvertrages mit dem vorgeschlagenen Mietnachfolger nur aus Gründen der Unzumutbarkeit ablehnen. Die Rückerstattung des nicht abgewohnten Teiles des Baukostenzuschusses richtet sich nach den einschlägigen gesetzlichen Bestimmungen."

B. *Mietvorauszahlung (vgl. Anm. 2, 3)*

„(1) Zu der Neubauwohnung ...., für die der Rohbau bereits fertiggestellt ist, leistet der Mieter als Baukostenbeitrag eine Mietvorauszahlung im Betrag von .... DM, zahlbar zur einen Hälfte sofort, zur anderen Hälfte in monatlichen Teilbeträgen von je .... DM, die erste Teilzahlung ist fällig am .... Die auf die Mietvorauszahlung zu entrichtenden Teilbeträge sind bei Verzug mit .... % zu verzinsen.
(2) Die Mietvorauszahlung wird in der Weise abgewohnt, daß auf die vereinbarte Monatsmiete von .... DM ein Teilbetrag von monatlich .... DM der Mietvorauszahlung angerechnet wird, so daß der Mieter statt .... DM nur einen Betrag von .... DM monatlich an Miete bis zur vollständigen Tilgung der Mietvorauszahlung zu bezahlen hat."

C. *Mieterdarlehen (vgl. Anm. 4, 5, 6, 7)*

„(1) Der Mieter gewährt dem Vermieter ein unverzinsliches Darlehen von .... DM, das vom .... an in monatlichen Teilbeträgen von .... DM rückzahlbar ist. Die Tilgungsraten werden mit der monatlichen Miete verrechnet. Bleibt der Vermieter mit der Bezahlung einer Monatsrate länger als 14 Tage im Rückstand, so wird der gesamte noch geschuldete Darlehensrest zur sofortigen Rückzahlung fällig. Das gleiche gilt, wenn der Vermieter sein Hausgrundstück .... veräußern sollte.
(2) Zur dinglichen Sicherung des Mieterdarlehens verpflichtet sich der Vermieter, zugunsten des Mieters eine Höchstbetragshypothek von .... DM am Hausgrundstück .... in ...., vorgetragen im Grundbuch des

Amtsgerichts .... für .... Band .... Blatt .... Seite ....,
eintragen zu lassen. Die Hypothek soll den Rang erhalten nach Hypotheken
oder Grundschulden im Gesamtbetrag von .... DM. Die Kosten für die
Bestellung, Eintragung und Löschung der Höchstbetragshypothek tragen Ver-
mieter und Mieter je zur Hälfte."

Anmerkungen

1) Eine solche Vereinbarung ist meist Teil des Mietvertrages, sie kann aber auch später in den Mietvertrag eingefügt werden.

2) Die Dauer der vereinbarten Abwohnung einer Mietvorauszahlung gilt nach Treu und Glauben auch als Mindestdauer des Mietverhältnisses (Schmidt-Futterer/Blank, Mietrecht von A–Z 11. Aufl. S. 302).

3) Soweit die Mietvorauszahlung bei Beendigung des Mietverhältnisses noch nicht getilgt ist, ist sie vom Vermieter zurückzuerstatten (§ 557a BGB).

4) Wird vereinbart, daß das Mieterdarlehen durch Verrechnung mit fälligen Mietzinsraten zurückzuzahlen ist, so kann darin die Abrede einer Mietvorauszahlung liegen, auf die § 557a BGB (vgl. Anm. 3) anzuwenden ist (BGH, Urt. v. 11. 3. 1970, NJW 1970 S. 1124).

5) In der Vereinbarung über die Hergabe eines Mieterdarlehens kann ein Mietvorvertrag liegen, wenn vorgesehen ist, daß der Abschluß eines Mietvertrages nachfolgen soll (BGH, Urt. v. 13. 11. 1963, NJW 1964 S. 395).

6) Bei einem Mieterdarlehen verlangt der Mieter vielfach die Aufnahme einer Bestimmung in den Darlehensvertrag, die den Vermieter verpflichtet, im Verkaufsfall den Käufer zum Eintritt in die getroffenen Vereinbarungen zu veranlassen; falls der Käufer dies ablehnt, soll der Mieter zur fristlosen Kündigung des Darlehens berechtigt sein.

7) Ein vom kündigenden Mieter auf ein Sperrkonto einbezahlter Finanzierungsbeitrag gehört, solange über ihn nicht zugunsten des Vermieters (Bauherrn) verfügt worden ist, immer noch dem Mieter. Er geht deshalb bei Konkurs des Vermieters oder im Falle einer Zwangsversteigerung des Grundstücks nicht verloren.

18. Hausordnung

In einem *Mietshaus* hat eine Hausordnung den Zweck, den Mietern Verhaltensregeln zu geben, die im Interesse eines reibungslosen Zusammenlebens der Hausbewohner, zum Schutz des Gebäudes und zur allgemeinen Ordnung und Sicherheit notwendig sind. Für das *Zustandekommen* bestehen zwei Möglichkeiten:

a) Die Hausordnung kann einen Teil des Mietvertrages bilden, entweder ist sie darin enthalten oder es wird auf sie Bezug genommen. Sie unterliegt dann nur den allgemeinen gesetzlichen Beschränkungen, d. h. ihre Bestimmungen dürfen nicht gegen gesetzliche Verbote oder gegen die guten Sitten verstoßen (§§ 134, 138 BGB).

b) Der Hauseigentümer (Vermieter) kann von sich aus eine Hausordnung aufstellen. Dabei muß er dem Gedanken des Schikaneverbots (§ 226 BGB) Rechnung tragen und darf den Mietern nicht weitergehende Pflichten auferlegen, als sie in den Mietverträgen vorgesehen sind. Eine solche Hausordnung kann der Vermieter auch einseitig ändern, falls dies zur ordnungsgemäßen Verwaltung und Bewirtschaftung des Hauses erforderlich ist und nicht willkürlich geschieht; unerheblich ist, ob die Mehrheit der Mieter zugestimmt hat (AG Hamburg, Urt. v. 7. 8. 1978, WM 1981 S. 183).

Verstöße gegen die Hausordnung stellen einen „vertragswidrigen Gebrauch der Mietsache" dar, nach erfolgloser Abmahnung kann der Vermieter den zuwiderhandelnden Mieter auf Unterlassung verklagen (§ 550 BGB). Bei wiederholten, schweren Verstößen, insbesondere bei nachhaltiger Störung des Hausfriedens, ist der Vermieter zur fristlosen Kündigung des Mietverhältnisses berechtigt, wenn ihm die Fortsetzung des Vertragsverhältnisses mit dem betreffenden Mieter nicht zugemutet werden kann (§ 554a BGB). Wird durch Zuwiderhandlungen eines Mieters gegen die Hausordnung ein anderer Mitmieter in seinen Rechten betroffen, so kann sich dieser entweder an den Vermieter zwecks Abstellung der Beeinträchtigungen wenden oder auch selbst gegen den Mieter wegen Besitzstörung vorgehen (§ 862 BGB).

In einer *Eigentumswohnanlage* gehört die Aufstellung einer Hausordnung zu einer ordnungsmäßigen, dem Interesse der Gesamtheit der Wohnungseigentümer entsprechenden Verwaltung (§ 21 Abs. 5 Nr. 1 WEG). Die Hausordnung stellt eine Zusammenfassung der Gebrauchs- und Verwaltungsregelungen dar und kann, soweit sie nicht von Anfang an in eine Gemeinschaftsordnungs-Vereinbarung aufgenommen ist, von den Wohnungseigentümern durch Mehrheitsbeschluß aufgestellt werden; die Aufstellung kann auch dem Verwalter oder dem Verwaltungsbeirat übertragen werden, darf aber dann nur solche Punkte enthalten, die durch Mehrheitsbeschluß geregelt werden können (Palandt, BGB 51. Aufl. Rdnr. 7 zu § 21 WEG).

Muster

A. Rechte und Pflichten an gemeinsam benutzten Hausteilen

1. Haus- und Treppenreinigung (vgl. Anm. 1)
Das Reinigen des Treppenhauses obliegt den einzelnen Mietern. Jeder Mieter ist für die Reinigung des zu seinem Stockwerk führenden Treppenhausteils verantwortlich. Wohnen in einem Stockwerk mehrere Parteien, wechseln sie untereinander bei der Reinigung ab.
Der Vermieter ist jedoch berechtigt, die Haus- und Treppenreinigung einem Dritten (Hausmeister, Reinigungsinstitut) zu übertragen und die dadurch entstehenden Kosten anteilig auf die Mieter umzulegen.

2. Reinigung des Gehwegs und der Hauszugänge (vgl. Anm. 1)
Der Gehweg vor dem Haus und die Hauszugänge (Einfahrt, Torweg usw.) sind von den Mietern abwechselnd zu reinigen, und zwar mindestens ....mal wöchentlich, darunter am Samstag.
Das Streuen im Winter und das Entfernen von Schnee und Eis ist täglich vorzunehmen, und zwar morgens vor dem Einsetzen des Passantenverkehrs sowie im Bedarfsfall auch – evtl. sogar mehrmals – während der Tagesstunden bis zur Beendigung des hauptsächlichsten abendlichen Passantenverkehrs. Im einzelnen sind die örtlichen Polizeivorschriften zu beachten. Die Bestimmung in Nr. 1 Absatz 2 gilt entsprechend.

3. Benutzung von Waschküche und Trockenspeicher
Soweit nicht in den Wohnungen elektrische Waschmaschinen vorhanden sind, darf Wäsche nur in der Waschküche gewaschen werden. Die zur Benutzung der dort befindlichen elektrischen Waschmaschine benötigten Münzen sind beim .... erhältlich. Nach Benutzung ist die Waschküche zu reinigen und in aufgeräumtem Zustand zu hinterlassen.
Die Wäsche darf nur im Trockenspeicher getrocknet werden. Er ist nach Benutzung sauber und aufgeräumt zurückzulassen.

4. Treppenhaus- und Kellerbenutzung
Das Stehenlassen von Gegenständen, insbesondere von Krafträdern, Mopeds, Fahrrädern und Kinderwagen im Treppenhaus sowie in den Gängen des Kellers und des Speichers ist nicht gestattet. Die Mitnahme von Krafträdern und Mopeds in die Wohnung ist unzulässig. Im Hof dürfen Fahrzeuge nur mit Zustimmung des Vermieters abgestellt werden (vgl. Anm. 2).

B. Rücksichtnahme auf die Hausbewohner

5. Vermeiden von Lärm
Unnötiger Lärm, z. B. durch Zuwerfen von Türen und Fenstern, Poltern auf der
Treppe, Benützung nicht abgedämpfter Maschinen und Geräte, ist zu vermei-
den. Das gilt besonders für die Zeit der Mittagsruhe (13 bis 15 Uhr) und der
Nachtruhe (22 bis 7 Uhr). An Sonn- und Feiertagen gelten erweiterte Ruhezei-
ten (12 bis 15 Uhr und 18 bis 8 Uhr). Während dieser Stunden darf in der
Wohnung auch nicht musiziert werden.
Rundfunk- und Fernsehgeräte dürfen nicht über Zimmerlautstärke und nicht
bei geöffnetem Fenster in Betrieb gehalten werden.

6. Ausklopfen von Teppichen u. dgl.
Teppiche, Polstermöbel, Betten, Matratzen und Kleidungsstücke dürfen weder
im Treppenhaus noch vom Fenster herab oder auf Balkonen, sondern nur an
den hierfür bestimmten Plätzen ausgeklopft, ausgeschüttet und gereinigt wer-
den, und auch das nur – sofern nicht örtliche Polizeivorschriften entgegenste-
hen – werktags zwischen 8 und 12 oder zwischen 15 und 18 Uhr.
Das Hinauswerfen von Abfällen oder Ausgießen von Flüssigkeiten aus den
Fenstern ist untersagt.

7. Haustierhaltung
Das Halten von Hunden und anderen Tieren ist nur mit schriftlicher Genehmi-
gung des Vermieters gestattet. Bei auftretenden Unzuträglichkeiten kann die
Erlaubnis widerrufen werden (vgl. Anm. 3).
Tiere, die mit Zustimmung des Vermieters gehalten werden, sind so zu beauf-
sichtigen, daß sie weder Sach- noch Personenschäden verursachen können.

8. Beaufsichtigung von Kindern
Kinder sind in gehöriger Weise zu beaufsichtigen (vgl. Anm. 4). Insbesondere
ist ihnen das Spielen oder Lärmen im Treppenhaus untersagt.

C. Erhaltung der Mieträume

9. Veränderungen an den Mieträumen
An den Mieträumen sowie den vorhandenen Anlagen und Einrichtungen dür-
fen ohne Genehmigung des Vermieters keine Veränderungen vorgenommen
werden (vgl. Anm. 5).

10. Pflicht zur pfleglichen Behandlung
Der Mieter hat die Mieträume und Nebenräume, die gemeinsam benutzten

144

Hausteile sowie die vorhandenen Anlagen und Einrichtungen pfleglich zu behandeln und hierzu auch seine Angehörigen und sein Dienstpersonal anzuhalten. Bei längerer Abwesenheit hat er Türen und Fenster zu verschließen und für Notfälle einen Wohnungsschlüssel bei .... zu hinterlegen (vgl. Anm. 6). Schäden an den Mieträumen sowie Störungen an Zuleitungen und Anlagen innerhalb der Mieträume und in den gemeinsam benutzten Hausteilen sind dem Vermieter umgehend anzuzeigen.

11. Besondere Pflichten
Jede Wasservergeudung ist zu vermeiden. Die Ausgußsiphons sind stets in gebrauchsfähigem Zustand zu erhalten.
Die Benutzung von Badezusätzen, die die Badewanne angreifen oder den Abfluß verstopfen können, ist untersagt.
In den Abort dürfen keine Abfälle oder sonstige Gegenstände geworfen werden, die zu einer Verstopfung führen können.
Unter Druck stehende Wasseranschlüsse (insbesondere von Wasch- und Geschirrspülmaschinen) sind während jeder Abwesenheit abzudrehen.

12. Besondere Witterungsverhältnisse
Bei Regen und stürmischem Wetter sowie in der kalten Jahreszeit sind Fenster und Türen in den Mieträumen sowie im Keller, Speicher und Treppenhaus geschlossen zu halten.
Bei Frost oder Frostgefahr hat der Mieter Vorkehrungen gegen das Einfrieren der Wasserleitung zu treffen.
Balkone und Veranden sind von Schnee freizuhalten.

13. Heizung
Die vorhandene Zentralheizung wird nur in der Zeit zwischen dem 1. Oktober und dem 30. April und nur dann in Betrieb genommen, wenn die Außentemperatur an drei aufeinanderfolgenden Tagen um .... Uhr unter ....°C gesunken ist (vgl. Anm. 7). Bei Störungen sowie in Fällen höherer Gewalt besteht kein Anspruch auf Ersatzheizung.

14. Ungeziefer
Bei Auftreten von Ungeziefer in den Mieträumen hat der Mieter dem Vermieter sogleich Anzeige zu erstatten und die Räume auf eigene Kosten desinfizieren zu lassen.

15. Außenantenne, Blumenkisten
Für den Anschluß von Rundfunk- und Fernsehgeräten dürfen nur die vorgeschriebenen Spezialanschlußkabel für die gemeinschaftliche Antennenanlage

verwendet werden. Eine gesonderte Außenantenne darf nur mit Genehmigung des Vermieters und unter Beiziehung eines Fachmanns angebracht werden. Hierdurch am Gebäude entstehende Schäden hat der Mieter auf seine Kosten beseitigen zu lassen.

Blumenkisten und Blumentöpfe vor den Fenstern dürfen mit Genehmigung des Vermieters aufgestellt werden; diese Genehmigung wird bis auf weiteres generell erteilt.

D. Schutz vor Unfällen und Gefahren

16. Unfallverhütung

Zur Vermeidung von Unfällen sind die dem gemeinsamen Gebrauch sowie die dem allgemeinen Verkehr dienenden Hausteile frei von Hindernissen jeder Art zu halten.

17. Verhütung von Bränden

Der Dachboden und die Kellerräume dürfen nicht mit offenem Licht betreten werden. Leicht entzündbare Gegenstände wie Packmaterial, Papier, Strohsäcke, Kleider und alte Polstermöbel dürfen auf dem Dachboden nicht aufbewahrt werden (vgl. Anm. 8). Im übrigen darf Mobiliar auf dem Dachboden nur so abgestellt werden, daß alle Ecken und Winkel gut übersehbar und frei zugänglich sind.

18. Schutz vor Einbruchsdiebstählen

Nachts sind die Türen und in den unteren Stockwerken auch die Fenster fest verschlossen zu halten. Hausfremden Personen dürfen Schlüssel nicht auf Dauer ausgehändigt werden. Der Verlust eines Hausschlüssels ist dem Vermieter unverzüglich zu melden.

Anmerkungen

1) Ist ein Hausmeister vorhanden, der diese Arbeiten vornimmt, ist diese Bestimmung entbehrlich.
2) Auch für sich selbst darf der Vermieter in der Hausordnung keine Sonderrechte schaffen.
3) In der Regel kann sich der Mieter nicht darauf berufen, daß der Vermieter einem anderen Mieter die Haustierhaltung gestattet habe. Eine willkürliche Versagung der Genehmigung ist jedoch nicht zulässig.
4) Der Aufsichtspflichtige haftet, wenn ein Kind einem anderen widerrechtlich Schaden zufügt, er kann sich aber durch den Nachweis gehöriger Aufsichtsführung entlasten (§ 832 BGB).

146

5) Der Mieter darf also z. B. nicht einen Gas- durch einen Elektroherd ersetzen oder Abzugsrohre für die Heizung verlegen.
6) Beim Vermieter, Hausverwalter, Hauswart oder einem anderen Mieter.
7) Die Regelung ist je nach den örtlichen Klimaverhältnissen zu treffen.
8) Das ist auch nach den feuerpolizeilichen Vorschriften untersagt.

19. Garagen-Mietvertrag

Rechtsgrundlage. §§ 535 ff. BGB.

Erläuterungen. Die Miete von Garagen rechnet zur „Raummiete", so daß die Sondervorschriften der §§ 541a (Erhaltungs- oder Verbesserungsmaßnahmen), § 541b (Maßnahmen zur Verbesserung und Modernisierung), 547a Abs. 2 (Wegnahme von Einrichtungen), 554a (fristlose Kündigung bei unzumutbarem Mietverhältnis) und 557 Abs. 1 BGB (Ansprüche bei verspäteter Rückgabe der Mieträume) anwendbar sind (Palandt, BGB 51. Aufl. Rdnr. 68, 69 Einf. vor § 535). Im engeren Sinn handelt es sich bei Garagen um „Geschäftsräume". Die Kündigung eines solchen Mietverhältnisses ist demnach, soweit keine abweichenden Vereinbarungen getroffen worden sind, bei Bemessung des Mietzinses nach Monaten oder längeren Zeitabschnitten spätestens am 3. Werktag eines Kalendermonats für den Ablauf des übernächsten Monats, jedoch nur für den Ablauf eines Kalendervierteljahres, zulässig (§ 565 Abs. 1 Nr. 3 BGB). Da es bezüglich einer Mieterhöhung bei der Garagenmiete keine besonderen gesetzlichen Vorschriften gibt, kann der Vermieter eine höhere Miete – soweit vertragliche Vereinbarungen fehlen – nur im Wege einer sog. Änderungskündigung durchsetzen (= Kündigung, verbunden mit einem Vertragsangebot zur Fortsetzung des Mietverhältnisses zu höherem Mietzins).

Oft wird zwischen den Parteien eines Wohnraummietverhältnisses auch ein Garagenmietvertrag abgeschlossen. Es ergibt sich dann die namentlich für eine etwaige Kündigung bedeutsame Frage, ob es sich um zwei selbständige Mietverträge oder um ein einheitliches sog. Mischmietverhältnis handelt. Mangels besonderer Umstände, die auf einen entsprechenden Willen der Vertragsparteien schließen lassen, ist ein einheitliches Mietverhältnis anzunehmen (LG Berlin, Urt. v. 11. 9. 1986, ZMR 1987 S. 18). Bei nachträglicher Anmietung einer Garage durch einen Wohnungsmieter läßt zwar weder die räumliche Nähe zwischen Wohnung und Garage noch die Identität zwischen Vermieter und Mieter den zwingenden Schluß auf ein einheitliches Mietverhältnis zu (LG Mannheim, Urt.

v. 22. 3. 1973, WM 1974 S. 73), in der Regel liegt aber nur eine Ergänzung des bisherigen Wohnraummietvertrages vor, sofern ein gegenteiliger Wille der Parteien nicht hinreichend zum Ausdruck gebracht worden ist (OLG Karlsruhe, Rechtsentscheid v. 30. 3. 1983, NJW 1983 S. 1499; LG Duisburg, Urt. v. 29. 4. 1986, NJW-RR 1986 S. 1211). Ist ein einheitliches Mietverhältnis über Wohnräume und Garage gegeben, so kommt es für die Frage einer Kündigung des gesamten Mietverhältnisses wesentlich darauf an, ob der Wohnraum- oder der Geschäftsraumanteil überwiegt; denn davon hängt es ab, ob die für Wohnräume oder die für Geschäftsräume geltenden gesetzlichen Vorschriften anzuwenden sind. Insoweit ist der Vertragszweck entscheidend; Mietpreis und Flächenanteile sind nur Gesichtspunkte, die für die Feststellung des Parteiwillens von Bedeutung sind (BGH, Urt. v. 16. 4. 1986, ZMR 1986 S. 278). Überwiegt der Wohnraumanteil, so ist eine Kündigung nur unter den Voraussetzungen des § 564b BGB, also insbesondere wegen Eigenbedarfs des Vermieters, zulässig (LG Mannheim, Urt. v. 13. 11. 1975, MDR 1976 S. 581). Ausgeschlossen ist in solchen Fällen eine Kündigung zwecks Mieterhöhung; der Vermieter kann eine Erhöhung des Mietzinses nur aufgrund der Bestimmungen des Gesetzes zur Regelung der Miethöhe v. 18. 12. 1974 (BGBl I S. 3603, 3604) m. spät. Änd. verlangen.

Bei einem einheitlichen Mietverhältnis über Wohnung und Garage ergibt sich ferner die Frage, ob eine isolierte Kündigung der Garagenmiete, sei es durch den Vermieter oder den Mieter, im Wege einer sog. Teilkündigung zulässig ist. Dies wird durchwegs verneint, soweit sich nicht die Parteien im Mietvertrag eine Teilkündigung vorbehalten haben (LG Braunschweig, Urt. v. 10. 10. 1985, ZMR 1986 S. 165). Ein derartiger Vorbehalt kann sich aber auch aus den Umständen des Einzelfalles aufgrund der Auslegung des Mietvertrages ergeben, wobei von Bedeutung ist, ob der Gegenstand, auf den sich die Teilkündigung nicht bezieht – also die Wohnung –, für den Kündigungsempfänger seinen unverminderten Wert behält (Palandt, a. a. O. Rdnr. 11 zu § 564 BGB). Andererseits kann sogar, wenn eine selbständig kündbare Vereinbarung über die Garagenmiete vorliegt, eine isolierte Kündigung der Garage rechtsmißbräuchlich und deshalb unzulässig sein, wenn sie lediglich als Druckmittel erfolgt, um den Mieter zu veranlassen, einer Mieterhöhung für die Wohnung zuzustimmen (LG Hamburg, Urt. v. 30. 3. 1982, 16 S 4/82).

Für die Benutzbarkeit einer gemieteten Garage ist die ungehinderte Zu- und Ausfahrt wesentlich . Ist diese, z. B. durch bauliche Maßnahmen des Vermieters, vorübergehend ausgeschlossen oder erheblich beeinträchtigt, so kann der Mieter für diese Zeit die Miete mindern (§ 537 BGB; vgl. LG Köln, Urt. v. 19. 12. 1974, MDR 1976 S. 44).

Form. Garagen-Mietverträge können formlos abgeschlossen werden, also auch durch mündliche Vereinbarung. Nach §§ 566, 580 BGB bedarf zwar ein Mietvertrag, der für längere Zeit als ein Jahr abgeschlossen wird, der Schriftform, die Nichteinhaltung dieser Form führt aber nicht zur Rechtsunwirksamkeit des Vertrages, sondern nur dazu, daß er als auf unbestimmte Zeit abgeschlossen gilt. Im übrigen ist es allgemein üblich. Garagen-Mietverträge schriftlich abzuschließen.

Muster

Zwischen Firma/Herrn/Frau/Fräulein ....
in .... *– Vermieter – und*
Firma/Herrn/Frau/Fräulein ....
in ....*– Mieter – wird folgender*
Garagen-Mietvertrag

geschlossen:

§ 1 Mietobjekt
Vermietet wird zur Unterstellung eines Kraftfahrzeugs die Garage ....
(vgl. Anm. 1) im Anwesen Nr. .... *an der* ....*-Straße in*
....

§ 2 Mietzeit
Der Mietvertrag wird auf .... *Jahre abgeschlossen. Das Mietverhältnis*
beginnt am .... *und endet am* .... *Mangels rechtzeitiger Kündigung*
verlängert es sich jeweils um ein weiteres Jahr. Eine Kündigung ist nur für den
Schluß eines Kalendervierteljahres zulässig und muß spätestens am 3. Werktag
dieses Vierteljahres erfolgen (vgl. Anm. 2).
oder
Der Mietvertrag wird auf unbestimmte Zeit abgeschlossen. Das Mietverhältnis
beginnt am .... *Es kann beiderseits nur für den Schluß eines Kalendervier-*
teljahres gekündigt werden, wobei die Kündigung spätestens am 3. Werktag
dieses Vieteljahres erfolgen muß (vgl. Anm. 2).

§ 3 Mietzins
Der Mietzins beträgt jährlich/vierteljährlich/monatlich (vgl. Anm. 3) ....
DM, in Worten .... DM. Er ist spätestens am 3. Werktag jedes Monats/
Vierteljahres/Jahres (vgl. Anm. 3) zu zahlen. Für die Zeit vom 1. Oktober bis
30. April hat der Mieter neben dem Mietzins eine Heizungskostenpauschale
von .... DM, in Worten .... DM, zu zahlen, und zwar den gesamten
Betrag jeweils zum ..../in monatlichen Raten von .... DM zusammen mit
der Miete für die Monate Oktober bis April (vgl. Anm. 3 und 4).

§ 4 Haftungsausschluß
Die Haftung des Vermieters für Verlust oder Beschädigung des Kraftfahrzeugs
durch Brand, Entwendung oder Beraubung wird ausdrücklich ausgeschlossen,
es sei denn, daß der Schaden auf grobe Fahrlässigkeit des Vermieters oder
seines Erfüllungsgehilfen zurückzuführen ist (vgl. Anm. 5).

§ 5 Benutzung der Garage
Der Mieter darf die Garage nur zur Einstellung seines Kraftfahrzeugs benut-
zen. Eine Benutzung zu anderen Zwecken ist nur mit schriftlicher Zustimmung
des Vermieters zulässig. Die entgeltliche oder unentgeltliche Überlassung der
Garage an einen Dritten ist dem Mieter ebenfalls nur mit schriftlicher Geneh-
migung des Vermieters – nicht – (vgl. Anm. 3) gestattet (vgl. Anm. 6).

§ 6 Sorgfaltspflichten des Mieters
Der Mieter verpflichtet sich, bei der Benutzung der Garage die einschlägigen
polizeilichen Vorschriften zu beachten, namentlich in der Garage nicht mit
Feuer oder offenem Licht zu hantieren, dort weder Treibstoff noch Öl oder
feuergefährliche Gegenstände zu lagern und den Motor des Kraftfahrzeugs
nicht bei geschlossener Garagentür laufen zu lassen.
Das Waschen und Reinigen des Kraftfahrzeugs in der Garage ist dem Mieter –
nicht – gestattet (vgl. Anm. 3).
Bei der Ein- und Ausfahrt hat der Mieter mit größtmöglicher Sorgfalt vorzu-
gehen.

§ 7 Hinweispflicht des Mieters
Der Mieter verpflichtet sich, alle Personen, denen er die Benutzung seines
Kraftfahrzeugs und dessen Verbringung aus der bzw. in die Garage gestattet,
auf die sich aus § 6 dieses Vertrages ergebenden Pflichten hinzuweisen.

§ 8 Haftung des Mieters
Der Mieter haftet dem Vermieter für alle Schäden, die aus einer nicht ord-

nungsgemäßen Benutzung der Garage durch ihn oder die von ihm ermächtigten Personen entstehen.

§ 9 Besichtigungsrecht des Vermieters

Der Vermieter kann verlangen, daß der Mieter ihm oder seinem Beauftragten in angemessenen Zeitabständen die Besichtigung der Garage gestattet (vgl. Anm. 7).

§ 10 Beendigung des Mietverhältnisses

Bei Beendigung des Mietverhältnisses hat der Mieter die Garage in sauberem Zustand zurückzugeben. Gleichzeitig hat er dem Vermieter oder seinem Beauftragten die erhaltenen Schlüssel, und zwar .... Garagenschlüssel und .... Schlüssel für das ....-Tor, auszuhändigen.

§ 11 Änderungen und Ergänzungen des Mietvertrages

Mündliche Nebenabreden zu diesem Vertrag bestehen nicht. Spätere Änderungen oder Ergänzungen sind nur wirksam, wenn sie schriftlich vereinbart werden (vgl. Anm. 8).

§ 12 Sonstige Vereinbarungen (vgl. Anm. 9)

....
....
....

..............., den ....

Der Vermieter:

Der Mieter:

Anmerkungen

1) Die Garage ist nach Lage oder Nummer näher zu bezeichnen.
2) Erfolgt die Kündigung schriftlich, so kommt es für ihre Rechtzeitigkeit nicht auf die Absendung, sondern auf die Ankunft des Kündigungsschreibens an.
3) Nichtzutreffendes ist zu streichen.
4) Handelt es sich um eine nicht beheizte Garage, ist diese Vertragsbestimmung zu streichen.
5) Die mancherorts polizeilich vorgeschriebene Anbringung von Löschgeräten zur Brandbekämpfung in oder vor Garagen ist Sache des Vermieters.
6) Unbefugte Untervermietung der Garage, wenn sie trotz Abmahnung des Vermieters fortgesetzt wird, gibt diesem das Recht zur fristlosen Kündigung des Mietverhältnisses (§ 553 BGB).

7) Die Besichtigung darf nicht zur Unzeit, etwa in den späten Abendstunden oder den frühen Morgenstunden, verlangt werden.

8) Trotz dieses Vorbehalts sind mündlich getroffene Vereinbarungen rechtswirksam, wenn sich die Parteien damit bewußt über diese Vertragsbestimmung hinweggesetzt haben.

9) Zum Beispiel über die Benutzung des Hofes, das Verschließen des Hoftores, vorhandene Waschgelegenheiten für das Kraftfahrzeug u. dgl.

20. Mietvertrag über Geschäftsräume (Praxisräume)

Rechtsgrundlage. §§ 535 ff. BGB.

Erläuterungen. Geschäftsräume sind Räume, die nach ihrer baulichen Anlage und Ausstattung auf die Dauer anderen als Wohnzwecken, insbesondere gewerblichen oder beruflichen Zwecken, zu dienen bestimmt sind und solchen Zwecken dienen. Hierzu zählen vor allem Laden-, Lager-, Büro- und Praxisräume. Mietverhältnisse über solche Räume unterliegen keinen Preisvorschriften und genießen – im Gegensatz zu Mietverhältnissen über Wohnräume – keinen Kündigungsschutz.

Für den Gewerbetreibenden, der sein Unternehmen in gemieteten Räumen betreiben muß, bildet der Mietvertrag eine wichtige Grundlage seines Betriebes. Je länger die Laufzeit des Vertrages ist, um so mehr schützt er den Mieter gegen willkürliche Mieterhöhungen und eine plötzliche Kündigung seitens des Vermieters. Jeder Mieter gewerblicher Räume sollte deshalb nicht nur auf der schriftlichen Niederlegung der getroffenen Vereinbarungen bestehen, sondern auch auf eine klare und umfassende Ausgestaltung des Mietvertrages größten Wert legen. Häufig wird es sich hierbei als zweckmäßig erweisen, juristischen Rat einzuholen. Der Mieter muß sich darüber im klaren sein, daß er nach Unterzeichnung der mietvertraglichen Abmachungen in der Regel keine Möglichkeit mehr hat, gegen den Willen des Vermieters Änderungen durchzusetzen. Ist nicht ein Einzelkaufmann, sondern eine Personenmehrheit (Gesellschaft) Mieter der Räume, so ist es wichtig, daß der Mietvertrag vom Vertretungsberechtigten abgeschlossen und unterzeichnet wird. Besteht eine unbeschränkte Prokura, so umfaßt sie auch die Befugnis zum Abschluß eines Mietvertrages über Geschäftsräume ohne Rücksicht auf die vorgesehene Vertragsdauer (§ 49 HGB).

Muster

Zwischen Herrn/Frau/Firma ....
in .... *– Vermieter –*
und Herrn/Frau/Firma ....
in .... *– Mieter –*
wird folgender

Mietvertrag (vgl. Anm. 1)

geschlossen:

§ 1 Mieträume
(1) Der Vermieter vermietet dem Mieter zum Betrieb eines Schuheinzelhan-
delsgeschäfts (vgl. Anm. 2) aus seinem Anwesen ....-*Straße/Platz Nr.*
.... *in* .... *folgende Räume (vgl. Anm. 3);*
a) Im Erdgeschoß ... *Ladenräume* *zu* .... *qm*
.... *Büroräume* *zu* .... *qm*
.... *Lagerräume* *zu* .... *qm*
b) Im Keller ... *Lagerräume* *zu* .... *qm (vgl. Anm. 4).*
(2) Für die Mieträume erhält der Mieter folgende Schlüssel ausgehändigt, die
bei Beendigung des Mietverhältnisses zusammen mit etwaigen vom Mieter
beschafften weiteren Schlüsseln und Ersatzschlüsseln zurückzugeben sind
(vgl. Anm. 5):
....
....
....

(3) Irgendwelches Inventar wird nicht mitvermietet (vgl. Anm. 6).

§ 2 Mietzeit, Kündigung
(1) Das Mietverhältnis beginnt am .... *und endet am* .... *Wird es nicht*
spätestens 6 Monate vor Ablauf der Mietzeit gekündigt (vgl. Anm. 7), so
verlängert es sich jeweils um .... *Jahr(e).*
(2) Dem Vermieter steht das Recht zur fristlosen Kündigung für den Fall zu,
daß
a) der Mieter mit den ihm nach diesem Vertrag obliegenden Zahlungsver-
pflichtungen in Verzug gerät und der rückständige Betrag .... *DM*
übersteigt (vgl. Anm. 8). Die Kündigung wird unwirksam, wenn der Mieter
den Vermieter innerhalb von sieben Tagen nach Zugang des Kündigungs-
schreibens befriedigt oder, falls er sich von seiner Schuld durch Aufrech-

153

nung befreien konnte, innerhalb dieser Frist die Aufrechnung erklärt (vgl. Anm. 9);
b) der Mieter seine sonstigen mietvertraglichen Verpflichtungen (vgl. Anm. 10) in einem solchen Maße verletzt, daß dem Vermieter die Fortsetzung des Mietverhältnisses nicht zugemutet werden kann (vgl. Anm. 11);
c) über das Vermögen des Mieters das Konkursverfahren eröffnet oder die Eröffnung des Konkursverfahrens mangels Masse abgelehnt wird.
(3) Der Mieter ist zur fristlosen Kündigung berechtigt, wenn der Vermieter seine mietvertraglichen Verpflichtungen in einem solche Maße verletzt, daß dem Mieter die Fortsetzung des Mietverhältnisses nicht zugemutet werden kann (vgl. Anm. 12).
(4) Die Kündigung hat durch eingeschriebenen Brief zu erfolgen (vgl. Anm. 13). Für ihre Rechtzeitigkeit ist der Tag des Zugangs des Kündigungsschreibens maßgebend.
(5) Bei Ableben des Mieters ist ein Kündigungsrecht des Vermieters gemäß § 569 BGB ausgeschlossen (vgl. Anm. 14).

§ 3 Mietzins (vgl. Anm. 15)
(1) Der Mietzins beträgt monatlich .... DM. Er ist im voraus, spätestens am dritten Werktag jeden Monats, an den Vermieter zu entrichten.
(2) Der Mieter hat folgende Nebenabgaben, die ihm vom Vermieter halbjährlich gesondert in Rechnung gestellt werden, jeweils innerhalb eines Monats nach erfolgter Inrechnungstellung zu entrichten: ....
...
.. (vgl. Anm. 16).

§ 4 Neufestsetzung des Mietzinses
(1) Sollte sich der Baukostenindex (oder: der Lebenshaltungskostenindex für Arbeitnehmerhaushalte mit mittlerem Einkommen, Basisjahr ....) gegenüber dem Tag des Vertragsabschlusses um mehr als 10 Punkte erhöhen oder vermindern, so kann jede Partei eine der Billigkeit entsprechende Neufestsetzung des Mietzinses ab sofort verlangen. Die Parteien werden versuchen, hierüber eine Einigung zu erzielen (vgl. Anm. 17).
(2) Für spätere Änderungen des Baukostenindex (oder: des Lebenshaltungskostenindex für Arbeitnehmerhaushalte mit mittlerem Einkommen) gegenüber dem Tag der Neufestsetzung des Mietzinses gilt Absatz 1 entsprechend.
(3) Kommt über die Neufestsetzung des Mietzinses eine Einigung zwischen den Parteien nicht zustande, so soll hierüber mit verbindlicher Wirkung ein von ....
...
(vgl. Anm. 18) zu bestimmender Schiedsgutachter entscheiden. Dieser hat

seine Entscheidung nach billigem Ermessen unter Mitberücksichtigung der für
vergleichbare gewerbliche Räume am Ort des Mietobjektes üblichen Miete zu
treffen (vgl. Anm. 19).

§ 5 Heizungskosten (vgl. Anm. 20)
(1) Die Kosten für die Sammelheizung und Warmwasserversorgung der La-
den- und Büroräume sind in der Miete nicht enthalten. Sie werden in Höhe der
tatsächlichen Aufwendungen des Vermieters entsprechend der HeizkostenV
auf den Mieter umgelegt.
(2) Die Abrechnung erfolgt zum .... eines jeden Jahres. Als Vorauszahlung
hat der Mieter monatlich neben dem Mietzins einen Betrag von .... DM zu
entrichten.

§ 6 Zustand der Mieträume
(1) Der Mieter erkennt an, daß sich die Mieträume in ordnungsgemäßem
Zustand befinden und daß sie für seinen gewerblichen Betrieb geeignet sind
(vgl. Anm. 21).
(2) Der Mieter verpflichtet sich, die Mieträume während der Mietzeit in
ordnungsgemäßem Zustand zu erhalten. Insbesondere hat er sämtliche not-
wendigen Reparaturen und Instandsetzungen innerhalb der Räume auf eigene
Kosten sachgemäß durchführen zu lassen (vgl. Anm. 22).
(3) Bauliche Veränderungen an den Mieträumen darf der Mieter nur nach
Vorliegen einer schriftlichen Zustimmung des Vermieters vornehmen lassen.
Die Zustimmung darf nur verweigert werden, wenn ein wichtiger Grund vor-
liegt. Haben die vom Mieter auf eigene Kosten vorgenommenen baulichen
Veränderungen eine Werterhöhung der Mieträume zur Folge, so hat diese bei
einer Neufestsetzung des Mietzines (§ 4) außer Betracht zu bleiben.
(4) Bei Beendigung des Mietverhältnisses hat der Mieter auf Verlangen des
Vermieters den Zustand, wie er vor Durchführung der baulichen Veränderun-
gen bestand, wiederherzustellen (vgl. Anm. 23). Der Vermieter kann jedoch
auch verlangen, daß ihm die Mieträume in dem vorhandenen Zustand zurück-
gegeben werden; er hat in diesem Falle dem Mieter etwaige Werterhöhungen
der Mieträume angemessen zu vergüten (vgl. Anm. 24).

§ 7 Ausbesserungen und bauliche Veränderungen
(1) Ausbesserungen und bauliche Veränderungen, die zur Erhaltung des Ge-
bäudes, zur Abwendung drohender Gefahren oder zur Beseitigung von Schä-
den notwendig werden, darf der Vermieter ohne Zustimmung des Mieters
vornehmen lassen. Sollen solche Arbeiten am Gebäude aus anderen als den
vorgenannten Gründen vorgenommen werden, so bedarf es einer Zustimmung
des Mieters nur dann nicht, wenn diese Arbeiten lediglich zu einer unwesentli-

chen Beeinträchtigung des Mieters führen. In diesen Fällen stehen dem Mieter gegen den Vermieter keine Schadenersatzansprüche wegen Beeinträchtigungen zu, auch kann er deswegen den Mietzins nicht mindern (vgl. Anm. 25).
(2) Von beabsichtigten Ausbesserungen und baulichen Veränderungen am Gebäude, die zu einer Beeinträchtigung des Mieters führen können, hat ihn der Vermieter so rechtzeitig zu verständigen, daß der Mieter in der Lage ist, Vorkehrungen zur ordnungsgemäßen Weiterführung seines Betriebes zu treffen. Unterläßt der Vermieter diese Benachrichtigung, so bleibt dem Mieter ein Anspruch auf Schadenersatz und/oder Mietzinsminderung erhalten (vgl. Anm. 26).

§ 8 Nutzungsänderung, Untervermietung
(1) Der Mieter darf die Mieträume zu einem anderen als dem in § 1 Abs. 1 festgelegten Zweck nur mit schriftlicher Zustimmung des Vermieters benutzen.
(2) Eine Untervermietung ist dem Mieter ebenfalls nur mit schriftlicher Zustimmung des Vermieters gestattet. Die Zustimmung darf nur verweigert werden, wenn ein wichtiger Grund vorliegt. Die erteilte Zustimmung kann widerrufen werden, wenn sich gegen den Untermieter ein wichtiger Grund ergibt (vgl. Anm. 27).

§ 9 Konkurrenzklausel
Der Vermieter verpflichtet sich, während der Mietzeit weder auf dem Mietgrundstück noch auf dem ihm gehörigen Nachbargrundstück ....-Straße/Platz Nr. .... gewerbliche Räume an ein Konkurrenzunternehmen des Mieters zu vermieten (vgl. Anm. 28). Diese Verpflichtung erstreckt sich nicht auf den Fall einer Änderung des Nutzungszwecks der Mieträume (§ 8 Abs. 1).

§ 10 Außenreklame
(1) Der Mieter ist berechtigt, den den Mieträumen entsprechenden Teil der Außenfront des Gebäudes zur Anbringung eines Firmenschildes, einer Leuchtreklame sowie von Schaukästen und Warenautomaten zu benutzen, soweit hierdurch der Gesamteindruck der Gebäudefront nicht beeinträchtigt wird. Die gesetzlichen und ortspolizeilichen Vorschriften über Außenreklame hat der Mieter zu beachten (vgl. Anm. 29).
(2) Verlegt der Mieter bei Beendigung des Mietverhältnisses seinen Betrieb, so ist er berechtigt, für die Dauer eines halben Jahres an der Eingangstür zum Ladenraum ein Schild mit einem Hinweis auf die Geschäftsverlegung und die Lage der neuen Geschäftsräume anzubringen (vgl. Anm. 30).

§ 11 Glasversicherung
(1) Der Mieter ist verpflichtet, eine Glasversicherung für sämtliche Fenster-,
Schaufenster- und Türscheiben der Mieträume in ausreichender Höhe auf
eigene Kosten abzuschließen und den Abschluß bzw. das Fortbestehen der
Versicherung dem Vermieter jeweils zum .... des Kalenderjahres nachzu-
weisen.
(2) Wird dieser Nachweis nicht erbracht, ist der Vermieter berechtigt, eine
Glasversicherung in dem bezeichneten Umfang auf Kosten des Mieters einzu-
gehen.

§ 12 Kontrollrecht des Vermieters
(1) Der Vermieter darf die Mieträume während der Geschäftszeiten, auch in
Abwesenheit des Mieters, betreten, um sich vom Zustand der Räume zu über-
zeugen. Er kann dieses Recht auch durch einen Bevollmächtigten ausüben.
(2) Im Falle eines beabsichtigten Verkaufs des Grundstücks darf der Vermie-
ter bzw. sein Bevollmächtigter die Mieträume während der Geschäftszeiten
zusammen mit dem Kaufinteressenten betreten. Ist das Mietverhältnis gekün-
digt, so hat der Mieter auch einem Mietinteressenten die Besichtigung der
Mieträume während der Geschäftszeiten zu gestatten.

§ 13 Schadensanzeige
Von auftretenden Schäden an den Mieträumen, gleichgültig, ob sie auf ge-
wöhnliche Abnutzung oder auf Verschulden des Mieters oder seines Personals
zurückzuführen sind, hat der Mieter den Vermieter unverzüglich in Kenntnis zu
setzen (vgl. Anm. 31).

§ 14 Aufrechnung mit Gegenforderungen durch den Mieter
Gegenüber Forderungen des Vermieters aus diesem Vertrag darf der Mieter
nur dann mit Gegenforderungen aufrechnen oder ein Zurückbehaltungsrecht
geltend machen, wenn er dies dem Vermieter mindestens einen Monat vor
Fälligkeit der Forderungen schriftlich angekündigt hat.

§ 15 Einzubringende Sachen des Mieters (vgl. Anm. 32)
(1) Der Mieter versichert, daß die Sachen, die er in die Mieträume einbringen
wird, in seinem freien Eigentum stehen, abgesehen von handelsüblichen Ei-
gentumsvorbehalten der Lieferanten.
(2) Hiervon sind folgende Sachen ausgenommen: ....
...
...

§ 16 Besondere Vereinbarungen

....

....

....

....

§ 17 Sonstiges
(1) Mündliche Nebenabreden zu diesem Vertrag bestehen nicht.
(2) Spätere Änderungen oder Ergänzungen des Vertrages sind nur wirksam,
wenn sie schriftlich vereinbart werden (Anm. 33).
(3) Gerichtsstand für alle Rechtsstreitigkeiten aus dem Mietverhältnis ist
.... (vgl. Anm. 34).
(4) Vermieter und Mieter erhalten je ein von beiden Parteien unterzeichnetes
Exemplar dieses Mietvertrages.

...................., den ....

Unterschriften

Anmerkungen

1) Vielfach wird der Mieter an einem Erwerb des Geschäftsgrundstücks interessiert sein. Um ihm diese Möglichkeit für den Fall eines Verkaufs des Grundstücks zu geben, kann ihm der Vermieter ein dingliches Vorkaufsrecht einräumen (§§ 1094 ff. BGB). Noch besser ist es für den Mieter, wenn ihm der Hauseigentümer ein Ankaufsrecht an dem Geschäftsgrundstück einräumt. Während beim Vorkaufsrecht der Mieter nur zum Zuge kommen kann, wenn der Hauseigentümer oder seine Erben verkaufen, gewährt das Ankaufsrecht dem Mieter ein Erwerbsrecht unter den vertraglich festgesetzten Voraussetzungen, z. B. beim Tod des Hauseigentümers. Werden ein Vorkaufsrecht oder ein Ankaufsrecht oder beide Rechte im Mietvertrag vereinbart, so bedarf dieser der notariellen Beurkundung (§ 313 BGB).
2) Die Angabe der Zweckbestimmung kann für die Frage Bedeutung gewinnen, was als „vertragsmäßiger Gebrauch" der Mieträume anzusehen ist (§§ 536, 550 BGB).
3) Evtl. kann dem Vertrag eine Lageskizze beigefügt werden, in der die Mieträume eingezeichnet sind.
4) Es ist zweckmäßig, die einzelnen Mieträume näher zu bezeichnen und die Grundflächen anzuführen.
5) Die Rückgabepflicht des Mieters folgt schon aus dem Gesetz (§ 556 BGB). Diese Vertragsbestimmung dient deshalb nur der Klarstellung.
6) Bei Mitvermietung von Inventar ist ein genaues Inventarverzeichnis aufzustellen und dem Mietvertrag als Anlage beizunehmen.
7) Gesetzliche Kündigungsfrist: § 565 Abs. 1 BGB; sie kann bei Geschäfts- oder Praxisräumen vertraglich abbedungen werden.

8) Diese Vereinbarung weicht von der gesetzlichen Regelung des § 554 BGB ab.

9) Vgl. § 14 des Vertragsmusters.

10) Zum Beispiel aus §§ 6, 8 des Vertragsmusters.

11) Vgl. § 554 a BGB. Zur fristlosen Kündigung wegen wiederholter Mietrückstände vgl. BGH, Urt. v. 23. 9. 1987, BB 1987 S. 2123 (nachträgliche Tilgung der Zahlungsrückstände läßt Wirksamkeit der Kündigung unberührt). Dem Kündigenden – bei beiderseits verschuldeter Zerrüttung des gegenseitigen Vertrauensverhältnisses auch dem anderen Vertragsteil – kann ein Schadenersatzanspruch zustehen (BGH, Urt. v. 4. 6. 1969, NJW 1969 S. 1845).

12) Zum Beispiel wenn der Vermieter den Mieter vertragswidrig in seinen Rechten aus § 10 Abs. 1 des Vertragsmusters beschränkt.

13) Die Vereinbarung dieser Form der Kündigung ist aus Beweisgründen zu empfehlen.

14) Bei Ableben des Mieters steht dem Vermieter nach § 569 BGB für den erstzulässigen Termin ein Kündigungsrecht zu; es wird nicht dadurch ausgeschlossen, daß der Erbe das Handelsgeschäft fortführt. Nur wenn dieses Kündigungsrecht vertraglich ausgeschlossen wird, hat der Mieter die Gewißheit, daß das Geschäft seinen Erben erhalten bleibt .

15) Erzielt der Mieter nicht den erhofften Umsatz oder Gewinn, so kann er deshalb nicht die Herabsetzung der Miete verlangen (BGH, Urt. v. 20. 5. 1970, DB 1970 S. 1312, und Urt. v. 1. 7. 1981, NJW 1981 S. 2405) oder außerordentlich kündigen (OLG Düsseldorf, Urt. v. 13. 12. 1990, BB 1991 S. 159). Statt der Festmiete kann – außer bei Apotheken (§ 8 ApoG) – auch eine Umsatzmiete vereinbart werden. Dem Vermieter muß dann das Recht eingeräumt werden, sich durch Einsicht in die Bücher über den erzielten Umsatz zu vergewissern. Zu weitgehende Kontrollrechte des Vermieters können jedoch wegen Sittenwidrigkeit (§ 138 BGB) zur Nichtigkeit der Vereinbarung führen (OLG Hamm, Urt. v. 2. 7. 1968, BB 1970 S. 374).

16) Vgl. hierzu BGH. Urt. v. 23. 11. 1981, BB 1982 S. 946. Ggf. kann auch vereinbart werden, in welchem Umfang sich der Mieter an bestimmten laufenden Unkosten des Vermieters für das Grundstück zu beteiligen hat.

17) Langfristige Mietverträge über Geschäfts- oder Praxisräume werden heute kaum noch ohne eine sog. Wertsicherungsklausel abgeschlossen. Für genehmigungspflichtige Wertsicherungsklauseln sind die Richtlinien der Deutschen Bundesbank vom 9. 6. 1978 (BAnz. Nr. 109/1978, berichtigt in BAnz. Nr. 124/1978) maßgebend. Die hier gewählte Klausel ist als sog. Leistungsvorbehalt nach der Rechtsprechung genehmigungsfrei (BGH, Urt. v. 30. 10. 1974, NJW 1975 S. 44). Zur Auslegung einer Mietanpassungsklausel vgl. OLG Frankfurt. Urt. v. 17. 10. 1978, BB 1979 S. 1630, zur Wertsicherungsklausel in einem Geschäftsraum-Mietvertrag auch BGH, Urt. v. 13. 10. 1982 und 2. 2. 1983, BB 1983 S. 215, 601, OLG Karlsruhe, Urt. v. 25. 9. 1981, BB 1981 S. 2097, und OLG Hamburg. Urt. v. 5. 6. 1980, MDR 1980 S. 848.

18) Zum Beispiel der zuständigen Industrie- und Handelskammer.

19) Vgl. §§ 317–319 BGB und BGH, Urt. v. 13. 5. 1974, NJW 1974 S. 1235, v. 21. 5. 1975, NJW 1975 S. 1556 sowie v. 2. 2. 1977, NJW 1977 S. 801.

20) Evtl. können auch Vereinbarungen über die Heizungsperiode und die zu erreichenden Innentemperaturen getroffen werden. Zur HeizkostenV s. Nr. 16 Anm. 9.

21) Vgl. § 537 BGB (Befreiung des Mieters von der Mietzinszahlung oder Minderungs-

recht bei Sachmangel der Mietsache). Zur Haftung des Vermieters für Mängel der Mieträume vgl. BGH. Urt. v. 20. 1. 1971, NJW 1971 S. 555, und OLG Düsseldorf, Urt. v. 14. 3. 1991, BB 1991 S. 799.

22) In Abweichung von § 536 BGB, wonach diese Pflicht den Vermieter trifft. Zur Abwälzung von Versicherungskosten auf den Mieter vgl. OLG Düsseldorf, Urt. v. 25. 4. 1991, BB 1991 S. 1150.

23) Die Wiederherstellung des früheren Zustandes kann für den Mieter mit erheblichen Kosten verbunden sein. Er sollte deshalb bauliche Veränderungen größeren Umfangs nur vornehmen, wenn ihm der Vermieter schriftlich zusichert, daß er bei Beendigung des Mietverhältnisses eine Beseitigung der Änderungen nicht verlangen wird.

24) Welche Vergütung als „angemessen" anzusehen ist, kann z. B. durch das Gutachten eines Bausachverständigen festgestellt werden.

25) Durch diese vertragliche Regelung sind die Interessen des Mieters hinlänglich gewahrt.

26) Die Aufnahme dieser Vertragsbestimmung ist vor allem bei Ladengeschäften unerläßlich.

27) § 549 BGB. Vgl. auch BGH. Urt. v. 8. 5. 1972, NJW 1972 S. 1267, Urt. v. 28. 11. 1984, BB 1985 S. 486, und Urt. v. 11. 2. 1987, BB 1987 S. 852. Zur Auswirkung einer fristlosen Kündigung des Hauptmietvertrages über Gewerberaum auf den Untermieter vgl. BGH. Urt. v. 21. 1. 1981, BB 1981 S. 1425.

28) Die Aufnahme eines Konkurrenzverbotes in den Mietvertrag ist im Interesse des Mieters angezeigt, weil insoweit eine ausdrückliche gesetzliche Regelung fehlt (vgl. Joachim, BB 1986, Beil. 6 zu Heft 19). Wegen der Rechtsprechung zu dieser Frage vgl. BGH. Urteil v. 24. 4. 1968, BB 1968 S. 645, und Urt. v. 24. 1. 1979, BB 1979 S. 490, Urt. v. 3. 7. 1985, BB 1985 S. 1564, und Urt. v. 9. 7. 1987, BB 1987 S. 2323, sowie OLG Frankfurt, Urt. v. 27. 8. 1981, BB 1982 S. 694. Zum mietrechtlichen Wettbewerbsschutz von Angehörigen freier Berufe s. BGH. Urt. v. 7. 12. 1977, NJW 1978 S. 585, und OLG Karlsruhe, Urt. v. 8. 7. 1972, NJW 1972 S. 2224.

29) Vom Bestehen einer örtlichen Verkehrssitte hängt es ab, ob der Mieter gewerblicher Räume berechtigt ist, die Außenwände seiner Mieträume zu Werbezwecken und zur Anbringung von Warenautomaten zu verwenden.

30) Auch Praxismieter (Ärzte, Rechtsanwälte usw.) haben üblicherweise das Recht, nach Beendigung des Mietverhältnisses während eines angemessenen Zeitraums ein Schild mit Hinweis auf die neuen Praxisräume anzubringen.

31) Vgl. § 545 BGB (Mängelanzeige des Mieters).

32) Diese Vertragsbestimmung empfiehlt sich im Hinblick auf das Pfandrecht des Vermieters an den eingebrachten Sachen des Mieters (§§ 559 ff. BGB).

33) Trotz der Schriftformklausel können bloß mündlich vereinbarte Änderungen oder Ergänzungen wirksam sein, wenn die Vertragsparteien übereinstimmend davon ausgehen, daß die mündlichen Abreden maßgeblich sein sollen (Rspr.-Nachw. bei Palandt, BGB 51. Aufl. Rdnr. 14 zu § 125; vgl. auch OLG Düsseldorf, Urt. v. 10. 1. 1991, BB 1991 S. 720). Hierfür ist beweispflichtig, wer sich auf die Gültigkeit der mündlichen Vereinbarung berufen will (LG Mannheim. Urt. v. 19. 8 1976, MDR 1977 S. 231).

34) S. Nr. 6 Anm. 12 zu Muster A.

21. Mietrechtliche Erklärungen

Rechtsgrundlage. §§ 535 ff. BGB.

Erläuterungen. Ein Mietverhältnis über Geschäfts- oder Wohnräume erzeugt gegenseitige Rechte und Pflichten der Parteien. Vermieter und Mieter kommen deshalb häufig in die Lage, zur Wahrnehmung ihrer Rechte Erklärungen abzugeben, Aufforderungen ergehen zu lassen, Abmahnungen vorzunehmen usw. Dabei ist stets darauf zu achten, daß das Gewollte unmißverständlich zum Ausdruck gebracht wird. Vielfach müssen solche Erklärungen inhaltlich bestimmten Anforderungen genügen, um die gewünschten Rechtsfolgen herbeizuführen. Das gilt insbesondere für Kündigungen bei Mietverhältnissen über Wohnraum.

Form. Teilweise schreibt das Gesetz, mitunter auch der Mietvertrag, die Schriftform vor. Auch wo dies nicht der Fall ist, ist schon aus Gründen des Nachweises schriftliche Erklärung unbedingt ratsam. Alle wichtigen Schreiben sollten „eingeschrieben" abgesandt oder gegen Empfangsbestätigung ausgehändigt werden.

Muster

A. Mängelanzeige des Mieters

Herrn

....

....

In der von Ihnen gemieteten Wohnung in .... sind folgende Schäden aufgetreten: .... Ich ersuche um baldige Beseitigung dieser Schäden, aber auch um rechtzeitige vorherige Verständigung, wenn die erforderlichen Arbeiten vorgenommen werden sollen.

................., ...

Hochachtungsvoll
gez. Unterschrift

Anmerkung

Nach § 545 BGB ist der Mieter verpflichtet, einen Mangel, der sich im Laufe der Mietzeit an den gemieteten Räumen zeigt, dem Vermieter unverzüglich mitzuteilen. Bei

Unterlassung der Anzeige macht sich der Mieter schadenersatzpflichtig, auch beraubt er sich seiner Rechte, den Mietzins zu mindern (§ 537 BGB), seinerseits Schadenersatz wegen Nichterfüllung zu verlangen (§ 538 BGB) oder ohne Bestimmung einer Abhilfefrist zu kündigen (§ 542 Abs.1 BGB). Diese Rechtsverluste treten aber nur ein, wenn der Vermieter gerade durch die Unterlassung der Anzeige außerstande gesetzt worden ist, Abhilfe zu schaffen (Palandt, BGB 51. Aufl. Rdnr. 11 zu § 545). Die Anzeigepflicht für den Mieter entfällt, wenn der Vermieter bereits auf andere Weise von dem Mangel Kenntnis erhalten hat. Vgl. auch BGH, Urt. v. 28. 11. 1979, NJW 1980 S. 777.

B. Abmahnung durch den Vermieter wegen vertragswidrigen Gebrauchs

Herrn

....

....

Andere Hausbewohner haben sich bei mir darüber beklagt, daß in Ihrer Wohnung häufig bis in die späten Nachtstunden laut musiziert wird. Wenn sich Ihre Gäste verabschieden, wird auch im Treppenhaus ruhestörender Lärm verursacht. Die anderen Mieter des Hauses werden dadurch in unzumutbarer Weise beeinträchtigt.
Ich ersuche Sie hiermit, jede Lärmerregung während der Nachtstunden zu unterlassen und dafür zu sorgen, daß auch Ihre Gäste dieses Verbot der Hausordnung beachten. Sollte diese Abmahnung ohne Erfolg bleiben, wäre ich gezwungen, von dem gesetzlichen Recht zur fristlosen Aufkündigung des Mietverhältnisses Gebrauch zu machen.

..............., ...

Hochachtungsvoll
gez. Unterschrift

Anmerkung

Macht der Mieter von der Mietsache vertragswidrig Gebrauch und setzt er diesen trotz Abmahnung durch den Vermieter fort, so kann er auf Unterlassung verklagt werden (§ 550 BGB). Werden durch den fortgesetzten vertragswidrigen Gebrauch die Rechte des Vermieters erheblich verletzt, so kann dieser das Mietverhältnis fristlos kündigen (§ 553 BGB). Geringe und vereinzelte Verstöße gegen die Hausordnung rechtfertigen somit zwar eine Unterlassungsklage, nicht aber eine fristlose Kündigung. Vorherige Abmahnung ist in jedem Fall erforderlich.

C. Geltendmachung des Vermieterpfandrechts (vgl. Anm. 1)

Herrn

....

....

Sie schulden mir an rückständiger Miete für die Ihnen überlassene Wohnung einen Betrag von .... DM. Hiermit fordere ich Sie auf, diesen Betrag innerhalb einer Woche zu bezahlen. Gleichzeitig teile ich Ihnen mit, daß ich bis zur Begleichung Ihrer Schuld von dem mir als Vermieter gesetzlich zustehenden Pfandrecht Gebrauch mache und alle in Ihrer Wohnung befindlichen Möbel und sonstigen Gegenstände, auf die sich das Pfandrecht erstreckt (vgl. Anm. 2), mit Beschlag belege.

Vorsorglich weise ich darauf hin, daß Sie sich schadenersatzpflichtig und strafbar machen, wenn Sie meinem Pfandrecht unterliegende Sachen aus der Wohnung entfernen (vgl. Anm. 3).

..................., ...

               Hochachtungsvoll
               gez. Unterschrift

Anmerkungen

1) Für seine Forderungen aus dem Mietverhältnis hat der Vermieter ein Pfandrecht an den eingebrachten Sachen des Mieters (§ 559 BGB). Der Mieter kann die Geltendmachung des Pfandrechts durch Sicherheitsleistung abwenden (§ 562 BGB). Das Pfandrecht erlischt mit der Entfernung der Sachen aus den Mieträumen, außer wenn sie ohne Wissen oder unter Widerspruch des Vermieters erfolgt (§ 560 BGB). Um die unbefugte Entfernung der Sachen zu verhindern, darf der Vermieter Selbsthilfe üben (§ 561 BGB).
2) Von dem Pfandrecht werden nur dem Mieter gehörende Sachen erfaßt und diese nur insoweit, als sie einer Pfändung unterworfen sind (§ 559 BGB).
3) Die Schadenersatzpflicht des Mieters ergibt sich aus § 823 BGB, seine Strafbarkeit aus § 289 StGB (Pfandkehr).

D. Wohnraumkündigung des Vermieters wegen Eigenbedarfs (vgl. Anm. 1)

Herrn

....

....

Hiermit kündige ich das Mietverhältnis über die von Ihnen gemieteten Räume in .... (vgl. Anm. 2) unter Einhaltung der gesetzlichen Kündigungsfrist von .... Monaten (vgl. Anm. 3) zum .... auf. Der Grund für die

Kündigung ist dringender Eigenbedarf. Ich benötige die Wohnung zur Unter-
bringung meiner Tochter ...., ihres Ehemanns .... und ihres
zweijährigen Kindes .... Diese drei Personen leben bisher zusammen
mit mir in meiner Wohnung, was aber auf die Dauer zu untragbaren Verhältnis-
sen geführt hat (vgl. Anm. 4).
Nach dem Gesetz bin ich verpflichtet, Sie darauf hinzuweisen, daß Sie dieser
Kündigung unter den Voraussetzungen des § 556a Abs. 1 BGB widersprechen
können (vgl. Anm. 5). Ein etwaiger Widerspruch muß schriftlich erfolgen und
ist spätestens zwei Monate vor dem .... (vgl. Anm. 6) mir gegenüber
zu erklären (vgl. Anm. 7).

.................., ...

> *Hochachtungsvoll*
> *gez. Unterschrift*

Anmerkungen

1) Bei der Kündigung eines Mietverhältmsses über Wohnräume ist § 564 b BGB zu
beachten. Danach kann der Vermieter grundsätzlich nur dann kündigen, wenn er an
der Beendigung des Mietverhältnisses ein berechtigtes Interesse hat; als solches
werden nur die im Kündigungsschreiben angegebenen Gründe berücksichtigt, soweit nicht die Gründe nachträglich entstanden sind. Ein berechtigtes Interesse des
Vermieters ist insbesondere anzunehmen, wenn a) der Mieter seine vertraglichen
Verpflichtungen schuldhaft erheblich verletzt hat, b) der Vermieter die Räume als
Wohnung für sich, die zu seinem Hausstand gehörenden Personen oder seine Familienangehörigen benötigt (Eigenbedarf), c) er durch die Fortsetzung des Mietverhältnisses an einer angemessenen wirtschaftlichen Verwertung des Grundstücks
gehindert und dadurch erhebliche Nachteile erleiden würde, oder d) der Vermieter
mitvermietete, bisher nicht zum Wohnen bestimmte Nebenräume zu Wohnraum zum
Zweck der Vermietung ausbauen will, die Kündigung auf diese Räume beschränkt
und sie dem Mieter vor dem 1. 6. 1995 mitteilt. Eine Kündigung zum Zweck der
Mietzinserhöhung ist ausgeschlossen.
Zu der Frage, wann Eigenbedarf des Vermieters angenommen werden kann, hat der
BGH in der grundsätzlichen Entscheidung vom 20. 1. 1988 (NJW 1988 S. 903)
Stellung genommen. Danach ist der alleinige Wille des Vermieters, in den eigenen
Räumen zu wohnen oder einen Familienangehörigen oder eine zu seinem Hausstand
gehörende Person dort wohnen zu lassen, als nicht ausreichend anzusehen. Erforderlich ist vielmehr auch, daß der Vermieter für die Inanspruchnahme des Wohnraums
für sich oder eine der genannten Personen vernünftige, nachvollziehbare Gründe
hat; daß der Vermieter unzureichend oder zu teuer untergebracht ist, ist dagegen
nicht notwendig. Für die Beurteilung des Eigenbedarfs ist ausschließlich auf die
Belange des Vermieters abzustellen. Das Interesse des Mieters an der Aufrechterhaltung des Mietverhältnisses ist erst zu beachten, wenn dieser der Kündigung aufgrund

der Sozialklausel (§ 556 a BGB) widersprochen hat. In den letzten Jahren hat sich auch das BVerfG mehrfach zu Fällen der Eigenbedarfskündigung geäußert (Nachw. bei Palandt a. a. O. Rdnr. 46 zu § 564 b BGB).
Sind durch einheitlichen Mietvertrag sowohl Wohnräume als auch gewerblich genutzte Räume vermietet, so kommt es für die Frage der Anwendbarkeit von Sondervorschriften über den Kündigungsschutz für Wohnraum darauf an, welche der beiden Nutzungsarten überwiegt (BGH, Urt. v. 15. 11. 1978, NJW 1979 S. 309).

2) Die Räume, auf die sich das Mietverhältnis bezieht, sind genau zu bezeichnen.

3) Die gesetzlichen Kündigungsfristen für Wohnraummietverhältnisse ergeben sich aus § 565 Abs. 2 BGB.

4) Vgl. § 564b Abs. 2 Nr. 2 BGB. Der Kündigungsgrund ist in nachprüfbarer Weise darzulegen (BayObLG, Beschl. v. 14. 7. 1981, NJW 1981 S. 2197).

5) Danach ist der Widerspruch nur gerechtfertigt, wenn die vertragsmäßige Beendigung des Mietverhältnisses für den Mieter oder seine Familie eine Härte bedeuten würde, die auch unter Würdigung der berechtigten Interessen des Vermieters nicht zu rechtfertigen ist.

6) Hier ist der in Satz 1 angeführte Zeitpunkt anzugeben, zu dem das Mietverhältnis beendet werden soll.

7) Die Hinweispflicht des Vermieters folgt aus § 564 a Abs. 2 BGB.

E. Widerspruch des Mieters gegen die Kündigung (vgl. Anm. 1)

Herrn
....
....

Sie haben mein Mietverhältnis mit Ihrem Schreiben vom .... zum .... gekündigt. Dieser Kündigung widerspreche ich hiermit, weil die Beendigung des Mietverhältnisses für mich und meine Familie eine nicht zu rechtfertigende Härte bedeuten würde. Ich habe mich sofort nach Erhalt Ihres Kündigungsschreibens um eine andere Mietwohnung bemüht, mußte aber erfahren, daß in .... und der näheren Umgebung eine angemessene Ersatzwohnung zu für mich zumutbaren Bedingungen nicht zur Verfügung steht (vgl. Anm. 2). Meine Familie besteht aus zwei erwachsenen Personen und drei Kindern. Eine entsprechend große Wohnung kostet monatlich mindestens .... DM. Diesen Betrag kann ich aber nicht aufbringen, da mein monatliches Nettoeinkommen nur .... DM beträgt und meine Ehefrau wegen der noch kleinen Kinder nicht mitverdienen kann (vgl. Anm. 3). Ich muß deshalb auf der Fortsetzung des Mietverhältnisses bestehen.

................., ...

Hochachtungsvoll
gez. Unterschrift

Anmerkungen

1) Vgl. Anm. 5 zum Muster D.
2) Nach § 556 a Abs. 1 BGB liegt eine den Widerspruch rechtfertigende Härte auch vor, wenn angemessener Ersatzraum zu zumutbaren Bedingungen nicht beschafft werden kann.
3) Ein etwaiger Anspruch auf Wohngeld ist mitzuberücksichtigen (Palandt, BGB 51. Aufl. Rdnr: 15 zu § 556 a).

F. Außerordentliche Kündigung des Vermieters

Herrn

....

....

Nachdem Sie schon im vergangenen Jahr mit der Zahlung der Miete für die von Ihnen gemieteten Wohnräume wiederholt in Verzug geraten sind, sind Sie mir auch die Miete für die Monate Januar und Februar d.J. bis heute schuldig geblieben. Ich sehe mich deshalb veranlaßt, das mit Ihnen bestehende Mietverhältnis hiermit fristlos zu kündigen.

...................., ...

Hochachtungsvoll
gez. Unterschrift

Anmerkung

Die fristlose Kündigung ist nur zulässig, wenn der Mieter für zwei aufeinanderfolgende Zahlungstermine mit der Entrichtung des Mietzinses oder eines nicht unerheblichen Teiles desselben im Verzug ist oder wenn er in einem Zeitraum, der sich über mehr als zwei Termine erstreckt, mit der Entrichtung des Mietzinses in Höhe eines Betrages in Verzug gekommen ist, der den Mietzins für zwei Monate erreicht. Bei vorheriger Befriedigung des Vermieters ist die Kündigung ausgeschlossen; sie wird unwirksam, wenn sich der Mieter von seiner Schuld durch Aufrechnung befreien konnte und unverzüglich nach der Kündigung die Aufrechnung erklärt. Bei Wohnraummietverhältnissen gelten noch ergänzende Bestimmungen; hier darf von der gesetzlichen Regelung nicht zum Nachteil des Mieters abgewichen werden (§ 554 BGB). Kein Verschulden und damit auch kein Zahlungsverzug des Mieters liegt vor, wenn dieser sich über das Bestehen oder den Umfang eines Minderungsrechts geirrt hat (LG Kiel, Beschl. v. 29. 8. 1974, WM 1975 S. 169).

G. Erklärung des Vermieters gegen Verlängerung des Mietverhältnisses

Herrn

....

....

Das Mietverhältnis über die von Ihnen in meinem Anwesen ....
gemieteten Räume ist durch meine Kündigung vom .... mit Wirkung vom
.... beendet worden. Trotzdem bewohnen Sie mit Ihren Angehörigen
diese Räume weiterhin. Gemäß .§ 568 BGB (vgl. Anm. 1) erkläre ich hiermit,
daß ich einer Verlängerung des Mietverhältnisses nicht zustimme und auf
umgehender Räumung bestehe. Sollte die Räumung nicht bis zum ....
erfolgt sein, werde ich Räumungsklage erheben (vgl. Anm. 2).
Für die Zeit von der Beendigung des Mietverhältnisses bis zur Rückgabe der
Mieträume verlange ich die Zahlung einer Nutzungsentschädigung in Höhe
von .... DM monatlich. Dieser Betrag entspricht dem für vergleichbare
Räume ortsüblichen Mietzins. Nach § 557 Abs. 1 BGB bin ich zur Geltendma-
chung dieser erhöhten Nutzungsentschädigung berechtigt, da der bisher von
Ihnen zu entrichtende Mietzins unter der ortsüblichen Höhe lag (vgl. Anm. 3).
Die Geltendmachung eines weiteren Schadenersatzanspruchs behalte ich mir
ausdrücklich vor (vgl. Anm. 4).

......................, ...

Hochachtungsvoll
gez. Unterschrift

Anmerkungen

1) Diese Vorschrift bestimmt, daß dann, wenn nach dem Ablauf der Mietzeit der Gebrauch der Mietsache vom Mieter fortgesetzt wird, das Mietverhältnis als auf unbestimmte Zeit verlängert gilt, sofern nicht der Vermieter oder der Mieter seinen entgegenstehenden Willen binnen einer Frist von 2 Wochen dem anderen Teil gegenüber erklärt. Diese Frist beginnt für den Mieter mit der Fortsetzung des Gebrauchs, für den Vermieter mit dem Zeitpunkt, in dem er von der Fortsetzung Kenntnis erlangt. – Die Erklärung, einer Fortsetzung des Mietverhältnisses zu widersprechen, kann schon vor Ablauf des Mietverhältnisses, insbesondere auch bereits im Kündigungsschreiben abgegeben werden (Palandt. BGB 51. Aufl. § 568 Rdnr. 8).
2) Die Räumungsklage ist beim örtlich zuständigen Amtsgericht zu erheben (§ 23 Nr. 2 a GVG, § 29 a ZPO).
3) § 557 Abs. 1 BGB lautet: „Gibt der Mieter die gemietete Sache nach der Beendigung des Mietverhältnisses nicht zurück, so kann der Vermieter für die Dauer der Vorenthaltung als Entschädigung den vereinbarten Mietzins verlangen; bei einem Mietver-

hältnis über Räume kann er anstelle dessen als Entschädigung den Mietzins verlangen, der für vergleichbare Räume ortsüblich ist. Die Geltendmachung eines weiteren Schadens ist nicht ausgeschlossen."
4) Der Vermieter von Wohnraum, der selbst gekündigt hat, kann einen weiteren Schaden (z. B. wegen Rücktritts eines Nachfolgemieters) nur geltend machen, wenn die Rückgabe infolge von Umständen unterblieben ist, die der Mieter zu vertreten hat, der Schaden ist nur insoweit zu ersetzen, als nach den Umständen eine Schadloshaltung der Billigkeit entspricht (§ 557 Abs. 2 BGB).

H. *Mietverhältnis über Einliegerwohnung – Kündigung des Vermieters*

Herrn

....

....

Mit Vertrag vom .... haben Sie die Einliegerwohnung in dem von mir selbst bewohnten Zweifamilienhaus in .... gemietet. Die Räume wurden Ihnen am .... überlassen (vgl. Anm. 1). Dieses Mietverhältnis kündige ich hiermit unter Einhaltung der verlängerten gesetzlichen Kündigungsfrist von insgesamt .... Monaten (vgl. Anm. 2) zum .... Die Kündigung wird nicht auf ein berechtigtes Interesse im Sinne des § 564 b Abs. 1 und 2 BGB gestützt; sie ist nach Abs. 4 der genannten gesetzlichen Bestimmung gleichwohl zulässig (vgl. Anm. 3).

Die Kündigung erfolgt, weil ich die Wohnung einem Verwandten überlassen will, der mit seiner Familie aus beruflichen Gründen hierher verziehen möchte; er hat sich bisher vergeblich bemüht, hier eine andere angemessene Mietwohnung zu finden (vgl. Anm. 4).

Nach dem Gesetz bin ich verpflichtet, Sie darauf hinzuweisen, daß Sie dieser Kündigung unter den Voraussetzungen des § 556 a Abs. 1 BGB widersprechen können. Ein etwaiger Widerspruch muß schriftlich erfolgen und ist spätestens zwei Monate vor dem .... mir gegenüber zu erklären (vgl. Anm. 5).

.................., ...

Hochachtungsvoll
gez. Unterschrift

Anmerkungen

1) Den Zeitpunkt der Überlassung der Mieträume anzugeben, ist ratsam, weil nach 5, 8 und 10 Jahren seit der Überlassung des Wohnraums sich die gesetzliche Kündigungsfrist um jeweils 3 Monate verlängert (§ 565 Abs. 2 BGB).

2) Ein Mietverhältnis über Wohnraum kann vom Vermieter regelmäßig nur dann gekündigt werden, wenn er an der Beendigung des Mietverhältnisses ein berechtigtes Interesse hat (z. B. aufgrund Eigenbedarfs). Dem Mieter einer Einliegerwohnung kann hingegen auch gekündigt werden, wenn diese Voraussetzung nicht vorliegt: allerdings verlängert sich in diesem Fall die Kündigungsfrist um 3 Monate (§ 564b Abs. 4 BGB). Die erleichterte Kündigungsmöglichkeit ist im Hinblick auf die engere Gemeinschaft (die auch in verstärktem Maße konfliktträchtig ist) in einem Wohngebäude mit nicht mehr als zwei Wohnungen geschaffen worden. Neuerdings besteht diese Möglichkeit auch in einem Haus mit drei Wohnungen, wenn mindestens eine der Wohnungen durch Ausbau oder Erweiterung des vom Vermieter selbst bewohnten Gebäudes in der Zeit vom 1. 6. 1990 bis 31. 3. 1995 fertiggestellt wurde; weitere Voraussetzung ist hier jedoch, daß beim Abschluß eines Mietvertrages nach Fertigstellung der Wohnung der Vermieter den Mieter auf diese Kündigungsmöglichkeit hingewiesen hat.

3) In dem Kündigungsschreiben muß zum Ausdruck gebracht werden, ob wegen eines berechtigten Interesses des Vermieters an der Beendigung des Mietverhältnisses oder ohne solches – dann aber mit verlängerter Kündigungsfrist – gekündigt wird (Palandt, BGB 51. Aufl. § 564b Rdnr. 61).

4) An sich bedarf es bei einer ordentlichen Kündigung, die nicht auf ein berechtigtes Interesse des Vermieters gestützt wird, der Angabe eines Kündigungsgrundes nicht. § 564a Abs. 1 BGB, der dies vorsieht, ist nur eine Soll-Vorschrift, eine Kündigung ohne Angabe von Gründen ist daher voll wirksam. Die Angabe der Gründe ist aber trotzdem ratsam, weil, falls der Mieter gegen die Kündigung Widerspruch erhebt, bei der Prüfung der Anwendbarkeit der Sozialklausel nur die im Kündigungsschreiben angegebenen Gründe berücksichtigt werden, soweit sie nicht nachträglich entstanden sind (§ 556a Abs. 1 BGB).

5) Vgl. Anm. 5–7 zu Muster D.

22. Mietanhebung auf die Vergleichsmiete

Rechtsgrundlage. Gesetz zur Regelung der Miethöhe – MHG – v. 18. 12. 1974 (BGBl I S. 3603, 3604) mit späteren Änderungen.

Erläuterungen. Die Kündigung eines Mietverhältnisses über nicht preisgebundenen Wohnraum zum Zwecke der Mieterhöhung ist grundsätzlich ausgeschlossen (§ 1 MHG). Eine Ausnahme von diesem Grundsatz gilt nur für Mietverhältnisse über Wohnraum, der zu nur vorübergehendem Gebrauch vermietet ist, über Wohnraum, der Teil der vom Vermieter selbst bewohnten Wohnung ist und der vom Vermieter ganz oder überwiegend mit Einrichtungsgegenständen auszustatten ist, sofern der Wohnraum nicht zum dauernden Gebrauch für eine Familie überlassen ist, und schließlich für Mietverhältnisse über Wohnraum, der Teil

eines Studenten- oder Jugendwohnheimes ist (§ 10 Abs. 3 MHG). Abgesehen von diesen Ausnahmen hat also der Vermieter nicht die Möglichkeit, das Mietverhältnis zu kündigen und den Abschluß eines neuen Mietvertrages mit einem höheren Mietzins anzubieten. Der Vermieter ist aber grundsätzlich auch nicht berechtigt, den Mietzins von sich aus, also einseitig, zu erhöhen. Nur unter ganz bestimmten Voraussetzungen ist er ausnahmsweise hierzu befugt, nämlich
- nach Durchführung gewisser baulicher Änderungen (§ 3 MHG),
- wegen Erhöhung der Betriebskosten (§ 4 MHG) oder
- wegen Erhöhung der Kapitalkosten (§ 5 MHG).

Evtl. kann jedoch der Vermieter vom Mieter die Zustimmung zu einer Erhöhung des Mietzinses bis zur ortsüblichen Vergleichsmiete verlangen. Dieser häufigste Fall einer Mieterhöhung ist in § 2 MHG geregelt. Auch diese Möglichkeit scheidet aber aus, wenn und solange eine Mieterhöhung aufgrund einer Vereinbarung der Vertragsparteien, die im Mietvertrag oder nachträglich getroffen wurde, überhaupt ausgeschlossen ist, oder falls sich ein derartiger Ausschluß aus den Umständen des Einzelfalles, insbesondere der Vereinbarung eines Mietverhältnisses auf bestimmte Zeit mit festem Mietzins, ergibt (§ 1 MHG).

Für die Mieterhöhung nach § 2 MHG gilt im einzelnen folgendes:

1. *Zeitliche Voraussetzung.* Eine Erhöhung des Mietzinses kann der Vermieter nur fordern, wenn der Mietzins, von Erhöhungen nach den §§ 3–5 MHG (s. oben) abgesehen, seit einem Jahr unverändert ist, also entweder das Mietverhältnis mindestens ein Jahr besteht oder die letzte Erhöhung mindestens ebenso lange zurückliegt.

2. *Materielle Voraussetzungen.* Der Vermieter kann die Zustimmung zu einer Erhöhung des Mietzinses verlangen, wenn der verlangte Mietzins die üblichen Entgelte nicht übersteigt, die in der Gemeinde oder in vergleichbaren Gemeinden für nicht preisgebundenen Wohnraum vergleichbarer Art, Größe, Ausstattung, Beschaffenheit und Lage in den letzten drei Jahren vereinbart oder, von Erhöhungen wegen gestiegenen Betriebskosten abgesehen, geändert worden sind. Dafür ist der Vermieter beweispflichtig und es steht ihm frei, wie er den Beweis führt. Das Gesetz selbst nennt beispielhaft drei Möglichkeiten der Beweisführung:

a) Der Vermieter kann sein Erhöhungsverlangen mit dem Hinweis auf entsprechende Entgelte für einzelne vergleichbare Wohnungen begründen. Es genügt dann die Benennung von drei anderen Wohnungen, auch solcher aus dem eigenen Bestand des Vermieters, selbst wenn sie sich im selben Haus wie die Wohnung des Mieters befinden (OLG Karlsruhe, Beschl. v. 7. 5. 1984,

ZMR 1984, S. 311; OLG Frankfurt, Beschl. v. 20. 3. 1984, ZMR 1984 S. 250). Der Vermieter kann dem Mieter auch eine Liste mit einer Vielzahl von Vergleichswohnungen vorlegen, diese Liste darf aber nicht eine nicht unerhebliche Zahl solcher Wohnungen enthalten, die für einen Vergleich ausscheiden (BayObLG, Beschl. v. 25. 9. 1991, RE-Miet 3/91).

b) Der Vermieter kann sich für die Angemessenheit des verlangten Mietzinses auf eine Mietwerttabelle berufen, wenn eine solche Übersicht über die üblichen Entgelte für vergleichbare Wohnungen entweder von der Gemeinde oder von Interessenvertretern der Vermieter und der Mieter gemeinsam erstellt oder anerkannt worden ist (Mietspiegel). Der Mietspiegel muß nicht neuesten Datums sein (Palandt, BGB 51. Aufl. Rdnr. 24 zu § 2 MHG).

c) Als weiteres Beweismittel kommt ein mit Gründen versehenes Gutachten eines öffentlich bestellten oder vereidigten Sachverständigen für das Gebiet der Mietpreisbewertung in Betracht. Eine vorherige Besichtigung der Mietwohnung durch den Sachverständigen ist nicht unbedingt erforderlich (OLG Celle, Urt. v. 27. 4. 1982, ZMR 1982 S. 341).

3. *Kappungsgrenze.* Die Mietanhebung kann nur verlangt werden, wenn sich dadurch der Mietzins innerhalb eines Zeitraums von drei Jahren, von Erhöhungen nach den §§ 3–5 MHG (s. oben) abgesehen, nicht um mehr als 30 v. H. erhöht. Durch diese sog. Kappungsgrenze soll zum Schutz des Mieters verhindert werden, daß im Einzelfall innerhalb eines kurzen Zeitraums die Mietsteigerung zu groß wird.

4. *Formelle Voraussetzungen.* Der Vermieter muß seinen Anspruch dem Mieter gegenüber schriftlich geltend machen und begründen (d. h. die materiellen Voraussetzungen darlegen; siehe oben Ziff. 2). Das Schreiben ist grundsätzlich eigenhändig zu unterzeichnen, es sei denn, der Vermieter hat die Erklärung mit Hilfe automatischer Einrichtungen gefertigt (§ 8 MHG).

5. *Wirkung des Mieterhöhungsverlangens.* Der Mieter hat eine längere Überlegungsfrist. Sie dauert bis zum Ablauf des zweiten Kalendermonats, der auf den Zugang des Schreibens des Vermieters mit dem Erhöhungsverlangen folgt. Ist dem Mieter das Schreiben also am 2. 1. zugegangen, so dauert diese Frist für ihn bis zum 31. 3. Jedoch kann sich der Mieter auch schon vor Fristablauf äußern, ohne daß ihm daraus ein Nachteil erwächst, denn er schuldet im Falle der Einigung den erhöhten Mietzins von dem Beginn des dritten Kalendermonats ab, der auf den Zugang des Erhöhungsverlangens folgt. Das heißt bei obigem Zeitbeispiel: Ab 1. 4., gleichgültig, wann die Zustimmung erklärt wurde. Stimmt dagegen der Mieter dem Erhöhungsverlangen nicht bis zum Ablauf

seiner Überlegungsfrist zu, so kann der Vermieter bis zum Ablauf von weiteren zwei Monaten auf Erteilung der Zustimmung klagen. Wird die Klage binnen dieser Frist nicht erhoben, so besteht für ein neues Mieterhöhungsverlangen keine Sperrfrist. Der Vermieter ist nicht gehindert, alsbald ein neues Mieterhöhungsverlangen, ggf. unter anderer Beweisführung, zu stellen.

6. *Kündigungsrecht des Mieters.* Verlangt der Vermieter eine Mieterhöhung nach § 2 MHG, so ist der Mieter berechtigt, bis zum Ablauf des zweiten Monats, der auf den Zugang des Erhöhungsverlangens folgt, für den Ablauf des übernächsten Monats zu kündigen. Kündigt der Mieter, so tritt die Mieterhöhung nicht ein (§ 9 Abs. 1 MHG).

7. *Kündigung des Vermieters.* Ist der Mieter rechtskräftig zur Zahlung eines erhöhten Mietzinses verurteilt worden, so kann der Vermieter das Mietverhältnis wegen Zahlungsverzugs des Mieters nicht vor Ablauf von zwei Monaten nach rechtskräftiger Verurteilung kündigen, wenn nicht die Voraussetzungen des § 554 BGB (fristlose Kündigung bei Zahlungsverzug) schon wegen des bisher geschuldeten Mietzinses erfüllt sind (§ 9 Abs. 2 MHG).

Muster

Sehr geehrte Frau ....!
Sehr geehrter Herr ....! (vgl. Anm. 1)

Für die von Ihnen gemietete Wohnung bezahlen Sie seit .... (mindestens einem Jahr oder länger) einen monatlichen Mietzins von .... DM und zusätzlich folgende Nebenkosten: .... Dieser Mietzins entspricht nicht mehr den ortsüblichen Entgelten für vergleichbare Wohnungen.

1. Alternative (vgl. Anm. 2):
Zur Begründung berufe ich mich auf folgende Vergleichsobjekte (vgl. Anm. 3):
1.
2.
3.

2. Alternative:
Zur Begründung füge ich ein mit Gründen versehenes Gutachten des öffentlich bestellten bzw. vereidigten Sachverständigen .....:..... vom .... bei.

3. Alternative:

Zur Begründung nehme ich Bezug auf die Übersicht über die hiesigen üblichen Mietentgelte, die von der Gemeindeverwaltung bzw. von Interessenvertretern der Vermieter und Mieter gemeinsam erstellt bzw. anerkannt wurde. Ihre Wohnung entspricht der im (beigefügten) Mietspiegel in Spalte .... aufgeführten Wohnungsbeschaffenheit (vgl. Anm. 4).

Im Hinblick auf diese Situation bitte ich um Ihre Zustimmung zur Erhöhung des monatlichen Mietzinses auf .... DM. Darin sind die Nebenkosten nicht enthalten, die – wie bisher – gesondert erhoben werden. Im Falle Ihrer Zustimmung steht mir der erhöhte monatliche Mietzins ab dem Beginn des dritten Kalendermonats zu, der auf den Zugang dieses Schreibens folgt, also ab .... (vgl. Anm. 5).

Ich bitte Sie, mir Ihre Zustimmung spätestens bis zum Ablauf des zweiten Kalendermonats zukommen zu lassen, der auf den Zugang dieses Schreibens folgt, also bis zum .... (vgl. Anm. 5). Nach Ablauf dieser Frist müßte ich auf Erteilung Ihrer Zustimmung zur Mieterhöhung Klage erheben.

..................., den ....

Hochachtungsvoll
gez. Unterschrift

Anmerkungen

1) Das Schreiben ist gesondert an alle Personen zu richten, die als Mieter den Mietvertrag abgeschlossen haben (bei Eheleuten also gewöhnlich Ehemann und Ehefrau). Es empfiehlt sich, das oder die Schreiben eingeschrieben abzusenden, um im Streitfall den Zugang nachweisen zu können.

2) Im Muster sind Vorschläge für drei verschiedene Arten der Begründung des Erhöhungsverlangens gemacht. Der Vermieter muß jedoch nur eine Begründung liefern. Die anderen Formulierungen sind zu streichen.

3) Die Vergleichsobjekte sollen der Wohnung, auf die sich das Erhöhungsverlangen bezieht, nach Art, Größe, Ausstattung, Beschaffenheit und Lage möglichst ähnlich sein und müssen so genau bezeichnet werden, daß sie ohne Schwierigkeiten zu identifizieren sind (Hausanschrift, Stockwerk, links, Mitte oder rechts), sodann auch der Name und die Anschrift des Vermieters und schließlich auch der Name des Mieters. Soweit nicht alle diese Angaben gemacht werden können, muß es wenigstens möglich sein, die Vergleichswohnungen ohne große Probleme zu identifizieren (BGH, Rechtsentsch. v. 20. 9. 1982, NJW 1982 S. 2867). Außerdem ist der Mietpreis (ohne Nebenkosten) der Vergleichsobjekte zu nennen.

4) Der Mietspiegel ist dem Schreiben möglichst beizufügen oder es sollte angegeben werden, wo der Mietspiegel veröffentlicht worden ist bzw. eingesehen werden kann.

5) Vgl. das Beispiel für die Fristberechnung in Ziffer 5 der Erläuterungen. Die Frist beginnt jeweils mit dem Zugang des Erhöhungsverlangens, so daß der Postlauf zeitlich zu berücksichtigen ist.

23. Mieterhöhung bei Geschäftsräumen, Erklärungen der Vertragsparteien

Rechtsgrundlage. §§ 535 ff. BGB.

Erläuterungen. Bei Geschäftsraummietverhältnissen unterliegt die Miethöhe bis zur Wuchergrenze (§138 BGB) der freien Vereinbarung der Parteien. An diese Vereinbarung bleiben die Parteien gebunden; der Vermieter kann also nicht durch einseitige Erklärung eine Mieterhöhung herbeiführen oder die Zustimmung des Mieters zu einer Mieterhöhung verlangen. Eine Erhöhung des Mietzinses ist nur möglich, wenn

– die Parteien in Abänderung des Mietvertrages eine entsprechende Abrede treffen oder

– der Vermieter das bisherige Mietverhältnis gekündigt hat und ein neuer Mietvertrag abgeschlossen wird.

Allerdings wird im Rahmen eines langfristigen Mietvertrags über Geschäftsräume kaum jemals ein *fester* Mietzins vereinbart, weil sich der Vermieter gegen die Folgen einer fortschreitenden Geldentwertung sichern und an einer Erhöhung des allgemeinen Mietpreisniveaus für Geschäftsräume partizipieren will. Dies kann durch entsprechende Vereinbarungen im Mietvertrag gewährleistet werden:

a) Durch eine *Staffelmiete* wird von vornherein festgelegt, daß sich der Mietzins zu bestimmten Terminen ändert.

b) Bei einer *Umsatzmiete* erhöht sich der Mietzins, wenn der Jahresumsatz des Mieters ansteigt, was auf einer Preiserhöhung der vom Mieter vertriebenen Waren oder Leistungen oder auf einer größeren Zahl von Verkaufsgeschäften beruhen kann. Andererseits ermäßigt sich bei sinkenden Umsätzen auch die Miete, und zwar unter Umständen recht beträchtlich, weshalb sich die Festlegung einer bestimmten Mindestfestmiete empfiehlt. Auch sonst gibt es bei der Umsatzmiete verschiedene Gestaltungsmöglichkeiten; so können z. B. die für die Mietberechnung maßgebenden Prozentzahlen für verschiedene Umsatzbereiche gestaffelt sein.

c) *Wertsicherungsklauseln*, welche die Höhe des Mietzinses an einen bestimmten Index – z. B. den der Lebenshaltungskosten – koppeln, führen automatisch zu einer Mieterhöhung (oder Mietherabsetzung), bedürfen aber zu ihrer Rechtswirksamkeit einer Genehmigung durch die zuständige Landeszentralbank; diese Genehmigung wird – entsprechend den Richtlinien der Deutschen Bundesbank vom 9. 6. 1978 (BAnz. Nr. 109/78, berichtigt in BAnz. Nr. 124/78) – nur unter bestimmten Voraussetzungen erteilt.

d) Ein *Leistungsvorbehalt* besteht in der Vereinbarung, daß im Falle der Änderung einer bestimmten Vergleichsgröße – etwa des Lebenshaltungskostenindex – die Höhe des Mietzinses von den Parteien neu festgesetzt werden soll und, falls diese sich über die neue Miethöhe nicht einigen können, die Festsetzung einem bestimmten Dritten obliegt. Eine solche Klausel ist genehmigungsfrei.

e) Bei einer *Spannungsklausel* wird die Miethöhe in Beziehung gesetzt zum jeweiligen Mietzins für Geschäftsräume gleicher Art und Größe. Dabei darf jedoch nicht ein Index als Vergleichsgröße gewählt werden. Spannungsklauseln können ebenfalls genehmigungsfrei vereinbart werden, finden sich jedoch in Geschäftsraummietverträgen nur selten.

Bei allen Mietzinsklauseln sollte auf klare und eindeutige Formulierung besonderer Wert gelegt werden; nur so lassen sich Auslegungsschwierigkeiten vermeiden, die sich zum Nachteil einer Mietvertragspartei auswirken können. Bei einer Umsatzmiete müssen dem Vermieter Kontrollmöglichkeiten hinsichtlich des Umsatzes des Mieters eingeräumt werden. Bei Wertsicherungsklauseln, Leistungsvorbehalten und Spannungsklauseln ist klarzustellen, wann nach einer Neufestsetzung der Miete eine weitere Indexänderung zur abermaligen Neubestimmung der Miete führen soll. Ist vorgesehen, daß evtl. ein Schiedsgutachter die Neufestsetzung der Miete vornehmen soll, können ihm Richtlinien an die Hand gegeben werden, welche Gesichtspunkte er dabei zu berücksichtigen hat; im Zweifel ist anzunehmen, daß er seine Entscheidung „nach billigem Ermessen" zu treffen hat (§ 317 BGB).

Je nachdem, welche Mietzinsklausel im Einzelfall vorliegt, ist die Erklärung gegenüber dem anderen Vertragsteil abzugeben. Wird eine Frist gesetzt, sollte die Mitteilung „eingeschrieben", evtl. auch noch „gegen Rückschein", zur Post gegeben werden.

IV.

Muster

1. Erklärungen des Vermieters

A. Ersuchen um Erhöhung einer Festmiete
Herrn/Frau ....
In dem mit Ihnen am .... für die Dauer von .... Jahren abgeschlossenen Mietvertrag über Geschäftsräume im Gebäude .... ist in § .... eine Monatsmiete in Höhe von .... DM einschließlich Nebenkosten – ausgenommen Heizungs- und Warmwasserkosten – vereinbart (vgl. Anm. 1). Diese Miete entspricht nicht mehr den heutigen Verhältnissen. Wie Ihnen gewiß bekannt ist, haben sich die Reparatur- und Instandhaltungskosten für Gebäude und Wohnungen in den letzten Jahren erheblich verteuert und demzufolge sind die Mieten für Wohnungen, aber auch für Geschäftsräume, allgemein angestiegen, namentlich in den Städten. Ich möchte Sie deshalb höflichst um Ihre Zustimmung zu einer angemessenen Erhöhung der monatlichen Miete für die von Ihnen angemieteten Räumlichkeiten ersuchen (vgl. Anm. 2) und schlage vor, daß die Miete ab .... auf den monatlichen Betrag von .... DM festgesetzt wird. Dies entspricht einer Erhöhung um .... v. H. und hält sich in Anbetracht der seit Abschluß des Mietvertrages wesentlich veränderten wirtschaftlichen Verhältnisse in einem maßvollen Rahmen.
Wenn Sie meinem Vorschlag zustimmen, wollen Sie bitte die beiliegende Erklärung nach Unterzeichnung möglichst umgehend an mich zurücksenden.

.................., den ....

Hochachtungsvoll
gez. Unterschrift

Erklärung
Ich, ..., bin damit einverstanden, daß sich die Monatsmiete für die von mir im Gebäude .... aufgrund Mietvertrages vom .... gemieteten Geschäftsräume ab .... auf .... DM (i. W. Deutsche Mark) erhöht.

B. Änderungskündigung zwecks Mieterhöhung
Herrn/Frau ....
Das mit Ihnen aufgrund Mietvertrages vom .... bestehende Mietverhältnis über die Geschäftsräume im Gebäude .... kündige ich hiermit zum .... (vgl. Anm. 3). Zu der Kündigung bin ich berechtigt, da das Mietverhältnis für unbestimmte Zeit eingegangen wurde. Die Kündigung erfolgt allein deshalb, weil Sie der von mir mit Schreiben vom .... vorgeschlagenen Mieterhöhung nicht zugestimmt haben. Ich wäre bereit, mit Ihnen einen neuen

176

Mietvertrag über die bezeichneten Räume unter Vereinbarung einer monatlichen Miete von .... DM abzuschließen, wobei im übrigen die Bestimmungen des bisherigen Mietvertrages übernommen werden könnten. Sollten Sie am Abschluß eines neuen Mietvertrages interessiert sein, bitte ich Sie, mir dies bis spätestens .... mitzuteilen. Ich werde Ihnen dann den neuen Mietvertrag zur Unterzeichnung übersenden.

....................., den ....

Hochachtungsvoll
gez. Unterschrift

C. Mieterhöhung aufgrund vereinbarter Umsatzmiete (vgl. Anm. 4)
Herrn/Frau ....
Mit Schreiben vom ...., für das ich Ihnen verbindlichst danke, haben Sie Ihren Umsatz im vergangenen Jahr abzüglich Mehrwertsteuer auf DM .... beziffert (vgl. Anm. 5). Da lt. Mietvertrag vom .... die Jahresmiete für die von Ihnen gemieteten Geschäftsräume .... v. H. Ihres im letzten Jahr erzielten Umsatzes beträgt, errechnet sich für dieses Jahr eine Miete von (.........:100 × .... =) .... DM; die Monatsmiete beträgt $^1/_{12}$ hiervon, also ....DM. In dieser Höhe ist die Miete ab 1. Januar d. J. zu entrichten. Da Sie für die Monate .... .insgesamt nur einen Betrag von .... DM überwiesen haben, ergibt sich zu meinen Gunsten eine Differenz in Höhe von .... DM. Ich ersuche Sie, mir diesen Betrag zusammen mit der nächsten – bereits nach den neuen Umsatzzahlen berechneten – Miete zu überweisen.

....................., den ....

Hochachtungsvoll
gez. Unterschrift

D. Mieterhöhung aufgrund vereinbarter Wertsicherungsklausel
Herrn/Frau ....
In § .... des mit Ihnen am .... über die Geschäftsräume im Gebäude .... abgeschlossenen Mietvertrages wurde eine Wertsicherungsklausel vereinbart, die von der Landeszentralbank .... am .... genehmigt worden und somit rechtswirksam ist (vgl. Anm. 6). Dieser Klausel zufolge ändert sich der monatliche Mietzins jeweils entsprechend dem vom Statistischen Bundesamt für das gesamte Bundesgebiet festgestellten Preisindex für die Lebenshaltung aller privaten Haushalte, sobald sich dieser Index im Verhältnis zum Zeitpunkt des Vertragsabschlusses oder der letzten Mietänderung um mehr als .... Punkte nach oben oder unten verändert (vgl. Anm. 7). Diese Voraussetzungen für eine Mietänderung sind jetzt gegeben. Im Zeitpunkt

des Abschlusses des Mietvertrages betrug der genannte Index, bezogen auf das Basisjahr .... (vgl. Anm. 8), ... Punkte. Nach der letzten Veröffentlichung des Statistischen Bundesamtes vom .... beträgt der genannte Index .... Punkte, wie Sie der in Ablichtung beigefügten Publikation entnehmen können. Die Indexänderung beträgt somit .... Punkte oder .... %. Damit erhöht sich Ihre Miete ab .... um den gleichen Prozentsatz und beläuft sich demnach künftig auf .... DM monatlich. Ich darf Sie bitten, in Zukunft diesen Betrag allmonatlich an mich zu überweisen.

.................., den ....

Hochachtungsvoll
gez. Unterschrift

E. Neufestsetzung der Miete aufgrund Leistungsvorbehalts
Herrn/Frau ....
In § .... des mit Ihnen am .... über die Geschäftsräume im Gebäude .... abgeschlossenen Mietvertrages ist vereinbart, daß jede Vertragspartei das Recht haben soll, eine Neufestsetzung des Mietzinses zu verlangen (vgl. Anm. 9), sobald sich der vom Statistischen Bundesamt für das gesamte Bundesgebiet festgestellte Preisindex für die Lebenshaltung aller privaten Haushalte – Basisjahr .... – im Verhältnis zum Zeitpunkt des Vertragsabschlusses oder der letzten Mietänderung um mehr als .... Punkte nach oben oder unten verändert. Diese Klausel bedurfte nach der Rechtsprechung keiner behördlichen Genehmigung und ist rechtswirksam.
Die Voraussetzungen für mein hiermit erhobenes Verlangen auf Neufestsetzung des Mietzinses sind gegeben. Im Zeitpunkt des Vertragsabschlusses betrug der genannte Index .... Punkte, nach der letzten Veröffentlichung des Statistischen Bundesamtes beläuft er sich hingegen auf .... Punkte, wie Sie der in Ablichtung beigefügten Publikation entnehmen wollen.
In unserem Mietvertrag ist für einen solchen Fall vorgesehen, daß zunächst im Wege einer Vereinbarung der Parteien versucht werden soll, einen neuen angemessenen Mietzins festzusetzen. Mein Vorschlag geht dahin, daß Ihre monatliche Miete, die bisher .... DM betrug, ab dem nächsten Fälligkeitstermin – also ab .... – auf .... DM erhöht wird. Zur Begründung möchte ich folgendes anführen: Die Indexänderung um .... Punkte entspricht .... %. Würde Ihre Miete im gleichen Maße erhöht werden, so ergäbe sich ein monatlicher Mietzins von .... DM. Mit meinem Vorschlag bleibe ich, um Ihnen entgegenzukommen, um .... DM unter diesem Betrag. Andererseits zwingen mich aber die seit dem Abschluß des Mietvertrages beträchtlich angestiegenen Reparatur- und Instandhaltungskosten, auf der vorgeschlagenen Anhebung der Miete zu bestehen. Würden Sie jetzt Geschäftsräume glei-

178

cher Art und Größe in .... anmieten, hätten Sie, wie Ihnen gewiß bekannt ist, eine wesentlich höhere als die von mir jetzt vorgeschlagene Miete zu entrichten.
Wenn Sie, wie ich hoffe, meinem Vorschlag zustimmen, wollen Sie bitte die beiliegende Erklärung nach Unterzeichnung bis spätestens .... an mich zurücksenden. Dadurch würde sich die im Mietvertrag für den Fall einer Nichteinigung vorgesehene Einschaltung eines Schiedsgutachters, die für uns beide mit nicht unerheblichen Kosten verbunden wäre, erübrigen.

................, *den* ....   *Hochachtungsvoll*
                                         gez. Unterschrift

Erklärung
Ich, ..., stimme der vom Vermieter mit Schreiben vom .... vorge-schlagenen Mieterhöhung hiermit zu. Die monatliche Miete für die von mir aufgrund Mietvertrages vom .... im Gebäude .... gemieteten Ge-schäftsräume beträgt demnach ab .... DM.

................, *den* ....

F. Einschaltung eines Schiedsgutachters
Herrn/Frau ....
Ich nehme Bezug auf Ihre Mitteilung vom ...., mit der Sie die von mir vorgeschlagene Anhebung Ihrer Monatsmiete auf .... DM abgelehnt und Ihrerseits eine Mieterhöhung auf höchstens .... DM angeboten haben. Dieses Angebot ist für mich nicht akzeptabel. Angesichts der erheblichen Differenz zwischen Ihrem und meinem Vorschlag und da Sie außerdem eine mündliche Aussprache abgelehnt haben, muß ich zu meinem Bedauern feststel-len, daß der Versuch einer Einigung gescheitert ist.
In § .... des Mietvertrages vom .... ist für diesen Fall vorgesehen, daß ein von .... (vgl. Anm. 10) zu bestimmender Schiedsgutachter über die Neufestsetzung der Miete entscheiden soll (vgl. Anm. 11). Ich teile Ihnen mit, daß ich mich heute schriftlich an die genannte Stelle mit der Bitte um Namhaftmachung einer geeigneten und sachkundigen Person gewandt habe. Den Mietvertrag habe ich dieser Stelle in Ablichtung vorgelegt. Ich nehme an, daß von dort auch Sie über die Person des Schiedsgutachters verständigt werden.

................, *den* ....

                                      Hochachtungsvoll
                                      gez. Unterschrift

Anmerkungen

1) Ist der Mietvertrag für eine bestimmte Zeitdauer abgeschlossen, so ist während dieses Zeitraums eine ordentliche Kündigung ausgeschlossen. Damit entfällt auch die Möglichkeit einer Änderungskündigung zwecks Mieterhöhung.

2) Einen Rechtsanspruch auf Mieterhöhung hat der Vermieter hier nicht. Auch ein Ansteigen des allgemeinen Mietpreisniveaus oder eine Erhöhung der allgemeinen Lebenshaltungskosten gibt ihm kein derartiges Recht; hierzu bedurfte es schon einer grundlegenden Veränderung der wirtschaftlichen Verhältnisse (BGH. Urt. v. 1. 10. 1975, WM 1975 S. 1131; OLG Düsseldorf, Urt. v. 8. 6. 1972, MDR 1975 S. 404). Der Vermieter ist deshalb auf die Einwilligung des Mieters in eine Mieterhöhung angewiesen.

3) Die Kündigung ist nur zum Ablauf eines Kalendervierteljahres zulässig und muß spätestens am 3. Werktag eines Monats für den Ablauf des übernächsten Monats erfolgen (§ 565 Abs. 1 Nr. 3 BGB). Praktisch beträgt also die Kündigungsfrist 3 Monate.

4) Bei Apotheken ist die Vereinbarung einer Umsatzmiete nicht zulässig (§ 8 ApoG).

5) Damit bezieht sich der Vermieter auf die ihm seitens des Mieters mitgeteilten Umsatzzahlen, vorbehaltlich deren Nachprüfung. Wie eine solche Nachprüfung stattzufinden hat, muß im Mietvertrag vereinbart werden. In Betracht kommt ein Einsichtsrecht des Vermieters oder seines Beauftragten in die Geschäftsbücher des Mieters oder ein Anspruch des Vermieters auf Übermittlung einer Ablichtung der Umsatzsteuererklärung des Mieters.

6) Voraussetzung für die Erteilung der Genehmigung ist der Abschluß des Mietvertrages für die Lebenszeit einer der Parteien, für die Dauer von mindestens 10 Jahren, mit dem Recht des Mieters, die Vertragsdauer auf mindestens 10 Jahre zu verlängern, oder die Vereinbarung im Mietvertrag, daß dieser vom Vermieter durch ordentliche Kündigung frühestens nach Ablauf von 10 Jahren beendet werden kann. Ferner darf nicht nur einseitig eine Mieterhöhung, sondern es muß – bei sinkendem Lebenshaltungskostenindex – auch eine Herabsetzung des Mietzinses möglich sein.

7) Wichtig ist die Unterscheidung, ob eine prozentuale Änderung des Lebenshaltungskostenindex oder eine Änderung um eine bestimmte Anzahl von Punkten das Recht auf Mietzinsänderung auslösen soll. Eine prozentuale Änderung, wie sie häufig vereinbart wird, macht eine kompliziertere Berechnung notwendig.

8) Ist in einer vertraglichen Indexklausel auf ein Basisjahr Bezug genommen, auf dessen Grundlage ein veröffentlichter Index nicht existiert, so führt dies nicht zur Unwirksamkeit der Klausel; vielmehr ist der veröffentlichte Index auf das vertraglich vereinbarte Basisjahr umzurechnen (OLG Köln, Urt. v. 29. 4. 1987, BB 1987 S. 1420). Diese Umrechnung kann allerdings zusätzliche Kosten verursachen.

9) Eine Klausel, nach der eine Änderung der Bezugsgröße automatisch zur Anpassung des Mietzinses führt, wäre als sog. Gleitklausel genehmigungspflichtig (Palandt, BGB 51. Aufl. Rdnr. 22 zu § 245).

10) Zum Beispiel von der Industrie- und Handelskammer oder der Handwerkskammer.

11) Die Entscheidung des Schiedsgutachters unterliegt der gerichtlichen Nachprüfung auf Unrichtigkeit und offenbare Unbilligkeit (BGH. Urt. v. 4. 6. 1975, DB 1975

S. 1356, und Urt. v. 21. 9. 1983, WPM 1983 S. 1206). Dem Schiedsgutachter ist aber ein erheblicher Ermessensspielraum eingeräumt.

II. Erklärungen des Mieters

A. Ablehnung der Erhöhung einer Festmiete (vgl. Anm. 1)

Herrn/Frau ....

Ich nehme Bezug auf Ihr Schreiben vom ...., mit dem Sie mich ersucht haben, einer Erhöhung der monatlichen Miete für die von mir gemieteten Geschäftsräume auf .... DM zuzustimmen, obwohl im Mietvertrag vom ...., der für die Dauer von .... Jahren fest abgeschlossen wurde, nur eine Monatsmiete von .... DM vereinbart ist. Sie begründen Ihr Ersuchen mit dem Hinweis auf gestiegene Reparatur- und Instandhaltungskosten und damit, daß sich seit .... die Mieten für Geschäftsräume allgemein erhöht haben. Auch wenn die von Ihnen angeführten Gründe richtig sein sollten, was ich nicht zu beurteilen vermag, kann ich der von Ihnen gewünschten Mieterhöhung nicht zustimmen. Ich habe die Geschäftsräume in Ihrem Anwesen seinerzeit nur gemietet, weil mir der für .... Jahre fest abgeschlossene Mietvertrag die Gewißheit gab, daß ich in dieser Zeit nicht mit einer Mieterhöhung zu rechnen brauche. Es soll deshalb auch für die restliche Mietdauer bei dem vertraglich vereinbarten Mietzins verbleiben.

...................., den ....

Hochachtungsvoll
gez. Unterschrift

B. Zurückweisung einer Änderungskündigung (vgl. Anm. 2)

Herrn/Frau ....

Mit Ihrem Schreiben vom .... haben Sie das mit mir bestehende Mietverhältnis über Geschäftsräume in Ihrem Anwesen .... zum .... gekündigt, mir aber gleichzeitig den Abschluß eines neuen Mietvertrages mit einer erhöhten monatlichen Miete angeboten.

Diese Änderungskündigung weise ich zurück, da Sie hierzu nicht berechtigt sind. Aus § .... des Mietvertrages vom .... geht eindeutig hervor, daß das Mietverhältnis nicht für unbestimmte Zeit eingegangen, sondern für die Dauer von .... Jahren fest abgeschlossen worden ist. Während dieses Zeitraums ist nach dem Gesetz eine ordentliche Kündigung des Mietverhältnisses nicht zulässig. Gründe für eine außerordentliche Kündigung liegen aber nicht vor und werden von Ihnen auch nicht geltend gemacht.

Ich bestehe auf einer Erfüllung des bis zum .... laufenden Mietverhältnisses und werde die Miete in der vereinbarten Höhe weiterhin an Sie überweisen.

.................., den ....

Hochachtungsvoll
gez. Unterschrift

C. *Akzeptierung einer Änderungskündigung unter Bedingungen*
Herrn/Frau ....
Mit Ihrem Schreiben vom .... haben Sie das mit mir bestehende Mietverhältnis über Geschäftsräume in Ihrem Anwesen .... zum .... gekündigt, mir aber gleichzeitig den Abschluß eines neuen Mietvertrages mit einer Monatsmiete in Höhe von .... DM angeboten.
Ich bin am Abschluß eines neuen Mietvertrages mit Ihnen grundsätzlich interessiert und wäre auch bereit, die von Ihnen vorgeschlagene, wesentlich höhere Miete zu akzeptieren, sofern Sie mir in folgenden Punkten entgegenkommen (vgl. Anm. 3):
1. Der neue Mietvertrag soll nicht, wie der Mietvertrag vom ...., auf unbestimmte Zeit eingegangen, sondern für .... Jahre fest abgeschlossen werden.
2. ....
(vgl. Anm. 4).
Sollten Sie meinen Vorschlägen zustimmen, bitte ich Sie um Mitteilung bis spätestens .... Andernfalls wäre ich gezwungen, meinen Betrieb in andere Geschäftsräume zu verlegen. Im Hinblick auf die nicht gerade günstige Lage Ihres Anwesens wäre es für Sie dann gewiß nicht leicht, einen neuen Mieter zu finden, noch dazu bei der Höhe der von Ihnen geforderten Miete.

.................., den ....

Hochachtungsvoll
gez. Unterschrift

D. *Kontrolle der Umsatzzahlen des Mieters durch den Vermieter*
Herrn/Frau ....
Mit Ihrem Schreiben vom .... haben Sie mir mitgeteilt, daß Sie beabsichtigen, von dem Ihnen mietvertraglich eingeräumten Kontrollrecht Gebrauch zu machen, um meine Ihnen für das Jahr .... genannten Umsatzzahlen zu überprüfen; mit der Einsichtnahme in meine Geschäftsunterlagen haben Sie Ihrer Mitteilung zufolge einen Herrn .... beauftragt, der sich über seine Person mir gegenüber ausweisen wird.
Ich habe gegen die angekündigte Nachprüfung meiner Umsatzzahlen für .... selbstverständlich keine Einwendungen und schlage vor, daß sich Ihr Beauftragter wegen eines diesbezüglichen Termins mit mir fernmündlich verständigt. Ich darf Sie allerdings darauf hinweisen, daß Ihr Beauftragter eine

Person sein muß, die „aufgrund ihres Berufes einer Verschwiegenheitspflicht unterliegt". Das ist in § .... *des Mietvertrages vom* .... *festgelegt. Herr* .... *muß sich mir gegenüber also nicht nur über seine Person, sondern auch über seinen Beruf ausweisen. Andernfalls bin ich berechtigt, ihm die Einsicht in meine Geschäftsunterlagen zu verwehren (vgl. Anm. 5).*

.................., *den* ....

Hochachtungsvoll
gez. Unterschrift

E. Klärung der Genehmigungsbedürftigkeit einer Mieterhöhungsklausel (vgl. Anm. 6)
Herrn/Frau ....
Mit Ihrem Schreiben vom .... *verlangen Sie unter Bezugnahme auf die in §* .... *des Mietvertrages vom* .... *enthaltene Mieterhöhungsklausel eine Anhebung meiner monatlichen Miete auf* .... *DM ab* .... *Hierzu möchte ich Ihnen folgendes mitteilen:*
Ich habe mich bei Abschluß des Mietvertrages mit Ihrer Erklärung begnügt, daß die vereinbarte Klausel ohne weiteres gültig sei und keiner Genehmigung irgendeiner Stelle bedürfe. Mein Rechtsanwalt, dem ich kürzlich unseren Mietvertrag vorgelegt habe, ist jedoch der Ansicht, daß für die Klausel eine Genehmigung durch die zuständige Landeszentralbank erforderlich ist. Sie werden verstehen, daß ich vor einer Klärung dieser Frage jede Mieterhöhung ablehnen muß. Ich bitte Sie deshalb, bei der Landeszentralbank diese Genehmigung bzw. ein sogenanntes Negativattest einzuholen und mich von dem Ergebnis Ihrer Bemühungen zu verständigen.
Erst danach kann ich mich zu der von Ihnen gewünschten Mieterhöhung verbindlich äußern.

.................., *den* ....

Hochachtungsvoll
gez. Unterschrift

F. Ablehnung einer Mieterhöhung aufgrund Leistungsvorbehalts
Herrn/Frau ....
Mit Ihrem Schreiben vom .... *verlangen Sie eine Mieterhöhung für die in Ihrem Anwesen* .... *gemieteten Geschäftsräume unter Bezugnahme auf §* .... *des Mietvertrages vom* ....; *nach dieser Bestimmung haben beide Parteien das Recht, nach* .... *Jahren eine Neufestsetzung der Miete zu verlangen, wenn sich die wirtschaftlichen Verhältnisse inzwischen erheblich geändert haben (vgl. Anm. 7).*

Es fehlt an den nach dem Mietvertrag notwendigen Voraussetzungen für die von Ihnen geforderte Mieterhöhung. Weder ist in den letzten .... Jahren der Wert der Deutschen Mark beträchtlich gesunken, noch haben sich die allgemeinen Lebenshaltungskosten fühlbar erhöht, und auch das Mietpreisniveau für Geschäftsräume ist, wie meine Erkundigung bei der Industrie- und Handelskammer ergeben hat, nicht wesentlich gestiegen. Desgleichen haben sich die Löhne und Gehälter der Arbeitnehmer in dem maßgeblichen Zeitraum nur in verhältnismäßig geringem Umfang erhöht. Es kann also keine Rede davon sein, daß in den wenigen Jahren seit dem Abschluß unseres Mietvertrages eine erhebliche Änderung der wirtschaftlichen Verhältnisse eingetreten wäre.

Bei dieser Sachlage sehe ich zu meinem Bedauern keinen Anlaß, mit Ihnen wegen der von Ihnen verlangten Mieterhöhung in nähere Verhandlungen einzutreten. Ich lehne vielmehr eine Mieterhöhung zum gegenwärtigen Zeitpunkt ab.

..............., den ....

Hochachtungsvoll
gez. Unterschrift

Anmerkungen

1) Vgl. Anm. 1, 2 zu Muster I A.
2) Vgl. Anm. 3 zu Muster I B.
3) Nicht nur für den Mieter, sondern auch für den Vermieter ist eine Beendigung des bisherigen Vertragsverhältnisses und ein Vertragsabschluß mit einem neuen Partner mit gewissen Unannehmlichkeiten verbunden. Der Mieter kann daher auch bei einer Änderungskündigung des Vermieters, die er rechtlich hinnehmen muß, versuchen, für den neu abzuschließenden Mietvertrag günstigere Bedingungen zu erlangen.
4) Zum Beispiel Verbesserung der Heizungsanlage in den Mieträumen, Pflasterung des Hofes zwecks Erleichterung der Benützung durch betriebliche Fahrzeuge oder Gestattung der Anbringung zusätzlicher Werbehinweise.
5) Vgl. die einführenden Erläuterungen.
6) Es empfiehlt sich regelmäßig, die Frage der Genehmigungsbedürftigkeit einer vereinbarten Wertsicherungsklausel gleich nach Abschluß des Mietvertrages zu klären. Das kann durch eine Anfrage bei der zuständigen Landeszentralbank geschehen, die bei Genehmigungsfreiheit der Klausel ein sog. Negativattest erteilt. Im Mietvertrag sollte auch geregelt werden, wer – Vermieter oder Mieter – die Anfrage an die Landeszentralbank zu richten hat.
7) Die hier vereinbarte Mietvertragsklausel ist wenig praktikabel und bietet regelmäßig Anlaß zu Auseinandersetzungen zwischen den Vertragsparteien. Was unter einer „erheblichen Änderung der wirtschaftlichen Verhältnisse" (bzw. der Mieten für vergleichbare Geschäftsräume) zu verstehen ist, bleibt offen und wird daher oft erst in

einem Rechtsstreit vom Gericht entschieden. Dem kann vorgebeugt werden, indem die Voraussetzungen, bei deren Vorliegen die Mieterhöhungsklausel angewandt werden soll, im Mietvertrag genauer umschrieben werden.

24. Pachtvertrag über gewerbliche Räume (Praxisräume)

Rechtsgrundlage. §§ 581–584b BGB.

Erläuterungen. Werden Räume zur Ausübung einer gewerblichen oder freiberuflichen Tätigkeit überlassen, ist die rechtliche Unterscheidung zwischen Miete und Pacht oft schwierig. Pacht liegt in solchen Fällen nur vor, wenn
– die Räume nach ihrer baulichen Beschaffenheit der vorgesehenen Verwendung entsprechen, wobei nicht entgegensteht, daß der Pächter gewisse Veränderungen vornimmt,
– eine für den beabsichtigten Zweck geeignete Einrichtung vorhanden ist – sie kann vom Verpächter oder einem Dritten gestellt werden –, die der Pächter übernimmt und verwendet (vgl. jedoch BGH, Urt. v. 27. 3. 1991, BB 1991 S. 2399),
– der Pächter ohne weiteres in der Lage ist, den Betrieb oder die freiberufliche Tätigkeit in den überlassenen Räumen aufzunehmen und Erträgnisse zu erwirtschaften (Otto, Das Miet- und Pachtrecht, 11. Aufl. S. 13 f., Rud. Haufe Verlag, Freiburg).
Auf der anderen Seite ist die Verpachtung gewerblicher Räume von der Geschäftsverpachtung (vgl. Nr. 25) abzugrenzen. Hierfür kommt es darauf an, ob nur die Räumlichkeiten nebst Inventar oder das „werbende" Unternehmen Gegenstand des Überlassungsvertrages sind.
Die Erwartung des Pächters, in den Pachträumen einen bestimmten Gewinn zu erzielen, ist nicht „Vertragsgrundlage" des Pachtvertrages (vgl. BGH, Urt. v. 20. 5. 1970, DB 1970 S. 1312, aber auch OLG Köln, Urt. v. 16. 2. 1977, DB 1977 S. 1943). Zur Übernahme einer Getränkebezugsverpflichtung durch den Gaststättenpächter vgl. BGH, Urt. v. 25. 11. 1987, BB 1988 S 233.
Form. Ein Pachtvertrag über gewerbliche Räume oder Praxisräume, der für längere Zeit als ein Jahr abgeschlossen wird, bedarf der Schriftform; wird diesbezüglich nur eine mündliche Vereinbarung getroffen, so gilt der Vertrag als für unbestimmte Zeit eingegangen, kann jedoch frühestens zum Ende des ersten Jahres gekündigt werden (§§ 566, 580, 581 BGB). Das gilt auch für einen Unterpachtvertrag (BGH, Urt. v. 15. 6. 1981, BB 1981 S. 1593). Wird in dem

Pachtvertrag, wie es häufig vorkommt, dem Pächter ein persönliches oder dingliches Vorkaufsrecht für das Geschäftsgrundstück eingeräumt, so muß der gesamte Vertrag notariell beurkundet werden (§ 313 BGB).

Muster

Zwischen Herrn/Frau .... – Verpächter – und Herrn/Frau .... – Pächter – wird folgender

Pachtvertrag

geschlossen:

§ 1 Gegenstand des Pachtvertrages
(1) Der Verpächter verpachtet dem Pächter die zum Betrieb einer Gastwirtschaft eingerichteten Räume im Erdgeschoß des Anwesens ....
.... zu .... qm
.... zu .... qm
.... zu .... qm
.... zu .... qm (vgl. Anm. 1).
(2) Mitverpachtet wird das gesamte in der Anlage zu diesem Vertrag aufgeführte Inventar der Gastwirtschaft, das, wie der Verpächter hiermit versichert, in seinem freien Eigentum steht (vgl. Anm. 2). Die Richtigkeit und Vollständigkeit der Inventaraufstellung wird von den Vertragsparteien durch die Unterzeichnung dieses Vertrages anerkannt.
(3) Das Pachtverhältnis erstreckt sich ferner auf die im 1. Stockwerk des in Abs. 1 genannten Anwesens befindliche Wohnung, bestehend aus drei Wohnräumen, Küche, Korridor und Bad (vgl. Anm. 3).

§ 2 Verwendung der Pachtgegenstände
(1) Die in § 1 Abs. 1 aufgeführten Räume werden ausschließlich zum Betrieb einer Gastwirtschaft überlassen; eine anderweitige Verwendung ist dem Pächter nicht gestattet.
(2) Der Pächter ist verpflichtet, die z. Z. geschlossene Gastwirtschaft spätestens bis .... zu eröffnen und den Betrieb ordnungsgemäß zu führen (vgl. Anm. 4).
(3) Eine Unterverpachtung ist dem Pächter nicht gestattet (vgl. Anm. 5). Auch

die Pächterwohnung (§ 1 Abs. 3) darf nicht anderen Personen zur Benutzung überlassen werden.

§ 3 Zustand und Veränderungen des Pachtobjekts
(1) Die Übergabe der Pachträume und des Inventars erfolgt binnen zwei Wochen nach Abschluß dieses Vertrages zu einem vom Verpächter zu bestimmenden Zeitpunkt. Der Pächter hat Räume und Inventar bereits besichtigt und übernimmt das Pachtobjekt in dem Zustand, in dem es sich bei der Übergabe befindet (vgl. Anm. 6).
(2) Der Pächter ist verpflichtet, die Pachträume und das Inventar pfleglich zu behandeln und in gutem Zustand zu erhalten. Unbrauchbar gewordene oder verlorengegangene Inventarstücke hat er sofort durch gleichwertige Neuanschaffungen zu ersetzen (vgl. Anm. 7). Die Ersatzstücke gehen mit ihrer Einverleibung in das Inventar in das Eigentum des Verpächters über (vgl. Anm. 8).
(3) Schönheitsreparaturen an den Pachträumen hat der Pächter auf eigene Kosten vornehmen zu lassen (vgl. Anm. 9). Zu baulichen Veränderungen ist er nur mit schriftlicher Genehmigung des Verpächters berechtigt.

§ 4 Pachtdauer und Kündigung
(1) Der Pachtvertrag wird auf fünf Jahre abgeschlossen. Das Pachtverhältnis beginnt am .... und endet am .... Wird es nicht spätestens sechs Monate vor Ablauf der Pachtzeit gekündigt, so verlängert es sich jeweils um weitere zwei Jahre bei gleichbleibender Kündigungsfrist (vgl. Anm. 10).
(2) Der Verpächter ist berechtigt, in folgenden Fällen das Pachtverhältnis ohne Einhaltung einer Kündigungsfrist zu kündigen und die sofortige Räumung und Herausgabe der Pachtgegenstände zu verlangen:
a) wenn der Pächter trotz erfolgter Mahnung für zwei aufeinanderfolgende Termine mit der Pachtzinszahlung ganz oder teilweise in Verzug ist (vgl. Anm. 11);
b) wenn der Pächter wissentlich falsche Umsätze zur Berechnung des Pachtzinses ausweist;
c) wenn über das Vermögen des Pächters das Konkursverfahren oder das gerichtliche Vergleichsverfahren eröffnet wird;
d) wenn dem Pächter rechtskräftig die Erlaubnis zum Betrieb der Gastwirtschaft entzogen oder in erheblichem Umfang eingeschränkt wird;
e) wenn sich der Pächter gröblicher Verletzungen des Pachtvertrages schuldig macht. In diesem Falle ist jedoch vorherige Abmahnung durch den Verpächter erforderlich.
(3) In einem solchen Fall fristloser Kündigung haftet der Pächter dem Verpächter für alle Vermögensnachteile, die sich aus der vorzeitigen Lösung des

Vertrages ergeben, für Pachtzinsausfälle jedoch längstens für ein Jahr (vgl. Anm. 12).

(4) Eine Kündigung muß durch eingeschriebenen Brief erfolgen (vgl. Anm. 13). Bei der ordentlichen Kündigung ist für die Rechtzeitigkeit der Tag des Zugangs des Kündigungsschreibens maßgebend.

§ 5 Pachtzins (vgl. Anm. 14)

(1) Der jährliche Pachtzins beträgt .... % des vom Pächter im Pachtjahr (......... bis ....) erzielten Umsatzes, mindestens jedoch .... DM und höchstens .... DM. Bei der Umsatzberechnung sind die Mehrwertsteuer, Aufwendungen des Pächters für Vergnügug-, Getränke- und Schankerlaubnissteuer sowie die den Gästen, wenn auch nicht gesondert in Rechnung gestellten Bedienungsgelder vorweg abzuziehen. Jeweils .... v.H. des Pachtzinses entfallen auf die Überlassung der Pächterwohnung.

(2) Auf den Pachtzins hat der Pächter jeweils zum 10. eines Monats (erstmals zum ....) für den vorangegangenen Kalendermonat Vorauszahlungen zu leisten. Sie betragen im 1. Pachtjahr je .... DM, in den folgenden Pachtjahren je $^{1}/_{12}$ des im vorangegangenen Pachtjahr entrichteten Pachtzinses.

(3) Die endgültige Feststellung der jährlichen Pachtsumme erfolgt jeweils zum .... (erstmals zum ....) für das vorangegangene Pachtjahr. Zu diesem Zweck hat der Pächter dem Verpächter die für die Umsatzberechnung erforderlichen Nachweise zu übersenden. Ergeben sich hierbei Überzahlungen des Pächters, so werden diese auf die nächsten fälligen Vorauszahlungen (Absatz 2) angerechnet. Erreichen die geleisteten Vorauszahlungen nicht die endgültig festgestellte Pachtsumme, so hat der Pächter den fehlenden Betrag binnen eines Monats nachzuentrichten.

(4) Bei Beendigung des Pachtverhältnisses durch fristlose Kündigung erfolgt die Schlußabrechnung für das letzte Rumpfpachtjahr binnen zehn Tagen. Einen etwaigen Fehlbetrag hat der Pächter sofort zu berichtigen, etwaige Überzahlungen darf der Verpächter auf die ihm nach § 4 Abs. 3 zustehenden Ansprüche verrechnen.

(5) Gegenüber Pachtzinsforderungen des Verpächters darf der Pächter nur mit solchen Forderungen aufrechnen, die entweder vom Verpächter schriftlich anerkannt oder durch gerichtliche Entscheidung rechtskräftig festgestellt sind.

§ 6 Nebenkosten
Neben dem Pachtzins hat der Pächter die auf die Pachträume anteilig entfallenden Unkosten für Heizung, elektrischen Strom, Gas, Wasser und Müllabfuhr zu tragen. Soweit der Pächter für diese Unkosten nicht unmittelbar aufkommt, werden sie ihm vom Verpächter nach Anfall in Rechnung gestellt und sind dann

*zusammen mit der nächstfälligen Pachtvorauszahlung (§ 5 Abs. 2) zu beglei-
chen.*

§ 7 Versicherungen
*(1) Der Pächter ist verpflichtet, für die Dauer des Pachtverhältnisses auf
eigene Kosten eine Haftpflichtversicherung für Personen- und Sachschäden
und eine übliche Schadenversicherung für das Inventar der Gastwirtschaft in
angemessener Höhe abzuschließen.*
*(2) Den Nachweis über den Abschluß der Versicherungen hat der Pächter dem
Verpächter bis .... vorzulegen. Der Verpächter ist berechtigt, vom Pächter
jederzeit die Vorlage von Nachweisen über die laufenden Prämienzahlungen
zu verlangen.*

§ 8 Gewerbeerlaubnis (vgl. Anm. 15)
*(1) Der Pächter versichert, in seiner Person die Voraussetzungen für den
Erhalt einer Erlaubnis zum Betrieb der Gastwirtschaft zu erfüllen. Er wird die
Erteilung dieser Erlaubnis unverzüglich beantragen und vom Erhalt dem
Verpächter sogleich Mitteilung machen.*
*(2) Sollte dem Pächter aus von ihm nicht zu vertretenden Gründen die Erlaub-
nis zum Betrieb der Gastwirtschaft rechtskräftig versagt werden, so kann er
von diesem Pachtvertrag zurücktreten.*

§ 9 Besichtigungsrecht des Verpächters
*(1) Der Verpächter ist berechtigt, jederzeit die Pachträume und das Inventar
zu besichtigen oder durch Beauftragte besichtigen zu lassen. Die Besichtigung
hat tunlichst in der stillen Geschäftszeit zu erfolgen.*
*(2) Der Pächter ist verpflichtet, dem Verpächter auf Verlangen Einsicht in die
von ihm geführten Bücher und sämtliche Belege zu gestatten. Der Verpächter
kann die Einsicht durch seinen Steuerberater vornehmen lassen.*

§ 10 Kaution, Konventionalstrafe
*(1) Zur Sicherung der sich aus dem Pachtverhältnis ergebenden Ansprüche
des Verpächters hat der Pächter binnen eines Monats nach Abschluß dieses
Vertrages eine Kaution von .... DM zu leisten. Der Betrag ist auf ein bei der
..................-Bank in .... zu eröffnendes Sparkonto einzuzahlen mit
der Bestimmung, daß die Auszahlung an einen Vertragsteil nur mit schriftlicher Zustimmung des anderen Teiles erfolgen darf. Der Verpächter verpflichtet
sich, die anfallenden Zinsen abzüglich etwaiger Bankspesen jeweils zur Auszahlung an den Pächter freizugeben. Nach Beendigung des Pachtverhältnisses
hat der Verpächter binnen zwei Monaten seine Zustimmung zur Auszahlung
der Kaution an den Pächter zu erteilen, soweit er nicht bis dahin etwaige*

Ansprüche gegen den Pächter aus dem Pachtverhältnis gerichtlich geltend gemacht hat (vgl. Anm. 16).

(2) Für den Fall, daß der Pächter die Gastwirtschaft nicht fristgerecht eröffnen sollte (§ 2 Abs. 2), hat er eine Vertragsstrafe in Höhe von .... DM zu zahlen. Eine Vertragsstrafe in gleicher Höhe hat der Verpächter zu entrichten, wenn er die Pachträume nebst Inventar nicht fristgerecht übergibt (§ 3 Abs. 1). Durch die Zahlung der Vertragsstrafe sind weitergehende Schadenersatzansprüche des anderen Vertragsteils nicht ausgeschlossen (vgl. Anm. 17).

§ 11 Beendigung des Pachtverhältnisses
(1) Bei Beendigung des Pachtverhältnisses hat der Pächter während der Pachtzeit eingetretene, über die normale Abnutzung hinausgehende Mängel an den Pachtgegenständen auf seine Kosten beseitigen zu lassen.
(2) Einrichtungen, die der Pächter in den Pachträumen angebracht hat, darf er bei Pachtbeendigung nicht entfernen, wenn der Verpächter bereit ist, hierfür den Zeitwert zu vergüten. Lehnt der Verpächter die Übernahme von Einrichtungen ab, kann er die Wiederherstellung des früheren Zustandes verlangen (vgl. Anm. 18).
(3) Im übrigen verbleiben alle Verbesserungen, die der Pächter während der Pachtzeit an den Pachtgegenständen vorgenommen hat, unentgeltlich dem Verpächter, soweit nicht die Parteien im Einzelfall schriftlich eine abweichende Vereinbarung getroffen haben (vgl. Anm. 19).

§ 12 Konkurrenzverbot
(1) Der Pächter verpflichtet sich, während eines Zeitraumes von zwei Jahren nach Beendigung des Pachtverhältnisses im Umkreis von 1 km um die Pachträume keine Gastwirtschaft zu errichten oder zu betreiben (vgl. Anm. 20).
(2) In jedem Fall der Zuwiderhandlung gegen das Konkurrenzverbot hat der Pächter eine Vertragsstrafe in Höhe von .... DM verwirkt. Der Unterlassungsanspruch des Verpächters bleibt hiervon unberührt.

§ 13 Sonstiges
(1) Die Nichtigkeit einer Bestimmung dieses Vertrages soll die Wirksamkeit des übrigen Vertragsinhalts nicht beeinträchtigen (vgl. Anm. 21).
(2) Mündliche Nebenabreden zu diesem Vertrag bestehen nicht. Spätere Änderungen oder Ergänzungen sind nur wirksam, wenn sie schriftlich vereinbart werden (vgl. Anm. 22).

.................., den ....
Der Verpächter   *Der Pächter*
....

Anmerkungen

1) Die Räume sind nach Ihrer Verwendung und Größe möglichst genau zu bezeichnen.
2) Die Versicherung dient der Klarstellung, daß Ansprüche Dritter an dem Inventar nicht bestehen.
3) Durch die Mitüberlassung der Pächterwohnung wird kein gesondertes Mietverhältnis begründet.
4) Da die Gastwirtschaft längere Zeit geschlossen war, ist nicht das Unternehmen als solches Gegenstand des Pachtvertrages.
5) Auch mangels dieser vertraglichen Regelung bedürfte der Pächter zur Unterverpachtung der Einwilligung des Verpächters (§§ 549, 581 BGB). Zur Haftung des Pächters bei Unterverpachtung s. BGH, Urt. v. 17. 10. 1990, BB 1991 S. 160.
6) Damit soll etwaigen späteren Beanstandungen durch den Pächter vorgebeugt werden (vgl. §§ 539, 581 BGB). Bei Mängeln der Pachtsache kann der Pächter bis zu deren Beseitigung durch den Verpächter die Zahlung des Pachtzinses verweigern (BGH, Urt. v. 7. 5. 1982, NJW 1982 S. 2242).
7) Möglich ist auch eine Vereinbarung dahin, daß Inventarstücke, die infolge eines vom Pächter nicht zu vertretenden Umstands in Abgang kommen, durch den Verpächter zu ersetzen sind (vgl. § 586 Abs. 2 BGB).
8) Entspricht der Regelung des § 582a Abs. 2 BGB.
9) Schönheitsreparaturen umfassen das Tapezieren, Anstreichen oder Kalken der Wände und Decken sowie das Streichen der Fußböden, der Fenster von innen und der Türen.
10) Das Gesetz sieht vor, daß bei unbestimmter Pachtdauer eine Kündigung nur für den Schluß eines Pachtjahres zulässig ist; sie muß spätestens am ersten Werktag des halben Jahres erfolgen, mit dessen Ablauf die Pacht endigen soll (§ 584 BGB).
11) Geringfügige Überschreitungen der Zahlungstermine sind unschädlich (LG Berlin, Urt. v. 2. 3. 1972, NJW 1972 S. 1324). Zur Kündigungsklausel in einem formularmäßigen Pachtvertrag vgl. BGH, Urt. v. 25. 3. 1987, BB 1987 S. 1281.
12) Es ist davon auszugehen, daß innerhalb eines Jahres eine anderweitige Verpachtung möglich sein wird.
13) Die Vereinbarung der Schriftform für eine Kündigung empfiehlt sich aus Beweisgründen.
14) Wird nicht, wie im Vertragsmuster, eine Umsatzpacht (zur Ersatzpflicht des Pächters hinsichtlich eines Pachtzinsausfalls wegen Betriebsferien s. OLG Hamm, Urt. v. 5. 3. 1974, BB 1974 S. 1609), sondern eine Festpacht vereinbart, so ist die Aufnahme einer Wertsicherungsklausel angezeigt; dabei ist darauf zu achten, daß entweder eine genehmigungsfreie Klausel gewählt (vgl. hierzu BGH, Urt. v. 26. 11. 1975, BB 1976 S. 59) oder die Genehmigung der zuständigen Landeszentralbank eingeholt wird (zur Auslegung einer Klausel, in der die automatische Anpassung des Pachtzinses bei Änderung des Lebenshaltungskostenindex vorgesehen ist, vgl. BGH, Urt. v. 10. 10. 1979, BB 1980 S. 1790; zur Vereinbarung einer Indexklausel auf der Grundlage eines nicht veröffentlichten Basisjahres s. OLG Köln, Urt. v. 29. 4. 1987, BB 1987 S. 1420). Ist ein Pachtvertrag gekündigt, einigen sich aber die Parteien vor Ablauf der Kündigungsfrist auf die Fortsetzung des Vertrages, so bleibt der bishe-

rige Vertrag in Kraft, so daß eine von der Landeszentralbank genehmigte Wertsicherungsklausel keiner erneuten Genehmigung bedarf (BGH, Urt. v. 20. 3. 1974, BB 1974 S. 578).

15) Maßgebend sind die Bestimmungen des Gaststättengesetzes vom 5. 5. 1970 (BGBl I S. 465) m. spät. Änd. Zur Haftung des Verpächters bei behördlicher Beschränkung der Nutzung der Pachtsache vgl. BGH, Urt. v. 20. 4. 1977, DB 1977 S. 1648, zu einer Betriebsschließungsanordnung gegenüber dem Hintermann eines Strohmannes OVG Münster, Urt. v. 16. 3. 1984, BB 1984 S. 2152, zur Unwirksamkeit einer Betriebserlaubnis-Klausel in einem Formularvertrag wegen Verstoßes gegen § 9 AGBG vgl. BGH, Urt. v. 22. 6. 1988, BB 1988 S. 1627.

16) Nach den hier getroffenen Vereinbarungen geht die Kaution nicht in das Eigentum des Verpächters über.

17) Eine vereinbarte Vertragsstrafe muß angemessen sein; ist sie unangemessen hoch, so kann sie durch gerichtliches Urteil auf den angemessenen Betrag herabgesetzt werden (§ 343 BGB). Nach § 11 Nr. 6 AGBG sind bestimmte Vertragsstrafen-Klauseln unwirksam.

18) Ein vertraglicher Ausschluß des Wegnahmerechts und von Entschädigungsansprüchen des Pächters ist nicht ohne weiteres sittenwidrig (BGH, Urt. v. 3. 2. 1967, BB 1967 S. 262). Zur unvollständigen Räumung des Pachtobjekts s. OLG Düsseldorf, Urt. v. 14. 1. 1988, BB 1988 S. 1138.

19) Nach dem Gesetz wäre der Verpächter verpflichtet, dem Pächter die auf das Pachtobjekt gemachten notwendigen Verwendungen in jedem Fall und die sonstigen Verwendungen nach den Vorschriften über die auftragslose Geschäftsführung zu ersetzen (§§ 547, 581 BGB).

20) Die im Pachtvertrag vereinbarte Wettbewerbsbeschränkung des Pächters für die Zeit nach Pachtbeendigung darf nicht über die schutzwerten Interessen des Verpächters hinausgehen; ist das der Fall, so ist die Konkurrenzklausel deswegen nicht ungültig, kann aber vom Gericht auf das richtige Maß zurückgeführt werden (BGH, Urt. v. 10. 6. 1964, BB 1964 S. 819).

21) Eine solche Vereinbarung empfiehlt sich insbesondere dann, wenn der Pachtvertrag eine Wertsicherungsklausel enthält (vgl. Anm. 14).

22) Trotz der Schriftformklausel können die Parteien auch mündlich eine Vertragsänderung wirksam vereinbaren, wenn sie sich dabei übereinstimmend und bewußt über die Klausel hinwegsetzen. Vgl. Nr. 20 Anm. 33.

25. Geschäftsverpachtung

Rechtsgrundlage. §§ 581–584b BGB, §§ 22, 25 HGB.

Wesen des Pachtvertrages. Der Verpächter ist verpflichtet, dem Pächter für die Dauer des Pachtvertrages den Gebrauch und den Nutzgenuß des Pachtgegenstandes zu gewähren; der Pächter ist verpflichtet, den vereinbarten Pachtzins zu bezahlen. Daneben treffen den Verpächter und Pächter noch verschiedene Nebenverpflichtungen, wie anhand des Vertragsmusters aufgezeigt wird. Von der Miete unterscheidet sich die Pacht dadurch, daß der Verpächter auch den Nutzgenuß zu gestatten hat, während sich die Miete auf die Gebrauchsüberlassung beschränkt (vgl. die Erläuterungen zu Nr. 24). Auf die Pacht finden die Vorschriften über die Miete (§ 535 ff. BGB) entsprechende Anwendung (§ 581 Abs. 2 BGB).

Form. Unternehmenspachtverträge bedürfen auch bei einer Vertragsdauer von mehr als einem Jahr nach dem Gesetz nicht der Schriftform, da § 566 BGB nur für die Grundstückspacht gilt. Gleichwohl ist die Schriftform allgemein üblich und auch dringend ratsam.

Muster

Pachtvertrag

Zwischen
Herrn ...., Drogist in .... – Verpächter –, und Herrn ...., Drogist in .... – Pächter –, kommt heute folgender Vertrag zustande:

§ 1 Vertragsgegenstand
(1) Gegenstand dieses Pachtvertrages (vgl. Anm. 1) sind
a) die auf dem Grundstück .... in .... seit .... betriebene „Sonnen-Drogerie",
b) die dem Drogeriebetrieb dienenden Räume – laut Anlage 1) –,
c) die Geschäftseinrichtung der Sonnen-Drogerie – Aufstellung lt. Anlage 2) –,
d) die in dem Drogeriegebäude befindliche Wohnung im 1. Stock – lt. Anlage 3) – (vgl. Anm. 2).
(2) Der Verpächter hat mit dem Hauseigentümer einen besonderen Mietvertrag über die dem Drogeriebetrieb dienenden Räume und über die Pächterwohnung im 1. Stock abgeschlossen. Die Rechte und Pflichten des Verpächters aus diesem Mietvertrag werden durch den Pachtvertrag nicht berührt. Der Pächter besitzt die Drogerieräume und die Wohnung im 1. Stock als Untermieter des Verpächters (vgl. Anm. 3). Der Hauseigentümer hat zu dem Pachtvertrag ausdrücklich seine Zustimmung erteilt (vgl. Anm. 4).
(3) Der Pächter ist nicht berechtigt, seine Rechte aus diesem Vertrag auf einen Dritten zu übertragen (vgl. Anm. 5).

§ 2 Firma des Pächters
(1) Der Eintrag im Handelsregister lautet zur Zeit „Sonnen-Drogerie
..............“. Der Pächter ist verpflichtet, diese Firma fortzuführen und sich
auf seine Kosten als Pächter in das Handelsregister eintragen zu lassen. Für
die Dauer des Pachtvertrages lautet die Firma demnach „Sonnen-Drogerie
.............., Pächter ....“ (vgl. Anm. 6).
(2) Der Pächter haftet nicht für Verbindlichkeiten, die vor Beginn des Pacht-
vertrages begründet worden sind. Der Ausschluß dieser Haftung ist auf Kosten
des Pächters in das Handelsregister einzutragen und bekanntzumachen (vgl.
Anm. 7)
(3) Bei Beendigung des Pachtverhältnisses gelten diese Vereinbarungen ent-
sprechend mit der Maßgabe, daß alle Kosten für die Firmenänderung der
Verpächter zu tragen hat.

§ 3 Pacht- und Mietzins
(1) Der Pacht- und Mietzins beträgt monatlich .... DM. Davon entfallen:
a) ....DM auf die Pacht des Drogeriegeschäfts einschließlich Geschäfts-
einrichtung,
b) ....DM auf die Miete der Geschäftsräume,
c) ....DM auf die Miete der Wohnung im 1. Stock.
Die Beträge zu a) und b) verstehen sich zuzüglich der gesetzlichen Mehrwert-
steuer (vgl. Anm. 8).
(2) Der gesamte Pacht- und Mietzins ist monatlich im voraus jeweils bis zum 3.
Tage eines Monats fällig und zahlbar.
(3) Für den Fall, daß sich der allgemeine Lebenshaltungskostenindex (Basis-
jahr ....) künftig um mehr als 10 Punkte nach oben oder unten verändert,
vereinbaren die Parteien die unverzügliche Neufestsetzung des Pacht- und
Mietzinses, ohne daß insoweit eine prozentuale Kopplung der Veränderung des
Lebenshaltungskostenindex mit dem Pacht- und Mietzins eintreten soll. Sofern
die zwischen Verpächter und Pächter alsdann unverzüglich einzuleitenden
Verhandlungen zu keinem Ergebnis führen, entscheidet über die künftige
Pacht- und Miethöhe für das laufende Kalendervierteljahr und für die Zukunft
endgültig ein fachkundiger Schiedsgutachter, der von der zuständigen Indu-
strie- und Handelskammer zu benennen ist (vgl. Anm. 9).

§ 4 Pachtdauer
(1) Der Vertrag wird geschlossen auf die Dauer von 5 Jahren, und zwar für die
Zeit vom .... bis .... Der Vertrag verlängert sich jeweils um weitere 3
Jahre, wenn er nicht mit einer Frist von 6 Monaten zum Vertragsende aufge-
kündigt wird.
(2) Der Verpächter kann das Pachtverhältnis fristlos kündigen, wenn

194

a) das Konkursverfahren oder ein gerichtliches Vergleichsverfahren über das Vermögen des Pächters eröffnet wird;
b) der Pächter sich erhebliche Verstöße gegen seine Pflichten als verantwortlicher Leiter der Drogerie zuschulden kommen läßt;
c) der Pächter wegen einer ehrenrührigen Handlung mit einer Freiheitsstrafe bestraft wird;
d) der Ruf der gepachteten Drogerie durch offensichtliches Verschulden des Pächters erheblich und nachhaltig gefährdet wird;
e) der Pächter für zwei aufeinanderfolgende Termine mit der Bezahlung von Pacht- oder Mietzinsraten ganz oder teilweise länger als 4 Wochen im Rückstand bleibt (vgl. Anm. 10).

(3) Stirbt der Pächter, so sind seine Erben berechtigt, den Pachtvertrag unter Einhaltung einer Kündigungsfrist von 3 Monaten zum Ende eines Kalendermonats zu kündigen. Dieses außerordentliche Kündigungsrecht kann nur innerhalb eines Monats nach Eintritt des Sterbefalles ausgeübt werden. Wird es nicht ausgeübt, gehen alle Rechte und Pflichten aus dem Pachtvertrag auf die Erben des Pächters über.

(4) Durch den Tod des Verpächters werden die beiderseitigen Rechte und Pflichten aus diesem Vertrag nicht berührt.

§ 5 Warenlager
(1) Der Pächter übernimmt vom Verpächter das Warenlager aufgrund einer auf den .... aufzustellenden Inventur. Soweit der Warenbestand durch eine fremde Firma aufgenommen wird, tragen beide Vertragspartner die dadurch entstehenden Kosten je zur Hälfte.
(2) Warenmengen, die dem normalen Geschäftsumfang der Drogerie nicht angemessen sind, sowie unbrauchbare, verdorbene, unverkäufliche und veraltete Waren brauchen vom Pächter nicht übernommen zu werden.
(3) Das Warenlager ist bei Übernahme der Pacht am .... bar und kostenfrei zu bezahlen.
(4) Bei Beendigung des Pachtvertrages gelten die vorstehenden Absätze 1 bis 3 in gleicher Weise für die Übernahme des Warenlagers durch den Verpächter bzw. durch einen neuen Pächter.

§ 6 Geschäftsräume und Einrichtung
(1) Der Verpächter hat die Geschäftsräume und die Geschäftseinrichtung in ordnungsmäßigem Zustand zu übergeben. Der Pächter ist verpflichtet, Räume und Einrichtung auf seine Kosten dauernd in ordnungsmäßigem Zustand zu erhalten. Sog. Schönheitsreparaturen gehen zu Lasten des Pächters (vgl. Anm. 11).
(2) Der Pächter haftet für die sorgfältige Beobachtung aller gewerbeaufsicht-

lichen, bauaufsichtlichen und sonstigen Polizei- und Betriebsvorschriften und ist verpflichtet, für den Fall, daß der Verpächter wegen Nichtbeachtung solcher Vorschriften zivil-, bußgeld- oder strafrechtlich in Anspruch genommen wird, diesen schadlos zu halten.

(3) Zu baulichen Veränderungen innerhalb der Geschäftsräume wie auch an der Außenfront derselben bedarf der Pächter der ausdrücklichen Zustimmung des Verpächters.

(4) Reklameschilder, Plakate, Auslagekästen, Warenautomaten. Leuchtreklamen usw. dürfen nur mit Genehmigung des Verpächters an den von ihm bestimmten Stellen angebracht werden. Im Falle der Instandsetzung der Hausfassade und der Hauswände muß der Pächter diese Gegenstände auf eigene Gefahr und Kosten entfernen und wieder anbringen lassen. Bei Beendigung der Pacht sind diese Gegenstände vom Pächter zu entfernen und der frühere Zustand ist auf seine Kosten wiederherzustellen.

§ 7 Eintritt in bestehende Verträge
(1) Der Pächter übernimmt die für die Drogerie bestehenden Versicherungsverträge (vgl. Anm. 12) – Betriebshaftpflichtversicherung, Glasversicherung und Feuerversicherung für die Geschäftseinrichtung – mit Wirkung ab ....

(2) Der Pächter übernimmt ferner alle Rechte und Pflichten aus den bestehenden Anstellungs- und Arbeitsverträgen (vgl. Anm. 13) mit dem vorhandenen Personal, nämlich ....

(3) Nach Beendigung des Pachtvertrages hat der Verpächter die gleichen Übernahmeverpflichtungen gegenüber dem Pächter.

§ 8 Außenstände
(1) Der Pächter verpflichtet sich, den Einzug der Außenstände des Verpächters mit monatlicher Abrechnung ohne besondere Gegenleistung zu übernehmen. Der Verpächter übergibt dem Pächter ein Verzeichnis dieser Außenstände.

(2) Bei Beendigung des Pachtvertrages trifft die gleiche Verpflichtung den Verpächter bezüglich etwaiger Außenstände des Pächters.

§ 9 Geschäftsbücher
Der Verpächter übergibt dem Pächter die Geschäftsbücher, soweit sie zur Fortführung der Drogerie erforderlich sind. Der Pächter ist verpflichtet, die Geschäftsbücher nach den Regeln kaufmännischer Buchführung weiterzuführen und die ihm vom Verpächter übergebenen Geschäftsbücher, soweit erforderlich, bei Beendigung der Pacht zurückzugeben.

§ 10 Aufrechnungsverbot
Der Pächter kann gegen die Pachtzinsforderungen und sonstigen Ansprüche des Verpächters aus diesem Vertrag nicht mit irgendwelchen Gegenforderungen aufrechnen oder ein Zurückbehaltungsrecht geltend machen, es sei denn, daß die Gegenforderung unbestritten oder rechtskräftig festgestellt ist.

§ 11 Sicherheitsleistung durch den Pächter (vgl. Anm. 14)
Zur Sicherung (vgl. Anm. 15) aller Forderungen und Ansprüche, die dem Verpächter aus dem Pachtvertrag und aus seiner etwaigen Verletzung gegen den Pächter in Zukunft zustehen sollten, hinterlegt der Pächter einen Betrag von .... DM als Kaution bei der .... Sparkasse in .... für die Dauer des Pachtvertrages. Die Hinterlegung der Kaution hat so zu erfolgen, daß über den Kautionsbetrag nur im beiderseitigen Einverständnis der Vertragschließenden verfügt werden kann. Die Zinserträgnisse aus der Kaution stehen dem Pächter zu.

§ 12 Vorkaufsrecht des Pächters (vgl. Anm. 16)
(1) Sollte während der Pachtdauer der Verpächter das Pachtobjekt verkaufen, so steht dem Pächter das Vorkaufsrecht zu. Das Vorkaufsrecht muß innerhalb eines Monats nach Mitteilung des Verkaufs durch den Pächter ausgeübt werden, widrigenfalls es erlischt.

(2) Macht der Pächter von seinem Vorkaufsrecht keinen Gebrauch, so ist der Verpächter berechtigt, den Pachtvertrag ohne Rücksicht auf die vereinbarte Pachtdauer mit einer Frist von einem Monat zum nächsten Monatsende aufzukündigen. Diese außerordentliche Kündigung muß innerhalb einer Frist von 3 Wochen, gerechnet von dem Zeitpunkt an, von dem ab sie zulässig geworden ist, ausgesprochen werden, widrigenfalls die Möglichkeit einer vorzeitigen Kündigung erlischt.

§ 13 Ankaufsrecht des Pächters (vgl. Anm. 16)
(1) Nach dem Ableben des Verpächters und seiner Witwe ist der Pächter berechtigt, das Pachtobjekt anzukaufen. Das Ankaufsrecht (vgl. Anm. 17) muß binnen eines halben Jahres nach Eintritt des zweiten Sterbefalles den Erben gegenüber ausgeübt werden, widrigenfalls es erlischt.

(2) Der Ankaufspreis ist binnen .... nach Ausübung des Ankaufsrechts fällig und zahlbar.

(3) Sollten sich die Vertragsteile über die Höhe des Ankaufspreises nicht einigen können, wird dieser mit rechtsverbindlicher Wirkung für beide Vertragspartner von einem Schiedsgutachter festgesetzt, den die zuständige Industrie- und Handelskammer auf Antrag eines Vertragsteils bestimmen wird. Ein Geschäftswert für die Drogerie darf jedoch höchstens mit 10 % des durch-

*schnittlichen Jahresumsatzes der letzten drei vollen Geschäftsjahre vor Aus-
übung des Ankaufsrechts in Ansatz gebracht werden.*
*(4) Alle durch die Ausübung des Ankaufsrechts entstehenden Kosten und
Steuern einschließlich der Kosten des Schiedsgutachters gehen zu Lasten des
Pächters.*
(5) Das Ankaufsrecht ist vererblich, aber nicht übertragbar.

§ 14 Konkurrenzverbot für den Pächter (vgl. Anm. 18)
*Der Pächter verpflichtet sich, während der Dauer des Pachtverhältnisses und
innerhalb eines Zeitraumes von 2 Jahren nach Beendigung desselben weder
ein Konkurrenzgeschäft in .... zu errichten oder zu betreiben noch sich
an einem solchen kapital- oder arbeitsmäßig zu beteiligen. Für jeden Fall der
Zuwiderhandlung ist eine Vertragsstrafe von .... DM verwirkt. Daneben
bleibt der Anspruch des Verpächters auf Unterlassung und Schadenersatz
ausdrücklich aufrechterhalten.*

§ 15 Besichtigungsrecht des Verpächters
*Dem Verpächter oder einer von ihm bevollmächtigten Person ist es jederzeit
gestattet, während der üblichen Geschäftsstunden die Pachträume zu besichtigen und die überlassene Drogerieeinrichtung zu überprüfen.*

§ 16 Erfüllungsort, Gerichtsstand
*Erfüllungsort für alle Forderungen und Ansprüche aus diesem Vertrag und
Gerichtsstand für alle etwa daraus entstehenden Streitigkeiten ist ....
(vgl. Anm. 19).*

§ 17 Nebenabreden und vertragliche Änderungen
*Mündliche Nebenabreden haben die Vertragspartner nicht getroffen. Änderun-
gen und Ergänzungen des Vertrages bedürfen zu ihrer Rechtswirksamkeit der
Schriftform.*

§ 18 Kosten
Die Kosten dieses Vertrages tragen die Vertragspartner je zur Hälfte.

.............., den ....

Unterschriften

Anmerkungen

1) Vertragsgegenstand einer Unternehmenspacht können u. a. auch noch Warenzeichenrechte, Lizenzen, Rezeptvorschriften sein.

2) Es empfiehlt sich, daß die Anlagen 1 bis 3 ebenfalls von beiden Vertragspartnern unterzeichnet und der Vertragsurkunde beigeheftet werden.

3) Der Verpächter würde seine Rechtsstellung sehr verschlechtern, wenn er seine Mieterrechte gegenüber dem Hauseigentümer aufgeben und es zulassen würde, daß zwischen Hauseigentümer und Pächter ein neuer Mietvertrag über die Geschäftsräume abgeschlossen wird.

4) Verweigert der Hauseigentümer seine Zustimmung, so kann der Verpächter seine Drogerie nicht verpachten (§ 549 BGB).

5) D. h. der Pächter darf das Pachtobjekt nicht unterverpachten.

6) Wird über die Pächter-Firma nichts vereinbart, so könnte der Pächter auch firmieren: „Sonnen-Drogerie .... (Vor- und Zuname des Pächters)" oder „...............
(Vor- und Zuname des Pächters), Drogerie" oder auch nur „............... (Vor- und Zuname des Pächters)".

7) Wer ein gepachtetes Handelsgeschäft unter der bisherigen Firma mit oder ohne Nachfolgezusatz fortführt (wozu er bei ausdrücklicher Einwilligung des bisherigen Geschäftsinhabers berechtigt ist; § 22 HGB), haftet für alle im Betrieb des Geschäfts begründeten Verbindlichkeiten des früheren Inhabers; eine Firmenfortführung liegt schon dann vor, wenn der Verkehr die neue Firma trotz vorgenommener Änderungen noch mit der alten Firma identifiziert (BGH, Urt. v. 4. 11. 1991, BB 1992 S. 87). Eine abweichende Vereinbarung ist einem Außenstehenden gegenüber nur wirksam, wenn sie diesem mitgeteilt worden oder wenn sie in das Handelsregister eingetragen ist (§ 25 Abs. 1 und 2 HGB). Nur die Handelsregistereintragung und Bekanntmachung der Vereinbarung (§ 10 HGB) gewährt dem Pächter ausreichenden Schutz. Die Anmeldung des Haftungsausschlusses zur Eintragung im Handelsregister muß unverzüglich nach der Geschäftsübernahme erfolgen (BGH, Urt. v. 1. 12. 1958, BB 1959 S. 8). Zur Pächterhaftung bei Firmenfortführung vgl. auch BGH, Urt. v. 16. 1. 1984, BB 1984 S. 806.

8) Die Aufteilung der Miete auf Geschäftsräume und Wohnung ist erforderlich, weil dieser Teil des Mietzinses für den Verpächter umsatzsteuerfrei ist. Im übrigen besteht für den Verpächter Umsatzsteuerbefreiung nur insoweit, als sich die Pacht auf unbewegliches Vermögen bezieht (§ 4 Nr. 12a UStG).

9) Diese Anpassungsklausel ist nach § 3 WährG nicht genehmigungspflichtig. Vielfach werden heute auch Umsatzpachten vereinbart. Hierbei erübrigen sich Pachtzinsanpassungs- oder Wertbeständigkeitsklauseln, weil sich hier der Pachtzins einer Änderung des Preisgefüges von selbst angleicht. Mangels abweichender Vereinbarung ist bei der Errechnung des Pachtzinses aus dem Umsatz die Umsatzsteuer mit zu berücksichtigen (OLG Celle, Urt . v. 25. 5. 1973, BB 1974 S. 157). Zur Auslegung von Wertsicherungsklauseln vgl. BGH, Urt. v. 10. 10. 1979, BB 1979 S. 1790, OLG Frankfurt, Urt. v. 17. 10. 1978, BB 1979 S. 1630. und OLG München/Augsburg, Urt. v. 13. 8. 1981, BB 1982 S. 583. Wegen Ersatz des Pachtzinsausfalls infolge Betriebsferien s. OLG Hamm, Urt. v. 5. 3. 1974, BB 1974 S. 1609.

10) Zur Kündigungsklausel in einem formularmäßigen Pachtvertrag über gewerbliche Räume vgl. BGH, Urt. v. 25. 3. 1987, BB 1987 S. 1281.

11) Zur Vornahme von Schönheitsreparaturen im Rahmen eines Pachtverhältnisses vgl. BGH, Urt. v. 25. 6. 1980, NJW 1980 S. 2347.

12) Vgl. hierzu § 151 Abs. 2 VVG.

13) Der Übergang eines Betriebes im Wege der Verpachtung fällt unter § 613a BGB (BAG, Urt. v. 25. 2. 1981, BB 1981 S. 848).

14) Auch eine andere Art der Sicherungsleistung kann vereinbart werden (vgl. §§ 232–240 BGB).

15) Eine Sicherung des Verpächters wäre auch in der Weise möglich, daß die Ehefrau des Pächters die selbstschuldnerische Haftung für alle Verbindlichkeiten aus dem Pachtvertrag übernimmt. *Vertragsklausel:* „Die Ehefrau des Pächters übernimmt durch die Mitunterzeichnung des Vertrages für alle Verbindlichkeiten und Verpflichtungen, die ihr Ehemann mit diesem Pachtvertrag eingeht, die selbstschuldnerische Haftung."

16) Ist der Verpächter gleichzeitig Eigentümer des Drogeriegrundstücks und soll dem Pächter auch ein Vorkaufs- oder Ankaufsrecht am Grundstück eingeräumt werden, so muß der Pachtvertrag notariell beurkundet werden (§ 313 BGB).

17) Der Pächter kann das Vorkaufs- bzw. Ankaufsrecht nur ausüben, wenn der Hauseigentümer bereit ist, mit ihm einen möglichst langfristigen Mietvertrag über Geschäftsräume und Wohnung abzuschließen. Zur firmenrechtlichen Auswirkung des Erwerbs des Handelsgeschäfts durch den Pächter vgl. LG Nürnberg-Fürth, Beschl. v. 1. 3. 1976, BB 1976 S. 810.

18) Vielfach ist es ratsam, daß auch die Ehefrau des Pächters die Verpflichtungen aus dem Konkurrenzverbot durch Mitunterzeichnung mit übernimmt, da sonst das Pächterehepaar das Wettbewerbsverbot umgehen kann. Zur Frage wettbewerbswidrigen Handelns des Pächters nach Pachtbeendigung vgl. BGH, Urt. v. 3. 12. 1969, NJW 1970 S. 471.

19) S. Nr. 6 Anm. 12 zu Muster A.

26. Pachtrechtliche Erklärungen

Rechtsgrundlage. §§ 581–584b BGB.

Erläuterungen. Im Verlauf der sich oft über Jahre erstreckenden Rechtsbeziehungen kann sich sowohl für den Verpächter wie für den Pächter die Notwendigkeit ergeben, gegenüber dem anderen Vertragsteil bestimmte Erklärungen abzugeben, sei es, um eigene Rechte wahrzunehmen, sei es, um ungerechtfertigte Ansprüche abzuwehren. Dabei kann es z. B. um Mängel des Pachtobjektes gehen, um Fragen im Zusammenhang mit dem vertragsgemäßen Gebrauch der Pachtsache oder der Erhaltung oder Erneuerung des Inventars, um die Geltendmachung des Verpächter- oder Pächterpfandrechts, um Konkurrenzschutz, um die Auswirkungen des Ablebens einer Vertragspartei auf das Pachtverhältnis, um die Ausübung eines Options-, Ankaufs- oder Vorkaufsrechts durch den Pächter, um die Kündigung des Pachtverhältnisses durch eine der Vertragsparteien o. ä. Nicht selten ist auch die *Höhe des Pachtzinses* Gegenstand von Auseinandersetzungen. Ist vertraglich ein fester Pachtzins vereinbart, so kann der Verpächter nicht durch einseitige Erklärung eine Pachterhöhung herbeiführen; eine solche ist vielmehr nur dann möglich, wenn entweder die Parteien in Abänderung des Pachtvertrages eine entsprechende Vereinbarung treffen oder wenn der Verpächter im Wege einer Änderungskündigung eine Pachterhöhung durchsetzt. In einen langfristigen Pachtvertrag wird in der Regel eine Wertsicherungsklausel oder ein sog. Leistungsvorbehalt aufgenommen, um dem Verpächter die Möglichkeit zu geben, im Falle einer Änderung der wirtschaftlichen Verhältnisse eine Pachtzinserhöhung herbeizuführen. Eine solche Klausel ist nur dann nicht erforderlich, wenn von vornherein eine Umsatzpacht vereinbart, also die Höhe des Pachtzinses an den Jahresumsatz des Pächters gekoppelt wird.

Bei jeder vom Verpächter oder vom Pächter abzugebenden Erklärung ist darauf zu achten, daß das Gewollte unmißverständlich zum Ausdruck gebracht wird, weil sonst Unklarheiten entstehen oder Rückfragen nötig werden. Aus Beweisgründen sollten alle wesentlichen Erklärungen nicht bloß mündlich oder fernmündlich, sondern regelmäßig *schriftlich* abgegeben werden; ratsam ist es, solche Schreiben „eingeschrieben" und, soweit sie eine Fristsetzung enthalten oder durch sie eine Frist gewahrt werden soll, auch noch „gegen Rückschein" zur Post zu geben. Ist bei Abgabe der Erklärung keine bestimmte Frist einzuhalten, knüpft aber die Erklärung an ein Ereignis oder einen Vorfall an, so empfiehlt es sich, mit der entsprechenden schriftlichen Äußerung nicht allzulange zu warten, weil dem betreffenden Vertragsteil sonst Nachteile entstehen können.

Muster

I. Erklärungen des Verpächters

A. *Abmahnung des Pächters wegen vertragswidrigen Gebrauchs*

Herrn/Frau ....
Mit Vertrag vom .... habe ich Ihnen die im Erdgeschoß meines Anwesens

.... *befindlichen, zum Betrieb einer Gaststätte eingerichteten Räumlichkeiten nebst Inventar pachtweise überlassen. In § 2 Abs. 1 des Pachtvertrages ist ausdrücklich festgelegt, daß die Räume nur zum Betreiben einer Gastwirtschaft benutzt werden dürfen und daß dem Pächter eine anderweitige Verwendung nicht gestattet ist.*

Wie mir von zuverlässiger Seite mitgeteilt wurde, beabsichtigen Sie, in einem bisher zur Gaststätte gehörigen Nebenraum einen sog. Spielsalon mit Unterhaltungsspielen einzurichten; Sie sollen bereits mit den erforderlichen Vorarbeiten begonnen und um die notwendige behördliche Erlaubnis nachgesucht haben (vgl. Anm. 1).

Ich weise Sie darauf hin, daß Sie damit gegen die genannte Bestimmung des Pachtvertrages verstoßen, und fordere Sie auf, von der Verwirklichung Ihres Vorhabens Abstand zu nehmen (vgl. Anm. 2). Der Nebenraum darf nur für Zwecke der Gaststätte benutzt werden. Sollten Sie diese Abmahnung unbeachtet lassen, wäre ich zu meinem Bedauern genötigt, von meinen gesetzlichen Rechten Gebrauch zu machen.

.................., *den* ....

Hochachtungsvoll
gez. Unterschrift

B. Verweigerung der Unterverpachtung

Herrn/Frau ....

Mit Schreiben vom .... *haben Sie mir mitgeteilt, daß Sie aus gesundheitlichen Gründen beabsichtigen, das in meinem Anwesen* .... *gepachtete Einzelhandelsgeschäft ab* .... *an einen Herrn* .... *unterzuverpachten. Leider sehe ich mich nicht in der Lage, Ihnen die zu einer Unterverpachtung erforderliche Erlaubnis zu erteilen. Ich weise Sie darauf hin, daß nach § .... unseres am .... abgeschlossenen Pachtvertrages eine Unterverpachtung ausdrücklich ausgeschlossen ist (vgl. Anm. 3). Entgegenkommenderweise wäre ich aber bereit, einer vorzeitigen Auflösung des Pachtverhältnisses zum .... zuzustimmen, wenn ich bis dahin einen anderen Pächter gefunden habe. Als solcher käme eventuell auch der von Ihnen genannte Herr .... in Betracht. Ich stelle Herrn .... anheim, sich diesbezüglich mit mir in Verbindung zu setzen.*

.................., *den* ....

Hochachtungsvoll
gez. Unterschrift

202

C. Instandhaltung des Inventars

Herrn/Frau ....
Mit Vertrag vom .... habe ich Ihnen die im Erdgeschoß meines Anwesens
.... befindlichen, zum Betrieb einer Gaststätte eingerichteten Räumlichkeiten nebst Inventar pachtweise überlassen. Nach dem Gesetz sind Sie verpflichtet, für die Erhaltung der einzelnen Inventarstücke zu sorgen (vgl. Anm. 4).
Wie ich anläßlich der Besichtigung der Gaststätte am .... festgestellt habe, bedürfen einige Inventarstücke dringend einer Instandsetzung, und zwar .... Leider waren Sie bei meinem Besuch nicht anwesend, so daß ich Sie auf diese Mängel nicht sogleich hinweisen konnte. Ich ersuche Sie deshalb auf diesem Wege, unverzüglich für eine Behebung dieser Mängel zu sorgen. Die Verwendung schadhafter Inventarstücke ist dem guten Ruf der Gaststätte abträglich und könnte sich auch umsatzmindernd auswirken.

..................., den ....

Hochachtungsvoll
gez. Unterschrift

D. Hinweis auf Benutzungspflicht

Herrn/Frau ....
Wie mir Ihre Angestellte .... vor kurzem gesprächsweise mitgeteilt hat, beabsichtigen Sie, das von mir gepachtete Einzelhandelsgeschäft in der Zeit von .... bis .... wegen „Betriebsferien" zu schließen. Ich muß Sie dringend ersuchen, von diesem Vorhaben Abstand zu nehmen, weil Sie damit gegen § .... des Pachtvertrages vom .... verstoßen würden, wo bestimmt ist, daß der Betrieb während der geschäftsüblichen Zeiten – abgesehen von Notfällen – ständig geöffnet zu halten ist. Diese Vereinbarung wurde getroffen, um eine durch vorübergehende Schließung des Betriebes eintretende Umsatzminderung zu vermeiden, die sich – im Hinblick auf die vereinbarte Umsatzpacht – auch auf die Höhe des Pachtzinses auswirken müßte (vgl. Anm. 5). Sie würden sich bei Verwirklichung Ihres Vorhabens mir gegenüber schadenersatzpflichtig machen.

..................., den ....

Hochachtungsvoll
gez. Unterschrift

E. Zurückgreifen auf Pachtkaution

Herrn/Frau ....

Ich nehme Bezug auf mein Schreiben vom ...., _in dem ich Ihnen unter Beifügung einer Ablichtung der Rechnung der Fa._ .... _mitgeteilt habe, daß ich für die Beseitigung des Schadens, den einer Ihrer Angestellten beim Zurückstoßen mit Ihrem Firmenwagen im Hof des Anwesens verursacht hat, in dem sich die von Ihnen gepachteten Geschäftsräume befinden, einen Betrag von_ .... _DM aufwenden mußte. Meinem Ersuchen, mir diesen Betrag unverzüglich zu erstatten, haben Sie bis heute nicht entsprochen, sich aber auch zu meiner Forderung in keiner Weise geäußert._

Ich sehe mich deshalb gezwungen, mich in Höhe des genannten Betrages aus der von Ihnen bei Beginn des Pachtverhältnisses geleisteten Kaution zu befriedigen (vgl. Anm. 6).

Damit verringert sich die Kaution von ursprünglich .... _DM auf den Betrag von_ .... _DM. Ich behalte mir ausdrücklich vor, von Ihnen die Aufstockung der Kaution auf die frühere Summe zu verlangen._

............., _den_ ....

Hochachtungsvoll
gez. Unterschrift

F. Geltendmachung des Verpächterpfandrechts

Herrn/Frau ....

Sie schulden mir an rückständiger Pacht für die Ihnen pachtweise überlassenen Geschäftsräume im Anwesen .... _einen Betrag von_ .... _DM. Hiermit fordere ich Sie auf, diesen Betrag innerhalb einer Woche auf mein Ihnen bekanntes Girokonto bei der_ ....-_Bank in_ .... _zu überweisen. Gleichzeitig teile ich Ihnen mit, daß ich bis zur Begleichung Ihrer Schuld von dem mir als Verpächter gesetzlich zustehenden Pfandrecht Gebrauch mache und alle von Ihnen in die Geschäftsräume eingebrachten Sachen, auf die sich das Pfandrecht erstreckt, mit Beschlag belege (vgl. Anm. 7). Das gilt insbesondere auch für_ ....

Vorsorglich weise ich darauf hin, daß Sie sich schadenersatzpflichtig und strafbar machen, wenn Sie meinem Pfandrecht unterliegende Sachen aus den Geschäftsräumen entfernen (vgl. Anm. 8).

............., _den_ ....

Hochachtungsvoll
gez. Unterschrift

G. Pachterhöhung aufgrund Wertsicherungsklausel

Herrn/Frau ....

Nach der in § .... *unseres Pachtvertrages vom* .... *vereinbarten und von der Landeszentralbank* .... *am* .... *genehmigten Wertsicherungsklausel (vgl. Anm. 9) ändert sich der von Ihnen vierteljährlich zu entrichtende Pachtzins jeweils entsprechend dem vom Statistischen Bundesamt für das gesamte Bundesgebiet festgestellten Preisindex für die Lebenshaltung aller privaten Haushalte, sobald sich dieser Index im Verhältnis zum Zeitpunkt des Vertragsabschlusses oder der letzten Pachtänderung um mehr als* .... *Punkte nach oben oder unten verändert (vgl. Anm. 10).*
Diese Voraussetzungen für die Änderung des Pachtzinses sind jetzt gegeben. Im Zeitpunkt des Abschlusses des Pachtvertrages betrug der genannte Index, bezogen auf das Basisjahr (vgl. Anm. 10) ...., ... *Punkte. Nach der letzten Veröffentlichung des Statistischen Bundesamtes vom* .... *beträgt der genannte Index* .... *Punkte (s. beigefügte Ablichtung aus* ....). *Die Indexänderung beträgt somit* .... *Punkte oder* .... %. *Damit erhöht sich die von Ihnen zu zahlende Pacht ab* .... *um den gleichen Prozentsatz und beläuft sich demnach künftig auf vierteljährlich* .... *DM. Ich darf Sie bitten, in Zukunft diesen Betrag jeweils zum Fälligkeitszeitpunkt an mich zu überweisen.*

.................., *den* ....

Hochachtungsvoll
gez. Unterschrift

H. Änderungskündigung zwecks Pachterhöhung

Herrn/Frau ....
Das mit Ihnen aufgrund Pachtvertrages vom .... *bestehende Pachtverhältnis über das Einzelhandelsgeschäft* .... *im Anwesen* ....
kündige ich hiermit zum .... *Die Kündigung ist zulässig, da das Pachtverhältnis aufgrund unserer Vereinbarungen nach Ablauf der ersten* .... *Jahre als auf unbestimmte Zeit eingegangen gilt (vgl. Anm. 12). Die Kündigung erfolgt allein deshalb, weil Sie der von mir mit Schreiben vom* .... *vorgeschlagenen Erhöhung des Pachtzinses nicht zugestimmt haben. Ich wäre bereit, mit Ihnen einen neuen Pachtvertrag über das bezeichnete Einzelhandelsgeschäft unter Vereinbarung eines monatlichen Pachtzinses von* .... *DM abzuschließen, wobei im übrigen die Bestimmungen des bisherigen Pachtvertrages übernommen werden könnten.*
Sollten Sie am Abschluß eines neuen Pachtvertrages interessiert sein, wollen

Sie mir dies bis spätestens .... mitteilen. Ich werde Ihnen dann den neuen Pachtvertrag zur Unterzeichnung übersenden.

................., den ....
                                                 Hochachtungsvoll
                                                 gez. Unterschrift

I. Fristlose Kündigung des Pachtvertrages

Herrn/Frau ....
Mit der Entrichtung des Pachtzinses für die von Ihnen in meinem Anwesen .... gepachteten Geschäftsräume nebst Inventar sind Sie seit .... Monaten im Verzug. Auf meine wiederholten schriftlichen Mahnungen haben Sie nicht einmal geantwortet, bei telefonischen Anrufen waren Sie für mich regelmäßig nicht zu erreichen. Ich mache deshalb von meinem gesetzlichen Recht zur fristlosen Kündigung des Pachtverhältnisses Gebrauch (vgl. Anm. 13) und fordere Sie auf, die Pachträume unverzüglich, längstens jedoch bis ...., zu räumen und nebst dem Inventar in ordnungsgemäßem Zustand an mich herauszugeben. Für die Bezahlung des rückständigen Pachtzinses im Gesamtbetrag von .... DM setze ich Ihnen eine letzte Frist bis zum .... Sollten Sie meiner Herausgabe- und Zahlungsaufforderung nicht fristgerecht nachkommen, werde ich gegen Sie sogleich die erforderlichen gerichtlichen Schritte einleiten (vgl. Anm. 14).

................., den ....
                                                 Hochachtungsvoll
                                                 gez. Unterschrift

J. Ansprüche wegen verspäteter Rückgabe des Pachtobjekts

Herrn/Frau ....
Obwohl ich Sie mit Schreiben vom .... aufgrund der gegen Sie ausgesprochenen fristlosen Kündigung des Pachtverhältnisses zur Räumung und Herausgabe der gepachteten Geschäftsräume bis spätestens .... aufgefordert habe, haben Sie die Schlüssel zu den Räumen erst am .... an meinen Angestellten .... übergeben. Die Rückgabe des Pachtobjekts ist also um zwei Wochen verspätet erfolgt. Für diese Zeit schulden Sie mir $2/52 = 1/26$ des vereinbarten jährlichen Pachtzinses, somit einen Betrag von (..........:26 =) .... DM (vgl. Anm. 15).
Außerdem verlange ich von Ihnen Schadenersatz. Ich habe bereits am .... einen neuen Pachtvertrag über die Geschäftsräume mit der Fa. ....

206

abgeschlossen; der Beginn dieses Pachtverhältnisses hat sich durch die verspätete Rückgabe der Räume um zwei Wochen verzögert. Dadurch ist mir für diese Zeit der höhere Pachtzins, den ich von der genannten Firma erhalten hätte, entgangen. Das ergibt einen Schaden in Höhe von .... DM. Ich ersuche Sie, den Gesamtbetrag von .... DM bis spätestens .... an mich zu überweisen. Andernfalls wäre ich zu meinem Bedauern gezwungen, meine Ansprüche gerichtlich durchzusetzen.

...................., den ....

Hochachtungsvoll
gez. Unterschrift

II. Erklärungen des Pächters

A. Ankündigung einer Pachtzinsminderung

Herrn/Frau ....
In den Geschäftsräumen, die ich mit Vertrag vom .... von Ihnen gepachtet habe, funktioniert seit einigen Tagen die Zentralheizung nicht ordnungsgemäß. Die Heizkörper erwärmen sich nicht ausreichend, so daß – obwohl die Heizung den ganzen Tag über auf die höchste Stufe eingestellt war – maximal nur eine Raumtemperatur von .... ° C erreicht werden konnte. Ich bin nunmehr gezwungen, mich mit elektrischen Heizgeräten zu behelfen, wodurch mir erhöhte Kosten entstehen. Schon am .... habe ich mich an den Hausmeister, Herrn ...., gewandt und ihn von dem Nichtfunktionieren der Zentralheizung unterrichtet (vgl. Anm. 16). Er sagte mir zu, umgehend für eine Behebung der Störung zu sorgen. Bis heute ist dies jedoch nicht geschehen. Mehrere in der Zwischenzeit unternommene Versuche meines Personals, den Hausmeister telefonisch zu erreichen, waren erfolglos. Unter diesen Umständen sehe ich mich genötigt, von dem mir gesetzlich zustehenden Recht der Pachtzinsminderung Gebrauch zu machen, und zwar so lange, bis die Zentralheizung wieder ordnungsgemäß funktioniert (vgl. Anm. 17). Ich werde die monatliche Pacht von .... DM um .... %, also um einen Betrag von .... DM kürzen, was pro Tag den Betrag von (......... : 30 =) .... DM ergibt. Eine Herabsetzung des Pachtzinses in diesem Umfang wurde mir auf Anfrage von meinem Berufsverband als angemessen bezeichnet. Eine genaue Berechnung werde ich Ihnen bei Überweisung der nächsten – geminderten – monatlichen Pachtzinsrate zukommen lassen.

*Unabhängig davon ersuche ich Sie dringend, für die umgehende Beseitigung
des aufgetretenen Mangels besorgt zu sein.*

................, den ....

*Hochachtungsvoll
gez. Unterschrift*

B. *Ersatz unbrauchbar gewordenen Inventars*

*Herrn/Frau ....
In dem Verkaufsraum, den ich von Ihnen mit dem darin befindlichen Inventar
gepachtet habe, ist am .... ein großes, für das Auslegen von Waren bestimmtes und verwendetes Regal plötzlich zusammengebrochen. Der Schaden ist
nicht auf Überlastung des Regals oder ein sonstiges Verschulden meines
Personals, sondern einfach auf Abnützung zurückzuführen (vgl. Anm. 4). Ich
darf Sie daran erinnern, daß unser Pachtverhältnis bereits seit .... Jahren
besteht; schon bei Beginn des Pachtverhältnisses befand sich das Inventar
offenbar infolge langjährigen Gebrauchs nicht mehr im besten Zustand.
Ein von mir zugezogener Schreinermeister hat festgestellt, daß das zusammen-
gebrochene Regal nicht mehr repariert werden kann; es muß deshalb ein neues
Regal gleicher Art und gleichen Ausmaßes beschafft werden. Hierzu sind nach
dem Gesetz mangels anderweitiger Vereinbarungen im Pachtvertrag Sie als
Verpächter verpflichtet. Ich wäre allerdings auch bereit, auf meine Kosten ein
neues Regal zu beschaffen, nur müßte dann der Pachtzins entsprechend herabgesetzt werden. Da die Angelegenheit sehr eilt, bitte ich Sie um möglichst
umgehende Stellungnahme.*

................, den ....

*Hochachtungsvoll
gez. Unterschrift*

C. *Hinweis auf Konkurrenzschutzklausel im Pachtvertrag*

*Herrn/Frau ....
Mit Vertrag vom .... habe ich von Ihnen in Ihrem Anwesen ....
Geschäftsräume nebst Inventar zum Betrieb eines Einzelhandelsgeschäfts für
...................-Waren gepachtet. In § .... des Pachtvertrages haben Sie sich
verpflichtet, bei der Vermietung oder Verpachtung anderer Geschäftsräume in
Ihrem Anwesen dafür Sorge zu tragen, daß der Mieter oder Pächter mir
gegenüber keine Konkurrenzgeschäfte betreibt (vgl. Anm. 18).
Aus der in der Ablichtung beigefügten Zeitungswerbung habe ich entnommen,*

daß die in Ihrem Anwesen etablierte Firma .... in ihr Verkaufssortiment nun auch Waren der von mir vertriebenen Art aufgenommen hat, und zwar keineswegs nur als Nebenartikel. Unter Hinweis auf die genannte Klausel des Pachtvertrages ersuche ich Sie deshalb zu veranlassen, daß die genannte Firma den Verkauf dieser Waren unverzüglich einstellt. Für den Fall, daß dies nicht geschieht, kündige ich Ihnen – unter Vorbehalt sonstiger Ansprüche – erhebliche Schadenersatzforderungen an.

................., den ....

Hochachtungsvoll
gez. Unterschrift

D. Kontrolle der Umsatzzahlen des Pächters durch den Verpächter

Herrn/Frau ....
Mit Ihrem Schreiben vom .... haben Sie mir mitgeteilt, daß Sie im Hinblick auf die im Pachtvertrag vom .... vereinbarte Umsatzpacht beabsichtigen, von Ihrem Recht zur Überprüfung meiner Umsatzzahlen für die letzten beiden Kalenderjahre Gebrauch zu machen, und daß Sie einen Herrn .... beauftragt haben, diesbezüglich meine Geschäftsunterlagen einzusehen. Selbstverständlich bin ich bereit, Herrn .... meine Geschäftsunterlagen zugänglich zu machen, allerdings nur unter der Voraussetzung, daß er – wie in § .... des Pachtvertrages ausdrücklich vorgesehen – „aufgrund seines Berufes einer Verschwiegenheitspflicht unterliegt" (vgl. Anm. 19). Ich ersuche Sie deshalb, mir vorab bekanntzugeben, welchen Beruf Herr .... ausübt.

................., den ....

Hochachtungsvoll
gez. Unterschrift

E. Anfrage wegen Kündigung bei Ableben des Verpächters

Herrn/Frau ....
In § .... meines Pachtvertrages vom .... heißt es, daß bei Ableben des Verpächters dessen Erben innerhalb von zwei Monaten das Pachtverhältnis mit dreimonatiger Frist kündigen können (vgl. Anm. 20). Diese Bestimmung wurde auf Wunsch des Verpächters aufgenommen, weil er davon ausging, daß nach seinem Ableben einer seiner Söhne in den Pachträumen möglicherweise ein eigenes Geschäft betreiben wolle.
Wie ich der Todesanzeige in der ....-Zeitung vom .... entnommen

209

habe, ist Ihr(e) Ehemann/Ehefrau am .... verstorben. Ich bin nun in Ungewißheit darüber, ob die Erben des Verpächters von dem ihnen zustehenden Kündigungsrecht Gebrauch machen wollen oder nicht. Um gegebenenfalls rechtzeitig entsprechende Dispositionen treffen zu können, wäre mir sehr daran gelegen, hierüber möglichst bald Klarheit zu erlangen. Ich wäre Ihnen deshalb für eine umgehende Mitteilung sehr verbunden.

....................., den ....

                                       Hochachtungsvoll
                                          gez. Unterschrift

F. Pachtverlängerung durch Ausübung eines Optionsrechts

Herrn/Frau ....
Nach § .... des mit Ihnen am .... abgeschlossenen Pachtvertrages verlängert sich das Pachtverhältnis über die Geschäftsräume im Anwesen .... nach Ablauf von .... Jahren um weitere .... Jahre, wenn ein Vertragsteil mindestens .... Monate vor Beendigung des Pachtverhältnisses dies verlangt; allerdings erhöht sich dann der bisherige Pachtzins um .... v. H.
Von dem mir zustehenden Optionsrecht auf Verlängerung des Pachtverhältnisses mache ich hiermit Gebrauch (vgl. Anm. 21). Ab .... werde ich den erhöhten Pachtzins an Sie überweisen.

....................., den ....

                                          Hochachtungsvoll
                                          gez. Unterschrift

G. Bisher nicht genehmigte Wertsicherungsklausel

Herrn/Frau ....
Mit Ihrem Schreiben vom .... verlangen Sie eine Erhöhung des Pachtzinses für die von mir in Ihrem Anwesen .... gepachteten Geschäftsräume und beziehen sich auf die in § .... des Pachtvertrages vom .... vereinbarte Wertsicherungsklausel, der zufolge sich der Pachtzins entsprechend dem Lebenshaltungskostenindex erhöht oder vermindert. In derselben Bestimmung des Pachtvertrages ist auf die Genehmigungsbedürftigkeit der Wertsicherungsklausel hingewiesen.
Ich habe eine Genehmigung für die genannte Klausel bei der Landeszentralbank .... nicht eingeholt, da ich der Meinung war und bin, daß nur Sie als Verpächter ein Interesse an der Wertsicherungsklausel haben (vgl.

Anm. 22). Ob aber Ihrerseits eine Genehmigung eingeholt worden ist, ist mir nicht bekannt. Sollte dies geschehen und die Genehmigung erteilt worden sein, bitte ich um Übersendung einer beglaubigten Ablichtung des Bescheids der Landeszentralbank. Jedenfalls kann ich zu Ihrem Verlangen nach Erhöhung des Pachtzinses erst dann Stellung nehmen, wenn die – von der Erteilung der Genehmigung abhängige – Rechtswirksamkeit der vereinbarten Wertsicherungsklausel zweifelsfrei feststeht (vgl. Anm. 23).

....................., den ....

*Hochachtungsvoll
gez. Unterschrift*

H. Erwiderung auf Kündigung des Verpächters

Herrn/Frau ....
Mit Schreiben vom .... haben Sie das mit mir bestehende Pachtverhältnis über Geschäftsräume im Anwesen .... unter Einhaltung einer halbjährigen Frist zum Ende des laufenden Kalenderjahres gekündigt. Ich muß Ihre Kündigung als solche akzeptieren, weise Sie aber darauf hin, daß eine Kündigung nur für den Schluß eines Pachtjahres zulässig ist. Das ergibt sich aus § 584 BGB, nachdem im Pachtvertrag eine abweichende Vereinbarung nicht getroffen wurde (vgl. Anm. 24). Da das Pachtverhältnis am .... begonnen hat, wirkt Ihre Kündigung erst zum .... Ich werde daher erst zu diesem Termin die gepachteten Geschäftsräume nebst Inventar an Sie zurückgeben.

....................., den ....

*Hochachtungsvoll
gez. Unterschrift*

I. Kündigung des Pachtverhältnisses aus wichtigem Grund

Herrn/Frau ....
Zu meinem Bedauern sehe ich mich gezwungen, daß mit Ihnen aufgrund Vertrages vom .... bestehende Pachtverhältnis über das Lebensmittel-Einzelhandelsgeschäft .... zum .... aufzukündigen. Zwar wurde der Pachtvertrag für .... Jahre fest abgeschlossen, es liegt aber ein wichtiger Grund vor, der mich zu einer vorzeitigen Kündigung berechtigt (vgl. Anm. 25). Wie Ihnen wahrscheinlich bekannt ist, hat sich vor .... Monaten auf der meinem Geschäft gegenüberliegenden Straßenseite ein Supermarkt etabliert, dessen Warensortiment auch Lebensmittel umfaßt. Seither ist in meinem Ge-

211

schäft ein derart rapider Umsatzrückgang zu verzeichnen, daß eine rentable Weiterführung meines Geschäfts unmöglich ist. Auch durch verstärkte Werbemaßnahmen wie Sonderangebote u. dgl. ließ sich der Geschäftsrückgang nicht eindämmen. Selbst wenn Sie einer erheblichen Herabsetzung des Pachtzinses zustimmen würden, müßte ich das Geschäft aufgeben. Falls sie es wünschen, kann ich Ihnen gern meine Umsatzzahlen im einzelnen mitteilen.

Ich hoffe, daß Sie für meine Situation und die daraus resultierende Kündigung, die mir nicht leicht gefallen ist, Verständnis haben werden.

.................., den ....

Hochachtungsvoll
gez. Unterschrift

J. Verlangen nach Rückzahlung der Pachtkaution

Herrn/Frau ....
Obwohl das Pachtverhältnis, das aufgrund Vertrages vom .... mit Ihnen über die Geschäftsräume im Anwesen .... bestanden hatte, zum .... einvernehmlich beendet worden ist und ich Ihnen die Räume nebst Inventar rechtzeitig zurückgegeben habe, haben Sie mir die von mir seinerzeit geleistete Pachtkaution im Betrag von .... DM (siehe § .... des Pachtvertrages) bis heute nicht zurückerstattet. Ich ersuche Sie deshalb, mir bis zum .... entweder die Kaution zurückzuüberweisen oder mir etwaige Ihrerseits aus dem Pachtverhältnis noch zu erhebende Ansprüche detailliert bekanntzugeben (vgl. Anm. 26).

.................., den ....

Hochachtungsvoll
gez. Unterschrift

Anmerkungen

1) Vgl. Spielverordnung i. d. F. v. 11. 12. 1985, BGBl I S. 2245.
2) Macht der Pächter von dem Pachtobjekt vertragswidrig Gebrauch und setzt er dies trotz Abmahnung durch den Verpächter fort, so kann er auf Unterlassung verklagt werden (§§ 550, 581 Abs. 2 BGB). Die Abmahnung kann bereits dann erfolgen, wenn der Pächter für den vertragswidrigen Gebrauch konkrete Anstalten getroffen hat. Werden durch den fortgesetzten vertragswidrigen Gebrauch die Rechte des Verpächters erheblich verletzt, so kann dieser das Pachtverhältnis fristlos kündigen (§§ 553, 581 Abs. 2 BGB).

3) Ohne Erlaubnis des Verpächters ist der Pächter zur Unterverpachtung nicht berechtigt (§§ 549, 581 Abs. 2 BGB). Wird die Erlaubnis verweigert, so hat der Pächter – anders als der Mieter – kein Kündigungsrecht (§ 584a Abs. 1 BGB). Eine Unterverpachtung kann im Pachtvertrag auch generell untersagt werden. Unbefugte Unterverpachtung, die trotz Abmahnung fortgesetzt wird, berechtigt den Verpächter zur fristlosen Kündigung des Pachtverhältnisses (§§ 553, 581 Abs. 2 BGB).

4) Wird ein Grundstück mit Inventar verpachtet, so obliegt dem Pächter die Erhaltung der einzelnen Inventarstücke. Der Verpächter ist aber verpflichtet, Inventarstücke zu ersetzen, die infolge eines vom Pächter nicht zu vertretenden Umstandes in Abgang kommen (§ 582 BGB).

5) Eine Benutzungspflicht besteht für den Pächter bei der Pacht grundsätzlich nicht, sofern nicht diesbezüglich eine Vereinbarung im Pachtvertrag getroffen ist. Eine stillschweigende Vereinbarung ist insbesondere dann anzunehmen, wenn der Pachtzins nach dem Ertrag oder dem Umsatz des Pächters bemessen wird oder wenn die Benutzung des Pachtobjekts notwendig ist, um dessen Wert und Gebrauchsfähigkeit zu erhalten (Palandt, BGB 51. Aufl. Rdnr. 11 zu § 581). Zur Ersatzpflicht des Pächters für einen Pachtzinsausfall wegen Betriebsferien vgl. auch OLG Hamm, Urt. v. 5. 3. 1974, BB 1974 S. 1609.

6) In Pachtverträgen wird regelmäßig eine Kautionsleistung durch den Pächter vereinbart, wobei die Abrede gewöhnlich dahin lautet, daß sich der Verpächter für alle Ansprüche aus dem Pachtverhältnis – und zwar schon während der Pachtzeit, nicht erst nach deren Beendigung – nach vergeblicher Zahlungsaufforderung an den Pächter aus der Kaution befriedigen darf. Dadurch wird vermieden, daß der Verpächter den Pächter auf Zahlung verklagen muß. Vermindert sich auf diese Weise die Kautionssumme, so kann der Verpächter vom Pächter Aufstockung auf die frühere, vereinbarte Höhe verlangen. Gesetzliche Bestimmungen darüber, in welcher Höhe eine Kaution zu leisten ist und was mit dem Betrag zu geschehen hat – ob er in das Eigentum des Verpächters übergeht oder bei einer Bank auf einem Sonderkonto anzulegen ist –, bestehen nicht; eine derartige gesetzliche Regelung gibt es nur für Wohnraummietverhältnisse (§ 550b BGB).

7) Für seine Forderungen aus dem Pachtverhältnis steht dem Verpächter ein Pfandrecht an den eingebrachten Sachen des Pächters zu, das dieser durch Sicherheitsleistung abwenden kann (§§ 559, 562, 581 Abs. 2 BGB). Das Pfandrecht erstreckt sich allerdings nur auf solche dem Pächter gehörende – also nicht auf unter Eigentumsvorbehalt eines Lieferanten stehende (hier aber Pfandrecht mit Eigentumserwerb) – Sachen, die pfändbar sind. Unpfändbar sind insbesondere Geschäftsbücher (§ 811 Nr. 11 ZPO) sowie zur Fortsetzung einer Erwerbstätigkeit erforderliche Gegenstände (§ 811 Nr. 5 ZPO); letztere Bestimmung bezieht sich aber grundsätzlich nicht auf Vollkaufleute.

8) Die Schadenersatzpflicht des Pächters folgt aus § 823 BGB (unerlaubte Handlung), seine Strafbarkeit aus § 289 StGB (Pfandkehr).

9) Die Genehmigung durch die Landeszentralbank wird nur unter bestimmten Voraussetzungen erteilt. Maßgebend sind die Richtlinien der Deutschen Bundesbank vom 9. 6. 1978 (BAnz. Nr. 109/78, berichtigt in BAnz. Nr. 124/78).

10) Wichtig ist die Unterscheidung, ob eine prozentuale Änderung des Lebenshaltungskostenindex oder eine Änderung um eine bestimmte Punktezahl das Recht auf

Pachtzinsänderung auslösen soll. Eine prozentuale Änderung, wie sie häufig vereinbart wird, macht eine kompliziertere Berechnung notwendig.

11) Ist in einer vertraglichen Indexklausel auf ein Basisjahr Bezug genommen, auf dessen Grundlage ein veröffentlichter Index nicht existiert, so führt dies nicht zur Unwirksamkeit der Klausel; vielmehr ist der veröffentlichte Index auf das vertraglich vereinbarte Basisjahr umzurechnen (OLG Köln, Urt. v. 29. 4. 1987, BB 1987 S. 1420). Diese Umrechnung kann allerdings zusätzliche Kosten verursachen.

12) Bei unbestimmter Pachtdauer ist die Kündigung nur für den Schluß eines Pachtjahres zulässig; sie hat spätestens am 3. Werktag des halben Jahres zu erfolgen, mit dessen Ablauf die Pacht enden soll (§ 584 BGB). Praktisch beträgt also die Kündigungsfrist 6 Monate. Abweichende Vereinbarungen sind aber zulässig.

13) Der Verpächter ist – soweit abweichende Vereinbarungen nicht bestehen – zur fristlosen Kündigung des Pachtverhältnisses erst dann berechtigt, wenn der Pächter
   a) für zwei aufeinanderfolgende Termine mit der Entrichtung des Pachtzinses oder eines nicht unerheblichen Teiles desselben im Verzug ist, oder
   b) in einem Zeitraum, der sich über mehr als zwei Termine erstreckt, mit der Entrichtung des Pachtzinses in Höhe eines Betrages in Verzug geraten ist, der den Pachtzins für zwei Monate erreicht (§§ 554 Abs. 1, 581 Abs. 2 BGB).

14) In Betracht kommt die Erhebung einer Räumungs- und Herausgabe- sowie einer Zahlungsklage. Anstelle der letzteren kann auch ein gerichtlicher Mahnbescheid erwirkt werden.

15) Bei verspäteter Rückgabe des Pachtobjekts kann der Verpächter für die Dauer der Vorenthaltung als Entschädigung den vereinbarten Pachtzins nach dem Verhältnis verlangen, in dem die Nutzungen, die der Pächter während dieser Zeit gezogen hat oder hätte ziehen können, zu den Nutzungen des ganzen Pachtjahres stehen. Die Geltendmachung eines weiteren Schadens wird dadurch nicht ausgeschlossen (§ 584b BGB).

16) Der Hausmeister gilt üblicherweise als ermächtigt, Mängelanzeigen der Mieter und Pächter (§§ 545, 581 Abs. 2 BGB) für den Hauseigentümer entgegenzunehmen.

17) Das Recht des Pächters zur Herabsetzung des Pachtzinses wegen eines Mangels der Pachtsache ergibt sich aus §§ 537, 581 Abs. 2 BGB. Worauf das Nichtfunktionieren der Zentralheizung zurückzuführen ist, ist für den Pachtminderungsanspruch unerheblich. Insbesondere besteht dieser Anspruch unabhängig von einem Verschulden des Verpächters (Palandt a. a. O. Rdnr. 21 zu § 537 BGB).

18) Zum Konkurrenzschutz im gewerblichen Mietrecht vgl. Joachim, BB 1986 Beilage 6 zu Heft 19. Für Pachtverhältnisse gilt nichts anderes.

19) Bei einer Umsatzpacht müssen dem Verpächter Kontrollmöglichkeiten hinsichtlich der vom Pächter angegebenen Umsatzzahlen eingeräumt werden, sei es durch Übermittlung einer Ablichtung der Jahres-Umsatzsteuererklärung oder durch Einsicht in die Geschäftsunterlagen des Pächters. Nimmt der Verpächter sein Kontrollrecht durch einen Beauftragten wahr, so ist es für den Pächter wesentlich, daß der Beauftragte einer beruflichen Verschwiegenheitspflicht unterliegt. Meist wird dies bereits im Pachtvertrag vereinbart.

20) Ohne eine solche Vereinbarung im Pachtvertrag löst das Ableben des Verpächters kein besonderes Kündigungsrecht der Erben aus.

21) Sog. Verlängerungsoption. Durch die Ausübung des Optionsrechts wird kein neues

Pachtverhältnis begründet, sondern das bisherige fortgesetzt (Palandt, a. a. O. Rdnr. 5 Einf. vor § 535 BGB).

22) Vgl. Anm. 9. Zur Einholung der Genehmigung ist jeder der Vertragsteile befugt. Um zu vermeiden, daß sich insoweit jeder Vertragsteil auf den anderen verläßt, empfiehlt sich im Pachtvertrag eine ausdrückliche Vereinbarung, wer die Genehmigung bei der Landeszentralbank beantragen soll.

23) Bis zur Erteilung der Genehmigung ist der Pachtvertrag schwebend unwirksam. Wird die Genehmigung später erteilt, wird der Vertrag rückwirkend voll wirksam.

24) Vgl. Anm. 12. Mangels abweichender Vereinbarung im Pachtvertrag beginnt das erste Pachtjahr mit dem Beginn des Pachtverhältnisses.

25) Als Dauerschuldverhältnis kann ein Pachtverhältnis nach dem Grundsatz von Treu und Glauben (§ 242 BGB) aus wichtigem Grund jederzeit gekündigt werden; dieses Recht kann vertraglich eingeschränkt, aber nicht völlig ausgeschlossen werden. Ein wichtiger Grund ist gegeben, wenn die Durchführung des Vertrages erheblich gefährdet und daher einem Vertragsteil ein weiteres Festhalten an dem Vertrag nicht zumutbar ist; vertragswidriges Verhalten eines Teiles ist nicht Voraussetzung (Palandt, a. a. O. Rdnr. 19 Einl. vor § 241 BGB mit Rspr.-Nachw.).

26) Vgl. Anm. 6. Die Rückgabe der Kaution kann vom Pächter erst nach Beendigung des Pachtverhältnisses, Herausgabe des Pachtgegenstandes an den Verpächter und Erledigung aller wie immer gearteten Verbindlichkeiten aus dem Pachtverhältnis verlangt werden (vgl. BGH, Urt. v. 8. 3. 1972, NJW 1972 S. 721).

27. Leasing-Vertrag

Rechtsgrundlage. §§ 535 ff. BGB.

Erläuterungen. Leasing (engl. Verpachtung, Vermietung) ist die gewerbsmäßige entgeltliche Überlassung von Wirtschaftsgütern zur Nutzung. Durch den Leasing-Vertrag wird zwischen dem Leasing-Geber und dem Kunden (Leasing-Nehmer) ein mietähnliches Verhältnis begründet, aufgrund dessen letzterem eine bestimmte Maschine, Apparatur oder Anlage für einen festgelegten Zeitraum zur Benutzung überlassen wird, wofür er monatliche Zahlungen in von vornherein vereinbarter gleichbleibender Höhe zu leisten hat. Nach Ablauf der Vertragszeit hat der Kunde den Leasing-Gegenstand an den Leasing-Geber zurückzugeben, sofern er nicht von der ihm eingeräumten Möglichkeit Gebrauch machen will, das Vertragsverhältnis zu verlängern (Verlängerungsoption) oder das Objekt käuflich zu erwerben (Kaufoption).

Es gibt verschiedene Arten des Leasing:

– Je nach dem Wirtschaftssektor, dem der Leasing-Nehmer zuzuordnen ist, wird zwischen *Produktionsgüter-* und *Konsumgüter-Leasing* unterschieden.

Letzteres hat in der Vergangenheit beträchtlich an Bedeutung gewonnen. Ist der Leasing-Nehmer eine Privatperson, so entstehen besondere Probleme, z. B. hinsichtlich der Bonitätsprüfung.

– Eine weitere Differenzierung ergibt sich aus der Art des Leasing-Gegenstandes. Beim *Immobilien-Leasing* wird ein Grundstück, ein Gebäude oder Gebäudebestandteil, beim *Mobilien-Leasing* ein bewegliches Wirtschaftsgut überlassen. Hierbei kann es sich um ein neues oder ein gebrauchtes Leasing-Objekt handeln. Eine Besonderheit stellt das *„sale-and-lease-back"* dar, bei dem das Objekt zunächst vom Eigentümer an eine Leasing-Gesellschaft veräußert und anschließend von dieser dem früheren Eigentümer aufgrund eines Leasing-Vertrages zur Nutzung überlassen wird.

– *Hersteller-Leasing* (oder direktes Leasing) wird der Fall genannt, bei dem der Lieferant (Hersteller oder Händler) oder eine von ihm abhängige Gesellschaft als Leasing-Geber fungiert, während beim *institutionellen* (indirekten) *Leasing* eine unabhängige Leasing-Gesellschaft dazwischengeschaltet ist.

– Als *Operating-Leasing* bezeichnet man kurz- und mittelfristige Leasing-Verträge, bei denen dem Leasing-Nehmer ein jederzeitiges, zumindest aber ein kurzfristiges Kündigungsrecht eingeräumt ist. Dagegen handelt es sich beim *Finanzierungs-Leasing* um mittel- oder langfristige Verträge, die während der sog. Grundmietzeit bei vertragsgemäßem Verhalten unkündbar sind.

– Das vor allem im Kfz-Handel und bei Fernsehgeräten gebräuchlich gewordene *Null-Leasing* (auch Null-Zins-Leasing genannt) liegt vor, wenn dem Leasing-Nehmer die Sache für einen bestimmten Zeitraum gegen periodisch fällig werdende Raten ohne Zins zum Gebrauch überlassen und nach Ablauf ihm für einen bei Vertragsschluß festgesetzten Preis bindend zum Eigentumserwerb angeboten wird (vgl. Paschke, BB 1987 S. 1193). Näheres im „Ratgeber Leasing" von Dr. Hock/Frost, Rudolf Haufe Verlag, Freiburg i. Br.

Rechtliche Beurteilung. Auf Leasing-Verträge – auch wenn sie eine Kaufoption enthalten – sind die für die Miete geltenden gesetzlichen Bestimmungen (§§ 535 ff. BGB) anzuwenden, soweit sie nicht nur für Räume gelten (Palandt, BGB 51. Aufl. Rdnr. 38 Einf. vor § 535 mit Rspr.-Nachw.; Sonnenberger, NJW 1983 S. 2217).

Leasing-Verträge mit *Privatleuten* gelten nunmehr als (verbundene) Kreditverträge im Sinne des Verbraucherkreditgesetzes (v. 17. 12. 1990, BGBl I S. 2840 – VerbrKrG). Dabei ist folgendes besonders zu beachten (Grisebach, Ratgeber zum Verbraucher-Kreditrecht S. 57, WRS Verlag Wirtschaft, Recht und Steuern, Planegg/München):

– Ein direkter Preisvergleich wie etwa bei finanzierten Abzahlungskäufen oder Ratenkrediten ist gesetzlich nicht vorgeschrieben. Leasing-Verträge brauchen also keine Zinssätze und auch nicht die sonstigen Pflichtangaben für normale Kreditverträge zu enthalten (§ 3 Abs. 2 Nr. 1 VerbrKrG). Es ist Sache des Leasing-Nehmers, sich über die besonderen Kostenfaktoren des Leasings zu unterrichten, so bei intensiverer Nutzung des Objektes als vertraglich vorgesehen (in der Regel muß dann der Leasing-Nehmer die Differenz zwischen dem tatsächlichen Restwert der Sache und dem vertraglich vorausgesetzten Restwert zusätzlich bezahlen) und hinsichtlich gesonderter Versicherungskosten (z. B. Vollkaskoversicherung).

– Es gilt das allgemeine – einwöchige – Widerrufsrecht (§ 7 VerbrKrG).

– Der Leasing-Nehmer darf nicht verpflichtet werden, Wechselverbindlichkeiten einzugehen, der Leasing-Geber darf zur Sicherung seiner Ansprüche keinen Scheck entgegennehmen (§ 10 Abs. 2 VerbrKrG).

– Verzugszinssätze können nicht mehr frei vereinbart oder durch Bedingungen vorgeschrieben werden. Es gilt die gesetzliche Begrenzung auf 5 v. H. über dem jeweiligen Diskontsatz der Deutschen Bundesbank (§ 11 Abs. 1 VerbrKrG).

– Bedingungen und Voraussetzungen für die Gesamtfälligstellung sind gesetzlich festgelegt (§ 12 VerbrKrG).

– Nimmt der Leasing-Geber die Sache aufgrund seines Eigentumsrechts wieder an sich, gilt dies nicht als Rücktritt vom Vertrag (§§ 3 Abs. 2, 13 Abs. 3 VerbrKrG).

– Eine vorzeitige Erfüllung der Verbindlichkeiten aus dem Leasing-Vertrag bringt dem Leasing-Nehmer keine Zins- und Kostenersparnis (§§ 3 Abs. 2, 14 VerbrKrG).

Dem *gewerblichen* Leasing-Nehmer kann ein Leasing-Vertrag erhebliche wirtschaftliche Vorteile bringen (günstige Auswirkungen auf die Liquidität des Betriebes, steuerliche Gestaltungsmöglichkeiten, Risikoverminderung u. dgl.), u. U. aber auch gewisse Nachteile (finanzielle Kopflastigkeit und längere Unkündbarkeit des Vertrages, Fälligkeit der Restraten bei Zahlungsstockung).

Kraftfahrzeug-Leasing. Es hat in den letzten Jahren erheblich an Bedeutung gewonnen und kommt auch für private Kunden in Betracht: Derzeit wird etwa jeder 3. Leasing-Wagen von privaten Kunden genutzt (zum privaten Kfz-Leasing vgl. Ockenfels, BB 1989 Beilage 11 zu Heft 14). Dementsprechend ist auch die Zahl der Leasing-Firmen gestiegen. Zwar wird das Kfz-Leasing überwiegend von Tochtergesellschaften der Kfz-Hersteller betrieben, die auf diese Weise den Absatz des betreffenden Herstellers fördern wollen und Vertriebsfunktionen wahrnehmen. Daneben gibt es aber auch reines Finanzierungs-Leasing von Kfz durch herstellerunabhängige Gesellschaften; auf ihre Angebote wird vor allem der Unternehmer zurückgreifen, der einen Fuhrpark mit Kfz verschiedener Hersteller leasen will. Bei einem derartigen sog. Flotten-Leasing findet man mitunter auch das sale-and-lease-back-Verfahren (s. oben; zur rechtlichen Beurteilung vgl. BGH, Urt. v. 29. 11. 1989, BB 1990 S. 232, und Graf v. Westphalen, BB 1991 S. 149). Kfz-Leasing-Verträge werden in *verschiedenen Varianten* angeboten, wobei von zwei Grundvertragsarten auszugehen ist:

– Beim Netto-Leasing deckt die Leasing-Gebühr ausschließlich die Nutzung des Fahrzeugs, während alle anderen Kosten wie Inspektionen, Verschleißreparaturen, Versicherung und Kfz-Steuer der Leasing-Nehmer trägt.

– Beim All-in-Service-Leasing werden mit der Gebühr auch die Kosten für Werkstattbesuche, Reifenersatz, Versicherung, Unfallabwicklung usw. abgegolten. Für private Kunden scheidet diese Vertragsart praktisch aus.

Bei allen Kfz-Leasing-Verträgen sind die eigentlichen Vertragsabreden recht kurz gehalten. Alles übrige findet sich in den „Allgemeinen Leasing-Bedingungen", die dem Vertrag zugrunde gelegt werden; hier sind die beiderseitigen Rechte und Pflichten genau festgelegt, weshalb diese Bedingungen vor Vertragsabschluß sorgfältig durchgelesen werden sollten.

Die Leasing-Firmen bestehen darauf, daß die Verträge nach den von ihnen ausgearbeiteten Vertragsmustern abgeschlossen werden und sie sind erfahrungsgemäß auch nicht bereit, für den Einzelfall von ihren Leasing-Bedingungen abweichende Sondervereinbarungen zu treffen. Dem Interessenten bleibt nur die Möglichkeit, die Angebote mehrerer Firmen einzuholen und sie miteinander zu vergleichen; er wird dann feststellen, daß die Leasing-Bedingungen der verschiedenen Firmen doch gewisse Unterschiede aufweisen.

Wegen der näheren Einzelheiten wird auf die im WRS-Verlag München-Planegg erschienene Broschüre von Weber/Marx, Leasingverträge, verwiesen (WRS-Musterverträge Band 16).

Hinweise für den Kfz-Leasing-Nehmer
Wer vor der Entscheidung steht, ob er ein Kfz leasen oder mit Hilfe eines aufzunehmenden Kredits käuflich erwerben soll, sollte berücksichtigen, daß die *Kreditbanken einiger Kfz-Hersteller besonders günstige Zinskonditionen* bieten, die oft erheblich unter den üblichen Zinssätzen der Großbanken liegen. Die Konditionen der Leasing-Firmen sind zum Teil recht unterschiedlich. Wer sich für Leasing entschieden hat, sollte deshalb *die Angebote mehrerer Firmen einholen.*

Die monatlichen Leasing-Raten sind mitunter erstaunlich niedrig. Dafür muß dann aber der Kunde oft eine beträchtliche Anzahlung bei Beginn des Vertragsverhältnisses (sog. *Mietsonderzahlung*) leisten. Rechnet man diese Sonderzahlung auf die einzelnen Leasing-Raten um, erscheint das Angebot schon wesentlich ungünstiger.

Man kann in der Regel zwischen *Kilometerabrechnung* und *Restwertabrechnung* wählen. Bei der km-Abrechnung ist es nicht zweckmäßig, die vertraglich vereinbarte Fahrleistung besonders niedrig zu halten; denn für Mehrkilometer ist zusätzlich zu zahlen, während man für Minderkilometer zwar eine Gutschrift erhält, die aber den Betrag eines Mehrkilometers nicht erreicht. Bei der Restwertabrechnung ist darauf zu achten, daß der Fahrzeugrestwert im Vertrag realistisch – also entsprechend dem voraussichtlichen tatsächlichen Verkaufswert – festgelegt wird; denn ein niedrigerer Verkaufserlös geht voll zu Lasten des Kunden, während ihm ein Mehrerlös gewöhnlich nur zu 75 % zugute kommt.

Gewöhnlich sehen die Leasing-Bedingungen vor, daß der Kunde erst nach 18monatiger Laufzeit des Vertrages ein *Kündigungsrecht* hat. Möglicherweise können aber schon vorher Umstände eintreten, die dem Leasing-Nehmer eine Benutzung des Kfz verwehren (Krankheit, Fahrerlaubnisentzug) oder sich für ihn belastend auswirken (finanzielle Schwierigkeiten, Liquidation der Firma). Der Kunde sollte deshalb anstreben, daß ihm schon früher eine Kündigungsmöglichkeit eingeräumt wird.

Für den Leasing-Nehmer belastend ist die Klausel, daß während der Vertragszeit die *Gefahr eines Verlustes des Fahrzeugs* – etwa durch Entwendung – er selbst zu tragen hat. In einem solchen Fall laufen also, obwohl das Fahrzeug nicht zur Verfügung steht, die Leasing-Raten weiter. In manchen Leasing-Bedingungen ist allerdings die Verpflichtung des Leasing-Gebers zur Beschaffung eines Ersatzfahrzeugs festgelegt.

Mitunter werden an einen *Zahlungsverzug des Leasing-Nehmers* besonders strenge Rechtsfolgen geknüpft: Schon ein Zahlungsrückstand mit nur einer Rate läßt sämtliche künftigen Raten sofort fällig werden und eröffnet dem Leasing-Geber überdies das Recht zur fristlosen Kündigung des Vertrages. Das bedeutet, daß der Leasing-Nehmer evtl. für einen Zeitraum bezahlen muß, während dessen er das Fahrzeug gar nicht mehr in Besitz hat. Eine solche Klausel sollte der Kunde deshalb nicht akzeptieren.

Nach manchen Leasing-Bedingungen hat der Kunde nicht die Gewähr, daß es bei den vertraglich festgelegten Leasing-Raten verbleibt; *Änderungen der Ver-*

hältnisse am Geld- und Kapitalmarkt ermächtigen nämlich den Leasing-Geber zu einer Anpassung (d. h. Erhöhung) der monatlichen Raten. Eine derartige Klausel ist unbillig, vor allem bei einer verhältnismäßig kurzen Laufzeit des Vertrages.

Will der Leasing-Nehmer das Fahrzeug durch *Einbauten* mit einer individuellen Ausstattung versehen, muß er zweierlei beachten. Regelmäßig sehen die Leasing-Bedingungen vor, daß vor Durchführung der Einbauten die Zustimmung des Leasing-Gebers eingeholt werden muß. Dagegen ist nichts einzuwenden, wohl aber gegen die Klausel, daß bei Vertragsende solche Einbauten entschädigungslos in das Eigentum des Leasing-Gebers übergehen. Eine solche Klausel sollte nach Möglichkeit abbedungen werden.

Für den Leasing-Nehmer ungünstig ist die Klausel, daß er innerhalb von 2 Wochen vor Vertragsende *einen Kaufinteressenten für das Fahrzeug namhaft zu machen hat,* widrigenfalls dieses vom Leasing-Geber nach seinem Ermessen verwertet werden kann. Damit hat der Leasing-Geber insoweit freie Hand. Wird nur ein geringer Verkaufserlös erzielt, muß sogar der Kunde möglicherweise den Mindererlös dem Leasing-Geber erstatten.

V. Dienst- und Werkverträge

28. Dienstvertrag

Rechtsgrundlage. §§ 611–630 BGB.

Erläuterungen. Ein Dienstvertrag setzt – im Gegensatz zum Arbeitsvertrag – voraus, daß die Dienste in wirtschaftlicher und sozialer Selbständigkeit und Unabhängigkeit geleistet werden. Maßgeblich dafür, ob im Einzelfall ein abhängiges Arbeitsverhältnis oder ein unabhängiges Dienstverhältnis vorliegt, ist der Grad der persönlichen Abhängigkeit des Dienstverpflichteten vom Dienstberechtigten. Dieser Abhängigkeitsgrad läßt sich am deutlichsten am Umfang der Weisungsgebundenheit des Verpflichteten erkennen und tritt somit am sinnfälligsten in der Gestaltung der Arbeitszeit in Erscheinung (Schwedes, Einstellung und Entlassung des Arbeitnehmers, 6. Aufl. Rdnr. 22, Rud. Haufe Verlag, Freiburg). Dienstvertraglichen Charakter haben in der Regel die Tätigkeiten der Steuerberater, Privatlehrer, Fahrschullehrer und der Veranstalter von Fernlehrgängen (Palandt, BGB 51. Aufl. Rdnr. 16 ff. Einf. vor § 611).
Gegenstand eines Dienstvertrages ist die Erbringung bestimmter Dienste gegen Vergütung. Die Höhe der Vergütung richtet sich nach der getroffenen Vereinbarung, mangels einer solchen nach einer bestehenden Taxe oder nach der Üblichkeit. Die Vergütung wird erst nach Leistung der Dienste fällig. Der Dienstpflichtige hat die Dienste im Zweifel persönlich zu leisten, kann aber Hilfspersonen heranziehen. Nimmt der Dienstberechtigte die ihm ordnungsgemäß angebotene Dienstleistung, gleichgültig aus welchem Grund, nicht an, so muß er die geschuldete Vergütung zahlen, ohne daß der Dienstpflichtige die Dienstleistung später nachholen muß; er muß sich auf die Vergütung nur anrechnen lassen, was er durch den Ausfall der Dienstleistung erspart oder durch anderweitige Verwendung seiner Dienste erworben oder zu erwerben böswillig unterlassen hat. Ist die Dienstleistung beiderseits unverschuldet unmöglich geworden, so kommt es für das Fortbestehen des Vergütungsanspruchs darauf an, in wessen Risikosphäre die Unmöglichkeit liegt; seinen Anspruch auf Vergütung verliert der Dienstpflichtige jedoch nicht, wenn er unverschuldet die Dienstleistung nur für eine verhältnismäßig unerhebliche Zeit nicht erbringen kann.

Ein Dienstverhältnis endet durch Zeitablauf, wenn es von vornherein nur für einen bestimmten Zeitraum eingegangen worden ist. Ist das Dienstverhältnis unbefristet und nicht nur für die Erfüllung einer bestimmten Aufgabe abgeschlossen worden, so kann es von jedem Vertragsteil gekündigt werden. Für die ordentliche Kündigung sieht § 621 BGB die Einhaltung bestimmter Fristen vor – sie sind gestaffelt und richten sich nach dem für die Bemessung der Vergütung maßgeblichen Zeitraum. Das Recht zur fristlosen Kündigung aus wichtigem Grund kann vertraglich nicht ausgeschlossen werden; eine solche Kündigung kann aber nur innerhalb von 2 Wochen ab Kenntnis des Kündigungsberechtigten von den maßgeblichen Tatsachen erfolgen (§ 626 BGB). Eine besondere Kündigungsmöglichkeit besteht bei Dienstverhältnissen, deren Gegenstand Dienste höherer Art sind, die üblicherweise nur aufgrund eines besonderen Vertrauens übertragen werden (§ 627 BGB). Nach Beendigung eines dauernden Dienstverhältnisses hat der Dienstpflichtige Anspruch auf Erteilung eines schriftlichen Zeugnisses durch den Dienstberechtigten.

Das Gesetz über den Widerruf von Haustürgeschäften und ähnlichen Geschäften vom 16. 1. 1986 (s. Erläuterungen zu Nr. 4) gilt auch für dienstvertragliche Leistungen.

Form. Der Dienstvertrag bedarf nach dem Gesetz keiner besonderen Form, schriftlicher Abschluß ist aber regelmäßig angezeigt.

Muster

A. Beratungsvertrag

Zwischen der Firma .... in .... (Firma) und Herrn .... in ....
(Berater; vgl. Anm. 1) wird folgender

Vertrag

geschlossen:

1. Als Sachverständiger für Wirtschaftsfragen übernimmt der Berater ab
.... die laufende Beratung der Firma in besonderen Angelegenheiten, in
denen die Geschäftsführung der Firma die Nutzbarmachung der langjähri-

gen Erfahrungen und Kenntnisse des Beraters in Fragen der Unternehmensführung für dienlich erachtet.

2. *Der Berater wird der Firma im Rahmen seiner sonstigen arbeitsmäßigen Inanspruchnahme zur Verfügung stehen (vgl. Anm. 2).*

3. *Für seine Tätigkeit erhält der Berater von der Firma eine feste jährliche Vergütung von ...... DM, zahlbar je zur Hälfte am .... und am .... eines Kalenderjahres.*

4. *Bei Reisen, die der Berater auf Wunsch der Firma außerhalb seines Wohnortes unternimmt, werden ihm die entstehenden Unkosten aufgrund spezifizierter Aufstellung erstattet. Bei Benutzung eines eigenen Kraftfahrzeugs beträgt der Kilometersatz ...... Dpf. Darüber hinaus erhält der Berater Tage- und Abwesenheitsgelder in der für Rechtsanwälte vorgesehenen Höhe (vgl. Anm. 3). Die Abrechnung erfolgt jeweils von Fall zu Fall.*

5. *Jedem der beiden Vertragspartner steht das Recht der Kündigung dieses Vertrages mit einer Frist von zwei Monaten auf das Ende eines Kalendervierteljahres zu (vgl. Anm. 4).*

6. *Der Berater verpflichtet sich, nach Beendigung dieses Vertrages auf die Dauer eines Jahres keine Tätigkeit anzunehmen, die mit den Interessen der Firma kollidiert, insbesondere nicht für ein Konkurrenzunternehmen als Berater, Angestellter oder im Wege einer Beteiligung tätig zu sein (vgl. Anm. 5). Das Wettbewerbsverbot erstreckt sich auf das Gebiet der Bundesrepublik Deutschland und auf alle Firmen und Personen, die sich mit der Herstellung oder dem Vertrieb von Waren gleicher Art wie die vertragschließende Firma befassen. Das Verbot bezieht sich auch auf ausländische Firmen, die eine derartige Tätigkeit in der Bundesrepublik Deutschland ausüben oder ausüben lassen.*

7. *Für die in Ziffer 6 eingegangene Bindung erhält der Berater im Jahr nach der Vertragsbeendigung die Hälfte der in den letzten zwölf Monaten bezogenen Vergütung, nachträglich in Monatsraten zahlbar (vgl. Anm. 6). Im übrigen sollen für das Wettbewerbsverbot die Bestimmungen des Handelsgesetzbuches entsprechend gelten.*

........., den ....

Unterschriften

B. Vertrag mit einem Fotomodell (vgl. Anm. 7)

Zwischen der Firma .... in .... (Firma) und Frau .... in ....
wird folgendes

vereinbart:

1. Für eine Prospekt- und Zeitungswerbung der Firma sind entsprechende Fotoaufnahmen erforderlich. Frau .... verpflichtet sich, der Firma an den Tagen .... und .... für jeweils ...... Stunden zur Vornahme solcher Aufnahmen zur Verfügung zu stehen. Sie wird an diesen Tagen jeweils um .... Uhr in der Firma erscheinen (vgl. Anm. 8).

2. Die Firma darf die Aufnahmen nur zu den in Ziffer 1 angegebenen Zwecken verwenden. Eine Verwendung für andere Zwecke darf nur mit Zustimmung von Frau .... erfolgen (vgl. Anm. 9).

3. Für ihre Tätigkeit erhält Frau .... eine Vergütung von insgesamt ...... DM. Die Auszahlung erfolgt innerhalb von 2 Wochen nach Vornahme der Aufnahmen. Eine Erstattung von Auslagen, die Frau .... im Zusammenhang mit den Aufnahmen entstehen, erfolgt nicht.

4. Von den bei den vorgesehenen Werbemaßnahmen der Firma (Ziffer 1) zur Verwendung kommenden Aufnahmen erhält Frau .... je ..... Farbabzüge im Format .... zum persönlichen Gebrauch. Frau .... ist nicht berechtigt, von den Abzügen Vervielfältigungen anzufertigen oder anfertigen zu lassen, sie darf die Abzüge auch keiner anderen Person oder Firma überlassen (vgl. Anm. 10).

.........., den ....

Unterschriften

Anmerkungen

1) Nicht selten werden ausgeschiedene Aufsichtsratsmitglieder für ihre Gesellschaft aufgrund eines Beratervertrages tätig. Solange der Berater dem Aufsichtsrat der Gesellschaft noch angehört, bedarf der Beratervertrag der Zustimmung des Aufsichtsrates (§ 114 AkG). Vgl. hierzu BGH, Urt. v. 25. 3. 1991, BB 1991 S. 1068.

2) Zur Haftung eines Beraters vgl. OLG Nürnberg, Urt. v. 27. 1. 1964, BB 1964 S. 828.

3) Nach § 28 Abs. 2 BRAGO beträgt das Tage- und Abwesenheitsgeld bei einer Geschäftsreise von nicht mehr als 4 Stunden 25 DM, von mehr als 4 bis 8 Stunden 50 DM und von mehr als 8 Stunden 95 DM. Bei Auslandsreisen kann zu diesen Beträgen ein Zuschlag von 50 v. H. berechnet werden.

4) Das Recht der Vertragsteile, das Vertragsverhältnis aus wichtigem Grund fristlos zu kündigen, bleibt unberührt. Eine solche Kündigung ist gerechtfertigt, wenn Tatsachen vorliegen, aufgrund derer dem Kündigenden unter Berücksichtigung aller Umstände des Einzelfalles und unter Abwägung der beiderseitigen Interessen die Fortsetzung des Dienstverhältnisses bis zum Ablauf der Kündigungsfrist nicht zugemutet werden kann (§ 626 BGB). Dagegen ist die Bestimmung des § 627 BGB, die bei einer besonderen Vertrauensstellung eine außerordentliche Kündigung auch ohne wichtigen Grund zuläßt, nicht anwendbar, da hier ein dauerndes Dienstverhältnis mit festen Bezügen vorliegt (Palandt, BGB 51. Aufl. Rdnr. 1 zu § 627).

5) Durch das Wettbewerbsverbot soll verhindert werden, daß geschäftliche Angelegenheiten der Firma, von denen der Berater im Rahmen seiner Tätigkeit Kenntnis erlangt hat, einem Konkurrenzunternehmen bekannt werden oder daß eine solche Kenntnis des Beraters zugunsten eines Konkurrenzunternehmens verwertet wird.

6) Diese vertragliche Regelung entspricht den Bestimmungen der §§ 74 Abs. 2, 74b Abs. 1 HGB.

7) Sog. Bildnisvertrag.

8) Trotz der festgelegten Arbeitszeit liegt kein Arbeitsverhältnis vor, da ein solches eine gewisse Dauer voraussetzt.

9) Vgl. § 22 des Kunsturhebergesetzes v. 9. 1. 1907 (RGBl S. 7).

10) Durch diese Vertragsbestimmung, deren Einhaltung evtl. noch durch die Vereinbarung einer Vertragsstrafe fur den Fall von Zuwiderhandlungen untermauert werden kann, soll eine anderweitige, den Interessen der Firma widerstreitende Auswertung der Aufnahmen verhindert werden.

29. Werkvertrag

Rechtsgrundlage. §§ 631–651 BGB; für viele Verträge, die begrifflich Werkverträge sind, gelten besondere Vorschriften, z. B. für Speditions- und Frachtverträge die §§ 407 ff. HGB. Ergänzend sind aber auch auf solche Werkverträge die §§ 631 ff. BGB anzuwenden.

Erläuterungen. Der Werkvertrag gehört neben dem Kauf-, Miet- und Dienstvertrag zu den häufigsten Rechtsgeschäften des täglichen Lebens. Man schließt ihn mit dem Bauunternehmer, der ein Haus bauen soll, mit dem Installateur, der die defekte Wasserleitung in Ordnung bringen soll, mit dem Friseur, dem Schneider, dem Schuhmacher usw. Ebenso werden der Künstler, der auf Bestellung ein Bild malt, der Wissenschaftler, der ein Gutachten anfertigt, aufgrund von Werkverträgen tätig. Nach Werkvertragsrecht richten sich schließlich der Beförderungsvertrag sowie der Theater- und Kinobesuchsvertrag. Hier kann jeweils noch ein Mietvertrag bezüglich eines bestimmten Platzes angegliedert sein.

Im Gegensatz zum Kaufvertrag richtet sich der Werkvertrag nicht auf den Austausch von Ware gegen Geld, sondern auf die Erbringung einer bestimmten Arbeitsleistung gegen Vergütung. Was ihn vom Dienstvertrag unterscheidet, ist der Umstand, daß nicht die Tätigkeit als solche geschuldet wird, sondern ein bestimmter Arbeitserfolg, das „Werk" im weiteren Sinne. Wer einen Werkvertrag schließt, verspricht nicht ein bloßes Tätigwerden, sondern garantiert für den Erfolg seiner Bemühungen.

Das Gesetz über den Widerruf von Haustürgeschäften und ähnlichen Geschäften vom 16. 1. 1986 (s. Erläuterungen zu Nr. 4) gilt auch für werkvertragliche Leistungen.

Form. Gesetzlich ist eine bestimmte Form für den Werkvertrag nicht vorgeschrieben. Bei umfangreichen Vereinbarungen ist jedoch schriftlicher Abschluß angezeigt und üblich.

Muster

Vertrag über die Errichtung eines Einfamilienhauses

Zwischen
der Firma ....
– Baufirma –
und
Herrn ....
– Bauherr –
kommt heute folgender Vertrag zustande:

§ 1 Vertragsobjekt, Vertragsgrundlagen
(1) Die Baufirma übernimmt die Herstellung (vgl. Anm. 1) eines Einfamilienwohnhauses auf dem Bauplatz-Grundstück des Bauherrn an der ....*straße*
in .... *Fl. Nr.* ...... *Gemarkung* ....
(2) Der Bauausführung liegen zugrunde:
a) Die diesem Vertrag beigefügten, von beiden Vertragspartnern unterzeichneten, baubehördlich erst noch zu genehmigenden Baupläne – Anlagen 1 bis ....
b) Das Leistungsverzeichnis (vgl. Anm. 2) – Bezeichnung der Leistungen nebst Preisverzeichnis – Anlage ....
c) Die Verdingungsordnung für Bauleistungen (vgl. Anm. 3), und zwar Teil B (vgl. Anm. 4) und Teil C (vgl. Anm. 5), die anzuwenden sind, soweit in diesem Vertrag nichts Gegenteiliges vereinbart ist. Die Texte der VOB/B und der VOB/C liegen diesem Vertrag bei.

§ 2 Ausführungsfristen
Die Baufirma verpflichtet sich, mit den Bauarbeiten am .... *zu beginnen sowie das Bauwerk bis spätestens* .... *fertigzustellen (vgl. Anm. 6) und dem*

Bauherrn schlüsselfertig zu übergeben. Für jeden Tag Verspätung zahlt die Baufirma eine Vertragsstrafe von ...... DM, höchstens jedoch insgesamt ...... DM (vgl. Anm. 7), *es sei denn, daß die nicht rechtzeitige Fertigstellung auf Umständen beruht, die die Baufirma nicht zu vertreten hat, z. B. Bauarbeiterstreik, Frost u. dgl. Der Anspruch des Bauherrn auf Erfüllung und Schadenersatz uird dadurch nicht berührt.*

§ 3 Vergütung
(1) Für die Durchführung des schlüsselfertigen Bauvorhabens hat der Bauherr eine feste Vergütung (vgl. Anm. 8) von ...... DM zuzüglich Umsatzsteuer zu bezahlen, die fällig ist wie folgt:
a) ein Teilbetrag von ...... DM sofort bei Unterzeichnung des Vertrages,
b) ein Teilbetrag von ...... DM nach Fertigstellung der Kanalisation und der Kellerdecke,
c) ein Teilbetrag von ...... DM nach Fertigstellung des Rohbaues,
d) ein Teilbetrag von ...... DM nach Fertigstellung der gesamten Installation mit Innenputz,
e) der Restbetrag von ...... DM vier Wochen nach Bezugsfertigkeit.
Für die Entrichtung von Umsatzsteuer auf die Abschlagszahlungen gilt § 16 Nr. 1 Abs. 1 VOB/B.
(2) Sofern eine Teilzahlung nicht fristgemäß erfolgt, ist der rückständige Betrag mit dem Zinsfuß zu verzinsen, welchen die Baufirma nachweislich für Zwischenkredite bezahlt, mindestens aber mit jährlich ...... %.
(3) Sofern der Bauherr während der Bauzeit Sonderwünsche geltend macht, die im Leistungsverzeichnis nicht berücksichtigt sind, hat er die dadurch entstandenen Mehrkosten gesondert zu vergüten. Die Bezahlung dieser Mehrkosten hat zusammen mit der letzten Rate zu erfolgen; ebenso wird ein Betrag für etwa später vereinbarte Minderleistungen von der letzten Rate in Abzug gebracht.
(4) Es besteht Einigkeit unter den Vertragspartnern, daß Lohn- oder Materialpreisveränderungen während der Bauzeit auf die vereinbarte Gesamtvergütung für das Bauwerk gemäß Absatz 1 keinen Einfluß haben (vgl. Anm. 9).

§ 4 Leistungen der Baufirma
(1) Die Baufirma trägt folgende Kosten:
a) Architektenkosten mit Objektüberwachung für die Bauhauptarbeiten und Nebenhandwerkerarbeiten, einschließlich aller Besprechungen und Erledigungen der Formalitäten.
b) Anfertigen der statischen Berechnung mit Armierungsplänen.
c) Gebühren für Plangenehmigung, Prüfung der statischen Berechnung, Abnahmekosten und Kosten der amtlichen Lagepläne.

d) *Kosten für sämtliche Planpausen einschließlich der statischen Berechnung, Richtfestgebühren.*
(2) Die Baufirma wird dem Bauherrn alle Pläne und Zeichnungen zur Genehmigung vorlegen.

§ 5 Pflichten der Baufirma
(1) Die Baufirma ist dafür verantwortlich, daß bei der Baudurchführung alle gesetzlichen und baupolizeilichen Bestimmungen und die Unfallverhütungsvorschriften beachtet werden, die den Schutz der auf dem Bau Tätigen und anderer Personen sowie der Nachbargrundstücke bezwecken.
(2) Die Baufirma hat auf ihre Kosten Versicherungen in angemessener Höhe gegen Haftpflicht und Brandgefahr abzuschließen und dies dem Bauherrn auf sein Verlangen nachzuweisen.

§ 6 Abnahme des Gebäudes
Bei Übergabe des schlüsselfertigen Bauwerks erfolgt die Abnahme (vgl. Anm. 10) mit der Feststellung aller etwa vorhandenen Baumängel und Reklamationen, die in einer besonderen Niederschrift festgehalten werden (vgl. Anm. 11). Später auftretende Mängel werden von der Baufirma innerhalb der Garantiezeit kostenlos beseitigt (vgl. Anm. 12).

§ 7 Zusammenwirken der Parteien
(1) Baufirma und Bauherr verpflichten sich gegenseitig, alle zur Durchführung dieses Vertrags und des Bauvorhabens erforderlichen Handlungen unverzüglich vorzunehmen (vgl. Anm. 13).
(2) Sollten während der Baudurchführung Meinungsverschiedenheiten oder Streitigkeiten (vgl. Anm. 14) auftreten, so sollen diese unter Ausschluß des Rechtsweges von einem Schiedsgericht beigelegt oder entschieden werden. Die Vertragsparteien haben hierzu einen besonderen Schiedsvertrag geschlossen.

§ 8 Sicherungshypothek
(1) Der Bauherr verpflichtet sich, an seinem Baugrundstück Fl. Nr.........., vorgetragen im Grundbuch des Amtsgerichts .... für die Gemarkung .... Band ...... Blatt ...... Seite .... zugunsten der Baufirma unverzüglich eine Sicherungshöchstbetragshypothek von ...... DM zu bestellen und an nächstoffener Rangstelle im Grundbuch eintragen zu lassen.
(2) Diese Hypothek dient zur Sicherung aller Forderungen und Ansprüche, die der Baufirma aus diesem Vertrag jetzt und künftig zustehen (vgl. Anm. 15).
(3) Die Kosten für Bestellung und Eintragung der Hypothek und für ihre spätere Löschung trägt der Bauherr.

§ 9 Sonstiges

(1) Nebenabreden zu diesem Bauvertrag wurden nicht getroffen. Abänderungen und Ergänzungen des Vertrags bedürfen zu ihrer Rechtswirksamkeit der Schriftform.

........, den ....
Die Baufirma: ....
Der Bauherr: ....

Schiedsvertrag (vgl. Anm. 16)
Zwischen

der Firma ....
und — Baufirma —
Herrn ....
— Bauherr —
wird zu dem heute abgeschlossenen Bauvertrag folgende Schiedsvereinbarung getroffen:
Kommt unter den Vertragspartnern eine Einigung über Meinungsverschiedenheiten oder Streitigkeiten, die während der Baudurchführung auftreten sollten, nicht zustande, so entscheiden unter Ausschluß des Rechtsweges drei Schiedsrichter (Bausachverständige), von denen jeder Vertragsteil je einen, die Handwerkskammer in .... den Obmann benennt. Die Entscheidung erfolgt mit Stimmenmehrheit und ist endgültig.

........, den ....
Die Baufirma: ....
Der Bauherr: ....

Anmerkungen

1) Der Bauherr überträgt hier die Ausführung seines Bauvorhabens einer einzigen Baufirma und tritt nur mit dieser in Rechtsbeziehungen. Die Baufirma (Bauunternehmer) führt einen Teil der Bauleistungen (z. B. alle Maurer-, Zimmermanns- und Schreinerarbeiten) selbst aus und schließt wegen der übrigen Bauleistungen (z. B. Elektroinstallationen, sanitäre Anlagen, Malerarbeiten, Zentralheizung) die erforderlichen Werkverträge mit den verschiedenen Bauhandwerkern ab (vgl. BGH, Urt. v. 26. 1. 1978, NJW 1978 S. 1054).

2) Das in der Regel vom Architekten ausgearbeitete Leistungsverzeichnis, auch Lei-

stungsbeschreibung genannt, bildet die wichtigste Grundlage des Bauvertrages. Darin werden, nach einzelnen Positionen getrennt, sämtliche für die Erstellung des Gebäudes notwendigen Arbeiten nach Inhalt und Umfang aufgeführt. Aufgrund der Baupläne und Bauzeichnungen wird beispielsweise errechnet, wieviel cbm Beton und Mauerwerk und wieviel qm Innen- und Außenputz erforderlich sind, wie diese Arbeiten ausgeführt werden sollen und welches Baumaterial dabei zu verwenden ist.

3) Die Verdingungsordnung für Bauleistungen (VOB) hat in der Bauwirtschaft eine überragende Bedeutung erlangt. In aller Regel wird den Bauaufträgen der öffentlichen Hand und der privaten Bauherrn die VOB zugrunde gelegt. Dadurch wird die Regelung vieler Fragen, die früher in den einzelnen Bauverträgen einen weiten Raum einnahmen, überflüssig. Die Geltung der VOB muß aber zwischen den Parteien vereinbart werden, der bloße Hinweis auf ihre Geltung genügt gegenüber einem im Baubereich unbewanderten Vertragspartner nicht (Palandt, BGB 51. Aufl. Rdnr. 4 Einf. vor § 631). Bedenklich ist die „isolierte" Vereinbarung einzelner Bestimmungen der VOB: wird formularmäßig nur die Gewährleistungsregelung der VOB/B (s. unten Anm. 12, 13) übernommen, so ist die Vereinbarung zumindest insoweit unwirksam, als damit die gesetzliche Gewährleistungsfrist von 5 Jahren (§ 638 BGB) verkürzt wird (BGH, Urt. v. 10. 10. 1985, BB 1986 S. 24, und Urt. v. 29. 9. 1988, BB 1988 S. 2413). Vgl. auch BGH, Urt. v. 21. 6. 1990, BB 1990 S. 2071, und Urt. v. 31. 1. 1991, BB 1991 S. 1663).

4) Der Teil B (Neufassung v. 19. 7. 1990, BAnz-Beilage Nr. 132a/1990) betitelt sich „Allgemeine Vertragsbestimmungen für die Ausführung von Bauleistungen (DIN 1961)" und stellt eine geschlossene Rechtsordnung dar, welche die Vertragsbeteiligten im Einzelfall zum Bestandteil ihres Bauvertrages erklären können. Geschieht dies, so äußern die darin enthaltenen Bestimmungen unmittelbare Rechtswirkung gegenüber beiden Vertragspartnern. Der Teil B der VOB enthält eingehende – zum Teil von den §§ 631 ff. BGB abweichende – Bestimmungen über die bei der Durchführung eines Bauvorhabens entstehenden Rechtsfragen, insbesondere über Art und Umfang der Leistung (§ 1), die Vergütung (§ 2), die Ausführung (§§ 4–6), die Verteilung der Gefahr (§ 7), die Kündigung (§§ 8 und 9), Haftung (§ 10), Gewährleistung (§ 13), Zahlung und Sicherheitsleistung (§§ 16 und 17).

5) Der Teil C der VOB enthält „Allgemeine technische Vorschriften (DIN 18 300 ff.)" für die einzelnen Arten von Bauarbeiten (Erdarbeiten, Maurerarbeiten usw.).

6) Zuweilen wird auch im Bauvertrag für die Fertigstellung vor dem vorgesehenen Termin eine Prämie zugesagt.

7) Der Anspruch auf Vertragsstrafe entfällt nach § 341 Abs. 3 BGB, dessen Inhalt in § 11 Nr. 4 Teil B VOB übernommen ist, wenn der Auftraggeber sich diesen Anspruch nicht bei der Abnahme des Baues vorbehalten hat; vorheriger oder nachträglicher Vorbehalt genügt nicht (vgl. hierzu BGH, Urt. v. 12. 10. 1978, BB 1979 S. 69, und Urt. v. 12. 3. 1981, BB 1981 S. 874). Zur Notwendigkeit einer Begrenzung der Vertragsstrafe s. BGH, Urt. v. 22. 10. 1987, BB 1988 S. 301, sowie Urt. v. 19. 1. und 11. 5. 1989, BB 1989 S. 1224, 1371.

8) Die Festpreisabrede drückt aus, die Vertragsparteien sollen und wollen an dem einmal vereinbarten Preis festhalten, gleichgültig, welche Entwicklung die tatsächlichen Verhältnisse auch nehmen mögen (OLG Celle, Urt. v. 26. 11. 1965, NJW 1966 S. 507).

9) Soll sich der Preis für das Bauwerk erhöhen, wenn z. B. die Materialpreise oder die Tariflöhne während der Bauzeit steigen, so hätte die Formulierung zu lauten: „Dem vereinbarten Preis liegen die heutigen Tariflöhne und Materialpreise zugrunde. Sollten während der Bauzeit Änderungen der Tariflöhne und/oder Materialpreise eintreten, so ist die Baufirma berechtigt, eine entsprechende Erhöhung des vereinbarten Preises zu verlangen."

10) Die Abnahme der Bauleistungen durch den Bauherrn oder seinen Architekten ist eine wichtige Verpflichtung aus dem Bauvertrag. Sie stellt die Anerkennung der Leistung als im wesentlichen vertragsgemäße Erfüllung dar. Der Zeitpunkt der Abnahme ist nicht nur für die Verjährung der Gewährleistungsansprüche des Bauherrn, sondern auch in anderer Beziehung von Bedeutung (vgl. BGH, Urt. v. 23. 11. 1978, BB 1979 S. 134, und Urt. v. 12. 5. 1980, BB 1980 S. 1124). Insbesondere geht damit die Gefahr eines zufälligen Untergangs oder eines zufälligen Verschlechterung des Bauwerks, z. B. durch Brand oder Unwetter, auf den Bauherrn über. Nimmt dieser eine Bauleistung in Kenntnis ihrer Mangelhaftigkeit ab, muß er sich die Geltendmachung von Gewährleistungsansprüchen – bei sonstigem Verlust – vorbehalten. Das kann auch noch bei der Unterzeichnung des Abnahmeprotokolls geschehen (BGH, Urt. v. 29. 11. 1973, BauR 1974 S. 206).

11) Darüber, wann und wie die Abnahme zu erfolgen hat, enthält die VOB Teil B § 12 genaue Bestimmungen. Zur Notwendigkeit einer prüfbaren Schlußrechnung s. BGH, Urt. v. 20. 10. 1988 und v. 10. 5. 1990, BB 1989 S. 22 und 1990 S. 2072. Vgl. auch BGH, Urt. v. 23. 2. 1989, BB 1989 S. 1150.

12) Die Gewährleistung (Garantie) ist in § 13 Teil B VOB behandelt. Die Bestimmungen entsprechen weitgehend den Vorschriften des BGB. Doch ist Wandlung (§ 634 BGB) ausgeschlossen und der Anspruch auf Schadenersatz (§ 635 BGB) nur beschränkt zulässig. Wegen der Gewährleistungsansprüche des Erwerbers eines Grundstücks mit einem vom Veräußerer darauf zu errichtenden Gebäude vgl. BGH, Urt. v. 10. 10. 1974, NJW 1975 S. 47. Zur Abgrenzung der Gewährleistung vom selbständigen Garantieversprechen s. BGH, Urt. v. 8. 2. und 20. 9. 1973, BB 1973 S. 1602 und 1511.

13) Bezüglich der Verjährung (vgl. § 638 BGB) ist in der VOB Teil B § 13 Nr. 4 folgendes bestimmt: „Ist für die Gewährleistung keine Verjährungsfrist im Vertrag vereinbart, so beträgt sie für Bauwerke und für Holzerkrankungen zwei Jahre, für Arbeiten an einem Grundstück und für die vom Feuer berührten Teile von Feuerungsanlagen ein Jahr. Die Frist beginnt mit der Abnahme der gesamten Leistung; nur für in sich abgeschlossene Teile der Leistung beginnt sie mit der Teilabnahme." Wird eine Garantie für eine bestimmte Zeitspanne übernommen, so wird in der Regel angenommen werden können, daß die Parteien auch die Verjährungsfrist ändern wollen, und zwar derart, daß die Verjährungsfrist erst mit dem Hervortreten des Mangels oder dem in § 639 Abs. 2 BGB erwähnten Zeitpunkt (Mitteilung der Baufirma an den Bauherrn über Nachprüfung oder Beseitigung des gerügten Mangels) beginnen soll, sofern die Garantiefrist noch nicht abgelaufen ist (vgl. BGH, Urt. v. 25. 9. 1980, BB 1980 S. 1771).

14) Streitigkeiten und gerichtliche Auseinandersetzungen aus Bauverträgen sind nicht selten. Der Grund hierfür ist in vielen Fällen die ungenügende Vorbereitung des Vertrages und seine nicht immer sachgemäße Abfassung, oft aber auch die Unkennt-

nis der Beteiligten über die gegenseitigen Rechte und Pflichten aus dem Vertragsverhältnis.

15) Nach § 648 BGB kann der Unternehmer eines Bauwerks für seine Forderungen aus
dem zugrunde liegenden Werkvertrag die Einräumung einer Sicherungshypothek an
dem Baugrundstück des Auftraggebers verlangen. Vor der Vollendung des Gebäudes
erstreckt sich der Anspruch auf die Einräumung der Hypothek für einen der geleisteten Arbeit entsprechenden Teil der Vergütung und für die darin nicht inbegriffenen
Auslagen. „Bauwerkunternehmer" i. S. dieser Vorschrift ist unter bestimmten Voraussetzungen auch der Architekt (Palandt, a. a. O. Rdnr. 2 zu § 648 BGB).

16) Siehe auch Nr. 61: Schiedsvertrag.

30. Erklärungen der Vertragsparteien bei einem Werkvertrag

Rechtsgrundlage. §§ 631 ff. BGB, evtl. Verdingungsordnung für Bauleistungen
(VOB), Teil B.

Erläuterungen. Im Rahmen eines Werkvertrages sehen sich die Vertragsparteien
häufig genötigt, dem anderen Teil gegenüber Erklärungen abzugeben, sei es, um
eigene Rechte geltend zu machen, sei es, um erhobene Ansprüche abzuwehren.
Dies gilt insbesondere dann, wenn sog. Leistungsstörungen – sei es auf seiten
des Auftragnehmers oder des Kunden – in Frage stehen. Bei solchen Erklärungen ist darauf zu achten, daß das Gewollte unmißverständlich zum Ausdruck
gebracht wird, auch muß die von dem anderen Teil etwa gesetzte Frist eingehalten werden.

Form. Nach den Bestimmungen des BGB bestehen für im Rahmen eines Werkvertrages abzugebende Erklärungen keine Formvorschriften, wogegen die
VOB/B, deren Geltung in Bauverträgen häufig vereinbart wird, für bestimmte
Erklärungen die Schriftform als notwendig bezeichnet. Indes erscheint schon
aus Gründen des Nachweises und der Klarstellung eine schriftliche Erklärung
stets ratsam. Wichtige Schreiben sollten „eingeschrieben" abgesandt oder gegen
Empfangsbestätigung ausgehändigt werden.

Muster

I. Erklärungen des Kunden (Auftraggebers)

A. Anfechtung wegen arglistiger Täuschung

Herrn ....

Am .... *haben Sie sich vertraglich verpflichtet, für mich ein eingehendes schriftliches Gutachten über* .... *zu erstellen, und zwar gegen eine Vergütung von DM* .... *Vor Vertragsabschluß haben Sie mir auf diesbezügliche Fragen versichert, daß Sie auf dem in Rede stehenden Gebiet der Technik ein erstklassiger Fachmann und schon viele Jahre als Gutachter für Gerichte und andere Stellen tätig seien.*

Eine von mir vorsichtshalber vorgenommene Erkundigung bei der Industrie- und Handelskammer hat ergeben, daß Ihre Angaben unrichtig waren. Weder sind Sie auf dem hier in Frage stehenden Gebiet der Technik besonders bewandert noch wurden Sie bisher von öffentlichen Stellen als Gutachter herangezogen.

Sie haben mich somit arglistig getäuscht (vgl. Anm. 1). Nur im Vertrauen auf die Richtigkeit Ihrer Angaben habe ich Ihnen den Gutachtenauftrag erteilt. Diese meine Erklärung fechte ich hiermit an, so daß der mit Ihnen geschlossene Vertrag gegenstandslos ist (vgl. Anm. 2, 3). Die Rücküberweisung der von mir in Höhe von DM .... *geleisteten Anzahlung erwarte ich bis* ....
Ich behalte mir ferner ausdrücklich vor, Sie schadenersatzpflichtig zu machen (vgl. Anm. 4).

..................., *den* ....

Hochachtungsvoll
gez. Unterschrift

B. Fristsetzung bei nicht rechtzeitiger Leistung (vgl. Anm. 5)
Firma ....
Am .... *habe ich bei Ihnen die Neulackierung meines Kraftfahrzeugs* .... *in Auftrag gegeben. Dabei haben Sie mir erklärt, ich könne den fertigen Wagen am* .... *abholen. Einen Tag vor diesem Fertigstellungstermin haben Sie mir fernmündlich mitgeteilt, daß sich die Durchführung der Arbeiten wegen Auftragsüberlastung Ihres Betriebes verzögern werde. Seither ist eine Woche vergangen, ohne daß ich von Ihnen gehört habe.*
Ich setze Ihnen hiermit für die Fertigstellung meines Wagens eine Frist bis zum .... *Nach Ablauf dieser Frist werde ich Ihre Leistung ablehnen.*

..................., den ....

Hochachtungsvoll
gez. Unterschrift

C. Vertragsrücktritt wegen nicht rechtzeitiger Leistung
Firma ....
Mit meinem Schreiben vom .... *habe ich Ihnen für die in Auftrag gege-*
bene Neulackierung meines Kraftfahrzeugs .... *eine Frist bis zum*
.... *gesetzt und Ihnen gleichzeitig mitgeteilt, daß ich nach dem Ablauf*
dieser Frist Ihre Leistung ablehnen werde. Trotzdem haben Sie die Arbeiten bis
heute nicht vorgenommen und sich abermals mit Auftragsüberlastung Ihres
Betriebes entschuldigt. Ich mache deshalb von dem mir gesetzlich zustehenden
Recht Gebrauch und trete von dem mit Ihnen abgeschlossenen Werkvertrag
zurück (vgl. Anm. 6). Ich werde das Fahrzeug in den nächsten Tagen bei Ihnen
abholen und behalte mir Schadenersatzansprüche gegen Sie ausdrücklich vor
(vgl. Anm. 7).

..................., den ....

Hochachtungsvoll
gez. Unterschrift

D. Verlangen nach Minderung (vgl. Anm. 8)
Firma ....
Die Restaurierung meines alten Tölzer Bauernschranks haben Sie, wie ich
Ihnen gleich bei der Abholung erklärt habe, höchst mangelhaft und zum Teil in
unfachmännischer Weise vorgenommen. Ein beigezogener Sachverständiger
hat mir dies jetzt bestätigt. Nach seiner gutachtlichen Äußerung war Ihre
Arbeit in folgenden Punkten fehlerhaft: ....
Ihnen den Schrank nochmals zur Nachbesserung zu überlassen, kommt nicht in
Betracht. Zum einen haben Sie mir auf meine Beanstandungen erklärt, die
Restaurierung wäre in anderer Weise nicht durchzuführen gewesen. Zum
anderen habe ich, wie Sie vielleicht verstehen werden, angesichts so gravie-
render Mängel Ihrer Arbeit jedes Vertrauen zu Ihnen verloren (vgl. Anm. 9).
Sie haben mir für Ihre Arbeit einen Betrag von DM .... *in Rechnung gestellt.*
Diese Vergütung ist im Hinblick auf Ihre mangelhafte Arbeit weit überhöht.
Nach der Äußerung des Sachverständigen erscheint allerhöchstens eine Ver-
gütung von DM .... *angemessen (vgl. Anm. 10). Ich verlange deshalb die*
Herabsetzung des Werklohnes auf diesen Betrag und ersuche Sie, mir Ihr
Einverständnis mit dieser Minderung bis spätestens .... *mitzuteilen. Im*
Falle Ihrer Zustimmung werde ich Ihnen dann den genannten Betrag sogleich
überweisen. Sollten Sie hingegen die von mir geforderte Minderung ablehnen

234

oder die für Ihre Zustimmung gesetzte Erklärungsfrist verstreichen lassen, wäre ich genötigt, gegen Sie Klage zu erheben.

...................., den ....

Hochachtungsvoll
gez. Unterschrift

E. Forderung von Aufwendungsersatz für Mängelbeseitigung
Firma ....
In der Zeit vom .... bis .... befand sich mein ....-Gerät in Ihrer Werkstatt zur Reparatur. Nach Rücklieferung stellte ich sogleich fest, daß das Gerät nach wie vor nicht ordnungsgemäß funktioniert. Als ich Sie daraufhin fernmündlich bat, das Gerät nochmals abzuholen und sachgemäß zu reparieren, machten Sie dies davon abhängig, daß ich für die Transportkosten aufkomme. Dies habe ich abgelehnt und Ihnen für die Durchführung der Nachreparatur mit meinem Schreiben vom .... eine Frist bis zum .... gesetzt. Seither habe ich von Ihnen nichts mehr gehört.
Ihr Verlangen, ich solle für den erneuten Transport des Gerätes in Ihre Werkstatt die Kosten übernehmen, war gesetzwidrig (vgl. Anm. 11). Da Sie die erste Reparatur nicht ordnungsgemäß vorgenommen haben, waren Sie zur Nachreparatur verpflichtet.
Durch das Verstreichenlassen der Ihnen für die Nachreparatur gesetzten Frist sind Sie in Verzug geraten. Ich habe nun das Gerät bei der Fa. .... in .... reparieren lassen, die mir hierfür, wie Sie der in Ablichtung beigefügten Rechnung entnehmen können, einen Betrag von DM .... berechnet hat.
Diesen Betrag verlange ich von Ihnen erstattet (vgl. Anm. 12) und sehe der Überweisung auf mein Konto Nr. .... bei .... bis .... entgegen. Sollte das Geld bis dahin nicht eingegangen sein, werde ich gegen Sie gerichtlich vorgehen.

...................., den ....

Hochachtungsvoll
gez. Unterschrift

F. Nachbesserungsverlangen wegen Fehlens einer zugesicherten Eigenschaft
Firma ....
Im vergangenen Jahr hatte ich Sie mit der Einpflanzung von Ziersträuchern im Garten meines Einfamilienhauses .... beauftragt (vgl. Anm. 13). Sie haben mir hierbei unter Zeugen ausdrücklich erklärt, daß die Sträucher völlig winterfest seien und es besonderer Schutzmaßnahmen nicht bedürfe (vgl.

Anm. 14). Wie sich jetzt nach Ablauf der kalten Jahreszeit herausgestellt hat, ist ein großer Teil der Sträucher erfroren. Das kann nicht an der Art der Ziersträucher liegen, da sich die gleichen Sträucher in Nachbargärten befinden und dort seit mehreren Jahren gut gedeihen. Entweder waren also die von Ihnen eingesetzten Sträucher zum Teil bereits krank und deshalb gegen Kälte besonders anfällig oder die Einpflanzung wurde teilweise unsachgemäß vorgenommen.

Jedenfalls ersuche ich Sie hiermit, die erfrorenen Ziersträucher zu beseitigen und durch wirklich winterfeste zu ersetzen (vgl. Anm. 15). Den Termin für die Vornahme Ihrer Arbeiten wollen Sie mir bitte rechtzeitig im voraus mitteilen.

.................., den ....

Hochachtungsvoll
gez. Unterschrift

G. Verlangen von Schadenersatz
Firma ....
Am .... habe ich Ihnen den Auftrag zur Herstellung eines Eßzimmer-Einbauschranks für meine Wohnung .... erteilt. Einige Tage später hat dann einer Ihrer Angestellten mit mir die notwendigen Einzelheiten besprochen und im Eßzimmer meiner Wohnung die Maße genommen. Als der Schrank am .... geliefert wurde, stellte sich heraus, daß er sowohl in der Breite als auch in der Höhe zu groß war, so daß sich ein Einbau als unmöglich erwies (vgl. Anm. 16). Ich habe deshalb die Annahme des Schranks abgelehnt.

Wie Sie mir telefonisch bestätigt haben, beruht das Überschreiten der Maße auf einem Versehen Ihres Angestellten; entsprechende Änderungen an dem Schrank ließen sich nicht durchführen, so daß Sie versuchen wollen, ihn anderweitig abzusetzen.

Da Sie den mit mir abgeschlossenen Vertrag aus Gründen, die Sie zu vertreten haben, nicht erfüllt haben, verlange ich von Ihnen Schadenersatz (vgl. Anm. 17, 18). Mein Schaden besteht zum einen darin, daß ich bei einem anderen Möbelhersteller, dem ich jetzt den Auftrag erteilt habe, wegen zwischenzeitlich gestiegener Holzpreise wahrscheinlich einen höheren Werklohn bezahlen muß. Zum anderen kann ich das Eßzimmer meiner Wohnung wegen der nun eingetretenen Verzögerung mehrere Wochen hindurch nur in beschränktem Maße benutzen.

Im einzelnen werde ich Ihnen meine Schadenersatzansprüche demnächst spezifiziert mitteilen. Zunächst ersuche ich Sie, mir bis spätestens .... verbindlich zu erklären, daß Sie meine Schadenersatzforderung dem Grunde nach anerkennen.

236

..................., den ....

Hochachtungsvoll
gez. Unterschrift

H. Kündigung eines Werkvertrages

Firma ....

Am .... waren wir übereingekommen, daß Sie für mein Arbeitszimmer einen Schreibtisch, Nußbaum, in den Maßen .... anfertigen. Nun bin ich als Erbe meines am .... verstorbenen Vaters in den Besitz eines ähnlichen Schreibtisches gelangt, so daß mein Bedarf insoweit gedeckt ist. Ich storniere deshalb den Ihnen erteilten Auftrag und ersuche Sie unter Hinweis auf § 649 des Bürgerlichen Gesetzbuches um Übermittlung Ihrer Rechnung (vgl. Anm. 19, 20).

..................., den ....

Hochachtungsvoll
gez. Unterschrift

I. Kündigung wegen Überschreitung des Kostenanschlags

Firma ....

Am .... hatte ich Ihnen den Auftrag zur Reparatur einer alten Standuhr erteilt. Dem Vertrag war ein von Ihnen erstellter Kostenanschlag zugrunde gelegt worden, wonach sich die Reparaturkosten auf höchstens .... DM belaufen sollten. Mit Ihrem Schreiben vom .... haben Sie mir nun mitgeteilt, daß der im Kostenanschlag genannte Betrag um .... DM – das sind rund 38 % – überschritten werden müsse, weil verschiedene für die Reparatur benötigte Teile nicht mehr im Handel erhältlich seien und deshalb von Hand hergestellt werden müßten (vgl. Anm. 21). Im Hinblick auf diese Kostenerhöhung kündige ich den mit Ihnen abgeschlossenen Vertrag; einen so hohen Betrag möchte ich für die Reparatur der Standuhr nicht aufwenden. Ihren bisherigen Arbeits- und Kostenaufwand können Sie mir in Rechnung stellen (vgl. Anm. 22). Ich werde die Standuhr in den nächsten Tagen bei Ihnen abholen.

..................., den ....

Hochachtungsvoll
gez. Unterschrift

Anmerkungen

1) Wer zur Abgabe einer Erklärung durch arglistige Täuschung oder widerrechtlich durch Drohung bestimmt worden ist, kann die Erklärung anfechten (§ 123 BGB). Arglistig ist eine Täuschung, wenn sie bewußt und in dem Wissen erfolgt, daß der andere Teil durch die unrichtigen Angaben zur Abgabe der Erklärung bestimmt wird.

2) Die Anfechtung wegen arglistiger Täuschung kann nur innerhalb eines Jahres erfolgen, wobei die Frist mit der Entdeckung der Täuschung beginnt (§ 124 BGB).

3) Eine wirksame Anfechtung bewirkt, daß das angefochtene Rechtsgeschäft als von Anfang an nichtig anzusehen ist (§ 142 Abs. 1 BGB). Deshalb muß der Anfechtungsgegner den bereits erhaltenen Teil der Vergütung zurückgewähren.

4) Der Schaden des Kunden kann z. B. in einer Vermögenseinbuße bestehen, die er erleidet, weil er nun nicht rechtzeitig einen anderen geeigneten Gutachter findet. Der Ersatzanspruch ergibt sich aus dem Gesichtspunkt der „unerlaubten Handlung" (§ 823 Abs. 2 BGB in Verb. mit § 263 StGB; Palandt, BGB 51. Aufl. Rdnr. 26 zu § 123 BGB).

5) Das Schreiben stellt, auch wenn dies nicht wörtlich zum Ausdruck gebracht wird, eine „Mahnung" des säumigen Schuldners dar; denn es enthält die Aufforderung, die in Auftrag gegebenen Arbeiten bis zu einem bestimmten Zeitpunkt vorzunehmen (Palandt, a. a. O. Rdnr. 15 zu § 284 BGB). Durch die nach Eintritt der Fälligkeit erfolgende Mahnung des Gläubigers gerät der Schuldner in Verzug (§ 284 Abs. 1 BGB). Ist für die Leistung eine Zeit nach dem Kalender bestimmt, so kommt der Schuldner auch ohne Mahnung in Verzug, wenn er nicht zu der bestimmten Zeit leistet (§ 284 Abs. 2 BGB). Im vorliegenden Fall ist aber die Anwendbarkeit der letztgenannten gesetzlichen Bestimmung zweifelhaft. Zwar war ursprünglich ein kalendermäßiger Fertigstellungstermin vereinbart; dieser Termin ist jedoch dadurch hinfällig geworden, daß der Werkstattinhaber vorher die Nichteinhaltung angekündigt und der Kunde dies offenbar akzeptiert hat. Die Mahnung war deshalb angebracht.

6) Wird das Werk nicht rechtzeitig hergestellt, finden die für die Wandelung (= Rückgängigmachung des Vertrages) geltenden Vorschriften des § 634 Abs. 1 bis 3 BGB entsprechende Anwendung, doch tritt an die Stelle des Wandelungsanspruchs das Recht des Kunden, vom Werkvertrag zurückzutreten. Die im Falle des Verzugs des Auftragnehmers dem Kunden zustehenden Rechte bleiben unberührt (§ 636 Abs. 1 BGB). Aufgrund der Bestimmung des § 634 Abs. 1 BGB ist bei nicht rechtzeitiger Leistung des Auftragnehmers grundsätzlich eine Fristsetzung, verbunden mit einer Ablehnungsandrohung, erforderlich (Palandt, a. a. O. Rdnr. 1 zu § 636 BGB). Diese Fristsetzung ist mit dem als Muster B wiedergegebenen Schreiben erfolgt. Da der Auftragnehmer die Frist nicht eingehalten hat, ist der Kunde nun zum Rücktritt berechtigt.

7) Der Schuldner hat dem Gläubiger den durch seinen Leistungsverzug entstehenden Schaden zu ersetzen (§ 286 BGB). Der Schaden kann z. B. darin bestehen, daß der Kunde sein Fahrzeug so lange nicht zur Verfügung hatte.

8) Der Auftragnehmer ist verpflichtet, das Werk so herzustellen, daß es nicht mit

Fehlern behaftet ist, die seinen Wert oder seine Tauglichkeit zum Gebrauch aufheben oder mindern. Ist das Werk nicht von dieser Beschaffenheit, so kann der Kunde die Beseitigung des Mangels verlangen (§ 633 Abs. 1 und 2 BGB). Zu diesem Zweck kann der Kunde dem Auftragnehmer eine angemessene Frist mit der Erklärung setzen, daß er nach Fristablauf die Beseitigung des Mangels ablehne. Nach fruchtlosem Verstreichen der Frist kann der Kunde Rückgängigmachung des Vertrages (Wandelung) oder Herabsetzung der Vergütung (Minderung) fordern (§ 634 Abs. 1 BGB).

9) Grundsätzlich ist auch die Geltendmachung einer Minderung davon abhängig, daß dem Auftragnehmer zuvor – unter Ablehnungsandrohung – eine angemessene Frist zur Mängelbeseitigung gesetzt worden ist (§ 634 Abs. 1 BGB; vgl. Anm. 8). Einer Fristsetzung bedarf es jedoch nicht, wenn die Beseitigung des Mangels unmöglich ist oder von dem Auftragnehmer verweigert wird oder wenn die sofortige Geltendmachung des Anspruchs auf Minderung durch ein besonderes Interesse des Kunden gerechtfertigt wird (§ 634 Abs. 2 BGB). Im vorliegenden Fall ist eine vorherige Fristsetzung zur Mängelbeseitigung aus zwei Gründen nicht erforderlich: Zum einen hat der Auftragnehmer erklärt, daß die Restaurierung des Bauernschranks in anderer Weise nicht durchzuführen war, womit er das Vorhandensein von Mängeln schlechthin bestreitet; zum anderen, weil dem Kunden angesichts der z. T. unfachmännisch vorgenommenen Restaurierungsarbeiten – so das Sachverständigengutachten – nicht zuzumuten ist, den Schrank dem Auftragnehmer nochmals in die Hände zu geben (Palandt, a. a. O. Rdnr. 4 zu § 634 BGB mit Nachw.).

10) Beim Kauf ist im Falle der Minderung der Kaufpreis in dem Verhältnis herabzusetzen, in dem der Wert der mangelfreien Sache zu ihrem wirklichen Wert gestanden hätte (§ 472 Abs. 1 BGB). Diese gesetzliche Bestimmung ist auf die Minderung bei einem Werkvertrag entsprechend anzuwenden (§ 634 Abs. 4 BGB). In der Praxis wird aber häufig nicht nach dieser komplizierten Berechnungsmethode verfahren, sondern entweder eine prozentuale Herabsetzung der Vergütung oder eine Herabsetzung auf die von einem Sachverständigen für die mangelhafte Leistung als angemessen erklärte Vergütung gefordert und gewährt.

11) Der zur Nachbesserung mangelhafter Arbeit verpflichtete Auftragnehmer hat grundsätzlich auch die zum Zweck der Nachbesserung erforderlichen Aufwendungen, insbesondere Transport-, Wege-, Arbeits- und Materialkosten, zu tragen (§ 633 Abs. 2, § 476a BGB).

12) Da der Auftragnehmer mit der Mängelbeseitigung in Verzug geraten ist, war der Kunde berechtigt, den Mangel selbst beseitigen zu lassen; die hierfür erforderlichen Aufwendungen kann er vom Auftragnehmer erstattet verlangen (§ 633 Abs. 3 BGB).

13) Werklieferungsvertrag über nicht vertretbare Sachen. Zwar handelt es sich bei Ziersträuchern um Gegenstände, die im Verkehr nur nach Zahl und Maß bestimmt zu werden pflegen, also um vertretbare Sachen (§ 91 BGB), entscheidend ist jedoch die Einpflanzung der Sträucher im Garten des Kunden entsprechend seinen Anweisungen.

14) Nicht jede Erklärung, die der Auftragnehmer im Zusammenhang mit dem Abschluß eines Werk(lieferungs)vertrages abgibt, stellt eine Zusicherung dar. Zugesichert ist eine Eigenschaft vielmehr nur dann. wenn der Auftragnehmer durch ausdrückliche

239

oder stillschweigende Erklärung, die Vertragsinhalt geworden ist, dem Kunden zu erkennen gibt, daß er für den Bestand der betreffenden Eigenschaft des Werkes einstehen will (vgl. Palandt, a. a. O. Rdnr. 15 zu § 459 BGB). Hier liegt nach Sachlage die Zusicherung des Auftragnehmers vor, daß die einzupflanzenden Sträucher winterfest seien.

15) Der Auftragnehmer haftet für das Vorhandensein der zugesicherten Eigenschaften des Werkes in gleicher Weise wie für Mängelfreiheit (§ 633 Abs. 1 BGB). Deshalb hat der Kunde in beiden Fällen dieselben Gewährleistungsansprüche (vgl. Anm. 8). Im vorliegenden Fall kann der Mangel nur durch Neupflanzung der erfrorenen Sträucher beseitigt werden. Da anzunehmen ist, daß der Auftragnehmer dem Verlangen des Kunden nachkommen wird, erübrigt sich zunächst eine Fristsetzung.

16) Beruht der Mangel des Werkes auf einem Umstand, den der Auftragnehmer zu vertreten hat, so kann der Kunde statt Wandelung oder Minderung Schadenersatz wegen Nichterfüllung verlangen (§ 635 BGB). Zu vertreten hat der Auftragnehmer einen Mangel, den er oder sein Erfüllungsgehilfe schuldhaft herbeigeführt hat (§§ 276, 278 BGB). Fahrlässigkeit liegt insbesondere dann vor, wenn die einschlägigen fachlichen (z. B. handwerklichen) Regeln nicht beachtet wurden.

17) Da Schadenersatz „statt Wandelung oder Minderung" verlangt werden kann, müssen sämtliche Voraussetzungen für diese Ansprüche (vgl. Anm. 8, 9) auch bei einer Schadenersatzforderung erfüllt sein. Darüber hinaus ist ein Schadenersatzanspruch ausgeschlossen, solange und soweit ein Nachbesserungsanspruch besteht (Palandt, a. a. O. Rdnr. 9 zu § 634 BGB). Im vorliegenden Fall kommt, da eine Beseitigung des Mangels unmöglich ist, Nachbesserung nicht in Betracht.

18) Der Inhalt des Schadenersatzanspruchs bestimmt sich nach den Vorschriften der §§ 249 ff. BGB, doch geht der Anspruch grundsätzlich auf Geldersatz. Ist es dem Kunden noch nicht möglich, seinen Anspruch zu beziffern, ist es für ihn ratsam, sich zu vergewissern, daß der Auftragnehmer den Anspruch dem Grunde nach anerkennt.

19) Bis zur Vollendung des Werkes kann der Kunde den Vertrag jederzeit kündigen (§ 649 BGB). Diese Bestimmung gilt auch für einen Werklieferungsvertrag, wie er hier vorliegt (Palandt, a. a. O. Rdnr. 6 zu § 651 BGB). Die Kündigung, die den Vertrag für die Zukunft aufhebt, ihn aber als Rechtsgrund für in der Vergangenheit bereits erbrachte Leistungen bestehen läßt, bedarf an sich keiner Begründung; um beim Auftragnehmer jedoch den Eindruck willkürlichen Vorgehens zu vermeiden, werden meist die Gründe für die Kündigung angeführt.

20) Kündigt der Kunde den Vertrag, so ist der Auftragnehmer berechtigt, die vereinbarte Vergütung zu verlangen. Er muß sich auf diesen Betrag jedoch anrechnen lassen, was er infolge der Vertragsaufhebung an Aufwendungen erspart oder durch anderweitige Verwendung seiner Arbeitskraft erwirbt oder zu erwerben böswillig unterläßt (§ 649 BGB). Keinen Vergütungsanspruch für noch nicht erbrachte Leistungen hat der Auftragnehmer, der dem Kunden für dessen Kündigung einen wichtigen Grund gegeben hat, z. B. durch gröbliche Gefährdung des Vertragszwecks (Palandt, a. a. O. Rdnr. 4 zu § 649 BGB).

21) Ist dem Werkvertrag ein Kostenanschlag des Auftragnehmers zugrunde gelegt worden und ergibt sich, daß das Werk nicht ohne wesentliche Überschreitung des Anschlags ausführbar ist, so hat dies der Auftragnehmer dem Kunden unverzüglich anzuzeigen. Der Kunde kann dann aus diesem Grund den Vertrag kündigen (§ 650

BGB). Diese gesetzliche Bestimmung bezieht sich indes nur auf einen sog. nicht-garantierten Kostenanschlag; an einen garantierten Kostenanschlag ist der Auftrag-nehmer gebunden, so daß etwaige Kostenüberschreitungen zu seinen Lasten gehen.

22) Kündigt der Kunde wegen der zu erwartenden Überschreitung des Kostenanschlags, so mindert sich der Vergütungsanspruch des Auftragnehmers: Er kann nur den Teil der Vergütung verlangen, welcher der bis zur Kündigung geleisteten Arbeit ent-spricht, und außerdem Ersatz der darin nicht enthaltenen Auslagen (§ 645 Abs. 1 BGB). Wegen der unterschiedlichen Rechtsfolgen einer Vertragskündigung aus anderen Gründen (vgl. Anm. 19, 20) und einer Kündigung wegen Überschreitung des Kostenanschlags ist es in letzterem Fall für den Kunden ratsam, die Kündigung unter ausdrücklichem Hinweis auf den besonderen Kündigungsgrund auszuspre-chen.

II. Erklärungen des Auftragnehmers

A. Fristsetzung gegenüber dem Kunden zur Mitwirkung

Herrn/Frau ....

Am .... haben Sie mich mit der Herstellung einer Polstermöbelsitzgarni-tur für Ihr Wohnzimmer beauftragt, wobei ich entgegenkommenderweise damit einverstanden war, daß der Bezugsstoff von Ihnen beschafft wird: Sie gaben mir die feste Zusage, mir den Stoff bis spätestens .... zu liefern (vgl. Anm. 1). Dieser Termin ist längst verstrichen, ohne daß ich von Ihnen gehört habe. Wiederholte Versuche, Sie telefonisch zu erreichen, blieben ohne Erfolg. Ich sehe mich deshalb zu meinem Bedauern gezwungen, Ihnen für die Anliefe-rung des Bezugsstoffs eine Frist bis zum .... zu setzen, und erkläre Ihnen schon jetzt, daß ich bei Nichteinhaltung dieser Frist den mit Ihnen abgeschlos-senen Vertrag kündige (vgl. Anm. 2).

Ich behalte mir ausdrücklich vor, im Hinblick auf Ihren Verzug eine Entschädi-gung zu verlangen, wozu ich nach dem Gesetz berechtigt bin (vgl. Anm. 3).

...................., den ....

Hochachtungsvoll
gez. Unterschrift

B. Ablehnung der Nachbesserung

Herrn/Frau ....

Am .... haben wir in Ihrer Wohnung Ihre elektrische Waschmaschine .... repariert. Mit Schreiben vom .... teilen Sie uns nun mit, daß die Waschmaschine weiterhin nicht ordnungsgemäß funktioniere, und zwar ....; Sie verlangen deshalb kostenlose Nachreparatur.

Ihre Beanstandung müssen wir zu unserem Bedauern zurückweisen. Die Repa-ratur wurde durch unser fachlich geschultes Personal sachgemäß vorgenom-

men. Wie Sie wissen, wurde die Maschine nach der Reparatur von unserem Personal probeweise in Betrieb genommen, wobei sich keinerlei Mängel zeigten (vgl. Anm. 4). Der nunmehr aufgetretene Schaden ist zudem ein ganz anderer als der, dessen Behebung Gegenstand des Reparaturauftrags war. Selbstverständlich sind wir gerne bereit, auch die neuerliche Reparatur vorzunehmen, müssen Ihnen aber hierfür die üblichen Kosten berechnen. Gegebenenfalls wollen Sie sich mit uns fernmündlich in Verbindung setzen.

...................., den ....

Hochachtungsvoll
gez. Unterschrift

C. Zurückweisung eines Minderungsverlangens
Herrn ....
Am .... haben wir Ihnen Ihren bei uns bestellten und von uns angefertigten Abendanzug unter gleichzeitiger Rechnungstellung ins Haus geliefert. Mit Ihrem Schreiben vom .... teilen Sie uns nun mit, daß der Anzug verschiedene Mängel aufweise, nämlich .... Sie verlangen deshalb Herabsetzung des Rechnungsbetrages um ...... v. H.
Ihrem Ersuchen können wir leider nicht entsprechen. Sollte der Anzug tatsächlich die von Ihnen genannten geringfügigen Mängel aufweisen, sind wir gern bereit, diese zu beseitigen. Zu diesem Zweck müssen wir Sie bitten, mit dem Anzug bei uns vorbeizukommen, damit wir feststellen können, ob und welche Änderungen vorgenommen werden müssen.
Ehe Sie uns nicht Gelegenheit zur Vornahme etwa notwendiger Änderungen gegeben haben, können Sie nach dem Gesetz eine Herabsetzung des Werklohnes nicht verlangen (vgl. Anm. 5).

...................., den ....

Hochachtungsvoll
gez. Unterschrift

D. Angebot einer Kulanzleistung
Firma ....
Am .... haben wir Ihnen die von Ihnen bestellte und von uns nach Ihren Wünschen und Plänen angefertigte Maschine .... geliefert. Mit Ihrem Schreiben vom .... machen Sie geltend, daß die Maschine unter Dauerbelastung nicht ordnungsgemäß funktioniere und verlangen Nachbesserung.
Ihr Nachbesserungsverlangen ist nicht begründet. Im Hinblick auf die Neuartigkeit der Maschine und darauf, daß von Ihnen erstellte Pläne zugrunde gelegt wurden, ist im § .... des am .... mit Ihnen abgeschlossenen

Vertrages ausdrücklich vereinbart worden, daß unsererseits jede Mängelhaftung ausgeschlossen ist (vgl. Anm. 6). Auf diese Vertragsbestimmung dürfen wir Sie hinweisen.

Im Hinblick auf unsere langjährige Geschäftsverbindung sind wir jedoch ohne Anerkennung einer Rechtspflicht und nur aus Kulanzgründen bereit, für Sie kostenfrei den Versuch zu unternehmen, den von Ihnen behaupteten Funktionsmangel zu beheben (vgl. Anm. 7). Sie wollen sich zu diesem Zweck mit uns telefonisch in Verbindung setzen, damit wir einen Termin für die Abholung der Maschine festlegen können.

................, den ....

Hochachtungsvoll
gez. Unterschrift

E. Berufung auf Verjährung

Herrn/Frau ....

Am .... haben wir Ihnen die für Sie speziell angefertigte Polstermöbelsitzgarnitur geliefert, die Sie unbeanstandet und unter sofortiger Begleichung unserer Rechnung entgegengenommen haben. Mit Ihrem Schreiben vom .... bringen Sie nun vor, daß die Polstermöbel verschiedene Mängel aufweisen würden und verlangen Nachbesserung.

Zu unserem Bedauern müssen wir die von Ihnen geforderte Nachbesserung ablehnen, weil die im Gesetz vorgesehene sechsmonatige Verjährungsfrist für Gewährleistungsansprüche längst abgelaufen ist (vgl. Anm. 8, 9). Wir bitten Sie dafür um Verständnis, daß wir uns auf die eingetretene Verjährung berufen; die von uns kalkulierten günstigen Preise lassen eine kostenlose Nachbesserung über die gesetzlichen Verpflichtungen hinaus leider nicht zu.

Selbstverständlich sind wir gerne bereit, die von Ihnen gewünschten Änderungen vorzunehmen, müssen Ihnen aber hierfür die üblichen Kosten berechnen. Gegebenenfalls wollen Sie sich bitte mit uns fernmündlich in Verbindung setzen, damit wir die Polstermöbel abholen können.

................, den ....

Hochachtungsvoll
gez. Unterschrift

F. Fristsetzung zur Abnahme des Werkes

Herrn/Frau ....

Am .... haben Sie einen Damenring, Gold, 24 Kar., in meine Werkstatt gebracht und mich beauftragt, zwei Diamanten zu je $1/4$ Kar. einzusetzen. Mit meinen gleichlautenden Schreiben vom .... und vom .... habe ich

Ihnen mitgeteilt, daß die Arbeit beendet ist, und Sie um Abholung des Ringes ersucht. Als ich auf beide Schreiben ohne Antwort blieb, habe ich mehrmals – leider vergeblich – versucht, Sie telefonisch zu erreichen, sowohl in Ihrer Privatwohnung als auch in Ihrem Büro. Ich sehe mich deshalb zu meinem Bedauern gezwungen, Ihnen für die Abholung des Ringes und die Begleichung meiner Rechnung in Höhe von DM .... eine Frist bis zum .... zu setzen (vgl. Anm. 10). Sollte auch diese Aufforderung erfolglos bleiben, wäre ich genötigt, die erforderlichen Maßnahmen zu ergreifen (vgl. Anm. 11).

..................., den ....

Hochachtungsvoll
gez. Unterschrift

G. Berufung auf gesetzliches Pfandrecht, Androhung der Versteigerung
Herrn/Frau ....
Sie haben auch die Frist, die ich Ihnen mit meinem Schreiben vom .... zur Abholung Ihres Ringes und zur Begleichung meiner Rechnung in Höhe von DM .... gesetzt habe, verstreichen lassen. Ich sehe mich deshalb gezwun- gen, von dem mir gesetzlich zustehenden Pfandrecht an dem Ring Gebrauch zu machen (vgl. Anm. 12) und teile Ihnen mit, daß ich nach dem .... das Pfandstück öffentlich versteigern lassen werde (vgl. Anm. 13). Vom Zeitpunkt und Ort der Versteigerung werde ich Sie noch benachrichtigen.

..................., den ....

Hochachtungsvoll
gez. Unterschrift

H. Anzeige der Überschreitung eines Kostenanschlags
Herrn/Frau ....
Am .... haben Sie mir den Auftrag zur Reparatur einer alten Standuhr erteilt. Nach dem von mir erstellten Kostenanschlag sollten sich die Repara- turkosten auf höchstens DM .... belaufen.
Leider muß ich Sie nun davon in Kenntnis setzen, daß dieser Kostenanschlag nicht eingehalten werden kann. Ich bin bisher davon ausgegangen, daß die für die Reparatur benötigten Teile noch im Handel erhältlich sind. Nunmehr hat sich jedoch herausgestellt, daß dies nicht der Fall ist, so daß einzelne Ersatz- teile von Hand hergestellt werden müssen. Das wirkt sich, wie Sie verstehen werden, preiserhöhend aus. Der im Kostenanschlag genannte Betrag wird deshalb voraussichtlich um etwa DM .... überschritten werden müssen (vgl. Anm. 14).
Falls Sie sich zu dieser Mitteilung äußern wollen, bitte ich dies bis .... zu

tun. Sollte ich bis dahin keine Nachricht von Ihnen erhalten haben, gehe ich davon aus, daß Sie mit der Reparatur der Standuhr zu dem angeführten höheren Preis einverstanden sind.

..................., den ....

Hochachtungsvoll
gez. Unterschrift

I. Ankündigung zusätzlicher Bauleistungen nach VOB/B
Herrn/Frau ....
Dem mit Ihnen am .... *abgeschlossenen Bauvertrag sind die Bestimmungen der Verdingungsordnung für Bauleistungen, Teil B, zugrunde gelegt worden (vgl. Anm. 15). Ich zeige Ihnen deshalb an, daß ich folgende zusätzlichen, im Bauvertrag nicht vorgesehenen, von Ihnen jedoch ausdrücklich gewünschten Leistungen ausführen werde (vgl. Anm. 16):* ....
Mit den Arbeiten werde ich am .... *beginnen.*

..................., den ....

Hochachtungsvoll
gez. Unterschrift

J. Übertragung von Bauleistungen an einen Nachunternehmer
Herrn/Frau ....
Dem mit Ihnen am .... *abgeschlossenen Bauvertrag sind die Bestimmungen der Verdingungsordnung für Bauleistungen, Teil B, zugrunde gelegt worden. Ich beabsichtige nun, um die rechtzeitige Fertigstellung Ihres Einfamilienhauses zu gewährleisten, die* .... *Arbeiten an einen Nachunternehmer zu übertragen und bitte Sie, mir hierzu die erforderliche schriftliche Zustimmung zu erklären (vgl. Anm. 17). Dem Eingang Ihrer Mitteilung sehe ich bis zum* .... *entgegen.*

..................., den ....

Hochachtungsvoll
gez. Unterschrift

K. Kündigung eines Bauvertrages wegen Zahlungsverzugs des Auftraggebers
Herrn/Frau ....
Dem mit Ihnen am .... *abgeschlossenen Bauvertrag liegen die Bestimmungen der Verdingungsordnung für Bauleistungen, Teil B, zugrunde. Die mit Vollendung des 2. Bauabschnitts fälliggewordene Teilzahlung in Höhe von DM* .... *haben Sie bisher nicht geleistet, obwohl ich Ihnen mit meinem Schrei-*

ben vom .... hierfür eine Frist bis zum .... gesetzt und die Kündigung des Vertrages angedroht habe. Unter diesen Umständen sehe ich mich leider gezwungen, von meinem Kündigungsrecht nunmehr Gebrauch zu machen (vgl. Anm. 18). Alle weiteren Arbeiten an Ihrem Einfamilienhaus habe ich ab sofort eingestellt.

Meine Abrechnung wird Ihnen in Kürze zugehen. Schon heute kündige ich Ihnen an, daß ich auch den mir zustehenden Anspruch auf angemessene Entschädigung geltend machen werde (vgl. Anm. 19).

...................., den ....

Hochachtungsvoll
gez. Unterschrift

Anmerkungen

1) Häufig bedarf es bei einem Werkvertrag zur Herstellung des vereinbarten Werkes einer Mitwirkung des Kunden. So muß z. B., wer sein Zimmer tapezieren läßt, dem Auftragnehmer angeben, welche Farbe, welches Muster usw. die Tapete haben soll, sofern nicht nach dem Vertragsinhalt deren Auswahl dem Tapezierer überlassen bleiben soll; will sich jemand von einem Maler porträtieren lassen, muß er zur Anfertigung des Porträts dem Maler Modell sitzen. Unterläßt der Kunde diese erforderliche Mitwirkung, so gerät er – unabhängig davon, ob ihn ein Verschulden trifft oder nicht – in Annahmeverzug (§§ 293 ff. BGB).

2) In einem solchen Fall kann der Auftragnehmer dem Kunden zur Nachholung der Mitwirkungshandlung eine angemessene Frist mit der Erklärung bestimmen, daß er den Vertrag kündige, wenn die Handlung nicht bis zum Ablauf der Frist vorgenommen wird. Erfolgt die Nachholung nicht innerhalb der Frist, so gilt der Vertrag als aufgehoben (§ 643 BGB).

3) Gerät der Kunde durch das Unterlassen der Mitwirkungshandlung in Annahmeverzug, so kann der Auftragnehmer eine angemessene Entschädigung verlangen; deren Höhe bestimmt sich einerseits nach der Dauer des Verzugs und der Höhe der vereinbarten Vergütung, andererseits danach, was der Auftragnehmer infolge des Verzugs an Aufwendungen erspart oder durch anderweitige Verwendung seiner Arbeitskraft erwerben kann (§ 642 BGB). Eines Nachweises, daß dem Auftragnehmer tatsächlich ein Schaden erwachsen ist, bedarf es nicht. Wird das Werk doch noch hergestellt, kann die Entschädigung neben der vereinbarten Vergütung gefordert werden (Palandt, BGB 51. Aufl. Rdnr. 2 zu § 642).

4) Ein „Mangel" liegt auch vor, wenn eine Reparatur nicht ordnungsgemäß ausgeführt worden ist. Daß dies der Fall war, hat nach der Abnahme (§ 640 BGB) der Kunde zu beweisen (Palandt, a. a. O. Rdnr. 10 zu § 633 BGB). „Abnahme" ist die Entgegennahme der Leistung, verbunden mit der (auch stillschweigend zum Ausdruck gebrachten) Erklärung, daß sie als vertragsgemäß anerkannt wird (Palandt, a. a. O.

Rdnr. 2 zu § 640 BGB). Im vorliegenden Fall ist davon auszugehen, daß der Kunde die Reparatur „abgenommen" hat, nachdem sich bei probeweiser Inbetriebnahme der Waschmaschine keinerlei Mängel gezeigt haben. Sache des Kunden wäre es deshalb gewesen, die Nichtordnungsmäßigkeit der Reparatur darzulegen und unter Beweis zu stellen.

5) Wegen der Voraussetzungen für die Geltendmachung einer Minderung vgl. Anm. 9 zu Muster I D. Da diese Voraussetzungen hier nicht vorliegen, besteht zunächst nur ein Nachbesserungsanspruch des Kunden.

6) In einem Werkvertrag kann ein Ausschluß oder eine Beschränkung der Haftung des Auftragnehmers, einen Mangel des Werkes zu vertreten, wirksam vereinbart werden; eine solche Vereinbarung ist jedoch nichtig, wenn der Auftragnehmer den Mangel arglistig verschweigt (§ 637 BGB). Wird der Haftungsausschluß lediglich in Allgemeinen Geschäftsbedingungen des Auftragnehmers festgelegt. so sind hierbei die Bestimmungen des Gesetzes zur Regelung des Rechts der Allgemeinen Geschäftsbedingungen (v. 9. 12. 1976, BGBI I S. 3317, mit spät. Änd.) – insbesondere § 11 Nrn. 7, 10, 11 – zu beachten.

7) Eine Kulanzleistung ist als solche deutlich zu bezeichnen. Auch empfiehlt es sich, die zugesagte Leistung – soweit möglich – genau zu umschreiben, damit nicht weitergehende Ansprüche ausgelöst werden.

8) Der Anspruch des Kunden auf Beseitigung eines Mangels des Werkes sowie die wegen des Mangels dem Kunden zustehenden Ansprüche auf Wandelung, Minderung oder Schadenersatz verjähren, sofern nicht der Auftragnehmer den Mangel arglistig verschwiegen hat, in sechs Monaten, bei Arbeiten an einem Grundstück in einem Jahr und bei Bauwerken in fünf Jahren. Die Verjährung beginnt mit der Abnahme (vgl. Anm. 4 zu Muster B) des Werkes (§ 638 Abs. 1 BGB). Die Verjährung umfaßt auch einen Nachbesserungsanspruch des Kunden (Palandt, a. a. O. Rdnr. 2 zu § 638 BGB).

9) Eine vertragliche Abkürzung oder Verlängerung der Verjährungsfrist ist zulässig (§§ 225, 638 Abs. 2 BGB). Insbesondere durch Gewährung einer (unselbständigen) Garantie wird die Verjährung häufig hinausgeschoben (Palandt, a. a. O. Rdnr. 4 zu § 638 BGB).

10) Zum Begriff der Abnahme vgl. Anm. 1 zu Muster B. Die Abnahme des Werkes ist eine Hauptpflicht des Kunden aus dem Werkvertrag. Gerät der Kunde (durch Verstreichenlassen der ihm gesetzten Frist) mit der Abnahme in Verzug, so gilt die allgemeine Vorschrift des § 326 BGB, die dem Auftragnehmer das Recht gibt, nach erneuter, mit Ablehnungsandrohung verbundener Fristsetzung Schadenersatz wegen Nichterfüllung zu verlangen oder vom Vertrag zurückzutreten.

11) Der Auftragnehmer kann den Kunden auch auf Abnahme verklagen. Im vorliegenden Fall besteht für den Juwelier ferner die Möglichkeit, dem Kunden den Ring unter Nachnahme zu übersenden, doch verspricht dies angesichts des beharrlichen Stillschweigens des Kunden wenig Erfolg.

12) Der Auftragnehmer hat für seine Forderungen aus dem Werkvertrag ein Pfandrecht an den von ihm hergestellten oder ausgebesserten Sachen des Kunden, wenn sie bei der Herstellung oder zum Zweck der Ausbesserung in seinen Besitz gelangt sind (§ 617 BGB). Durch die Geltendmachung dieses Pfandrechts dürfte im vorliegenden Fall der Juwelier noch am ehesten seinen Vergütungsanspruch realisieren können;

ein Vorgehen nach § 326 BGB (s. oben Anm. 10) wäre zu kompliziert und zu langwierig.

13) Auf das werkvertragliche Unternehmerpfandrecht finden, was die Verwertung des Pfandgegenstandes anbelangt, die Regeln über das vertragliche Pfandrecht Anwendung (§ 1257 BGB). Danach ist eine Versteigerung des Pfandes grundsätzlich erst nach vorheriger Androhung zulässig; von Ort und Zeit der Versteigerung hat der Pfandgläubiger den Kunden unverzüglich zu benachrichtigen (§ 1220 BGB). Der Verkauf des Pfandes ist im Wege öffentlicher Versteigerung zu bewirken (§ 1235 BGB).

14) Ist dem Werkvertrag ein Kostenanschlag des Auftragnehmers zugrunde gelegt worden und ergibt sich, daß das Werk nicht ohne wesentliche Überschreitung des Anschlags ausführbar ist, so hat dies der Auftragnehmer dem Kunden unverzüglich anzuzeigen (§ 650 BGB). Die Unterlassung der Anzeige ist eine schuldhafte Vertragsverletzung, die den Auftragnehmer zum Schadenersatz verpflichtet (Palandt, a. a. O. Rdnr. 3 zu .§ 650 BGB). S. auch Anm. 21, 22 zu Muster I I.

15) Die werkvertraglichen Bestimmungen des BGB werden den Besonderheiten des Baugeschehens vielfach nicht gerecht. Um diesem Mangel abzuhelfen, wurde die Verdingungsordnung für Bauleistungen (VOB) geschaffen, deren Teil B eine Vertragsordnung – vergleichbar Allgemeinen Geschäftsbedingungen – enthält. Die VOB/B gilt für einen Bauvertrag allerdings nur dann, wenn dies zwischen den Vertragsparteien vereinbart worden ist.

16) Wird eine im Bauvertrag nicht vorgesehene Leistung gefordert, so hat der Auftragnehmer Anspruch auf besondere Vergütung; sie bestimmt sich nach den Grundlagen der Preisermittlung für die vertraglichen Leistungen und den besonderen Kosten der geforderten Leistung und ist möglichst vor Beginn der Ausführung zu vereinbaren. Der Auftragnehmer muß seinen Vergütungsanspruch dem Auftraggeber ankündigen, bevor er mit der Ausführung der Leistung beginnt (§ 2 Nr. 6 VOB/B).

17) Der Auftragnehmer hat die geschuldeten Bauleistungen im eigenen Betrieb auszuführen und darf sie nur mit schriftlicher Zustimmung des Auftraggebers an Nachunternehmer übertragen, es sei denn, daß der Betrieb des Auftragnehmers auf die zu übertragenden Leistungen nicht eingerichtet ist. Auf Verlangen des Auftraggebers hat ihm der Auftragnehmer die eingeschalteten Nachunternehmer bekanntzugeben (§ 4 Nr. 8 VOB/B).

18) Der Auftragnehmer kann den Bauvertrag kündigen,

a) wenn der Auftraggeber eine ihm obliegende Handlung unterläßt und dadurch den Auftragnehmer außerstand setzt, die Leistung auszuführen,

b) wenn der Auftraggeber eine fällige Zahlung nicht leistet oder sonst in Schuldnerverzug gerät.

Die Kündigung, die schriftlich erklärt werden muß, ist erst zulässig, wenn der Auftragnehmer dem Auftraggeber ohne Erfolg eine angemessene Frist zur Vertragserfüllung gesetzt und erklärt hat, daß er nach fruchtlosem Ablauf der Frist den Vertrag kündigen werde (§ 9 Nrn. 1 und 2 VOB/B).

19) Hat der Auftragnehmer den Bauvertrag gekündigt, so sind seine bisherigen Leistungen nach Vertragspreisen abzurechnen. Außerdem hat er Anspruch auf eine angemessene Entschädigung; deren Höhe bestimmt sich einerseits nach der Dauer des Verzugs des Auftraggebers und der Höhe der vereinbarten Vergütung, anderer-

seits nach dem, was der Auftragnehmer infolge des Verzugs an Aufwendungen erspart oder durch anderweitige Verwendung seiner Arbeitskraft erwerben kann. Etwaige weitergehende Ansprüche des Auftragnehmers bleiben unberührt (§ 9 Nr. 3 VOB/B, § 642 BGB).

31. Vertrag über Jahresabschluß- oder Gutachtenerstellung

Rechtsgrundlage. §§ 631–650 BGB.

Erläuterungen. Der Vertrag über die Erstellung eines Jahresabschlusses oder eines Gutachtens ist kein Dienst-, sondern ein Werkvertrag; denn der Steuerberater, Wirtschaftsprüfer, Rechtsanwalt o. ä. verpflichtet sich nicht, eine Dienstleistung zu erbringen, sondern ein bestimmtes Werk (d. h. einen bestimmten Erfolg) – die Bilanz oder das Gutachten – zu erarbeiten (BGH, Urt. v. 8. 12. 1966, NJW 1967 S. 719, und v. 28. 2. 1974, DB 1974 S. 822; OLG München, Urt. v. 29. 6. 1979, BB 1980 S. 717; OLG Köln, Urt. v. 23. 4. 1980, BB 1980 S. 1402).

Voraussetzung für die Rechtswirksamkeit eines solchen Vertrages ist, daß die Person, die sich zur Leistung verpflichtet, zur Ausübung einer solchen Tätigkeit auch berechtigt ist, daß also insbesondere keine unerlaubte Rechts- oder Steuerberatung vorliegt; denn Verstöße gegen das Rechtsberatungsgesetz und das Steuerberatungsgesetz stellen nicht nur Ordnungswidrigkeiten dar, die mit Geldbußen geahndet werden können (§ 8 RBerG, § 160 StBerG), sondern der auf eine solche Beratung gerichtete Vertrag ist auch nichtig (Nachw. bei Altenhoff/Busch/Kampmann/Chemnitz, RBerG 8. Aufl. Rdnr. 117). So ist z. B. selbständigen Buchführungshelfern (Kontierern), deren Berufsbild das Bundesverfassungsgericht mit seinem Beschluß v. 18. 6. 1980 (BB 1980, Beilage zu Heft 31) geschaffen hat (vgl. hierzu Schmidt Bleibtreu, BB 1980 S. 1627), die Erstellung eines Jahresabschlusses einschl. der vorbereitenden Abschlußarbeiten ebensowenig erlaubt wie die Durchführung der Gewinnermittlung durch Einnahmen-Überschuß-Rechnung (§ 4 Abs. 3 EStG) oder durch Betriebsvermögensvergleich (§ 4 Abs. 1 oder § 5 EStG). Die Erstellung einer Handelsbilanz durch einen Buchführungshelfer ist ebenfalls als unzulässige Hilfeleistung anzusehen (LG Freiburg, Urt. v. 10. 11. 1980 – 10 O 83/80, nicht veröffentlicht). Zum Buchführungsprivileg der steuerberatenden Berufe vgl. BFH, Urt. v. 21. 2. 1984, BB 1984 S. 772.

Beim Werkvertrag bestehen die Pflichten des Unternehmers – so bezeichnet das Gesetz den Beauftragten – in der Herstellung des Werkes und der Gewährleistung. Pflichten des Bestellers – so die gesetzliche Bezeichnung für den Auftraggeber – sind die Abnahme des Werkes und die Zahlung des sog. Werklohnes. Die *Gewährleistung* ist beim Werkvertrag gesetzlich anders geregelt als beim Kauf. Da der Unternehmer ein mangelfreies Werk schuldet, kann der Besteller bei fehlerhafter Leistung Nachbesserung, also z. B. Ergänzung des erstellten Gutachtens oder des Jahresabschlusses, verlangen. Der Unternehmer darf die Nachbesserung nur bei Unzumutbarkeit ablehnen (§ 633 BGB). Hat er die Nachbesserung trotz einer ihm vom Besteller unter Ablehnungsandrohung gesetzten Frist nicht vorgenommen, so kann der Besteller Wandelung (d. h. Rückgängigmachung des Vertrages) oder Minderung (d. h. Herabsetzung der geschuldeten Vergütung) – bei einem unerheblichen Mangel nur Minderung – verlangen. Die Fristsetzung erübrigt sich u. a. dann, wenn die sofortige Geltendmachung des Wandelungs- oder Minderungsanspruchs durch ein besonderes Interesse des Bestellers gerechtfertigt ist (§ 634 BGB). Hat der Unternehmer den Mangel zu vertreten, weil dieser auf seinem eigenen Verschulden oder dem einer beigezogenen Hilfskraft beruht, so kann der Besteller statt Wandelung oder Minderung Schadenersatz wegen Nichterfüllung fordern (§ 635 BGB).

Die Gewährleistungsansprüche des Bestellers *verjähren* bei einem Werkvertrag der hier in Rede stehenden Art in 6 Monaten (§ 638 BGB). Die Verjährung beginnt mit der Abnahme des Werkes, zu der der Besteller bei vertragsmäßiger Herstellung verpflichtet ist; während der Prüfung einer Mängelrüge und der Nachbesserung durch den Unternehmer ist die Verjährung gehemmt (§ 639 Abs. 2 BGB). Bemerkt der Besteller bei der Abnahme einen Mangel des Werkes, so muß er sich insoweit seine Rechte vorbehalten, sonst verliert er sämtliche Gewährleistungsansprüche (§ 640 Abs. 2 BGB).

Die *Vergütung*, die der Unternehmer zu beanspruchen hat, kann grundsätzlich frei vereinbart werden. Ist keine bestimmte Vergütung vereinbart, so hat der Besteller die taxmäßige oder, soweit eine Taxe nicht besteht, die übliche Vergütung zu entrichten (§ 632 BGB).

Wichtig ist auch die gesetzliche Regelung der *Kündigung* eines Werkvertrages. Der Besteller kann jederzeit kündigen, muß dann aber die gesamte Vergütung zahlen, lediglich abzüglich dessen, was der Unternehmer durch die Nichtausführung der Arbeit erspart hat oder was er durch anderweitigen Einsatz seiner Arbeitskraft erwerben konnte (§ 649 BGB). Bei Kündigung aus wichtigem Grund (zum Nachschieben von Kündigungsgründen s. BGH, Urt. v. 6. 2. 1975, BB 1975 S. 1086) durch den Besteller kann der Unternehmer nur den seiner schon geleisteten Arbeit entsprechenden Teil der Vergütung fordern. Der Unternehmer kann nur kündigen, wenn der Besteller seine Vertragspflichten erheblich verletzt, insbesondere seine notwendige Mitwirkung trotz Fristsetzung unter Kündigungsandrohung verweigert hat (§§ 642, 643 BGB). In diesem Fall kann der Unternehmer den seiner bereits geleisteten Arbeit entsprechenden Teil der Vergütung und evtl. eine zusätzliche Entschädigung verlangen. Kündigt der Unternehmer grundlos, so ist er dem Besteller schadenersatzpflichtig.

Form. Vgl. die Erläuterungen zu Nr. 29.

Muster

A. Vertrag über die Erstellung eines Jahresabschlusses

Zwischen der Firma .... in .... – Firma – und dem Steuerberater .... in .... – Steuerberater – wird

vereinbart:

1. Die Firma überträgt dem Steuerberater die Erstellung des Jahresabschlusses (Bilanz nebst Gewinn- und Verlustrechnung) für das Geschäftsjahr (= Kalenderjahr) 19...... (vgl. Anm. 1). Sie stellt dem Steuerberater zu diesem Zweck ihre gesamten Bücher zur Einsicht während der Geschäftsstunden zur Verfügung.

2. Der Steuerberater verpflichtet sich, den Jahresabschluß unter Beachtung aller gesetzlichen Vorschriften zu erstellen. Er übernimmt die Haftung für die buchmäßige Richtigkeit (vgl. Anm. 2).

3. Der Geschäftsführer der Firma und deren Buchhalter werden dem Steuerberater jeden Aufschluß geben, den er für die Anfertigung des Jahresabschlusses benötigt.

4. Im Hinblick auf die der Firma durch das Finanzamt gesetzte Frist (..........) ist der Jahresabschluß mit größter Beschleunigung zu erstellen. Der Steuerberater muß ihn bis spätestens .... der Firma abliefern (vgl. Anm. 3).

5. Die Vergütung des Steuerberaters bemißt sich nach § 35 StBGebV (vgl. Anm. 4). Hiervon hat die Firma einen Teilbetrag von DM .... binnen zwei Wochen nach Unterzeichnung dieser Vereinbarung und den Restbetrag binnen zwei Wochen nach Ablieferung des Jahresabschlusses zu entrichten. Die Zahlungen haben auf das Konto des Steuerberaters bei der .... Bank in ...., Konto-Nr. ...., zu erfolgen.

..................., *den* ....

                                 Unterschriften

B. Vertrag über die Erstellung eines Rechtsgutachtens (vgl. Anm. 5)

Vertrag

zwischen der Firma .... *in* .... − *Firma* − *und dem Rechtsanwalt* .... *in* .... − *Sachverständiger* −:

1. *Die Firma hat mit dem Konkurrenzunternehmen* .... *in* ....
   einen Rechtsstreit vor dem Landgericht .... *geführt. Durch Urteil
   vom* .... *wurde die Unterlassungsklage der Firma abgewiesen. Der
   Streitwert ist gerichtlich auf* .... *DM festgesetzt worden (vgl. Anm. 6).*
2. *Der Sachverständige, der über besondere Erfahrungen auf dem Gebiet des
   Wettbewerbsrechts verfügt, wird für die Firma ein Rechtsgutachten über die
   Erfolgsaussichten einer etwaigen Berufung gegen das genannte Urteil erstellen.*
3. *Zu diesem Zweck stellt die Firma dem Sachverständigen die ihr von ihrem
   Prozeßbevollmächtigten hierfür überlassenen Akten und ihre eigenen Unterlagen für die Dauer von* .... *Wochen in seiner Kanzlei zur Verfügung.
   Der Inhaber der Firma und vereinbarungsgemäß auch deren Prozeßbevoll-
   mächtigter werden dem Sachverständigen jede gewünschte Auskunft erteilen.*
4. *Der Sachverständige verpflichtet sich, das Gutachten aufgrund sorgfältiger
   Prüfung der Rechtslage nach bestem Wissen und Gewissen zu erstellen. Er
   übernimmt jedoch keine Haftung dafür, daß im Falle einer Weiterführung
   des Rechtsstreits das Berufungs- und evtl. das Revisionsgericht seiner
   Rechtsansicht folgen (vgl. Anm. 7).*
5. *Wegen der am* .... *ablaufenden Berufungsfrist muß das Rechtsgutachten
   bis spätestens* .... *der Firma vorliegen (vgl. Anm. 8).*
6. *Für die Erstellung des Gutachtens wird ein Honorar von* .... *DM vereinbart (vgl. Anm. 9). Seine nach der Bundesgebührenordnung für Rechtsanwälte zu berechnenden Auslagen wird der Sachverständige bei Ablieferung
   des Gutachtens der Firma in Rechnung stellen.*

..................., *den* ....

                                 Unterschriften

Anmerkungen

1) Hätte der Steuerberater den Jahresabschluß im Rahmen seiner laufenden Tätigkeit für die Firma zu erstellen, so läge ein Geschäftsbesorgungsvertrag mit dienstvertraglichem Charakter (§ 675 BGB) vor (Palandt, BGB 51. Aufl. Rdnr. 18 Einf. vor § 631).

2) Damit wird eine bestimmte Eigenschaft der Werkleistung zugesichert (§ 633 Abs. 1 BGB).

3) Hält der Steuerberater die Ablieferungsfrist nicht ein, so ist er der Firma aus dem Gesichtspunkt des Verzugs schadenersatzpflichtig (§§ 284 ff. BGB). Zur Haftung des Steuerberaters vgl. auch OLG Frankfurt, Urt. v. 20. 9. 1988, BB 1989 S. 2151, zur Verjährung von Schadensersatzansprüchen BGH, Urt. v. 4. 4. und v. 20. 6. 1991, BB 1991 S. 999, 1886.

4) Nach § 35 Abs. 1 Nr. 1 der Steuerberatergebührenverordnung v. 17. 12. 1981 (BGBl I S. 1442) i. d. F. der 1. ÄndVO v. 20. 6. 1988 (BGBl I S. 841) beträgt die Gebühr für die Aufstellung eines Jahresabschlusses 10/10 bis 36/10 einer vollen Gebühr nach der Tabelle B (Anlage 2 zur StBGebV). Es kann aber auch schriftlich eine Pauschalvergütung vereinbart werden (§ 8 StBGebV; vgl. OLG Hamm, Urt. v. 22. 6. 1988, BB 1988 S. 1499).

5) Bei entsprechender Abänderung kann das Vertragsmuster auch der Erstellung eines technischen, kaufmännischen o. ä. Gutachtens zugrunde gelegt werden.

6) Die Anführung des Streitwerts erfolgt, weil sich daraus ein Hinweis auf die Bedeutung der Sache für die Firma ergibt; denn je höher der Streitwert ist, um so größer ist das mit einer Rechtsmitteleinlegung für die Firma entstehende Kostenrisiko.

7) Zur Haftung eines Gutachters vgl. auch BGH, Urt. v. 19. 11. 1964, BGHZ Bd. 42 S. 313, sowie OLG Frankfurt/M., Urt. v. 19. 9. 1974, WPM 1975 S. 993.

8) Vgl. Anm. 3.

9) Nach § 21 BRAGO erhält der Rechtsanwalt für die Ausarbeitung eines schriftlichen Gutachtens mit juristischer Begründung eine „angemessene" Gebühr. Die Frage der Angemessenheit ist jeweils nach den gesamten Umständen des Einzelfalles, insbesondere der Bedeutung der Angelegenheit (vgl. Anm. 6), des Umfangs und der Schwierigkeit der anwaltlichen Tätigkeit sowie der Vermögens- und Einkommensverhältnisse des Auftraggebers zu beurteilen (§ 12 Abs. 1 BRAGO).

32. Geschäftsbesorgungsverträge

Rechtsgrundlage. § 675 BGB.

Erläuterungen. Der Geschäftsbesorgungsvertrag ist ein Dienst- oder Werkvertrag, der eine Geschäftsbesorgung zum Gegenstand hat; er ist ein gegenseitiger Vertrag, da die Dienste bzw. die Herstellung des Werkes gegen ein Entgelt geschuldet werden.

Der Begriff der Geschäftsbesorgung i. S. des § 675 BGB setzt voraus a) eine selbständige Tätigkeit wirtschaftlicher Art, die im Rahmen eines Dienst- oder Werkvertrages zu leisten ist. Die Tätigkeit muß also Raum für eigenverantwortliche Überlegungen und Entscheidungen des Geschäftsbesorgers lassen und sie muß in Beziehung zum Vermögen stehen (aus dem letzteren Grund scheiden Tätigkeiten wie die des Arztes oder Erziehers aus; Palandt, BGB 51. Aufl. Rdnr. 3 zu § 675); b) ein Tätigwerden in fremdem Interesse. Die Tätigkeit muß sonach auf solche Geschäfte gerichtet sein, für die ursprünglich der Geschäftsherr in Wahrnehmung seiner Vermögensinteressen selbst zu sorgen hatte, die ihm aber nun durch einen anderen abgenommen werden. Nicht hier einzuordnen ist die Führung eigener Geschäfte, z. B. die Überprüfung und Einziehung angekaufter, diskontierter Wechsel durch eine Bank (OLG Nürnberg, Urt. v. 25. 2. 1969, BB 1969 S. 932). Desgleichen scheiden Tätigkeiten aus, die *an* einen anderen, nicht *für* ihn geleistet werden, wie etwa die der selbständigen Handwerker und Bauunternehmer.

Das Wesen des Geschäftsbesorgungsvertrages liegt in der geschuldeten treuhänderischen Interessenwahrnehmung (Gitter u. a., Vertragsschuldverhältnisse S. 106). § 675 BGB erklärt deshalb im weitesten Umfang Auftragsrecht (§§ 662 ff. BGB) für anwendbar; diese Vorschriften gehen den Bestimmungen des Dienst- bzw. Werkvertragsrechts vor. Nicht anwendbar ist nach dem Gesetz

– § 664 BGB, wonach der Beauftragte im Zweifel die Ausführung des Auftrags nicht einem Dritten übertragen darf. Trotzdem wird diese Vorschrift nach h. M. insoweit angewandt, als zwischen den Vertragsparteien ein enges persönliches Vertrauensverhältnis besteht (Palandt, a. a. O. Rdnr. 6 zu § 664 BGB; Lohmann, Vertragsrecht Bd. 2 S. 217);

– § 671 Abs. 1 BGB, wonach der Auftrag vom Auftraggeber jederzeit widerrufen und vom Beauftragten jederzeit gekündigt werden kann. Für eine Kündigung gelten vielmehr die einschlägigen Bestimmungen des Dienst- bzw. Werkvertragsrechts (§§ 621, 624 ff., 649 BGB). Der Geschäftsbesorger darf aber nur derart kündigen, daß der andere Vertragsteil für die Erledigung der Geschäftsbesorgung anderweitig sorgen kann, es sei denn, daß ein wichtiger Grund eine sofortige Kündigung rechtfertigt (§ 671 Abs. 2 BGB).

Geschäftsbesorgungsverträge sind z. B. (Nachw. bei Palandt, a. a. O. Rdnr. 6 zu § 675 BGB) der

Vertrag mit einem Architekten, soweit dieser Verhandlungen mit Dritten zu führen hat,

Bauträger- und der Baubetreuungsvertrag,

Chartervertrag,

Factoringvertrag,

Vertrag mit einem Geschäftsführer, der mit der selbständigen Führung eines Geschäftsbetriebes beauftragt ist,

Handelsvertretervertrag (s. Nr. 50),

Inkassovertrag (vgl. unten Muster A),

Kommissionsvertrag (s. Nr. 52),

Vertrag mit einem Makler, falls dieser sich zur Herbeiführung eines bestimmten Erfolges verpflichtet (s. Nr. 58),

Vertrag mit einem Patentanwalt, der bei der Erlangung von Warenzeichenschutz mitzuwirken hat,

Vertrag mit einem Rechtsanwalt, soweit es sich nicht um einen Dauerberatungsvertrag handelt,

Schiedsgutachtervertrag,

Schiedsrichtervertrag, d. h. der Vertrag zwischen den Parteien und einem Schiedsrichter,

Vertrag mit einem Steuerberater oder Wirtschaftsprüfer, soweit dieser nicht konkrete Einzelleistungen zu erbringen hat,

Treuhandvertrag (vgl. unten Muster B),

Vertrag mit dem Verwalter eines Gutes oder Hauses,

Werbeagenturvertrag (OLG Frankfurt, Urt. v. 7. 2. 1978, BB 1978 S. 681).

Form. Eine besondere Form ist für den Geschäftsbesorgungsvertrag gesetzlich nicht vorgeschrieben, schriftlicher Vertragsabschluß ist aber regelmäßig empfehlenswert.

Muster

A. Inkassovertrag (vgl. Anm. 1)
Zwischen .... – Auftraggeber (vgl. Anm. 2) – und .... Inhaber eines Inkassobüros (vgl. Anm. 3) in .... – Büro –, wird folgendes vereinbart:

1. Der Auftraggeber tritt hiermit an das Büro die in den Anlagen 1 und 2 näherbezeichneten Forderungen aus .... gegen die genannten Schuldner zum Zweck der Einziehung ab (vgl. Anm. 4). Bei den in Anlage 1 aufgeführten Schuldnern ist eine Mahnung noch nicht erfolgt; die in An-

lage 2 aufgeführten Schuldner sind zu den angegebenen Zeitpunkten erfolglos gemahnt worden (vgl. Anm. 5).

2. *Das Büro hat die ihm abgetretenen Forderungen im eigenen Namen einzuziehen und, soweit erforderlich, im Wege des gerichtlichen Mahnverfahrens (vgl. Anm. 6) oder im Klageweg (vgl. Anm. 7) geltend zu machen und im Wege der Zwangsvollstreckung beizutreiben.*

3. *Vor Klageerhebung wird das Büro jeweils sorgfältige Ermittlungen über die Zahlungsfähigkeit des Schuldners durchführen (vgl. Anm. 8) und, wenn danach die Einbringlichkeit der Forderung nicht hinreichend gewährleistet erscheint, die Entscheidung des Auftraggebers einholen.*

4. *Zuzüglich zu den Forderungsbeträgen darf das Büro den Schuldnern .... % Inkassogebühren in Rechnung stellen und diese einziehen, soweit dem Auftraggeber insoweit Erstattungsansprüche gegen die Schuldner zustehen (vgl. Anm. 9).*

5. *Für die Einziehung der Forderungen erhält das Büro .... % der eingebrachten Beträge abzüglich der gem. Ziff. 4 eingezogenen Inkassogebühren.*

6. *Der Auftraggeber trägt die Kosten einer ergebnislosen Rechtsverfolgung, die er entgegen dem Rat des Büros verlangt hat. Im übrigen gehen die mit der Rechtsverfolgung und Zwangsvollstreckung verbundenen Kosten, soweit sie nicht von den Schuldnern beigetrieben werden können, zu Lasten des Büros.*

7. *Das Büro hat jeweils zum Ende eines Kalendervierteljahres, erstmals zum ...., mit dem Auftraggeber abzurechnen und ihm sodann die eingezogenen Beträge abzüglich der vom Auftraggeber geschuldeten Inkassogebühren (Ziff. 5) und etwaiger Kosten einer Rechtsverfolgung (Ziff. 6 Satz 1) unverzüglich zu überweisen.*

8. *Dieser Vertrag kann beiderseits mit einer Frist von .... zum .... schriftlich gekündigt werden. Auf den Zeitpunkt des Wirksamwerdens der Kündigung hat das Büro die dann noch offenen Forderungen dem Auftraggeber zurückabzutreten.*

...................., den ....

Unterschriften

B. Vertrag über Grundstückserwerb und -verwaltung durch einen Treuhänder (vgl. Anm. 10)
Zwischen .... in .... – Treugeber – und Herrn ....
in .... – Treuhänder – kommt folgende
Vereinbarung (vgl. Anm. 11)
zustande:

256

§ 1 Erwerb des Grundstücks
(1) Beim Amtsgericht .... ist ein Zwangsversteigerungsverfahren
über das Grundstück .... in ...., eingetragen im Grundbuch
von .... Band .... Blatt ...., anhängig. Versteigerungstermin ist auf
den .... anberaumt.
(2) Der Treuhänder verpflichtet sich, dieses Grundstück im eigenen Namen,
aber für Rechnung des Treugebers zu erwerben und sich nach Zuschlagsertei-
lung im Grundbuch als Eigentümer eintragen zu lassen. Allerdings darf der
Grundstückserwerb nur dann erfolgen, wenn der Treuhänder bei einem Barge-
bot von höchstens .... DM Meistbietender bleibt (vgl. Anm. 12).
(3) Der Treugeber verpflichtet sich, alle Mittel, die zum Erwerb des Grund-
stücks erforderlich sind oder mit ihm zusammenhängen, dem Treuhänder
rechtzeitig zur Verfügung zu stellen (vgl. Anm. 13). Er wird dem Treuhänder
noch vor dem Versteigerungstermin durch Vorlage einer Bescheinigung der
...............-Bank in .... nachweisen, daß diese bereit ist, nach Erwerb
des bezeichneten Grundstücks durch den Treuhänder für Rechnung des Treu-
gebers zur Deckung der Erwerbskosten einen Betrag bis zu .... DM an den
Treuhänder auszuzahlen.

§ 2 Weisungsrecht des Treugebers, Freistellungspflicht
(1) Der Treuhänder hat bei allen Verfügungen über seine Rechte aus dem
Meistgebot und an dem Grundstück den Weisungen des Treugebers Folge zu
leisten.
(2) Andererseits hat der Treugeber den Treuhänder von allen Ansprüchen
freizustellen, die sich daraus ergeben können, daß der Treuhänder das Grund-
stück für ihn hält (vgl. Anm. 14).

§ 3 Verwaltung des Grundstücks
(1) Nach dem Erwerb hat der Treuhänder das Grundstück zu verwalten und
hierüber jeweils zum .... Rechnung zu legen und abzurechnen.
(2) Sollten die durch die Verwaltung entstehenden Ausgaben die laufenden
Einnahmen aus dem Grundstück übersteigen, hat der Treugeber rechtzeitig für
die Deckung des Differenzbetrages zu sorgen (vgl. Anm. 15).

§ 4 Vergütung des Treuhänders
(1) Für den Erwerb des Grundstücks erhält der Treuhänder eine feste Vergü-
tung von .... DM, die mit seiner Eintragung als Eigentümer im Grundbuch
fällig wird (vgl. Anm. 16).
(2) Für die Verwaltung des Grundstücks erhält der Treuhänder eine monatli-
che/vierteljährliche Vergütung in Höhe von .... v. H. der Bruttoeinnahmen

aus dem Grundstück nach Maßgabe der Abrechnungen (§ 3 Abs. 1). Er darf diese Vergütung bei der Abrechnung einbehalten.

§ 5 Übereignung des Grundstücks an den Treuhänder oder einen Dritten
(1) Der Treuhänder verpflichtet sich, das Grundstück auf Verlangen des Treugebers jederzeit an diesen oder an einen ihm vom Treugeber benannten Dritten zu übereignen. Mit der Eintragung des Treugebers oder des Dritten als Eigentümer im Grundbuch endet die Verwaltung des Grundstücks durch den Treuhänder (vgl. Anm. 17).
(2) Zur Sicherung des Anspruchs des Treugebers auf Übertragung des Eigentums an dem Grundstück hat der Treuhänder nach seiner Eintragung als Eigentümer im Grundbuch zugunsten des Treugebers eine Auflassungsvormerkung eintragen zu lassen, wenn und sobald der Treugeber dies verlangt (vgl. Anm. 18).
(3) Im Falle der Beendigung der Verwaltung infolge Übertragung des Eigentums an dem Grundstück auf den Treugeber (Abs. 1) hat der Treuhänder noch für den vollen laufenden Abrechnungszeitraum (§ 3 Abs. 1) Anspruch auf die Verwaltungsvergütung (§ 4 Abs. 2), und zwar in Höhe der Vergütung für den vorangegangenen Abrechnungszeitraum.

§ 6 Beendigung der Treuhandschaft
(1) Treuhandschaft und Verwaltung enden mit dem Ableben des Treuhänders. Dagegen berührt das Ableben des Treugebers das Vertragsverhältnis nicht.
(2) Der Treuhänder kann die Treuhandschaft und die Verwaltung – und zwar nur beide zusammen – mit einer Frist von .... jeweils zum frühestens jedoch zum ...., (vgl. Anm. 18, 19) kündigen.
(3) Der Treugeber ist nur bei Vorliegen eines wichtigen Grundes zur fristlosen Kündigung des Vertragsverhältnisses berechtigt. In diesem Fall ist § 5 Abs. 3 entsprechend anzuwenden, es sei denn, daß der wichtige Grund in einer groben Vertragspflichtverletzung oder einem Vermögensverfall des Treuhänders liegt.
(4) Nach Beendigung des Vertragsverhältnisses hat der Treugeber auf Verlangen des Treuhänders bzw. seiner Erben innerhalb einer Frist von .... zu erklären, an wen das Grundstück übereignet werden soll. Erfolgt innerhalb der genannten Frist keine Erklärung, so sind der Treuhänder bzw. seine Erben berechtigt, das Eigentum an dem Grundstück auf den Treugeber zu übertragen.

§ 7 Sicherheitsleistungen (vgl. Anm. 20)
(1) Zur Sicherung sämtlicher Ansprüche des Treuhänders aus diesem Vertrag leistet der Treugeber wie folgt Sicherheit: (vgl. Anm. 21) ....

(2) Zur Sicherung sämtlicher Ansprüche des Treugebers aus diesem Vertrag gewährt ihm der Treuhänder folgende Sicherheit: (vgl. Anm. 21) ....

§ 8 Verpflichtung zur Geheimhaltung
Beide Vertragsteile verpflichten sich, über den Abschluß dieses Vertrages, seine Durchführung und die sich aus diesem Vertrag ergebenden Rechte und Pflichten gegenüber dritten Personen Stillschweigen zu bewahren.

§ 9 Vertragsänderungen und -ergänzungen, Kosten
(1) Änderungen und Ergänzungen dieses Vertrages bedürfen zu ihrer Wirksamkeit der Schriftform (vgl. Anm. 22).
(2) Sämtliche aus der Durchführung dieses Vertrages entstehenden Kosten, Steuern und Abgaben, ausgenommen die durch die Sicherheitsleistungen des Treuhänders nach § 7 Abs. 2 entstehenden Kosten, trägt der Treugeber.

..................., den ....

Unterschriften

Anmerkungen

1) Wegen der Rechtsnatur eines solchen Vertrages vgl. BGH, Urt. v. 29. 5. 1951, JZ 1951 S. 559.
2) Auftraggeber sind häufig Angehörige freier Berufe (z. B. Ärzte und Tierärzte), aber auch kleinere Firmen und Handwerker, die die Beitreibung ihrer ausstehenden Forderungen schon aus personellen Gründen nicht selbst vornehmen können.
3) Der Inhaber eines Inkassobüros bedarf einer Erlaubnis nach dem Rechtsberatungsgesetz v. 13. 12. 1935 (RGBI I S. 1478).
4) S. auch Nr. 40.
5) Eine Aufgliederung der Schuldner nach solchen, die bereits erfolglos gemahnt wurden, und anderen, bei denen eine Mahnung noch nicht erfolgt ist, erscheint auch aus Rechtsgründen zweckmäßig; denn erst durch eine Mahnung wird der Schuldner in Verzug gesetzt und dem Gläubiger schadenersatzpflichtig (§§ 284, 286 BGB).
6) §§ 688 ff. ZPO.
7) Der im eigenen Namen klagende Inkassozessionar ist im Rechtsstreit allein Partei. Der Zedent kann Zeuge sein.
8) Das ist wegen des mit einer Klageerhebung verbundenen Kostenrisikos angezeigt.
9) Vgl. hierzu Palandt, BGB 51. Aufl. Rdnr. 9 zu § 286, und OLG Frankfurt, Urt. v. 17. 12. 18987, BB 1988 S. 660. Kosten eines Inkassobüros sind nicht erstattungsfähig, wenn offen zutage liegt, daß der Schuldner zahlungsunwillig ist (OLG Düsseldorf, Urt. v. 16. 7. 1987, BB 1987 S. 1844).
10) Einen typischen Treuhandvertrag, der sich nach bestimmten Regeln richtet, gibt es nicht; die Rechtsbeziehungen zwischen Treugeber und Treuhänder sind vielmehr

259

nach den jeweiligen Umständen des Einzelfalles, insbesondere nach dem zugrunde liegenden Auftrag oder – bei Vereinbarung eines Entgelts – nach dem Geschäftsbesorgungsvertrag zu beurteilen (BGH, Urt. v. 5. 5. 1969, WPM 1969 S. 935). S. auch Nr. 57.

11) Ist Gegenstand eines Treuhandvertrages der Erwerb eines Grundstücks durch den Treuhänder und die spätere Übereignung an den Treugeber, so ist jeweils zu prüfen, ob der Vertrag nicht nach § 313 BGB der notariellen Beurkundung bedarf. Keine Formbedürftigkeit besteht, wenn der Treuhänder das Grundstück (als verdeckter Stellvertreter) im eigenen Namen, aber für Rechnung des Treugebers erwerben soll. Auch die Übernahme der Verpflichtung, dem Treugeber später das Eigentum an dem Grundstück zu übertragen, macht eine notarielle Beurkundung nicht erforderlich, denn der Treuhänder ist schon kraft Gesetz (§§ 667, 675 BGB) zur Herausgabe des Erlangten an den Treugeber verpflichtet (BGH, Urt. v. 5. 11. 1982. NJW 1983 S. 566, und Urt. v. 25. 2. 1987, BB 1987 S. 1205; weitere Rspr.-Nachw. bei Palandt, a. a. O. Rdnr. 18 zu § 313 BGB).

12) Vgl. §§ 49, 81 ZVG.

13) Insoweit besteht eine Vorschußpflicht des Treugebers (§§ 669, 675 BGB).

14) Nach dem Gesetz (§§ 670, 675 BGB) ist der Treugeber dem Treuhänder zum Ersatz aller Aufwendungen verpflichtet, die dieser nach den Umständen zum Zweck der Ausführung seines Auftrags für erforderlich halten durfte.

15) Vgl. BGH, Urt. v. 20. 1. 1977, WPM 1977 S. 363.

16) Es kann auch eine Vergütung für den Fall vereinbart werden, daß dem Treuhänder wegen der ihm gesetzten Bietungsgrenze (§ 1 Abs. 2 des Vertragsmusters) der Erwerb des Grundstücks nicht gelingt.

17) Evtl. kann der Treugeber daran interessiert sein, daß der Treuhänder das Grundstück längere Zeit verwaltet und die Übereignung erst viel später erfolgt.

18) Die Eintragung einer Auflassungsvormerkung zugunsten des Treugebers von dessen Verlangen abhängig zu machen, empfiehlt sich insbesondere dann, wenn der Treugeber möglichst nicht nach außen in Erscheinung treten will.

19) Ist eine ordentliche Kündigung durch den Treuhänder für längere Zeit ausgeschlossen, ist diesem bei Vorliegen eines wichtigen Grundes ein Recht zur außerordentlichen Kündigung zuzubilligen (vgl. § 626 BGB).

20) Da ein Treuhandvertrag der vorliegenden Art für beide Teile mit wesentlichen Risiken verbunden ist, empfiehlt sich eine gegenseitige Sicherheitsleistung.

21) Als Sicherheit kommt eine Verpfändung beweglicher Sachen oder von Forderungen in Betracht (s. hierzu Nr. 38), aber auch eine Sicherungsübereignung (Nrn. 36, 37) oder die Bestellung einer Grundschuld.

22) Eine solche Schriftformklausel ist gerade bei einem Treuhandverhältnis, das unter Geheimhaltung nur zwischen den Parteien vereinbart worden ist, von dem also dritte Personen keine Kenntnis haben (vgl. § 8 des Vertragsmusters), von besonderer Bedeutung.

33. Werklieferungsvertrag

Rechtsgrundlage. § 651, §§ 433 ff., §§ 631 ff. BGB.

Erläuterungen. Beim Werklieferungsvertrag hat der Unternehmer im Gegensatz zum Werkvertrag (vgl. Nrn. 29-31) das Werk aus einem von ihm zu beschaffenden Stoff herzustellen. Im Einzelfall kann die Abgrenzung von Werkvertrag, Werklieferungsvertrag und Kaufvertrag schwierig sein. Stellt der Besteller im wesentlichen das Material, das der Unternehmer be- oder verarbeiten soll, zur Verfügung und liefert der Unternehmer nur Zutaten, so liegt ein reiner Werkvertrag vor.

Vom Recht des Werkvertrages ist immer auszugehen, wenn die Lieferung des Stoffes durch den Unternehmer hinter dessen Arbeitsaufwendungen zurücktritt. Kauft der Besteller die fertige Ware (sei es auch mit kleineren Änderungen), so ist die Herstellung nicht Vertragsgegenstand; es liegt dann kein Werklieferungsvertrag, sondern ein Kaufvertrag vor. Sind Gegenstand des Werklieferungsvertrages vertretbare Sachen, d. h. Sachen, die im Verkehr nach Maß, Zahl und Gewicht bestimmt werden (§ 91 BGB), so kommt Kaufrecht zur Anwendung. Die Herstellung der Ware ist hier nicht Vertragspflicht des Unternehmers. Dieser kann entweder die Ware selbst herstellen oder bereits hergestellte Ware liefern (sog. Zuliefervertrag).

Der eigentliche Werklieferungsvertrag dagegen bezieht sich auf unvertretbare Sachen, die in ihrer Art besonders den Bestellerwünschen angepaßt und für den Unternehmer schwer oder gar nicht anderweitig abzusetzen sind. Auf den eigentlichen Werklieferungsvertrag finden zum Teil die Vorschriften des Kaufrechts, zum Teil des Werkvertragsrechts Anwendung. Nach Kaufrecht ist der Unternehmer verpflichtet, die Ware zu übergeben und zu übereignen. Er haftet nach den Bestimmungen der §§ 433 ff. für Rechtsmängel. Die Verpflichtung des Unternehmers zur Herstellung des Werks, die Abnahmepflicht des Bestellers, die Vergütung, die Gewährleistung für Werkmängel, der Gefahrübergang, der Rücktritt und die Kündigung unterstehen dem Werkvertragsrecht.

Muster

Die Firma .... *in* ...., *vertreten durch* ...., – *Hersteller* –
und
Herr ...., *Alleininhaber der Firma* .... *in* ....,
– *Auftraggeber* – *schließen hiermit den folgenden*

Vertrag:

§ 1 Vertragsgegenstand
Der Auftraggeber beauftragt die Firma .... *mit der Herstellung und*
Lieferung von 20 Kombinationsschleifmaschinen. Der Hersteller nimmt den
Auftrag hiermit an.

§ 2 Ausführung
(1) Die Konstruktionspläne für die Kombinationsschleifmaschinen sowie die
sonstigen Fertigungsunterlagen einschließlich der Materialliste sind dem Her-
steller bereits ausgehändigt worden. Kopien dieser Unterlagen sind diesem
Vertrag als Anlage beigeheftet. Die Anlage bildet einen wesentlichen Bestand-
teil dieses Vertrages.
(2) Das zur Fertigung der Maschinen erforderliche Rohmaterial wird von dem
Hersteller geliefert.
(3) Die Kombinationsschleifmaschinen sind so auszuführen, wie dies in den
diesem Vertrag beigefügten Konstruktionsunterlagen vorgesehen ist. Abwei-
chungen von den Konstruktionsunterlagen sind nur mit schriftlicher Einwilli-
gung des Auftraggebers zulässig (vgl. Anm. 1).

§ 3 Lieferung
(1) Die Maschinen sind bis spätestens .... *zu liefern.*
(2) Wird der vereinbarte Liefertermin nicht eingehalten, so ist der Auftragge-
ber berechtigt, dem Hersteller eine Nachfrist zur Lieferung zu setzen. die
mindestens .... *Wochen betragen muß. Erfolgt die Lieferung auch innerhalb*
der Nachfrist nicht, so hat der Auftraggeber das Recht, vom Vertrag zurückzu-
treten oder Schadenersatz wegen Nichterfüllung zu verlangen. Der Rücktritt
muß durch eingeschriebenen Brief erklärt werden.
(3) Das Rücktrittsrecht des Auftraggebers besteht nicht, soweit und solange
dem Hersteller aus von ihm nicht zu vertretenden Gründen das zur Herstellung
der Maschinen erforderliche Material nicht zur Verfügung steht.

§ 4 Höhe der Vergütung
(1) Die vereinbarte Gesamtvergütung einschließlich Mehrwertsteuer beträgt

.... *DM. In dieser Gesamtvergütung sind alle Rohstoffe und Herstellungskosten enthalten.*
*(2) Die genannte Gesamtvergütung ist fest vereinbart. Materialpreiserhöhun-
gen und sonstige Kostensteigerungen bis zum Zeitpunkt der Lieferung gehen
ausschließlich zu Lasten des Herstellers (vgl. Anm. 2).*
*(3) In der Gesamtvergütung sind Verpackungs- und Versandkosten sowie die
Kosten der Transportversicherung nicht enthalten. Diese Kosten sind dem
Hersteller gesondert zu vergüten.*
*(4) Wird mit Einwilligung des Auftraggebers von den Konstruktionsunterla-
gen abgewichen, so sind hierdurch verursachte Mehrkosten einschließlich
eines angemessenen Aufschlags dem Hersteller zu vergüten. Materialeinspa-
rungen infolge von einvernehmlichen Abweichungen von den Konstruktionsunterlagen werden dem Auftraggeber gutgeschrieben.*

§ 5 Bezahlung
*(1) Die vereinbarte Gesamtvergütung ist innerhalb von .... Wochen ab
Lieferung der Maschinen zu bezahlen.*
*(2) Wird die vereinbarte Zahlungsfrist überschritten, so hat der Auftraggeber
vom Zeitpunkt der Fälligkeit der Gesamtvergütung an bis zur Bezahlung den
geschuldeten Betrag mit .... % über dem jeweiligen Diskontsatz der Deutschen Bundesbank, mindestens aber mit .... % jährlich zu verzinsen.*

§ 6 Mängelhaftung
*(1) Sind die gelieferten Maschinen mit Mängeln oder Fehlern behaftet, durch
die ihre bestimmungsgemäße Verwendung beeinträchtigt wird, so hat sie der
Hersteller auf Verlangen des Auftraggebers durch Nachbesserung in den
vertragsgemäßen Zustand zu versetzen, auch wenn die Beseitigung der Mängel
oder Fehler einen unverhältnismäßigen Aufwand erfordert (vgl. Anm. 3).*
*(2) Zur Beseitigung der Mängel oder der Fehler hat der Auftraggeber dem
Hersteller eine angemessene Frist zu setzen. Wenn die Mängel nicht innerhalb
dieser Frist beseitigt werden, kann der Auftraggeber nach seiner Wahl entweder vom Vertrag zurücktreten oder Schadenersatz wegen Nichterfüllung oder
Herabsetzung der Vergütung verlangen. Der Rücktritt muß durch eingeschriebenen Brief erklärt werden.*
*(3) Erkennbare Mängel der gelieferten Maschinen sind schriftlich innerhalb
von .... Tagen seit Ablieferung, verborgene Mängel innerhalb von ....
Tagen seit Entdeckung der Mängel zu rügen. Für Mängel, die erst nach Ablauf
dieser Fristen gerügt werden, leistet der Hersteller keinerlei Gewähr.*
(4) Andere Ansprüche des Auftraggebers wegen Sachmängel bestehen nicht.

§ 7 Eigentumsvorbehalt

(1) Der Hersteller behält sich das Eigentum an den gelieferten Maschinen bis zur vollständigen Erfüllung aller Zahlungsverpflichtungen des Auftraggebers aus diesem Vertrag und aus der sonstigen Geschäftsverbindung mit dem Hersteller vor, ohne Rücksicht darauf, ob diese Zahlungsverpflichtungen vor oder nach Abschluß dieses Vertrages entstehen.

(2) Der Auftraggeber ist berechtigt, die Maschinen im normalen Geschäftsverkehr zu veräußern. Die Befugnis zur Veräußerung kann vom Hersteller jederzeit widerrufen werden. Für den Fall der Veräußerung der Maschinen tritt der Auftraggeber schon heute alle ihm aus der Veräußerung gegen die Abnehmer erwachsenden Forderungen an den Hersteller ab. Dieser nimmt die Abtretung an. Die Abtretung dient der Sicherung aller Ansprüche des Herstellers gegen den Auftraggeber aus der laufenden Geschäftsverbindung.

(3) Der Auftraggeber ist berechtigt, die bei Weiterveräußerung der Maschinen gegen die Abnehmer entstehenden Forderungen solange einzuziehen, bis der Hersteller diese Ermächtigung ausdrücklich durch schriftliche Erklärung widerruft. Stellt der Auftraggeber seine Zahlungen ein oder wird gegen ihn die Zwangsvollstreckung betrieben, so erlischt die Einziehungsermächtigung ohne ausdrückliche Erklärung des Herstellers.

§ 8 Gefahrübergang
Die Gefahr des zufälligen Untergangs oder der Verschlechterung des Vertragsgegenstandes geht mit der Absendung durch den Hersteller auf den Auftraggeber über.

§ 9 Gerichtsstandsklausel
Erfüllungsort für alle sich aus diesem Vertrag ergebenden Verbindlichkeiten und Gerichtsstand für alle Streitigkeiten aus diesem Vertragsverhältnis ist ausschließlich .... (vgl. Anm. 4.).
...................., den ....
....
(Hersteller)   (Auftraggeber)

Anmerkungen

1) Es handelt sich demnach um unvertretbare Sachen (vgl. hierzu auch BGH, Urt. v. 29. 9. 1966, NJW 1966 S. 2307: Reiseprospekte, BGH, Urt. v. 31. 1. 1966,. MDR 1966 S. 496: Werbefilm; BGH, Urt. v. 15. 2. 1990, BB 1990 S. 1093: Nachträglicher Einbau einer serienmäßig hergestellten Einbauküche nach besonderen Wünschen des Bestellers; BGH, Urt. v. 16. 5. 1991, NJW 1991 S. 2486: Nachträgliche Verlegung eines

Teppichbodens mittels Kleber in einer Wohnung). Zur Abgrenzung zwischen vertretbaren und unvertretbaren Sachen vgl. auch OZG Hamm, Urt. v. 7. 1. 1986, BB 1986 S. 555.

2) Statt dessen könnte auch vereinbart werden:
„Sollten sich zwischen dem Tag der Bestellung und dem Tag der Lieferung die Herstellungskosten um mehr als .... % erhöhen, so kann der Hersteller eine Erhöhung der Gesamtvergütung verlangen. Als Maßstab dient hierbei der Prozentsatz der Erhöhung der Herstellungskosten."

3) Die Mängelhaftung des Herstellers bemißt sich nach Werkvertragsrecht (§§ 633 ff. BGB). Nach § 633 Abs. 2 BGB kann die Beseitigung eines Mangels abgelehnt werden, wenn sie einen unverhältnismäßigen Aufwand erfordert. Von dieser gesetzlichen Regelung weicht die hier getroffene Vereinbarung ausdrücklich ab.

4) Vgl. Nr. 6 Anm. 12 zu Muster A.

VI. Sicherungsverträge

34. Bürgschaft

Rechtsgrundlage. §§ 765–778 BGB, §§ 349–351 HGB.

Erläuterungen. Die Bürgschaft ist ein einseitig verpflichtender Vertrag, durch den sich jemand (Bürge) dem Gläubiger eines anderen (Hauptschuldner) gegenüber verpflichtet für die Erfüllung der Verbindlichkeit des anderen einzustehen (§ 765 BGB). Die verbürgte Hauptschuld und die Person des Hauptschuldners müssen hinlänglich bezeichnet werden (BGH, Urt. v. 2. 2. 1989, BB 1989 S. 654; vgl. auch OLG Hamm, Beschl. v. 24. 9. 1990, und OLG Stuttgart, Urt. v. 15. 3. 1991, BB 1991 S. 650, 1215). Zum Wegfall der Geschäftsgrundlage eines solchen Vertrages vgl. BGH, Urt. v. 9. 10. 1974, BB 1974, S. 1454, v. 22. 10. 1987, BB 1988 S. 231, und v. 26. 2. 1987, BB 1987 S. 1699, zur Sorgfaltspflicht des Gläubigers gegenüber dem Bürgen s. BGH, Urt. v. 22. 10. 1987, BB 1988 S. 231, und OLG Hamm, Urt. v. 16. 3. 1982, BB 1982 S. 1512. Die verschiedenen Arten von Bürgschaften ergeben sich aus den unten aufgeführten Mustern. Zweck der Bürgschaft ist die Sicherung des Gläubigers für den Fall der Zahlungsunfähigkeit des Hauptschuldners. Die Bürgschaft kann auch für eine künftige oder bedingte Verbindlichkeit übernommen werden (vgl. BGH, Urt. v. 19. 3. 1987, BB 1987 S. 921). Häufig wird auch für einen dem Hauptschuldner – z. B. im Rahmen eines Kontokorrentverhältnisses – gewährten Kredit gebürgt (sog. Kreditbürgschaft). Zur Abgrenzung der Bürgschaft vom Schuldbeitritt vgl. BGH, Urt. v. 19. 9. 1985, BB 1985 S. 2127, und OLG Hamm, Urt. v. 19. 6. 1970, BB 1970 S. 1193; zur Frage, ob in der Mitunterzeichnung eines an eine Finanzierungsbank gerichteten Darlehensantrags durch Angehörige eine Bürgschaft gesehen werden kann s. BGH, Urt. v. 27. 10. 1971, BB 1972 S. 287; zum Abschluß eines Garantievertrages neben einer Bürgschaft s. OLG Frankfurt, Urt. v. 22. 10. 1974, BB 1975 S. 985, zur Bürgschaft neben Barkaution bei Wohnraummiete BGH, Urt. v. 20. 4. 1989, BB 1989 S. 1082, zur Bürgschaftsklausel „Zahlung auf erstes Anfordern" s. BGH, Urt. v. 21. 4. 1988, BB 1988 S. 1558, und v. 5. 7. 1990, BB 1990 S. 1863, sowie OLG Hamburg, Urt. v. 10. 10. 1985, BB 1986 S. 834; diese Klausel ist Kreditinstituten vorbehalten.

Die Wirksamkeit des Bürgschaftsvertrags hängt stets vom Bestand der Hauptschuld ab. Ist diese nichtig, so ist auch die Bürgschaft ohne rechtliche Wirkung. Wird eine Bürgschaft für eine künftige oder bedingte Verbindlichkeit übernommen, so wird sie erst mit der Entstehung dieser Verbindlichkeit wirksam. Wird eine Bürgschaft ausdrücklich auch für den Fall der Nichtigkeit der Hauptverbindlichkeit übernommen, so liegt darin in Wahrheit ein Garantievertrag. Für den Umfang der Verpflichtungen des Bürgen ist der jeweilige Bestand der Hauptverbindlichkeit maßgebend (§ 767 BGB; vgl. BGH, Urt. v. 27. 10. 1977, BB 1978 S. 126, und v. 21. 5. 1980, BB 1980 S. 1295; die Beweislast für die Erfüllung der Hauptverbindlichkeit tragen Bürge und Hauptschuldner: OLG Düsseldorf, Urt. v. 5. 11. 1987, BB 1988 S. 97). Vermindert sich die Hauptschuld, z. B. durch Teilerlaß oder infolge geleisteter Teilzahlungen, so vermindert sich auch die Verpflichtung des Bürgen; erweitert sich die Hauptverbindlichkeit durch Verzug oder Verschulden des Hauptschuldners, so führt dies auch zu einer entsprechenden Erweiterung der Verpflichtung des Bürgen. Unklarheiten über den Umfang der Hauptschuld gehen zu Lasten des Gläubigers (BGH, Urt. v. 12. 3. 1980, BB 1980 S. 703; zum Umfang einer Bürgschaft vgl. auch BGH, Urt. v. 21. 5. 1980, 25. 11. 1981 und 7. 6. 1982, BB 1980 S. 1295 und 1982 S. 331, 1388). Ob der Bürge auch für die von vornherein mit der Hauptschuld verbundenen Nebenverpflichtungen (Zinsen, Vertragsstrafen usw.) haftet, kann nicht allgemein, sondern nur durch Auslegung des jeweiligen Bürgschaftsvertrages festgestellt werden. Jedenfalls ist eine Bank dem Bürgen gegenüber zur Auskunft über die Höhe der Nebenkosten des dem Schuldner gewährten Kredits verpflichtet (OLG Düsseldorf, Urt. v. 4. 5. 1973, DB 1973 S. 1236; zur Ausweitung der Haftung des Bürgen durch AGB der Bank vgl. OLG Stuttgart, Urt. v. 26. 11. 1976, BB 1977 S. 415). Stets haftet der Bürge für die dem Gläubiger vom Hauptschuldner zu ersetzenden Kosten der Kündigung und der Rechtsverfolgung, z. B. für Prozeßkosten (§ 767 Abs. 2 BGB). Unter ganz besonderen Umständen kann die Inanspruchnahme eines Bürgen rechtsmißbräuchlich sein (BGH, Urt. v. 4. 6. 1987, BB 1987 S. 1697). Die Bürgschaft durch einen vermögenslosen Verwandten ist jedoch nicht ohne weiteres nichtig (BGH, Urt. v. 16. 5. 1991, BB 1991 S. 1291).

Soweit der Bürge den Gläubiger befriedigt, geht dessen Forderung gegen den Hauptschuldner kraft Gesetzes auf den Bürgen über. Inwieweit der Bürge Ersatzansprüche gegen den Hauptschuldner stellen kann, richtet sich nach dem zwischen Bürgen und Hauptschuldner bestehenden Rechtsverhältnis (§ 774 BGB). In der Regel handelt es sich um Auftrag oder auftragslose Geschäftsführung.

Form. Nur das Bürgschaftsversprechen, also die Verpflichtungserklärung des Bürgen, bedarf zu seiner Gültigkeit der Schriftform; demgemäß ist die Blanko-Bürgschaft eines Nichtkaufmanns unwirksam (BGH, Urt. v. 12. 1. 1984, NJW 1984 S. 798). Ein etwaiger Formmangel wird durch Erfüllung seitens des Bürgen geheilt (§ 766 BGB). Die Formvorschrift bezweckt, vor übereilten Bürgschaften, die dem Bürgen erhebliche finanzielle Einbußen bringen können, zu warnen. Wer sich über die rechtliche und wirtschaftliche Tragweite einer Bürgschaftsleistung nicht im klaren ist, sollte davon Abstand nehmen, eine Bürgschaft zu übernehmen, da er damit seine ganze Existenz aufs Spiel setzen kann. Schriftform ist nicht erforderlich, wenn der Bürge Vollkaufmann ist und die Bürgschaftsverpflichtung als Handelsgeschäft abgegeben hat (§§ 350, 351 HGB). Nicht formbedürftig ist auch die Erfüllungsübernahme gegenüber einem Bürgen (BGH, Urt. v. 19. 1. 1972, BB 1973 S. 265).

Muster

A. Einfache (gewöhnliche) Bürgschaft

Bürgschaftserklärung
Herr Georg Schmidt in .... schuldet der Firma Hermann Grün in .... aus dem Kauf eines Fernsehapparates (oder: aus Darlehen, als Mietzins, an Reparaturkosten usw.) den Betrag von .... DM nebst .... % Zinsen hieraus seit .... und bisher entstandene Mahnspesen und Kosten von .... DM. Für diese Schuld einschließlich aller auch künftig noch anfallenden Zinsen und Kosten übernehme ich, der Unterzeichnete, die Bürgschaft.

.................., den ....

Unterschrift

Anmerkung

Bei der gewöhnlichen Bürgschaft haftet der Bürge nur, wenn und soweit der Gläubiger vom Hauptschuldner keine Befriedigung erlangt hat. Der Gläubiger muß deshalb zunächst die Zwangsvollstreckung gegen den Hauptschuldner im Rahmen des § 772 BGB versuchen.

B. *Selbstschuldnerische Bürgschaft*

Bürgschaftserklärung
Herr Georg Schmidt in .... *schuldet der Firma Hermann Grün in*
.... *aus dem Kauf eines Fernsehapparates (oder: aus Darlehen, als*
Mietzins, an Reparaturkosten usw.) den Betrag von .... *DM nebst* .... *%*
Zinsen hieraus seit .... *und bisher entstandene Mahnspesen und Kosten*
von .... *DM. Für diese Schuld einschließlich Zinsen, Kosten und Auslagen*
übernehme ich, der Unterzeichnete, die selbstschuldnerische Bürgschaft (vgl.
Anm. 1 und 2).

..................., *den* ....

                     Unterschrift

Anmerkungen

1) Auch folgende Formulierungen sind üblich: „...übernehme ich die Bürgschaft als Selbstschuldner", oder „übernehme ich die Bürgschaft unter Verzicht auf die Einrede der Vorausklage".
2) Jede von einem Vollkaufmann im Rahmen eines Handelsbetriebes abgegebene Bürgschaftserklärung ist eine selbstschuldnerische, auch wenn sie nicht als solche bezeichnet ist. Der Bürge kann sich gegenüber dem Hauptschuldner auf die Verjährung der Hauptschuld berufen (BGH, Urt. v. 12. 3. 1980, BB 1980 S. 1122). Zum Rückgriff des selbstschuldnerischen Bürgen gegen den Hauptschuldner vgl. auch BGH, Urt. v. 19. 1. 1983, BB 1983 S. 401.

C. *Teilbürgschaft*

Bürgschaftserklärung
Herr Georg Schmidt in .... *schuldet dem Kaufmann Hermann Grün*
in .... *aus Darlehen den Betrag von* .... *DM nebst* .... *%*
Verzugszinsen seit .... *Ich, der Unterzeichnete, übernehme für einen*
Teilbetrag von höchstens .... *DM – Zinsen und Kosten eingeschlossen – die*
Bürgschaft als Selbstschuldner.

..................., *den* ....

                     Unterschrift

Anmerkung

Läßt man die Worte „Zinsen und Kosten eingeschlossen" weg, so haftet der Bürge im Zweifel für die dem Teilbetrag entsprechenden Zinsen und Kosten der Rechtsverfolgung. Für den Fall, daß Zinsen und Kosten „zuzüglich" übernommen werden, vgl. OLG Stuttgart, Urt. v. 21. 5. 1969, BB 1970 S. 52.

D. Mitbürgschaft

Bürgschaftserklärung
Herr Georg Schmidt in .... schuldet Herrn Hermann Grün, Hauseigentümer in ...., an rückständigem Mietzins einen Betrag von .... DM zuzüglich .... % Zinsen aus diesem Betrag seit .... Für diese Verbindlichkeit samt Zinsen übernehmen wir, Hans Berger, Ludwig Moser und Erwin Geiger, sämtlich in .... wohnhaft, die selbstschuldnerische Bürgschaft in gesamtverbindlicher Weise.

..................., den ....

Unterschriften

Anmerkung

Mehrere Mitbürgen haften als Gesamtschuldner, ohne daß dies in der Bürgschaftserklärung besonders hervorgehoben werden muß. Zur Frage des Ausgleichs zwischen Mitbürgen vgl. BGH, Urt. v. 11. 7. 1973, BB 1973 S. 1326, v. 17. 3. 1982, BB 1982 S. 1197, und v. 29. 6. 1989, BB 1989 S. 1508.

E. Nachbürgschaft

Bürgschaftserklärung
Für die Mietzinsschuld des Herrn Georg Schmidt in .... in Höhe von .... DM, zu .... % verzinslich seit ...., gegenüber Herrn Hermann Grün in ...., haben die Herren Hans Berger, Ludwig Moser und Erwin Geiger die selbstschuldnerische Bürgschaft übernommen. Ich, der Unterzeichnete, übernehme Herrn Hermann Grün gegenüber die Nachbürgschaft (vgl. Anm. 1 und 2).

Anmerkungen

1) Der Nachbürge steht dem Gläubiger dafür ein, daß der oder die Bürgen (Vorbürgen) ihre Verpflichtungen aus dem Bürgschaftsvertrag erfüllen. Der Gläubiger hält sich an den Nachbürgen, soweit er von den eigentlichen Bürgen nicht befriedigt wurde.

2) Es kann auch noch beigefügt werden: „Unter Verzicht auf die Einrede der Vorausklage". Dann handelt es sich um eine „selbstschuldnerische Nachbürgschaft".

F. Rückbürgschaft

Übernahme einer Rückbürgschaft
Laut Bürgschaftserklärung vom .... haben die Herren Hans Berger,
Ludwig Moser und Erwin Geiger, alle wohnhaft in ...., die selbst-
schuldnerische Bürgschaft für eine Mietzinsverbindlichkeit des Herrn Georg
Schmidt in .... gegenüber dem Hauseigentümer Hermann Grün in
.... im Betrage von .... DM nebst .... % Zinsen hieraus seit
.... übernommen.
Ich, Fritz Stein, wohnhaft in ...., übernehme hiermit gegenüber den
genannten drei Bürgen die Rückbürgschaft.

..................., den ....

Unterschrift

Anmerkung

Bei der Rückbürgschaft können sich die Bürgen an den Rückbürgen halten, wenn sie für den Hauptschuldner bezahlt haben und von diesem Ersatz nicht erhalten konnen. Zur Haftung des Rückbürgen gegenüber dem Nachbürgen vgl. BGH, Urt. v. 13. 12. 1978, BB 1979 S. 137.

G. Bürgschaft auf Zeit

Bürgschaftserklärung
Für die Darlehensschuld des Herrn Karl Grün, Bäckermeister in ....,
von .... DM, zu .... % jährlich verzinslich seit ...., gegenüber dem
Kaufmann Willi Frei in .... übernehme ich, der Unterzeichnete, die
selbstschuldnerische Bürgschaft. Meine Verpflichtung aus dieser Bürgschaft
erlischt mit der Rückgabe dieser Bürgschaftserklärung, spätestens aber, wenn
ich nicht bis zum .... aus der Bürgschaft in Anspruch genommen bin.

.............., *den* ....

Unterschrift

Anmerkung

Eine zeitliche Begrenzung in die Bürgschaft aufzunehmen, ist zweckmäßig (zur Auslegung s. BGH, Urt. v. 17. 12. 1987, BB 1988 S. 297). Es kann z. B. auch vereinbart werden: „Die Bürgschaft kann seitens des Bürgen jederzeit mit einer dreimonatigen Frist zum Ende eines Kalendervierteljahres gekündigt werden." Zur Abgrenzung einer Zeitbürgschaft von einer gegenständlich begrenzten Bürgschaft vgl. BGH, Urt. v. 29. 4. 1974, BB 1974 S. 858; zur selbstschuldnerischen Zeitbürgschaft s. auch BGH, Urt. v. 9. 1. 1980, BB 1980 S. 860, v. 21. 10. 1981, BB 1982 S. 1079, v. 22. 12. 1982, BB 1983 S. 153, v. 14. 6. 1984, BB 1984 S. 1581, v. 18. 12. 1986, BB 1987, S. 507, und v. 21. 3. 1989, BB 1989 S. 871; vgl. auch OLG Hamm, Urt. v. 8. 5. 1989, BB 1989 S. 1366.

H. Ausfallbürgschaft

Bürgschaftserklärung
Für die Darlehensschuld der Firma Linger & Co., ..., von ....
DM, zu jährlich .... % über dem jeweiligen Diskontsatz der Deutschen
Bundesbank verzinslich, gegenüber dem Kaufmann Wilhelm Schneider in
.... übernehme ich, der Unterzeichnete Hans Berger, die Ausfall-
bürgschaft.
Der Ausfall gilt als festgestellt, wenn und soweit aus der Verwertung des dem
Kaufmann Wilhelm Schneider sicherungsübereigneten Warenlagers der Firma
Linger & Co. bis zum .... eine Befriedigung von dessen Forderung
einschließlich Zinsen und Kosten nicht erfolgt ist.

.............., *den* ....

Unterschrift

Anmerkung

Die Ausfallbürgschaft ist im Gesetz nicht geregelt. Empfehlenswert ist es, den Begriff des Ausfalls im Vertrag genau festzulegen (vgl. hierzu BGH, Urt. v. 16. 3. 1989, BB 1989 S. 1011).

35. Sicherungsabtretung

Rechtsgrundlage. §§ 398–413 BGB.

Erläuterungen. Eine besondere Art der Forderungsabtretung (vgl. Nr. 40) ist die Sicherungsabtretung. Bei ihr wird der Zessionar (d. h. der neue Gläubiger) nur nach außen hin zum wirklichen Gläubiger der abgetretenen Forderung, im Innenverhältnis zwischen den Parteien wird dagegen lediglich ein Treuhandverhältnis begründet: Die Abtretung erfolgt nicht zum Zweck der Befriedigung des Zessionars oder zum Zweck der Einziehung der Forderung, sondern soll nur der Sicherung einer Forderung des Zessionars gegen den Zedenten (d. h. den abtretenden, bisherigen Gläubiger) dienen (vgl. hierzu BGH, Urt. v. 11. 11. 1981, BB 1982 S. 144 und OLG München, Urt. v. 18. 10. 1985, BB 1985 S. 2270). Demgemäß ist der Zessionar nach erfolgter Befriedigung zur Rückübertragung der Forderung an den Zedenten verpflichtet, falls nicht die Sicherungsabtretung von vornherein (auflösend) bedingt abgeschlossen war (vgl. BGH, Urt. v. 21. 11. 1985, BB 1986 S. 276; zur Sicherungsabtretung eines Kommanditanteils vgl. BGH, Urt. v. 30. 6. 1980, BB 1980 S. 1440).

Beispiel: A hat sich vertraglich verpflichtet, dem B einen Kraftwagen zu liefern. Zur Sicherung dieses Anspruchs tritt A dem B seine Forderung gegen C auf Zahlung von 5000 DM ab. Damit ist B zwar nach außen hin Inhaber der Forderung geworden, er darf sich aber trotzdem nicht sogleich an C halten. Erst wenn A seiner Lieferverpflichtung nicht nachkommt, kann B seinen Anspruch auf Schadenersatz wegen Nichterfüllung durch Einziehung der ihm abgetretenen Forderung decken. Liefert A – wie für den Regelfall anzunehmen – den Kraftwagen ordnungsgemäß an B, so muß dieser die ihm sicherungsweise abgetretene Forderung an A zurückübertragen. Die Rückübertragung erübrigt sich, wenn zwischen A und B bereits bei der Abtretung vereinbart worden ist, daß mit der Lieferung des Kraftwagens die Forderung an A zurückfällt.

Eine große Rolle spielt die Sicherungszession bei *Kreditgeschäften:* Zedent ist der Kreditnehmer, Zessionar der Kreditgeber (Bank). Wird der Kredit nicht oder nicht rechtzeitig zurückbezahlt, kann sich die Bank beim Schuldner der abgetretenen Forderung befriedigen. Durch die Sicherungszession wird auch verhindert, daß sich andere Gläubiger des Zedenten der Forderung zu bemächtigen suchen (vgl. BGH, Urt. v. 25. 3. 1976, NJW 1976 S. 1090). Zur Wirksamkeit der in einem Formularvertrag enthaltenen Sicherungsabrede vgl. BGH, Urt. v. 29. 1. 1982, BB 1982 S. 459.

Auch *künftige* Forderungen können sicherungshalber abgetreten werden, sofern sie schon bei Abschluß des Abtretungsvertrages genügend bestimmt oder wenigstens bestimmbar sind (vgl. Palandt, BGB 51. Aufl. Rdnr. 11 zu § 398, und Serick, BB 1978 S. 873; zur Sicherungsabtretung des pfändbaren Arbeitseinkommens vgl. BAG, Urt. v. 24. 10. 1979, BB 1980 S. 581; zur Kollision bei Abtretung und Verpfändung künftiger Forderungen vgl. OLG Köln, Urt. v. 18. 2. 1987, BB 1987 S. 1141). Eine solche Vorausabtretung kommt z. B. beim sog. verlängerten Eigentumsvorbehalt vor: Hier läßt sich der Lieferant einer unter Eigentumsvorbehalt gelieferten Ware vom Lieferungsempfänger solche Forderungen abtreten, die sich aus der Weiterveräußerung der Ware gegenüber den Kunden ergeben werden. Werden in einem Vertrag gegenwärtige und künftige Forderungen aus bestimmten Geschäften abgetreten, so spricht man von einer „Globalzession" (zur Nichtigkeit einer Globalabtretung künftiger Kundenforderungen an eine Bank, vgl. BGH, Urt. v. 12. 11. 1970, BB 1971 S. 102, v. 9. 11. 1978, BB 1979 S. 70, 72, v. 31. 1. 1983, BB 1983 S. 2142, v. 8. 10. 1986, BB 1987 S. 222, v. 6. 12. 1990 und v. 19. 6. 1991, BB 1991 S. 296, 1515, sowie OLG Zweibrücken, Urt. v. 9. 3. 1979, BB 1979 S. 758; zu Abtretungsverboten in AGB s. Klamroth, BB 1984 S. 1842).

Form: Die Sicherungsabtretung ist grundsätzlich formlos gültig; eine schriftliche Vereinbarung ist jedoch unbedingt zu empfehlen.

Muster

A. Gewöhnliche Sicherungsabtretung

1. Herrn Franz Maier in .... steht gegen Herrn Paul Müller in .... eine am .... fällige, seit .... mit .... % jährlich zu verzinsende Darlehensforderung in Höhe von DM .... zu.
Hierüber hat Herr Müller Herrn Maier einen Schuldschein erteilt.
2. Zur Sicherung dieser Forderung tritt hiermit Herr Müller an Herrn Maier eine ihm gegen Herrn Fritz Schulze in .... aus Auseinandersetzung einer bürgerlich-rechtlichen Gesellschaft zustehende, seit .... fällige unverzinsliche Forderung in Höhe von DM .... ab (vgl. Anm. 1). Herr Müller verpflichtet sich, von dieser Abtretung Herrn Schulze unverzüglich zu benachrichtigen (vgl. Anm. 2).
3. Sobald Herr Müller das Darlehen nebst Zinsen an Herrn Maier zurückbezahlt hat, hat dieser die ihm sicherungshalber abgetretene Forderung so-

gleich an Herrn Müller zurückabzutreten und von der erfolgten Rückabtretung Herrn Schulze unverzüglich in Kenntnis zu setzen (vgl. Anm. 3).

...................., den ....

Paul Müller
Franz Maier

B. Mantelzession (vgl. Anm. 4)

1. Herr Franz Groß, Lederwarengroßhändler in ...., schuldet der ....-Bank in .... aus einem ihm gewährten Kontokorrentkredit z. Zt. einen Betrag von DM .... (vgl. Anm. 5).

2. Herr Groß verpflichtet sich hiermit, der ....-Bank zur Sicherung ihrer sämtlichen Ansprüche aus dem Kreditverhältnis (vgl. Anm. 6) laufend geeignete Kundenforderungen abzutreten, und zwar in solcher Höhe, daß der beanspruchte Kredit jeweils um mindestens 20 v. H. überdeckt ist (vgl. Anm. 7). Unbeschadet der Abtretung bleibt Herr Groß zu Einziehung der Kundenforderungen berechtigt (vgl. Anm. 8), er hat aber anstelle eingezogener Forderungen unverzüglich andere Kundenforderungen in gleicher Höhe an die ....-Bank abzutreten (vgl. Anm. 9).

3. Der ....-Bank dürfen nur solche Forderungen abgetreten werden, über die Herr Groß unbeschränkt verfügungsberechtigt ist (vgl. Anm. 10). Nicht abgetreten werden dürfen

a) dubiose (vgl. Anm. 11) oder streitige (vgl. Anm. 12) Forderungen,

b) Forderungen, denen aufrechenbare Gegenforderungen der Kunden gegenüberstehen (vgl. Anm. 13),

c) Forderungen, die älter als sechs Monate sind, wobei das Datum der Rechnung maßgebend ist (vgl. Anm. 14), sowie

d) Forderungen, die Herrn Groß auf Grund eines verlängerten Eigentumsvorbehalts zustehen (vgl. Anm. 15).

4. Die Erstabtretungen ergeben sich aus der diesem Vertrag beigenommenen Anlage (vgl. Anm. 16). Die Summe dieser Forderungen beträgt DM .... (vgl. Anm. 17). Die weiteren Abtretungen erfolgen in der Weise, daß Herr Groß der ....-Bank jeweils der Anlage entsprechende Aufstellungen der abgetretenen Forderungen unter Hinweis auf diesen Vertrag bis zum 1. Werktag eines jeden Monats einreicht (vgl. Anm. 18).

5. Eine Benachrichtigung der Kunden (Schuldner) von der erfolgten Abtretung der Forderungen soll zunächst nicht erfolgen. Falls jedoch Herr Groß seinen Verpflichtungen gegenüber der ....-Bank aus dem Kreditvertrag vom .... nicht nachkommt, kann diese verlangen, daß Herr Groß den Kunden die erfolgte Abtretung anzeigt; für diesen Fall ist die

.................-*Bank auch ermächtigt, die Anzeigen im Namen von Herrn Groß selbst vorzunehmen (vgl. Anm. 19).*

6. *Mit der Benachrichtigung der Kunden erlischt die Befugnis von Herrn Groß zur Einziehung der abgetretenen Forderungen (Ziff. 2). Die* ....-*Bank ist alsdann selbst zur Einziehung der Forderungen berechtigt, soweit dies zur Abdeckung ihrer fälligen Ansprüche gegen Herrn Groß aus dem Kreditverhältnis erforderlich ist. Die Kosten der Benachrichtigung und der Einziehung gehen zu Lasten von Herrn Groß. Dieser hat der* ....-*Bank alle zur Einziehung und eventuellen gerichtlichen Geltendmachung der abgetretenen Forderungen erforderlichen Auskünfte zu erteilen (vgl. Anm. 20).*

7. *Wird die in Ziff. 2 vereinbarte Deckung überschritten, so hat die* ....-*Bank auf Verlangen von Herrn Groß diesem Forderungen zurückabzutreten (vgl. Anm. 21). Der* ....-*Bank bleibt es überlassen, die zurückabzutretenden Forderungen zu bestimmen. Nach Befriedigung ihrer sämtlichen Anspüche aus dem Kreditverhältnis hat die* ....-*Bank alle ihr abgetretenen Forderungen an Herrn Groß zurückzuübertragen.*

8. *Die* ....-*Bank ist berechtigt, zur Überwachung und Prüfung der ihr abgetretenen Forderungen jederzeit in die Geschäftsbücher und Belege von Herrn Groß Einsicht zu nehmen. Sie kann auch verlangen, daß ihr Rechnungsdurchschriften der abgetretenen Forderungen übermittelt werden.*

................., *den* ....

Franz Groß

.................-*Bank*

Anmerkungen

1) Durch die Sicherungsabtretung wird das Recht des Zedenten, vom Schuldner Zahlung (allerdings an den Zessionar) zu verlangen und hierauf zu klagen, nicht berührt (BGH, Urt. v. 11. 2. 1960, BB 1960 S. 344 und OLG Frankfurt, Urt. v. 16. 5. 1983, BB 1984 S. 2225). Zur Forderungsabtretung nach Eintritt der Rechtshängigkeit s. BGH, Urt. v. 3. 11. 1978, BB 1979 S. 396.

2) Soll die Abtretung dem Schuldner unbekannt bleiben (sog. stille Zession), so kann vereinbart werden, daß dessen Benachrichtigung zunächst unterbleiben soll. Für den Zessionar ist dies jedoch nicht ungefährlich, weil er dann eine Leistung, die der Schuldner nach der Abtretung an den Zedenten bewirkt hat, gegen sich gelten lassen muß (§ 407 BGB). Zur Unterbrechung der Forderungsverjährung bei der stillen Zession s. BGH, Urt. 11. 11. 1977, BB 1978 S. 226.

3) Die Pflicht zur Rückabtretung folgt schon daraus, daß mit der Rückzahlung des Darlehens der Grund für die Sicherungszession weggefallen ist.

4) Die Bezeichnung „Mantelzession" beruht darauf, daß ein „Forderungsmantel" abgetreten wird, d. h. Forderungen, deren Bestand ständig wechselt (weil sie der Zedent teilweise einzieht und an ihrer Stelle andere Forderungen abtritt), die aber in ihrer Gesamtheit doch eine gleichbleibende Sicherung des Zessionars gewährleisten. Mantelzessionen kommen bei größeren Krediten, deren Abdeckung längere Zeit in Anspruch nimmt, in Betracht. Kreditgeber sind zumeist Banken, weshalb auch das hier aufgeführte Vertragsmuster auf einen solchen Fall zugeschnitten ist. Es kann jedoch auch – unter entsprechenden Abänderungen – für private Kredite verwendet werden .

5) Beim Kontokorrentkredit (Kredit in laufender Rechnung) werden die beiderseitigen Ansprüche und Leistungen mindestens einmal jährlich gegenseitig verrechnet (§§ 355-357 HGB).

6) Also auch der Ansprüche auf Zinsen, Verwaltungskosten usw.

7) Zur Frage der genügenden Bestimmbarkeit abgetretener künftiger Forderungen vgl. BGH, Urt. v. 15. 3. 1978, NJW 1978 S. 1050. Eine Überdeckung ist erforderlich, weil die Ansprüche des Kreditgebers die Kreditsumme übersteigen und weil trotz der in Ziff. 3 des Vertragsmusters enthaltenen Bestimmung mit dem Ausfall einiger Forderungen erfahrungsgemäß gerechnet werden muß.

8) Vgl. aber Ziff. 6 des Vertragsmusters.

9) Vgl. Anm. 4.

10) Insbesondere darf die Abtretbarkeit der Forderungen nicht durch Vereinbarungen mit den Schuldnern eingeschränkt oder ausgeschlossen sein.

11) Ob eine Forderung dubios ist, hat zunächst der Zedent selbst zu beurteilen .

12) Streitig ist eine Forderung nicht erst dann, wenn sie Gegenstand einer gerichtlichen Auseinandersetzung ist, sondern bereits, wenn der Schuldner gegen die Forderung Einwendungen erhoben hat.

13) Weil sonst die Kunden aufrechnen und damit die Forderungen zum Erlöschen bringen könnten (§ 389 BGB).

14) Bei älteren Forderungen können Zweifel an der Einbringlichkeit bestehen.

15) Nach BGH, Urt. v. 6. 11. 1969 (BB 1969 S. 12). ist eine zur Kreditsicherung vereinbarte Globalzession künftiger Kundenforderungen an eine Bank sittenwidrig und nichtig, soweit sie sich auch auf solche Forderungen erstreckt, die der Zedent seinen Lieferanten auf Grund verlängerten Eigentumsvorbehalts künftig abtreten muß und abtritt (s. hierzu auch BGH, Urt. v. 9. 3. 1977, DB 1977 S. 949, OLG Düsseldorf, Urt. v. 6. 10. 1988, BB 1989 S. 1646, sowie Lambsdorff/Skora in BB 1977 S. 922).

16) In der Anlage müssen zu jeder Forderung folgende Angaben enthalten sein:
    a) Name (Firma) und Anschrift des Schuldners
    b) Rechnungsdatum
    c) Gegenstand der Lieferung bzw. Leistung
    d) Fälligkeitszeitpunkt
    e) Forderungsbetrag.

17) Die in Ziff. 2 des Vertragsmusters vorgesehene Überdeckung ist zu beachten.

18) Wegen des Inhalts der Aufstellungen s. Anm. 16.

19) Gegen die Rechtsgültigkeit der Vereinbarung, daß die Benachrichtigung der Schuldner nur unter bestimmten Voraussetzungen erfolgen soll, bestehen keine Bedenken (vgl. BGH. Urt. v. 30. 4. 1959, NJW 1959 S. 1535). Es kann auch vereinbart werden, daß der Zedent dem Zessionar Blanko-Benachrichtigungsschreiben auszuhändigen hat, von denen dieser gegebenenfalls Gebrauch machen darf.

20) Die ausdrückliche Festlegung einer solchen Auskunftspflicht des Zedenten ist ratsam.

21) Dadurch wird eine Übersicherung des Zessionars verhindert (vgl. BGH, Urt. v. 29. 11. 1989, BB 1990 S. 229).

36. Sicherungsübereignung

Rechtsgrundlage. §§ 929–931 BGB.

Erläuterungen. Die Sicherungsübereignung beweglicher Sachen ist, ähnlich wie die Sicherungsabtretung einer Forderung (vgl. Nr. 35), ein wichtiges Kreditsicherungsmittel. Während die Bestellung eines Pfandrechtes die Übergabe des Pfandgegenstandes an den Gläubiger voraussetzt (§§ 1205, 1206, 1253 BGB), verbleibt bei der Sicherungsübereignung der Schuldner im Besitz der Sache und kann sie weiterhin benutzen. Die Sicherungsübereignung kommt deshalb bei solchen Gegenständen in Betracht, die der Schuldner nicht aus der Hand geben kann oder will (z. B. bei Kraftfahrzeugen, Wohnungs- oder Geschäftseinrichtungen, Maschinen, die zur Fortführung des Gewerbebetriebes benötigt werden, usw.). Durch die Sicherungsübereignung wird der Gläubiger *nach außen hin* voller Eigentümer der Sache, im *Innenverhältnis* zum Schuldner ist sein Recht jedoch durch die Verpflichtung beschränkt, das Eigentum nur zur Sicherung seiner Ansprüche und ggf. zu deren Befriedigung zu verwerten und es nach Abdeckung des Kredits auf den Schuldner zurückzuübertragen. Der Sicherungseigentümer kann Pfändungen Dritter widersprechen (§ 771 ZPO; vgl. hierzu auch BGH, Urt. v. 28. 6. 1978, BB 1978 S. 1441, und v. 13. 5. 1981, BB 1981 S. 1180: Sicherungsübereignung als Vermögensübernahme nach § 419 BGB; hierzu auch BGH, Urt. v. 20. 3. 1986, BB 1986 S. 1315), im Konkurs des Schuldners hat er jedoch kein Aussonderungs-, sondern nur ein Absonderungsrecht (BGH, Urt. v. 23. 11. 1977, DB 1978 S. 203; vgl. auch BGH, Urt. v. 24. 10. 1979, BB 1980 S. 337). Im Falle einer Abtretung der gesicherten Forderung geht das Sicherungseigentum nicht ohne weiteres auf den neuen Gläubiger über, da es kein „Nebenrecht" (§ 401 BGB) darstellt. Zahlreiche Sicherungsübereignungsverträge, die abgeschlossen werden, sind rechtsunwirksam, weil sich die Vertragsparteien über die Erfordernisse eines solchen Vertrages nicht im klaren sind. Im einzelnen sind folgende Punkte besonders zu beachten:

1. Im Vertrag muß die *Erklärung* enthalten sein, *daß das Eigentum dem Gläubiger übertragen wird.* Diese Erklärung muß von den Parteien ernstlich gewollt sein.

2. *Die zu übereignenden Gegenstände müssen* nach Art, Zahl, Lageort und sonstigen besonderen Merkmalen *genau bezeichnet sein* (BGH, Urt. v. 3. 12. 1987, BB 1988 S. 586). Es genügt deshalb nicht, wenn im Vertrag als Gegenstand der Sicherungsübereignung „die Geschäftseinrichtung im Textilgeschäft des Schuldners in ...." genannt wird, vielmehr müssen die einzelnen Stücke, aus denen die Geschäftseinrichtung besteht, aufgeführt und beschrieben werden. Zweckmäßig ist auch die Angabe des Wertes der Gegenstände im Zeitpunkt der Sicherungsübereignung.

3. Die Parteien müssen ein *Besitzmittlungsverhältnis* vereinbaren, auf Grund dessen der Schuldner berechtigt sein soll, die Sicherungsgegenstände in (unmittelbarem) Besitz zu behalten, und vermöge dessen der Gläubiger den mittelbaren Besitz erlangen soll (§ 930 BGB). Als Besitzmittlungsverhältnisse kommen vor allem Pacht oder Miete (Pacht- bzw. Mietzins muß vereinbart werden), Leihe (unentgeltlich), Verwahrung (unentgeltlich oder gegen Entgelt) und ähnliche Nutzungsverhältnisse in Betracht (§ 868 BGB). Eine nur allgemein dahin lautende Vereinbarung, daß „der Schuldner den Besitz behalten" oder „die Sache für den Gläubiger besitzen soll", reicht nicht aus; andererseits ist eine ungenaue oder unkorrekte Bezeichnung des Besitzmittlungsverhältnisses unschädlich (vgl. hierzu OLG Stuttgart, Urt. v. 29. 11. 1974, DB 1975 S. 940). Zu den Anforderungen an die Vereinbarung eines (konkreten) Besitzmittlungsverhältnisses vgl. BGH, Urt. v. 2. 5. 1979, BB 1979 S. 1004.

4. Einer genauen Bezeichnung bedarf auch die *zu sichernde Forderung.* Ihre Art (z. B. Kaufpreis- oder Darlehensforderung), Höhe sowie der Zeitpunkt der Entstehung sind anzugeben.

5. Unter Umständen kann der *Zeitpunkt des Vertragsabschlusses* Bedeutung erlangen, so z. B. wenn es darum geht, festzustellen, ob die Sicherungsübereignung vor oder nach einer Pfändung erfolgt ist. Es erscheint deshalb zweckmäßig, beim Abschluß des Vertrages Zeugen zuzuziehen oder die Unterzeichnung notariell beglaubigen zu lassen.

6. Ist die sicherungsübereignete Sache schadensversichert, so ist der *Vertragsabschluß unverzüglich dem Versicherer anzuzeigen;* unterbleibt die An-

zeige, so besteht im Schadensfall die Gefahr, daß der Anspruch auf die Versicherungsleistung verloren geht (§ 71 VVG). Zur Haftung für Steuerschulden des Sicherungsgebers wird der Sicherungsnehmer im allgemeinen nicht herangezogen. Zur Frage, wann die Sicherungsübereignung zu einer mit Haftung verbundenen Vermögensübernahme (i. S. des § 419 BGB) führt, vgl. BGH, Urt. v. 20. 3. 1986, BB 1986 S. 1315. *Form.* Der Sicherungsübereignungsvertrag bedarf an sich keiner bestimmten Form, doch ist schriftlicher Abschluß dringend zu empfehlen, weil der Gläubiger das erlangte Eigentum notfalls beweisen muß.

Muster

Sicherungsübereignung eines Kraftwagens

Zwischen Herrn Eduard Weiß in .... und Herrn Egon Schwarz in .... wird folgende

Vereinbarung

getroffen:

§ 1 Zu sichernde Forderung
Herr Schwarz bekennt hiermit, von Herrn Weiß heute ein Darlehen im Betrag von DM .... erhalten zu haben, das mit .... % jährlich zu verzinsen und wie folgt zurückzuzahlen ist: ....

§ 2 Sicherungsgut
Zur Sicherung des Anspruchs von Herrn Weiß auf Rückzahlung des Darlehens nebst Zinsen übereignet ihm Herr Schwarz seinen Kraftwagen (vgl. Anm. 1) Marke ...., Baujahr ...., Motornummer .... (vgl. Anm. 2), Fahrgestellnummer .... (vgl. Anm. 2), Farbe ...., pol. Kennzeichen .... mit einem derzeitigen Schätzwert von DM .... Der Kraftwagen befindet sich in der Garage des Anwesens .... in .... Herr Schwarz versichert hiermit, daß das Kraftfahrzeug in seinem freien Eigentum steht und nicht mit irgendwelchen Rechten eines Dritten belastet ist, insbesondere weder unter Eigentumsvorbehalt steht noch einem Dritten sicherungsübereignet ist (vgl. Anm. 3).

§ 3 Eigentumsübergang
Herr Weiß nimmt die Übereignung des Kraftwagens an. Den Fahrzeugbrief hat
er von Herrn Schwarz bereits ausgefolgt erhalten (vgl. Anm. 4). Die Vertrags-
teile sind sich darüber einig, daß der Eigentumsübergang auf Herrn Weiß mit
der Unterzeichnung dieser Vereinbarung erfolgt.

§ 4 Besitzmittlungsverhältnis
Die zur Eigentumsübertragung erforderliche Übergabe wird durch die Verein-
barung ersetzt, daß der Kraftwagen leihweise im Besitz von Herr Schwarz
verbleiben soll (vgl. Anm. 5). Dieser verpflichtet sich, das Kraftfahrzeug pfleg-
lich zu behandeln und etwa erforderlich werdende Reparaturen auf seine
Kosten alsbald vornehmen zu lassen (vgl. Anm. 6). Die Kraftfahrzeughaft-
pflichtversicherung besteht bei .... (vgl. Anm. 7). Herr Schwarz ver-
pflichtet sich, die Versicherungsgesellschaft von der Sicherungsübereignung
unverzüglich zu benachrichtigen (vgl. Anm. 8 und 9).

§ 5 Anzeigepflicht
Herr Schwarz hat Herrn Weiß sogleich zu verständigen, falls
a) der Kraftwagen an einen anderen Standort verbracht wird,
b) bei einem Unfall oder sonstwie beschädigt wird oder − gleich aus welchem
*   Grunde − erheblich an Wert verliert (vgl. Anm. 10),*
c) ein Dritter irgendwelche Rechte an dem Kraftfahrzeug geltend macht oder
*   eine Pfändung erfolgt (vgl. Anm. 11).*
Herr Weiß ist jederzeit berechtigt, das Kraftfahrzeug zu besichtigen oder durch
einen Bevollmächtigten besichtigen zu lassen.

§ 6 Verwertungsrecht des Gläubigers
Kommt Herr Schwarz seinen in § 1 dieser Vereinbarung festgelegten Verpflich-
tungen zur Rückzahlung des Darlehens nicht nach, so ist Herr Weiß berechtigt,
die Herausgabe des Kraftfahrzeugs an ihn zu verlangen und dieses alsdann zu
verwerten, wobei er jedoch an die gesetzlichen Bestimmungen über den Pfand-
verkauf gebunden ist (vgl. Anm. 12). Den erzielten Erlös hat Herr Weiß zur
Befriedigung seiner Ansprüche aus der Darlehensgewährung zu verwenden
und einen etwa erzielten Überschuß an Herrn Schwarz auszuzahlen.

§ 7 Rückfall des Eigentums
Sobald Herr Schwarz das Darlehen nebst Zinsen vollständig an Herrn Weiß
zurückbezahlt hat, fällt das Eigentum an dem sicherungsübereigneten Kraft-
fahrzeug wieder an ihn zurück, ohne daß es hierzu noch eines besonderen
Übertragungsaktes bedarf (vgl. Anm. 13).

..................., den ....
Egon Schwarz

Eduard Weiß

Anmerkungen

1) Sollte der Kraftwagen unpfändbar sein, weil ihn der Schuldner zur Fortsetzung seiner Erwerbstätigkeit benötigt (§ 811 Nr. 5 ZPO), wäre der Sicherungsübereignungsvertrag deshalb nicht ohne weiteres nichtig (vgl. OLG Bamberg, Urt. v. 18. 4. 1980, MDR 1981 S. 50 und Palandt, BGB 51. Aufl. Rdnr. 16 zu § 930).

2) Motornummer und Fahrgestellnummer ergeben sich aus dem Fahrzeugbrief.

3) Bei unwahren Angaben würde sich der Schuldner eines Betruges (§ 263 StGB) schuldlg machen.

4) Die Übergabe des Fahrzeugbriefes schützt den Gläubiger dagegen, daß der Schuldner den Kraftwagen später anderweitig veräußert; denn bei fehlendem Brief ist in der Regel ein gutgläubiger Eigentumserwerb ausgeschlossen. Zur Strafbarkeit des Schuldners bei Verfügung über Sicherungseigentum s. BGH, Urt. v. 17. 3. 1987, BB 1987 S. 1422.

5) Leihe: §§ 598 ff. BGB.

6) Es kann auch vereinbart werden, daß der Schuldner mit dem Kraftwagen monatlich nur eine bestimmte Höchstzahl von Kilometern zurücklegen darf.

7) Die Versicherungsgesellschaft ist anzugeben.

8) §§ 158 h, 71 VVG. Veräußerung i. S. dieser gesetzlichen Bestimmungen ist auch die Sicherungsübereignung.

9) Eine Mitteilung an die Kraftfahrzeug-Steuerbehörde ist nicht erforderlich, da die Haltereigenschaft des Schuldners durch die Sicherungsübereignung nicht berührt wird.

10) Etwa durch einen auftretenden Schaden am Motor oder am Getriebe.

11) Diese Mitteilung ist notwendig, damit der Gläubiger sogleich die erforderlichen Schritte unternehmen, z. B. Widerspruchsklage nach § 771 ZPO erheben, kann.

12) Fehlt eine solche Bestimmung im Vertrag, so ist grundsätzlich anzunehmen, daß der Gläubiger die Sache freihändig verwerten darf; ein Rückgriff auf die Pfandrechtsvorschriften ist dann nur in sehr beschränktem Umfang zulässig (vgl. OLG Frankfurt, Urt. v. 18. 9. 1985, NJW-RR 1986 S. 44). Eine Benachrichtigung des Schuldners ist dann nicht erforderlich (OLG Hamm. Urt. v. 20. 9. 1951, BB 1951 S. 974). Ist die Anwendbarkeit der gesetzlichen Vorschriften über den Pfandverkauf vereinbart, so muß der Gläubiger dem Schuldner die beabsichtigte Versteigerung der Sache zunächst androhen (§ 1220 BGB). Bei unwirtschaftlicher Verwertung von Sicherungsgut ist der Sicherungsnehmer schadenersatzpflichtig (OLG Düsseldorf, Urt. v. 8. 2. 1990, BB 1990 S. 1016).

13) Eine solche Vereinbarung dient der Vereinfachung. Nach Rückfall des Eigentums an dem Kraftfahrzeug kann der Schuldner vom Gläubiger auch die Rückgabe des Fahrzeugbriefes verlangen.

37. Sicherungsübereignung eines Warenlagers

Rechtsgrundlage. §§ 929–931 BGB.

Erläuterungen. Es wird auf die Erläuterungen zu Nr. 36 verwiesen. Bei der Sicherungsübereignung eines Warenlagers ergeben sich gewisse Besonderheiten. Eine Besonderheit liegt darin, daß der Bestand des Warenlagers wechselt, weil der Schuldner (Sicherungsgeber) Waren hieraus veräußert und neue auf Lager nimmt. Aus praktischen Gründen läßt die Rechtsprechung die Übereignung solcher Gegenstände zu, die erst künftig in das Warenlager gelangen werden; das Besitzmittlungsverhältnis kann hier vorweg vereinbart werden (sog. antizipiertes Besitzkonstitut). Allerdings muß der Schuldner die Waren, die er künftig erhält und auf die sich die Sicherungsübereignung erstreckt, auch wirklich dem vorhandenen Warenlager einverleiben oder sie im vereinbarten Raum lagern.

Das Warenlager des Schuldners wird in aller Regel nicht nur ihm gehörige Sachen umfassen, sondern auch solche, die noch unter Eigentumsvorbehalt seines Lieferanten stehen. Eine Vereinbarung, daß nur diejenigen Waren sicherungsübereignet werden, „die dem Schuldner bereits gehören" oder „die in seinem freien Eigentum stehen", wäre unwirksam, da alsdann zur Bestimmung der übereigneten Waren außerhalb des Vertrages liegende Umstände herangezogen werden müßten, was nach der Rechtsprechung unzulässig ist (BGH, Urt. v. 13. 6. 1956 und v. 24. 6. 1958, BGHZ Bd. 21 S. 52 und Bd. 28 S. 16; OLG Celle, Urt. v. 9. 1. 1970, BB 1970 S. 280). Infolgedessen kommt nur eine Übertragung des Anwartschaftsrechtes des Schuldners auf Erwerb des Eigentums an den Vorbehaltsgegenständen auf den Gläubiger in Betracht. Dies geschieht nach denselben Regeln wie die Sicherungsübereignung von Sachen, an denen der Schuldner bereits das Eigentum erworben hat. Auch die Sicherungsübereignung der gesamten Warenbestände des Schuldners verstößt nicht ohne weiteres gegen die guten Sitten (§ 138 BGB). Bei Hinzutreten gewisser Umstände kann aber der Übereignungsvertrag nichtig sein, so vor allem

a) wegen Wuchers, wenn der Wert der übereigneten Gegenstände in auffälligem Mißverhältnis zur Höhe der zu sichernden Forderung steht,

b) wegen Knebelung des Schuldners, wenn dieser seiner wirtschaftlichen Bewegungsfreiheit nahezu völlig beraubt wird,

c) wegen Kredittäuschung, wenn der Gläubiger wissentlich zur Täuschung anderer Kreditgeber über die Kreditunwürdigkeit des Schuldners beiträgt, oder

d) wegen Gläubigergefährdung, wenn der Sicherungsnehmer um seines eigenen Vorteils willen eine Schädigung der anderen Gläubiger des Schuldners in Kauf nimmt.

Muster

Zwischen Herrn Fritz Schulze, ..., und Herrn Karl Bauer, Textilgeschäftsinhaber in ...., wird folgender

Sicherungsübereignungsvertrag

geschlossen:

§ 1 Zu sichernde Forderung
Zum Umbau seines Textilgeschäftes hat Herr Bauer von Herrn Schulze ein Darlehen in Höhe von zunächst 22 000 DM erhalten, das gegebenenfalls auf 30 000 DM aufgestockt werden soll. Hierüber sowie über die Verzinsung und Rückzahlung des Darlehens haben die Unterzeichneten bereits eine schriftliche Vereinbarung vom .... getroffen. Eine beglaubigte Ablichtung der Vereinbarung ist diesem Vertrag als Anlage 1 beizunehmen (vgl. Anm. 1).

§ 2 Sicherungsübereignete Waren
(1) Zur Sicherung sämtlicher auf Grund der vorgenannten Vereinbarung entstandenen und künftig noch entstehenden Ansprüche (vgl. Anm. 2) des Herrn Schulze übereignet ihm Herr Bauer seinen Lagerbestand an Textilwaren. Das Lager befindet sich in einem großen Parterreraum links des Rückgebäudes .... in .... (vgl. Anm. 3).
(2) Der gegenwärtige Lagerbestand ergibt sich aus dem diesem Vertrag als Anlage 2 beigenommenen Verzeichnis (vgl. Anm. 4). Sein gegenwärtiger Wert beläuft sich unter Zugrundelegung der Einkaufspreise auf 32 000 DM (vgl. Anm. 5).
(3) Herr Bauer versichert hiermit, daß sämtliche in dem Verzeichnis (Anlage 2) aufgeführten Waren in seinem freien Eigentum stehen und nicht mit irgendwelchen Rechten eines Dritten belastet sind, insbesondere weder unter Eigentumsvorbehalt der Lieferanten stehen (vgl. Anm. 6) noch einem Dritten sicherungsübereignet sind (vgl. Anm. 7).
(4) Herr Schulze nimmt die Übereignung an. Die Unterzeichneten sind sich

darüber einig, daß das Eigentum an dem vorgenannten Lagerbestand mit
sofortiger Wirkung auf Herrn Schulze übergeht.

§ 3 Besitzmittlungsverhältnis

*(1) Die Übergabe der Waren wird durch die Vereinbarung ersetzt, daß Herr
Bauer sie für Herrn Schulze unentgeltlich (vgl. Anm. 8) in Verwahrung nimmt
und behält (vgl. Anm. 9).*

*(2) Herr Bauer ist befugt, die sicherungsübereigneten Waren im Rahmen
seines ordnungsgemäßen Geschäftsbetriebes (vgl. Anm. 10) zu den üblichen
Preisen zu veräußern. Den Erlös aus diesen Veräußerungen hat er, soweit
damit nicht Ersatzwaren (§ 4) beschafft werden, in Höhe von mindestens 70
v. H. (vgl. Anm. 11) zur Rückzahlung des Darlehens zu verwenden.*

§ 4 Ersatzwaren

*(1) Herr Bauer ist verpflichtet, den Lagerbestand auch künftig mindestens auf
der gegenwärtigen Werthöhe zu halten. Zu diesem Zweck hat er für veräußerte
Waren (§ 3 Absatz 2) Ersatzwaren in entsprechendem Umfang einzubringen.*

*(2) Herr Bauer übereignet diese Ersatzwaren schon jetzt unter denselben
Bedingungen wie den bereits vorhandenen Lagerbestand an Herrn Schulze.
Der Eigentumsübergang erfolgt mit der Einbringung der Ersatzwaren in den
Lagerraum. Die Bestimmungen der §§ 2 Absätze 1 und 4 sowie 3 Absätze 1 und
2 gelten entsprechend.*

*(3) Herr Bauer darf nur solche Ersatzwaren einbringen, die in seinem freien
Eigentum stehen und nicht mit irgendwelchen Rechten eines Drtten belastet
sind, insbesondere weder unter Eigentumsvorbehalt der Lieferanten stehen
noch einem Dritten sicherungsübereignet sind.*

*(4) Herr Bauer verpflichtet sich, Herrn Schulze jeweils zum Monatsersten,
erstmals zum ...., ein Verzeichnis der dem Lager zwecks Veräußerung
entnommenen und der neu eingebrachten Waren mittels eingeschriebenen
Briefs zu übersenden (vgl. Anm. 12). Die Verzeichnisse sind fortlaufend zu
numerieren und jeweils diesem Vertrag als weitere Anlagen beizunehmen (vgl.
Anm. 13).*

§ 5 Anzeigepflicht

*Herr Bauer hat Herrn Schulze unverzüglich, notfalls fernmündlich oder tele-
graphisch, zu verständigen, falls ein Dritter irgendwelche Rechte an den
sicherungsübereigneten Waren geltend macht oder eine Pfändung erfolgt (vgl.
Anm. 14).*

§ 6 Versicherung des Warenlagers

(1) Herr Bauer hat sein Warenlager bei der .... (vgl. Anm. 15) gegen

Feuer- und Wasserschäden sowie gegen Diebstahl versichert. Herr Schulze hat die Versicherungspolice eingesehen.

(2) Herr Bauer verpflichtet sich, diese Versicherungen in der bisherigen Höhe aufrechtzuerhalten, die Versicherungsprämien jeweils pünktlich zu entrichten und die Versicherungsgesellschaft unverzüglich von der Sicherungsübereignung zu benachrichtigen (vgl. Anm. 16).

§ 7 Kontrollrechte des Gläubigers
Herr Schulze ist berechtigt, sich jederzeit während der Geschäftsstunden von der Verwahrung und Vollständigkeit des Lagerbestandes zu überzeugen, zu diesem Zweck den Lagerraum zu betreten und auch in die Geschäftsbücher und Aufzeichnungen von Herrn Bauer Einsicht zu nehmen. Herr Schulze kann diese Rechte auch durch einen Bevollmächtigten ausüben.

§ 8 Verwertungsrecht des Gläubigers
(1) Kommt Herr Bauer seinen Verpflichtungen aus der in § 1 aufgeführten Kreditvereinbarung bei Fälligkeit und trotz einmaliger Anmahnung nicht pünktlich nach, so ist Herr Schulze berechtigt, die Herausgabe der sicherungsübereigneten Waren zu verlangen und sie zwecks Befriedigung seiner Ansprüche freihändig oder im Wege öffentlicher Versteigerung zu veräußern (vgl. Anm. 17).
(2) Der erzielte Erlös ist in erster Linie auf die Kosten der Verwertung, dann auf die Zinsen und schließlich auf die eigentliche Darlehensschuld zu verrechnen (vgl. Anm. 18). Einen etwaigen Mehrerlös hat Herr Schulze unverzüglich an Herrn Bauer auszuzahlen.

§ 9 Beendigung des Kreditverhältnisses
(1) Sobald sich die Ansprüche von Herrn Schulze aus der Darlehensgewährung einschließlich Zinsen infolge Rückzahlungen durch Herrn Bauer auf einen Betrag von 10 000 DM vermindert haben, werden die Unterzeichneten diesen Vertrag aufheben und einen neuen Sicherungsübereignungsvertrag schließen; es sind dann nur noch Waren im Wert von 13 000 DM, berechnet nach den Einkaufspreisen, an Herrn Schulze zu übereignen (vgl. Anm. 19).
(2) Sobald sämtliche Ansprüche von Herrn Schulze aus der Darlehensgewährung voll befriedigt sind, wird dieser Herrn Bauer unverzüglich eine diesbezügliche Bestätigung übersenden und das Eigentum an den sicherungsübereigneten Waren an ihn zurückübertragen.

§ 10 Gerichtsstand
Gerichtsstand für etwaige Streitigkeiten aus diesem Vertragsverhältnis ist .... (vgl. Anm. 20).

286

..................., *den* ....

Fritz Schulze
Karl Bauer

Anmerkungen

1) Die Kreditvereinbarungen können auch unmittelbar in den Sicherungsübereignungsvertrag aufgenommen werden.

2) Durch die Bezugnahme auf die Kreditvereinbarung sind die Ansprüche des Gläubigers hinreichend bestimmt.

3) Falls erforderlich, kann auch eine Lageskizze angefertigt und dem Vertrag beigenommen werden.

4) In das Verzeichnis sind die einzelnen Warenposten nach Art, Stückzahl, Einkaufspreis, Lieferfirma und Rechnungsdatum aufzunehmen. Wegen der Notwendigkeit der Bestimmtheit der zu übereignenden Waren vgl. BGH, Urt. v. 21. 11. 1983, NJW 1983 S. 803, und OLG Celle, Urt. v. 9. 1. 1970, BB 1970 S. 280.

5) Eine gewisse Übersicherung des Gläubigers (Kreditgebers) ist erforderlich, weil eine Verwertung des Sicherungsgutes erfahrungsgemäß nur einen geringeren Erlös bringt, als es dem tatsächlichen Wert der Waren entspricht. Die Übersicherung muß sich aber in vertretbaren Grenzen halten.

6) Das bedeutet, daß die sicherungsübereigneten Waren vom Schuldner bereits bezahlt sein müssen.

7) Der Gläubiger kann sich mit dieser Versicherung des Schuldners zufrieden geben, weil sich der Schuldner bei falschen Angaben der Gefahr einer Bestrafung wegen Betrugs aussetzt.

8) Diese Angabe dient der Klarstellung, da es auch eine entgeltliche Verwahrung gibt.

9) Als Besitzkonstitut kann auch ein kommissionsähnliches Verhältnis vereinbart werden. Auf jeden Fall müssen die Rechte und Pflichten des Sicherungsgebers bzgl. des Sicherungsgutes genügend bestimmt sein (BGH, Urt. v. 2. 5. 1979, NJW 1979 S. 2308; OLG Hamm, Beschl. v. 31. 8. 1970, BB 1971 S. 63).

10) Was unter „ordnungsgemäßem Geschäftsbetrieb" zu verstehen ist, ist nicht abstrakt, sondern unter Berücksichtigung von Art und Größe des betreffenden Betriebes zu beurteilen.

11) Damit verbleibt dem Schuldner ein ausreichender Spielraum zur Bestreitung seines Lebensunterhalts und sonstiger laufender Geschäftsunkosten. Es kann auch vereinbart werden, daß, falls der Schuldner dieser Verpflichtung nicht nachkommt, seine Verkaufsbefugnis erlischt und der Gläubiger berechtigt ist, das Sicherungsgut zu verwerten.

12) Damit bringt der Schuldner seinen fortlaufenden Übereignungswillen zum Ausdruck.

13) Wegen des Inhalts der Verzeichnisse vgl. Anm. 4.

14) Auf die Mitteilung von einer erfolgten Pfändung wird der Sicherungsnehmer den Pfandgläubiger unter Hinweis auf den abgeschlossenen Sicherungsübereignungs-

vertrag zur Freigabe der Ware auffordern. Wird diesem Verlangen nicht entsprochen, so kann er Widerspruchsklage gegen den Pfandgläubiger erheben (§ 771 ZPO; vgl. hierzu BGH, Urt. v. 13. 5. 1981, BB 1981 S. 1180), notfalls auch eine einstweilige Maßnahme des Prozeß- oder des Vollstreckungsgerichts herbeiführen (§ 769 ZPO). In diesem Verfahren ist der Sicherungsgeber Zeuge. Er hat den Sicherungsnehmer bei der Wahrnehmung seiner Rechte tunlichst zu unterstützen, ihm also z. B. eine eidesstattliche Erklärung über die erfolgte Sicherungsübereignung auszuhändigen.

15) Anzugeben ist die Versicherungsgesellschaft.

16) Die Benachrichtigungspflicht folgt aus § 71 des Versicherungsvertragsgesetzes. Die Aufrechterhaltung der Versicherung stellt für den Gläubiger einen wesentlichen Sicherungsfaktor dar, zumal bei der unentgeltlichen Verwahrung der Verwahrer hinsichtlich der Aufbewahrung des Gutes nur für die in eigenen Angelegenheiten angewandte Sorgfalt einzustehen hat (§ 690 BGB).

17) Zur Anwendbarkeit der Verwertungsbestimmungen für verpfändete Sachen (§§ 1233 ff. BGB) vgl. OLG Frankfurt, Urt. v. 18. 9. 1985. NJW-RR 1986 S. 44. Es kann auch vereinbart werden, daß der Gläubiger bei der Verwertung des Sicherungsgutes bestimmten Beschränkungen unterliegt, etwa daß ein freihändiger Verkauf ausgeschlossen sein soll oder nur mit Zustimmung des Schuldners vorgenommen werden darf, ferner, daß die Verwertung dem Schuldner zunächst angedroht werden muß. Zur Wahrnehmung der Interessen des Sicherungsgebers bei der Verwertung des Sicherungsgutes ist der Sicherungsnehmer auch ohne ausdrückliche Vereinbarung verpflichtet. Verwertet er z. B. das Sicherungsgut zu einem niedrigen Preis, obwohl ein höherer Preis zu erzielen gewesen wäre, so ist er schadenersatzpflichtig (OLG Düsseldorf. Urt. v. 19. 6. 1972. BB 1973 S. 116).

18) Vgl. § 367 Abs. 1 BGB.

19) Damit wird einerseits für den Schuldner ein Anreiz geschaffen, seinen Verpflichtungen ordnungsgemäß nachzukommen, und andererseits verhindert, daß ein Mißverhältnis zwischen der Höhe der zu sichernden Forderung und dem Wert des Sicherungsgutes besteht.

20) Vgl. Nr. 6 Anm. 12 zu Muster A.

38. Verpfändungsverträge über bewegliche Sachen, Forderungen und Rechte

Rechtsgrundlage. §§ 1204–1296 BGB.

Erläuterungen. Das Pfandrecht ist ein dingliches, d. h. gegen jedermann wirkendes Recht an fremden beweglichen Sachen oder Rechten. Es dient zur Sicherung einer – sei es auch künftigen oder bedingten – Forderung, oft zur Sicherung der Rückzahlung eines Kredits. Kraft des Pfandrechts ist der Gläubiger befugt, den Pfandgegenstand zur Befriedigung seiner Forderung zu verwerten. Das Pfandrecht ist vom Bestand der zu sichernden Forderung abhängig, es kann ohne die Forderung weder entstehen noch bestehen oder übertragen werden (zur Beweislast des Pfandgläubigers vgl. BGH, Urt. v. 20. 3. 1986, BB 1986 S. 1741). Das *vertraglich begründete* (rechtsgeschäftliche) Pfandrecht ist zu unterscheiden von dem kraft *Gesetzes zustandekommenden* (gesetzlichen) Pfandrecht – z. B. dem Pfandrecht des Vermieters an den eingebrachten Sachen des Mieters (§ 559 BGB) oder des Unternehmers aus einem Werkvertrag (§ 647 BGB) und dem im Wege der Zwangsvollstreckung durch Pfändungsmaßnahmen des Gerichts oder Gerichtsvollziehers entstehenden Pfändungspfandrecht (§§ 803 ff., 828 ff. ZPO).

Für die Bestellung eines Pfandrechts an einer *beweglichen Sache* ist neben der Einigung der Parteien auch die Besitzübertragung auf den Gläubiger erforderlich; die Einräumung des Mitbesitzes (entscheidend ist das tatsächliche, nicht das rechtliche Verhältnis, Palandt, BGB 51. Aufl. Rdnr. 22 zu § 1206) genügt, wenn jede einseitige Verfügung des Schuldners über den Pfandgegenstand ausgeschlossen bleibt. Die Begründung eines Besitzermittlungsverhältnisses wie bei der Sicherungsübereignung (vgl. Nr. 36) reicht hier nicht aus.

Gegenstand eines Pfandrechts können auch *Rechte jeder Art* sein wie gewöhnliche Forderungsrechte, Ansprüche aus Inhaber- und Orderpapieren, dingliche Rechte (z. B. Hypothekenforderungen, Grund- und Rentenschulden), Mitgliedsrechte (z. B. Geschäftsanteile einer GmbH), Erbteile, Nacherbenrechte und immaterielle Güterrechte (z. B. Verlags- und Patentrechte). Nicht verpfändbar sind unübertragbare Rechte wie z. B. Vorkaufs- und Nießbrauchsrechte, beschränkte persönliche Dienstbarkeiten. aber auch unpfändbare Teile von Lohn- und Gehaltsforderungen.

Die Verpfändung eines Rechts muß in der für die Übertragung dieses Rechts vorgeschriebenen Form erfolgen, in der Regel also durch formlosen Verpfändungsvertrag, bei Briefhypotheken durch schriftliche Verpfändungserklärung und Übergabe des Briefes, bei Buchhypotheken durch Einigung und Grundbucheintragung, bei Erbschaftsanteilen durch notarielle Beurkundung. Zur Verpfändung gewöhnlicher Forderungen wie z. B. Kaufpreis-, Mietzins- oder Darlehensforderungen bedarf es außerdem noch einer Anzeige an den Schuldner.

Für die Verpfändung von *Wertpapieren* ist folgendes zu beachten: Bei Wechseln und anderen durch Indossament übertragbaren Papieren (Schecks, Namensaktien usw.) genügt die Einigung und die Übergabe des indossierten Papiers. Die Bestellung des Pfandrechts an Inhaberpapieren (Anleihen, Pfandbriefen usw.) erfolgt nach den für das Sachpfand geltenden Regeln.

Muster

A. Verpfändung einer Sache durch Übergabe (vgl. Anm. 1)

*1. Ich, Franz Schneider in ...., schulde Herrn Georg Thoma in
.... für den Transport von Möbeln einen Betrag von .... DM.
Zur Sicherung dieser Forderung (vgl. Anm. 2) verpfände ich ihm meinen
Fotoapparat Marke .... Nr. .... (vgl. Anm. 3). Der Apparat wird
hiermit Herrn Thoma zum Pfandbesitz übergeben (vgl. Anm. 4).*

*2. Wenn ich den geschuldeten Betrag bis zum .... nicht bezahle, darf Herr
Thoma sofort und ohne vorherige Androhung den Pfandverkauf bewirken
(vgl. Anm. 5).*

.................., den ....

Franz Schneider

*B. Verpfändung einer bereits im Besitz des Gläubigers befindlichen Sache
(vgl. Anm. 1)*

*1. Ich, Richard Seelig in ...., habe von Herrn Wilhelm Braun in
.... ein ab .... mit .... % jährlich zu verzinsendes und zwei
Monate nach Kündigung rückzahlbares Darlehen in Höhe von .... DM
erhalten.*

*2. Zur Sicherung seiner Ansprüche (vgl. Anm. 6) aus der Gewährung des
Darlehens verpfände ich Herrn Braun meine Schreibmaschine Marke
.... Nr. .... Herr Braun hat die Schreibmaschine bereits seit dem
.... leihweise in Besitz (vgl. Anm. 7).*

*3. Herr Braun ist berechtigt, die Schreibmaschine auf meine Kosten durch
einen Fachmann schätzen zu lassen. Ergibt sich hierbei ein Schätzwert von
weniger als .... DM, so werde ich Herrn Braun unverzüglich auch noch
drei Pfandbriefe der ....-Bank über insgesamt .... DM verpfänden
(vgl. Anm. 8).*

*4. Für den Fall einer öffentlichen Versteigerung der Schreibmaschine im Wege
der Pfandverwertung verzichte ich schon jetzt auf Benachrichtigung vom
Versteigerungstermin (vgl. Anm. 9).*

.................., den ....

Richard Seelig

C. Verpfändung einer Sache durch Abtretung des Herausgabeanspruchs (vgl. Anm. 1)

1. Herr Bernhard Redlich in .... hat gegen mich, Bruno Säumig in ...., eine Kaufpreisrestforderung von .... DM.
2. Ich habe dem Spediteur Erich Schulze in .... am .... die in anliegender Liste (vgl. Anm. 10) verzeichneten Möbelstücke zur Aufbewahrung übergeben (vgl. Anm. 11). Diese Möbelstücke verpfände ich hiermit Herrn Redlich zur Sicherung seiner Forderung und trete ihm meinen gegen den Spediteur bestehenden Anspruch auf Herausgabe ab (vgl. Anm. 12).
3. Ich verpflichte mich, dem Spediteur die erfolgte Verpfändung unverzüglich anzuzeigen (vgl. Anm. 13).

.................., den ....

Bruno Säumig

D. Verpfändung einer unter Eigentumsvorbehalt stehenden Sache (vgl. Anm. 1 und 14)

1. Aus Warenlieferungen für mein Textilgeschäft schulde ich, Viktor Schwarz in ...., Herr Eduard Wiesinger, Textilgroßhändler in .... einen Betrag von .... DM.
2. Zur Sicherung seiner Forderung verpfände ich Herrn Wiesinger meinen Pkw .... Motor-Nr. ...., Fahrgestell-Nr. .... Das Fahrzeug befindet sich bereits im Besitz von Herrn Wiesinger und ist derzeit außer Betrieb (vgl. Anm. 15).
3. Der Kraftwagen steht noch unter Eigentumsvorbehalt der Firma Auto-Müller in .... Auf den Wagen sind noch drei Kaufpreisraten zu je .... DM, fällig am .... und ...., zu entrichten. Der Kfz-Brief befindet sich bei der Firma Auto-Müller.
4. Falls ich bis zum .... meine Schuld an Herrn Wiesinger nicht begleiche, ist dieser berechtigt, das ihm verpfändete Kraftfahrzeug für meine Rechnung gegen Barzahlung sofort zu veräußern. Aus dem Erlös muß in erster Linie die dann noch offene Kaufpreisrestforderung der Firma Auto-Müller samt Nebenkosten beglichen werden. Die Übergabe des Kraftwagens an den Käufer darf nur mit schriftlicher Zustimmung der Firma Auto-Müller erfolgen (vgl. Anm. 16).
5. Die Herrn Wiesinger erteilte Verkaufsermächtigung gilt nur, wenn für den Kraftwagen ein Kaufpreis von mindestens .... DM erzielt wird (vgl. Anm. 17). Aus dem Verkaufserlös steht Herrn Wiesinger eine Provision von

.... *DM zu; wird ein Kaufpreis von mehr als* .... *DM erzielt, so erhöht sich die Provision um die Hälfte des überschießenden Betrages (vgl. Anm. 18).*

................, *den* ....

Viktor Schwarz

E. Verpfändung einer Forderung (vgl. Anm. 1)

1. Ich, Paul Klimmer in ...., *schulde Herrn Karl Winter in* .... *für Tapeziererarbeiten einen Werklohn im Betrag von* .... *DM. Gegen Frau Elisabeth Maier in* .... *steht mir aus dem Verkauf eines Gemäldes eine Restkaufpreisforderung von* .... *DM zu.*

2. Zur Sicherung seines Anspruchs verpfände ich hiermit Herrn Winter die mir gegen Frau Maier zustehende Restkaufpreisforderung. Frau Maier erhält von mir noch heute eine Durchschrift dieser Verpfändungserklärung übersandt (vgl. Anm. 19). Herr Winter ist berechtigt, diese Forderung im vollen Betrag einzuziehen (vgl. Anm. 20). Hierdurch entstehende Kosten gehen zu meinen Lasten.

................, *den* ....

Paul Klimmer

F. Verpfändung einer Buchhypothek

1. Im Grundbuch von .... *Bd.* .... *Bl.* .... *ist in Abtlg. III unter Nr.* .... *für mich eine Buchhypothek über* .... *DM nebst* .... *% Zinsen ab* .... *eingetragen.*

2. Diese Hypothek samt Zinsen ab .... *verpfände (vgl. Anm. 21) ich, Franz Schneider in* ...., *hiermit Herrn Georg Schulze in* .... *als Sicherheit für ein Darlehen, das Herr Schulze meinem Bruder (vgl. Anm. 22) Richard Schneider in* ...., *am* .... *in Höhe von* .... *DM, verzinslich mit* .... *% jährlich und zum* .... *rückzahlbar, gewährt hat.*

3. Ich bewillige und beantrage die Eintragung der Verpfändung in das Grundbuch.

................, *den* ....

Franz Schneider
(Beglaubigungsvermerk)
(vgl. Anm. 23)

G. Verpfändung eines Patentrechts

1. Herr Dipl.-Ing. Gerhard Winkler in .... ist Inhaber des Deutschen Bundespatents Nr. .... betreffend ein Verfahren zur Herstellung von Induktoren.

2. Zur Sicherung einer Forderung in Höhe von insgesamt .... DM aus Darlehens- und Vorschußgewährung verpfändet Herr Dipl.-Ing. Winkler hiermit seine Rechte aus diesem Patent an Herrn Emil Reich in .... (vgl. Anm. 24).

3. Herl Dipl.-Ing. Winkler wird die Verpfändung unverzüglich dem Deutschen Patentamt in München anzeigen (vgl. Anm. 25).

..................., den ....

Gerhard Winkler
Emil Reich

Anmerkungen

1) Es genügt, wenn der Verpfänder seine Erklärung schriftlich abgibt und der Pfandgläubiger seine Zustimmung formlos, d. h. durch bloße Entgegennahme der Erklärung, zum Ausdruck bringt.

2) Mangels anderweitiger Vereinbarungen haftet das Pfand für die Forderung in ihrem jeweiligen Bestand, insbesondere auch für Zinsen und Vertragsstrafen, ferner für die Ansprüche des Pfandgläubigers auf Ersatz von Verwendungen (vgl. § 1216 BGB), für die dem Gläubiger zu erstattenden Kosten der Kündigung und der Rechtsverfolgung sowie für die Kosten des Pfandverkaufs (§ 1210 BGB).

3) Es können auch mehrere Sachen zur Sicherung einer einzigen Forderung verpfändet werden, doch ist dann darauf zu achten, daß sie alle dem Pfandgläubiger übergeben werden. Bei Verpfändung eines Warenlagers erfolgt die Einräumung des Mitbesitzes gewöhnlich in Form des „Mitverschlusses" nach § 1206 BGB: An der Türe zum Lagerraum werden zwei Schlösser angebracht, Verpfänder und Pfandgläubiger erhalten je die Schlüssel zu einem Schloß.

4) Der Gläubiger muß den Pfandbesitz auch behalten, weil bei Rückgabe der Pfandsache das Pfandrecht erlöschen würde (§ 1253 BGB). Der Gläubiger ist zur Verwahrung des Pfandes verpflichtet, eine Versicherungspflicht besteht jedoch im allgemeinen nicht (§ 1215 BGB).

5) Das BGB regelt die Verwertung des Sachpfandes wie folgt: Der Verkauf muß dem Eigentümer (Verpfänder) zunächst angedroht werden und ist erst einen Monat (§ 368 HGB: eine Woche) nach der Androhung zulässig. Der Pfandverkauf hat grundsätzlich im Wege öffentlicher Versteigerung durch eine hierzu ermächtigte Person zu erfolgen. Die Versteigerung findet in der Regel am Aufbewahrungsort des Pfandes statt und muß vorher öffentlich bekanntgemacht werden. Der Verkauf darf

nur gegen Barzahlung erfolgen und kommt erst durch Erteilung des Zuschlages zustande. Pfandgläubiger und Eigentümer können mitbieten. – Vielfach wird zwischen den Parteien eine von dieser gesetzlichen Regelung abweichende Vereinbarung getroffen.

6) Auch der Zinsansprüche (vgl. Anm. 2).

7) Ist der Gläubiger bereits im Besitz der Pfandsache, so genügt die Einigung der Parteien über die Entstehung des Pfandrechts (§ 1205 Abs. 1 BGB).

8) Eine derartige Vereinbarung ist zweckmäßig, wenn der Wert der Pfandsache erst ermittelt werden muß und sich hierbei möglicherweise eine Unterdeckung ergeben kann. Eine Unterdeckung kann bereits vorliegen, wenn der Wert des Pfandgegenstandes den zu sichernden Anspruch nur unerheblich übersteigt: denn es muß damit gerechnet werden, daß die Versteigerung einen unter dem wirklichen Wert liegenden Erlös erbringt.

9) § 1220 Abs. 2 BGB. Ansonsten macht sich der Pfandgläubiger schadenersatzpflichtig, wenn er den Verpfänder nicht unverzüglich von der Versteigerung benachrichtigt.

10) Die Liste ist der Verpfändungserklärung beizuheften.

11) Wegen der Lagerkosten hat der Lagerhalter ein gesetzliches Pfandrecht (§ 421 HGB).

12) Bei mittelbarem Besitz des Eigentümers wird die Übergabe durch die Abtretung des Herausgabeanspruchs ersetzt.

13) Die Anzeige ist nach § 1205 Abs. 2 BGB erforderlich. Sie kann im vorliegenden Fall etwa lauten: „Hierdurch teile ich Ihnen mit, daß ich die Ihnen am .... zur Aufbewahrung übergebenden Möbelstücke Herrn Bernhard Redlich in .... verpfändet habe."

14) Die Verpfändung einer unter Eigentumsvorbehalt erworbenen Sache ist zulässig, doch entsteht dann das Pfandrecht erst mit dem Eigentumserwerb des Verpfänders. Bis dahin hat der Pfandnehmer diesem gegenüber lediglich ein Zurückbehaltungsrecht.

15) Vgl. Anm. 7.

16) Diese Vereinbarung dient der Sicherung des Vorbehaltseigentümers.

17) Dadurch schützt sich der Verpfänder gegen eine Verschleuderung des Pfandgegenstandes.

18) Diese Abmachung ist empfehlenswert, um den Pfandgläubiger an der Erzielung eines möglichst hohen Verkaufserlöses zu interessieren.

19) Die Verpfändung einer Forderung ist nur wirksam, wenn der Gläubiger – nicht der Pfandgläubiger – sie dem Schuldner mitteilt (§ 1280 BGB). Die Mitteilung kann im vorliegenden Fall etwa lauten: „Hierdurch zeige ich Ihnen an, daß ich die mir gegen Sie zustehende Restkaufpreisforderung von .... DM aus dem Verkauf eines Gemäldes heute an Herrn Karl Winter in .... verpfändet habe." Der Verpfänder ist dem Pfandgläubiger gegenüber zur Anzeige an den Schuldner verpflichtet (Palandt, a. a. O. Rdnr. 1 zu § 1280 BGB).

20) Mangels anderweitiger Vereinbarung darf der Pfandgläubiger nach der Pfandreife (d. h. nachdem die durch das Pfandrecht gesicherte Forderung fällig geworden ist) die verpfändete Forderung nur insoweit einziehen, als es zu seiner Befriedigung erforderlich ist (§ 1282, 1283 BGB).

21) Die Verpfändung wird erst mit der Eintragung im Grundbuch wirksam (§§ 1274, 1154, 873 BGB).

22) Jede Verpfändung kann auch zur Sicherung von Ansprüchen des Pfandgläubigers gegen einen Dritten geschehen.

23) Öffentliche Beglaubigung der Unterschrift ist wegen § 29 GBO erforderlich.

24) Da Patentrechte übertragbar sind (§ 15 PatG), können sie auch verpfändet werden.

25) Die Anzeige an das Patentamt ist nicht notwendig, aber zweckmäßig, damit der Pfandgläubiger von etwaigen Veränderungen benachrichtigt werden kann. Ein Vermerk in der Patentrolle erfolgt nicht.

39. Kautionsklauseln

Rechtsgrundlagen. §§ 232 ff., 550b, 607 ff., 1204 ff. BGB.

Erläuterungen. Die Kaution dient wie das Pfandrecht dazu, die Befriedigung eines Berechtigten wegen seiner – wenn auch erst künftigen oder aufschiebend bedingten – Ansprüche, z. B. auf Schadenersatz oder Vertragserfüllung, zu gewährleisten. Die in Geld oder Wertpapieren bestehende Kaution bietet dem Kautionsempfänger Sicherheit für etwaige Ansprüche gegen den Kautionsgeber. In der Regel wird die Stellung einer Kaution im Hauptvertrag (z. B. Pachtvertrag, Handelsvertretervertrag) vereinbart. Es ist aber auch möglich, die Stellung einer Kaution erst nachträglich in einem Zusatzvertrag zu vereinbaren. Da jedoch die Kaution nur auf vertraglicher Grundlage beruht, kann der Pächter oder der Handelsvertreter die Stellung einer Kaution verweigern, wenn die Forderung nach Sicherheitsleistung erst nach Vertragsabschluß erhoben wird. Andererseits kann der Vermieter oder Verpächter die vertragswidrig nicht gezahlte Kaution auch noch nach Beendigung des Vertragsverhältnisses verlangen, sofern er noch Ansprüche gegen den Mieter oder Pächter hat (BGH, Urt. v. 12. 1. 1981, NJW 1981 S. 976).

Wer eine Kaution hingibt, hat daran regelmäßig kein eigenes Interesse. Wer sich z. B. um den Posten eines Kassiers, um eine Unternehmenspacht oder eine Handelsvertretung mit Auslieferungslager bewirbt, erklärt sich zur Kautionsstellung durchwegs nur auf Verlangen und auf Drängen des Vertragspartners bereit.

Die überwiegende Rechtsansicht geht dahin, auf die Kaution die Vorschriften des BGB über das Pfandrecht an beweglichen Sachen (§§ 1204 ff. BGB) entsprechend anzuwenden (Palandt, BGB 51. Aufl. Rdnr. 7 Überbl. vor § 1204).

§ 1229 BGB, wonach eine vor dem Eintritt der Verkaufsberechtigung getroffene

Vereinbarung, daß dem Berechtigten (Kautionsempfänger), falls er nicht oder nicht rechtzeitig befriedigt wird, das Eigentum an dem Kautionsgegenstand zufallen oder übertragen werden soll, nichtig ist, findet allerdings auf die Barkaution keine Anwendung (BGH, Urt. v. 26. 10. 1954, DB 1954 S. 1065). Häufig fungieren die Banken oder Sparkassen als Treuhänder für eine Geldsumme oder ein Wertpapierdepot, das einer Vertragspartei als Sicherheit (Kaution) dienen und unter gewissen Voraussetzungen ausgehändigt werden soll (vgl. OLG Koblenz, Urt. v. 17. 1. 1974, BB 1974 S. 199). Vielfach geschieht das in der Weise, daß die Bank oder Sparkasse ein Sperrkonto auf den Namen des Kautionsgebers einrichtet mit dem Vermerk: „Gesperrt mit der Maßgabe, daß über das Konto (Depot) nur mit schriftlicher Zustimmung des .... (Name des Kautionsempfängers) verfügt werden darf." Zur Rechtsnatur einer Vereinbarung über die Gestellung einer Mietkauton mit der Abrede, daß der Mieter bei einer Bank oder Sparkasse ein Sparkonto einrichtet und dieses mit einem Sperrvermerk zugunsten des Vermieters versehen läßt, vgl. BGH, Urt. v. 2. 5. 1984, NJW 1984 S. 1749.

Formvorschriften bestehen nicht.

Muster

A. Barkaution (vgl. Anm. 1)

a) Kautionsklausel in einem Mietvertrag (vgl. Anm. 2)
(1) Der Mieter hat spätestens zwei Wochen vor Beginn des Mietverhältnisses eine Kaution in Höhe von .... DM zu stellen. Der Vermieter hat diese Kaution mit .... jährlich zu verzinsen (vgl. Anm. 3).
(2) Für Forderungen, die der Vermieter im Zusammenhang mit dem Mietverhältnis während oder nach Beendigung der Mietdauer gegen den Mieter erlangt, darf er sich aus der Kaution befriedigen. In diesem Fall hat der Mieter während der Vertragsdauer den Kautionsbetrag jeweils unverzüglich wieder auf die vereinbarte Höhe aufzustocken (vgl. Anm. 4).

b) Kautionsklausel in einem Pachtvertrag
(1) Der Pächter überweist als Barkaution (vgl. Anm. 5) auf das Konto der Verpächterin Nr. .... bei der .... Bank in .... einen Betrag von .... DM. Diese Barkaution wird von der Verpächterin mit .... % jährlich verzinst (vgl. Anm. 6). Die Zinsen werden jeweils am Jahresende dem

Pächter gutgeschrieben und bewirken mit der Gutschriftanzeige eine dement-
sprechende Erhöhung des Kautionsbetrages. Die Zinsgutschriften nehmen
jeweils ab Jahresbeginn an der Verzinsung teil.
(2) Sollte der Pächter seinen Zahlungsverpflichtungen aus dem Pachtvertrag
nicht pünktlich nachkommen, gegen das in § .... des Vertrages vereinbarte
Konkurrenzverbot verstoßen oder andere Vertragspflichten nicht oder nicht
rechtzeitig erfüllen, so ist der Verpächter berechtigt, sich wegen aller seiner
Ansprüche, insbesondere wegen rückständiger Pachtzinsen und etwaiger
Schadenersatzansprüche, aus der Barkaution nach Abs. 1 zu befriedigen (vgl.
Anm. 7).

c) Kautionsklausel in einem Handelsvertretervertrag
(1) Das Unternehmen (Kautionsempfänger) ist berechtigt, bei Abschluß
dieses Vertrages eine Barkaution in Höhe von .... DM gegen Verzinsung
von jährlich .... % zu verlangen. Der Betrag wird in der Weise erbracht,
daß von den monatlichen/vierteljährlichen Provisionsabrechnungen jeweils
.... % einbehalten werden, bis der Kautionsbetrag erreicht ist (oder: den
Abschluß einer Kautionsversicherung in Höhe von .... DM zu verlangen
und die Prämien für eine solche Versicherung zu den fälligen Terminen von der
Provision einzubehalten).
(2) Die Kaution haftet für alle Ansprüche, die dem Unternehmen gegen den
Vertreter aus diesem Vertrag jetzt oder künftig zustehen (vgl. Anm. 8). Das
Unternehmen ist berechtigt. für jeden Fall nicht gehöriger Erfüllung des
§ .... dieses Vertrages unbeschadet weiterer Ansprüche eine Vertragsstrafe
von .... DM zu fordern.

B. Kaution in Wertpapieren (vgl. Anm. 9)

a) Kautionsklausel in einem Pachtvertrag (vgl. Anm. 10)
(1) Der Pächter hinterlegt heute im Büro der Verpächterin folgende Wertpa-
piere als Kaution: .... Der Verpächterin wird hiermit an diesen
Wertpapieren ein Pfandrecht im Sinne der §§ 1204 ff. BGB eingeräumt. Die
Verpächterin verpflichtet sich, die aus den Wertpapieren jeweils anfallenden
Zins- und Dividendenbeträge sofort nach Anfall dem Pächter zur Verfügung zu
stellen, sofern in diesem Zeitpunkt noch keine fälligen Ansprüche des Verpäch-
ters bestehen, zu deren Sicherheit die Wertpapiere als Kaution gegeben wur-
den.
(2) Sollte der Pächter seinen Zahlungsverpflichtungen aus dem Pachtvertrag
nicht oder nicht pünktlich nachkommen, gegen das in § .... vereinbarte
Konkurrenzverbot des Pachtvertrages verstoßen oder andere Vertragspflich-
ten nicht oder nicht rechtzeitig erfüllen, so ist der Verpächter berechtigt, sich

wegen aller seiner Ansprüche, insbesondere wegen rückständiger Pachtzinsen, einer nach § .... des Vertrages verfallenden Vertragsstrafe und etwaiger Schadenersatzansprüche aus den bei ihm als Kaution hinterlegten Wertpapieren des Pächters zu befriedigen. Die Befriedigung hat nach § 1221 BGB durch freihändigen Verkauf zu erfolgen (vgl. Anm. 11).

b) Kautionsklausel in einem Werklieferungsvertrag
(1) Die Firma .... (Lieferfirma) verpflichtet sich, zur Sicherung einer pünktlichen und gewissenhaften Erfüllung ihrer aus diesem Vertrag sich ergebenden Lieferungsverpflichtungen bei der ....-Bank in .... sofort auf ihren Namen bis zur endgültigen Abwicklung dieses Vertrages eine Kaution in Form von nominell .... DM ....-Aktien einschließlich Dividendenscheine zu hinterlegen. Über diese Wertpapiere samt Dividendenscheinen darf nur mit ausdrücklicher Zustimmung der Abnehmerfirma verfügt werden.

(2) Es besteht Einigkeit unter den Vertragspartnern, daß der Abnehmerfirma mit der Hinterlegung bei der genannten Bank ein vertragliches Pfandrecht an den Wertpapieren eingeräumt wird (vgl. Anm. 12). Die Bank wurde von der Verpfändung benachrichtigt.

(3) Die Vertragspartner haben die Bank unwiderruflich angewiesen, die aus den verpfändeten Wertpapieren jeweils anfallenden Dividendenbeträge auf das laufende Konto Nr. .... der Lieferfirma bei der ....-Bank in .... zu überweisen.

c) Antrag auf Errichtung eines Sperrdepots (vgl. Anm. 13)
An die Stadtsparkasse in ....
Wir, die Unterzeichneten Georg Schneider und Karl Lehmann, bitten Sie, die Ihnen von mir, Georg Schneider, eingelieferten nom. .... DM ....-Aktien in ein Sperrdepot zu legen, für das folgende Bestimmungen maßgebend sind:
1) Das Depot dient als Kaution für alle Ansprüche, die mir, Karl Lehmann. aus einem mit der Firma Georg Schneider am .... abgeschlossenen Fertigungs- und Liefervertrag zustehen.
2) Verfügungen über das Depot stehen den beiden Unterzeichneten nur gemeinschaftlich zu (vgl. Anm. 14). Jeder von beiden ist jedoch berechtigt über das Depot allein zu verfügen, wenn er ein rechtskräftiges gerichtliches Urteil vorlegt, durch welches die Zustimmung des anderen Mitunterzeichneten zur Verfügung über dieses Depot ersetzt wird.
3) Die Dividenden aus den hinterlegten Wertpapieren stehen dem unterzeichneten Georg Schneider allein zu. Dieser hat auch sonstige Verfügungen bezüglich der Papiere, z. B. bei der Ausübung von Bezugsrechten, allein zu treffen

(vgl. Anm. 15), jedoch darf dadurch eine Schmälerung des Depots nicht eintreten. Der Erlös aus verkauften Bezugsrechten ist auf ein Sperrkonto zu verbuchen, für welches die gleichen Bestimmungen wie für das Sperrdepot gelten. Herr Schneider ist jedoch befugt, zu Lasten dieses Sperrkontos Wertpapiere anzuschaffen, welche ebenfalls in ein Sperrdepot zu legen sind; hierfür gelten dieselben Bestimmungen.

4) Der Verkauf der Papiere selbst bedarf der Zustimmung des Herrn Karl Lehmann, auch wenn für den Erlös gleichzeitig andere Papiere angeschafft werden.

5) Die Ausübung des Stimmrechts aus den hinterlegten Aktien steht Herrn Georg Schneider allein zu.

6) Die mit der Führung des Depots verbundenen Spesen trägt Herr Schneider.

7) Die Sparkasse ist berechtigt, das Sperrdepot durch einen an die beiden Unterzeichneten zu richtenden eingeschriebenen Brief mit einmonatiger Frist zu kündigen. Treffen die beiden Unterzeichneten daraufhin nicht eine gemeinsame Verfügung, so ist die Sparkasse nach Ablauf dieser Frist befugt, das Depot beim Amtsgericht in .... zu hinterlegen.

8) Auch alle übrigen Mitteilungen der Sparkasse sind an jeden der beiden Unterzeichneten zu richten.

9) Diese Bestimmungen können ohne Zustimmung des anderen Teils während des Bestehens des Depotvertrages nicht widerrufen werden.

.................., den ....

Georg Schneider
Karl Lehmann

Anmerkungen

1) Wird bares Geld z. B. als Pacht- oder Dienstkaution gegeben, so wird es in der Regel zu Eigentum übertragen mit der schuldrechtlichen Verpflichtung des Kautionsempfängers, nach Beendigung des Rechtsverhältnisses eine gleichhohe Summe zurückzugeben. Man spricht dann von einem unregelmäßigen (irregulären) Pfand, auf das die §§ 1204 ff. BGB im wesentlichen entsprechend anwendbar sind (s. oben Erläuterungen). An Bargeld kann aber auch ein Pfandrecht bestellt werden; der Pfandgläubiger darf es dann nicht mit seinem Geld vermischen (Aufbewahrung im verschlossenen Umschlag). Hier entfällt die Verzinsungspflicht des Kautionsempfängers.

2) Wird nach Sicherheitsleistung durch den Mieter das Mietgrundstück veräußert, so tritt der Erwerber in die durch die Kautionsgewährung begründeten Rechte des bisherigen Vermieters ein. Zur Rückgewähr der Sicherheit ist er nur verpflichtet, wenn sie ihm ausgehändigt worden ist oder wenn er dem bisherigen Vermieter gegenüber die Verpflichtung zur Rückgewähr übernommen hat (§ 572 BGB). Im

Konkurs des Vermieters hat der Mieter ein Aussonderungsrecht (OLG Düsseldorf, Urt. v. 3. 12. 1987, BB 1988 S. 293; BayObLG, Beschl. v. 8. 4. 1988, BB 1988 S. 1915).

3) Bei einem Mietverhältnis über Wohnraum ist die durch das Gesetz zur Erhöhung des Angebots an Mietwohnungen v. 20. 12. 1982 (BGBl I S. 1912) eingefügte Bestimmung des § 550b BGB zu beachten. Danach ist der Wohnraum-Vermieter verpflichtet, die Mietkaution, die das Dreifache der monatlichen Nettomiete nicht übersteigen und die der Mieter in drei gleichen Monatsraten entrichten darf, von seinem – des Vermieters – Vermögen getrennt bei einer öffentlichen Sparkasse oder einer Bank zu dem für Spareinlagen mit gesetzlicher Kündigungsfrist üblichen Zinssatz anzulegen, wobei die Zinsen dem Mieter zustehen. Eine zum Nachteil des Mieters hiervon abweichende Vereinbarung ist unwirksam. Die Verpflichtung des Vermieters zur Verzinsung der Kaution gilt auch für Wohnraummietverhältnisse, die vor dem 1. 1. 1983 begründet worden sind, es sei denn, daß die Vertragsparteien einen Ausschluß der Verzinsung ausdrücklich vereinbart haben.

4) Eine mietvertragliche Vereinbarung, wonach der Vermieter die geleistete Kaution dann nicht zurückzahlen muß, wenn der Mieter vor Ablauf einer einjährigen Mietdauer auszieht, ist unwirksam (LG Mannheim, Urt. v. 11. 12. 1975, WM 1977 S. 99). Zur Aufrechnungsbefugnis des Vermieters mit einer Mietkaution vgl. BGH, Beschl. v. 1. 7. 1987, BB 1988 S. 235.

5) Nach Ansicht des OLG Hamm (Urt. v. 8. 2. 1963, BB 1963, S. 1117) bleibt es gleich, ob der Gläubiger den Geldbetrag erhält oder ob der Geldbetrag auf ein Bankkonto eingezahlt wird, wobei das Konto entweder auf den Namen des Pfandgläubigers und des Schuldners oder auf den Namen des Schuldners mit Sperrvermerk für den Gläubiger lauten kann.

6) Aus der Verzinsungspflicht des Kautionsempfängers ist zu schließen, daß ihm das Verfügungsrecht über den Kautionsbetrag zusteht.

7) Rückgabe der Kaution kann vom Kautionsgeber erst nach Beendigung des Pachtvertrages, Rückgabe des Pachtgegenstandes und Erledigung aller wie immer gearteten Verbindlichkeiten aus dem Pachtvertrag verlangt werden (vgl. BGH, Urt. v. 8. 3. 1972, NJW 1972 S. 721).

8) Bei einer Barkaution ist eine Verfallabrede in Höhe der Schuldsumme zulässig, sofern ein Pfandrecht und nicht lediglich ein Zurückbehaltungsrecht gewollt ist.

9) Urkunden sind nur insoweit verpfändbar, als sie selbständige Träger einer Verpflichtung sind, z. B. Inhaberaktien, Namensaktien, Pfandbriefe u. ä. Wegen der Bestellung eines Pfandrechts an Inhaberpapieren vgl. § 1293 in Verb. mit §§ 1204 ff. BGB.

10) Zur Frage der Kautionsleistung des Mieters oder Pächters im Falle der Veräußerung des Miet- oder Pachtobjektes s. OLG Hamburg, Urt. v. 21. 4. 1970 (MDR 1970 S. 1015).

11) Die Befriedigung des Pfandgläubigers aus dem Pfand erfolgt durch Verkauf der Pfandsache in öffentlicher Versteigerung (§§ 1228 ff. BGB); hat das Pfand einen Börsen- oder Marktpreis, so erfolgt freihändiger Verkauf (§§ 1235,1221 BGB).

12) Weil bei einer Sperrverwahrung nicht selten Streit darüber entsteht, welche dinglichen Rechte dem Kautionsempfänger zustehen sollen, empfiehlt es sich, die Sperre nur auf Grund einer regelrechten Verpfändung vorzunehmen; hier ist der Begünstigte (Kautionsempfänger) am besten vor Eingriffen Dritter geschützt; auch ist im

Gesetz genau festgelegt, wie das Pfand verwertet werden und an wen die Bank leisten darf (§ 1282 BGB).

13) Die Vereinbarung eines gemeinsamen Verfügungsrechtes bedeutet nicht ohne weiteres eine Verpfändung. Ist eine Verpfändung beabsichtigt, so empfiehlt es sich, dies auch im Vertrag klar zum Ausdruck zu bringen.

14) Für die Begründung eines Pfandrechts ist es rechtlich unerheblich, ob der Pfandhalter (Bank, Sparkasse) bei Übernahme der Verpflichtung, die hinterlegten Wertpapiere fortan an Eigentümer und Kautionsempfänger gemeinschaftlich herauszugeben, sich bewußt ist, daß der Gläubiger ein Pfandrecht erwerben sollte (Palandt, a. a. O. Rdnr. 3 zu § 1206 BGB).

15) Bei Verpfändung von Inhaberaktien behält der Verpfänder mangels einer anderen Vereinbarung die Bezugs- und Stimmrechte.

VII. Gläubiger- und Schuldnerwechsel

40. Forderungsabtretung

Rechtsgrundlage. §§ 398–413 BGB.

Wesen und Bedeutung. Eine Forderung kann vom Gläubiger durch Vertrag mit einem anderen, dem neuen Gläubiger, auf diesen übertragen werden. Man bezeichnet diesen Vorgang als Forderungsabtretung oder Zession. Einer Mitwirkung oder auch nur einer Benachrichtigung des Schuldners bedarf es zur Wirksamkeit der Abtretung nicht. Allerdings wird der neue Gläubiger in seinem eigenen Interesse Wert darauf legen, daß der Schuldner von der Abtretung verständigt wird; zahlt nämlich der Schuldner in Unkenntnis der Abtretung an den bisherigen Gläubiger oder trifft er mit ihm eine Vereinbarung über die Forderung, z. B. wegen einer Stundung, so muß dies der neue Gläubiger gegen sich gelten lassen (vgl. auch BGH, Urt. v. 13. 3. 1975, NJW 1975 S. 1160). S. auch Kornblum, Schuldnerschutz bei der Forderungsabtretung, BB 1981 S. 1296. Zur Berechnung eines Verzugsschadens nach Zession vgl. BGH, Urt. v. 25. 9. 1991, BB 1991 S. 2333.

Abgetreten werden können alle Forderungen und sonstigen Rechte (z. B. durch Rechtsverletzung entstandene oder dingliche Ansprüche, gewerbliche Schutzrechte, Gesellschaftsrechte), soweit der Abtretung nicht Gesetz, Vertrag oder die Natur des Schuldverhältnisses entgegenstehen. Nicht abtretbar sind insbesondere unpfändbare Forderungen sowie höchstpersönliche Ansprüche, die durch die Abtretung eine Inhaltsänderung erfahren würden (z. B. Unterhaltsansprüche und der Urlaubsanspruch des Arbeitnehmers; vgl. hierzu BGH, Urt. v. 29. 10. 1969, DB 1970 S. 485). Zur Abtretung einer Bürgschaftsforderung vgl. BGH, Urt. v. 25. 11. 1981, BB 1982 S. 331.

Zulässig ist die teilweise Abtretung einer Forderung, wenn der Schuldner hierdurch nicht in unzumutbarer Weise beschwert wird (Beispiel für unzulässige Teilabtretung: Um den Schuldner zu ärgern, tritt der Gläubiger von seiner Gesamtforderung von 100 DM Teilforderungen von je 5 DM an 20 verschiedene Personen ab). Auch bedingte und künftige Forderungen können grundsätzlich abgetreten werden; letzterenfalls spricht man von einer Vorausabtretung. Hierbei muß jedoch die Forderung mindestens – nach Gegenstand und Umfang – bestimmbar sein.

Eine bestimmte Form für die Abtretung ist – außer wenn es sich um eine Hypothekenforderung, eine Grund- oder eine Rentenschuld handelt – nicht vorgeschrieben. Schriftliche Vereinbarung ist jedoch aus Beweisgründen dringend angezeigt. Der Schuldner braucht auch nur dann an den neuen Gläubiger zu leisten, wenn ihm eine vom alten Gläubiger ausgestellte Abtretungsurkunde ausgehändigt wird, es sei denn, daß der alte Gläubiger dem Schuldner die Abtretung schriftlich angezeigt hat. Auf Verlangen des neuen Gläubigers muß ihm der bisherige Gläubiger eine öffentlich beglaubigte Urkunde über die Abtretung erteilen.

Muster

A. Gewöhnliche Forderungsabtretung

Mir steht gegen Herrn Franz Maier in .... ein Anspruch auf Rückzahlung eines Darlehens von .... DM nebst .... % Zinsen seit .... zu. Die gesamte Forderung samt Zinsen trete ich hiermit an Herrn Paul Müller in .... ab.

.................., den ....

Unterschrift

B. Teilabtretung

Frau Anna Schulze in .... schuldet mir aus dem Kauf von Möbeln einen Kaufpreisrest von .... DM (vgl. Anm. 1). Hiervon trete ich einen Teilbetrag von .... DM an Herrn Siegfried Leipold in .... ab.

.................., den ....

Unterschrift

C. Abtretung einer künftigen Forderung

Der Fa. Georg Bichler, Textilwarengroßhandlung in .... habe ich den Kauf eines Grundstücks vermittelt. Hierfür habe ich von der genannten

Firma eine Provision von .... DM zu bekommen, die fällig wird, sobald die Eintragung der Firma als Eigentümerin des Kaufgrundstücks im Grundbuch erfolgt (vgl. Anm. 2). Diesen Provisionsanspruch trete ich hiermit in voller Höhe an Herrn Eduard Winkelmaier in .... ab. Die Fa. Georg Bichler wird von mir benachrichtigt.

................, den ....

Unterschrift

D. Einziehungsabtretung (Inkassozession) (vgl. Anm. 3)

Herr Johann Braun in .... schuldet mir aus Warenlieferungen einen Betrag von .... DM. Ich trete diese Forderung hiermit an den mitunterzeichneten (vgl. Anm. 4) Herrn Karl Müller in .... ab. Die Abtretung erfolgt nur zum Inkasso. Herr Karl Müller ist berechtigt, ... v. H. des eingehenden Betrages als Inkassoprovision zu behalten. Die Kosten der Einziehung gehen zu seinen Lasten.

................, den ....

Josef Schwarz
Karl Müller

E. Forderungsabtretung auf Grund Forderungskaufs (vgl. Anm. 5)

Vertrag

zwischen Herrn Paul Schulze in .... – Verkäufer –
und
Herrn Franz Groß in .... – Käufer –:

1. *Dem Verkäufer steht gegen Richard Klein in .... eine Forderung aus Warenlieferungen in Höhe von .... DM zu. Hierüber liegt ein Schuldschein vom .... vor.*
2. *Der Verkäufer veräußert diese Forderung an den Käufer und tritt sie ihm hiermit ab. Der Verkäufer bestätigt, den vereinbarten Kaufpreis von .... DM erhalten zu haben.*
3. *Der Käufer nimmt die Abtretung der Forderung hiermit an. Er bestätigt den Erhalt des Schuldscheins vom ....*

4. *Die Benachrichtigung des Schuldners Richard Klein obliegt dem Verkäufer,*
der sie unverzüglich vorzunehmen hat.

..................., *den* ....

                Paul Schulze
                Franz Groß

F. Mitteilung an den Schuldner (vgl. Anm. 6)

Herrn Franz Maier
in ....
Hiermit setze ich Sie davon in Kenntnis, daß ich die mir gegen Sie zustehende
Forderung auf Rückzahlung eines Darlehens von .... *DM nebst* .... *%*
Zinsen seit .... *am* .... *an Herrn Paul Müller in* ....
abgetreten habe.

..................., *den* ....

                Unterschrift

Anmerkungen

1) Zur Rechtslage bei Abtretung einer Kaufpreisforderung an eine Bank und Abgabe einer Schuldbestätigung durch den Käufer vgl. BGH, Urt. v. 18. 10. 1972, NJW 1973 S. 39.
2) Für den neuen Gläubiger (Zessionar) kann es sich empfehlen, vom Schuldner eine Bestätigung darüber einzuholen, daß die Forderung zu Recht besteht und von keiner Gegenleistung mehr abhängig ist. Eine solche Erklärung muß der Schuldner gegen sich gelten lassen, auch wenn sie in Wirklichkeit nicht zutrifft (BGH, Urt. v. 17. 11. 1969, BB 1970 S. 148).
3) Bei der Inkassozession ist der neue Gläubiger nur zur Einziehung der Forderung im eigenen Namen berechtigt, muß dann aber den eingezogenen Betrag – abzüglich der vereinbarten Provision – an den alten Gläubiger abführen. Wirtschaftlich verbleibt also die Forderung trotz der Abtretung im Vermögen des alten Gläubigers; der neue Gläubiger darf sie nicht neuerlich abtreten. Zum Widerruf einer Einziehungsermächtigung bei stiller Sicherungsabtretung vgl. OLG München, Urt. v. 18. 10. 1985, BB 1985 S. 2270.
4) Zwecks Klarstellung des Innenverhältnisses zwischen altem und neuem Gläubiger ist dessen Mitunterzeichnung angezeigt.
5) Auch eine Forderung kann veräußert werden (§ 437 BGB). Dabei haftet der Verkäufer nur für den rechtlichen Bestand der Forderung, nicht dagegen – außer bei ausdrücklicher Haftungsübernahme – für die Zahlungsfähigkeit des Schuldners (§ 438

BGB). Im allgemeinen werden nur solche Forderungen veräußert, deren Einziehung fraglich oder mit Schwierigkeiten verbunden ist. Das für den Käufer mit dem Erwerb der Forderung verbundene Risiko kommt darin zum Ausdruck, daß der Kaufpreis meist beträchtlich unter dem Forderungsbetrag liegt.

6) Zum Muster A.

41. Schuldübernahme

Rechtsgrundlage. §§ 414– 418 BGB.

Erläuterungen. Während bei der Forderungsabtretung (vgl. Nr. 40) ein Wechsel in der Person des Gläubigers stattfindet, tritt bei der Schuldübernahme ein neuer Schuldner anstelle des bisherigen in ein bestehendes Schuldverhältnis ein. Die Folge ist, daß sich der Gläubiger nur noch an den neuen Schuldner halten kann, wogegen der alte Schuldner von seiner Verpflichtung frei wird (befreiende Schuldübernahme).

Eine Schuldübernahme kann auf zwei verschiedene Arten erfolgen:

a) Durch *Vertrag des Gläubigers mit dem neuen Schuldner* (§ 414 BGB). Mit dem Abschluß dieses Vertrages wird der bisherige Schuldner aus dem Schuldverhältnis entlassen; seiner Zustimmung bedarf es nicht.

b) Durch *Vertrag zwischen dem alten und dem neuen Schuldner* (§ 415 BGB). Die Wirksamkeit einer solchen Vereinbarung ist von der Genehmigung des Gläubigers (die auch durch schlüssige Handlung, z. B. durch Klageerhebung gegen den Schuldübernehmer, zum Ausdruck gebracht werden kann; BGH, Urt. v. 15. 1. 1975, WPM 1975 S. 331) abhängig (um zu verhindern, daß gegen den Willen des Gläubigers ein vielleicht weniger leistungsfähiger Schuldner an die Stelle des bisherigen Schuldners tritt). Damit der Gläubiger Gelegenheit erhält, sich wegen der Erteilung der Genehmigung schlüssig zu werden, muß ihm die Schuldübernahme mitgeteilt werden.

Von der befreienden Schuldübernahme ist die *Schuldmitübernahme*, auch Schuldbeitritt oder kumulative Schuldübernahme genannt, zu unterscheiden. Sie ist im BGB als Rechtsgeschäft nicht geregelt. Bei ihr tritt der neue Schuldner neben den alten Schuldner, der somit dem Gläubiger weiterhin haftet (Wechselindossierung führt nicht nur zur wechselrechtlichen Haftung, sondern auch zur bürgerlich-rechtlichen Haftung aus Schuldbeitritt: OLG Frankfurt, Urt. v. 6. 2. 1980, BB 1980, S. 495; zur Beratungspflicht einer Bank bei Schuldmitübernahme: BGH, Urt. v. 16. 11. 1989, BB 1990 S. 96). Die Schuldmitübernahme kann ebenfalls entweder durch Vertrag des Gläubigers mit dem neuen Schuldner oder durch Vertrag zwischen dem bisherigen und dem neuen Schuldner begründet werden, wobei es jedoch im letzteren Fall einer Zustimmung des Gläubigers nicht bedarf (Palandt, BGB 51. Aufl. Rdnr. 2 Überbl. vor § 414). In diesem Fall hat allerdings der Gläubiger nur dann einen unmittelbaren Anspruch gegen den Beitretenden, wenn dieser in seinem Vertrag mit dem alten Schuldner das Entstehen eines derartigen unmittelbaren Rechts zugunsten des Gläubigers vereinbart hat (BGH, Urt. v. 11. 6. 1975, DB 1975 S. 2081). Der neue Schuldner kann dem Gläubiger in der Regel alle Einwendungen aus dem den Beitritt enthaltenden Vertrag entgegenhalten (BGH, Urt. v. 5. 12. 1975, DB 1976 S. 332). Inwieweit er sich dem Gläubiger gegenüber darauf berufen kann, daß sein Vertrag mit dem Schuldner keine Schuldübernahme zum Gegenstand habe, hängt von den Umständen des Einzelfalles ab (BGH, Urt. v. 8. 6. 1973, WPM 1973 S. 1289). Die für die übernommene Schuld geltende Verjährungsfrist ist auch gegenüber dem Übernehmer maßgebend (BGH, Urt. v. 27. 3. 1972, BGHZ Bd. 58 S. 251; OLG Bremen, Urt. v. 25. 10. 1971, NJW 1972 S. 910; OLG Frankfurt/M., Urt. v. 9. 1. 1974, NJW 1974 S. 1336). Zur Abgrenzung zwischen Schuldbeitritt und Bürgschaft s. BGH, Urt. v. 7. 7. 1976, BB 1976 S. 1431. Wegen einer vertraglichen Vereinbarung zwischen dem Veräußerer und dem Erwerber eines Betriebes über Schuldübernahme oder Schuldbeitritt zugunsten der Pensionäre des Betriebes vgl. BAG, Urt. v. 24. 3. 1977, BB 1977 S. 1202, wegen Schuldübernahme und ungerechtfertigter Bereicherung s. BGH, Urt. v. 26. 10. 1978, BB 1979 S. 648.

In ihren Rechtswirkungen von der Schuldübernahme verschieden ist die *Erfüllungsübernahme* (§ 329 BGB). Es handelt sich hierbei um einen Vertrag des Schuldners mit einem Dritten, in dem sich dieser, ohne die Schuld zu übernehmen, zur Befriedigung des Gläubigers verpflichtet. Der Gläubiger erwirbt dann aber nicht das Recht, die Befriedigung von dem Dritten zu fordern (sog. unechter Vertrag zugunsten eines Dritten, nämlich des Gläubigers).

Form. Schuldübernahme-, Schuldmitübernahme- und Erfüllungsübernahmeverträge sind grundsätzlich formlos gültig. Nur wo die Begründung der Schuldverpflichtung selbst formbedürftig ist (z. B. bei einer Grundstücksverkaufsverpflichtung, § 313 BGB), bedarf auch die Schuldübernahme dieser Form (also z. B. der notariellen Beurkundung). Die Erfüllungsübernahme gegenüber einem Bürgen bedarf nicht der Schriftform (BGH, Urt. v. 19. 1. 1972, NJW 1972 S. 576). Es ist jedoch stets empfehlenswert, derartige Verträge schriftlich abzuschließen.

Muster

A. *Schuldübernahme (Vertrag zwischen Gläubiger und neuem Schuldner)*

Zwischen Herrn Paul Winter in .... und Herrn Richard Ohnesorg in .... wird folgender

Vertrag

geschlossen:
1. *Frau Elfriede Lang (vgl. Anm. 1) in .... schuldet Herrn Winter (vgl. Anm. 2) aus einem Möbelkauf (Rechnung vom ....) noch einen Restkaufpreis von .... DM.*
2. *Herr Ohnesorg (vgl. Anm. 3) übernimmt hiermit anstelle von Frau Lang deren Schuld und verpflichtet sich, den Betrag von .... DM bis längstens .... an Herrn Winter zu bezahlen (vgl. Anm. 4, 5).*
3. *Herr Winter ist mit dieser Schuldübernahme einverstanden und entläßt hiermit Frau Lang aus ihrer Schuldverpflichtung (vgl. Anm. 6).*

..................., den ....

Paul Winter
Richard Ohnesorg

B. *Schuldübernahme (Vertrag zwischen bisherigem und neuem Schuldner)*

Zwischen Frau Elfriede Lang in .... und Herrn Richard Ohnesorg in .... wird folgender

Vertrag

geschlossen:
1. *Frau Lang (vgl. Anm. 1) schuldet Herrn Paul Winter (vgl. Anm. 2) in .... aus einem Möbelkauf (Rechnung vom ....) noch einen Restkaufpreis von .... DM.*
2. *Frau Lang hat die von Herrn Winter erworbenen Möbel an Herrn Ohnesorg (vgl. Anm. 3) weiterveräußert. Hierüber haben die Unterzeichneten am .... einen schriftlichen Kaufvertrag abgeschlossen. In Anrechnung auf den dort vereinbarten Kaufpreis übernimmt Herr Ohnesorg die in Ziffer 1 bezeichnete Restschuld von Frau Lang gegenüber Herrn Winter mit befreiender Wirkung (vgl. Anm. 7).*

3. *Frau Lang verpflichtet sich, diese Schuldübernahme unverzüglich Herrn Winter mitzuteilen und ihn zur Genehmigung binnen einer Frist von .... Wochen aufzufordern (vgl. Anm. 8). Von der Erteilung der Genehmigung wird Frau Lang Herrn Ohnesorg sogleich in Kenntnis setzen.*
4. *Herr Ohnesorg verpflichtet sich für den Fall, daß Herr Winter die Genehmigung erteilt, den in Ziffer 1 bezeichneten Betrag binnen .... Tagen nach Kenntniserlangung an Herrn Winter zu bezahlen (vgl. Anm. 9).*
5. *Wird die Schuldübernahme von Herrn Winter nicht genehmigt, so hat Herr Ohnesorg den in Ziffer 1 bezeichneten Betrag bis längstens .... zugunsten von Frau Lang auf deren Giro-Konto Nr. .... bei der ....-Bank in .... zu überweisen.*

..................., den ....

Elfriede Lang
Richard Ohnesorg

C. Schuldmitübernahme (Vertrag zwischen Gläubiger und neuem Schuldner/ Zweitschuldner)

Zwischen Herrn Paul Winter in .... und Herrn Richard Ohnesorg in .... wird folgender

Vertrag

geschlossen:
1. *Frau Elfriede Lang (vgl. Anm. 10) in .... schuldet Herrn Winter (vgl. Anm. 2) aus einem Möbelkauf (Rechnung vom ....) noch einen Restkaufpreis von .... DM.*
2. *Herr Ohnesorg (vgl. Anm. 11) verpflichtet sich hiermit gegenüber Herrn Winter, für diese Schuld neben Frau Lang (vgl. Anm. 12) als Gesamtschuldner (vgl. Anm. 13) aufzukommen.*
3. *Herr Winter nimmt den Schuldbeitritt von Herrn Ohnesorg an.*

..................., den ....

Paul Winter
Richard Ohnesorg

D. Erfüllungsübernahme

Zwischen Frau Elfriede Lang in .... und Herrn Richard Ohnesorg in .... wird folgender

Vertrag

geschlossen:
1. Herr Ohnesorg (vgl. Anm. 3) hat von Frau Lang (vgl. Anm. 1) Möbel käuflich erworben. Hierüber haben die Unterzeichneten am .... einen schriftlichen Kaufvertrag abgeschlossen. Die Übergabe der Möbel erfolgt am ....
2. Den Kaufpreis von .... DM hat Herr Ohnesorg wie folgt zu berichtigen:
a) .... DM sind bei der Übergabe der Möbel in bar an Frau Lang zu bezahlen.
b) Einen Betrag von .... DM hat Herr Ohnesorg bis längstens ....
    zugunsten von Frau Lang auf deren Giro-Konto Nr. .... bei der
    ....-Bank in .... zu überweisen.
c) Herr Ohnesorg verpflichtet sich ferner, binnen .... Wochen nach Übergabe der Möbel den Gläubiger von Frau Lang, Herrn Paul Winter (vgl. Anm. 2) in ...., hinsichtlich einer Restkaufpreisforderung in Höhe von .... DM aus einem Möbelverkauf (Rechnung vom ....) zu befriedigen, ohne jedoch diese Verbindlichkeit von Frau Lang zu übernehmen (vgl. Anm. 14).

...................., den ....

Elfriede Lang
Richard Ohnesorg

Anmerkungen

1) Alter Schuldner.
2) Gläubiger.
3) Neuer Schuldner.
4) Der Übernehmer kann dem Gläubiger die dem bisherigen Schuldner zustehenden Einwendungen entgegenhalten. Mit einer dem bisherigen Schuldner zustehenden Forderung kann er nicht aufrechnen (§ 417 Abs. 1 BGB), wohl aber mit einer eigenen Forderung .
5) Infolge der Schuldübernahme erlöschen die etwa für die Forderung bestellten Bürgschaften und Pfandrechte, außer wenn der Bürge oder der Eigentümer der Pfandsache in die Schuldübernahme einwilligt (§ 418 Abs. 1 BGB).
6) Die Erklärung des Gläubigers über die Entlassung des bisherigen Schuldners ist bei der befreienden Schuldübernahme wesentlich.
7) Damit wird klargestellt, daß eine befreiende Schuldübernahme vorliegt.
8) Die Mitteilung an den Gläubiger kann von dem bisherigen oder vom neuen Schuldner vorgenommen werden. Erfolgt die Mitteilung unter Bestimmung einer Frist zur

Erklärung über die Genehmigung, so kann diese nur bis zum Ablauf der Frist erklärt werden. Erfolgt seitens des Gläubigers keine Erklärung, so gilt die Genehmigung als verweigert (§ 415 Abs. 2 BGB).

9) Bis zur Erteilung der Genehmigung durch den Gläubiger besteht ein Schwebezustand; so lange können die Vertragsparteien den Schuldubernahmevertrag noch aufheben oder abändern (§ 415 Abs. 1 BGB). Der Gläubiger kann die Genehmigung gegenüber dem bisherigen oder dem neuen Schuldner erklären.

10) Erstschuldner.

11) Zweitschuldner.

12) Daß der Zweitschuldner *neben* den Erstschuldner tritt, ist für die Schuldmitübernahme kennzeichnend.

13) Es ist dem Gläubiger überlassen, ob er sich wegen seiner Forderung an den Erstschuldner oder an den Zweitschuldner halten will. Er kann den Forderungsbetrag auch teilweise von beiden Schuldnern verlangen (§ 421 BGB).

14) Damit wird zum Ausdruck gebracht, daß dem Gläubiger ein eigener Anspruch gegen den neuen Schuldner nicht zustehen soll. Würde ein solcher Anspruch des Gläubigers begründet, so läge eine Schuldmitübernahme vor.

VIII. Familienrecht

42. Verzeichnis des Anfangsvermögens bei der Zugewinngemeinschaft

Rechtsgrundlage. §§ 1374, 1376 f., 1035 BGB.

Erläuterungen. Die Berechnung des Zugewinns, den ein Ehegatte während der Dauer der Zugewinngemeinschaft (vgl. die Erläuterungen zu Nr. 43) erzielt hat, verlangt als Grundlage ein Verzeichnis des Anfangsvermögens und seine Bewertung. Das Bestandsverzeichnis muß das Anfangsvermögen in seinen einzelnen Stücken aufführen. Die Ehegatten können dieses Verzeichnis bei Eintritt des gesetzlichen Güterstandes, aber auch vorher oder nachher, aufstellen, sei es auf Grund von Unterlagen, sei es aus ihrer Erinnerung. Sie können es gemeinsam oder einseitig aufstellen. Die gemeinschaftliche Aufstellung bedeutet keine Willenserklärung und enthält auch kein vertragliches Anerkenntnis, sondern eine übereinstimmende Wissenserklärung, die im Streitfall der Widerlegung bedarf. Wenn die Eheleute das Verzeichnis gemeinsam feststellen, gilt unter ihnen die Vermutung, daß es richtig ist (§ 1377 Abs. 1 BGB).

Anfangsvermögen ist das Vermögen, das einem Ehegatten nach Abzug der Verbindlichkeiten beim Eintritt des Güterstandes gehört. Auch Vermögenswerte, die ein Ehegatte während der Zugewinngemeinschaft von Todes wegen, durch Schenkung oder als Ausstattung, also unentgeltlich, erwirbt, werden nach Abzug der Verbindlichkeiten dem Anfangsvermögen hinzugerechnet; sie sind daher nachträglich in das ursprüngliche Verzeichnis oder in einen Nachtrag hierzu aufzunehmen. Die Hinzurechnung unterbleibt aber, wenn ein solcher nachträglicher Vermögenserwerb den Umständen nach zu den Einkünften zu rechnen ist (z. B. Haushaltszuschüsse, Kosten für eine Erholungsreise oder einen Krankenhausaufenthalt, Nadelgeld). Auch die Abfindung für eine Witwenrente nach Wiederverheiratung ist dem Anfangsvermögen nicht zuzurechnen (BGH, Urt. v. 29. 10. 1981, NJW 1982 S. 279).

Jeder Ehegatte kann die Mitwirkung des anderen Ehegatten nur für sein eigenes Verzeichnis verlangen. Kein Ehegatte hat einen klagbaren Anspruch darauf, daß der andere Ehegatte ebenfalls ein solches Vermögensverzeichnis errichtet.

Unterläßt es ein Ehegatte, ein solches Bestandsverzeichnis aufzunehmen, so wird vermutet, daß sein Endvermögen seinen Zugewinn darstellt, daß sein Anfangsvermögen also gleich Null gewesen ist. Jeder Ehegatte kann diese Vermutung vor und nach Beendigung der Zugewinngemeinschaft durch Gegenbeweis (Urkunden, Zeugen, Sachverständige) entkräften. Er kann aber auch noch nach Jahren gemeinsamer Ehe den Bestand des Anfangsvermögens verzeichnen und verlangen, daß der andere Ehegatte mitwirkt.

Jeder Ehegatte kann verlangen, daß nicht nur der Bestand seines Anfangsvermögens, sondern auch dessen Wert von beiden Eheleuten gemeinsam festgestellt wird. Eine bestimmte Bewertungsmethode schreibt das Gesetz nicht vor, es läßt also offen, ob z. B. der Teilwert, der Buchwert, der Einheitswert oder der Veräußerungswert (= Verkehrswert) maßgebend sein soll. Nach herrschender Meinung ist bei der Bewertung der einzelnen Vermögensgegenstände grundsätzlich vom Verkehrswert auszugehen (Palandt, BGB 51. Aufl. Rdnr. 1 zu § 1376). Bei der Bewertung gewerblicher Betriebe müssen auch der Firmenwert (Geschäftswert, Betriebsbestehenswert) sowie im Betriebsvermögen vorhandene stille Reserven im Bestandsverzeichnis festgehalten werden. Zur Bewertung des Betriebsvermögens eines Handelsunternehmens vgl. BGH, Urt. v. 1. 7. 1982, NJW 1982 S. 2441, zur Bewertung einer Unternehmensbeteiligung BGH, Urt. v. 10. 10. 1979, BB 1980 S. 63.

Obwohl einem sorgfältig aufgestellten Verzeichnis des Anfangsvermögens, vor allem im Falle der Ehescheidung, erhebliche Bedeutung als Beweismittel zukommt, werden erfahrungsgemäß solche Vermögensverzeichnisse von Eheleuten nur selten aufgestellt. Das führt dann oft zu gerichtlichen Auseinandersetzungen.

Form. Schriftform ist ausreichend; jeder Ehegatte kann aber verlangen, daß die Unterzeichnung öffentlich beglaubigt wird. Ein Verzeichnis ohne Unterschrift gilt allgemein nur als Entwurf, der der Verbesserung und Ergänzung fähig ist.

Muster

A. Verzeichnis der Anfangsvermögen am .... (vgl. Anm. 1)

Wir, ..., in .... wohnhaft, haben am .... geheiratet und einen Ehevertrag nicht geschlossen. Wir leben also im gesetzlichen Güter-

stand der Zugewinngemeinschaft. Unsere Anfangsvermögen haben wir unter gegenseitiger Mitwirkung wie folgt festgestellt:

Anfangsvermögen des Ehemannes
I. Aktivvermögen:

Grundstück .... in ...., Einheitswert .... DM,	
Verkehrswert angenommen auf (vgl. Anm. 2)	*60 000,– DM*
Sparguthaben bei der .... lt. Sparbuch Nr.	
(vgl. Anm. 3)	*15 000,– DM*
Kraftwagen, Marke ...., Baujahr ...., Schätzwert	*5 000,– DM*
Fernsehapparat, Marke ...., neuwertig,	
lt. Rechnung der Firma vom	*1 500,– DM*
zusammen:	*81 500,– DM*

II. Schuldverbindlichkeiten:

Kaufpreisrestschuld gegenüber der Firma	*1 500,–DM*
Hypothekenverbindlichkeit gegenüber der	
in ...., eingetragen auf dem Anwesen	
in	*10 000,–DM*
zusammen:	*11 500,– DM*
Anfangsvermögen des Ehemannes sonach (vgl. Anm. 4)	*70 000,–DM*

Anfangsvermögen der Ehefrau:
I. Aktivvermögen:

Komplette Aussteuer, neu, belegt durch Rechnungen	*30 000,– DM*
Wertpapierdepot bei der .... lt. Depot-Schein	
Nr. ...., Kurswert am	*15 000,– DM*
Ausstattungsforderung gegen ...., Vater der	
Ehefrau, lt. Urkunde des Notars .... in	
vom ...., URNr.	*10 000,– DM*
zusammen:	*55 000,– DM*

II. Schuldverbindlichkeiten

Schuldverbindlichkeiten bestehen nicht.	
Anfangsvermögen der Ehefrau sonach	*55 000,– DM*

Wir bestätigen uns hiermit gegenseitig durch unsere Unterschrift, daß wir unsere Anfangsvermögen im Bestand vollständig aufgeführt und richtig bewertet haben (vgl. Anm. 5).

..................., *den* ....

....
        (Unterschrift)   *(Unterschrift)*

B. *Änderungen im Bestand der Anfangsvermögen*
1. *Ich, der Ehemann* ...., *bin mit Wirkung ab* .... *in das Geschäft meines Vaters* .... *in* .... *als persönlich haftender Gesellschafter eingetreten. Mein Vater hat gleichzeitig einen Teilbetrag von 20 000 DM seines Kapitalanteils auf mich als Ausstattung unentgeltlich übertragen. Unter Berücksichtigung der im Geschäft steckenden stillen Reserven und des Firmenwerts ist der Wert meiner Kapitalbeteiligung auf 40 000 DM zu veranschlagen, so daß sich dadurch mein, des Ehemannes, Anfangsvermögen von 70 000 DM auf 110 000 DM erhöht.*
2. *Ich, die Ehefrau* ...., *habe meinen am* .... *verstorbenen Vater* .... *zusammen mit meinem Bruder* ....*je zur Hälfte beerbt.*
Der Reinwert des Nachlasses betrug 100 000 DM.
Der Wert meines Hälfteanteils am Erbe beträgt somit 50 000 DM. Mein, der Ehefrau, Anfangsvermögen hat sich somit von 55 000 DM auf 105 000 DM erhöht.

..................., *den* ....

....
        (Unterschrift)   *(Unterschrift)*

Anmerkungen

1) Maßgebend für die Bewertung des Anfangsvermögens ist der Zeitpunkt des Eintritts des gesetzlichen Güterstandes (in der Regel der Tag der Eheschließung bzw. der 1. 7. 1958, wenn die Ehe schon vor diesem Zeitpunkt geschlossen wurde), bei späterem Hinzuerwerb der Zeitpunkt des Zuerwerbs. Diese Zeitpunkte sind auch für die Bewertung der Verbindlichkeiten, die das Anfangsvermögen oder das hinzuzurechnende Vermögen belasten, maßgebend. Fällt eine solche Verbindlichkeit später weg, z. B. durch Erlaß, durch Bezahlung usw., so ändert das am Anfangsvermögen nichts.
2) Es handelt sich bei Anfangsvermögen lediglich um für den Stichtag festgestellte Rechnungsgrößen. Wird also z. B. das zum Anfangsvermögen gehörende Grundstück während des Güterstandes wertvoller, so gilt dieser Wertzuwachs als Zugewinn (OLG Düsseldorf, Urt. v. 19. 12. 1979, FamRZ 1981 S. 48). Dagegen stellt eine durch den

315

Kaufkraftschwund des Geldes eingetretene, nur nominelle Wertsteigerung keinen Zugewinn dar (BGH, Urt. v. 14. 11. 1973, DB 1973 S. 2391). Zur Bewertung von Grundbesitz vgl. auch OLG Frankfurt, Urt. v. 10. 3. 1980, FamRZ 1980 S. 576, und OLG Celle, Urt. v. 16. 7. 1981, FamRZ 1981 S. 1066.

3) Der Wert des Anfangsvermögens ändert sich nicht, wenn es ganz oder teilweise verloren geht oder verbraucht wird. Der andere Ehegatte nimmt dann mittelbar an dem Verlust dadurch teil, daß der Zugewinn des Ehegatten, der den Verlust oder Verbrauch hatte, zunächst dazu dient, den Verlust des Anfangsvermögens auszugleichen.

4) Verbindlichkeiten können nur bis zur Höhe des Aktivvermögens abgezogen werden (§ 1374 Abs. 1 BGB). Demnach ist, wenn die Schulden die Aktivmasse übersteigen, das Vermögen nicht mit der dann noch verbleibenden Schuldsumme negativ anzusetzen, sondern mit Null (OLG München, Urt. v. 11. 4. 1975, BB 1975 S. 1555).

5) Jeder Ehegatte hat ein Interesse, sein Anfangsvermögen möglichst hoch festzustellen, wenn er seinen Zugewinn und damit den etwaigen Ausgleichsanspruch des anderen Ehegatten niedrig halten will.

43. Vereinbarung über Zugewinnausgleich

Rechtsgrundlage. §§ 1372 ff. BGB.

Erläuterungen. Der gesetzliche Güterstand ist die Zugewinngemeinschaft; sie besteht, wenn nicht durch notariellen Vertrag ein anderer Güterstand – Gütertrennung oder Gütergemeinschaft – vereinbart worden ist. Die Zugewinngemeinschaft führt nicht zur Entstehung von gemeinschaftlichem Vermögen der Ehegatten, auch nicht bei solchen Vermögenswerten, die ein Ehegatte nach der Eheschließung erwirbt. Vielmehr bleibt das Vermögen beider Ehegatten voneinander getrennt und jeder Ehegatte nutzt und verwaltet sein Vermögen selbst. Auch nach Scheidung der Ehe behält jeder Ehegatte das, was ihm gehört. Jedoch erfolgt dann, wenn der Güterstand beendet wird – insbesondere durch Auflösung der Ehe oder durch entsprechende Vereinbarung in einem Ehevertrag –, eine Ausgleichung des Zugewinns, d. h. des Vermögenszuwachses, den jeder Ehegatte während des Bestehens der Zugewinngemeinschaft erzielt hat (bei Ehegatten, die bereits am 1 . Juli 1958 miteinander verheiratet waren, ist nur der seit diesem Zeitpunkt erzielte Zugewinn auszugleichen). Der Ausgleich besteht darin, daß demjenigen Ehegatten, der weniger als der andere oder gar nichts hinzugewonnen hat, eine Ausgleichsforderung erwächst, und zwar in Höhe der Hälfte des Betrages, um den der Zugewinn des anderen Ehegatten seinen eigenen Zugewinn übersteigt.

Um zu ermitteln, ob und ggf. in welcher Höhe einem Ehegatten ein Anspruch auf Zugewinnausgleich zusteht, ist für jeden Ehegatten die Differenz zwischen seinem Anfangsvermögen (das ist das Vermögen am Tag der Eheschließung, frühestens jedoch am 1. 7. 1958) und seinem Endvermögen (das ist das Vermögen bei Beendigung der Zugewinngemeinschaft, im Falle der Ehescheidung jedoch bei Einbringung des Scheidungsantrags) zu errechnen. Bei der Vermögensberechnung werden die Verbindlichkeiten jeweils abgezogen, beim Anfangsvermögen aber nur bis zur Grenze Null (vgl. Nr. 42 Anm. 4). Ererbtes oder durch Schenkung erworbenes Vermögen gilt regelmäßig nicht als Zugewinn und wird deshalb dem Anfangsvermögen hinzugerechnet (vgl. BGH, Urt. v. 14. 3. und 30. 5. 1990, BB 1990 S. 1376, 1808; dagegen unterliegt ein Lottogewinn dem Zugewinnausgleich; BGH. Urt. v. 22. 12. 1976, FamRZ 1977 S. 124, ebenso Schmerzensgeld, das ein Ehegatte erhalten hat, BGH, Urt. v. 27. 5. 1981, NJW 1981 S. 1836, und für Verdienstausfall gezahlter Schadenersatz, BGH, Urt. v. 29. 10. 1981, NJW 1982 S. 279).

Bei grober Unbilligkeit, die insbesondere dann vorliegt, wenn der ausgleichsberechtigte Ehegatte längere Zeit hindurch seine wirtschaftlichen Verpflichtungen aus der Ehe schuldhaft nicht erfüllt hat, kann die Erfüllung der Ausgleichsforderung verweigert werden (s. hierzu OLG Celle, Urt. v. 8. 12. 1977, FamRZ 1979 S. 431, und OLG Düsseldorf, Urt. v. 14. 1. 1981, NJW 1981 S. 829). Andererseits kann der anspruchsberechtigte Ehegatte unter bestimmten Voraussetzungen Klage auf vorzeitigen Ausgleich des Zugewinns erheben. Der Ausgleichsanspruch verjährt in 3 Jahren ab Kenntnis des berechtigten Ehegatten von der Beendigung des Güterstandes.

Um eine gerichtliche Entscheidung über den Zugewinnausgleich zu vermeiden, können die Ehegatten hierüber eine Vereinbarung treffen. Das ist jedoch nur während eines gerichtlichen Verfahrens möglich, das auf Auflösung (Scheidung, Aufhebung, Nichtigkeitserklärung) der Ehe gerichtet ist; aber auch eine Vereinbarung, die vor Anhängigkeit eines Scheidungsverfahrens über den Zugewinnausgleich für eine beabsichtigte Scheidung getroffen wird, ist wirksam, wenn notarielle Beurkundung erfolgt (BGH, Urt. v. 16. 12. 1982, BGHZ Bd. 86 S. 243).

Zugewinnausgleich bei gewerblichen Unternehmen. Gehört zum Vermögen eines oder beider Ehegatten ein Unternehmen der Industrie, des Handels oder Handwerks oder eine freiberufliche Praxis, z. B. ein Architektenbüro, eine Arztpraxis (vgl. hierzu BGH, Urt. v. 24. 10. 1990, BB 1991 S. 311), eine Rechtsanwalts- oder Steuerberaterpraxis, so muß zur Ermittlung des Endvermögens auf den Tag der Beendigung des Güterstandes (bzw. der Einbringung des Scheidungsantrags) eine Bilanz des Betriebsvermögens auf Grund der wirklichen Werte, also unter Offenlegung aller stillen Reserven, errichtet werden. Dabei ist, soweit vorhanden, auch der Firmen- bzw. Praxiswert anzusetzen (BGH, Urt. v. 13. 10. 1976, DB 1977 S. 1183 f.). Das gilt auch für die Bewertung einer Gesellschaftsbeteiligung (BGH, Urt. v. 10. 10. 1979, FamRZ 1980 S. 37, und OLG Bremen, Urt. v. 25. 4. 1978, FamRZ 1979 S. 434). Bei einem kleineren Handwerksbetrieb ist der Goodwill jedoch nur dann zu berücksichtigen, wenn Betriebe der in Frage stehenden Art als Ganzes veräußert und dabei Preise erzielt werden, die über den reinen Substanzwert hinausgehen (BGH, Urt. v. 23. 11. 1977, NJW 1978 S. 884). Ob der Goodwill einer Anwaltssozietät zu berücksichtigen ist, hängt allein vom Sozietätsvertrag ab (OLG Saarbrücken, Urt. v. 28. 6. 1984, FamRZ 1984 S. 794). Für ein Architekturbüro ist in der Regel kein Goodwill anzusetzen (OLG München, Urt. v. 13. 3. 1984, FamRZ 1984, S. 1096). Bei der Bewertung eines Handelsvertreter-Unternehmens ist der Substanzwert anzusetzen, und zwar ohne Berücksichtigung eines dem Handelsvertreter oder nach dessen Tod seinen Erben nach § 89b HGB möglicherweise zustehenden Ausgleichsanspruchs (BGH, Urt. v. 9. 3. 1977, BB 1977 S. 616). Zur Bewertung eines in den Zugewinn fallenden Hausgrundstücks vgl. OLG Frankfurt, Urt. v. 10. 3. 1980, FamRZ 1980 S. 576, zur Bewertung eines GmbH-Anteils BGH, Urt. v. 1. 10. 1986, BB 1986 S. 2168.

Form. Die Vereinbarung der Ehegatten über den Zugewinnausgleich bedarf der notariellen Beurkundung (§ 1378 Abs. 3 BGB). Wird in einem Ehescheidungsverfahren eine derartige Vereinbarung zu Protokoll des Prozeßgerichts erklärt, so wird dadurch die notarielle Beurkundung ersetzt (§ 127 a BGB).

Muster

A. Vereinbarung über Zugewinnausgleich (Beurkundungsprotokoll)

Herr ...., Alleininhaber einer Textilwarenhandlung in ....
wohnhaft in ...., und Frau ...., geb ...., wohnhaft
in ...., vereinbaren hiermit folgendes:

I.

Herr und Frau .... haben am .... vor dem Standesamt

318

.... *miteinander die Ehe geschlossen. Frau/Herr* .... *hat am* .... *bei dem Amtsgericht (Familiengericht)* .... *einen Antrag auf Scheidung der Ehe eingereicht. Die nachstehenden Vereinbarungen gelten nur für den Fall, daß die Scheidung der Ehe erfolgt.*

II.

Für die Feststellung der beiderseitigen Zugewinne in der Zeit vom ....
(Eintritt des gesetzlichen Güterstandes) bis .... *gehen die Vertragsschließenden von folgenden Anfangsvermögen aus (vgl. Anm. 1):*

1. Anfangsvermögen des Ehemannes am ....
Aktivvermögen:

a) Reinwert des Betriebsvermögens der „Textilwarenhandlung .... *" in*	
(nach Abzug der Geschäftsverbindlichkeiten)	*80 000,– DM*
b) Wert des Hausgrundstückes	*70 000,– DM*
c) Barguthaben	*20 000,– DM*
d) Wertpapiere, Kurswert	*10 000,– DM*
zusammen:	*180 000,– DM*
ab Hypothekenverbindlichkeiten	*70 000,– DM*
ergibt Anfangsvermögen des Ehemannes	*110 000,– DM*

2. Anfangsvermögen der Ehefrau am ....
Aktivvermögen:

a) Erbgutforderung (vgl. Anm. 2)	*20 000,– DM*
b) Bauplatzgrundstück	*4 000,– DM*
c) Wertpapiere, Kurswert	*6 000,– DM*
zusammen:	*30 000,– DM*
ab Schuldverbindlichkeiten	*— DM*
ergibt Anfangsvermögen der Ehefrau	*30 000,– DM*

III.

Ihr Endvermögen zum .... *stellen die Vertragsparteien wie folgt fest (vgl. Anm. 3):*

1. Endvermögen des Ehemannes
Aktivvermögen:

a) Reinwert des Betriebsvermögens der „Textilwarenhandlung .... *" in*	
(nach Abzug der Geschäftsverbindlichkeiten)	*270 000,– DM*

319

b)	Wert des Hausgrundstückes .... (vgl. Anm. 4)	110 000,– DM
c)	Barguthaben	5 000,– DM
d)	Wertpapiere, Kurswert	15 000,– DM
	zusammen:	400 000,– DM
	ab Schuldverbindlichkeiten	50 000,– DM
	ergibt Endvermögen des Ehemannes	350 000,– DM

2. Endvermögen der Ehefrau
 Aktivvermögen:

a)	Sparguthaben	60 000,– DM
b)	Bauplatzgrundstück	80 000,– DM
c)	Wertpapiere, Kurswert	10 000,– DM
	zusammen:	150 000,– DM
	ab Schuldverbindlichkeiten	10 000,– DM
	ergibt Endvermögen der Ehefrau	140 000,– DM

IV.

Abgleichung:

Endvermögen des Ehemannes	350 000,– DM
Anfangsvermögen des Ehemannes	110 000,– DM
ergibt als Zugewinn des Ehemannes	240 000,– DM
Endvermögen der Ehefrau	140 000,– DM
Anfangsvermögen der Ehefrau	30 000,– DM
ergibt Zugewinn der Ehefrau	110 000,– DM
Zugewinn beider Ehegatten	350 000,– DM

Jedem Ehegatten steht davon die Hälfte, somit ein Betrag
von 175 000,– DM
zu.

Da der Zugewinn der Ehefrau nur 110 000,– DM beträgt, hat sie
gegen ihren Ehemann eine Ausgleichsforderung im Betrage von
65 000,– DM, auf die die Barzuwendung von 20 000,– DM
anzurechnen ist, die ihr der Ehemann im Jahre .... gemacht
hat (vgl. Anm. 5); ihre Ausgleichsrestforderung beträgt somit
noch 45 000,– DM

V.

Herr .... *verpflichtet sich, die Ausgleichsrestforderung*
von   45 000,– DM
wie folgt zu bezahlen:
a) einen Teilbetrag von   10 000,– DM
    sofort;
b) den Restbetrag von   35 000,– DM
    in sieben unmittelbar aufeinanderfolgenden Halbjahresraten
    von 5000,– DM, die erste Halbjahresrate fällig am ....
Der Betrag von 35 000,– DM ist ab .... *mit* .... *% jährlich zu verzin-*
sen; die jeweils geschuldeten Zinsen sind mit den Halbjahresraten fällig und
zahlbar.
Bleibt Herr .... *mit der Bezahlung einer Halbjahresrate nebst Zinsen*
länger als vier Wochen im Rückstand, so wird die ganze jeweils noch geschul-
dete Ausgleichsrestforderung samt Zinsen zur sofortigen Zahlung fällig.

VI.

Es besteht Einigkeit unter den Vertragsparteien, daß die Rückkaufswerte der
während der Ehe abgeschlossenen und vom Ehemann allein bezahlten Lebens-
versicherungen bei Feststellung der beiderseits erzielten Zugewinne nicht
berücksichtigt werden sollen (vgl. Anm. 6). Die Auseinandersetzung bezüglich
der Lebensversicherungen ist in der Weise erfolgt, daß jede Vertragspartei die
Versicherungsprämien für die auf ihr Ableben abgeschlossenen Versicherun-
gen mit Wirkung ab .... *selbst bezahlt. Die Rückkaufswerte der Versiche-*
rungen stehen derjenigen Vertragspartei zu, auf deren Ableben die Lebensver-
sicherungen abgeschlossen wurden. Die Vertragsparteien werden die Versi-
cherungsgesellschaften hiervon und von der Änderung der Bezugsberechti-
gungen sofort gemeinschaftlich in Kenntnis setzen.

VII.

Es besteht unter den Vertragsparteien auch Einigkeit darüber, daß der gemein-
schaftliche Hausrat (vgl. Anm. 7) und die zum persönlichen Gebrauch eines
Ehegatten bestimmten Gegenstände (Kleidung, Wäsche, Schmuck) bei der
Berechnung der Zugewinne nicht mit berücksichtigt werden sollen. Über den
gemeinschaftlichen Hausrat und die sonstigen zum Haushalt gehörenden Ge-
genstände haben die Vertragsparteien am .... *eine gesonderte Vereinba-*
rung getroffen.

.................., *den* ....

Unterschriften

B. Abfindungsvertrag (Beurkundungsprotokoll)

Herr ...., *Alleininhaber einer Textilwarenhandlung in* ....,
wohnhaft in ...., *und Frau* ...., *geb* ...., *wohnhaft
in* ...., *vereinbaren hiermit folgendes:*

I.

Herr und Frau .... *haben am* .... *vor dem Standesamt*
.... *miteinander die Ehe geschlossen. Frau/Herr* .... *hat am*
.... *bei dem Amtsgericht (Familiengericht)* .... *einen Antrag
auf Scheidung der Ehe eingereicht. Die nachstehend unter III–V getroffenen
Vereinbarungen gelten nur für den Fall, daß die Scheidung der Ehe erfolgt.*

II.

Es wird zunächst folgendes festgestellt:
*1. Die Vertragsparteien haben über ihre Anfangsvermögen nach dem Stand
   vom* .... *keine Vermögensverzeichnisse aufgestellt.*
2. Herr .... *hat seiner Ehefrau* .... *am* .... *unentgeltlich eine bare Zuwendung von 20 000 DM gemacht mit der ausdrücklichen
   Bestimmung, daß sie sich diesen Betrag auf ihre künftige Ausgleichsforderung anrechnen lassen müsse (vgl. Anm. 5).*
3. Herr .... *hat am* .... *den von ihm bezahlten Kraftwagen
   ...., Baujahr ...., amtliches Kennzeichen ...., im Gegen-
   wartswert von .... DM unentgeltlich an Frau* .... *überlassen
   und ihr zu Eigentum übertragen.*

III.

*Beide Vertragsparteien verzichten hiermit gegenseitig auf rechnerische Fest-
stellung der beiderseits in der Ehe erzielten Zugewinne. Es besteht aber
Einigkeit darüber, daß die Ausgleichsforderung der Frau* .... *gegen
ihren Ehemann, Herrn* ...., *mindestens 40 000 DM beträgt (vgl.
Anm. 8).*

IV.

Herr .... *verpflichtet sich hiermit, zur Abfindung der Ausgleichsforderung seiner Ehefrau an diese einen Betrag von 30 000 DM zu bezahlen,
und zwar in drei unverzinslichen Teilbeträgen von je 10 000 DM, zahlbar am
.............., am .... und am .... (vgl. Anm. 9).*

V.

Frau .... erklärt sich wegen ihrer Ausgleichsansprüche für vollständig abgefunden, vorausgesetzt, daß der Betrag von 30 000 DM zu den angegebenen Fälligkeitsterminen an sie bezahlt wird.

Sollte Herr .... mit der Bezahlung des Abfindungsbetrages in Verzug geraten, ist Frau .... berechtigt,

a) genaue Abrechnung über die beiderseits in der Ehe erzielten Zugewinne zu verlangen und

b) die sich danach zu ihren Gunsten ergebende Ausgleichsforderung in voller Höhe geltend zu machen.

Für diesen Fall sind sich die Vertragsparteien darüber einig, daß die beiderseitigen Zugewinne nur aus den am .... vorhandenen Endvermögen berechnet werden sollen und daß die zu Beginn des Güterstandes der Zugewinngemeinschaft .... vorhandenen Anfangsvermögen außer Betracht zu bleiben haben.

.... , den ....

Unterschriften

Anmerkungen

1) Siehe auch Nr. 42.

2) Da die Ehefrau diesen Anspruch bereits vor Eintritt des gesetzlichen Güterstandes erworben hat, ist er mit zu berücksichtigen (§ 1374 Abs. 2 BGB). Vgl. OLG Zweibrücken, Urt. v. 18. 1. 1984, FamRZ 1984 S. 276.

3) Nach Beendigung der Zugewinngemeinschaft oder nach Einreichung eines Scheidungsantrags ist jeder Ehegatte verpflichtet, dem anderen Ehegatten über den Bestand seines Endvermögens Auskunft zu erteilen (vgl. hierzu BGH, Urt. v. 10. 10. 1979, FamRZ 1980 S. 37); die Auskunftspflicht entfällt jedoch, wenn für den anderen Ehegatten klar ersichtlich ist, daß kein Zugewinn erzielt wurde (OLG Koblenz, Beschl. v. 3. 10. 1984, FamRZ 1985 S. 286). Jeder Ehegatte kann verlangen, daß er bei der Aufnahme des ihm vorzulegenden Bestandsverzeichnisses zugezogen und daß der Wert der Vermögensgegenstände und der Verbindlichkeiten evtl. unter Beiziehung von Sachverständigen ermittelt wird. Auch behördliche oder notarielle Aufnahme des Verzeichnisses kann gefordert werden (§ 1379 BGB).

4) Die durch den Kaufkraftschwund des Geldes eingetretene, nur nominelle Wertsteigerung eines Grundstücks stellt keinen Zugewinn i. S. des § 1373 dar (BGH, Urt. v. 14. 11. 1973, BB 1974 S. 103). Nur der Betrag ist tatsächlicher Zugewinn, um den der Wert des Grundstücks und der Bausubstanz schneller gestiegen ist als der Lebenshaltungskostenindex (OLG Hamm, Urt. v . 17. 11. 1975, BB 1976 S. 626). Zur Umrechnung des Anfangsvermögens mit dem Lebenshaltungskostenindex vgl. auch BGH,

Urt. v. 22. 11. 1974, FamRZ 1975 S. 87, und OLG Hamm, Urt. v. 25. 10. 1983, FamRZ 1984 S. 275.

5) Auf die Ausgleichsforderung eines Ehegatten wird angerechnet, was ihm vom anderen Ehegatten durch Rechtsgeschäft unter Lebenden mit der Bestimmung der Anrechnung zugewendet worden ist. Im Zweifel sind solche Zuwendungen anzurechnen, die den Wert üblicher Gelegenheitsgeschenke übersteigen (§ 1380 Abs. 1 BGB).

6) Zur Berücksichtigung von Anwartschaften aus Lebensversicherungsverträgen beim Zugewinnausgleich vgl. BGB, Urt. v. 27. 10. 1976, BB 1977 S. 69, und OLG Nürnberg, Urt. v. 25. 7. 1975, NJW 1976 S. 899. An einer vom Arbeitgeber als Direktversicherung zur betriebl. Altersversorgung abgeschlossenen (Kapital-)Lebensversicherung stehen dem Arbeitnehmer keine beim Endvermögen wirtschaftlich bewertbaren Anrechte zu (BGH, Urt. v. 22. 3. 1984, NJW 1984 S. 1611).

7) Das Gesetz nimmt zwar den Hausrat nicht ausdrücklich von der Berechnung des Zugewinns aus. Seine Verteilung unter den Ehegatten regelt sich aber im Falle der Scheidung ausschließlich nach der HausratsVO v . 21. 10. 1944 (RGBl I S. 256) m. spät. Änd. Vgl. hierzu Palandt, BGB 51. Aufl. Rdnr. 3 zu § 1375.

8) Die Ausgleichsforderung entsteht mit der Beendigung der Zugewinngemeinschaft und ist erst von diesem Zeitpunkt an vererblich und übertragbar (§ 1378 Abs. 3 BGB).

9) Die Ausgleichsforderung wird mit ihrer Entstehung, also mit der Beendigung des gesetzlichen Güterstandes, zur Zahlung fällig. Stundung und Sicherstellung können zwischen den Ehegatten vertraglich geregelt werden. Soweit dies nicht geschehen ist, kann das Familiengericht auf Antrag des Schuldners eine unbestrittene Ausgleichsforderung stunden, wenn die sofortige Zahlung den Schuldner besonders hart treffen würde und dem Gläubiger zumutbar ist. Die gestundete Forderung ist zu verzinsen. Auf Antrag kann Sicherheitsleistung angeordnet werden (§ 1382 BGB).

44. Vertragliche Vereinbarungen vor der Ehescheidung

Rechtsgrundlage. §§ 1585 c, 1587 o BGB, § 630 ZPO.

Wesen und Bedeutung. Im Ehescheidungsrecht ist seit 1. 7. 1977 das Zerrüttungsprinzip maßgebend (d. h. die Ehe wird geschieden, wenn sie gescheitert ist). Auch eine einverständliche Scheidung (Konventionalscheidung) ist ohne weiteres möglich, sofern die Ehegatten seit mindestens einem Jahr getrennt leben; beantragen in einem solchen Fall beide Ehegatten die Scheidung oder stimmt der andere Teil dem von seinem Ehegatten erhobenen Scheidungsantrag zu, so wird das Scheitern der Ehe unwiderlegbar vermutet (§ 1566 Abs. 1 BGB). Ein Getrenntleben setzt nicht voraus, daß die Ehegatten verschiedene Wohnungen bezogen haben; sie können auch innerhalb der ehelichen Wohnung getrennt leben, wenn zwischen ihnen keine häusliche Gemeinschaft besteht (d. h. wenn sie bei gemeinsamer Benutzung von Küche, Bad u. ä. die Zimmer unter sich aufgeteilt haben; getrenntes Schlafen und Essen reicht hingegen nicht aus) und mindestens ein Ehegatte sie auch nicht wiederherstellen will, weil er die eheliche Lebensgemeinschaft ablehnt (§ 1567 Abs. 1 BGB; Palandt, BGB 51. Aufl. Rdnr. 6 hierzu).

Eine einverständliche Scheidung darf das Gericht erst aussprechen, wenn sich die Ehegatten zuvor über bestimmte Rechtsfolgen der Scheidung geeinigt haben, und zwar

– über die Regelung der elterlichen Sorge für die gemeinschaftlichen Kinder und das Umgangsrecht des nicht sorgeberechtigten Elternteils,

– über die Regelung der Unterhaltspflicht gegenüber den Kindern, die durch die Ehe begründete gesetzliche Unterhaltspflicht sowie die Rechtsverhältnisse an der Ehewohnung und am Hausrat (§ 630 Abs. 1 ZPO).

Darüber hinaus ist es ratsam, daß die Ehegatten bereits vor Erhebung des Scheidungsantrags auch im übrigen ihre vermögensmäßige Auseinandersetzung vertraglich festlegen, um spätere Rechtsstreitigkeiten hierüber zu vermeiden. Leben sie im gesetzlichen Güterstand der Zugewinngemeinschaft, wird eine Vereinbarung über den Zugewinnausgleich zu treffen sein (sie ist zulässig: BGH, Urt. v. 16. 12. 1982, NJW 1983 S. 753). Sind sie Miteigentümer z. B. eines Hauses oder eines unbebauten Grundstücks, können sie sich insoweit auseinandersetzen. Auch darüber, wer die Kosten des Scheidungsverfahrens tragen soll, können sich die Ehegatten – ohne Rücksicht auf die Kostenentscheidung des späteren Scheidungsurteils – im voraus einigen.

Im Zusammenhang mit der Scheidung können die Ehegatten schließlich auch eine Vereinbarung über den Versorgungsausgleich treffen. Diese bedarf aber zu ihrer Wirksamkeit der Genehmigung des Familiengerichts. Die Genehmigung wird allerdings nur verweigert, wenn unter Einbeziehung der Unterhaltsregelung und der Vermögensauseinandersetzung offensichtlich die vereinbarte Leistung nicht zur Sicherung des Berechtigten für den Fall der Erwerbsunfähigkeit und des Alters geeignet ist oder zu keinem nach Art und Höhe angemessenen Ausgleich unter den Ehegatten führt (§ 1587 o BGB).

Form. Vereinbarungen über den Versorgungsausgleich, den Zugewinnausgleich sowie über die Scheidungsfolgen, deren vertragliche Regelung Voraussetzung für den Ausspruch der Scheidung ist, bedürfen notarieller Beurkundung (§§ 1587 o Abs. 2, 1378 Abs. 3 BGB, § 630 Abs. 3 ZPO). Diese Form ist auch für die Auseinandersetzung über Grundstückseigentum vorgeschrieben (§ 313 BGB). Für sonstige Abreden, wenn sie gesondert getroffen werden, bestehen keine gesetzlichen Formvorschriften.

Muster

(Beurkundungsprotokoll)

*Die Eheleute .... und ...., letztere geb. .... in
.... treffen im Hinblick auf die bevorstehende Scheidung ihrer Ehe
folgende*

Vereinbarungen:

*§ 1 Durchführung des Scheidungsverfahrens
Da zwischen den Ehegatten seit .... keine häusliche Gemeinschaft mehr
besteht und sie beide auch nicht die Absicht haben, diese wiederherzustellen,
sondern die eheliche Lebensgemeinschaft miteinander ausdrücklich ablehnen,
werden sie einverständlich die Scheidung ihrer am .... in ....
geschlossenen Ehe betreiben (vgl. Anm. 1). Zu diesem Zweck wird Frau/Herr
.... bis spätestens .... beim Amtsgericht (Familiengericht)
.... einen Scheidungsantrag unter Beifügung einer Ausfertigung dieser notariellen Urkunde einreichen (vgl. Anm. 2). Herr/Frau ....
stimmt der Scheidung schon jetzt ausdrücklich zu und wird diese Zustimmung
auch dem Gericht gegenüber erklären.
Sofern das Gericht entsprechend den in dieser Urkunde getroffenen Vereinbarungen die Scheidung ausspricht und dabei auch die über den Versorgungsausgleich getroffene Regelung (§ 10) genehmigt, werden beide Ehegatten auf
Rechtsmittel gegen das Urteil sogleich verzichten (vgl. Anm. 3).*

*§ 2 Unterhalt für die Ehefrau
Herr .... verpflichtet sich, an Frau .... von der Rechtskraft
des Scheidungsurteils ab für die Dauer von zwei Jahren einen monatlichen
Unterhaltsbeitrag von .... DM zu zahlen (vgl. Anm. 4). Danach vermindert
sich der von Herrn .... zu zahlende monatliche Unterhaltsbeitrag auf
.... DM (vgl. Anm. 5). Der Unterhaltsanspruch von Frau ....
erlischt mit Ablauf von .... Jahren nach Rechtskraft des Scheidungsurteils.
Sollte sich das monatliche Bruttoeinkommen von Herrn ...., das
derzeit .... DM beträgt, um mehr als 10 v. H. erhöhen oder vermindern, so
erhöht oder vermindert sich der monatliche Unterhaltsbeitrag für Frau
.... entsprechend (vgl. Anm. 6).
Der Unterhaltsbeitrag ist von Herrn .... monatlich im voraus, jeweils
bis spätestens zum 5. des Monats, auf das Girokonto von Frau .... bei
der ....-Bank in ...., Konto-Nr. .... zu überweisen.*

*Benennt Frau .... Herrn .... ein anderes Konto, so sind die
Überweisungen auf dieses Konto vorzunehmen.
Der Unterhaltsanspruch von Frau .... erlischt mit ihrer etwaigen
Wiederverehelichung. Er lebt auch dann nicht wieder auf, falls ihre neue Ehe
aufgelöst wird (vgl. Anm. 7).*

oder

§ 2 Unterhaltsverzicht
*Frau .... verzichtet Herrn .... gegenüber für die Zeit ab
Rechtskraft des Scheidungsurteiles für jede Lebenslage (vgl. Anm. 8) auf Un-
terhaltsleistungen (vgl. Anm. 9). Herr .... nimmt diesen Verzicht an.*

§ 3 Auseinandersetzung des Hausrats (vgl. Anm. 10)
*Von dem vorhandenen Hausrat (vgl. Anm. 11) erhält Herr .... fol-
gende Gegenstände zu Alleineigentum: ....
Alle übrigen Hausratsgegenstände gehen in das Alleineigentum von Frau
.... über. Auf den bei der Fa. .... in .... am
.... käuflich erworbenen Pkw ...., der Frau .... zur
Benutzung überlassen bleibt, sind noch .... Monatsraten zu je .... DM zu
entrichten. Der vorgenannten Firma gegenüber haften beide Ehegatten für den
Kaufpreis. Herr .... verpflichtet sich, die noch offenen Ratenzahlungen an die Firma zu leisten und Frau .... insoweit von jeder Inanspruchnahme durch die Firma freizustellen (vgl. Anm. 12). Nach der vollen
Bezahlung des Kaufpreises soll der Pkw in das Alleineigentum von Frau
.... übergehen (vgl. Anm. 13).*

§ 4 Schenkungen vor und während der Ehe
*Herr .... und Frau .... verzichten gegenseitig auf Heraus-
gabe der Schenkungen, die sie einander vor und während der Ehe gemacht
haben (vgl. Anm. 14).*

§ 5 Zugewinnausgleich (vgl. Anm. 15)
*Zum Ausgleich des Zugewinns zahlt Herr .... an Frau ....
einen Betrag von .... DM in drei gleichen Raten, von denen die erste 4
Monate, die zweite 8 Monate und die dritte 12 Monate nach Rechtskraft des
Scheidungsurteils fällig wird. Eine Verzinsung der gestundeten Teilbeträge
soll nicht erfolgen. Mit der Zahlung des genannten Betrages ist der gesamte
Anspruch von Frau .... auf Zugewinnausgleich abgegolten.*

§ 6 Ehewohnung
Die im Hause ....straße Nr. .... in .... gemietete Ehe-
wohnung verbleibt Frau ...., die sich verpflichtet, Herrn
.... für die Zeit nach seinem Auszug aus der Wohnung von sämtlichen
Ansprüchen des Vermieters aus dem Mietverhältnis freizustellen (vgl.
Anm. 16).
Herr .... verpflichtet sich, innerhalb von zwei Wochen nach Rechts-
kraft des Scheidungsurteils die Ehewohnung zu verlassen und sämtliche ihm
gehörigen und ihm nach § 3 dieser Vereinbarung zufallenden Gegenstände aus
der Mietwohnung und den Nebenräumen zu entfernen.

§ 7 Elterliche Sorge über das gemeinschaftliche Kind (vgl. Anm. 17)
Die elterliche Sorge über das am .... geborene gemeinschaftliche Kind
.... soll Frau/Herr .... erhalten. Diese Regelung entspricht
dem Wohl des Kindes, weil ....
Frau/Herr .... verpflichtet sich, sich auch künftighin in allen wichti-
gen, die Erziehung und Ausbildung des Kindes betreffenden Angelegenheiten
mit Herrn/Frau .... ins Benehmen zu setzen. Bei der Berufswahl für
das Kind wird der sorgeberechtigte Elternteil die Entscheidung nur mit Zu-
stimmung des anderen Elternteils treffen.

§ 8 Persönlicher Umgang mit dem gemeinschaftlichen Kind (vgl. Anm. 18)
Herr/Frau .... ist berechtigt, das Kind an jedem dritten Sonntag im
Monat den ganzen Tag über zu sich zu nehmen. Er/Sie wird das Kind am
Morgen in der Wohnung von Frau/Herrn .... abholen und es am
Abend dorthin zurückbringen.
In den Sommerferien darf Herr/Frau .... das Kind drei Wochen
hindurch, in den Weihnachts- und den Osterferien je eine Woche hindurch zu
sich nehmen. Er/Sie verpflichtet sich, Frau/Herrn .... über den je-
weiligen Aufenthaltsort des Kindes während dieser Zeit Mitteilung zu machen.
Sollte sich im Interesse des Kindes oder aus sonstigen Gründen die Notwendig-
keit einer Abänderung der Vereinbarungen über das Umgangsrecht von Herrn/
Frau .... ergeben, werden sich die Elternteile hierüber ins Einver-
nehmen setzen.

§ 9 Unterhalt für das Kind (vgl. Anm. 19)
Herr/Frau .... verpflichtet sich, an Frau/Herrn .... als
Unterhalt für das Kind .... so lange, bis dieses sich selbst unterhalten
kann, einen monatlichen Betrag von .... DM zu zahlen. Herr/Frau wird
diese Unterhaltsrente gemäß § 1612 a BGB und den Bestimmungen der Anpas-
sungsverordnung in ihrer jeweils geltenden Fassung regelmäßig den sich etwa

ändernden allgemeinen wirtschaftlichen Verhältnissen anpassen (vgl. Anm. 20). Daneben übernimmt Herr/Frau .... die Kosten der Berufsausbildung des Kindes in vollem Umfang. Frau/Herr .... wird ihm/ ihr über diese Kosten jeweils Rechnungen zugehen lassen, die innerhalb von zwei Wochen nach Erhalt zu begleichen sind.

Den Unterhalt für das Kind hat Herr/Frau .... vierteljährlich im voraus, jeweils zum 5. Januar, 5. April, 5. Juli und 5. Oktober zu entrichten. Die Zahlungen haben in folgender Weise zu erfolgen .... (vgl. Anm. 21).

§ 10 Versorgungsausgleich
Herr .... hat zum Zweck seiner Versorgung im Alter und bei Berufs- oder Erwerbsunfähigkeit zwei private Lebensversicherungen (Kapitalversicherungen) abgeschlossen, u. zw.
a) bei der .... über .... DM, Police Nr. ...., und
b) bei der .... über .... DM, Police Nr. ....
Sonstige Versorgungsansprüche irgendwelcher Art stehen ihm nicht zu. Frau .... hat bisher keinerlei Versorgungsansprüche erlangt.

Mit Wirkung ab Rechtskraft des Scheidungsurteils tritt hiermit Herr .... seine sämtlichen derzeitigen und künftigen Ansprüche und Rechte aus der unter b) bezeichneten Lebensversicherung, für welche die laufenden Prämien bisher ordnungsgemäß bezahlt wurden und für die Bezugs- rechte dritter Personen nicht bestehen, unwiderruflich an Frau .... ab. Die Abtretung ist nach den allgemeinen Versicherungsbedingungen zuläs- sig und nicht von einer Zustimmung des Versicherers abhängig. Den Versiche- rungsschein hat Herr .... bei dem beurkundenden Notar hinterlegt; dieser ist ermächtigt, ihn nach Rechtskraft des Scheidungsurteils an Frau .... zu übergeben.

Herr .... verpflichtet sich, die vor und nach der Abtretung fällig werdenden Prämien für diese Versicherung jeweils unverzüglich zu bezahlen. Er ermächtigt Frau .... hiermit ausdrücklich, nach Erhalt des Versi- cherungsscheins in seinem Namen der .... unter Vorlage eines Aus- zugs dieser Urkunde die Abtretung sowie die bestehenbleibende Haftung von Herrn .... für die weiteren Versicherungsprämien mitzuteilen und die Umschreibung des Versicherungsscheins auf den Namen von Frau .... zu beantragen. Damit sind sämtliche Ansprüche der Ehegatten aus den §§ 1587 ff. BGB abgegolten (vgl. Anm. 22).

§ 11 Kosten des Scheidungsverfahrens
Herr .... übernimmt die gesamten durch das Verfahren vor dem Familiengericht entstehenden Kosten (vgl. Anm. 23). Als Kostenvorschuß

*zahlt er an Frau .... bis zum .... einen Betrag von .... DM
(vgl. Anm. 24).*

§ 12 Vollstreckungsklausel
*Wegen der in den §§ 2 und 9 dieser Urkunde übernommenen Verpflichtungen
unterwirft sich Herr .... der sofortigen Zwangsvollstreckung aus
dieser Urkunde (vgl. Anm. 25).*

§ 13 Beurkundungskosten
Die Kosten der notariellen Beurkundung und der Verwahrung des Versicherungsscheins trägt Herr ....

Anmerkungen

1) Folgt das Gericht dem übereinstimmenden Vorbringen der Ehegatten über die Dauer des Getrenntlebens und die Ablehnung der ehelichen Lebensgemeinschaft – Anlaß, an der Richtigkeit dieser Behauptungen zu zweifeln, wird in der Regel nicht bestehen –, so darf es die Frage, ob die Ehe gescheitert ist, wegen der insoweit vom Gesetz aufgestellten unwiderleglichen Vermutung nicht mehr prüfen (§ 1566 Abs. 1 BGB).

2) In Ehesachen, also auch in Scheidungsverfahren, besteht vor den Familiengerichten Anwaltszwang, d. h. die Parteien müssen sich durch einen beim Prozeßgericht zugelassenen Rechtsanwalt als Bevollmächtigten vertreten lassen (§ 78 ZPO). Der Scheidungsantrag muß also von einem Rechtsanwalt gefertigt und bei Gericht eingereicht werden. Dagegen braucht bei einer Konventionalscheidung der Antragsgegner in der Regel keinen Rechtsanwalt zu beauftragen. Das Gericht wird auch davon absehen, ihm von Amts wegen einen Rechtsanwalt zur Wahrnehmung seiner Rechte beizuordnen (§ 625 ZPO).

3) Eine solche Abrede ist unbedenklich zulässig.

4) Während nach früherem Recht (Geltung des Verschuldensprinzips) der schuldig oder überwiegend schuldig geschiedene Ehegatte dem anderen unterhaltpflichtig war, kommt es jetzt für den Unterhaltsanspruch eines geschiedenen Ehegatten nur noch auf seine Bedürftigkeit an (§§ 1569 ff. BGB).

5) Eine solche Staffelung des Unterhaltsbeitrags kommt namentlich dann in Betracht, wenn sich der anspruchsberechtigte Ehegatte nach der Scheidung eine eigene Existenz aufbauen muß, die anfangs nur geringe Erträge abwirft.

6) Damit wird dem in § 323 ZPO verankerten allgemeinen Rechtsgedanken Rechnung getragen, daß bei wesentlicher Änderung der für die Bemessung einer Unterhaltsrente maßgeblichen Verhältnisse eine entsprechende Abänderung der Leistungen verlangt werden kann.

7) Abweichend von der gesetzlichen Regelung in § 1586 a BGB, wonach im Falle der Auflösung der neuen Ehe des geschiedenen Ehegatten dessen Unterhaltsanspruch unter bestimmten Voraussetzungen wieder auflebt.

8) Damit wird auch für den Fall einer Notlage auf Unterhalt verzichtet.

9) Ein solcher Unterhaltsverzicht ist auch im Hinblick auf eine öffentliche Fürsorgepflicht, die einmal entstehen könnte, rechtswirksam und verstößt nicht gegen die „guten Sitten" (Palandt, BGB 51. Aufl. Rdnr. 9 zu § 1585 c BGB). Eine andere rechtliche Beurteilung ist aber möglich beim Unterhaltsverzicht eines nicht erwerbsfähigen und nicht vermögenden Ehegatten (BGH, Urt. v. 8. 12. 1982, NJW 1983 S. 1851).

10) Falls sich die Ehegatten bei einer streitigen Scheidung über die Verteilung des Hausrats und darüber, wer von ihnen die Ehewohnung behalten soll, nicht einigen, regelt auf Antrag das Familiengericht die Rechtsverhältnisse an der Wohnung und am Hausrat auf Grund der HausratsVO vom 21. 10. 1944 m. spät. Änd. Hausrat, der nach dieser VO verteilt werden kann, unterliegt nicht dem Zugewinnausgleich (BGH, Urt. v. 1. 12. 1983, NJW 1984 S. 484).

11) Zum Hausrat gehören die Wohnungseinrichtung, Geschirr, Wäsche, das für die Kinder notwendige Hausgerät. Rundfunk- und Fernsehgerät, Musikinstrumente usw., nicht dagegen die zum persönlichen Gebrauch oder zur Berufsausbildung eines Ehegatten bestimmten Gegenstände (Kleidung, Schmucksachen, Familienandenken, Sammlungen, Fachbücher u. dgl.). Hausrat, der den Ehegatten gemeinsam gehört, wird vom Gericht „gerecht und zweckmäßig" verteilt. Dabei gilt der während der Ehe für den gemeinsamen Haushalt angeschaffte Hausrat – gleichgültig, aus wessen Mitteln die Anschaffungen bezahlt wurden – grundsätzlich als gemeinsames Eigentum der Ehegatten (§ 8 HausratsVO). Auf den Güterstand, in dem die Ehegatten leben, kommt es insoweit nicht an (OLG München, Urt. v. 25. 8. 1971, NJW 1972 S. 542).

12) Diese Vereinbarung ist zweckmäßig, weil sich die Verkäuferfirma wegen des Kaufpreises an jeden der Ehegatten halten kann, wenn sie beide Käufer sind.

13) Auf Abzahlung gekaufte Gegenstände stehen bis zur vollständigen Bezahlung des Kaufpreises in der Regel unter Eigentumsvorbehalt des Verkäufers.

14) Nach früherem Recht konnte ein Ehegatte, wenn der andere im Scheidungsurteil für allein schuldig erklärt worden war, die ihm während des Brautstandes oder während der Ehe gemachten erheblichen Schenkungen widerrufen. Durch das 1. EheRG v. 14. 6. 1976 (BGBl I S. 1421) ist diese gesetzliche Bestimmung beseitigt worden. Die im Vertragsmuster getroffene Vereinbarung dient somit nur der Klarstellung.

15) Ein Zugewinnausgleich kommt nur beim gesetzlichen Güterstand der Zugewinngemeinschaft in Betracht; vgl. §§ 1372 ff. BGB und Nr. 43 (Vereinbarung über Zugewinnausgleich). Zur Frage, wann Lebensversicherungen dem Zugewinnausgleich oder dem Versorgungsausgleich unterliegen, vgl. BGH, Beschl. v. 9. 11. 1983, NJW 1984 S. 299.

16) Sind beide Ehegatten Mieter der Wohnung, so haftet der ausziehende Ehegatte neben dem in der Wohnung verbleibenden dem Vermieter weiterhin für die Miete, es sei denn, daß sich der Vermieter mit dessen Entlassung aus dem Mietverhältnis einverstanden erklärt. Deshalb ist eine Vereinbarung wie die hier getroffene zweckmäßig. – Kommt eine Einigung der Parteien darüber, wer die Ehewohnung behalten soll, nicht zustande, so gelten für die Entscheidung, die das Gericht dann zu treffen hat, die §§ 3 ff. HausratsVO. Handelt es sich um eine von den Ehegatten gemeinsam angemietete Wohnung, so wird festgelegt, mit welchem Ehegatten der (am Verfah-

ren beteiligte) Vermieter das Mietverhältnis fortzusetzen hat. Das Gericht kann auch die Wohnung zwischen den Ehegatten aufteilen und für die beiden Teilwohnungen neue Mietverhältnisse begründen.

17) Im Zusammenhang mit der Scheidung bestimmt das Familiengericht, welchem Elternteil die elterliche Sorge über ein gemeinschaftliches Kind zustehen soll, wobei in erster Linie das Wohl des Kindes zu berücksichtigen ist. Entgegen der Bestimmung des § 1671 Abs. 4 BGB kann das Sorgerecht auch geschiedenen Ehegatten gemeinsam übertragen werden (BVerfG, Urt. v. 3. 11. 1982, NJW 1983 S. 101). Von einem gemeinsamen Vorschlag der Eltern weicht das Gericht nur dann ab, wenn es das Wohl des Kindes erfordert (§ 1671 Abs. 3 BGB).

18) Der Elternteil, dem die Personensorge für das Kind nicht zusteht, behält das Recht zum persönlichen Umgang mit dem Kind. Falls sich die Eltern nicht einigen, trifft das Familiengericht eine nähere Regelung (§ 1634 BGB).

19) Die Unterhaltspflicht der Ehegatten gegenüber den gemeinschaftlichen Kindern wird durch die Scheidung ihrer Ehe nicht berührt.

20) In § 1612 a BGB ist eine prozentuale Änderung (Dynamisierung) von Unterhaltsrenten Minderjähriger für den Fall vorgesehen, daß sich die allgemeinen wirtschaftlichen Verhältnisse wesentlich ändern. Nach der 3. AnpassungsVO v. 21. 7. 1988 (BGBl I S. 1082) können die Unterhaltsrenten für Minderjährige nach Maßgabe des § 1612 a BGB für Zeiträume nach dem 31. 12. 1988 entsprechend erhöht werden.

21) Ist in § 2 ein Unterhaltsverzicht der Ehefrau erklärt worden, so ist hier die Art und Weise der Zahlungen näher zu regeln.

22) Wegen der für eine Vereinbarung über den Versorgungsausgleich notwendigen gerichtlichen Genehmigung bedarf die zu treffende Vereinbarung sorgfältiger Überlegungen, wobei die Beratung durch einen Rechtsanwalt oder Notar unerläßlich ist (vgl. Naegele, Der Versorgungsausgleich 3. Aufl. 1990, Rudolf Haufe Verlag, Freiburg). In Betracht kommt – wie im Vertragsmuster – eine Abtretung von Versicherungsansprüchen aus einer privaten Lebensversicherung (wobei dann eine Kapital- in eine Rentenversicherung umgewandelt werden kann) oder die Übereignung eines entsprechenden Vermögensobjekts. Hingegen können durch eine solche Vereinbarung Anwartschaftsrechte in einer gesetzlichen Rentenversicherung nicht begründet oder übertragen werden (§ 1587 o Abs. 1 BGB; vgl. auch § 1587 l BGB).

23) Nach § 93 a ZPO sind die Kosten der Scheidung und der Folgesachen grundsätzlich gegeneinander aufzuheben. d. h. jede Partei hat die Hälfte der Gerichtskosten und ihre eigenen Auslagen zu tragen. Haben aber die Parteien, wie hier, eine Kostenvereinbarung getroffen, so kann das Gericht sie seiner Entscheidung zugrunde legen.

24) Kann die Ehefrau die Kosten des Scheidungsverfahrens nicht selbst bestreiten, muß sie ihr der Ehemann vorschießen, soweit dies der Billigkeit entspricht (§ 1360 a Abs. 4 BGB). Weigert sich der Ehemann, so kann die Ehefrau hierüber eine einstweilige Anordnung des Gerichts erwirken (§ 620 Abs. 1 Nr. 9 ZPO).

25) Die Vollstreckungsklausel ist nach § 630 Abs. 3 ZPO erforderlich. Soweit wegen der Art der in den §§ 3 und 6 der Urkunde übernommenen Verpflichtungen eine Vollstreckungsunterwerfung zu notarieller Urkunde (§ 794 Abs. 1 Nr. 5 ZPO) nicht in Betracht kommt, kann sie in einem zur Niederschrift des Familiengerichts abzuschließenden Vergleich erfolgen (§ 794 Abs. 1 Nr. 1 ZPO).

45. Unterhaltsvertrag getrennt lebender Ehegatten

Rechtsgrundlage. § 1361 BGB.

Erläuterungen. Kommen die Ehegatten aus irgendeinem Grund überein, fortan voneinander getrennt zu leben, so werden sie in der Regel für die Zeit des Getrenntlebens eine Unterhaltsvereinbarung treffen. Für die Beantwortung der Frage, ob bei Getrenntleben einem Ehegatten gegen den anderen ein Unterhaltsanspruch zusteht, waren nach der bis zum 30. 6. 1977 geltenden gesetzlichen Regelung allein Billigkeitsgesichtspunkte maßgebend, wobei vor allem die Gründe zu berücksichtigen waren, die zur Trennung geführt hatten. Ferner die Bedürfnisse sowie die Vermögens- und Erwerbsverhältnisse der Ehegatten. Hatte der Mann die Trennung allein oder überwiegend verschuldet, so war seine bisher nicht erwerbstätig gewesene Frau nur dann zur Aufnahme einer Erwerbstätigkeit verpflichtet, wenn sie auch bei Fortbestehen der häuslichen Gemeinschaft eine solche Tätigkeit hätte aufnehmen müssen oder wenn eine Inanspruchnahme des Mannes grob unbillig war. Wer gegen den Willen des Partners die Herstellung der ehelichen Lebensgemeinschaft verweigerte, hatte gegen ihn keinen Unterhaltsanspruch.

Seit 1. 7. 1977 kann bei Getrenntleben ein Ehegatte von dem anderen den nach den Lebens- und den Erwerbs- sowie Vermögensverhältnissen der Ehegatten angemessenen Unterhalt verlangen (§ 1361 BGB). Hierbei sind alle Umstände des Einzelfalles zu berücksichtigen; das Vorhandensein von Kindern und das Erfordernis ihrer Betreuung ebenso wie die Dauer der Ehe, Alter, Gesundheitszustand und soziale Stellung der Ehegatten usw., nicht aber eine etwaige Schuld an der Trennung. Der nicht erwerbstätige Ehegatte kann nur dann darauf verwiesen werden, seinen Unterhalt durch eine Erwerbstätigkeit selbst zu verdienen, wenn dies von ihm nach seinen persönlichen Verhältnissen (Vorbildung, frühere Erwerbstätigkeit, Möglichkeiten geeigneter Arbeitsaufnahme usw.) erwartet werden kann; die Dauer der Ehe und die wirtschaftlichen Verhältnisse beider Ehegatten sind auch hier in Betracht zu ziehen (vgl. BGH, Urt. v. 9. 5. 1979 und 23. 9. 1981, NJW 1979 S. 1452 und 1981 S. 2804).

Für die Höhe des Unterhalts – er ist durch eine monatlich vorauszahlbare Geldrente zu leisten – fehlen allgemeine Berechnungsmaßstäbe. Eine Orientierungshilfe bieten Unterhaltstabellen (z. B. die sog. Düsseldorfer Tabellen, NJW 1992 S. 1216: Stand 1. 7. 1992), die aber nicht schematisch angewandt werden dürfen. Nach einer Faustregel wird das Nettoeinkommen des allein erwerbstätigen Ehegatten in Punkte aufgeteilt, wobei 4 Punkte auf ihn selbst, 2 Punkte auf den anderen anspruchsberechtigten Ehegatten und 1 Punkt auf jedes Kind entfallen; die Gesamtzahl der Punkte ergibt den Divisor, durch den das Einkommen des erwerbstätigen Ehegatten zu teilen ist.

Ist zwischen den getrennt lebenden Ehegatten ein Scheidungsverfahren anhängig, so umfaßt vom Zeitpunkt der Rechtshängigkeit der Unterhalt auch die Kosten einer angemessenen Versicherung für den Fall des Alters sowie der Berufs- oder Erwerbsunfähigkeit. Andererseits wird auf Grund einer Härteklausel (§§ 1361 Abs. 3, 1579 BGB) der Unterhaltsanspruch unter bestimmten Voraussetzungen versagt herabgesetzt oder zeitlich begrenzt, so z. B., wenn der Unterhaltsberechtigte seine Bedürftigkeit mutwillig herbeigeführt hat oder mit einem neuen Partner in eheähnlicher Gemeinschaft lebt.

Bei einer Unterhaltsvereinbarung können die Ehegatten hinsichtlich Art und Höhe der Unterhaltsleistung von der gesetzlichen Regelung abweichen; so kann z. B. festgelegt werden, daß sich der anspruchsberechtigte Ehegatte die kostenlose Benutzung eines Kfz, einer Wohnung oder eines Eigenheims auf die ihm zustehende Geldrente anrechnen lassen muß (Palandt, BGB 51. Aufl. Rdnr. 3 zu § 1361). Die Vereinbarungen dürfen aber nicht gegen die guten Sitten verstoßen (§ 138 BGB). So ist ein Unterhaltsvertrag nichtig, wenn er lediglich dazu dient, das Getrenntleben zu ermöglichen (Münchener Kommentar z. BGB, 2. Aufl. Rdnr. 25 zu § 1361).

Bei einer Trennung der Ehegatten, die mit Rücksicht auf ein bevorstehendes Scheidungsverfahren oder auch ohne Scheidungsabsicht erfolgen kann, ergeben sich teilweise dieselben Probleme wie im Falle einer Scheidung:

a) Der vorhandene Hausrat muß aufgeteilt werden, wobei allerdings die bisherigen Eigentumsverhältnisse unberührt bleiben können. Die gesetzliche Regelung (§ 1361 a BGB) geht dahin, daß jeder Ehegatte die ihm gehörigen Haushaltsgegenstände beanspruchen kann, daß er sie jedoch dem anderen Ehegatten insoweit zum Gebrauch überlassen muß, als dieser sie zur Führung eines gesonderten Haushalts benötigt und die Gebrauchsüberlassung nach den Umständen des Falles der Billigkeit entspricht.

b) Leben die Ehegatten im gesetzlichen Güterstand der Zugewinngemeinschaft, so kann nach mindestens dreijährigem Getrenntleben jeder Ehegatte vorzeitig den Ausgleich des Zugewinns verlangen (§ 1385 BGB).

c) Sind gemeinschaftliche Kinder vorhanden und ist das Getrenntleben der Ehegatten nicht nur vorübergehend, so kann jeder Ehegatte beim Familiengericht eine Entscheidung darüber beantragen, wem künftighin die elterliche Sorge zustehen soll; unterbreiten die Ehegatten dem Vormundschaftsgericht diesbezüglich einen gemeinsamen Vorschlag, so soll es von dem Vorschlag nur abweichen, wenn es das Wohl des Kindes erfordert (§§ 1671, 1672 BGB). Der Vorschlag kann auch dahingehend lauten, die elterliche Sorge weiterhin beiden Elternteilen gemeinsam zu überlassen (BVerfG, Urt. v. 3. 11. 1982, NJW 1983 S. 101). Wird eine Entscheidung des Vormundschaftsgerichtes nicht beantragt, so übt derjenige Ehegatte die elterliche Sorge allein aus, bei dem sich die Kinder befinden (§ 1678 BGB).

Im nachstehenden Vertragsmuster ist lediglich eine Einigung der Ehegatten über die Unterhaltsfrage vorgesehen.

Muster

Vereinbarung
1. Frau .... und Herr .... sind übereingekommen, bis auf weiteres getrennt zu leben/leben seit .... voneinander getrennt (vgl. Anm. 1).
2. Für die Dauer des Getrenntlebens gewährt Herr .... seiner Ehefrau einen monatlichen, zum 1. jeden Monats vorauszahlbaren Unterhaltsbeitrag in Höhe von .... DM. Sollte sich der Jahresumsatz im Geschäft des Ehemannes auf über .... DM erhöhen (vgl. Anm. 2) oder sollte der Lebenshaltungskostenindex für alle privaten Haushalte (Basisjahr ....) gegenüber dem Zeitpunkt des Vertragsabschlusses um mehr als .... ansteigen oder fallen, so werden sich die Ehegatten über eine angemessene Änderung des Unterhaltsbeitrages für Frau .... ab dem Beginn des folgenden Kalenderhalbjahres einigen (vgl. Anm. 3).
3. Herr .... überläßt seinen Pkw .... Baujahr .... amtl. Kennzeichen .... für die Dauer des Getrenntlebens Frau .... zur uneingeschränkten Benutzung. Alle mit der Haltung und Benutzung des Fahrzeugs verbundenen Kosten trägt ab sofort Frau ....
4. Diese Vereinbarung soll nur bis zur Rechtskraft eines etwa ergehenden Scheidungsurteils gelten (vgl. Anm. 4).

.................., den ....

Unterschriften

Anmerkungen

1) Die Ehegatten leben getrennt, wenn zwischen ihnen keine häusliche Gemeinschaft besteht und zumindest ein Ehegatte die häusliche Gemeinschaft erkennbar nicht herstellen will, weil er die eheliche Lebensgemeinschaft mit dem Partner ablehnt. Ein Getrenntleben ist auch innerhalb der Ehewohnung möglich (§ 1567 BGB). Nach dreijährigem Getrenntleben kann jeder Ehegatte auch gegen den Willen des anderen die Scheidung verlangen, nach einjährigem Getrenntleben wird die Ehe nur geschieden, wenn entweder beide Ehegatten die Scheidung beantragen oder der Antragsgegner dem Scheidungsverlangen zustimmt (§ 1566 BGB). Leben die Ehegatten noch nicht ein Jahr getrennt, so kann die Ehe nur geschieden werden, wenn die Fortsetzung der Ehe für den Antragsteller aus in der Person des anderen Ehegatten liegenden Gründen eine unzumutbare Härte darstellen würde (§ 1565 Abs. 2 BGB).

2) Um ggf. eine Unterhaltserhöhung verlangen zu können, kann die Ehefrau auf Grund der getroffenen Vereinbarung vom Ehemann Auskunft über den in seinem Geschäft jeweils erzielten Jahresumsatz und Einsicht in die Umsatzsteuererklärung verlangen.

3) Durch eine solche Klausel wird dem unterhaltsberechtigten Ehegatten für den Fall einer wesentlichen Erhöhung der Lebenshaltungskosten ein Anspruch auf Erhöhung der Unterhaltsrente eingeräumt. Eine derartige Vereinbarung ist bei Unterhaltsrenten, die sich voraussichtlich über einen längeren Zeitraum erstrecken werden, regelmäßig zu empfehlen. Ganz allgemein ist jedoch bei Wertsicherungsklauseln Vorsicht geboten; sie bedürfen vielfach nach § 3 WährG der Genehmigung durch die zuständige Landeszentralbank und sind, wenn die Genehmigung versagt wird, rechtsunwirksam, was u. U. zur Nichtigkeit der gesamten Vereinbarungen führen kann (§ 139 BGB). Die hier verwendete Klausel ist als sog. Leistungsvorbehalt genehmigungsfrei (Palandt, BGB 51. Aufl. Rdnrn. 26–28 zu § 245).

4) Diese ausdrückliche zeitliche Begrenzung ist zur Klarstellung zweckmäßig. Nach einer Scheidung der Ehe beurteilt sich die Unterhaltsfrage nach den §§ 1569 ff. BGB.

46. Vereinbarung einer nichtehelichen Lebensgemeinschaft

Erläuterungen. Unter nichtehelicher Lebensgemeinschaft (andere Bezeichnungen sind eheähnliche, alternative oder freie Lebensgemeinschaft oder Partnerschaft, Lebenskameradschaft, Ehe auf Probe, Ehe ohne Ring oder ohne Trauschein, freie Ehe sowie – eher abwertend – wilde Ehe und Konkubinat) versteht man das auf Dauer angelegte Zusammenleben von Mann und Frau in einer Wohn- und Wirtschaftsgemeinschaft – nicht notwendigerweise auch in einer Geschlechtsgemeinschaft – ohne Eheschließung (BVerwG, Urt. v. 20. 1. 1977, NJW 1978 S. 388). Die Zahl der in der gesamten Bundesrepublik in nichtehelicher Gemeinschaft lebenden Personen wird auf über 3 Millionen geschätzt.

Solche Lebensgemeinschaften bestehen in allen Altersgruppen und Bevölkerungsschichten, wobei unterschiedliche Motive zugrunde liegen:
- Manche Partner wollen sich, weil sie zu jung sind, noch nicht binden, andere wollen wegen schlechter Erfahrungen, etwa nach einer gescheiterten Ehe, keine feste Bindung mehr eingehen;
- einige wollen aus grundsätzlichen Erwägungen überhaupt keine Ehe eingehen und manche Partner können ihre Verbindung nicht legalisieren, weil einer von ihnen oder beide noch mit anderen Personen verheiratet sind, oder weil ihnen im Falle einer Eheschließung finanzielle Nachteile drohen.

Der Begriff der nichtehelichen Lebensgemeinschaft findet sich lediglich in zwei sozialrechtlichen Bestimmungen (§ 122 BSHG, § 137 Abs. 2 a AFG) betr. die Gewährung von Sozialhilfe und Arbeitslosenhilfe. Sonstige, speziell auf nichteheliche Lebensgemeinschaften abgestellte gesetzliche Bestimmungen fehlen; insbesondere schenken weder das Bürgerliche Gesetzbuch noch die zahlreichen hierzu ergangenen Änderungsgesetze der nichtehelichen Lebensgemeinschaft Beachtung. Gleichwohl spielen sich die Beziehungen zwischen den Partnern einer nichtehelichen Lebensgemeinschaft nicht in einem rechtsfreien Raum ab; sie unterliegen vielmehr den allgemeinen Vorschriften des bürgerlichen Rechts, vor allem des Schuldrechts und des Gesellschaftsrechts. Auch haben die Gerichte in zahlreichen Entscheidungen zu Problemen der nichtehelichen Lebensgemeinschaft Stellung genommen.

Eherechtliche Bestimmungen sind auf die nichteheliche Lebensgemeinschaft weder unmittelbar noch entsprechend anzuwenden (so u. a. OLG Saarbrücken, Beschl. v. 18. 5. 1979, NJW 1979 S. 2050; weitere Nachw. bei Palandt, BGB 51. Aufl. Rdnr. 32 Einf. vor § 1353). Das BVerfG hat betont, daß verfassungsrechtliche Grundsätze die Gleichstellung einer nichtehelichen Lebensgemeinschaft mit einer Ehegemeinschaft nicht gebieten, daß vielmehr eine derartige Gleichsetzung gegen Art. 6 Abs. 1 GG verstieße, wonach Ehe und Familie unter dem besonderen Schutz der staatlichen Ordnung stehen (Beschl. v. 1. 6. 1983, NJW 1984 S. 114). Auch bei der steuerrechtlichen Beurteilung können die für Verträge zwischen Ehegatten geltenden Grundsätze auf Verträge zwischen Partnern einer nichtehelichen Lebensgemeinschaft nicht übertragen werden (BFH, Urt. v. 14. 4. 1988, BB 1988 S. 1510).

Wollen die Partner einer nichtehelichen Lebensgemeinschaft speziell auf ihre Verhältnisse und Bedürfnisse zugeschnittene Regelungen treffen, so müssen sie einen entsprechenden Vertrag abschließen. Dies ist auch dringend anzuraten. Derartige Vereinbarungen können sich zunächst auf die Phase des Zusammenlebens, sollten sich aber auch auf den Fall des Scheiterns der Partnerschaft beziehen, weil es dann erfahrungsgemäß besonders häufig zu unliebsamen Auseinandersetzungen kommt. Allerdings muß vor dem Versuch gewarnt werden, allzu umfassende und perfektionistische Regelungen – etwa analog dem gesetzlichen Ehe- und Ehegüterrecht – zu treffen; sie würden nicht nur der auf den Gedanken von Freiheit und Unabhängigkeit beruhenden nichtehelichen Lebensgemeinschaft widersprechen, sondern könnten sogar die Basis des gewollten freien Zusammenlebens in Frage stellen.

Form. Die Vereinbarungen unterliegen grundsätzlich keinen gesetzlichen Formerfordernissen, werden aber zweckmäßigerweise schriftlich getroffen. Für bestimmte Abreden wie Verfügungen über Grundstücke oder Eigentumswohnungen, Schenkungsversprechen oder Erbverträge ist notarielle Beurkundung erforderlich (§§ 313, 518, 2276 BGB).

Muster

Vertrag über die Begründung einer nichtehelichen Lebensgemeinschaft (vgl. Anm. 1)
zwischen Herrn .... (Name und Anschrift)
und Frau/Fräulein .... (Name und Anschrift)

§ 1 Vertragszweck, Beginn und Dauer
(1) Wir haben uns entschlossen, eine Lebensgemeinschaft einzugehen, d. h. zusammenzuleben und gemeinsam zu wirtschaften (vgl. Anm. 2).
(2) Die Lebensgemeinschaft wollen wir am .... aufnehmen. Sie soll auf Dauer angelegt sein, kann jedoch von jedem Partner jederzeit beendet werden (vgl. Anm. 3). Im Falle der Beendigung hat jeder Partner auf die berechtigen Interessen des anderen Partners Rücksicht zu nehmen.

§ 2 Wohnung
(1) Herr/Frau .... ist Mieter(in) der Wohnung .... In diese Wohnung wird Frau/Herr .... einziehen.
(2) Ab dem Zeitpunkt des Einzugs von Frau/Herr .... tragen die Partner im Innenverhältnis sämtliche aus der Miete der Wohnung sich ergebenden Kosten je zur Hälfte/im Verhältnis .... : .... Dies gilt bis zum Auszug von Frau/Herr .... aus der Wohnung.
(3) Sollte das Mietverhältnis über die Wohnung – aus welchen Gründen auch

immer – enden oder sollte Herr/Frau .... die Lebensgemeinschaft aufkündigen, verpflichtet sie/er sich, unverzüglich aus der Wohnung auszuziehen.

§ 3 Haushaltsführung
(1) Zur Führung des gemeinsamen Haushalts und zur Erledigung der im Haushalt anfallenden Arbeiten sind beide Partner verpflichtet. Die Aufteilung soll im gegenseitigen Einvernehmen erfolgen (vgl. Anm. 5).
(2) Beide Partner bevollmächtigen sich gegenseitig, die dafür den täglichen Lebensbedarf erforderlichen Geschäfte mit Wirkung auch für und gegen den anderen Partner vorzunehmen (vgl. Anm. 6).
(3) Die Kosten der Haushaltsführung tragen die Partner je zur Hälfte/im Verhältnis .... : .... (vgl. Anm. 7). Sie werden über diese Kosten Buch führen und jeweils zum Monatsende abrechnen.

§ 4 Anschaffungen
(1) Anschaffungen, die nur für einen Partner erfolgen, sind allein von diesem zu bezahlen. Hierzu rechnen z.B. Kleidungsstücke und persönliche Gebrauchsgegenstände.
(2) Bei größeren Anschaffungen wie z.B. eines Fernsehgerätes oder eines PKW, haben sich beide Partner an den Kosten zu beteiligen (vgl. Anm. 8). Über den Umfang der Kostenbeteiligung werden sie von Fall zu Fall eine Absprache treffen.

§ 5 Eigentumsverhältnisse
(1) Die Gegenstände, die jeder Partner in die Lebensgemeinschaft einbringt, verbleiben in seinem Eigentum (vgl. Anm. 9). Die Partner werden diese Gegenstände listenmäßig erfassen.
(2) Gegenstände, die im Rahmen der gemeinsamen Haushaltsführung (§ 3) oder unter beiderseitiger Kostenbeteiligung (§ 4 Abs. 2) erworben werden, gehören beiden Partnern gemeinsam; jeder Partner soll – ohne Rücksicht auf den Umfang seiner Kostenbeteiligung – Miteigentümer zur Hälfte sein (vgl. Anm. 10).

§ 6 Verbindlichkeiten
(1) Jeder Partner hat für seine Verbindlichkeiten, die er vor Aufnahme der Lebensgemeinschaft eingegangen ist, allein aufzukommen.
(2) Die Partner verpflichten sich, während des Bestehens der Lebensgemeinschaft eigene Verbindlichkeiten über einen höheren Betrag als .... DM nur nach vorheriger Unterrichtung des anderen Partners einzugehen (vgl. Anm. 11).

(3) Sollte sich die gemeinsame Aufnahme eines Darlehens für eine größere Anschaffung (§ 4 Abs. 2) als notwendig erweisen und übernehmen beide Partner gegenüber dem Darlehensgeber gesamtschuldnerisch die Verpflichtung zur Rückzahlung, so haften sie gleichwohl im Innnenverhältnis nur im Umfang der vereinbarten Kostenbeteiligung (vgl. Anm. 12).

§ 7 Änderung der Verhältnisse
Sollten sich während des Bestehens der Lebensgemeinschaft die Einkommensverhältnisse eines Partners wesentlich ändern, werden die Partner die getroffenen Vereinbarungen der neuen Lage anpassen.

§ 8 Beendigung der Lebensgemeinschaft (vgl. Anm. 13)
(1) Die nachstehenden Abreden gelten unabhängig davon, von welchem Partner und aus welchem Grund die Lebensgemeinschaft beendet wird.
(2) Auf eine Rückforderung von Geschenken und sonstigen Zuwendungen des einen Partners an den anderen wird generell verzichtet.
(3) Jeder Partner erhält die in seinem Alleineigentum stehenden Gegenstände (§ 4 Abs. 1, § 5 Abs. 1).
(4) In Miteigentum stehende Gegenstände (§ 5 Abs. 2) erhält auf Wunsch der Partner, der beim Erwerb des Gegenstandes den größeren Kostenanteil aufgebracht hat, bei gleichen Kostenanteilen der Partner entscheidet mangels einer Einigung das Los.
(5) Dem Partner, der nach Abs. 4 einen in seinem Miteigentum stehenden Gegenstand nicht erhält, hat der andere Partner seinen Kostenanteil unverzüglich zu erstatten. Eine Kostenerstattung entfällt jedoch, wenn der Zeitraum zwischen dem Erwerb eines Gegenstandes und der Beendigung der Lebensgemeinschaft mehr als 3 Jahre beträgt.
(6) Ein gemeinsam erworbenes Kraftfahrzeug erhält auf seinen Wunsch – abweichend von den in Abs. 4 und 5 getroffenen Regelungen – der Partner, auf den das Fahrzeug zugelassen ist. Dieser hat den etwa noch offenen Teil des Kaufpreises als Alleinschuldner zu übernehmen und insoweit den anderen Partner gegenüber dem Kreditgeber von seiner Verbindlichkeit freizustellen. Für Zahlungen, die der andere Partner auf den Kaufpreis bereits geleistet hat, steht ihm ein Ausgleichsanspruch (nicht) zu.
(7) Die in Abs. 6 Satz 2 und 3 getroffenen Regelungen gelten auch dann, wenn ein Partner einen anderen Gegenstand erhält, für dessen Anschaffung beide Partner gemeinsam ein Darlehen aufgenommen haben (§ 6 Abs. 3), das noch nicht voll zurückbezahlt ist.
(8) Mit der Beendigung der Lebensgemeinschaft erlöschen die nach § 3 Abs. 2 gegenseitig erteilten Vollmachten.
(9) Mit der Ausführung der vorstehend getroffenen Vereinbarungen sind alle

gegenseitigen Ansprüche aus der Lebensgemeinschaft wie auch aus jedem anderen Rechtsgrund abgegolten (vgl. Anm. 14).

§ 9 Schlußklausel
Änderungen und Ergänzungen dieses Vertrages sind nur wirksam, wenn sie schriftlich vereinbart werden.

..................., den ....

Unterschriften

Anmerkungen

1) Beim folgenden Vertragsmuster wird davon ausgegangen, daß beide Partner berufstätig sind und laufende Einkünfte beziehen, und daß sie ihre Lebensgemeinschaft in der Mietwohnung eines Partners aufnehmen wollen. Oft übt aber nur der Mann eine berufliche Tätigkeit aus, während die Frau lediglich die Versorgung des Haushalts und die Betreuung vorhandener Kinder übernimmt. In solchen Fällen hat der Mann der Frau und den Kindern Unterhalt zu gewähren und sämtliche Kosten der Haushaltsführung zu bestreiten. Mitunter wird die Lebensgemeinschaft in einem dem einen Partner gehörenden Haus oder einer Eigentumswohnung begründet oder aber in einer Wohnung, welche die Partner gemeinsam anmieten. Je nach Lage des einzelnen Falles können deshalb Änderungen des Vertragsmusters notwendig sein.
2) Das Bestreben, eine eheliche Lebensgemeinschaft zu verwirklichen, ist als solches kein eigenständiger Zweck, der die Grundlage einer von den Partner zu gründenden bürgerlich-rechtlichen Gesellschaft (§§ 705 ff. BGB) bilden könnte (vgl. BGH, Urt. v. 5. 10. 1988, FamRZ 1989 S. 147).
3) Die nichteheliche Lebensgemeinschaft ist als freie Verbindung jederzeit lösbar. Eine vertragliche Verpflichtung der Partner, einander stets in Treue verbunden zu bleiben, wäre deshalb wegen Sittenwidrigkeit unwirksam (§ 138 Abs. 1 BGB). Dasselbe gilt für Vereinbarungen, wonach der die Lebensgemeinschaft auflösende Partner eine Vertragsstrafe verwirkt oder dem anderen Partner eine vertraglich festgelegte Abfindungssumme zu zahlen hat (OLG Hamm, Urt. v. 24. 3. 1987, NJW 1988 S. 2474).
4) In der Regel kann der Vermieter die Aufnahme eines Partners in die Mietwohnung zwecks Begründung einer nichtehelichen Lebensgemeinschaft nicht untersagen. Anders ist es nur dann, wenn besondere Umstände vorliegen, z. B. Überbelegung der Wohnung oder begründete Bedenken gegen die Person des Partners (§ 549 BGB). Auf moralische Bedenken kann der Vermieter eine Ablehnung nicht stützen (BGH, Beschl. v. 3. 10. 1984, NJW 1985 S. 130).
5) Diese Abrede trägt dem Umstand Rechnung, daß beide Partner durch ihre berufliche Tätigkeit gleichermaßen belastet sind.
6) Diese Vereinbarung schafft eine ähnliche Rechtslage, wie sie zwischen Ehegatten aufgrund der sog. Schlüsselgewalt (§ 1357 BGB) besteht.

7) Bei der Aufteilung der Kosten der Haushaltsführung ist auf die Höhe der Einkünfte, die die Partner aus ihrer beruflichen Tätigkeit beziehen, abzustellen.

8) Es entspricht der Billigkeit, daß sich beide Partner an den Kosten des Erwerbs von Gegenständen beteiligen, die für die gemeinsame Haushaltsführung benötigt oder jedenfalls verwendet werden.

9) Die zugunsten der Gläubiger eines Ehegatten bestehende gesetzliche Eigentumsvermutung (§ 1362 BGB) soll auf die nichteheliche Lebensgemeinschaft analog anwendbar sein (so FG Niedersachsen, Urt. v. 19. 1. 1990, BB 1991 S. 1996; anderer Ansicht Steinert, NJW 1986 S. 685).

10) Keiner der Partner würde Verständnis dafür aufbringen, daß trotz seiner Kostenbeteiligung der andere Partner Alleineigentümer des erworbenen Gegenstandes wird. Durch die Begründung hälftigen Miteigentums wird vermieden, daß die beiderseitigen Kostenanteile in ein Verhältnis gebracht werden müssen.

11) Es kann keinem Partner gleichgültig sein, daß sich der andere Partner über sein Leistungsvermögen hinaus verschuldet und sich damit möglicherweise außerstande setzt, sich weiterhin an der Haushaltsführung und an notwendigen Anschaffungen finanziell zu beteiligen.

12) Bei der Aufnahme eines Bankkredits wird üblicherweise verlangt, daß sich beide Partner der Lebensgemeinschaft (§ 421 BGB) zur Rückzahlung verpflichten; der Bank steht es dann frei, an welchen der beiden Schuldner sie sich halten will. Im Innenverhältnis können jedoch die Partner ihre Haftung umfangmäßig verteilen.

13) Die für den Fall der Beendigung der nichtehelichen Lebensgemeinschaft zu treffenden Regelungen sind besonders wichtig. Nur wenn sie umfassend sind, läßt sich einigermaßen gewährleisten, daß gerichtliche Auseinandersetzungen vermieden werden. Häufige Streitpunkte bilden erfahrungsgemäß vor allem die Auseinandersetzung von gemeinsam erworbenen Gegenständen und die Abwicklung gemeinsam eingegangener Verbindlichkeiten. Die hier in den Absätzen 4 bis 7 vorgesehenen Regelungen versuchen, dem Grundsatz der Billigkeit Rechnung zu tragen. Selbstverständlich sind auch andere Regelungen möglich, sie sollten aber sorgfältig durchdacht werden.

14) Mit dieser Klausel wird in vermögensmäßiger Beziehung unter die beendete nichteheliche Lebensgemeinschaft ein Schlußstrich gezogen.

IX. Bevollmächtigung eines anderen

47. Vollmacht

Rechtsgrundlage. §§ 164–181 BGB.

Form. Grundsätzlich ist die Vollmacht formfrei, sie kann also auch mündlich erteilt werden. Da der Bevollmächtigte jedoch meist seine Vertretungsmacht nachweisen muß, ist regelmäßig schriftliche Vollmachtserteilung ratsam. Häufig muß die Vollmacht in öffentlich beglaubigter Form nachgewiesen werden, so z. B. dem Grundbuchamt und bei Anmeldungen zum Handelsregister. Die für das vorzunehmende Rechtsgeschäft selbst vorgeschriebene notarielle Beurkundung (z. B. für den Grundstückskauf oder für die vertragliche Verfügung eines Miterben über seinen Anteil; §§ 313, 2033 BGB) ist für die Vollmacht nur dann erforderlich, wenn diese unwiderruflich ist (BGB, Urt. v. 18. 9. 1970, BB 1970 S. 1231) oder wenn der Bevollmächtigte das Rechtsgeschäft auch mit sich selbst abschließen darf.

Wirkung. Kraft der Vollmacht und je nach ihrem Umfang kann der Bevollmächtigte den Vollmachtgeber verpflichten und über dessen Vermögenswerte verfügen; er kann nahezu alle Rechtsgeschäfte mit bindender Wirkung für den Vollmachtgeber vornehmen, die dieser selbst vornehmen kann (Ausnahme z. B. Eheschließung und letztwillige Verfügungen). Die Vollmacht setzt daher stets ein entsprechendes Maß an Vertrauen in die Redlichkeit des Bevollmächtigten voraus. – Zur Haftung des Ausstellers einer Vollmachtsurkunde, die der darin als Vertreter Bezeichnete eigenmächtig an sich gebracht hat, vgl. BGH, Urt. v. 30. 5. 1975, NJW 1975 S. 2101.

Arten. Je nach dem Umfang des Geschäftskreises, zu dem die Vollmacht ermächtigt, unterscheidet man Generalvollmacht, Gattungsvollmacht und Spezialvollmacht. Wird die Vollmacht mehreren Personen gemeinschaftlich erteilt, so spricht man von Gesamtvollmacht im Gegensatz zur Einzelvollmacht. Über Prokura und Handlungsvollmacht vgl. Nrn. 48 und 49.

Übertragbarkeit. Der Bevollmächtigte darf die Vollmacht nicht auf einen Dritten weiterübertragen, falls ihm dies nicht ausdrücklich gestattet ist. Das gleiche gilt im allgemeinen für die Bestellung eines Unterbevollmächtigten (OLG München, Urt. v. 30. 4. 1984. WPM 1984 S. 834).

Erlöschen. Die befristete Vollmacht erlischt mit Fristablauf, die Spezialvollmacht mit der Ausführung des Rechtsgeschäfts. Im übrigen kann die Vollmacht jederzeit widerrufen werden, soweit nicht eine Vereinbarung mit dem Bevollmächtigten den Widerruf ausschließt, weil die Vollmacht in seinem Interesse liegt (vgl. zur Frage der Widerruflichkeit einer Vollmacht BGH, Urt. v. 8. 2. 1985, WPM 1985 S. 646). Ob die Vollmacht mit dem Tode des Vollmachtgebers erlischt, richtet sich nach dem Rechtsverhältnis zwischen ihm und dem Bevollmächtigten. Ist dies ein Auftrag, so tritt im Zweifel kein Erlöschen ein (§§ 168, 672 BGB; zur Beschränkung der postmortalen Vollmacht durch Testamentsvollstreckung vgl. Rehmann. BB 1987 S. 213). Zweckmäßig ist stets eine Klarstellung in der Vollmacht selbst. Eine Vollmacht kann auch nur für den Fall des Todes erteilt werden. Jeder Miterbe kann eine Vollmacht des Erblassers widerrufen, auch wenn sie „unwiderruflich" erteilt ist.

Zu beachten ist, daß Dritten gegenüber die Vollmacht wirksam bleibt, bis sie von ihrem Erlöschen Kenntnis erlangen. Die Vollmachtsurkunde ist nach Erlöschen zurückzugeben, sie kann erforderlichenfalls für kraftlos erklärt werden. Zum Fortbestehen handelsrechtlicher Vollmachten bei Betriebsübergang s. Köhler, BB 1979 S. 912.

Insichgeschäft. Der Bevollmächtigte kann nach dem Gesetz nicht Rechtsgeschäfte im Namen des Vollmachtgebers mit sich selbst abschließen (§ 181 BGB). Von dieser Beschränkung kann er aber befreit werden. Darüber hinaus gilt das Verbot nicht, wenn das Insichgeschäft ausschließlich in der Erfüllung einer Verbindlichkeit besteht oder dem Vollmachtgeber nur einen rechtlichen Vorteil bringt (BGH, Urt. v. 27. 9. 1972, NJW 1972 S. 2262).

Postvollmacht. Mit einer solchen Vollmacht kann eine andere Person bevollmächtigt werden, für den Empfänger bestimmte Postsendungen in Empfang zu nehmen. Eine Postvollmacht muß auf einem besonderen Formular erteilt werden, das auf jedem Postamt erhältlich ist; die Unterschrift des Vollmachtgebers muß – auf dem Postamt oder durch einen Notar – beglaubigt werden. Die Postvollmacht gestaltet nur das öffentlich-rechtliche Postbenutzungsverhältnis (§ 46 PostO); sie hat keine privatrechtlichen Wirkungen (BGH, Urt. v. 2. 7. 1986, BB 1986 S. 1670).

Muster

A. Generalvollmacht

a) Kurzform
Ich, Walter Hofmann in ...., ermächtige hiermit Herrn Hans
Treulich in ...., mich in allen persönlichen und Vermögensangele-
genheiten vor Behörden und Privaten uneingeschränkt zu vertreten, soweit
eine Vertretung gesetzlich zulässig ist (vgl. Anm. 1 und 2).

................, den ....

gez. Walter Hofmann

b) Ausführliche Form
(Beurkundungsprotokoll) (vgl. Anm. 3)
Ich, Walter Hofmann in ...., bevollmächtige hiermit Herrn Hans
Treulich in .... unter Genehmigung alles bereits für mich Gehan-
delten (vgl. Anm. 4) zur Besorgung aller meiner persönlichen und Vermö-
gensangelegenheiten, soweit eine Stellvertretung gesetzlich zulässig ist.
Der Bevollmächtigte kann diese Vollmacht ganz oder teilweise auf einen
Dritten übertragen. Von den Beschränkungen des § 181 BGB ist er befreit.
Diese Vollmacht soll über meinen Tod hinaus gelten und gegenüber meinen
Erben verbindlich sein (vgl. Anm. 5).

................, den ....

gez. Walter Hofmann

Anmerkungen

1) Zumindest die notarielle Beglaubigung ist für eine Generalvollmacht unbedingt zu
   empfehlen, wenn sie wirklich umfassend sein soll. Anderenfalls könnte der Bevollmächtigte wichtige Rechtsgeschäfte wie Ankauf, Verkauf und Belastung von Grundstücken nicht vornehmen. – Bei einer Anmeldung zum Handelsregister reicht eine
   Generalvollmacht aus (LG Frankfurt/M., Beschl. v. 16. 3. 1972. BB 1972 S. 512).
2) Die häufig anzutreffende Aufzählung aller oder der wichtigsten in Betracht kommenden Rechtsgeschäfte in der Vollmacht ist überflüssig. Der Umfang der Vollmacht
   wird dadurch nicht erweitert, die Generalvollmacht ist stets umfassend. Zum Umfang
   der Architektenvollmacht vgl. BGH, Urt. v. 10. 11. 1977, NJW 1978 S. 995 (keine
   umfassende Vertretungsmacht), zu den Anforderungen an die einem Rechtsanwalt
   erteilte Vollmacht BAG, Urt. v. 31. 8. 1979, BB 1980 S. 108. Bei einer GmbH ist die

vom Geschäftsführer einem Nichtgeschäftsführer erteilte Generalvollmacht auch dann unwirksam, wenn ihr sämtliche Gesellschafter zugestimmt haben (BGH, Urt. v. 18. 10. 1976, NJW 1977 S. 199). Zur Auslegung einer Generalvollmacht s. auch OLG Zweibrücken, Beschl. v. 12. 4. 1990, BB 1990 S. 1014.

3) Die weitgehende Bindung des Vollmachtgebers in dieser Vollmacht, die auch die Übereignung eines Grundstücks durch den Bevollmächtigten auf sich selbst zuläßt, macht die notarielle Beurkundung erforderlich.

4) Vor der Vollmachtserteilung vom Bevollmächtigten im Namen des Vollmachtgebers vorgenommene Rechtsgeschäfte können durch nachträgliche Genehmigung wirksam werden.

5) Die Vollmacht gilt nach dem Tode des Vollmachtgebers wie eine Vollmacht der Erben für diese weiter, bis sie widerrufen wird. Sie ermöglicht vor allem die Vermögensverwaltung bis zur Annahme der Erbschaft.

B. Gattungsvollmachten

a) Nachlaßvollmacht

Hierdurch bevollmächtige ich Herrn Hans Treulich in ...., mich in der Nachlaßsache des am .... in .... verstorbenen Herrn Heinrich Hofmann uneingeschränkt zu vertreten. Der Bevollmächtigte ist berechtigt, die Erbschaft oder Vermächtnisse anzunehmen oder auszuschlagen, Verfügungen von Todes wegen anzufechten, über Nachlaßgegenstände zu verfügen, Auflassungen zu erklären und entgegenzunehmen, Verträge und Vergleiche zum Zweck der Auseinandersetzung abzuschließen, Rechtsstreitigkeiten zu führen, Geld und Wertpapiere anzunehmen und den Empfang zu bestätigen. Der Bevollmächtigte darf diese Vollmacht ganz oder teilweise auf Dritte übertragen.

.................., den ....

gez. Walter Hofmann

Anmerkung

Zur Ausschlagung der Erbschaft muß die Vollmacht notariell beglaubigt sein (§ 1945 BGB), ebenso zum etwa erforderlichen Nachweis gegenüber dem Grundbuchamt (§ 29 GBO). Behält der Vollmachtgeber die Entscheidung über die Ausschlagung der Erbschaft sich selbst vor, so ist dies in der Vollmacht zum Ausdruck zu bringen.

b) Inkassovollmacht

Die Firma Fritz Schuhmacher & Co. bevollmächtigt hiermit

Herrn Hans Treulich in ...., für sie Rechnungsbeträge zu kassieren, Zahlungen jeder Art in Empfang zu nehmen und hierüber zu quittieren.

................, den ....

Fritz Schuhmacher & Co.
gez. ppa. Gabler

Anmerkung

Die Schriftform ist hier stets erforderlich, damit sich der Bevollmächtigte gegenüber den Zahlungspflichtigen legitimieren kann. Auch der Überbringer einer Quittung gilt als zur Entgegennahme der Leistung ermächtigt (§ 370 BGB), doch ergeben sich hier z. B. bei Teilleistungen des Schuldners Schwierigkeiten.

C. Spezialvollmachten

a) Grundstücksveräußerungs-Vollmacht (vgl. Anm. 1)
Ich, Walter Hofmann in ...., ermächtige hiermit Herrn Hans Treulich in .... mich beim Verkauf des Grundstücks Fl. Nr. ....
der Gemarkung ...., vorgetragen im Grundbuch des Amtsgerichts .... für .... Band .... Blatt ...., uneingeschränkt zu vertreten, soweit eine Stellvertretung gesetzlich zulässig ist. Herr Hans Treulich ist ermächtigt, den notariellen Kaufvertrag für mich abzuschließen, die Auflassung zu erklären und entgegenzunehmen und alles zu tun, was zum grundbuchamtlichen Vollzug des Kaufvertrages erforderlich ist. Der Bevollmächtigte ist berechtigt, den Kaufpreis in Empfang zu nehmen und hierüber zu quittieren.
Der Kaufpreis hat .... DM zu betragen (vgl. Anm. 2).

................, den ....

gez. Walter Hofmann

Anmerkungen

1) Die Vollmacht muß zumindest notariell beglaubigt sein. Ist sie auf bestimmte Zeit unwiderruflich („an diese Vollmacht halte ich mich bis .... gebunden"), z. B. wenn der Bevollmächtigte sich aus dem Verkaufserlös wegen einer Forderung gegen den Vollmachtgeber befriedigen soll, so ist notarielle Beurkundung erforderlich.
2) Die Festlegung des Kaufpreises schützt den Vollmachtgeber vor Verschleuderung seines Eigentums. Es kann aber häufig zweckmäßig sein, den Kaufpreis nicht zu

fixieren und dem Bevollmächtigten einen Verhandlungsspielraum nach unten und oben zu belassen.

b) Ankaufsvollmacht (Gesamtvollmacht)
Hierdurch bevollmächtigen wir
1) Herrn Franz Schneider, Kaufmann in ....,
2) Herrn Karl Sommer, Friseurmeister in ...., uns bei allen Verhandlungen und dem Abschluß eines Vertrages über den Kauf des bisher von Frau Margarete Klein in .... betriebenen Damenfriseursalons und bei allen zu dessen Übernahme erforderlichen Rechtsgeschäften in der Weise zu vertreten, daß beide Bevollmächtigte nur gemeinsam für uns handeln können (vgl. Anm. 1).

................., den ....

gez. Peter Schön
gez. Irene Schön

c) Stimmrechtsvollmacht (vgl. Anm. 2)
Ich bevollmächtige hiermit Herrn Hans Treulich in ...., in der Gesellschafterversammlung der ....-GmbH am .... für mich das Stimmrecht hinsichtlich meines Geschäftsanteils von .... DM auszuüben (vgl. Anm. 3).

................., den ....

gez. Walter Hofmann

Anmerkungen

1) Die Gesamtvollmacht bietet einen gewissen Schutz des Vollmachtgebers durch die gegenseitige Kontrolle der Bevollmächtigten. Rechtsgeschäfte nur eines Bevollmächtigten sind unwirksam. Beide Bevollmächtigte müssen aber nicht gleichzeitig die erforderlichen Erklärungen abgeben; ausreichend ist auch die nachträgliche Genehmigung durch den weiteren Gesamtbevollmächtigten.
2) Zur Auslegung einer Stimmrechtsvollmacht vgl BGH. Urt. v. 15. 12. 1969, BB 1970 S. 187.
3) § 47 GmbHG schreibt schriftliche Vollmacht vor. Beglaubigung kann im Gesellschaftsvertrag zur weiteren Voraussetzung gemacht werden. Zur Übernahme weiterer Stammeinlagen bedarf die Vollmacht stets der notariellen Beglaubigung. Zur Abstimmung in der Hauptversammlung einer AG genügt stets schriftliche Vollmacht (§ 134 Abs. 3 AktG; vgl. hierzu BGH, Urt. v. 17. 11. 1986, BB 1987 S. 436).

48. Handlungsvollmacht

Rechtsgrundlage. §§ 54–58 HGB.

Erläuterungen. Die Handlungsvollmacht kann von Vollkaufleuten und von Minderkaufleuten (§ 4 HGB) erteilt werden. Auch stillschweigende Erteilung ist hier – im Gegensatz zur Prokura – gesetzlich zulässig und kommt im Handelsverkehr sehr häufig vor. Eine Eintragung im Handelsregister erfolgt nicht. Je nach der Art der Handlungsvollmacht unterscheidet man zwischen *Generalhandlungsvollmacht, Art- und Spezialhandlungsvollmacht.* Die Generalhandlungsvollmacht ist außer der Prokura die umfassendste Art der Vollmacht im Handelsverkehr (Beispiel: Filialdirektor). Die Artvollmacht ermächtigt nur zur Vornahme einer bestimmten Art von Geschäften (z. B. zu Einkäufen, zum Kassieren) und die Spezialvollmacht bezieht sich nur auf einzelne Geschäfte, etwa auf den Ankauf eines Grundstücks oder den Verkauf bestimmter Waren. Der Umfang der Handlungsvollmacht ist für die verschiedenen Arten gesetzlich festgelegt. Danach ist der Generalbevollmächtigte zu allen Geschäften und Rechtshandlungen ermächtigt, die ein Gewerbebetrieb von der Art und dem Umfang des Handelgewerbes des Auftraggebers gewöhnlich mit sich bringt (dazu gehört nicht der Abschluß eines Automatenaufstellvertrages; OLG Celle, Urt. v. 17. 12. 1982, BB 1983 S. 1495). Die Artvollmacht ermächtigt zu allen Rechtshandlungen, wie sie die Vornahme von Geschäften der Art, auf die sich die Vollmacht bezieht, gewöhnlich mit sich bringt. Der Spezialbevollmächtigte schließlich ist nicht nur zum Abschluß des betreffenden Geschäftes, sondern auch zu solchen Rechtshandlungen ermächtigt, die die Vornahme eines derartigen Geschäfts gewöhnlich mit sich bringt (§ 54 Abs. 1 HGB). Artbevollmächtigter ist auch der *Handelsvertreter.* Er ist zur Änderung abgeschlossener Verträge, insbesondere zur nachträglichen Gewährung von Zahlungsfristen, nicht befugt. Inkassobefugnis steht ihm nur bei ausdrücklicher Ermächtigung zu. Dagegen gilt er allgemein als ermächtigt, Mängelanzeigen sowie sonstige Erklärungen, durch die ein Dritter seine Rechte aus mangelhafter Leistung geltend macht oder sich vorbehält, für den Auftraggeber entgegenzunehmen (§ 55 HGB). Eine weitere gesetzliche Bestimmung bezieht sich auf *Ladenangestellte*: Ihre Ermächtigung umfaßt Verkäufe und Empfangnahmen, wie sie in einem derartigen Laden gewöhnlich geschehen, also auch die Empfangnahme von Zahlungen (§ 56 HGB).

Für bestimmte Rechtsgeschäfte und Rechtsbehandlungen bedarf jeder Handlungsbevollmächtigte, also auch der Generalbevollmächtigte, einer besonderen

Vollmacht des Auftraggebers. Eine solche ist erforderlich für die Veräußerung und Belastung von Grundstücken (vgl. hierzu KG Berlin, Beschl. v. 11. 6. 1991, BB 1991 S. 2039), für die Eingehung von Wechselverbindlichkeiten und die Aufnahme von Darlehen, zur Prozeßführung (nicht aber im patentgerichtlichen Verfahren: BPatG, Beschl. v. 14. 12. 1976, BB 1977 S. 267) und zur Übertragung der Handlungsvollmacht auf eine andere Person. Zwischen Auftraggeber und Handlungsbevollmächtigtem können weitere Beschränkungen der Handlungsvollmacht vereinbart werden; ein Dritter braucht diese Beschränkungen nur gegen sich gelten zu lassen, wenn er sie kannte oder kennen mußte. Wegen des Fortbestandes oder Erlöschens einer Handlungsvollmacht bei Betriebsübergang s. Köhler, BB 1979 S. 912.

Das Gesetz bestimmt auch, daß der Handlungsbevollmächtigte mit einem das Vollmachtverhältnis ausdrückenden Zusatz zeichnen soll, sich aber jedes Zusatzes enthalten muß, der auf eine Prokura hindeuten könnte. Üblicherweise zeichnet der Handlungsbevollmächtigte z. B. „Für Georg Gerold, Eisenwaren: W. Schulze" oder „Georg Gerold, Eisenwaren, i. V. W. Schulze".

Form. Eine bestimmte Form ist nicht vorgeschrieben. Auch stillschweigende Erteilung (z. B. durch Duldung von Vertretungshandlungen) ist möglich. Damit jedoch der Handlungsbevollmächtigte seine Vertretungsmacht nachweisen kann, ist schriftliche Erteilung der Handlungsvollmacht stets angezeigt.

Muster

A. Allgemeine Handlungsvollmacht

Dem kaufmännischen Angestellten Werner Schulze in .... erteile ich, Georg Gerold, Kaufmann in ...., für mein unter der Firma „Georg Gerold Eisenwaren" in .... betriebenes Handelsgeschäft hiermit

Handlungsvollmacht (vgl. Anm. 1).

Mein Handlungsbevollmächtigter ist auch ermächtigt, auf Kunden gezogene Wechsel auszustellen und zu girieren, Prozesse zu führen, Zahlungen in Empfang zu nehmen und darüber zu quittieren. Er ist ferner ermächtigt, Grundstücke zu veräußern und zu belasten und alle zur Ausführung von Rechtsgeschäften über Grundstücke erforderlichen grundbuchlichen Erklärungen ab-

zugeben (vgl. Anm. 2). Er ist berechtigt, für einzelne Geschäfte und Aufträge Unterbevollmächtigte zu bestellen.

..................., den ....

Georg Gerold

Anmerkungen

1) Der erste Satz genügt schon für eine gewöhnliche Handlungsvollmacht. Die folgenden Sätze erweitern die Vertretungsbefugnisse des Handlungsbevollmächtigten in zulässiger Weise.

2) Wenn ein Handlungsbevollmächtigter auch Grundstücksgeschäfte tätigen, Hypotheken und andere Rechte an Grundstücken bestellen oder auch nur Eintragungen und Löschungen von solchen Rechten bewilligen soll, muß die Unterschrift des Firmeninhabers unter der Handlungsvollmacht notariell beglaubigt sein. Aber auch sonst dürfte sich notarielle Beglaubigung empfehlen.

B. Handlungsvollmacht für eine Zweigniederlassung

Für meine in .... befindliche Zweigniederlassung des von mir unter der Firma „Georg Gerold" betriebenen Handelsgeschäfts erteile ich meinem Angestellten Karl Karger in ....

Allgemeine Handlungsvollmacht

..................., den ....

Georg Gerold

C. Gemeinschaftliche Handlungsvollmacht zum Geldempfang

Ich, Georg Gerold, Inhaber der Firma „Georg Gerold, Eisenwaren" in ...., bevollmächtige hiermit meine Angestellten Wilhelm Kurz und Franz Schneider, gemeinschaftlich Zahlungen für mich in Empfang zu nehmen. Die an sie geleisteten Zahlungen sind nur dann für mich verbindlich, wenn die Quittung von beiden Bevollmächtigten unterzeichnet ist.

..................., den ....

Georg Gerold

D. *Gemeinschaftliche Handlungsvollmacht mit Einschränkungen
und Erweiterungen*

*Hierdurch erteile ich meinen Angestellten Karl Sonntag und Adolf Schneider,
beide wohnhaft in ....,*

Handlungsvollmacht

*dahingehend, daß sie beide gemeinschaftlich berechtigt sind, die in
.... errichtete Zweigniederlassung meines unter der Firma „Georg
Gerold, Eisenwaren" betriebenen Handelsgeschäfts zu leiten. Meine beiden
Bevollmächtigten sind auch ermächtigt, Wechsel auszustellen und zu girieren,
soweit diese Rechtshandlungen auf den Geschäftsbetrieb meiner ....
Zweigniederlassung Bezug haben. Zu folgenden Rechtshandlungen sind meine
Bevollmächtigten nicht ermächtigt:*

a) Zum Abschluß von Mietverträgen jeder Art.

*b) Zum Abschluß von Arbeits- und Anstellungsverträgen, wenn das Arbeits-
oder Anstellungsverhältnis für eine längere Zeit als .... Jahre eingegangen werden soll oder die monatliche Vergütung mehr als .... DM beträgt.*

c) Zur Gewährung von Krediten von mehr als .... DM.

d) Zu Wareneinkäufen im Betrage von mehr als .... DM.

...................., den ....

Georg Gerold

E. *Gewöhnliche gemeinschaftliche Handlungsvollmacht*

*Ich, Georg Gerold, Alleininhaber der Firma „Georg Gerold, Eisenwaren" in
...................., erteile hiermit meinen beiden Angestellten Wilhelm Kurz und
Franz Schneider, beide wohnhaft in ....,*

Handlungsvollmacht

*in der Weise, daß beide Handlungsbevollmächtigte nur gemeinschaftlich
Rechtshandlungen und Rechtsgeschäfte für mein Eisenwarengeschäft tätigen
dürfen.*

...................., den ....

Georg Gerold

49. Prokura

Rechtsgrundlage. §§ 48–53 HGB.

Erläuterungen. Nur ein Vollkaufmann kann Prokura erteilen. Eine bestimmte Form ist für die Prokuraerteilung nicht vorgeschrieben, stillschweigende Erteilung ist allerdings ausgeschlossen (Baumbach/Duden/Hopt, HGB 28. Aufl. Anm. 1 C zu § 48). In der fortgesetzten Duldung der Zeichnung mit „per procura (pp)" seitens eines Angestellten liegt demnach noch keine Prokuraerteilung, möglicherweise aber die Erteilung einer Handlungsvollmacht. Üblicherweise wird die Prokura durch Erklärung gegenüber dem zu Bevollmächtigenden erteilt, zulässig ist aber auch die Erteilung durch Erklärung gegenüber einem Dritten oder durch öffentliche Bekanntmachung. Ob die Prokuraerteilung ins Handelsregister eingetragen ist oder nicht, ist für ihre Rechtswirksamkeit ohne Bedeutung. Der Geschäftsinhaber ist allerdings gesetzlich verpflichtet, sowohl die Erteilung als auch das Erlöschen der Prokura zur Eintragung ins Handelsregister anzumelden, widrigenfalls er durch Zwangsgeld dazu angehalten werden kann (§ 14 HGB). Wegen der Anmeldung einer Prokura bei Gesamtvertretung einer GmbH vgl. BayObLG, Beschl. v. 19. 6. 1973, BB 1973 S. 912. Zur Frage der Eintragungsfähigkeit einer solchen Prokura s. OLG Frankfurt, Beschl. v. 4. 4. 1973, BB 1973 S. 677, und OLG Hamm, Beschl. v. 3. 1. 1971, BB 1971 S. 492. Die übliche Prokurazeichnung lautet z. B:

„Karl Goldmann, Textilgeschäft
ppa. K. Gerstner"

oder

„ppa. Karl Goldmann, Textilgeschäft
Gerstner"

Die Vollmacht des Prokuristen erstreckt sich auf alle (sowohl auf gewöhnlich vorkommende als auch auf ungewöhnliche) Geschäfte, die der Betrieb *irgendeines* Handelsgewerbes mit sich bringt. Der Prokurist ist also z. B. auch zur Übernahme einer Bürgschaft, zur Gründung einer Filiale, zur Anstellung von Personal, zur Stellung eines Strafantrags in geschäftlichen Dingen und zur Verlegung des Geschäftssitzes berechtigt, nicht dagegen zu Handelsregisteranmeldungen (BayObLG, Beschl. v. 14. 4. 1982, BB 1982 S. 1075). In Zivilprozessen des Geschäftsinhabers kann er ohne besondere Vollmacht für diesen auftreten.

Aus dem Gesetz und dem Wesen der Prokura ergeben sich indes gewisse Einschränkungen der Befugnisse des Prokuristen. So hat er nicht das Recht, das Handelsgeschäft des Inhabers aufzulösen oder zu verkaufen, und zur Veräußerung oder Belastung von Grundstücken bedarf er einer besonderen Vollmacht des Geschäftsinhabers. Eine solche „lmmobiliarklausel" kann aber nicht in das Handelsregister eingetragen werden (BayObLG, Beschl. v. 15. 2. 1971, BB 1971 S. 844). Darüber hinaus kann im Innenverhältnis zwischen Firmeninhaber und Prokuristen die Prokura durch vertragliche Vereinbarungen weiter eingeschränkt werden. Gegenüber Dritten sind derartige Beschränkungen jedoch grundsätzlich unwirksam, selbst wenn diese hiervon Kenntnis haben.

Wird die Prokura mehreren Personen gemeinschaftlich erteilt, so spricht man von *Gesamtprokura*. Jeder Prokurist kann dann nur gemeinschaftlich mit dem anderen den Firmeninhaber vertreten, Erklärungen eines Dritten können jedoch gegenüber einem von mehreren Gesamtprokuristen rechtswirksam abgegeben werden. Für Alleingeschäfte eines Gesamtprokuristen kann der Unternehmer aus dem Gesichtspunkt der „Anscheinsvollmacht" haften (OLG München, Urt. v. 28. 10. 1971, BB 1972 S. 113). Von einer *unechten* Gesamtprokura spricht man, wenn – bei einer Gesellschaft – die Vertretungsmacht eines Prokuristen an die Mitwirkung eines Geschäftsführers gebunden ist; dieser Geschäftsführer braucht nicht allein-, sondern kann auch selbst gesamtvertretungsberechtigt sein (BGH, Beschl. v. 6. 11. 1986, BB 1987 S. 216). Eine *Filialprokura* liegt vor, wenn ein Kaufmann mehrere Niederlassungen unter verschiedenen Firmen betreibt und die Prokura nur für den Betrieb einer oder einzelner dieser Niederlassungen erteilt wird. Sie ist dann auf die Geschäfte dieser Niederlassungen beschränkt (zur Handelsregistereintragung vgl. BGH, Beschl. v. 21. 3. 1988, BB 1988 S. 1065, und BayObLG, Beschl. v. 9. 6. 1988, BB 1988 S. 1549).

Die Nichterteilung einer in Aussicht gestellten Prokura kann dem Arbeitnehmer Grund zur fristlosen Kündigung des Anstellungsverhältnisses geben (BAG, Urt. v. 17. 9. 1970, BB 1971 S. 270). Zu der Frage, ob der Arbeitnehmer in einem solchen Fall auch Schadenersatzansprüche gegen den Arbeitgeber erheben kann, vgl. ArbG Ludwigsburg, Urt. v. 6. 11. 1972, BB 1973 S. 90, sowie Grunsky, BB 1973 S. 194. Auch der vertragswidrige Widerruf einer Prokura kann den Arbeitgeber schadenersatzpflichtig machen oder den Arbeitnehmer zur außerordentlichen Kündigung berechtigen; der Arbeitnehmer kann aber nicht Wiedererteilung der Prokura verlangen (BAG, Urt. v. 26. 8. 1986, BB 1987 S. 131).

Muster

A. Prokuravertrag

Vereinbarung
zwischen Herrn Karl Goldmann, Textilgeschäftsinhaber in ...., und
Herrn Karl Gerstner, Angestellter in ....
1. Herr Karl Goldmann, alleiniger Inhaber der im Handelsregister des Amts-
gerichts .... eingetragenen Firma „Karl Goldmann, Textilge-
schäft" erteilt Herrn Karl Gerstner für diese Firma Prokura. Herr Karl
Gerstner nimmt die Prokuraerteilung an.
2. Zur Aufnahme von Krediten über mehr als .... DM im Einzelfall ist Herr
Karl Gerstner nicht berechtigt. Wechselverbindlichkeiten darf er nur ge-
meinsam mit dem Handlungsbevollmächtigten .... eingehen (vgl.
Anm. 1).
3. Die Prokura ist jederzeit widerruflich. Für die Dauer ihres Bestehens erhält
Herr Karl Gerstner eine monatliche Gehaltszulage von .... DM brutto.
Im übrigen verbleibt es bei den im Anstellungsvertrag vom .... getrof-
fenen Vereinbarungen.

..................., den ....

Unterschriften

B. Anmeldung einer Prokura

An das Registergericht ....
Betrifft: Firma Karl Goldmann, Textilgeschäft ....
Zur Eintragung in das Handelsregister melde ich für obige Firma an:
Ich habe meinem Angestellten Karl Gerstner Prokura erteilt. Der Prokurist
zeichnet die Firma und seine Namensunterschrift wie folgt:
Karl Goldmann, Textilgeschäft
ppa. Gerstner (vgl. Anm. 2).

..................., den ....

Karl Goldmann

(notarieller Beglaubigungsvermerk)

C. Erweiterung der Prokura durch einen Zusatz

Beispiel: „Mein Prokurist darf Grundstücke veräußern und belasten."

355

D. *Beschränkung der Prokura durch einen Zusatz*

Beispiel: „*Seine Prokura ist in der Weise beschränkt, daß er nur zusammen mit einem weiteren Prokuristen berechtigt ist, die Firma zu vertreten.*"

E. *Prokura für eine Zweigniederlassung*

An das Registergericht
....

Betrifft: Firma „Karl Goldmann, Textilgeschäft", ...
Zur Eintragung in das Handelsregister melde ich an: Für meine Zweignieder-lassung in ...., *die unter der Firma „Karl Goldmann, Textilgeschäft, Zweigniederlassung* ...." *geführt wird, habe ich den Angestellten Kurt Meißen in* .... *zum Prokuristen bestellt. Sein Wirkungskreis ist auf die Geschäfte dieser Zweigniederlassung beschränkt (vgl. Anm. 3).*
Der Prokurist zeichnet die Firma der Zweigniederlassung und seine Unter-schrift wie folgt:
Karl Goldmann, Textilgeschäft
Zweigniederlassung ....
ppa. Meißen (vgl. Anm. 2).

................., *den* ....

                                Karl Goldmann

(notarieller Beglaubigungsvermerk)

F. *Erlöschen einer Prokura (vgl. Anm. 4)*

An das Registergericht
....

Betrifft: Firma „Karl Goldmann, Textilgeschäft", ...
Zur Eintragung in das Handelsregister melde ich an:
Die Einzelprokura (bzw.: Die Gesamtprokura) des Herrn Karl Gerstner ist erloschen.

................., *den* ....

                                Karl Goldmann

(notarieller Beglaubigungsvermerk)

Anmerkungen

1) Diese Beschränkungen wirken nur im Innenverhältnis.

2) Der Prokurist weist sich in der Regel durch einen Registerauszug aus, der seine Bestellung zum Prokuristen und auch die Beschränkungen oder Erweiterungen seiner Prokura enthält (die allgemeine Befreiung vom Verbot des Selbstkontrahierens ist eintragungsfähig, aber nicht eintragungspflichtig: OLG Hamm, Beschl. v. 21. 2. 1983, BB 1983 S. 791). Die Firmenzeichnung hat vor einem Notar zu erfolgen, wobei nicht nur die Namensunterschrift des Prokuristen, sondern auch die Firma handschriftlich gezeichnet werden muß (OLG Frankfurt, Beschl. v. 9. 11. 1973, BB 1974 S. 59).

3) Zur Eintragung einer Filialprokura vgl. BGH, Beschl. v. 21. 3. 1988, BB 1988 S. 1065.

4) Die Prokura erlischt durch (jederzeit zulässigen) Widerruf, durch Beendigung des zugrundeliegenden Anstellungsverhältnisses, etwa wenn der Angestellte, dem Prokura erteilt ist, aus wichtigem Grund fristlos entlassen wird, ferner durch den Tod oder Eintritt der Geschäftsunfähigkeit des Prokuristen, durch die Einstellung des Geschäftsbetriebs sowie durch den Konkurs des Firmeninhabers (zur Frage des Erlöschens bei Betriebsübergang s. Köhler, BB 1979 S. 912). Auch wenn in das Handelsgeschäft eines Einzelkaufmanns ein Kommanditist eintritt, erlischt die vom bisherigen Geschäftsinhaber erteilte Prokura (BayObLG, Beschl. v. 16. 2. 1970, BB 1971 S . 238). Solange das Erlöschen der Prokura im Handelsregister nicht eingetragen und bekanntgemacht ist, kann sich der Firmeninhaber gegenüber einem Dritten darauf nicht berufen, es sei denn, dieser hatte selbst davon Kenntnis. Wegen des Widerrufs einer Prokura durch den Komplementär einer Kommanditgesellschaft vgl. OLG Karlsruhe, Urt. v. 27. 11. 1973, BB 1973 S. 1551.

X. Handelsrechtliche Muster

50. Agenturvertrag (Handelsvertretervertrag)

Rechtsgrundlage. §§ 84 ff. HGB.

Erläuterungen. Handelsvertreter ist, wer als selbständiger Gewerbetreibender ständig damit betraut ist, für einen anderen Unternehmer Geschäfte zu vermitteln (Vermittlungsagent) oder in dessen Namen abzuschließen (Abschlußagent). Seine geschäftliche Selbständigkeit unterscheidet ihn vom Reisevertreter (Handlungsreisenden), der als Angestellter gilt. Merkmal der Selbständigkeit ist die persönliche (nicht die wirtschaftliche) Freiheit als die Möglichkeit, im wesentlichen frei seine Tätigkeit zu gestalten und seine Arbeitszeit zu bestimmen (§ 84 Abs. 1 HGB). Der Handelsvertreter ist Kaufmann mit eigenem Geschäft und eigener Firma (§ 1 Abs. 2 Nr. 7 HGB; zu Rechtsproblemen der Handelsvertreter-Firma s. Tiefenbacher, BB 1981 S. 85).

Am gebräuchlichsten ist die Vermittlungsvertretung. Die Aufgaben des Vermittlungsvertreters beschränken sich auf die Förderung und Vorbereitung von Geschäftsabschlüssen; dazu gehört insbesondere das Ausfindigmachen von Kunden für den Unternehmer, deren „Bearbeitung" in dem Sinne, daß sie zum Vertragsabschluß geneigt gemacht werden, die Beratung dieser Kunden, die Entgegennahme ihrer Offerten und deren Weiterleitung an den Unternehmer. Dagegen ist der Vermittlungsvertreter nicht befugt, Offerten der Kunden namens des Unternehmers anzunehmen oder den Kunden im Namen des Unternehmers Offerten zu unterbreiten. Kraft Gesetzes gilt der Handelsvertreter, auch wenn er keine Abschlußvollmacht besitzt, als ermächtigt, bestimmte Erklärungen anderer Personen, insbesondere von Kunden, für den Unternehmer entgegenzunehmen. Diese Ermächtigung bezieht sich auf Anzeigen von Mängeln der Ware, auf Erklärungen, daß die Ware zur Verfügung gestellt werde, sowie auf ähnliche Erklärungen, durch die ein anderer seine Rechte aus mangelhafter Leistung geltend macht oder sich vorbehält (§ 91 Abs. 2 HGB); hierunter fallen Rücktrittsansprüche, Minderungs-, Wandelungs-, Nachlieferungs- und Schadenersatzansprüche. Der Unternehmer kann diese Befugnisse des Handelsvertreters durch Vereinbarungen mit diesem, aber auch durch einseitige Erklärung ausschließen oder beschränken.

Bei verschiedenen Arten des Vertriebs, z. B. bei Auslieferungslägern oder gleichzeitiger Warenübergabe an den Käufer, ist es üblich, daß der Handelsvertreter Geschäfte nicht nur vermittelt, sondern auch im Namen des Unternehmers abschließt. Wer allerdings nur „vorbehaltlich der Genehmigung des Unternehmers" abschließen darf, ist nicht Abschlußvertreter.
Der Handelsvertretervertrag (zur Auslegung vgl. OLG Frankfurt, Urt. v. 13. 3. 1979, BB 1980 S. 336) ist ein auf Geschäftsbesorgung gerichteter Dienstvertrag (§§ 675, 611 ff. BGB), so daß das Dienstvertragsrecht des BGB teilweise anwendbar ist (BGH, Urt. v. 9. 6. 1969, JZ 1970 S. 368). Eine bestimmte Form ist gesetzlich nicht vorgeschrieben, doch kann jede der Vertragsparteien verlangen, daß über den Vertrag sowie über dessen spätere Änderungen eine Urkunde aufgenommen wird, die von dem anderen Teil zu unterzeichnen ist (§ 85 HGB). In der Praxis werden Agenturverträge immer schriftlich abgeschlossen.
Alt- und Neuverträge. Durch das Gesetz zur Durchführung der EG-Richtlinie zur Koordinierung des Rechts der Handelsvertreter v. 23. 10. 1989 (BGBl I S. 1910) wurden einige Bestimmungen des Handelsvertreterrechts – die §§ 86 (Pflichten des Handelsvertreters), 86 a (Pflichten des Unternehmers), 87 (Provisionspflichtige Geschäfte), 87 a (Fälligkeit der Provision), 89 (Vertragskündigung), 89 b (Ausgleichsanspruch), 90 a (Wettbewerbsabrede) und 92 c HGB (Auslandsvertreter) – mit Wirkung ab 1. 1. 1990 geändert, wobei sich die Änderungen in den meisten Punkten auf gewisse Details beschränken. Es gelten jedoch insoweit Übergangsvorschriften, so daß zwischen Altverträgen und Neuverträgen zu unterscheiden ist.
Altverträge sind solche Handelsvertreterverträge, die vor dem 1. 1. 1990 begründet wurden und an diesem Tage noch bestanden. Auf sie sind die genannten gesetzlichen Bestimmungen weiterhin in ihrer bisherigen Fassung anzuwenden, und zwar während einer vierjährigen Überleitungsfrist, die am 31. 12. 1993 endet. Innerhalb dieser Frist kann – muß aber nicht – ein Altvertrag den neuen Regelungen angepaßt werden, was durch einen Nachtrag zum bestehenden Vertrag geschehen kann. Unterbleibt eine Vertragsanpassung, unterliegt der Altvertrag ab 1. 1. 1994 automatisch dem neuen Recht. Das hat dann zur Folge, daß vertragliche Vereinbarungen, die von zwingenden Bestimmungen des neuen Rechts abweichen, mit Ablauf des 31. 12. 1993 unwirksam werden und daß an ihre Stelle die zwingenden neuen Regelungen treten, ohne daß es hierfür einer Mitwirkung der Vertragsparteien bedarf.
Neuverträge sind Handelsvertreterverträge, die nach dem 31. 12. 1989 neu abgeschlossen werden, also erst nach diesem Datum „zu laufen beginnen". Hierzu

rechnen aber auch Verträge, die zwar schon vor dem 1. 1. 1990 abgeschlossen wurden, die aber vereinbarungsgemäß erst ab diesem Zeitpunkt wirksam geworden sind, z. B. deshalb, weil zunächst das Auslaufen des Handelsvertretervertrages mit dem Vorgänger abgewartet werden sollte. Auf Neuverträge sind sogleich die geänderten gesetzlichen Bestimmungen anzuwenden. Der nachstehende Mustervertrag geht bereits von der neuen Gesetzeslage aus.

Muster

Zwischen der Firma .... – Unternehmer – und der Firma .... – Handelsvertreter – wird folgender

Vertrag

geschlossen:

§ 1 Gegenstand und Dauer des Vertrages
(1) Der Unternehmer überträgt dem Handelsvertreter den Vertrieb seiner Erzeugnisse (vgl. Anm. 1) innerhalb des folgenden Bezirks: .... (vgl. Anm. 2). Der Handelsvertreter behält seine kaufmännische Selbständigkeit (vgl. Anm. 3).
(2) Der Vertrag soll zunächst für .... Jahre gelten, und zwar für die Zeit vom .... bis .... Er verlängert sich jeweils um ein Jahr, wenn er nicht spätestens sechs Monate vor Ablauf schriftlich gekündigt wird (vgl. Anm. 4). Das Recht der Vertragschließenden auf fristlose Kündigung aus wichtigem Grund bleibt unberührt (vgl. Anm. 5).

§ 2 Aufgaben des Vertreters
Der Handelsvertreter hat die Aufgabe, Geschäfte zwischen Dritten und dem Unternehmer zu vermitteln. Zu Geschäftsabschlüssen und zur Entgegennahme von Zahlungen ist er nicht berechtigt (vgl. Anm. 6). Bei seiner Tätigkeit hat er die Interessen des Unternehmers mit der Sorgfalt eines ordentlichen Kaufmanns wahrzunehmen (vgl. Anm. 7). Er ist verpflichtet, von jeder Vermittlung eines Geschäfts dem Unternehmer unverzüglich Nachricht zu geben (vgl. Anm. 8). Zur Einstellung von Untervertretern ist er nicht befugt (vgl. Anm. 9).

§ 3 Unterstützung durch den Unternehmer
Der Unternehmer stellt dem Handelsvertreter zur Unterstützung seiner Tätig-

keit unentgeltlich die erforderlichen Muster, Prospekte und Preislisten zur Verfügung und wird ihm auch alle erforderlichen Nachrichten zukommen lassen (vgl. Anm. 10). Die Muster bleiben Eigentum des Unternehmers.

§ 4 Provision
(1) Der Handelsvertreter erhält eine Provision von .... % der von den Käufern zu zahlenden Preise; hierbei werden etwaige Mengen- und Treuerabatte, nicht aber Skonti, abgezogen (vgl. Anm. 11).
(2) Die Provision steht dem Handelsvertreter aus allen Geschäften zu, die während der Dauer des Vertragsverhältnisses mit oder ohne seine Mitwirkung mit Personen seines Bezirks abgeschlossen werden (vgl. Anm. 12). Aus Geschäften, die erst nach Beendigung des Vertragsverhältnisses zum Abschluß kommen, erhält der Handelsvertreter keine Provision (vgl. Anm. 13).

§ 5 Fälligkeit der Provision
(1) Der Handelsvertreter kann die Auszahlung der Provision nach Maßgabe der von den Kunden geleisteten Zahlungen verlangen (vgl. Anm. 14). Die Abrechnung über die angefallene Provision erfolgt monatlich, und zwar jeweils bis zum .... des folgenden Kalendermonats (vgl. Anm. 15). Unmittelbar nach der Abrechnung wird die Provision dem Handelsvertreter überwiesen.
(2) Der Handelsvertreter hat Anspruch auf einen Vorschuß auf seine Provision in Höhe von .... %, berechnet nach den vom Unternehmer ganz oder teilweise ausgeführten Geschäften. Der Vorschuß wird bis zum .... des auf die Ausführung folgenden Kalendermonats ausbezahlt (vgl. Anm. 16).

§ 6 Ersatz von Geschäftsunkosten
Ein Anspruch auf Ersatz von Geschäftsunkosten steht dem Handelsvertreter nicht zu (vgl. Anm. 17).

§ 7 Delkredere
(1) Wird der Abschluß eines vom Handelsvertreter vermittelten Geschäfts vom Unternehmer abgelehnt, so ist der Handelsvertreter hiervon unverzüglich in Kenntnis zu setzen. Erklärt er daraufhin schriftlich die Übernahme des Delkredere, so ist der Unternehmer zum Abschluß verpflichtet. Die Verpflichtung entfällt, wenn das Delkredere des Handelsvertreters aus laufenden Geschäften bereits einen Betrag von .... DM erreicht hat (vgl. Anm. 18).
(2) Der Handelsvertreter erhält eine Delkredereprovision in Höhe von .... % des vom Käufer zu zahlenden Preises (§ 4 Abs. 1 dieses Vertrages); sie wird mit dem Abschluß des Geschäfts fällig und mit dem nächstfälligen Vorschuß (§ 5 Abs. 2 dieses Vertrages) ausbezahlt (vgl. Anm. 19).

§ 8 Kundenreklamation
Der Handelsvertreter ist verpflichtet, Reklamationen von Kunden seines Be-
zirks unentgeltlich zu bearbeiten. Er hat sowohl Reklamationen, die ihm von
Kunden unmittelbar zugehen, wie auch solche, die ihm vom Unternehmer
zugeleitet werden, binnen zwei Wochen zu überprüfen und hierüber dem Unter-
nehmer unverzüglich zu berichten.

§ 9 Rückgabe des Werbematerials
Bei Beendigung des Vertragsverhältnisses hat der Handelsvertreter sämtliches
ihm vom Unternehmer überlassenes Werbematerial (§ 3 dieses Vertrages)
binnen einer Woche zurückzugeben (vgl. Anm. 20).

§ 10 Wettbewerbsverbot
(1) Während des Vertragsverhältnisses (vgl. Anm. 21) und innerhalb von zwei
Jahren nach Beendigung desselben (vgl. Anm. 22) darf der Handelsvertreter
nicht für eine andere Firma tätig sein, die Waren gleicher Art wie der Unter-
nehmer herstellt (vgl. Anm. 23). Der Handelsvertreter verpflichtet sich, für
jeden Fall der Zuwiderhandlung gegen dieses Wettbewerbsverbot eine Ver-
tragsstrafe von .... DM zu zahlen (vgl. Anm. 24).
(2) Für das Wettbewerbsverbot nach Vertragsbeendigung, das sich nur auf
den dem Handelsvertreter zugewiesenen Bezirk und auf Konkurrenzerzeug-
nisse des Unternehmers erstreckt, erhält der Handelsvertreter eine Entschädi-
gung in Höhe der Hälfte der im letzten Vertragsjahr verdienten Provision (vgl.
Anm. 25). Die Entschädigung wird in zwei gleichen Teilen mit Ablauf eines
Jahres bzw. von zwei Jahren nach Vertragsbeendigung ausbezahlt.

§ 11 Sonstiges
(1) Im übrigen gelten die gesetzlichen Bestimmungen des Handelsgesetz-
buchs.
(2) Änderungen und Ergänzungen des vorstehenden Vertrages bedürfen zu
ihrer Gültigkeit der Schriftform.
(3) Gerichtsstand für alle Streitigkeiten aus diesem Vertrag ist ....
(vgl. Anm. 26).
(4) Der Handelsvertreter bestätigt, eine vom Unternehmer unterzeichnete
Ausfertigung dieses Vertrages erhalten zu haben (vgl. Anm. 27).

.................., den ....

....
   Der Unternehmer   *Der Handelsvertreter*

Anmerkungen

1) Die Vertretung kann sich auch nur auf einzelne, näher zu bezeichnende Artikel erstrecken.
2) Der Bezirk ist örtlich genau abzugrenzen. Es ist aber auch möglich, dem Handelsvertreter einen bestimmten Kundenkreis zuzuweisen (z. B. Kunden eines bestimmten Geschäftszweiges, Behörden u. dgl.).
3) Diese Vereinbarung dient nur der Klarstellung.
4) Da eine Beendigung des Vertragsverhältnisses nur durch Kündigung erfolgen kann, ist es auf „unbestimmte Zeit" eingegangen. § 89 HGB ist deshalb zu beachten (gesetzliche Mindestkündigungsfrist im ersten Jahr der Vertragsdauer ein Monat, im zweiten Jahr zwei Monate und im dritten bis fünften Jahr drei Monate. Nach einer Vertragsdauer von fünf Jahren beträgt die Kündigungsfrist 6 Monate). Mangels abweichender Vereinbarung ist die Kündigung nur für den Schluß eines Kalendermonats zulässig (§ 89 Abs. 1 HGB n. F.). Die genannten Kündigungsfristen können vertraglich verlängert werden, doch darf die Frist für den Unternehmer nicht kürzer sein als für den Handelsvertreter. Dagegen ist eine vertragliche Abkürzung der Kündigungsfristen nicht möglich (§ 89 Abs. 2 HGB n. F.).
5) Das Recht zur fristlosen Kündigung aus wichtigem Grund kann vertraglich nicht ausgeschlossen oder beschränkt werden. § 626 Abs. 2 BGB, wonach die Kündigung nur binnen 2 Wochen nach Kenntniserlangung von den maßgebenden Tatsachen erfolgen kann, gilt zwar im Handelsvertreterrecht nicht unmittelbar, eine ungebührliche Verzögerung der Kündigung kann aber auch hier zur Unwirksamkeit führen (BGH, Urt. v. 14. 4. 1983, BB 1983 S. 1629, und Urt. v. 3. 7. 1986, BB 1986 S. 2015). „Wichtiger Grund" ist jeder Umstand, der es dem Kündigenden wegen Erschütterung des Vertrauensverhältnisses unzumutbar macht, bis zum nächsten Kündigungstermin oder bis zum Ablauf der Vertragsdauer am Vertrag festzuhalten (BGH, Urt. v. 7. 7. 1978, BB 1979 S. 242; vgl. auch OLG Bamberg, Urt. v. 26. 4. 1979, BB 1979 S. 1000). Zur Kündigung wegen Verletzung der Berichtspflicht vgl. BGH, Urt. v. 24. 9. 1987, BB 1988 S. 12. Wird die Kündigung durch ein Verhalten veranlaßt, das der andere Teil zu vertreten hat, so ist dieser schadenersatzpflichtig (§ 89 a HGB).
6) Auch der Abschlußagent ist zum Inkasso nur bei ausdrücklicher Bevollmächtigung berechtigt (§§ 91, 55 HGB).
7) Daraus folgt z. B., daß er die Kreditwürdigkeit eines Kunden zu prüfen hat, dem für den Kaufpreis Stundung gewährt wird, daß er die Wünsche und Meinungsäußerungen der Kundschaft an den Unternehmer exakt weiterzugeben, über Lage und Tendenz des Marktes gewissenhaft zu berichten und die Richtlinien des Unternehmers für Werbung sorfältig zu beachten hat. Eine Verletzung der Interessenwahrungspflicht kann zur Verwirkung des Provisionsanspruchs führen (OLG Koblenz, Urt. v. 27. 4. 1973, BB 1973 S. 866). Zur Telefonwerbung durch Handelsvertreter s. OLG Hamburg, Urt. v. 18. 5. 1978, BB 1979 S. 181, zur Werbung mit Kleinanzeigen OLG Hamm, Urt. v. 25. 6. 1981, BB 1981 S. 1791.
8) „Unverzüglich" bedeutet, daß die Mitteilung nicht schuldhaft verzögert werden darf.
9) Mangels einer solchen Vereinbarung darf der Handelsvertreter bei entsprechend

großem Geschäftsumfang Untervertreter einsetzen, ist hierzu jedoch nicht verpflichtet.

10) Der Unternehmer hat dem Handelsvertreter vor allem die Annahme oder Ablehnung eines vermittelten Geschäfts oder dessen Nichtausführung unverzüglich mitzuteilen und ihm eine Beschränkung der Auftragsannahme unverzüglich anzukündigen (§ 86a Abs. 2 HGB n. F.).

11) Nicht abzuziehen sind auch Nebenkosten, namentlich für Fracht, Verpackung, Zoll und Steuern, es sei denn, daß sie dem Kunden besonders in Rechnung gestellt werden (§ 87 b Abs. 2 HGB). Die dem Kunden gesondert in Rechnung gestellte Umsatz-(Mehrwert-)Steuer ist – mangels anderweitiger Vereinbarung – vor Berechnung der Provision nicht abzuziehen (§ 87 Abs. 2 Satz 3 HGB).

12) Vgl. § 87 Abs. 2 HGB betr. den sog. Bezirksvertreter (zur Provision des Bezirksvertreters s. BGH, Urt. v. 9. 6. 1978, BB 1978 S. 1136). Der Provisionsanspruch des Handelsvertreters bleibt auch bei vom Unternehmer zu vertretender Nichtausführung des Geschäfts bestehen (BGH, Urt. v . 27. 1. 1972, NJW 1972 S. 629); siehe auch BGH, Urt. v. 30. 5. 1975, BB 1975 S. 1409. Zum Provisionsanspruch des Handelsvertreters bei ungerechtfertigter fristloser Kündigung s. OLG Karlsruhe, Urt. v. 25. 2. 1977, BB 1977 S. 1672, zur Frage der Verjährung des Anspruches auf Bucheinsicht bzw. einen Buchauszug wegen der Provisionsberechnung vgl. BGH, Urt. v. 1. 12. 1978, 11. 7. 1980 und 22. 5. 1981, BB 1979 S. 241, 1981 S. 11 und 1982 S. 14, zum Zurückbehaltungsrecht des Handelsvertreters an Vorratsware des Unternehmers OLG Düsseldorf, Urt. v. 2. 2. 1990, BB 1990 S. 1086.

13) Diese Vereinbarung weicht von der gesetzlichen Regelung (§ 87 Abs. 3 HGB) ab (zur Beteiligung des Handelsvertreters an der Provision seines Nachfolgers vgl. BGH, Urt. v. 11. 6. 1975, BB 1975 S. 1037). Unberührt bleibt der Ausgleichsanspruch des Handelsvertreters nach § 89 b HGB; er besteht, wenn und soweit

a) der Unternehmer aus der Geschäftsverbindung mit neuen Kunden, die der Handelsvertreter geworben hat, auch nach Beendigung des Vertragsverhältnisses erhebliche Vorteile hat,

b) der Handelsvertreter infolge der Beendigung des Vertragsverhältnisses Provisionsansprüche verliert, die er bei Fortsetzung desselben aus bereits abgeschlossenen oder künftig zustande kommenden Geschäften mit den von ihm geworbenen Kunden hätte, und

c) die Zahlung eines Ausgleichs unter Berücksichtigung aller Umstände der Billigkeit entspricht.

Der Ausgleichsanspruch besteht nicht

a) nach Kündigung des Vertragsverhältnisses durch den Handelsvertreter, außer wenn der Unternehmer durch sein Verhalten begründeten Anlaß zur Kündigung gegeben hat (BGH, Urt. v. 7. 6. 1984, BB 1984 S. 1574, und Urt. v. 16. 2. 1989, BB 1989 S. 1076; LG Koblenz, Beschl. v. 10. 9. 1991, BB 1991 S. 2032) oder dem Handelsvertreter die Fortsetzung seiner Tätigkeit wegen Alters oder Krankheit nicht zugemutet werden kann,

b) nach Kündigung des Vertragsverhältnisses durch den Unternehmer aus wichtigem Grund wegen schuldhaften Verhaltens des Handelsvertreters,

c) wenn auf Grund einer Vereinbarung zwischen den Vertragsteilen ein Dritter anstelle des Handelsvertreters in das Vertragsverhältnis eintritt (§ 89 b Abs. 3

HGB n. F.; zur Berechnungsgrundlage: OLG Karlsruhe, Urt. v. 27. 3. 1981, BB 1982 S. 274; zur vertraglichen Einschränkung des Ausgleichsanspruchs: BGH, Urt. v. 29. 3. 1990, BB 1990 S. 1366).

14) Nach dem Gesetz (§ 87 a Abs. 1 HGB) hat der Handelsvertreter Anspruch auf Provision, sobald und soweit der Unternehmer das Geschäft ausgeführt hat.

15) Der Abrechnungszeitraum kann auf höchstens drei Monate erstreckt werden. Die Abrechnung hat unverzüglich, spätestens bis zum Ende des nächsten Monats, zu erfolgen. Bei der Abrechnung kann der Handelsvertreter einen Buchauszug über alle provisionspflichtigen Geschäfte und Mitteilung über alle Umstände verlangen, die für den Provisionsanspruch, seine Fälligkeit und seine Berechnung wesentlich sind (§ 87 c HGB). Zur Sittenwidrigkeit entgegenstehender Vertragsklauseln s. OLG Hamm, Urt. v. 22. 5. 1978, BB 1979 S. 442.

16) Da der Handelsvertreter die Auszahlung der Provision erst nach Zahlungseingang verlangen kann, muß ihm ein angemessener Vorschuß gewährt werden (§ 87 a Abs. 1 HGB).

17) Bei Fehlen einer solchen Vereinbarung sind dem Handelsvertreter Aufwendungen im Rahmen der Handelsüblichkeit zu erstatten (§ 87 d HGB).

18) Die Begrenzung des Gesamtdelkredere auf einen Höchstbetrag ist nicht notwendig, aber zweckmäßig.

19) Der Anspruch auf Delkredereprovision kann nicht ausgeschlossen werden. Vorbehaltlich einer abweichenden Vereinbarung wird die Delkredereprovision mit dem Abschluß des betreffenden Geschäfts fällig (§ 86 b HGB).

20) Ein Zurückbehaltungsrecht steht dem Handelsvertreter nur wegen fälliger Provisionsansprüche und etwaiger Ansprüche auf Aufwendungsersatz zu (§ 88 a Abs. 2 HGB).

21) Ohne besondere Abrede ist dem Handelsvertreter während des Vertragsverhältnisses nur eine solche Konkurrenzvertretung verwehrt, die (z. B. nach dem Umfang der Geschäfte oder wegen der besonderen Qualität oder des günstigen Preises der Konkurrenzwaren) geeignet ist, das Interesse des Unternehmers nicht ganz unerheblich zu beeinträchtigen (vgl. Maier, BB 1979 S. 500, und Baumbach/Duden/Hopt, HGB 28. Aufl. § 86 Anm. 2 B). Zur fristlosen Kündigung eines Handelsvertreters wegen seiner Tätigkeit für ein Konkurrenzunternehmen s. BGH, Urt. v. 24. 1. 1974, BB 1974 S. 714, und OLG Bamberg, Urt. v. 26. 4. 1979, BB 1979 S. 1000.

22) Für länger als zwei Jahre nach Beendigung des Vertragsverhältnisses kann ein Wettbewerbsverbot nicht vereinbart werden. Es darf sich nur auf den dem Handelsvertreter zugewiesenen Bezirk oder Kundenstamm und nur auf die Gegenstände erstrecken, hinsichtlich deren sich der Handelsvertreter um die Vermittlung oder den Abschluß von Geschäften für den Unternehmer zu bemühen hat (§ 90a Abs. 1 HGB n. F.).

23) Der Unternehmer kann bis zum Ende des Vertragsverhältnisses auf das Wettbewerbsverbot schriftlich verzichten und wird dann mit Ablauf von sechs Monaten seit dieser Erklärung von der Verpflichtung zur Entschädigungszahlung frei. Kündigt der Handelsvertreter aus wichtigem Grund wegen schuldhaften Verhaltens des Unternehmers, so kann er sich innerhalb von einem Monat nach der Kündigung von dem Wettbewerbsverbot schriftlich lossagen (§ 90a Abs. 2 und 3 HGB).

24) Wegen der Kaufmannseigenschaft des Handelsvertreters – außer, wenn er nur

365

Minderkaufmann ist (§§ 4, 351 HGB) – kann eine unverhältnismäßig hohe Vertragsstrafe nicht, wie es sonst möglich wäre, auf Antrag durch gerichtliches Urteil auf einen angemessenen Betrag herabgesetzt werden (§ 343 BGB, § 348 HGB).

25) Die Gewährung einer angemessenen Entschädigung ist obligatorisch. Der Entschädigungsanspruch des Handelsvertreters entfällt, wenn der Unternehmer das Vertragsverhältnis aus wichtigem Grunde wegen schuldhaften Verhaltens des Vertreters kündigt (§ 90 a HGB; vgl. hierzu BVerfG, Beschl. v. 7. 2. 1990, BB 1990 S. 440).

26) S. Nr. 6 Anm. 12 zu Muster A.

27) Die Aushändigung einer Vertragsausfertigung an den Handelsvertreter ist wegen der in § 10 des Vertrages getroffenen Wettbewerbsabrede notwendig (§ 90 a Abs. 1 HGB).

51. Handelsvertretung – Erklärungen der Beteiligten

Rechtsgrundlage. §§ 84 ff. HGB.

Erläuterungen. Grundlage der Rechtsbeziehungen zwischen den Parteien bei einer Handelsvertretung – dem Unternehmer und dem Handelsvertreter – ist der Agentur- oder Handelsvertretervertrag (s. Nr. 50). Da der Inhalt eines Vertretervertrages in den §§ 84 ff. HGB als komplettes Vertragsmodell ausgeformt ist, enthält der – in aller Regel schriftlich abgeschlossene – Handelsvertretervertrag hauptsächlich vom Gesetz abweichende oder es ergänzende Vereinbarungen. Dabei steht den Parteien ein breiter Spielraum offen, da nur einige wenige der gesetzlichen Bestimmungen zum Schutz des Handelsvertreters zwingend, also vertraglich nicht abdingbar sind (in den betreffenden Vorschriften ist dies jeweils ausdrücklich festgelegt). Aus dem Vertrag ist insbesondere auch der Umfang der dem Handelsvertreter vom Unternehmer erteilten Vollmacht (Abschluß-, Vermittlungsvollmacht) ersichtlich.

Im Verlauf des sich meist über einen längeren Zeitraum erstreckenden Vertragsverhältnisses oder nach dessen Beendigung kann sich sowohl für den Unternehmer wie für den Handelsvertreter die Notwendigkeit ergeben, gegenüber dem anderen Vertragsteil *bestimmte Erklärungen* abzugeben, sei es, um eigene Rechte wahrzunehmen, sei es, um ungerechtfertigte Ansprüche abzuwehren. Dabei kann es z. B. um die Interessenwahrnehmungs- oder die Benachrichtigungspflicht des Handelsvertreters, um den Einsatz von Untervertretern, die Übernahme des Delkredere, um die Durchsetzung von Provisionsansprüchen des Handelsvertreters, um die ordentliche oder fristlose Kündigung des Vertretervertrages, um ein nachvertragliches Wettbewerbsverbot und damit in Zusammenhang stehende Entschädigungen und Vertragsstrafen, sowie um einen Ausgleichs- und Zeugnisanspruch des Handelsvertreters gehen.

Bei jeder solchen Erklärung ist darauf zu achten, daß das Gewollte unmißverständlich zum Ausdruck gebracht wird, weil sonst Unklarheiten entstehen oder Rückfragen nötig werden können. Aus Beweisgründen sollten alle wesentlichen Erklärungen nicht bloß mündlich oder fernmündlich, sondern *schriftlich* abgegeben werden. Ratsam ist es, die Schreiben „eingeschrieben" und, soweit sie eine Fristsetzung enthalten oder durch sie eine Frist gewahrt werden soll, auch noch „gegen Rückschein" zur Post zu geben. Ist bei Abgabe der Erklärung keine bestimmte Frist einzuhalten, wird aber an ein Ereignis oder einen Vorfall angeknüpft, so empfiehlt es sich, mit der schriftlichen Äußerung nicht allzulange zu warten, weil sonst dem Vertragsteil, der die Erklärung abgibt, Nachteile entstehen können.

Den folgenden Erklärungs-Mustern liegen jeweils gesetzliche Regelungen oder bestimmte Vereinbarungen der Vertragsparteien zugrunde; wird an eine besondere vertragliche Vereinbarung angeknüpft, ist sie im Muster inhaltlich wiedergegeben. Bei Verwendung der Muster ist deshalb darauf zu achten, ob sie den im konkreten Fall getroffenen Abreden entsprechen.

Muster

I. Erklärungen des Unternehmers

A. Ungenügende Interessenwahrnehmung durch den Handelsvertreter
Herrn/Frau ....
Nach dem Gesetz sind Sie als Vermittlungsvertreter zur Wahrnehmung meiner Interessen verpflichtet, und Sie haben diese Verpflichtung mit der Sorgfalt eines ordentlichen Kaufmanns zu erfüllen. Hierzu gehört auch, daß Sie zumindest bei größeren Geschäften die Kreditwürdigkeit neu geworbener Kunden prüfen und mir unverzüglich Mitteilung machen, wenn sich Zweifel an der Bonität eines solchen Kunden ergeben (vgl. Anm. 1).
Dieser Verpflichtung sind Sie jedenfalls bei den Kunden .... in .... nicht nachgekommen. Mit ihm ist es am .... zu einem Geschäftsabschluß über .... zum Gesamtpreis von .... DM gekommen. Bis heute hat dieser Kunde auf wiederholte Mahnungen erst zwei Teilzahlungen von .... DM und .... DM geleistet, so daß ich voraussichtlich gezwungen sein werde, gegen ihn gerichtlich vorzugehen. Von mir eingeholte

367

Auskünfte haben ergeben, daß der Betrieb des Kunden hoch verschuldet ist und gegen ihn bereits in der Zeit vor unserem Geschäftsabschluß wiederholt Forderungspfändungen durchgeführt worden sind, was in der gesamten Branche bekannt ist. Bei sorgfältigen Erkundigungen wäre Ihnen dies nicht verborgen gebliehen.

Ich ersuche Sie, die bei neuen Kunden erforderliche Bonitätsprüfung in Zukunft gewissenhaft vorzunehmen und weise Sie darauf hin, daß ich in ähnlichen Fällen Schadenersatzansprüche gegen Sie geltend machen werde. An Kunden wie .... bin ich nicht interessiert.

..................., den ....

                                 Hochachtungsvoll
                                    gez. Unterschrift

B. Unterlassene Kundenbesuche
Herrn/Frau ....
Nach § .... des zwischen uns am .... abgeschlossenen Vertretervertrages sind Sie verpflichtet, die Ihnen von mir bezeichneten Kunden jeweils im zeitlichen Abstand von höchstens .... Monaten zu besuchen, um von ihnen Bestellungen entgegenzunehmen (vgl. Anm. 2). Zu diesem Zweck habe ich Ihnen am .... für Ihren Bezirk ein Kundenverzeichnis übermittelt.
Gestern hat mich der Kunde .... aus .... angerufen und sich darüber beklagt, daß Sie ihn seit .... nicht mehr aufgesucht haben; von unserer neuen Kollektion habe er nur durch einen Pressebericht erfahren. Ich habe ihm zugesichert, daß Sie ihn in den allernächsten Tagen besuchen und ihm Proben unserer neuesten Erzeugnisse vorlegen werden.
Ich ersuche Sie hiermit dringend, den längst fälligen Besuch bei dem Kunden .... unverzüglich vorzunehmen und mir hierüber einen gesonderten Bericht zukommen zu lassen. Das gleiche gilt für den Fall, daß Sie auch gegenüber anderen Kunden meiner Firma Ihrer Besuchspflicht nicht nachgekommen sein sollten.
Ich weise Sie darauf hin, daß regelmäßige Kundenbesuche im Interesse unseres Warenabsatzes unerläßlich sind. Weitere Versäumnisse Ihrerseits in dieser Richtung berechtigen mich zur fristlosen Kündigung des Vertretervertrages.

..................., den ....

                                    Hochachtungsvoll
                                    gez. Unterschrift

C. Vertragswidriger Einsatz von Untervertretern
Herrn/Frau ....

Nach § .... des zwischen uns am .... abgeschlossenen Vertretervertrages ist Ihnen der Einsatz von Untervertretern ausdrücklich untersagt (vgl.
Anm. 3). Diese Bestimmung wurde seinerzeit in den Vertrag aufgenommen,
weil ich wünsche, daß nur Personen, die ich kenne und zu denen ich Vertrauen
habe, für mich als Handelsvertreter tätig werden sollen.
Der Kunde .... aus .... erzählte mir kürzlich gesprächsweise, daß die letzten beiden Besuche bei ihm nicht durch Sie, sondern durch
einen Herrn .... erfolgt seien, der sich als Ihr Untervertreter bezeichnete. Wenn auch der Kunde diesen Herrn als durchaus angenehm und sachkun-
dig geschildert hat, muß ich Sie an die Einhaltung der oben genannten Vertragsbestimmung erinnern. Es steht keinesfalls in Ihrem Belieben, von einer
vertraglichen Vereinbarung abzuweichen.

.................., den ....

> *Hochachtungsvoll*
> *gez. Unterschrift*

D. Unterschreitung des garantierten Umsatzes
Herrn/Frau ....
In der in Ergänzung des Vertretervertrages am .... getroffenen schriftlichen Vereinbarung haben Sie die Verpflichtung übernommen, ab ....
halbjährlich eine bestimmte Menge meiner Waren, nämlich ...., abzusetzen (vgl. Anm. 4). Im abgelaufenen Halbjahr ist dieser Umsatz nicht
erreicht worden, ohne daß Sie mir hierfür eine Erklärung haben zukommen
lassen.
Ich ersuche Sie, mir unverzüglich zu berichten, welche Gründe für den Umsatzrückgang maßgeblich waren. Bis zum Eintreffen Ihres Berichts behalte ich mir
sämtliche Rechte vor.

.................., den ....

> *Hochachtungsvoll*
> *gez. Unterschrift*

E. Inanspruchnahme aus übernommener Delkrederehaftung
Herrn/Frau ....
Mit schriftlicher Erklärung vom .... haben Sie für die Bestellung von
.................., die der Kunde .... am .... aufgegeben hat, die
Delkrederehaftung übernommen. Nur im Hinblick darauf habe ich die Bestel-
lung angenommen und den Kunden am .... beliefert. Trotz mehrfacher
Mahnungen und zuletzt erfolgter Fristsetzung hat aber der Kunde bisher nur
einen Teilbetrag, nämlich .... DM, auf meine Forderung bezahlt, so daß

noch ein Betrag von .... DM offen ist. Erkundigungen, die ich eingezogen habe, haben ergeben, daß der Kunde praktisch zahlungsunfähig ist. Da es sich bei meiner Lieferung um leichtverderbliche Waren handelte, habe ich von einem Eigentumsvorbehalt abgesehen.

Wegen des Betrages von .... DM muß ich Sie aus dem übernommenen Delkredere in Anspruch nehmen (vgl. Anm. 5). Im Hinblick darauf, daß Ihnen möglicherweise die Einrede der Vorausklage zusteht, ersuche ich Sie um umgehende Mitteilung, ob Sie darauf bestehen wollen, daß ich gegen den Kunden zunächst gerichtlich vorgehe und die Zwangsvollstreckung versuche. Einerseits wird mit größter Wahrscheinlichkeit bei dem Kunden nichts mehr zu holen sein, andererseits aber hätten Sie für die mir durch die Rechtsverfolgung gegen den Kunden entstehenden Kosten ebenfalls einzustehen.

Sollte ich von Ihnen bis zum .... keine Mitteilung erhalten haben, gehe ich davon aus, daß Sie aus Kostengründen auf gerichtliche Maßnahmen gegen den Schuldner, die ich sonst unternehmen müßte, verzichten.

.................., den ....

Hochachtungsvoll
gez. Unterschrift

F. Tätigkeit für Konkurrenzunternehmen
Herrn/Frau ....

Meinem langjährigen Kunden .... in .... haben Sie bei Ihrem letzten Besuch am .... vor Entgegennahme einer Bestellung auch eine Angebotsliste der Fa. .... vorgelegt, in der u. a. Artikel aufgeführt sind, die auch mein Unternehmen herstellt und vertreibt. Auf die erstaunte Frage des Kunden haben Sie erklärt, daß die Fa. ...., für die Sie seit langem ebenfalls tätig seien, nunmehr auch diese Artikel in ihr Sortiment aufgenommen habe. Ich weise Sie darauf hin, daß Ihre Vertretertätigkeit für die Fa. ...., soweit sie sich auf Konkurrenzartikel bezieht, mir gegenüber vertragswidrig ist. Zwar enthält der mit Ihnen am .... abgeschlossene Vertretervertrag keine Klausel, derzufolge Sie ausschließlich für mein Unternehmen tätig werden oder Waren gleicher Art, wie sie mein Unternehmen herstellt, nicht vertreiben dürfen. Ein Wettbewerbsverbot folgt aber bereits aus Ihrer gesetzlich verankerten Verpflichtung, meine Interessen wahrzunehmen (vgl. Anm. 6). Daß Sie auch für die Fa. .... tätig werden, ist mir bekannt. Das Sortiment dieser Firma war aber bisher ein anderes als das meines Unternehmens.

Sollte diese Firma tatsächlich erst in jüngster Zeit ihr Sortiment auch auf Konkurrenzartikel erweitert haben, hätten Sie mich hiervon verständigen und für eine Wettbewerbstätigkeit Ihrerseits meine Zustimmung einholen müssen (vgl. Anm. 7). Das ist bisher nicht geschehen. Um Ihnen eine Rückfrage zu ersparen, erkläre ich hiermit ausdrücklich, daß ich einer solchen Wettbewerbstätigkeit nicht zustimme.

Ich ersuche Sie um unverzügliche Mitteilung darüber, ob und gegebenenfalls bei welchen meiner Kunden Sie auch für Konkurrenzartikel der Fa. .... geworben und etwaige Bestellungen auf diese Artikel entgegengenommen haben. Ferner ersuche ich Sie, mir verbindlich zu erklären, daß Sie in Zukunft jede Vertretertätigkeit für die genannte Firma, soweit diese Konkurrenzartikel in ihrem Angebot hat, unterlassen werden und daß Sie sich für jeden Fall eines Verstoßes gegen diese Verpflichtung einer Vertragsstrafe in Höhe von .... DM unterwerfen.

Von dem Inhalt Ihres Antwortschreibens wird es abhängen, welche Konsequenzen ich aus Ihrem vertragswidrigen Verhalten ziehen werde (vgl. Anm. 8).

................., den ....

> *Hochachtungsvoll*
> *gez. Unterschrift*

G. Einschränkung des Vertreterbezirks
Herrn/Frau ....
Nach § .... Abs. 2 des mit Ihnen am .... abgeschlossenen Vertretervertrages bin ich berechtigt, den Ihnen für Ihre Tätigkeit zugewiesenen Bezirk (§ .... Abs. 1) im Interesse ausreichender Marktabdeckung oder aus anderen wichtigen Gründen räumlich einzuschränken (vgl. Anm. 9).

Von diesem Recht mache ich hiermit Gebrauch, und zwar aus folgenden Gründen: .... Ihr Vertreterbezirk umfaßt deshalb ab .... nur noch das Gebiet .... Finanzielle Nachteile sollen Ihnen dadurch aber nicht entstehen. Ich schlage vor, daß Sie aus Bestellungen, die innerhalb der nächsten .... Jahre von Kunden eingehen, die Sie in dem jetzt weggefallenen Gebiet neu geworben oder betreut haben, eine Provision in Höhe von .... v. H. erhalten. Ich sichere Ihnen auch zu, daß bei einem etwaigen Ausgleichsanspruch, der Ihnen nach Beendigung unseres Vertragsverhältnisses zusteht, Ihre gesamte bisherige Vertretertätigkeit angemessen berücksichtigt werden wird.

Falls ich bis zum .... von Ihnen keine gegenteilige Mitteilung erhalte, gehe ich davon aus, daß Sie mit der von mir vorgeschlagenen Provisionsregelung einverstanden sind.

................., den ....

> *Hochachtungsvoll*
> *gez. Unterschrift*

H. Fristlose Kündigung des Vertretervertrages

Herrn/Frau ....

Hiermit erkläre ich Ihnen die fristlose Kündigung des zwischen uns auf Grund des Vertretervertrages vom .... bestehenden Vertragsverhältnisses. Der nach dem Gesetz für eine solche Kündigung erforderliche „wichtige Grund" liegt vor. Entgegen der in § .... des Vertretervertrages übernommenen Verpflichtung, daß Sie allein für mein Unternehmen tätig sein dürfen, haben Sie vor kurzem eine Vertretertätigkeit auch für die Fa. .... in .... übernommen; da diese Firma zum Teil dieselben Waren herstellt und vertreibt wie mein Unternehmen, werden durch Ihr vertragswidriges Verhalten meine Absatzinteressen erheblich gefährdet. Zudem haben Sie sich auf mein Schreiben vom ...., mit dem ich Sie zur Aufgabe der Konkurrenzvertretung aufgefordert habe, in herabsetzender und grob beleidigender Form geäußert. Einer weiteren Zusammenarbeit haben Sie damit die Grundlage entzogen (vgl. Anm. 10).

Ich ersuche Sie, mir bis spätestens .... sämtliche Unterlagen und das gesamte Werbematerial meiner Firma, das sich noch in Ihrem Besitz befindet, zurückzugeben.

Für den Schaden, der mir durch die von Ihnen allein verschuldete fristlose Kündigung des Vertretervertrages entstanden ist und noch entsteht, mache ich Sie haftbar. Spezifizierte Schadenersatzansprüche wird Ihnen demnächst mein Anwalt übermitteln.

..................., *den* ....

Hochachtungsvoll
gez. Unterschrift

I. Nichteinhaltung einer Wettbewerbsabrede

Herrn/Frau ....

Das zwischen uns auf Grund Vertretervertrages vom .... bestandene Vertragsverhältnis ist zum .... durch ordentliche Kündigung Ihrerseits beendet worden. In § .... des Vertrages wurde vereinbart, daß Sie innerhalb von zwei Jahren nach Vertragsbeendigung im Gebiet .... keine Vertretertätigkeit für ein Unternehmen ausüben dürfen, das Waren gleicher Art wie mein Unternehmen herstellt. Da die gesetzlichen Formerfordernisse dieser Wettbewerbsabrede erfüllt sind, kann an ihrer Rechtsgültigkeit wohl kein Zweifel bestehen (vgl. Anm. 11).

Trotzdem haben Sie gegen die bezeichnete Vertragsklausel verstoßen. Ein früherer Kunde von mir hat mich davon in Kenntnis gesetzt, daß Sie ihn kürzlich in Ihrer Eigenschaft als Handelsvertreter der Fa. .... in

..................., *eines Konkurrenzunternehmens meiner Firma, aufgesucht haben und zu einer Bestellung veranlassen wollten.*
Im Hinblick auf Ihr vertragswidriges Verhalten verlange ich von Ihnen (vgl. Anm. 12)
a) die Zahlung der für den Fall jeder Zuwiderhandlung gegen das nachvertragliche Wettbewerbsverbot vereinbarten Vertragsstrafe von .... DM,
b) Auskunft darüber, seit wann Sie als Handelsvertreter für die Fa. .... tätig sind, damit ich für den entsprechenden Zeitraum die Ihnen gezahlte Karenzentschädigung zurückfordern kann, sowie
c) die Abgabe der verbindlichen Zusicherung, daß Sie die vertragswidrige Vertretertätigkeit sofort einstellen.
Sollten Sie meinen Aufforderungen nicht bis spätestens .... nachkommen, werde ich gegen Sie die gebotenen gerichtlichen Schritte unternehmen.

..................., *den ....*

Hochachtungsvoll
gez. Unterschrift

II. Erklärungen des Handelsvertreters

A. Ungenügende Information durch den Unternehmer
Fa. ....
Seit Bestehen meiner Handelsvertretung auf Grund Vertrages vom ....
kommen Sie Ihrer gesetzlichen Verpflichtung, mir die zur Ausübung meiner Tätigkeit erforderlichen Unterlagen zur Verfügung zu stellen und mir die erforderlichen Nachrichten zukommen zu lassen, nur in sehr ungenügendem Maße nach. So erhalte ich z. B. neue Preislisten nur mit Verspätung zugesandt, die mir übermittelten Werbeprospekte sind zum Teil veraltet, und ich erfahre es oft erst im letzten Moment, wenn die Herstellung bestimmter Produkte eingestellt wird oder wenn neue Erzeugnisse auf den Markt gebracht werden sollen (vgl. Anm. 13).
Meine Vertretertätigkeit für Sie wird dadurch erheblich erschwert. Kunden haben sich bereits bei mir darüber beklagt, daß die ihnen von mir genannten Preise nicht mehr stimmen, daß in den Werbeprospekten aufgeführte Waren nicht mehr oder nur noch in veränderter Qualität erhältlich sind oder daß sie Bestellungen auf neu herauskommende Produkte erst aufgeben können, nachdem sich Mitbewerber mit diesen Produkten längst eingedeckt haben. Mir bleibt dann immer nur die Ausrede mit Verzögerungen im Postverkehr, mit einem Personalwechsel in Ihrer Vertriebsabteilung u. dgl. Um Ihre Firma nicht in ein schlechtes Licht zu setzen, habe ich sogar mitunter ein eigenes – in Wirklichkeit nicht bestehendes – Verschulden eingeräumt.

Daß Sie Ihrer Informationspflicht mir gegenüber in vollem Umfang und recht-
zeitig nachkommen, liegt nicht nur in meinem, sondern ebenso in Ihrem eige-
nen Interesse. Ich ersuche Sie deshalb dringend, in Zukunft entsprechend zu
verfahren. Ich würde es bedauern, wenn ich gezwungen wäre, meine bisher
recht erfolgreiche Vertretertätigkeit für Ihr Unternehmen einzustellen.

..................., den ....

Hochachtungsvoll
gez. Unterschrift

B. Versuchte Abwerbung eines Untervertreters
Fa. ....
Mangels gegenteiliger Vereinbarungen in dem mit Ihnen am .... abge-
schlossenen Vertretervertrag bin ich berechtigt, bei meiner Tätigkeit für Sie
auch Untervertreter einzusetzen. Einer dieser Untervertreter ist Herr
..................., der seit mehreren Jahren für mich arbeitet und vorwiegend im
Bezirk .... eingesetzt wird. Wie er mir kürzlich berichtet hat, wurde
seitens Ihrer Firma der – wenn auch erfolglose – Versuch unternommen, ihn
abzuwerben; unter Hinweis auf eine angeblich bevorstehende Kündigung
meines Vertretervertrages sei ihm die Übertragung einer selbständigen Han-
delsvertretung in Aussicht gestellt worden. Herr .... hat dieses An-
sinnen allerdings sogleich entschieden abgelehnt.
Mit der versuchten Abwerbung meines Untervertreters hat Ihre Firma grob
vertragswidrig gehandelt (vgl. Anm. 14). Auf Grund des bestehenden Vertre-
tungsverhältnisses sind Sie verpflichtet, alles zu unterlassen, was mir als einem
für Sie tätigen Handelsvertreter Nachteile bringen kann. Wie ich Ihnen gegen-
über wiederholt zum Ausdruck gebracht habe, ist Herr .... einer
meiner besten Untervertreter. Darauf dürfte es zurückzuführen sein, daß sich
Ihre Firma gerade an ihn gewandt hat.
Ich fordere Sie hiermit auf, sich für dieses vertragswidrige Verhalten zu
entschuldigen und die verbindliche Erklärung abzugeben, daß sich derartige
Vorkommnisse nicht mehr ereignen werden. Andernfalls behalte ich mir die in
Betracht kommenden rechtlichen Schritte vor.

..................., den ....

Hochachtungsvoll
gez. Unterschrift

C. Unterlassene Mitteilung über abgelehnte Bestellung
Fa. ....
In meiner Eigenschaft als für Sie tätiger Handelsvertreter habe ich am

.... *bei dem Kunden .... in .... eine Bestellung über*
.... entgegengenommen und unverzüglich an Sie weitergeleitet. Wie
mir der Kunde gestern telefonisch mitgeteilt hat, haben Sie mit Schreiben vom
.... die Annahme dieser Bestellung ohne Angabe von Gründen abge-
lehnt. Ich selbst habe von Ihnen keine entsprechende Mitteilung erhalten.
Ich darf Sie an Ihre gesetzliche Verpflichtung erinnern, mich von der Ableh-
nung eines von mir vermittelten Geschäfts unverzüglich in Kenntnis zu setzen
(vgl. Anm. 15). Ich bitte Sie, dies bezüglich des bezeichneten Kunden nachzu-
holen und mir möglichst auch die Gründe für Ihre Ablehnung bekanntzugeben.
Bedeutet die Ablehnung, daß Sie eine weitere Geschäftsverbindung mit dem
Kunden nicht mehr wünschen, oder erscheint Ihnen nur seine Zahlungsfähig-
keit zweifelhaft? Für den letzteren Fall wäre ich eventuell bereit, bei weiteren
Aufträgen dieses Kunden die Delkrederehaftung zu übernehmen.

.... , den ....

> *Hochachtungsvoll*
> *gez. Unterschrift*

D. Übernahme der Delkredereverpflichtung
Fa. ....
Auf Ihre Anfrage vom .... teile ich Ihnen mit, daß ich für die von dem
Kunden .... in .... in der Zeit vom .... bis ....
erteilten und durch mich vermittelten Aufträge bis zu einem Gesamtbetrag von
.... DM das Delkredere übernehme (vgl. Anm. 16). Aus diesem Betrag
ersuche ich die mir mit Abschluß der Geschäfte zustehende Delkredereprovi-
sion, die sich nach § .... des Vertretervertrages vom .... auf .... %
beläuft, zu berechnen.

.... , den ....

> *Hochachtungsvoll*
> *gez. Unterschrift*

E. Provisionspflichtigkeit eines Geschäfts
Fa. ....
Mit Ihrem Schreiben vom .... haben Sie es abgelehnt, mir für die von
dem Kunden .... in .... am .... aufgegebene und zur
Ausführung gelangte Bestellung eine Vermittlungsprovision zuzubilligen. Sie
machen geltend, daß dieser Kunde auf Grund Ihres Inserats in der
....................-Zeitung vom .... an Ihre Firma herangetreten und es dar-
aufhin zu einem Abschluß gekommen sei.
Mein Provisionsanspruch besteht in diesem Falle zu Recht (vgl. Anm. 17). Ich

*erinnere daran, daß Sie mir das Schreiben des Kunden, mit dem er auf Grund
der Zeitungsanzeige Interesse an Ihren Waren zum Ausdruck brachte, zugeleitet haben, damit ich den Kunden aufsuche und berate. Das ist am ....
geschehen. Erst daraufhin hat der Kunde seine Bestellung aufgegeben. Das
Geschäft mit dem Kunden ist also zumindest mit auf meine Tätigkeit zurückzuführen.*

...................., den ....

*Hochachtungsvoll
gez. Unterschrift*

*F. Provisionsberechnung bei Skontogewährung
Fa. ....*
*In Ihrem Schreiben vom .... haben Sie die Auffassung vertreten, daß
meine Provision für das mit dem Kunden .... in .... am
.... abgeschlossene und ausgeführte Geschäft aus dem Rechnungsbetrag abzüglich des diesem Kunden in Höhe von .... % gewährten Skontos zu
berechnen sei. Sie berufen sich hierfür auf § .... des Vertretervertrages vom
..............., wonach ich .... % der Netto-Rechnungsbeträge als Provision erhalte. Ihre Rechtsansicht vermag ich nicht zu teilen. Nach der gesetzlichen
Regelung sind bei der Provisionsberechnung Nachlässe bei Barzahlung nicht
abzuziehen (vgl. Anm. 18). Zwar kann im Vertretervertrag eine hiervon abweichende Vereinbarung getroffen werden, doch ist dies in unserem Fall nicht
geschehen. Die in § .... des Vertretervertrages verwendete Bezeichnung
„Netto-Rechnungsbeträge" besagt vielmehr, daß der reine Rechnungsbetrag
ohne Rücksicht darauf maßgebend sein soll, ob dem Kunden ein Barzahlungsra-
batt gewährt worden ist.
Ich ersuche Sie demnach, bei der Berechnung meiner Provision aus dem genannten Geschäft das Skonto nicht abzusetzen.*

...................., den ....

*Hochachtungsvoll
gez. Unterschrift*

*G. Zurückweisung einer fristlosen Kündigung durch den Unternehmer
Fa. ....*
*Mit Ihrem Schreiben vom .... haben Sie das mit mir auf Grund Vertrages
vom .... bestehende Vertreterverhältnis fristlos gekündigt. Als Grund
geben Sie an, daß ich meine Provisionsforderung am .... bewußt zu
Unrecht erhoben und mit falschen Angaben begründet habe.
Ihre fristlose Kündigung muß ich zurückweisen. Abgesehen davon, daß mir bei*

der Geltendmachung der genannten Provisionsforderung lediglich ein Verse-
hen unterlaufen ist, wofür ich mich später bei Ihnen entschuldigt habe, ist Ihre
Kündigung verspätet (vgl. Anm. 19). Sie ist erst .... Monate nach meinem
Schreiben vom .... erfolgt, mit dem ich mich zu meinem Versehen be-
kannt und mein Bedauern darüber ausgedrückt habe. In der Zwischenzeit war
ich weiter für Ihre Firma tätig, habe erhebliche Kundenaufträge hereinge-
bracht und mehrfach Provisionsabrechnungen und -zahlungen erhalten, ohne
daß Sie das seinerzeitige Vorkommnis auch nur erwähnt haben. Es verstößt
gegen Treu und Glauben, daß Sie mir nun völlig überraschend eine fristlose
Kündigung erklären.

..................., den ....

Hochachtungsvoll
gez. Unterschrift

H. Geltendmachung des Ausgleichsanspruchs (vgl. Anm. 20)
Fa. ....
Nachdem meine langjährige Vertretertätigkeit für Ihr Unternehmen kürzlich
im beiderseitigen Einvernehmen beendet worden ist, steht mir gegen Sie nach
dem Gesetz ein Ausgleichsanspruch zu, den ich hiermit fristgerecht geltend
mache. Auszugleichen ist einerseits der Ihnen verbleibende Vorteil, daß die
von mir geschaffenen Geschäftsverbindungen künftig zu weiteren Abschlüssen
führen werden, andererseits aber auch der mir durch die Beendigung des
Vertreterverhältnisses entstehende Nachteil, Provisionen durch Nachbestel-
lungen der von mir geworbenen Kunden zu verdienen.
Auf Grund des guten Einvernehmens, das bisher zwischen uns bestanden hat,
möchte ich hoffen, daß wir uns über die Höhe des Ausgleichs gütlich verständi-
gen. Ich schlage zu diesem Zweck eine Besprechung in Ihrem Betrieb vor und
bitte Sie, mich wegen eines Ihnen angenehmen Termins telefonisch zu verstän-
digen.

..................., den ....

Hochachtungsvoll
gez. Unterschrift

I. Fristsetzung für Zahlung der Karenzentschädigung
Fa. ....
In § .... des Vertretervertrages vom .... der von Ihnen zum ....
fristgerechtgekündigt worden ist, wurde vereinbart, daß ich innerhalb von
zwei Jahren nach Vertragsbeendigung im Gebiet .... keine Vertreter-
tätigkeit für ein Unternehmen ausüben darf, das Waren gleicher Art wie Ihr

Unternehmen herstellt. Am .... wurde zwischen uns vertraglich festgelegt, daß ich als Karenzentschädigung jeweils zum 1. eines Kalendervierteljahres einen Betrag von .... DM erhalte.
Während ich mich bisher an das Wettbewerbsverbot gehalten habe, sind Sie Ihrer Verpflichtung zur Zahlung der Karenzentschädigung nicht nachgekommen. Die erste Zahlung hätte am .... erfolgen müssen, ist aber ausgeblieben. Auf meine am .... erfolgte Mahnung haben Sie mit Ihrem Schreiben vom .... auf den schlechten Geschäftsgang Ihres Unternehmens hingewiesen und mir Zahlung für die nächste Zeit in Aussicht gestellt. Bis heute ist aber kein Betrag bei mir eingegangen. Ich muß deshalb annehmen, daß Sie zwar die Vorteile aus dem Wettbewerbsverbot in Anspruch nehmen, mir aber die geschuldeten Zahlungen vorenthalten wollen.
Hiermit setze ich Ihnen eine letzte Zahlungsfrist bis .... und erkläre Ihnen schon heute, daß ich nach fruchtlosem Ablauf dieser Frist von der Wettbewerbvereinbarung zurücktreten werde (vgl. Anm. 21). Die mir für die Dauer des Wettbewerbsverbots zustehende Karenzentschädigung werde ich dann gegen Sie gerichtlich geltend machen.

.............., *den* ....

Hochachtungsvoll
gez. Unterschrift

Anmerkungen

1) Vgl. Nr. 50 Anm. 7.
2) Obwohl der Handelsvertreter selbständiger Gewerbetreibender ist, muß er – soweit dadurch nicht seine Selbständigkeit beeinträchtigt wird und seine vertraglichen Pflichten einseitig erweitert werden – ihm erteilte Weisungen des Unternehmers befolgen: denn grundsätzlich hat dieser Art und Umfang der Geschäfte zu bestimmen, die er abschließen will. An die Befolgung von Besuchsanweisungen sind strenge Anforderungen zu stellen (BGH, Urt. v. 28. 11. 1963 – VII ZR 90/62).
3) Zwar hat der Handelsvertreter die ihm übertragenen Aufgaben grundsätzlich in eigener Person zu leisten (§ 613 BGB). Das bedeutet indes nicht, daß er keine Hilfspersonen – auch Untervertreter – bestellen darf. Als selbständiger Gewerbetreibender ist er hierzu berechtigt. Dieses Recht kann allerdings vertraglich ausgeschlossen werden.
4) An sich ist der Handelsvertreter nicht verpflichtet, einen bestimmten Umsatz zu erzielen. Nicht selten wird aber eine solche Verpflichtung – gegen Gewährung einer Zusatzprovision – vertraglich übernommen, insbesondere dann, wenn sich die Geschäfte des Handelsvertreters gut entwickelt haben. Aus der getroffenen Vereinbarung ergibt sich auch, welche Wirkungen das Nichterreichen des garantierten

Umsatzes äußert (geringere Provision, Zahlung einer Vertragsstrafe, Schadenersatzleistung oder gar Recht des Unternehmers zur fristlosen Kündigung des Vertretervertrages).

5) Die Übernahme des Delkredere durch den Handelsvertreter bedeutet, daß dieser die
Verpflichtung übernimmt, für die Erfüllung der Verbindlichkeit eines bestimmten
Kunden aus einem oder mehreren bestimmten Geschäften einzustehen. Es gelten
insoweit die gesetzlichen Bestimmungen über die Bürgschaft (§§ 765 ff. BGB,
§§ 349 ff. HGB). Danach steht die Einrede der Vorausklage (§ 771 BGB) dem
Handelsvertreter nur zu, wenn er Minderkaufmann ist (§ 4 HGB) und er auf diese
Einrede nicht verzichtet hat. Wie der Bürge haftet der Handelsvertreter als Delkre-
dereverpflichteter dem Unternehmer auch für die Kosten der Rechtsverfolgung
gegen den säumigen Kunden (§ 767 Abs. 2 BGB).

6) § 86 Abs. 1 HGB.

7) An die Einhaltung des Wettbewerbsverbots durch den Handelsvertreter ist ein
strenger Maßstab anzulegen. Schon in Zweifelsfällen muß der Unternehmer verständigt und dessen Zustimmung eingeholt werden (BGH, Urt. v. 19. 11. 1976, WPM
1977 S. 318). Diese Verpflichtung besteht auch dann, wenn einer von zwei vertrete-
nen Unternehmern erst später – durch Erweiterung seines Sortiments um Konkur-
renzprodukte – zum Mitbewerber des anderen Unternehmers wird (OLG München,
Urt. v. 15. 12. 1955, Handelsvertreterrecht – Entscheidungen [HVR] Nr. 108).

8) Verstöße gegen das Wettbewerbsverbot begründen eine Schadenersatzpflicht des
Handelsvertreters wegen Vertragsverletzung, in gravierenden Fällen auch ein Recht
des Unternehmers zur fristlosen Kündigung aus Verschulden des Handelsvertreters
(§ 89 a HGB) mit Verlust des Ausgleichsanspruchs (§ 89 b Abs. 3 HGB) und Verpflichtung zur Einhaltung eines vereinbarten nachvertraglichen Wettbewerbsverbots ohne Anspruch auf Entschädigung (§ 90 b Abs. 2 HGB).

9) Der Unternehmer kann sich im Vertretervertrag vorbehalten, durch einseitige Erklärung bestimmte Änderungen des Vertragsinhalts herbeizuführen. Meist handelt es
sich dabei um Bezirksverkleinerungen (vgl. hierzu BGH, Urt. v. 28. 1. 1971. VersR
1971 S. 462). Bei einer derartigen einseitigen Vertragsabänderung muß der Unternehmer sein Ermessen in billiger Weise ausüben (§ 315 BGB).

10) Vgl. Nr. 50 Anm. 5.

11) Schriftform und Aushändigung einer vom Unternehmer unterzeichneten, die Wettbewerbsabrede – oder den gesamten Vertretervertrag – enthaltenden Urkunde an den
Handelsvertreter (§ 90 a Abs. 1 HGB). Vgl. auch Nr. 50 Anm. 27.

12) Verstößt der Handelsvertreter gegen ein vereinbartes nachvertragliches Wettbewerbsverbot, so kann der Unternehmer von ihm Schadenersatz – etwa wegen
entgangenen Gewinns – und die Zahlung einer vertraglich vorgesehenen Vertragsstrafe fordern. Er braucht auch, solange sich der Handelsvertreter nicht an die
Wettbewerbsabrede hält, keine Karenzentschädigung zu zahlen (BGH, Urt. v.
9. 5. 1974, VersR 1975 S. 132). Ferner kann der Unternehmer, wenn eine Fortsetzung
der Konkurrenztätigkeit droht, den Handelsvertreter auf Unterlassung verklagen
oder gegen ihn eine einstweilige Verfügung erwirken. Zur Nichtigkeit eines örtlich
nicht beschränkten Konkurrenzverbots s. BezG Dresden, Urt. v. 9. 7. 1991, BB 1991
S. 2030.

13) Die Informationspflicht des Unternehmers gegenüber dem Handelsvertreter ergibt

sich aus § 86 a HGB. Unterläßt es der Unternehmer, den Vertreter über eine geplante Umstellung des Vertriebssystems unverzüglich zu unterrichten, kann er sich schadenersatzpflichtig machen (BGH, Urt. v. 9. 11. 1967, DB 1968 S. 35).

14) Der Unternehmer ist verpflichtet, alles zu unterlassen, was die Tätigkeit des Handelsvertreters erschweren oder vereiteln könnte. Deshalb darf er dem Handelsvertreter auch keine Untervertreter ausspannen (BGH, Urt. v. 11. 12. 1981, BB 1982 S. 1626, und Urt. v. 18. 6. 1964, DB 1964 S. 1022).

15) Vgl. Nr. 50 Anm. 10.

16) Vgl. Nr. 50 Anm. 18.

17) Der Provisionsanspruch des Handelsvertreters entsteht bereits dann, wenn seine Tätigkeit für das Zustandekommen des Geschäfts mit ursächlich war (§ 87 Abs. 1 HGB). Zu dem in dem Erklärungsmuster behandelten Fall vgl. BAG, Urt. v. 22. 1. 1971, BB 1971 S. 192.

18) Die Höhe der dem Handelsvertreter zustehenden Provision ergibt sich aus § 87 b HGB. Wegen des hier behandelten Falles vgl. OLG Düsseldorf, Urt. v. 7. 1. 1955, DB 1955 S. 578.

19) Vgl. Nr. 50 Anm. 5. Dem Unternehmer ist eine angemessene Überlegungsfrist zuzubilligen; nach deren Verstreichen ist aber das Kündigungsrecht verwirkt (BGH, Urt. v. 3. 7. 1986, BB 1986 S. 2015; OLG Bamberg, Urt. v. 26. 4. 1979, BB 1979 S. 1000).

20) Der Ausgleichsanspruch ist der wichtigste Anspruch, der dem Handelsvertreter nach Beendigung des Vertragsverhältnisses zustehen kann (§ 89 b HGB). Vgl. auch Nr. 50 Anm. 13.

21) Ob der Handelsvertreter, wenn der Unternehmer die Karenzentschädigung nicht zahlt, die Unterlassung des Wettbewerbs einfach verweigern kann (§ 320 BGB), ist umstritten. Auf jeden Fall kann aber der Handelsvertreter nach den §§ 286, 326 BGB vorgehen, d. h. den Unternehmer in Verzug setzen, ihm eine Nachfrist bestimmen und dann von der Wettbewerbsabrede zurücktreten (BAG, Urt. v. 5. 10. 1982. DB 1983 S. 834).

52. Kommissionsvertrag

Rechtsgrundlage. §§ 383–406 HGB.

Erläuterungen. Der Kommissionär übernimmt es gewerbsmäßig, Waren oder Wertpapiere für Rechnung eines anderen – des Kommittenten – im eigenen Namen zu kaufen oder zu verkaufen. Sein Geschäft ist im wesentlichen ohne Risiko, dafür ist aber auch seine Verdienstspanne geringer als die des Eigenhändlers. Bei Ausführung des übernommenen Geschäfts hat er die „Sorgfalt eines ordentlichen Kaufmanns" anzuwenden, die Interessen des Kommittenten wahrzunehmen (über Interessenkonflikte im Kommissionsverhältnis s. Koller, BB 1978 S. 1733) und dessen Weisungen zu befolgen, widrigenfalls er sich schadenersatzpflichtig macht. Er ist weiter verpflichtet, dem Kommittenten die Ausführung der Kommission unverzüglich anzuzeigen, ihm über das Geschäft Rechenschaft abzulegen und die vereinnahmten Beträge an ihn abzuführen. Die Ansprüche des Kommittenten gegen den Kommissionär auf Herausgabe des Erlangten verjähren in 30 Jahren (BGH, Urt. v. 26. 9. 1980, BB 1981 S. 576). Die dem Kommissionär zum Verkauf überlassenen Waren bleiben bis zur ordnungsgemäßen Veräußerung Eigentum des Kommittenten. Die Kaufpreisforderungen gegen die Kunden stehen dem Kommissionär zu, der sie allerdings dem Kommittenten auf Verlangen abtreten muß; erst nach erfolgter Abtretung kann sich der Kommittent unmittelbar an die Kunden halten (vgl. hierzu BGH, Urt. v. 26. 11. 1973, BB 1974 S. 1551). Von Gläubigern des Kommissionärs können solche Kaufpreisforderungen, selbst wenn sie nicht an den Kommittenten abgetreten worden sind, nicht gepfändet werden.

An dem in seinem Besitz befindlichen Kommissionsgut steht dem Kommissionär für seine Forderungen gegen den Kommittenten wegen Verwendungen auf die Ware, Provisionsansprüchen, auf das Gut gegebenen Vorschüssen und Darlehen, mit Rücksicht auf das Kommissionsgut eingegangenen Verbindlichkeiten sowie wegen aller Forderungen aus laufender Rechnung in Kommissionsgeschäften ein gesetzliches Pfandrecht zu. Wegen dieser Ansprüche kann sich der Kommissionär auch aus den Kaufpreisforderungen, die aus der Veräußerung der Kommissionswaren herrühren, vor dem Kommittenten befriedigen.

Der Kommissionsvertrag ist ein Geschäftsbesorgungsvertrag im Sinne des § 675 BGB, wobei es von den Umständen des Falles (Dauerverhältnis – Einzelgeschäfte) abhängt, ob er als Dienst- oder als Werkvertrag anzusehen ist (Baumbach/Duden/Hopt, HGB 28. Aufl. Anm. 2 A zu § 383), eine Frage, die u. U. für die Kündigung und die Verjährung Bedeutung gewinnen kann (wegen der Abgrenzung zum sog. Konditionsgeschäft s. BGH, Urt. v. 19. 2. 1975, BB 1975 S. 393).

Zur kartellrechtlichen Zulässigkeit von Kommissionsagenturverträgen vgl. KG, Beschl. v. 5. 8. 1982, BB 1983 S. 456, Riesenkampff in BB 1984 S. 2026 und Baur in BB 1985 S. 1821.

Form. Einer bestimmten Form bedarf der Kommissionsvertrag selbst dann nicht, wenn das abzuschließende Geschäft formbedürftig ist, wie z. B. beim Ankauf oder Verkauf von Grundstücken. Trotzdem ist es allgemein üblich, Kommissionsverträge schriftlich abzuschließen.

Muster

Zwischen Firma .... – Kommittent – und
der Firma .... – Kommissionär – wird folgender

Vertrag

geschlossen:

§ 1 Kommissionsgut
Der Kommittent liefert dem Kommissionär auf Abruf folgende Waren bis zu
einem Verkaufswert von .... DM monatlich zum kommissionsweisen Ver-
kauf: .... (vgl. Anm. 1).

§ 2 Lagerung und Versicherung
Der Kommissionär verpflichtet sich, das Kommissionsgut nur in seinen Ge-
schäftsräumen in .... zu lagern (vgl. Anm. 2) und es auf eigene
Kosten ausreichend gegen Feuer und Diebstahl zu versichern (vgl. Anm. 3).

§ 3 Verkaufspreise
Der Verkauf des Kommissionsgutes hat zu den vom Kommittenten angegebe-
nen Listenpreisen zu erfolgen (vgl. Anm. 4). Änderungen der Listenpreise hat
der Kommittent dem Kommissionär mindestens zwei Wochen vor Inkrafttreten
mitzuteilen. Ein Über- oder Unterschreiten der Listenpreise ist dem Kommis-
sionär nur mit Zustimmung (vgl. Anm. 5) des Kommittenten gestattet (vgl.
Anm. 6).

§ 4 Provision, Aufwendungsersatz
Für jedes zur Ausführung gekommene Geschäft erhält der Kommissionär eine
Provision von .... % des Verkaufspreises (vgl. Anm. 7). Eine Vergütung für
die Benutzung von Lagerräumen und Beförderungsmitteln steht dem Kommis-
sionär nicht zu (vgl. Anm. 8).

§ 5 Abrechnung
Der Kommissionär hat jeweils bis zum .... jeden Monats über die im
Vormonat verkauften Waren mit dem Kommittenten abzurechnen (vgl. Anm. 9).
Mangels rechtzeitiger Abrechnung kann der Kommittent den Kommissionär
für die nicht abgerechneten Waren zu .... % der Listenpreise (vgl. Anm. 10)
als Selbstschuldner in Anspruch nehmen; unbeschadet der Inanspruchnahme

bleibt die Ware bis zu völligen Bezahlung Eigentum des Kommittenten (vgl. Anm. 11).

§ 6 Verlust und Beschädigung des Kommissionsgutes
Der Kommissionär haftet dem Kommittenten für Verlust und Beschädigung des ihm gelieferten Kommissionsgutes, sofern er nicht nachweist, daß ihn und sein Personal hieran kein Verschulden trifft (vgl. Anm. 12).

§ 7 Kontrollbefugnisse des Kommittenten
Der Kommittent und seine Beauftragten sind berechtigt, jederzeit die Geschäfts- und Lagerräume des Kommissionärs zwecks Besichtigung und Bestandfeststellung des Kommissionsgutes zu betreten (vgl. Anm. 13). Zur Ermöglichung dieser Kontrollen hat der Kommissionär die erforderlichen Auskünfte zu erteilen (vgl. Anm. 14).

§ 8 Delkredere
Der Kommissionär ist berechtigt, beim Verkauf des Kommissionsgutes Stundung des Kaufpreises zu gewähren (vgl. Anm. 15). In diesem Falle hat er die Kaufpreisforderung sofort an den Kommittenten abzutreten und diesem für die Erfüllung der Verbindlichkeit des Käufers einzustehen (vgl. Anm. 16). Er erhält hierfür eine besondere Delkredereprovision von .... % des Verkaufspreises (vgl. Anm. 17).

§ 9 Werbematerial
Der Kommittent stellt dem Kommissionär Werbematerial für das Kommissionsgut unentgeltlich zur Verfügung, und zwar .... (vgl. Anm. 18).

§ 10 Kündigung des Vertrages
Dieser Vertrag kann von beiden Vertragschließenden unter Einhaltung einer einmonatigen Kündigungsfrist zum Schluß jedes Monats gekündigt werden (vgl. Anm. 19).

§ 11 Vertragsänderungen
Änderungen oder Ergänzungen dieses Vertrages bedürfen zu ihrer Gültigkeit der Schriftform.

§ 12 Gerichtsstand
Gerichtsstand für alle Streitigkeiten aus diesem Vertrage ist .... (vgl. Anm. 20).

383

....................., *den* ....

....

Der Kommittent   *Der Kommissionär*

Anmerkungen

1) Wegen des Unterschieds zwischen Kommissionsgeschäft und Kauf mit Rückgaberecht s. OLG Karlsruhe, Urt. v. 29. 6. 1971. BB 1971 S. 1123, v. 14. 12. 1971, BB 1972 S. 552, OLG Köln, Urt. v. 8. 11. 1972. BB 1972 S. 1526, und OLG Frankfurt. Urt. v. 1. 12. 1981, BB 1982 S. 208.

2) An sich braucht das Kommissionsgut nicht von anderen Waren getrennt gelagert zu werden. Dem Kommittenten wird aber durch eine getrennte Lagerung die Kontrolle (vgl. § 7) erleichtert.

3) Es kann auch vereinbart werden, daß der Kommissionär die Versicherung auf Rechnung des Kommittenten vorzunehmen hat. Wegen der „Versicherung für fremde Rechnung" vgl. §§ 74 ff. VVG.

4) Der Verkauf zu Listenpreisen kann unabhängig davon vereinbart werden, ob es sich beim Kommissionsgut um Markenartikel handelt.

5) Die Zustimmung des Kommittenten muß vor dem Verkauf eingeholt werden.

6) Hat der Kommissionär eigenmächtig unter dem ihm gesetzten Preis verkauft, so muß der Kommittent, falls er das Geschäft als nicht für seine Rechnung abgeschlossen zurückweisen will, dies unverzüglich auf die Anzeige von der Ausführung des Geschäfts erklären, widrigenfalls die Abweichung von der Preisbestimmung als genehmigt gilt. Erbietet sich der Kommissionär zugleich mit der Ausführungsanzeige zur Deckung des Preisunterschieds, so ist der Kommittent zur Zurückweisung nicht berechtigt, sein Anspruch auf Ersatz eines den Preisunterschied übersteigenden Schadens bleibt unberührt (§ 386 HGB).

7) Die Provision des Kommissionärs ist eine reine Erfolgsvergütung; sein Provisionsanspruch entsteht deshalb endgültig erst dann, wenn der Käufer den Kaufpreis bezahlt hat und damit das Risiko des Geschäfts für den Kommittenten entfallen ist. Ist das Geschäft nicht zur Ausführung gekommen, so kann der Kommissionär gleichwohl die Provision verlangen, wenn die Ausführung lediglich aus einem in der Person des Kommittenten liegenden Grund unterblieben ist (§ 396 Abs. 1 HGB).

8) Macht der Kommissionär zur Ausführung des Kommissionsgeschäfts sonstige Aufwendungen, die er den Umständen nach für erforderlich halten darf, so ist ihm der Kommittent hierfür ersatzpflichtig (§ 670 BGB, § 396 Abs. 2 HGB). Vgl. hierzu Koller, BB 1979 S. 1725.

9) Die Abrechnung ist schriftlich und, soweit erforderlich, unter Vorlage von Belegen zu erteilen.

10) Der Prozentsatz ist nach der dem Kommissionär zustehenden Provision festzusetzen. Beträgt sie z. B. 8 %, so kommt eine Haftung des Kommissionärs zu 92 % des Listenpreises in Betracht.

11) Falls ein Eigentumsvorbehalt zugunsten des Kommittenten nicht vereinbart wird,

gehen die nicht abgerechneten Waren mit der Inanspruchnahme des Kommissionärs in dessen Eigentum über.

12) Diese Vertragsbestimmung dient im wesentlichen nur der Klarstellung (vgl. § 390 Abs. 1 HGB).

13) Das bedeutet nicht, daß der Kommittent und seine Beauftragten auch nach Geschäftsschluß oder an Sonn- und Feiertagen die Räume betreten dürfen.

14) Zum Beispiel darüber, in welchen Räumen das Kommissionsgut gelagert ist.

15) Damit ist der Kommissionär auch befugt, dem Käufer Teilzahlungen zu bewilligen.

16) Der Kommissionär haftet dem Kommittenten in Höhe der Schuld des Käufers unmittelbar, nicht etwa nur subsidiär; er kann den Kommittenten nicht darauf verweisen, zunächst gegen den Käufer vorzugehen (§ 394 Abs. 2 HGB). Er kann ihm aber sämtliche Einwendungen aus dem Geschäft entgegenhalten, die dem Käufer zustehen, z. B. die Nichtigkeit des Kaufvertrages.

17) Der Anspruch auf die Delkredereprovision steht dem Kommissionär zu, sobald er das Geschäft ausgeführt hat; dagegen ist nicht Voraussetzung, daß er vom Kommittenten auf Grund der Delkredereübernahme tatsächlich in Anspruch genommen worden ist. Im übrigen kann auch vereinbart werden, daß der Kommissionär trotz der Delkrederehaftung keine besondere Delkredereprovision erhalten soll.

18) Einzusetzen sind Art und Menge des Werbematerials.

19) Unbeeinträchtigt bleibt das Recht jedes Vertragsteils, im Falle einer groben Vertragsverletzung des anderen das Vertragsverhältnis mit sofortiger Wirkung (fristlos) aufzukündigen.

20) S. Nr. 6 Anm. 12 zu Muster A. Bei einem Kommissionsgeschäft braucht der Kommittent nicht Kaufmann zu sein.

53. Alleinvertriebsvertrag

Rechtsgrundlage. §§ 433 ff. BGB, §§ 373 ff. HGB.

Formvorschriften. Solche bestehen nach bürgerlichem Recht nicht, nach Kartellrecht (§§ 18, 34 GWB) kann aber die Schriftform geboten sein (vgl. BGH, Urt. v. 12. 2. 1980 und 29. 6. 1982, BB 1980 S. 1175 und 1982 S. 1503).

Sinn und Zweck. Vertriebsverträge werden vielfach abgeschlossen zwischen Hersteller- und Vertriebsunternehmen, aber auch zwischen Vertriebsunternehmen und Großhändlern. Eine besondere Form des Vertriebsvertrags ist der Alleinvertriebsvertrag (zur Annahme eines Alleinvertriebsrechts reicht die Bezeichnung eines Eigenhändlers als „Generalvertreter" nicht aus: BGH, Urt. v. 18. 3. 1970, NJW 1970 S. 1040). Vor allem ausländische Hersteller, die die Absatzverhältnisse in der Bundesrepublik nicht oder nicht genügend kennen, übertragen häufig den Alleinvertrieb ihrer Erzeugnisse für die Bundesrepublik an ein inländisches Vertriebsunternehmen, das seinerseits diesen Alleinverkauf entweder mit einem Stab inländischer Handelsvertreter oder Handelsreisenden oder mit Hilfe von Großhandelsfirmen durchführt, denen es bestimmte Gebiete in der Bundesrepublik zur ausschließlichen Kundenbearbeitung und Belieferung zuweist (vgl. hierzu BGH, Urt. v. 23. 4. 1968, MDR 1968 S. 746). Werden in einen solchen Alleinvertriebsvertrag in Unkenntnis des deutschen Kartellrechts Bestimmungen aufgenommen, die nach § 15 GWB als vertikale Bindung nichtig sind, so ist nach § 139 BGB grundsätzlich anzunehmen. daß der Vertrag auch ohne den nichtigen Teil geschlossen worden wäre (OLG Frankfurt/M., Urt. v. 6. 6. 1974, BB 1974 S. 1180).

Wesentliches Merkmal eines Alleinvertriebsvertrages ist die ausschließliche Zuweisung eines Vertriebsgebietes an den Vertragshändler. Der Unternehmer darf dann grundsätzlich keinen anderen Vertragshändler für dieses Gebiet bestellen, es ist ihm mangels abweichender vertraglicher Vereinbarungen aber auch untersagt, in diesem Gebiet Direktgeschäfte zu tätigen. Unter das Alleinverkaufsrecht des Vertragshändlers können auch Erzeugnisse fallen, die von den Vertragserzeugnissen geringfügig abweichen, etwa durch ihre äußere Aufmachung oder durch ihre Bezeichnung. Obwohl das Alleinvertriebsrecht kein sog. absolutes Recht ist, wird die Stellung des Vertragshändlers auch gegenüber Dritten durch § 1 UWG geschützt (vgl. Semler, GRUR 1983, S. 625).

Vertriebsverträge sind Dauerschuldverhältnisse wie Miet- und Pachtverträge oder Gesellschaftsverträge. Auf sie finden daher auch die Grundsätze, die die Rechtsprechung zur den Dauerrechtsverhältnissen herausgebildet hat, sinngemäß Anwendung. Da Vertriebsverträge die beiderseitigen Interessen eng aneinanderknüpfen und persönliche Zusammenarbeit und gutes Einvernehmen erfordern, führt der Grundsatz des § 242 BGB (Treu und Glauben) hier z. B. zur Gewährung eines fristlosen Kündigungsrechtes oder zum Recht der Kündigung mit angemessener Frist, obwohl ein solches Aufhebungsrecht nicht, wie in den §§ 626, 723 BGB, gesetzlich vorgesehen ist (Rspr.-Nachw. bei Palandt, BGB 51. Aufl. Rdnr. 18 Einl. vor § 241).

Muster

Alleinvertriebsvertrag (vgl. Anm. 1)

Zwischen
der Firma .... in .... – Vertriebsunternehmen – und

der Firma .... in .... – Großhandelsfirma (vgl. Anm. 2) –
wird heute folgendes vereinbart:

§ 1 Umfang des Alleinverkaufsrechtes
(1) Die Firma .... in .... in ihrer Eigenschaft als einziges
für die Bundesrepublik Deutschland autorisiertes Vertriebsunternehmen der
Firma .... in .... für deren Karren- und Lieferwagenpro-
gramm, überträgt hiermit an die Großhandelsfirma den Alleinverkauf aller
unter dieses Programm fallenden Lieferwagen und Karren für den Bezirk
.... (z. B. Südbayern).
Die Grenzen dieses Bezirks sind: ....
(2) Die Großhandelsfirma verpflichtet sich, diese Grenzen zu respektieren
und an Abnehmer außerhalb ihres Verkaufsbezirks Lieferwagen und Karren
der Firma .... weder zu liefern noch anzubieten (vgl. Anm. 3).
(3) Das Vertriebsunternehmen verpflichtet sich, in den Verkaufsbezirk keine
Direktlieferungen vorzunehmen oder über Dritte zu liefern und dafür zu sor-
gen, daß ihre außerbezirklichen Großhandelsfirmen keine Lieferungen in die-
sen Bezirk vornehmen (vgl. Anm. 4).
(4) Innerhalb ihres Verkaufsbezirks verkauft die Großhandelsfirma die Liefer-
wagen und Karren der Firma .... im eigenen Namen und auf eigene
Rechnung und Verantwortung. Sie ist also Eigenhändler und nicht Handelsver-
treter im Sinne der §§ 84 ff. HGB. Bei Beendigung des Vertrags steht ihr daher
auch kein Ausgleichsanspruch nach § 89 b HGB zu.

§ 2 Interessenwahrnehmung und Werbung
(1) Die Großhandelsfirma nimmt die allgemeinen Interessen der Firma
.... und des Vertriebsunternehmens im Rahmen dieses Vertrages
wahr. Sie ist u. a. verpflichtet, Wünsche, Anträge, Vorschläge usw. der Kund-
schaft, soweit diese die Großhandelsfirma für deren Übermittlung in Anspruch
nimmt, unverzüglich an das Vertriebsunternehmen weiterzuleiten. Zur Interes-
senwahrnehmung gehören auch die Bemühungen um die Erhaltung und Erhö-
hung des Umsatzes in Lieferwagen und Karren des Produktionsprogramms der
Firma ....
(2) Das Vertriebsunternehmen wird, soweit seinerseits möglich und zumutbar,
den Verkauf und die Kundenwerbung der Großhandelsfirma wirksam unter-
stützen und auf seine Kosten für geeignetes Werbematerial in ausreichender
Menge sorgen (vgl. Anm. 5).
(3) Alle Kundenbesuche im Verkaufsbezirk erfolgen ausschließlich durch die
Großhandelsfirma.

§ 3 Konkurrenzverbot, Vertragsstrafe (vgl. Anm. 6)
Die Großhandelsfirma verpflichtet sich, keine anderen Lieferwagen und Kar-
ren, außer denen der Firma .... zu vertreiben. Jeder Verstoß gegen
diese Verpflichtung löst die Bezahlung einer Vertragsstrafe von .... DM
aus. Daneben bleibt der Anspruch auf Schadenersatz und Unterlassung aus-
drücklich bestehen.

§ 4 Preisgestaltung
(1) Das Vertriebsunternehmen gibt der Großhandelsfirma die Einkaufspreise
durch Übersendung einer Preisliste bekannt, die für alle Bestellungen der
Großhandelsfirma maßgebend bleiben, bis ihr vom Vertriebsunternehmen eine
neue Preisliste zugestellt wird. Preiserhöhungen müssen der Großhandels-
firma mindestens drei Monate vor ihrem Inkrafttreten angekündigt werden.
(2) Die Preise laut Preisliste verstehen sich rein netto ab Werk der Hersteller-
firma in .... und schließen Verpackung, Fracht, Porto und Versiche-
rungskosten nicht ein.
(3) Die Großhandelsfirma ist in der Gestaltung ihrer Verkaufspreise vollkom-
men frei. Sie ist an die ihr vom Vertriebsunternehmen mitgeteilten Richtpreise
nicht gebunden.

§ 5 Zahlungsweise
Die Rechnungen des Vertriebsunternehmens sind innerhalb von zehn Tagen ab
Rechnungsdatum bar und ohne Abzug zu bezahlen. Wird dieses Zahlungsziel
überschritten, ist das Vertriebsunternehmen berechtigt, Verzugszinsen in bank-
mäßiger Höhe, mindestens aber in Höhe von .... %, zu verlangen.

§ 6 Eigentumsvorbehalt (vgl. Anm. 7)
(1) Bis zur vollständigen Zahlung der Kaufpreise sowie bis zur Bezahlung
aller vorangegangenen und folgenden Warenlieferungen innerhalb der Ge-
schäftsverbindung – einschließlich aller Nebenforderungen (bei Bezahlung
durch Scheck oder Wechsel bis zur Scheck- oder Wechseleinlösung) – bleiben
die gelieferten Waren Eigentum des Vertriebsunternehmens bzw. der Herstel-
lerfirma. Die Großhandelsfirma ist nicht berechtigt, die unter Eigentumsvor-
behalt stehenden Waren an Dritte zu verpfänden oder zur Sicherung zu über-
eignen.
(2) Die Großhandelsfirma ist berechtigt, die Waren im ordnungsmäßigen
Geschäftsgang weiterzuveräußern. Sie tritt hiermit sämtliche ihr aus einer
Weiterveräußerung oder einem sonstigen Rechtsgrund gegen Dritte zustehen-
den Forderungen an das Vertriebsunternehmen zu dessen Sicherung ab. So-
lange die Großhandelsfirma ihren Zahlungsverpflichtungen gegenüber dem

Vertriebsunternehmen ordnungsmäßig nachkommt, ist sie ermächtigt, diese Forderungen für Rechnung des Vertriebsunternehmens einzuziehen.

(3) Die Großhandelsfirma hat dem Vertriebsunternehmen etwaige Zugriffe Dritter auf die unter Eigentumsvorbehalt gelieferten Waren oder auf die abgetretenen Forderungen aus der Weiterveräußerung sofort mitzuteilen (vgl. Anm. 8).

(4) Der Eigentumsvorbehalt hat auch Gültigkeit gegenüber dem Spediteur, dem die Waren auf Antrag der Großhandelsfirma oder auf Veranlassung des Vertriebsunternehmens übergeben werden.

(5) Die unter Eigentumsvorbehalt stehende Ware ist von der Großhandelsfirma pfleglich zu behandeln und ausreichend gegen Feuergefahr zu versichern. In Schadensfällen entstehende Versicherungsansprüche werden hiermit an das Vertriebsunternehmen abgetreten.

§ 7 Gefahrtragung (vgl. Anm. 9)
Der Versand der Ware erfolgt in allen Fällen auf Rechnung und Gefahr der Großhandelsfirma. Für Beschädigungen und Verluste während des Transports wird seitens des Vertriebsunternehmens keine Haftung übernommen.

§ 8 Sachmängelhaftung und Garantiefrist (vgl. Anm. 10)
(1) Mängel der gelieferten Ware sind unverzüglich (vgl. Anm. 11) dem Vertriebsunternehmen gegenüber zu rügen. Alle Lieferwagen und Karren, die innerhalk von sechs Monaten ab Rechnungsdatum nachweisbar infolge eines vor dem Gefahrübergang liegenden Umstandes, insbesondere wegen Materialfehler oder mangelhafter Ausführung, unbrauchbar werden oder deren Brauchbarkeit erheblich beeinträchtigt wird, sind vom Vertriebsunternehmen nach seiner Wahl entweder kostenlos auszubessern (vgl. Anm. 12) oder neu zu liefern. Weitergehende Gewährleistungs- und etwaige Schadenersatzansprüche (vgl. Anm. 13) werden ausdrücklich ausgeschlossen.
(2) Beschädigungen der Ware, welche durch Nachlässigkeit oder unkundige Behandlung seitens der Großhandelsfirma oder ihrer Abnehmer, durch übermäßige Inanspruchnahme oder natürliche Abnutzung entstehen, sind von der Garantie ausgeschlossen.

§ 9 Vorratshaltung
Die Großhandelsfirma verpflichtet sich, von allen unter das Lieferwagen- und Karrenprogramm der Firma .... fallenden Fahrzeugtypen wenigstens je zwei Exemplare ständig vorrätig zu halten.

§ 10 Vertragsbeginn und -ende (vgl. Anm. 14). Kündigung und Übertragbarkeit des Vertrags

(1) Dieser Vertrag beginnt am .... und wird auf unbestimmte Zeit geschlossen. Er kann beiderseits unter Einhaltung einer Kündigungsfrist von 30 Tagen jeweils zum Schluß eines Kalendervierteljahres gekündigt werden (vgl. Anm. 15).
(2) Jede Kündigung hat durch eingeschriebenen Brief zu erfolgen.
(3) Keine Vertragspartei ist ohne vorherige schriftliche Zustimmung des Vertragspartners berechtigt, ihre Rechte und Pflichten aus diesem Vertrag insgesamt oder einzeln auf einen Dritten zu übertragen (vgl. Anm. 16).
(4) Beim Tode des Inhabers der Großhandelsfirma erlischt dieser Vertrag mit sofortiger Wirkung (vgl. Anm. 17). Beim Tode des Inhabers des Vertriebsunternehmens sind dessen Erben berechtigt, aber nicht verpflichtet, diesen Vertrag mit sofortiger Wirkung zu kündigen.

§ 11 Erfüllungsort (vgl. Anm. 18) und Gerichtsstand (vgl. Anm. 19)
Erfüllungsort und Gerichtsstand für etwaige Streitigkeiten aus diesem Vertrag ist die gewerbliche Niederlassung des Vertriebsunternehmens.

§ 12 Nebenabreden und Änderungen des Vertrags
Mündliche Abreden bestehen nicht. Nachträgliche Änderungen dieses Vertrages sind nur gültig, wenn sie schriftlich getroffen werden.

.... den ....

*   Unterschriften*

Anmerkungen

1) Das Vertriebsunternehmen hat einen besonderen Vertriebsvertrag mit der Hersteller-firma abgeschlossen, der ähnliche Vertragsbestimmungen enthält wie der Alleinvertriebsvertrag des Vertriebsunternehmens mit seinen Abnehmern in den einzelnen Bezirken.
2) Die Großhandelsfirma kann auch noch die Erzeugnisse anderer Herstellerfirmen im Rahmen ihres Geschäftsbetriebs vertreiben, sofern dies nicht ausdrücklich im Alleinvertriebsvertrag verboten wird.
3) Verstöße gegen diese Vertragspflichten berechtigen den anderen Vertragspartner zu Schadenersatz- und Unterlassungsklagen (vgl. LG Frankfurt/M., Urt. v. 24. 10. 1973. BB 1974 S. 1365). Vgl. auch BGH, Urt. v. 9. 2. 1984, BB 1984 S. 1313.
4) Zur Frage, ob das Vertriebsunternehmen berechtigt ist, unter das Allein-verkaufsrecht der Großhandelsfirma fallende Waren in anderer äußerer Aufma-chung und unter anderer Bezeichnung in das Vertriebsgebiet zu liefern, vgl. BGH, Urt. v. 21. 6. 1972, BB 1972 S. 1204.
5) Über die Rechte und Pflichten der Parteien bei vereinbarter Mindestabnahmeklau-

sel, wenn das Vertriebsunternehmen in Lieferschwierigkeiten gerät, vgl. BGH, Urt. v. 19. 1. 1972, BB 1972 S. 193.

6) Siehe hierzu §§ 339–345 BGB über die Vertragsstrafe; bei Vollkaufleuten kann die vereinbarte Vertragsstrafe nicht durch Urteil herabgesetzt werden (§ 348 HGB). – Bei einem Alleinvertriebsrecht gilt nicht § 687 Abs. 2 BGB (Herausgabe des Erlangten), wenn der Unternehmer unter Verletzung des Alleinvertriebsrechts Lieferungen vorgenommen hat (BGH, Urt. v. 9. 2. 1984, BB 1984 S. 1313).

7) Siehe hierzu § 455 BGB; bei Ausübung des Rücktrittsrechts infolge Zahlungsverzugs sind die von beiden Vertragspartnern erbrachten Leistungen zurückzugewähren (§§ 346 ff. BGB). Der Käufer kann aber, anstatt nach § 455 BGB zu verfahren, auch den Weg des § 326 BGB (d. h. Schadenersatz wegen Nichterfüllung) wählen, und zwar ohne Fristsetzung (Palandt, a. a. O., Rdnr. 26 zu § 455 BGB).

8) Die Benachrichtigung des Vertriebsunternehmens ist notwendig, damit dieses rechtzeitig die erforderlichen Schritte gegen die Pfändung unternehmen, z. B. einstweilige Einstellung der Zwangsvollstreckung beantragen und Widerspruchsklage nach § 771 ZPO erheben kann.

9) Zur Frage der Transportgefahr siehe § 447 BGB.

10) Wegen der Sachmängelgewährleistungsansprüche s. §§ 459 ff. BGB.

11) Die unverzügliche Rügepflicht ergibt sich aus § 377 HGB, da es sich hier um einen beiderseitigen Handelskauf handelt.

12) Eine Vereinbarung über Nachbesserungsrecht und Nachbesserungspflicht anstelle der gesetzlichen Gewährleistung (sog. Garantieklausel) wird von der Rechtsprechung grundsätzlich anerkannt. Eine Ausnahme gilt nur dann, wenn eine Nachbesserung unmöglich ist oder wenn sie verweigert wird oder fehlschlägt; in einem solchen Fall leben die gesetzlichen Gewährleistungsrechte wieder auf (Palandt, a. a. O. Rdnr. 27, 29 Vorbem. vor § 459 BGB.)

13) Eine Vertragsklausel, die die Verpflichtung zur Schadenersatzleistung ausschließt, ist rechtsgültig, sofern nicht Arglist oder Vorsatz in Frage steht (§§ 476, 276 Abs. 2 BGB; vgl. hierzu BGH, Urt. v. 17. 12. 1959, NJW 1960 S. 667). Unzulässig ist dagegen eine Vereinbarung, nach der Gewährleistungsansprüche des Lieferanten überhaupt ausgeschlossen sein sollen.

14) Jeder Vertragspartner kann einen für mehrere Jahre abgeschlossenen Vertriebsvertrag fristlos aufkündigen, wenn ihm nach Treu und Glauben das Festhalten am Vertrag billigerweise nicht mehr zugemutet werden kann. Umstände aus dem eigenen Risikobereich begründen jedoch grundsätzlich kein Kündigungsrecht.

15) Die Kündigungsbestimmungen müssen abgestellt sein auf die Kündigungsvereinbarungen, die das Vertriebsunternehmen mit der Herstellerfirma getroffen hat. Wegen kündigungsbehindernder Vereinbarungen (Übergabe des Geschäftsbetriebs, Wettbewerbsverbot) s. BGH, Urt. v. 20. 1. 1972, BB 1972 S. 772.

16) Vgl. § 399 BGB, wonach die Abtretung einer Forderung durch Vereinbarung zwischen Gläubiger und Schuldner ausgeschlossen werden kann.

17) Da ein Alleinvertriebsvertrag ein besonderes Vertrauensverhältnis zwischen den Vertragspartnern schafft, muß sich das Vertriebsunternehmen das Recht der sofortigen Vertragsaufhebung für den Fall des Todes des Inhabers der Großhandelsfirma sichern. Etwas anderes gilt, wenn die Großhandelsfirma eine Personengesellschaft (Offene Handelsgesellschaft, Kommanditgesellschaft) ist und nach dem Gesell-

schaftsvertrag auch nach dem Tod eines persönlich haftenden Gesellschafters fortbesteht.
18) Vgl. §§ 269, 270 BGB; Lieferschulden sind grundsätzlich Holschulden, d. h. der Gläubiger (= Großhandelsfirma) muß die Ware abholen; Geldschulden dagegen sind Bringschulden (Schickschulden).
19) S. Nr. 6 Anm. 12 zu Muster A.

54. Auslieferungslager-Vertrag

Erläuterungen. Unter Auslieferungs- oder Konsignationslager versteht man ein Warenlager, das von einem Unternehmer bei einem selbständigen oder unselbständigen Handelsvertreter, einem Kommissionär oder einem Eigenhändler eingerichtet wird (zur Werbung unter Verwendung der Bezeichnung „Auslieferungslager" vgl. BGH, Urt v. 28. 9. 1973, BB 1974 S. 11). Der Zweck besteht im allgemeinen in der rascheren Belieferung der Kundschaft und der Ersparnis an Transport- und Verpackungskosten, gelegentlich dient das Lager aber auch Vorführungs- und Ausstellungszwecken. Im Auslandsgeschäft liegt ein weiterer Vorteil darin, daß die sich aus der Zollgrenze für den Kunden ergebenden Unbequemlichkeiten vermieden werden; der Lagerhalter kann entweder die Ware sogleich verzollen, um dann über sie wie über Inlandsware verfügen zu können, oder er unterhält aufgrund zollbehördlicher Bewilligung ein privates offenes Zollager, wobei ihm die Bezahlung der Eingangsabgaben zunächst für die Lagerzeit gestundet wird und für die im Laufe eines Monats entnommenen Waren anhand einer bis zum 15. des folgenden Monats abzugebenden Anmeldung der hierauf entfallende Zoll zu entrichten ist (vgl. hierzu Haumann, Praktische Hinweise für die Vertretung ausländischer Firmen, Köln 1970 S. 40 ff.).
Der Auslieferungslager-Vertrag ist ein gesetzlich nicht besonders geregelter Vertrag eigener Art. Er bedarf zu seiner Rechtswirksamkeit keiner bestimmten Form, doch ist schriftlicher Abschluß unbedingt ratsam. Regelmäßig wird der Auslieferungslager-Vertrag nicht selbständig, sondern in Verbindung mit einem Hauptvertrag (Handelsvertreter-, Kommissionär- oder Eigenhändlervertrag) abgeschlossen. An sich können die Vereinbarungen über das Auslieferungslager auch in den Hauptvertrag aufgenommen werden, aus Gründen der Übersichtlichkeit und weil es sich um umfangreiche Abreden handelt, empfiehlt sich jedoch ein gesonderter Vertragsabschluß. Bei dem folgenden Vertragsmuster wird davon ausgegangen, daß Lagerhalter ein selbständiger Handelsvertreter ist (vgl. Nr. 50).

Muster

Zwischen der Firma .... – Unternehmer –
und Herrn/Frau .... – Handelsvertreter –
wird vereinbart:

§ 1 Hauptvertrag
Dieser Vertrag ist Bestandteil des am .... zwischen den Parteien abge-
schlossenen Handelsvertretervertrages (vgl. Anm. 1).

§ 2 Errichtung eines Auslieferungslagers
(1) Der Unternehmer errichtet bei dem Handelsvertreter ein Auslieferungsla-
ger. Die hierfür erforderlichen Räume, nämlich ...., stellt der Handelsver-
treter dem Unternehmer gegen ein monatliches Entgelt von .... DM zur
Verfügung; jede Verlegung bedarf der Zustimmung des Unternehmers.
(2) Das Lager soll einen Warenbestand von mindestens .... und höchstens
.... aufweisen (vgl. Anm. 3). Der Unternehmer verpflichtet sich, den Waren-
bestand nach Maßgabe der Entnahmen und seiner Liefermöglichkeiten laufend
zu ergänzen. Der Handelsvertreter hat die jeweils notwendigen Ergänzungs-
lieferungen rechtzeitig abzurufen.
(3) Die Gefahr und die Kosten des Transports der Waren zum Lager trägt der
Unternehmer.

§ 3 Eigentumsverhältnisse
(1) Die im Lager befindlichen Waren bleiben Eigentum des Unternehmers
(vgl. Anm. 4). Sie werden dem Handelsvertreter ausschließlich zu folgenden
Zwecken überlassen: .... (vgl. Anm. 5).
(2) Andere Waren als die des Unternehmers dürfen im Lager nicht aufbewahrt
werden (vgl. Anm. 6). Von einer Zwangsvollstreckung in den Lagerbestand
durch einen seiner Gläubiger hat der Handelsvertreter den Unternehmer
unverzüglich zu benachrichtigen (vgl. Anm. 7).
(3) Der Unternehmer ist berechtigt, das Lager und die vom Handelsvertreter
zu führenden Bücher (§ 4 Abs. 4) laufend zu kontrollieren oder kontrollieren
zu lassen.

§ 4 Pflichten des Handelsvertreters
(1) Der Handelsvertreter hat die Lagergegenstände nach ihrem Eintreffen
unverzüglich auf Vollständigkeit und mangelfreie Beschaffenheit zu prüfen
(vgl. Anm. 8) und dem Unternehmer über das Eintreffen und das Ergebnis der
Prüfung Mitteilung zu machen. Geht innerhalb von .... Tagen nach Eintref-

393

fen der Gegenstände eine Mängelanzeige beim Unternehmer nicht ein, so gelten die Waren als ordnungsgemäß übernommen (vgl. Anm. 9).

(2) Treffen Waren beschädigt ein, so hat der Handelsvertreter Umfang und Art der Beschädigungen unter Zuziehung von Zeugen schriftlich festzustellen und die Rechte des Unternehmers gegenüber dem Spediteur zu wahren (vgl. Anm. 10).

(3) Der Handelsvertreter hat die Waren pfleglich zu behandeln, sorgfältig zu lagern und gegen drohenden Verlust oder Beschädigungen zu schützen. Die notwendigen Kosten gehen zu seinen Lasten. Er haftet für Verlust oder Beschädigung der Lagerbestände, wenn er nicht nachweist, daß sie auch bei Beachtung der Sorgfalt eines ordentlichen Kaufmanns durch ihn nicht abgewendet werden konnten. Von einem Schadenseintritt hat er den Unternehmer unverzüglich zu benachrichtigen.

(4) Über die Lagerbestände hat der Handelsvertreter eigene Bücher zu führen und die Waren darin als Eigentum des Unternehmers zu kennzeichnen. Zu- und Abgänge sind jeweils unverzüglich einzutragen.

(5) Der Handelsvertreter hat für den Lagerbestand Sicherheit in Höhe von .... DM zu leisten, und zwar durch .... (vgl. Anm. 11).

§ 5 Versicherung
(1) Die Versicherung der Lagerbestände gegen Diebstahl sowie Wasser- und Feuerschäden erfolgt durch den Unternehmer; Ablichtungen der Versicherungspolicen werden dem Handelsvertreter ausgehändigt (vgl. Anm. 12).
(2) Soweit sich die Notwendigkeit einer Benachrichtigung des Versicherers ergibt, hat der Handelsvertreter dem Unternehmer sofort entsprechende Mitteilung zu machen.

§ 6 Entnahmen
(1) Der Handelsvertreter ist berechtigt, im Namen und auf Rechnung des Unternehmers Waren aus dem Lager an Kunden zu verkaufen und auszuliefern. Er ist verpflichtet, bis zur vollständigen Bezahlung des Kaufpreises dem Unternehmer das Eigentum an den Waren vorzubehalten.
(2) Der Handelsvertreter hat dafür zu sorgen, daß die Kunden, soweit sie nicht bar zahlen, den Kaufpreis auf das Konto Nr. .... des Unternehmers bei .... überweisen; Namen und Anschriften dieser Kunden hat der Handelsvertreter dem Unternehmer mitzuteilen. Nimmt der Handelsvertreter Barzahlungen entgegen, wozu er berechtigt ist, so hat er die eingenommenen Beträge unverzüglich auf das genannte Konto des Unternehmers zu überweisen.
(3) Außer der bereits vereinbarten Vertreterprovision erhält der Handelsvertreter eine Vergütung in Höhe von .... % der durch Verkäufe aus dem Lager

erzielten Umsätze. Der Anspruch hierauf entsteht jedoch erst mit Eingang der Zahlungen durch die Kunden.
(4) Über die erfolgten Verkäufe hat der Handelsvertreter jeweils bis zum 5. d. M. für den vergangenen Monat abzurechnen. Die ihm gemäß Absatz 3 zustehende Vergütung wird ihm binnen 2 Wochen – evtl. vorbehaltlich des späteren Zahlungseingangs – überwiesen. Eine genaue Lagerabrechnung erfolgt jeweils zum Ende eines Kalenderhalbjahres.

§ 7 Vertragsbeendigung
(1) Der vorliegende Vertrag endet gleichzeitig mit dem unter § 1 aufgeführten Handelsvertretervertrag. Er kann jedoch unabhängig hiervon von jedem Vertragsteil mit einer Frist von 2 Monaten zum Ende eines Kalendervierteljahres durch eingeschriebenen Brief gekündigt werden; durch eine solche Kündigung wird der Fortbestand des Handelsvertretervertrages nicht berührt.
(2) Nach Vertragsbeendigung hat der Handelsvertreter die Lagerbestände unverzüglich auf Kosten und Gefahr des Unternehmers an diesen zurückzusenden. Ein Zurückbehaltungsrecht, gleich aus welchem Grunde, steht ihm nicht zu.

§ 8 Sonstiges (vgl. Anm. 13)
....
....
....

.................., den ....

                                            Unterschriften

Anmerkungen

1) Damit wird klargestellt, daß eine Verletzung der Pflichten aus dem Auslieferungslager-Vertrag zugleich einen Verstoß gegen den Handelsvertretervertrag darstellt und u. U. ein Recht zur fristlosen Kündigung auch dieses Vertrages aus „wichtigem Grund" auslösen kann.
2) Da die Errichtung des Lagers vorwiegend im Interesse des Unternehmers erfolgt, ist es billig, daß dieser die Kosten für die Raumüberlassung trägt. Handelt es sich um gemietete Räume, so kann vereinbart werden, daß der Unternehmer die (anteilige) Miete unmittelbar an den Grundstückseigentümer zu zahlen hat. § 87 d HGB mit der Folge der Unkostentragung durch den Handelsvertreter ist jedoch anzuwenden, wenn das Vertragsverhältnis von vornherein so ausgestaltet ist, daß der Handelsvertreter die Räume für das Auslieferungslager bereitzustellen hat (Schröder, Recht der Handelsvertreter 5. Aufl. Rdnr. 44 a zu § 86 HGB).

3) Bestandsangaben sind nach Menge oder Wert der Waren oder nach beiden Gesichtspunkten vorzunehmen. Bei Wertangaben ist klarzustellen, ob es sich um Ein- oder Verkaufspreise handelt.

4) Demnach erübrigt sich die Vereinbarung eines Eigentumsvorbehalts zwischen Unternehmer und Handelsvertreter.

5) Zum Verkauf und zur Belieferung der Kunden, evtl. auch zu Ausstellungs- und Vorführungszwecken.

6) Es kann auch vereinbart werden, daß andere Waren mit Zustimmung des Unternehmers und bei deutlicher Trennung in den Räumen gelagert werden dürfen.

7) Damit der Unternehmer seine Rechte geltend machen kann, ggf. mit der Widerspruchsklage (§ 771 ZPO).

8) Dabei hat der Handelsvertreter die Sorgfalt eines ordentlichen Kaufmanns anzuwenden (§ 347 HGB).

9) Ähnlich der Regelung des § 377 HGB (Untersuchungs- und Rügepflicht des Käufers bei beiderseitigem Handelsgeschäft).

10) Hierbei sind die Allgemeinen Deutschen Spediteur-Bedingungen zu beachten.

11) In Betracht kommt Sicherheitsleistung durch Einzahlung eines Geldbetrages auf ein Sperrkonto, durch Hypothekenbestellung, Bankgarantie oder Bürgschaft.

12) Es kann auch vereinbart werden, daß die Versicherung durch den Handelsvertreter auf eigene Kosten, die ihm der Unternehmer zu erstatten hat, erfolgen muß. In diesem Fall empfiehlt sich noch folgende Abrede: „In dem Versicherungsvertrag zwischen dem Handelsvertreter und dem Versicherer ist zu vereinbaren, daß die Versicherungssumme mit befreiender Wirkung nur an den Unternehmer ausbezahlt werden darf, daß der Versicherungsvertrag seitens des Handelsvertreters nur mit Zustimmung des Unternehmers gekündigt werden darf, daß bei nicht rechtzeitiger Prämienzahlung des Handelsvertreters der Versicherer dem Unternehmer unverzüglich Mitteilung zu machen hat und daß dieser im Falle eines Zahlungsverzugs des Handelsvertreters berechtigt ist, in den Versicherungsvertrag einzutreten."

13) Hier kann z. B. bestimmt werden, daß der Unternehmer jederzeit Waren aus dem Lager zurücknehmen kann, soweit diese vom Handelsvertreter noch nicht verkauft und ausgeliefert sind.

55. Anmeldungen des Einzelkaufmanns zum Handelsregister

Rechtsgrundlage. §§ 8 ff. HGB.

Erläuterungen. Der Zweck des Handelsregisters, das von den Amtsgerichten geführt wird (§ 125 FGG), besteht darin, Firmen sowie bestimmte Rechtsverhältnisse von Einzelkaufleuten und Handelsgesellschaften für Interessenten erkennbar zu machen. Das Handelsregister ist zwar nicht – wie etwa das Grundbuch – mit „öffentlichem Glauben" ausgestattet, äußert aber bestimmte Publizitätswirkungen (§ 15 HGB). Zur Haftung bei einem in Widerspruch zum Handelsregister geschaffenen Rechtsschein s. BGH, Urt. v. 8. 7. 1976, BB 1976 S. 1479; zu den handelsregisterlichen Firmengrundsätzen vgl. Kind, BB 1980 S. 1558, zur Beweiskraft im Grundbuchverkehr s. BayObLG, Beschl. v. 15. 3. 1989, BB 1989 S. 1074. S. auch Goebeler, Entwicklung des Registerrechts 1980–1986, BB 1987 S. 2314.

Das Handelsregister besteht aus den Abteilungen A und B. Einzelkaufleute werden in Abteilung A eingetragen. Vermerkt werden nur diejenigen Tatsachen und Rechtsverhältnisse, die vom Gesetz ausdrücklich als eintragungsfähig erklärt sind.

In das Handelsregister und in die dazu eingereichten Schriftstücke kann jedermann Einsicht nehmen. Auf Verlangen werden Abschriften erteilt (vgl. OLG Köln, Beschl. v. 20. 2. 1991, BB 1991 S. 861). Auf Wunsch bescheinigt das Registergericht auch, daß bezüglich des Gegenstands einer Eintragung weitere Eintragungen nicht vorhanden sind oder daß eine bestimmte Eintragung nicht erfolgt ist (sog. Negativattest). Der Nachweis der Inhaberschaft einer eingetragenen Einzelfirma sowie der Vertretungsbefugnis eines Einzelkaufmanns kann Behörden gegenüber durch ein Zeugnis des Registergerichts über die Eintragung geführt werden (§ 9 HGB). Die Eintragungen werden im Bundesanzeiger und in einer weiteren Zeitung, die vom Gericht bestimmt wird, bekanntgemacht (§§ 10, 11 HGB).

Form. Die Anmeldungen zur Eintragung in das Handelsregister sowie die zur Aufbewahrung beim Registergericht bestimmten Zeichnungen von Unterschriften sind in öffentlich beglaubigter Form einzureichen; das bedeutet, daß die Unterschrift des Erklärenden von einem Notar beglaubigt sein muß (§ 12 HGB, § 129 BGB). Die gleiche Form ist für eine Vollmacht zur Anmeldung notwendig (eine Generalvollmacht reicht aus: LG Frankfurt/M., Beschl. v. 16. 3. 1972, BB 1972 S. 512; Prokura genügt nicht: BayObLG, Beschl. v. 14. 4. 1982, BB 1982 S. 1075).

Gesetzliche Vertreter haben bei der Anmeldung ihre Vertretungsmacht durch Vorlage der betreffenden Urkunden (z. B. der vormundschaftsgerichtlichen Bestellung) nachzuweisen. Erben haben ihre Eigenschaft als Rechtsnachfolger des Erblassers möglichst durch eine öffentliche Urkunde (z. B. einen Erbschein) darzutun.

Muster

A. *Anmeldung einer Einzelfirma (vgl. Anm. 1)*

An das Amtsgericht – Registergericht –

....

Ich habe am .... in .... (vgl. Anm. 2) ein Elektroeinzelhandelsgeschäft eröffnet (vgl. Anm. 3). Es soll die Firma „Friedrich Huber, Elektrohandel" führen (vgl. Anm. 4). Ich werde diese Firma wie folgt zeichnen: (gez.) Friedrich Huber, Elektrohandel (vgl. Anm. 5).
Hiermit melde ich die Firma und den Ort der Niederlassung zur Eintragung in das Handelsregister an (vgl. Anm. 6). Wegen der Eintragungsfähigkeit nehme ich auf das anliegende (oder: einzuholende) Gutachten der Industrie- und Handelskammer Bezug (vgl. Anm. 7). Ich führe kaufmännische Handelsbücher (vgl. Anm. 8). Mein Geschäftsvermögen beträgt .... DM (vgl. Anm. 9).

...................., den ....

gez. Friedrich Huber
notarieller Beglaubigungsvermerk (vgl. Anm. 10)

Anmerkungen

1) Die Eintragungspflicht ergibt sich aus § 29 HGB. Das Registergericht kann die Anmeldung notfalls durch Zwangsgeld bis zu 10 000 DM erzwingen (§ 14 HGB); vorherige Androhung ist notwendig (§ 33 Abs. 3 FGG).
2) Anzugeben sind Ort, Straße und Hausnummer.
3) Der Geschäftszweig wird nur eingetragen, wenn er Bestandteil der Firma ist.
4) Ein Einzelkaufmann hat seinen Familiennamen mit mindestens einem ausgeschriebenen Vornamen (in Übereinstimmung mit der Eintragung im Geburtenregister: BGH, Beschl. v. 7. 5. 1979. BB 1980 S. 69) als Firma zu führen. Unterscheidende Zusätze sind gestattet, täuschende Zusätze verboten (§ 18 HGB). Zum Pächterzusatz bei Neueintragung einer Firma vgl. LG Nürnberg-Fürth, Beschl. v. 2. 2. 1977, BB 1977 S. 1671.
5) Die Zeichnung der Firma muß in Gegenwart des beglaubigenden Notars vorgenommen werden.
6) Die Eröffnung des Handelsgeschäftes ist außerdem der Gemeindebehörde und dem Finanzamt anzuzeigen.
7) Zur Beteiligung der IHK vgl. OLG Hamm, Beschl. v. 6. 1. 1983, BB 1983 S. 2012, und OLG Stuttgart, Beschl. v. 24. 11. 1982, BB 1983 S. 1058.
8) Minderkaufleute können nicht in das Handelsregister eingetragen werden (§ 4 HGB).

9) Diese Angabe ist für die Vollkaufmannseigenschaft, aber auch für die Kostenberechnung von Bedeutung.

10) Der Beglaubigungsvermerk muß zum Ausdruck bringen, ob die Unterschrift vor dem Notar vollzogen worden ist oder von ihm lediglich anerkannt wird.

B. Anmeldung einer Firmenänderung (vgl. Anm. 1)

An das Amtsgericht − Registergericht −

....

Meine Firma, Friedrich Huber, Elektrohandel, ist im dortigen Handelsregister in Abteilung A unter .... eingetragen. Ich habe die Firma in
Friedrich Huber, Elektrohaus
geändert und melde dies hiermit zur Eintragung in das Handelsregister an. Ich zeichne die Firma nunmehr wie folgt:
Friedrich Huber, Elektrohaus (vgl. Anm. 2).
Die Geschäftsräume befinden sich nach wie vor in .... (vgl. Anm. 3), sind jedoch erheblich erweitert worden. Die Grundfläche der Verkaufsräume beträgt jetzt .... qm. Mein Jahresumsatz beläuft sich auf .... DM. Ich beschäftige .... Angestellte und .... Arbeiter. Mein Sortiment umfaßt sämtliche Elektroartikel (vgl. Anm. 4).

..................., den ....

gez. Friedrich Huber
notarieller Beglaubigungsvermerk (vgl. Anm. 5)

Anmerkungen

1) Die Eintragungspflicht ergibt sich aus § 31 HGB.
2) S. Anm. 5 zu Muster A.
3) S. Anm. 2 zu Muster A.
4) Diese Angaben sind zweckmäßig, weil sich als „Haus" nur ein Unternehmen bezeichnen darf, das entweder im Verhältnis zu anderen branchegleichen Betrieben eine gewisse Bedeutung erlangt hat oder das auf seine Spezialisierung hinweisen will (vgl. Bokelmann, Das Recht der Firmen- und Geschäftsbezeichnungen, 3. Aufl. Rud. Haufe Verlag Freiburg S. 101 ff.).
5) S. Anm. 10 zu Muster A.

C. Anmeldung eines Pachtverhältnisses (vgl. Anm. 1)

An das Amtsgericht − Registergericht −

....

399

In der Registersache .... melden wir zur Eintragung in das Handelsregister an:
Ich, der Kaufmann Friedrich Huber, habe mein Geschäft durch Vertrag vom .... ab .... an Herrn Karl Meier mit dem Recht der Firmenfortführung verpachtet (vgl. Anm. 2). Die Haftung des Pächters für die bisher im Geschäftsbetrieb gegründeten Verbindlichkeiten sowie der Übergang der in dem Betrieb begründeten Forderungen auf den Pächter ist ausgeschlossen worden (vgl. Anm. 3).
Ich, der Kaufmann Karl Meier, führe die bisherige Firma des Verpächters ohne Nachfolgezusatz fort (vgl. Anm. 4) und zeichne sie und meine Unterschrift wie folgt:
(gez.) Friedrich Huber, Elektrohaus, Meier (vgl. Anm. 5).
Die Prokura des Herrn Erwin Schwaiger bleibt bestehen (vgl. Anm. 6).

.................., den ....

gez. Friedrich Huber
gez. Karl Meier
notarieller Beglaubigungsvermerk (vgl. Anm. 7)

Anmerkungen

1) Die Eintragungspflicht ergibt sich aus § 31 HGB.
2) Die Firmenfortführung mit oder ohne Beifügung eines Nachfolgesatzes ist nur mit ausdrücklicher Einwilligung des Verpächters zulässig (§ 22 Abs. 1 HGB). Firmenfortführung liegt schon dann vor, wenn der Verkehr die neue Firma trotz Änderungen mit der alten Firma identifiziert (BGH, Urt. v. 4. 11. 1991, BB 1992 S. 87). Vgl. auch OLG Celle, Beschl. v. 28. 9. 1989, BB 1990 S. 302.
3) Die Eintragung dieser Vereinbarung ist notwendig, weil sie sonst einem Dritten gegenüber – außer bei Mitteilung – unwirksam wäre (§ 25 HGB). Unverzügliche Anmeldung zum Handelsregister ist erforderlich (OLG Frankfurt, Beschl. v. 1. 7. 1977, BB 1977 S. 1571). Zur Frage der Haftung bei Firmenfortführung vgl. BGH, Urt. v. 1. 12. 1986, BB 1987 S. 570, und Wessel, BB 1989 S. 1625.
4) Bei einer Anmeldung ohne Mitwirkung des bisherigen Geschäftsinhabers (Verpächters) müßte der Pächter dessen Einwilligung in die Firmenfortführung dem Registergericht in öffentlich beglaubigter Form nachweisen.
5) S. Anm. 5 zu Muster A.
6) Der Wechsel des Geschäftsinhabers infolge Verpachtung hat das Erlöschen einer vom bisherigen Inhaber erteilten Prokura zur Folge. Ihr Fortbestehen muß angemeldet werden (§ 53 HGB).
7) S. Anm. 10 zu Muster A.

D. Anmeldung einer Geschäftsveräußerung (vgl. Anm. 1)

An das Amtsgericht – Registergericht –

....

*In der Registersache .... melden wir zur Eintragung in das Handels-
register an:
Ich, der Kaufmann Friedrich Huber, habe mein Geschäft mit Vertrag vom
.... an Herrn Karl Meier in .... veräußert. Mit der Fortführung
der bisherigen Firma durch Herrn Meier bin ich einverstanden (vgl. Anm. 2).
Ich, der Kaufmann Karl Meier in .... führe die Firma mit dem Zusatz
„Inhaber Karl Meier" fort (vgl. Anm. 3) und zeichne sie wie folgt:
(gez.) Friedrich Huber, Elektrohaus, Inhaber Karl Meier.
Die Geschäftsräume befinden sich weiterhin in .... (vgl. Anm. 4 und
5).*

.................., den ....

*gez. Friedrich Huber
gez. Karl Meier
notarieller Beglaubigungsvermerk (vgl. Anm. 6)*

Anmerkungen

1) Die Eintragungspflicht ergibt sich aus § 31 HGB. Zum Erwerb eines Handelsgeschäfts durch den Pächter (Firmenänderung, nicht Annahme einer neuen Firma) vgl.
LG Nürnberg – Fürth, Beschl. v. 1. 3. 1976, BB 1976 S. 810.
2) Da über den Ausschluß der Haftung für die bisherigen Verbindlichkeiten nichts
gesagt ist, haftet der Erwerber nach § 25 HGB. Ohne Firmenfortführung würde der
Erwerber für die früheren Geschäftsverbindlichkeiten nur haften, wenn ein besonderer Verpflichtungsgrund vorliegt, insbesondere wenn die Übernahme der Verbindlichkeiten in handelsüblicher Weise vom Erwerber bekanntgemacht worden ist (§ 25
Abs. 3 HGB).
3) Für den Nachfolgezusatz gibt es keine festen Regeln. Der Erwerber könnte z. B. auch
firmieren „Karl Meier, vormals Friedrich Huber, Elektrohaus".
4) S. Anm. 5 zu Muster A.
5) S. Anm. 2 zu Muster A.
6) S. Anm. 10 zu Muster A.

E. Anmeldung einer Zweigniederlassung (vgl. Anm. 1)

*An das Amtsgericht – Registergericht –
.... (vgl. Anm. 2)*

401

In der Registersache .... melde ich an, daß ich in .... (vgl. Anm. 3) eine Zweigniederlassung errichtet habe, welche die Firma meiner Hauptniederlassung ohne Zusatz führt (vgl. Anm. 4). Die gesetzlich vorge-schriebene Zeichnung der Firma und meiner Unterschrift füge ich zwecks Aufbewahrung bei dem Amtsgericht – Registergericht – in .... bei (vgl. Anm. 5).

.... , den ....

gez. Friedrich Huber
notarieller Beglaubigungsvermerk (vgl. Anm. 6)

Anmerkungen

1) Die Eintragungspflicht ergibt sich aus § 13 Abs. 1 HGB. Wesentliches Merkmal für die Errichtung einer Zweigniederlassung ist die Erfassung ihrer Geschäfte in einer gesonderten Buchführung, die allerdings auch bei der Hauptniederlassung eingerich-tet sein kann (BayObLG, Beschl. v. 11. 5. 1979, BB 1980 S. 335).
2) Die Anmeldung ist beim Gericht der Hauptniederlassung vorzunehmen. Das gilt auch für die Anmeldung späterer Eintragungen, die die Zweigniederlassung betreffen (§ 13 a HGB). Vgl. BayObLG, Beschl. v. 9. 6. 1988, BB 1988 S. 1549.
3) S. Anm. 2 zu Muster A.
4) Die Firma der Zweigniederlassung darf sich von der Firma der Hauptniederlassung nur durch einen Zusatz wie „Filiale", „Zweiggeschäft" u. dgl. unterscheiden. Not-wendig ist ein solcher Zusatz jedoch nur dann, wenn an demselben Ort bereits eine gleiche eingetragene Firma besteht (§ 30 Abs. 3 HGB).
5) Entsprechend § 13 Abs. 2 HGB.
6) S. Anm. 10 zu Muster A.

F. Anmeldung des Erlöschens der Firma (vgl. Anm. 1, 2)

An das Amtsgericht – Registergericht –

....

In der Registersache .... melde ich zur Eintragung in das Handels-register an, daß die Firma
Friedrich Huber, Elektrohaus
erloschen ist. Ich habe das von mir unter dieser Firma betriebene Handels-geschäft aufgegeben.

.... , den ....

gez. Friedrich Huber
notarieller Beglaubigungsvermerk (vgl. Anm. 3)

Anmerkungen

1) Die Eintragungspflicht ergibt sich aus § 31 Abs. 2 HGB.
2) Außer in dem – hier behandelten – Fall der Geschäftsaufgabe kann die Firma durch Veräußerung des Geschäfts ohne Firma, durch Nichtfortführung des Geschäfts seitens der Erben oder durch Reduzierung des Geschäftsumfangs auf ein Kleingewerbe erlöschen.
3) S. Anm. 10 zu Muster A.

G. Anmeldung der Erteilung (des Erlöschens) einer Prokura
S. Nr. 49 Muster B–F.

XI. Sonstige Muster

56. Garantievertrag

Rechtsgrundlage. Der Garantievertrag ist im Bürgerlichen Gesetzbuch nicht als besonderer Vertragstyp vorgesehen, seine Zulässigkeit beruht lediglich auf dem Grundsatz der Vertragsfreiheit.

Erläuterungen. Unter „Garantie" versteht man die Übernahme der Verpflichtung, für einen bestimmten Erfolg oder ein bestimmtes Verhalten eines Schuldners einzustehen, insbesondere die Gefahr (das Risiko) zu tragen, die dem anderen aus einer Unternehmung erwächst (vgl. BGH, Urt. v. 8. 2. 1973, BB 1973 S. 1602). Tritt der garantierte Erfolg nicht ein, hat der Garantierende ohne Rücksicht auf eigenes Verschulden Schadenersatz zu leisten (BGH, Urt. v. 11. 7. 1985, NJW 1985 S. 2941).

Garantieversprechen können selbständig oder unselbständig (z. B. im Rahmen eines Kauf- oder eines Werkvertrages) erteilt werden. Für die – mitunter schwierige – Abgrenzung wird gewöhnlich darauf abgestellt, ob der zugesicherte Erfolg ein anderer oder weitergehender ist als die bloße Vertragsmäßigkeit der Leistung, was in erster Linie nach dem Inhalt der Erklärung zu beurteilen ist (BGH, Urt. v. 20. 9. 1973, BB 1973 S. 1511; zum Garantieschein eines Kfz-Herstellers s. BGH, Urt. v. 12. 11. 1980, BB 1981 S. 14). Die Unterscheidung zwischen selbständiger und unselbständiger Garantie ist insbesondere für die Frage der Verjährung von Bedeutung: Während die Ansprüche aus einem selbständigen Garantieversprechen erst nach 30 Jahren verjähren (§ 195 BGB), gelten bei einem unselbständigen Garantieversprechen (im Zusammenhang mit einem Kauf- oder Werkvertrag) die sechsmonatigen Verjährungsfristen der §§ 477, 638 BGB; die Vereinbarung einer längeren Garantiefrist führt dann nur – je nach den Umständen – zu einer Verlängerung der Verjährungsfrist oder zum Hinausschieben ihres Beginns (BGH, Urt. v. 21. 12. 1960, BB 1961 S. 228). Eine langfristige Garantie kann einen Wettbewerbsverstoß (§§ 1, 3 UWG) darstellen (OLG Hamburg, Urt. v. 26. 4. 1973, BB 1973 S. 1410). Prüf- oder Gütezeichen stellen keine Garantiezusage dar (BGH, Urt. v. 14. 5. 1974, BB 1974 S. 998). Der Garantievertrag, ein in der Praxis nicht selten vorkommendes Rechtsgebilde, begründet eine selbständige Gewährverpflichtung, d. h. er knüpft nicht an eine schon bestehende Schuld an, sondern läßt den Anspruch des Gläubigers erst entstehen. Dadurch unterscheidet er sich von der Bürgschaft (BGH, Beschl. v. 30. 3. 1982, WPM 1982 S. 632), deren Vorschriften auf den Garantievertrag nicht einmal entsprechend anzuwenden sind (im Zweifel ist für eine Bürgschaft und gegen ein Garantieversprechen zu entscheiden: BGH, Urt. v. 5. 3. 1975, WPM 1975 S. 348, und Urt. v. 19. 5. 1985, WPM 1985 S. 1417; ein Garantievertrag kann jedoch neben einer Bürgschaft abgeschlossen werden: OLG Frankfurt, Urt. v. 22. 10. 1974, DB 1974 S. 2245), und von der Schuldübernahme. Inhalt eines Garantievertrages ist häufig das Einstehen für die Sicherheit einer Forderung, die Zulänglichkeit eines Pfandes, die Güte einer Hypothek, die wirtschaftliche Ertragsfähigkeit eines Kaufgegenstandes u. ä. (OLG Hamm, Urt. v. 11. 1. 1991, WPM 1991 S. 521). Der Umfang der Verpflichtung zur Schadloshaltung bestimmt sich nach den Grundsätzen des Schadenersatzrechts (BGH, Urt. v. 11. 7. 1985, NJW 1985 S. 2941). Ein Garantievertrag wird im Zweifel dann angenommen, wenn der Garantierende wirtschaftliche Vorteile aus der Garantieübernahme oder ein eigenes Interesse am Abschluß oder der Erfüllung des Vertrages hat. Wesentlich ist, daß der Verpflichtungswille des Übernehmers erkennbar erklärt wird (OLG Hamm, Urt. v. 4. 4. 1978, BB 1978 S. 734; Palandt, BGB 51. Aufl. Rdnr. 16 Einf. vor § 765 BGB). Zum Garantievertrag als Vertrag zugunsten Dritter vgl. BGH, Urt. v. 15. 12. 1978, BB 1979 S. 1257, und Lehmann, BB 1980 S. 964.

Form. Der Garantievertrag ist formlos gültig, kann also auch mündlich wirksam abgeschlossen werden. Da er aber für den Garantierenden erhebliche Gefahren bietet, sollte zumindest dessen Versprechen stets schriftlich abgegeben werden. Die Annahme dieses Versprechens kann dann durch bloße zustimmende Entgegennahme erfolgen.

Muster

A. Garantie in bezug auf einen verpachteten Betrieb

1. Herr Friedrich Müller hat mit Vertrag vom .... sein in ....
   gelegenes Einzelhandelsgeschäft an Herrn Kurt Maier verpachtet.
2. Frau Anna Müller .... übernimmt die Garantie (vgl. Anm. 1) dafür, daß

a) das Geschäft im 1. Jahr nach der pachtweisen Übernahme durch Herrn Maier einen Mindestumsatz von .... DM erzielen wird (vgl. Anm. 2),

b) der Mietzins für die Geschäftsräume aus dem Mietvertrag vom ...., in den Herr Maier mit Einverständnis des Vermieters eingetreten ist, bis zum .... nicht über einen Monatsbetrag von .... DM hinaus erhöht werden wird (vgl. Anm. 3),

c) während der nächsten 3 Jahre in dem Neubau, der gegenwärtig auf dem Grundstück .... errichtet wird, kein Einzelhandelsgeschäft betrieben werden wird, in dem ausschließlich .... (vgl. Anm. 4) verkauft werden (vgl. Anm. 5).

3. Herr Kurt Maier nimmt die vorstehend von Frau Anna Müller abgegebenen Garantien an.

...................., den ....

gez. Anna Müller
gez. Kurt Maier

B. Kreditgarantie (vgl. Anm. 6)

Herr Max Berger in .... hat sich bereit erklärt, Herrn Josef Linhart in .... einen Kredit in Höhe von DM ...., verzinslich mit .... % p. a. und rückzahlbar am ...., unter der Bedingung zu gewähren, daß ich die Rückzahlung garantiere. Demgemäß übernehme ich, Jürgen Ehrlich in ...., hiermit Herrn Max Berger gegenüber unwiderruflich die Garantie für die pünktliche Rückzahlung der Hauptsumme nebst Zinsen.

...................., den ....

gez. Jürgen Ehrlich (vgl. Anm. 7)

C. Ausbietungsgarantie (vgl. Anm. 8)

Zwischen Herrn Georg Schwaiger in .... und Herrn Dieter Treu in .... wird folgende

Vereinbarung

getroffen:

1. Auf dem Grundstück der Eheleute Wilhelm und Erna Huber in .... ist im Grundbuch von .... Band .... Blatt .... in Abteilung III unter Nr. .... für Herrn Georg Schwaiger eine Darlehenshypothek von .... DM nebst .... % Jahreszinsen eingetragen. Herr Schwaiger betreibt hierwegen die Zwangsversteigerung des Grundstücks; Versteigerungstermin steht an auf den ....

2. *Herr Treu verpflichtet sich hiermit, in dem genannten und in allen weiteren Versteigerungsterminen (vgl. Anm. 9) ein zur vollen Deckung der Hypothekenforderung samt Zinsen und Kosten ausreichendes Gebot abzugeben (vgl. Anm. 10).*

3. *Für den Fall, daß Herrn Treu der Zuschlag erteilt wird, verpflichtet sich Herr Schwaiger, die Hypothek zu nachstehenden neuen Bedingungen stehenzulassen: .... (vgl. Anm. 11).*

4. *Diese Ausbietungsgarantie erlischt nach .... Jahren (vgl. Anm. 12). Herr Schwaiger ist nicht gehindert, mit anderen Personen ähnliche Vereinbarungen über eine Ausbietungsgarantie zu treffen.*

...................., den ....

gez. Schwaiger
gez. Treu (vgl. Anm. 13)

D. Ausfallgarantie (vgl. Anm. 14)

Zwischen Herrn Georg Schwaiger in .... und Herrn Dieter Treu in .... wird folgende

Vereinbarung

getroffen:

1. *Auf dem Grundstück der Eheleute Wilhelm und Erna Huber in .... ist im Grundbuch von .... Band .... Blatt .... in Abteilung III unter Nr. .... für Herrn Georg Schwaiger eine Darlehenshypothek von .... DM nebst .... % Jahreszinsen eingetragen.*

2. *Herr Treu übernimmt hiermit gegenüber Herrn Schwaiger hinsichtlich dieser Hypothek die Garantie, daß ihm kein Ausfall an Kapital, Zinsen und Kosten entsteht, falls das Grundstück zur Zwangsversteigerung kommt.*

3. *Diese Ausfallgarantie gilt für alle Zwangsversteigerungsverfahren während des Bestehens der Hypothek (vgl. Anm. 15).*

...................., den ....

gez. Schwaiger
gez. Treu

XI.

Anmerkungen

1) Daß hier die Ehefrau des Verpächters die Garantie übernommen hat, kann darauf beruhen, daß sie über entsprechendes eigenes Vermögen verfügt und der Pächter den Abschluß des Pachtvertrages von der Garantieübernahme abhängig gemacht hat.

2) Eine Umsatzgarantie für einen längeren Zeitraum ist für den Garantierenden sehr gefährlich, weil der Umsatz in der Regel zu einem wesentlichen Teil auch von der Person des Pächters und seinem Einsatz abhängt.

3) Eine solche Garantie sollte nur übernommen werden, wenn sich der Garantierende durch entsprechende Vereinbarungen mit dem Vermieter der Geschäftsräume abgesichert hat.

4) Einzusetzen ist die Art von Waren, die in dem verpachteten Einzelhandelsgeschäft vertrieben werden.

5) Wegen der erheblichen Schadenersatzansprüche, die dem Garantierenden drohen, wenn in dem bezeichneten Gebäude ein Konkurrenzbetrieb eröffnet wird, ist auch hier eine Absicherung in Form einer bindenden Vereinbarung mit dem Grundstückseigentümer unerläßlich.

6) Wegen der Selbständigkeit der Garantieverpflichtung berührt sich die Kreditgarantie mit einer Schuldmitübernahme (Palandt, BGB 51. Aufl. Rdnr. 16 Einf. vor § 765).

7) Der Garantievertrag kommt durch die Entgegennahme der Erklärung seitens des Gläubigers zustande.

8) Durch eine Ausbietungsgarantie wird der Gläubiger eines Grundpfandrechts davor geschützt, daß er bei der Zwangsversteigerung des verpfändeten Grundstücks einen Schaden erleidet. Eine (selbständige) Ausbietungsgarantie kommt namentlich dann in Betracht, wenn der Garantierende das Grundstück ersteigern und dabei das Grundpfandrecht übernehmen will.

9) Die Klarstellung, ob die Garantie nur für den ersten Versteigerungstermin oder auch für spätere erforderlich werdende weitere Termine gelten soll, ist zweckmäßig.

10) Das Gebot des Garantierenden muß das sog. geringste Gebot (durch das die dem betreibenden Gläubiger vorgehenden Rechte und die Verfahrenskosten gedeckt werden, § 44 ZVG) mindestens um die Höhe der Forderung des betreibenden Gläubigers nebst Zinsen und Kosten übersteigen. Ist das geringste Gebot bekannt, so kann das Gebot, das der Garantierende abzugeben hat, auch betragsmäßig festgelegt werden.

11) Hier kann insbesondere vereinbart werden, wie lange die Hypothek stehen gelassen werden muß, unter welchen Voraussetzungen dem Grundpfandgläubiger trotzdem ein Kündigungsrecht zustehen soll, daß der Zinssatz geändert wird usw.

12) Eine zeitliche Befristung der Ausbietungsgarantie empfiehlt sich besonders dann, wenn sie nicht nur für ein bestimmtes Zwangsversteigerungsverfahren übernommen wird.

13) Ob die Ausbietungsgarantie eine Verpflichtung des Garantierenden zum Erwerb des Grundstücks enthält, ist umstritten. Im Hinblick auf § 313 BGB ist jedenfalls die notarielle Beurkundung der Vereinbarung ratsam.

14) Bei der Ausfallgarantie (mitunter auch als „Ausbietungsgarantie im weiteren Sinne"

bezeichnet) verpflichtet sich der Garantierende, für den Ausfall des Grundpfand-
gläubigers aufzukommen, der diesem bei der Zwangsversteigerung des Grundstücks
dadurch entstehen kann, daß sein Grundpfandrecht nicht oder nicht voll ausgeboten
wird. Eine solche Garantie kommt insbesondere in Betracht, wenn der Garantierende an einer besseren wirtschaftlichen Bewertung des Grundpfandrechts interessiert ist.

15) Es kann auch vereinbart werden, daß die Garantie weitergilt, wenn der Garantierende das Grundstück ersteigert oder wenn der Ersteher seine Zahlungsverpflichtungen nicht erfüllt und eine Wiederversteigerung des Grundstücks nach den §§ 118,
128 ZVG durchgeführt wird.

57. Treuhandvertrag

Rechtsgrundlage. §§ 662 ff. BGB (bei Unentgeltlichkeit) oder § 675 in Verb.
mit §§ 611 ff. oder 631 ff. BGB (bei Entgeltlichkeit).

Erläuterungen. Der Treuhandvertrag ist kein gesetzlich geregelter Vertragstyp.
Unter der Bezeichnung, die nur auf den Vertragszweck hinweist, können sich
Vereinbarungen verschiedenster Art verbergen. Erst anhand der konkreten Ausgestaltung des Vertrages läßt sich entscheiden, welche Bestimmungen des bürgerlichen Rechts ergänzend oder zwingend anzuwenden sind (Coing, Die Treuhand kraft privaten Rechtsgeschäfts, München 1973. S. 54).
Vertraglich begründete Treuhandverhältnisse lassen sich in verschiedene Grup-
pen einteilen:

*a) Eigennützige (Sicherungs-)Treuhand und uneigennützige (Verwaltungs-)
Treuhand*

Die eigennützige, d. h. im Interesse des Treunehmers begründete Treuhand ist
der am häufigsten vorkommende Fall. Hierher gehören die sog. fiduziarischen
Rechtsgeschäfte, bei denen der Eigentümer einer Sache oder der Inhaber eines
sonstigen Rechts das Eigentum bzw. das Recht mit Wirkung nach außen hin in
vollem Umfang auf den Treuhänder überträgt, während dieser im Innenverhältnis – das mitunter geheimgehalten wird – schuldrechtlich gebunden bleibt, das
Eigentum bzw. das Recht nur abredegemäß auszuüben und es bei Eintreten
bestimmter Voraussetzungen, insbesondere nach Befriedigung des gesicherten
Anspruchs, auf den früheren Eigentümer bzw. Rechtsinhaber zurückzuübertragen. Beispiele: Sicherungsübereignung (vgl. Nr. 36 und 37), Sicherungsabtretung (vgl. Nr. 35).

XI.

Bei der uneigennützigen Treuhand hat der Treuhänder fremde Interessen wahrzunehmen. Sie kann auch gegeben sein, wenn der Treuhänder für seine Tätigkeit eine Vergütung erhält (BGH, Urt. v. 5. 5. 1969, BB 1969 S. 1154). Beispiele: Übertragung eines kaufmännischen Unternehmens zu treuhänderischer Verwaltung, etwa für die Dauer einer längeren Verhinderung des Eigentümers; Übertragung des Vermögens des insolventen Schuldners auf einen Treuhänder zwecks Verwertung im Interesse aller Gläubiger; Einrichtung und Verwaltung eines Anderkontos. Auch in solchen Fällen kann der Treuhänder ausnahmsweise selbst ein Interesse an der Sachgestaltung haben, z. B. wenn bei einem Treuhandliquidationsvergleich der Treuhänder selbst zu den Gläubigern gehört.

Der Treuhänder kann auch Vertrauensperson für mehrere Beteiligte mit widerstreitenden Interessen sein. z. B. für die Gläubiger und den Schuldner (sog. doppelseitige Treuhand; Rspr.-Nachw. bei Palandt, BGB 51. Aufl. Rdnr. 35 zu § 903). So ist etwa bei einem außergerichtlichen Treuhandliquidationsvergleich auch der Schuldner an der bestmöglichen Verwertung seines Vermögens interessiert, um seine Gläubiger möglichst voll zu befriedigen und weil ein dann noch verbleibender Teil des Erlöses ihm selbst zugute kommt (vgl. hierzu BGH, Urt. v. 21. 9. 1978, BB 1979 S. 75).

b) Echte und unechte Treuhand

Ein echtes Treuhandverhältnis liegt vor, wenn der Treugeber eine Sache oder ein Recht, das bereits seinem Vermögen angehört, unmittelbar auf den Treuhänder überträgt, während bei der unechten Treuhand der Treuhänder auf Grund der getroffenen Vereinbarungen als stiller Vertreter (Strohmann) des Treugebers für dessen Rechnung und in dessen Interesse die Sache oder das Recht von einem anderen erwirbt, worauf dann der Treugeber die Übertragung auf ihn verlangen kann. Beispiele für unechte Treuhandverhältnisse: treuhänderische Ersteigerung eines Grundstücks, treuhänderischer Erwerb einer sonstigen Sache oder eines Rechts, Führung eines Handelsgeschäfts für den wirtschaftlichen Inhaber, Gesellschaftsgründung oder Darlehensaufnahme mit Hilfe eines Strohmannes (vgl. BGH, Urt. v 22. 5. 1978, DB 1978 S. 1828).

Ist ein solches Rechtsgeschäft ernstlich gewollt, so liegt kein (unwirksames) Scheingeschäft vor. Der Treuhänder kann vom Treugeber verlangen, daß dieser ihn von seinen Verbindlichkeiten befreit. Wird er von einem Dritten in Anspruch genommen, kann er diesem nicht entgegenhalten, er habe von seiner Eigenschaft als Strohmann gewußt (Palandt, a. a. O. Rdnr. 6 zu § 117 und Rdnr. 8 Einf. vor § 164 BGB; OLG Hamburg, Urt. v. 11. 11. 1971, MDR 1972 S. 237; OLG Düsseldorf, Urt. v. 10. 2. 1984, WPM 1985 S. 346).

410

c) Treuhand im rechtlichen und im wirtschaftlichen Sinn

Im streng rechtlichen Sinn setzt der Begriff der Treuhand die Ausübung von Rechten in eigener Rechtszuständigkeit und im eigenen Namen, aber nicht – oder zumindest nicht ausschließlich – im eigenen Interesse voraus. Der wirtschaftliche Treuhandbegriff ist umfassender. Er erstreckt sich auch auf die durch mittelbare Stellvertretung begründete Treuhand und auf die Treuhandschaft an eigener Sache (vgl. hierzu Liebich/Mathews, Treuhand und Treuhänder in Recht und Wirtschaft, 2. Aufl., Berlin 1983 S. 56 f.).

Form. Grundsätzlich ist der Treuhandvertrag formlos gültig. Gleichwohl sollten Treuhandverträge aller Art schriftlich abgeschlossen werden, weil sich sonst bei unrechtmäßigem Verhalten des Treuhänders für den Treugeber große Beweisschwierigkeiten ergeben, da er nach außen hin nicht legitimiert ist. Soweit auf Grund einzelner gesetzlicher Vorschriften die Notwendigkeit notarieller Beurkundung in Betracht kommt, ist folgendes zu beachten:

a) Notariell beurkundet werden muß ein Vertrag, durch den sich der eine Teil verpflichtet, sein gegenwärtiges Vermögen oder einen Bruchteil desselben zu übertragen (§ 311 BGB). Diese Bestimmung gilt für alle Arten von Verträgen, also auch für Treuhandverträge, sie ist aber nicht anzuwenden, wenn Vertragsgegenstand ein Sondervermögen, z. B. ein Unternehmen, ist. Im übrigen läßt sie sich dadurch umgehen, daß ausdrücklich nur eine Verpflichtung zur Übertragung von Einzelsachen und -rechten übernommen wird, mögen diese auch tatsächlich das gesamte Vermögen ausmachen (Palandt, a. a. O. Rdnr. 5 zu § 311 BGB).

b) Die vertragliche Übernahme der Verpflichtung, das Eigentum an einem Grundstück zu übertragen oder zu erwerben, begründet ebenfalls die Beurkundungspflicht (§ 313 BGB). Deshalb muß der gesamte Treuhandvertrag notariell beurkundet werden, wenn sich der Treugeber darin verpflichtet, ein Grundstück auf den Treuhänder zu übertragen (vgl. BGH, Urt. v. 24. 9. 1987, BB 1987 S. 2185). Dagegen ist die Verpflichtung des Treuhänders zur Rückübertragung des Grundstücks formfrei, weil sie nicht erst durch den Vertrag geschaffen wird, sondern eine gesetzliche Folge des Auftrags oder der Geschäftsbesorgung ist (Palandt, a. a. O. Rdnr. 18 zu § 313 BGB; BGH, Urt. v. 18. 7. 1973, DB 1973 S. 1502, und Urt. v. 5. 11. 1982, NJW 1983 S. 566). Auch im Falle der Übernahme einer Verpflichtung zum treuhänderischen Grundstückserwerb und zur anschließenden Eigentumsübertragung auf den Treugeber greift § 313 BGB ein.

c) Die Abtretung eines GmbH-Geschäftsanteils durch einen Gesellschafter sowie die vertragliche Übernahme der Abtretungspflicht machen die notarielle Beurkundung der Vereinbarungen erforderlich (§ 15 Abs. 3 und 4 GmbHG). Das gilt auch, wenn die Abtretung durch den Treugeber zwecks Ausübung der Gesellschafterrechte durch den Treuhänder erfolgt (vgl. hierzu BGH, Urt. v. 1. 3. 1962, BB 1962 S. 385). Dagegen sind formfrei die Verpflichtung zur Rückübertragung des Anteils auf den Treugeber (BGH, Urt. v. 17. 11. 1955, BGHZ Bd. 19 S. 70) sowie der Auftrag, einen Geschäftsanteil als mittelbarer Stellvertreter zu erwerben (OLG Stuttgart, Urt. v. 22. 3. 1950, BB 1950 S. 247). Wegen der Gültigkeit von Stimmrechtsvereinbarungen im Zusammenhang mit der treuhänderischen Abtretung eines GmbH-Geschäftsanteils vgl. BGH, Urt. v. 11. 10. 1976. BB 1977 S. 10.

Muster

A. Vertrag über Verwaltungstreuhand

Zwischen der Firma .... in .... – Treugeber – und Herrn .... in .... – Treuhänder – wird folgendes vereinbart:

§ 1 Vertragszweck (vgl. Anm. 1)
(1) Für einen gewährten Kredit von .... DM hat die Firma .... in .... mit Vertrag vom .... dem Treugeber ein Warenlager verpfändet, das sich in .... befindet (vgl. Anm. 2). Die einzelnen Waren, auf die sich die Verpfändung erstreckt, sind aus der Anlage zum Vertrag vom .... ersichtlich, die diesem Treuhandvertrag beigefügt wird. Das Warenlager befindet sich unter Mitverschluß des Treugebers; ein Zutritt der Firma .... ist nur unter Mitwirkung des Treugebers möglich (vgl. Anm. 3). (2) Zur Ausübung des dem Treugeber zustehenden Überwachungsrechts wird der Treuhänder bestellt.

§ 2 Pflichten des Treuhänders
(1) Der Treuhänder hat dafür zu sorgen, daß die Lagerräume ständig verschlossen sind. Auf Verlangen des Treugebers hat er diesem die Schlüssel zu den Lagerräumen jederzeit auszuhändigen. (2) Der Firma .... darf der Treuhänder den Zutritt zu den Lagerräumen sowie eine Entnahme von Waren nur mit ausdrücklicher Zustimmung des Treugebers gestatten. Über die entnommenen Waren hat die Firma .... eine Aufstellung zu fertigen, die vom Treuhänder gegenzuzeichnen und unverzüglich dem Treugeber zu übermitteln ist. (3) Abs. 2 gilt entsprechend, wenn die Firma .... weitere Waren einlagern will. (4) Mindestens einmal wöchentlich hat sich der Treuhänder von dem Vorhan-

densein und dem ordnungsgemäßen Zustand der eingelagerten Waren zu über-
zeugen. Bei Feststellung etwaiger Veränderungen hat er den Treugeber unter
Mitteilung aller notwendigen Einzelheiten unverzüglich zu benachrichtigen
(vgl. Anm. 4).

§ 3 Versicherungen (vgl. Anm. 5)
(1) Für das Warenlager bestehen folgende Versicherungen: ....
..

(2) Der Treuhänder hat diese Versicherungen laufend daraufhin zu überwa-
chen, daß die Prämien regelmäßig bezahlt werden, keine Unterversicherung
eintritt, etwa ablaufende Versicherungen rechtzeitig verlängert, die von den
Versicherern verlangten Obliegenheiten erfüllt und Schadensanzeigen unver-
züglich erstattet werden.

§ 4 Verhalten bei drohender Gefahr
Im Falle drohender Gefahr durch Feuer, Wasser o. ä. hat der Treuhänder die
erforderlichen Maßnahmen zur Schadensabwendung oder -verminderung ei-
genverantwortlich zu treffen. Er kann zu diesem Zweck auch die Auslagerung
von Waren anordnen. Der Treugeber ist in solchen Fällen unverzüglich, mög-
lichst fernmündlich, zu verständigen.

§ 5 Vergütung des Treuhänders
Für seine Tätigkeit erhält der Treuhänder eine monatliche Vergütung von
.... DM (vgl. Anm. 6). Daneben werden ihm nachgewiesene Aufwendungen
erstattet (vgl. Anm. 7). Vergütung und Aufwendungsersatz werden nachträg-
lich jeweils am .... des Monats ausbezahlt.

§ 6 Kündigung
Dieser Vertrag ist beiderseits mit einer Frist von .... Tagen/Wochen zum
Ende eines Kalendermonats kündbar.

....................., den ....

Unterschriften

B. Treuhandvertrag bei außergerichtlichem Vergleich (vgl. Anm. 8)

Zwischen den Kaufleuten ....
hier vertreten durch Herrn .... – Gläubiger –, dem Kaufmann
.... – Schuldner – und Herrn .... – Treuhänder –, wird
folgendes vereinbart:

§ 1 Vermögensübertragung
(1) Die Gläubiger und der Schuldner haben am .... einen außergerichtlichen Vergleich abgeschlossen, der diesem Vertrag als Anlage beigenommen wird (vgl. Anm. 9). Entsprechend diesem Vergleich wird der Schuldner innerhalb von drei Tagen das gesamte Vermögen seiner Einzelhandelsfirma .... an den Treuhänder übereignen. Dieser hat das Vermögen zu verwalten, beschleunigt zu veräußern und den Reinerlös an die Gläubiger anteilig entsprechend der Höhe ihrer Forderungen zu verteilen (vgl. Anm. 10).
(2) Nicht übertragen wird das Eigentum am Geschäftsgrundstück .... des Schuldners. Dieser wird jedoch innerhalb von drei Tagen zu notarieller Urkunde die Eintragung einer unverzinslichen, jederzeit fälligen Grundschuld in Höhe von .... DM auf dem Grundstück zugunsten des Treuhänders bewilligen und sich insoweit der sofortigen Zwangsvollstreckung unterwerfen. Der Schuldner wird sich nach besten Kräften bemühen, dieses Grundstück selbst zu veräußern. Sollte die Veräußerung, die nur im Einvernehmen mit dem Treuhänder erfolgen darf, nicht bis zum .... durchgeführt sein, ist der Treuhänder berechtigt, aus der zu seinen Gunsten eingetragenen Grundschuld die Zwangsversteigerung des Grundstücks zu betreiben (vgl. Anm. 11).

§ 2 Forderungen
(1) Die Gläubiger werden ihre Forderungen nebst Zinsen und Kosten bis zum .... dem Treuhänder aufgeben und auf Verlangen des Schuldners nachweisen. Von dem genannten Stichtag ab verzichten sie auf weitere Zinsen.
(2) Soweit einzelnen Gläubigern aufgrund von Eigentumsvorbehalten oder Sicherungsübereignungen besondere Rechte zustehen, verzichten diese hierauf. Sie erhalten dafür einen Bonus von .... % über der jeweiligen Ausschüttungsquote. Solche besonderen Rechte sind dem Treuhänder ebenfalls bis zum .... mitzuteilen und nachzuweisen (vgl. Anm. 12).

§ 3 Voraussichtliche Ausschüttungen
(1) Der Treuhänder hat so bald wie möglich den Bestand des Vermögens und die Höhe der Forderungen der Gläubiger festzustellen und die voraussichtliche Quote zu errechnen. Der Verkaufswert der Verwertungsmasse wird auf .... DM, die Gesamthöhe der Forderungen auf .... DM veranschlagt.
(2) Der Treuhänder hat den Gläubigern und dem Schuldner jeweils zum .... eines Monats über den Stand der Abwicklung zu berichten.
(3) Es ist beabsichtigt, die erste Rate in Höhe von .... bis zum ...., die zweite Rate in Höhe von .... % binnen weiterer drei Monate und den Rest binnen weiterer sechs Monate an die Gläubiger auszuzahlen (vgl. Anm. 13).

§ 4 Ausfallbürgschaft (vgl. Anm. 14)
Herr ...., der Bruder des Schuldners, übernimmt bis zu einem Ge-
samtbetrag von .... DM die Ausfallbürgschaft dafür, daß mindestens
.... % der vom Treuhänder festgestellten Forderungen der Gläubiger aus
der Verwertungsmasse befriedigt werden. Herr .... tritt zu diesem
Zweck dem Vertrag bei.

§ 5 Vergütung des Treuhänders
(1) Der Treuhänder erhält eine Pauschalvergütung von .... % des Erlöses
aus der Verwertung des Vermögens des Schuldners. Damit sind auch sämtliche
Auslagen des Treuhänders abgegolten (vgl. Anm. 15).
(2) Im Vorgriff auf diese Vergütung sind dem Treuhänder folgende Entnahmen
aus dem Verwertungserlös gestattet: ....
..

§ 6 Kündigung des Vertrages
(1) Dieser Vertrag kann von der Mehrheit der Gläubiger und vom Treuhänder
je unter Einhaltung einer Frist von zwei Wochen jederzeit gekündigt werden.
(2) Im Falle der Kündigung bemißt sich die Vergütung des Treuhänders –
abweichend von § 5 Abs. 1 – nach der Dauer seiner Tätigkeit, und zwar erhält
er für jede angefangene Woche einen Betrag von .... DM. Auslagen werden
dem Treuhänder zusätzlich erstattet, wenn sie den übrigen Vertragsbeteiligten
nachgewiesen werden. Entnahmen, die gemäß § 5 Abs. 2 erfolgt sind, werden
auf die Vergütung angerechnet (vgl. Anm. 16).

................., den ....

Unterschriften (vgl. Anm. 17)

Anmerkungen

1) Die Ausführungen über den Vertragszweck können evtl. für die Auslegung des
   Vertrages Bedeutung gewinnen.
2) Vgl. Nr. 38: Verpfändung von beweglichen Sachen, Forderungen und Rechten.
3) Auch ist zur Bestellung des Pfandrechts an einer beweglichen Sache deren
   Übergabe an den Gläubiger erforderlich (§ 1205 BGB). Anstelle der Übergabe
   genügt jedoch die Einräumung des Mitbesitzes, wenn sich die Sache unter dem
   Mitverschluß des Gläubigers befindet (§ 1206 BGB).
4) Die Überwachung des Zustandes der Waren ist insbesondere dann erforderlich,
   wenn sie leicht verderblich sind.
5) In Betracht kommen namentlich Versicherungen gegen Feuer, Einbruch und Lei-
   tungswasserschäden.

6) Hier empfiehlt sich eine feste Vergütung des Treuhänders.

7) Zum Beispiel für Porti, Telefonkosten, Reisespesen.

8) Für die erfolgreiche Durchführung eines Liquidationsvergleichs ist wesentlich, daß möglichst sämtliche Gläubiger an ihm teilnehmen, weil außenstehende Gläubiger die Möglichkeit haben, die Vermögensübertragung anzufechten (§ 30 KO).

9) Durch einen solchen außergerichtlichen Vergleich soll ein Konkurs oder ein gerichtliches Vergleichsverfahren vermieden werden.

10) Der Treuhänder haftet den Gläubigern dafür, daß ihre Befriedigung aus der zur Verfügung stehenden Masse gleichmäßig erfolgt.

11) Die Übereignung des Grundstücks an den Treuhänder würde Grunderwerbsteuer auslösen. Dadurch, daß die Veräußerung des Grundstücks nur im Einvernehmen mit dem Treuhänder erfolgen darf, sind die Belange der Gläubiger hinreichend gewahrt.

12) Es kann auch vereinbart werden, daß die dinglich gesicherten Gläubiger vorweg zu befriedigen sind.

13) Die Gläubiger werden einem außergerichtlichen Liquidationsvergleich nur zustimmen, wenn Aussicht besteht, daß sie mehr erhalten als im Falle eines gerichtlichen Vergleichsverfahrens; dort beträgt die Mindestquote 35 % (§ 7 Abs. 1 VerglO).

14) Vgl. Nr. 34: Bürgschaft.

15) Für die Höhe der Vergütung ist einerseits das Maß der Verantwortung des Treuhänders gegenüber den Gläubigern und dem Schuldner und andererseits der Umfang der zu erledigenden Aufgaben von Bedeutung. Deshalb ist in erster Linie auf den Wert der Verwertungsmasse bzw. den hieraus erzielten Erlös abzustellen.

16) Die unter Anm. 15 genannten Gesichtspunkte für die Bemessung der Vergütung des Treuhänders entfallen, wenn dieser die Liquidation nicht zu Ende bringen kann.

17) Der Bruder des Schuldners hat als Ausfallbürge mitzuunterzeichnen.

58. Maklervertrag

Rechtsgrundlagen. §§ 652 ff. BGB; Makler- und Bauträgerverordnung (MaBV) i. d. F. v. 7. 11. 1990 (BGBl I S. 2479); Gesetz zur Regelung der Wohnungsvermittlung (WoVermG) v. 4. 11. 1971 (BGBl I S. 1745, 1747) mit späteren Änderungen.

Erläuterungen. Der Maklervertrag ist ein gegenseitiger Vertrag eigener Art. Seine Besonderheit liegt vor allem darin, daß der Makler durch den ihm erteilten Auftrag zwar zu einer Leistung – der Entfaltung einer Vermittlungs- oder Nachweistätigkeit – berechtigt, aber nicht verpflichtet wird; bemüht er sich nicht um die Erfüllung des Auftrags, so kann ihm daraus – außer im Falle eines sog. „Alleinauftrags" – kein Vorwurf gemacht werden. Aber auch der Auftraggeber seinerseits ist nicht verpflichtet, eine vom Makler erbrachte Leistung anzunehmen, also mit dem ihm nachgewiesenen oder vermittelten vertragsbereiten

Interessenten abzuschließen; er kann auf einen Vertragsabschluß überhaupt verzichten (zur Beweispflicht des Maklers vgl. BGH, Urt. v. 25. 9. 1991, BB 1992 S. 236) oder von einer anderen als der ihm vom Makler benannten Abschlußgelegenheit Gebrauch machen. Nur dann, wenn der Makler entsprechend dem Auftrag tätig wird und durch seine Tätigkeit (vgl. BGH, Urt. v. 26. 9. 1979, NJW 1980 S. 123, und Urt. v. 18. 9. 1985, WRP 1985 S. 1422, sowie OLG Hamburg, Urt. v. 15. 12. 1987, BB 1988 S. 936) der vom Auftraggeber gewünschte Vertrag zustande kommt, hat der Makler einen gesetzlichen Anspruch auf Vergütung. Daher das Sprichwort: „Maklers Müh' ist oft umsonst!"

Die dem Makler übertragene Leistung kann entweder im Nachweis einer Gelegenheit zum Abschluß eines Vertrages (Nachweismakler) oder in der Vermittlung eines Vertrages (Vermittlungsmakler) bestehen. Eine Nachweistätigkeit liegt vor, wenn der Auftraggeber durch den Makler Kenntnis von einer (ihm nicht ohnedies schon bekannten) Vertragsmöglichkeit erhält. Zum Wesen der Vermittlungstätigkeit gehört es, daß der Makler auf den Willen des Vertragsgegners im Sinne eines Vertragsabschlusses einwirkt (BGH, Urt. v. 6. 12. 1967, MDR 1968 S. 405). Unvereinbar ist die Ausübung des Berufs eines Maklers mit der Ausübung des Rechtsanwaltsberufs (BGH, Beschl. v. 10. 11. 1975, BB 1976 S. 1102; vgl. auch BGH, Urt. v. 5. 4. 1976, BB 1976 S. 1342). Wird ein Steuerberater zugleich als gewerbsmäßiger Makler tätig, sind die von ihm abgeschlossenen Verträge nicht deshalb nichtig (BGH, Urt. v. 23. 10. 1980, BB 1981 S. 78).

Der Vergütungsanspruch des Maklers richtet sich gegen seinen Auftraggeber. Der Vermittlungsmakler kann aber, sofern dies nicht vertraglich ausgeschlossen ist, auch gleichzeitig für den anderen Teil tätig sein und dann im Erfolgsfalle die volle Provision von beiden Teilen fordern (§ 654 BGB; BGH, Urt. v. 23. 10. 1980, NJW 1981 S. 279, und Urt. v. 12. 2. 1981, BB 1981 S. 756; OLG Köln, Urt. v. 28. 4. 1971, BB 1971 S. 889). In einem solchen Fall muß der Makler unparteiisch vermitteln („ehrlicher Makler"), widrigenfalls er seine Ansprüche auf Provision und Auslagenersatz verliert (vgl. BGH, Urt. v. 18. 5. 1973, NJW 1973 S. 1458, und Urt. v. 18. 12. 1976. BB 1977 S. 953). Zum Provisionsanspruch des Vermittlungsmaklers s. auch BGH, Urt. v. 7. 7. 1976, BB 1976 S. 1101, und Urt. v. 10. 10. 1990, BB 1990 S. 2296.

Form. Nach dem Gesetz bedarf der Maklervertrag *keiner bestimmten Form* (OLG Koblenz, Urt. v. 6. 7. 1989, BB 1990 S. 2224). Auch wenn das bezweckte Geschäft ein Grundstücksgeschäft ist, ist notarielle Beurkundung des Maklervertrages nicht erforderlich, es sei denn, daß sich der Auftraggeber zum Verkauf des Grundstücks an den von dem Makler nachgewiesenen oder vermittelten

Interessenten verpflichtet (§ 313 BGB; BGH, Urt. v. 1. 7. und 18. 12. 1970. NJW 1970 S. 1915 und 1971 S. 557; zur Formbedürftigkeit einer Reservierungsvereinbarung s. BGH, Urt. v. 10. 2. 1988. BB 1988 S. 1068). Wenn demnach im allgemeinen der Maklervertrag sogar stillschweigend rechtswirksam abgeschlossen werden kann, ist doch der schriftliche Abschluß regelmäßig zu empfehlen.

Sonderbestimmungen über Maklerverträge, die den Nachweis oder die Vermittlung von Wohnräumen zum Gegenstand haben, enthält das Gesetz zur Regelung der Wohnungsvermittlung. Nach § 6 Abs. 1 dieses Gesetzes darf ein Wohnungsvermittler Wohnräume nur anbieten, wenn er dazu einen Auftrag vom Berechtigten hat; ein Verstoß gegen diese Bestimmung führt aber nicht zur Nichtigkeit des Maklervertrages (OLG Karlsruhe, Urt. v. 9. 4. 1976, BB 1976 S. 668).

Die gewerbsmäßige Ausübung der Maklertätigkeit im Grundstücksverkehr sowie im Verkehr mit Wohn- und Geschäftsräumen ist erlaubnispflichtig (Wirksamkeit eines Nachweismaklervertrages trotz fehlender Gewerbeerlaubnis: BGH, Urt. v. 23. 10. 1980, BB 1981 S. 76). Die Erteilung der Erlaubnis ist vom Nachweis der Zuverlässigkeit und geordneter Vermögensverhältnisse abhängig; die fachliche Qualifikation des Maklers wird allerdings nicht geprüft (§ 34 c GewO). Die Makler- und BauträgerVO legt dem Grundstücks- und Wohnungsmakler besondere Pflichten auf, insbesondere hat er für vom Auftraggeber erhaltene Vermögenswerte Sicherheit zu leisten oder eine entsprechende Versicherung abzuschließen (vgl. hierzu BGH, Urt. v. 26. 1. 1978, BB 1978 S. 1187, und OLG Frankfurt, Urt. v. 29. 11. 1978, NJW 1979 S. 878).

Derzeit wird eine *Neuregelung des Maklerrechts* vorbereitet. Ziel der Reform soll es sein, einem Überhandnehmen von Allgemeinen Geschäftsbedingungen und Formularverträgen entgegenzuwirken und die fallbezogene Rechtsfortbildung durch die Rechtsprechung stärker zu berücksichtigen.

Muster

Zwischen Herrn/Frau/Frl. .... – Auftraggeber –, und Herrn/Frau/ Firma .... (vgl. Anm. 1), – Makler (vgl. Anm. 1) – werden folgende

Vereinbarungen

getroffen:

§ 1 Vertragsobjekt
(1) Gegenstand des Vertrages ist folgendes Objekt (vgl. Anm. 2): ....
(2) Der Auftraggeber ist Alleineigentümer/Miteigentümer dieses Objekts. Er
erklärt, daß er den Auftrag auch im Namen der weiteren Miteigentümer
.... erteilt.
(3) Das Vertragsobjekt soll veräußert werden, wobei der höchstmögliche
Preis, mindestens jedoch ein Preis von .... DM erzielt werden soll.

§ 2 Tätigkeit des Maklers
(1) Der Makler wird mit dem Nachweis von Kaufinteressenten/mit der Vermitt-
lung eines Kaufvertragsabschlusses bezüglich des Vertragsobjekts beauftragt
(vgl. Anm. 3). Der Auftrag wird als gewöhnlicher Maklerauftrag/Alleinauftrag
erteilt (vgl. Anm. 4).
(2) Der Makler ist berechtigt, auch für den Käufer gegen Entgelt tätig zu
werden, hat jedoch eine etwaige Interessenkollision dem Auftraggeber unver-
züglich mitzuteilen (vgl. Anm. 5).

§ 3 Vertragsdauer, Kündigung
(1) Der Vertrag endet ohne weiteres mit Ablauf von .... Monaten/am ....
(vgl. Anm. 6).
(2) Innerhalb dieser Zeit kann der Vertrag jederzeit und beiderseits mit einer
Frist von .... zum ....gekündigt werden./Für diese Zeit wird dem Makler
das Objekt fest an die Hand gegeben (vgl. Anm. 7). Das Recht zur fristlosen
Kündigung aus wichtigem Grund bleibt unberührt (vgl. Anm. 8).
(3) Eine Kündigung ist nur wirksam. wenn sie schriftlich erfolgt.

§ 4 Pflichten des Maklers
(1) Der Makler hat den Auftrag mit der Sorgfalt eines ordentlichen Kaufmanns
wahrzunehmen. Er hat den Auftraggeber über den Stand seiner Bemühungen
laufend zu unterrichten (vgl. Anm. 9).
(2) Alle Tatsachen, die dem Makler im Zusammenhang mit dem Auftrag zur
Kenntnis gelangen, hat er vertraulich zu behandeln (vgl. Anm. 10).

§ 5 Rechte und Pflichten des Auftraggebers
(1) Der Auftraggeber ist berechtigt, jederzeit an einen eigenen Interessenten
zu verkaufen; die Dienste anderer Makler zur Förderung der Verkaufsbestre-
bungen darf er ebenfalls/nicht in Anspruch nehmen (vgl. Anm. 11).
(2) Der Auftraggeber wird dem Makler unverzüglich alle erforderlichen Un-
terlagen, die zur Bearbeitung des Auftrags benötigt werden, übergeben, ihm
alle notwendigen Informationen erteilen und ihn bei seinen Verkaufsbemühun-
gen in jeder Weise unterstützen (vgl. Anm. 12).

(3) Falls dem Auftraggeber ein ihm durch den Makler nachgewiesener Interessent bereits bekannt ist, hat er dies dem Makler unverzüglich mitzuteilen, widrigenfalls er sich auf eine solche Kenntnis nicht berufen kann (vgl. Anm. 13).

(4) Vom Abschluß eines Kaufvertrages zwischen dem Auftraggeber und einem Interessenten ist der Makler unter Übermittlung einer beglaubigten Abschrift des Vertrages unverzüglich zu benachrichtigen. Diese Verpflichtung besteht für den Auftraggeber auch dann, wenn der Abschluß nicht auf die Tätigkeit des Maklers zurückzuführen ist (vgl. Anm. 14).

(5) Der Auftraggeber verpflichtet sich, alle Mitteilungen des Maklers an ihn vertraulich zu behandeln und sie nicht an Dritte weiterzugeben (vgl. Anm. 15).

§ 6 Vergütungsanspruch des Maklers
(1) Für den Nachweis eines Käufers/die Vermittlung des in Aussicht genommenen Kaufvertrages über das Vertragsobjekt erhält der Makler eine Verkäuferprovision in Höhe von .... % zuzüglich .... % Mehrwertsteuer (vgl. Anm. 16).

(2) Die Provision errechnet sich aus dem Gesamtkaufpreis einschließlich etwaiger dem Auftraggeber oder Dritten zugute kommender Nebenleistungen des Käufers (vgl. Anm. 17).

(3) Die Provision wird mit Abschluß des Kaufvertrages fällig. Der einmal entstandene Provisionsanspruch des Maklers wird nicht dadurch hinfällig, daß der Kaufvertrag wieder aufgehoben, angefochten oder sonstwie rückgängig gemacht wird (vgl. Anm. 18).

(4) Aufwendungen werden dem Makler nicht erstattet (vgl. Anm. 19).

§ 7 Einschaltung weiterer Makler
(1) Der Makler ist berechtigt, weitere Makler mit der Bearbeitung des Auftrags zu befassen (vgl. Anm. 20).

(2) Zusätzliche Kosten dürfen hierdurch dem Auftraggeber nicht entstehen.

§ 8 Zusätzliche Vereinbarungen (vgl. Anm. 21)
....

§ 9 Schlußbestimmungen
(1) Abänderungen oder Ergänzungen dieses Vertrages sind nur wirksam, wenn sie schriftlich vereinbart werden (vgl. Anm. 20).

(2) Mündliche Nebenabreden bestehen nicht.

..................., *den* ....

....

Auftraggeber   *Makler*

Anmerkungen

1) Der Grundstücksmakler betreibt kein Grundhandelsgewerbe i. S. des § 1 Abs. 2 HGB. Kaufmannseigenschaft erlangt er nur durch Eintragung im Handelsregister unter den Voraussetzungen des § 2 HGB (Erfordernis eines in kaufmännischer Weise eingerichteten Geschäftsbetriebes aufgrund Art und Umfang des Unternehmens). Wegen der Firmenfortführung beim Erwerb eines Maklergeschäfts vgl. OLG Frankfurt, Beschl. v. 24. 5. 1971, DB 1971 S. 1615.

2) Daß sich der Makler eine genaue Objektbeschreibung geben lassen muß, folgt schon aus § 10 Abs. 3 MaBV. Hiernach müssen bei der Vermittlung oder dem Nachweis der Gelegenheit zum Abschluß eines Vertrages über den Erwerb von Grundstücken oder grundstücksgleichen Rechten aus den Aufzeichnungen und Unterlagen des Maklers u. a. folgende Angaben ersichtlich sein, soweit sie im Einzelfall in Betracht kommen: Lage, Größe und Nutzungsmöglichkeit des Grundstücks, Art, Alter und Zustand des Gebäudes, Ausstattung, Wohn- und Nutzfläche, Zahl der Zimmer, Höhe der Kaufpreisforderung einschließlich zu übernehmender Belastungen, Name, Vorname und Anschrift des Veräußerers.

3) Es ist klar zum Ausdruck zu bringen, ob der Makler als Nachweis- oder als Vermittlungsmakler tätig werden soll.

4) Die Erteilung eines Alleinauftrags führt beiderseits zu erhöhten Pflichten. Der Makler ist verpflichtet, für den Auftraggeber tätig zu werden und hat alles in seinen Kräften Stehende zu unternehmen, um einen für diesen vorteilhaften Abschluß zu erreichen; von seiner Verpflichtung zum Tätigwerden kann sich der Makler nicht einseitig lösen (BGH, Urt. v. 8. 4. 1987, BB 1987 S. 1766). Der Auftraggeber verzichtet meist auf sein Recht, den Maklervertrag jederzeit zu widerrufen, indem er dem Makler das Objekt für eine bestimmte Frist „fest an die Hand gibt". Außerdem begibt sich der Auftraggeber des Rechts, in derselben Angelegenheit auch noch andere Makler zu beauftragen; dagegen verbleibt im Zweifel dem Auftraggeber das Recht, sich selbst um einen Abschluß zu bemühen, wie auch seine Abschlußfreiheit unberührt bleibt. Sollen auch Eigengeschäfte des Auftraggebers ausgeschlossen sein, bedarf es hierfür einer besonderen, individuell ausgehandelten Vereinbarung; in Allgemeinen Geschäftsbedingungen des Maklers ist eine derartige Klausel unwirksam (Palandt, BGB, 51. Aufl. Rdnrn. 60, 61 zu § 652 mit Rspr.-Nachw.). Vgl. auch BGH, Urt. v. 27. 3. 1991, BB 1991 S. 1003.

5) Bei Grundstücken ist eine Tätigkeit des Maklers auch für den anderen Teil (Doppeltätigkeit) üblich und zulässig (Palandt, a. a. O. Rdnr. 8 zu § 654 BGB). Unzulässig ist sie nur dann, wenn sie zu vertragswidrigen Interessenkollisionen führt. Macht der Makler dem Auftraggeber von einer solchen Interessenkollision Mitteilung, kann dieser den Maklervertrag kündigen.

6) Wird eine bestimmte Vertragsdauer nicht vereinbart, kann der Auftraggeber den Maklervertrag grundsätzlich jederzeit kündigen, der Makler jedoch nur bei Vorliegen eines wichtigen Grundes (Palandt, a. a. O. Rdnr. 9 zu § 652 BGB).

7) Vgl. Anm. 4.

8) Das Recht zur fristlosen Kündigung aus wichtigem Grund kann vertraglich nicht ausgeschlossen werden.

9) Der Maklervertrag begründet zwischen Auftraggeber und Makler ein besonderes Treueverhältnis. Der Makler hat deshalb die Pflicht, den ihm erteilten Auftrag bestmöglich zu erledigen und alles zu unterlassen, was den Interessen des Auftraggebers zuwiderläuft (vgl. BGH, Urt. v. 24. 6. 1981, WRP 1981 S. 1084).

10) Aus der Treuepflicht des Maklers folgt auch seine Verschwiegenheitspflicht.

11) Der Auftraggeber behält trotz des Maklervertrages volle Handlungs- und Entschlußfreiheit. Anders ist es nur, wenn dem Makler ein Alleinauftrag erteilt wird (vgl. Anm. 4).

12) Diese Verpflichtung entspricht den eigenen Interessen des Auftraggebers, beruht aber auch auf der ebenfalls ihn treffenden Treuepflicht. Aufgrund seiner Verpflichtung, den Makler bei seinen Verkaufsbemühungen zu unterstützen, ist der Auftraggeber insbesondere auch gehalten, dem Makler die Besichtigung des Objekts zusammen mit Interessenten zu ermöglichen.

13) Damit soll verhindert werden, daß der Auftraggeber den sog. Vorkenntniseinwand erst dann erhebt, wenn der Makler nach erfolgtem Abschluß des Kaufvertrages seine Provision verlangt.

14) Damit wird der Makler in die Lage versetzt zu prüfen, ob und ggf. in welcher Höhe er einen Provisionsanspruch geltend machen kann.

15) Die Verschwiegenheitspflicht des Auftraggebers beruht auf seiner Treuepflicht gegenüber dem Makler (vgl. Anm. 9). Die gesammelten Informationen des Maklers stellen dessen Geschäftskapital dar.

16) Es kann eine feste Vergütung oder ein bestimmter Prozentsatz des Kaufpreises als Maklerprovision vereinbart werden. Einer besonderen Vereinbarung bedarf auch die Zahlung der Mehrwertsteuer durch den Auftraggeber. Ist die Höhe der dem Makler zustehenden Vergütung nicht festgelegt, so gilt die „übliche" Vergütung als vereinbart (§ 653 Abs. 2 BGB).

17) Nebenleistungen sind z. B. die Übernahme von Hypotheken oder Grundschulden oder die Zahlung eines Ablösebetrages für Einrichtungen eines Gebäudes.

18) Fehlt eine Vereinbarung darüber, inwieweit der Provisionsanspruch des Maklers vom Fortbestand des abgeschlossenen Kaufvertrages abhängt, so gilt folgendes: Wirksame Anfechtung des Kaufvertrages läßt den Provisionsanspruch entfallen, bei vertraglich vereinbarter Wiederaufhebung des Kaufvertrages bleibt dagegen der Provisionsanspruch erhalten. Dasselbe gilt bei Ausübung eines gesetzlichen Rücktrittsrechts oder erklärter Wandelung (Rückgängigmachung des Kaufvertrages). Bei Ausübung eines vertraglichen Rücktrittsrechts durch den Käufer ist das Bestehenbleiben oder der Wegfall des Provisionsanspruchs Auslegungsfrage (Palandt, a. a. O. Rdnr. 27 zu § 652 BGB mit Rspr.-Nachw.).

19) Diese Vertragsbestimmung dient nur der Klarstellung, weil ein Anspruch des Maklers auf Ersatz von Aufwendungen nur bei ausdrücklicher Vereinbarung besteht.

20) Damit wird klargestellt, daß der Makler seine Leistungen nicht persönlich erbringen muß.
21) Hier kann z. B. dem Makler Vollmacht zur Einsicht des Grundbuchs oder von Bauakten erteilt werden.
22) Die Vereinbarungen, daß Vertragsänderungen der Schriftform bedürfen und daß mündliche Nebenabreden nicht getroffen worden sind, dienen der Klarstellung und können in einem Streitfall Bedeutung gewinnen.

59. Vertrag mit einer Detektei (Detektei-Vertrag)

Rechtsgrundlage. §§ 611 ff., 631 ff., 675 BGB.

Erläuterungen. Innerhalb der letzten 15 Jahre hat sich der Aufgabenbereich der Detekteien erheblich gewandelt und zugleich wesentlich erweitert. Einer der hierfür maßgebenden Gründe liegt darin, daß für die Ehescheidung das Verschuldensprinzip abgeschafft und durch das Zerrüttungsprinzip ersetzt worden ist (vgl. S. 324). Damit kommt es seither nicht mehr darauf an, im Scheidungsprozeß ein „ehewidriges Verhalten" des Partners nachzuweisen, was vielfach erst durch den Einsatz einer Detektei möglich war. Nach neuem Recht kann sich eheliches Fehlverhalten höchstens noch bei den Scheidungsfolgen, nämlich im Unterhaltsrecht und beim Versorgungsausgleich, auswirken (§§ 1579, 1587 c BGB). Ein weiterer Grund für die Änderung des Aufgabenbereichs der Detekteien liegt in der technischen und wirtschaftlichen Entwicklung; sie hat dazu geführt, daß die Detekteien jetzt in erster Linie Aufgaben aus Industrie, Wirtschaft und Versicherungswesen wahrzunehmen haben – etwa zu 70 % –, während nur noch ca. 30 v. H. ihrer Tätigkeit auf private Gründe zurückzuführen sind.

Im wesentlichen umfaßt das *Tätigkeitsgebiet der Detekteien* nunmehr folgende Bereiche:

a) *Betrieblicher Bereich*
– Aufklärung und Verhinderung von Betriebsvergehen und Wirtschaftsdelikten wie z. B. Diebstähle, Betrügereien, Unterschlagungen, Untreue, Sabotage und Verrat von Geschäfts- und Betriebsgeheimnissen;
– unberechtigte Inanspruchname der Lohnfortzahlung durch Arbeitnehmer (Krankfeiern, Schwarzarbeit);
– Patent- und Lizenzverletzungen, Wettbewerbsverstöße, Markenpiraterie;

– Abwehr von Betriebsspionage, Erarbeitung von Sicherheitsanalysen und Präventivmaßnahmen;
– Personen- und Objektschutzaufgaben.

b) *Versicherungswesen*
Untersuchung von Versicherungsschäden im Hinblick auf Versicherungsbetrug.

c) *Privater Bereich*
– Observationen und Ermittlungen;
– Erarbeitung von Informationen und Auskünften;
– Sorgerechts-, Ehe- und Unterhaltungsangelegenheiten.

d) *Allgemeiner Bereich*
– Beschaffung von Be- und Entlastungsmaterial in Zivil- und Strafprozessen, häufig auch im Auftrag von Rechtsanwälten;
– Ermittlung unbekannt verzogener Personen (Schuldner), von Erpressern oder anonymen Briefeschreibern u. ä.

Gewerberechtliche Bestimmungen. Trotz der überweigend freiberuflichen Struktur der Berufstätigkeit eines Privatdetektivs mit eigener Praxis ist er Gewerbetreibender und muß deshalb die Aufnahme seiner Tätigkeit der zuständigen Behörde anzeigen (§ 14 GewO). Einer besonderen Gewerbezulassung bedarf es allerdings nicht. Bei Vorliegen von Tatsachen, aus denen sich die Unzuverlässigkeit eines Privatdetektivs ergibt (z. B. nach strafgerichtlicher Verurteilung wegen Delikten, die er im Zusammenhang mit seiner Berufstätigkeit begangen hat), kann ihm die Ausübung seines Gewerbes behördlich untersagt werden (§ 35 GewO).

Durch § 38 Nr. 4 GewO sind die Landesregierungen ermächtigt, durch Rechtsverordnung bestimmte Überwachungsvorschriften für Detekteien zu erlassen. Von dieser Befugnis haben inzwischen die meisten alten Länder der Bundesrepublik Gebrauch gemacht, so daß folgende *Detekteiverordnungen* bestehen:

Baden-Württemberg:	VO v. 9. 3. 1964 (GBl S. 202) mit späteren Änderungen;
Bayern:	VO v. 19. 10. 1964 (GVBl S. 188) mit späteren Änderungen;
Bremen:	VO v. 4. 6. 1974 (GBl S. 256) mit späteren Änderungen;

Hamburg:	VO v. 23. 6. 1964 (GVBl S. 150);
Hessen:	VO v. 18. 1. 1965 (GVBl S. 25) mit späteren Änderungen;
Niedersachsen:	VO v. 18. 2. 1977 (GVBl S. 40);
Nordrhein-Westfalen:	VO v. 11. 6. 1985 (GVBl S. 466) mit späteren Änderungen;
Saarland:	VO v. 25. 6. 1964 (ABl S. 528) mit späteren Änderungen;
Schleswig-Holstein:	VO v. 20. 4. 1964 (GVBl S. 71).

In diesen – weitgehend übereinstimmenden – Verordnungen sind eine Reihe von Pflichten der Detekteien festgelegt. So haben sie über erhaltene Aufträge Aufzeichnungen zu machen, aus denen Datum und Inhalt des Auftrags, Name und Wohnung des Auftraggebers, Ergebnisse der Einzelermittlungen, Mitteilungen an den Auftraggeber und von diesem geleistete Zahlungen ersichtlich sein müssen. Werden in den Aufzeichnungen – zulässigerweise – Gewährspersonen mit Decknamen oder Decknummern bezeichnet, muß noch eine besondere Decknamenliste geführt werden, aus der Namen und Anschriften der Gewährspersonen hervorgehen. Die Aufzeichnungen, Unterlagen und Belege sind von den Detekteien 5 Jahre aufzubewahren. Auf Verlangen der zuständigen Behörde haben sie über ihren Geschäftsbetrieb Auskunft zu erteilen, können aber die Beantwortung solcher Fragen verweigern, durch die sich der Privatdetektiv selbst oder einen seiner nahen Angehörigen der Gefahr strafgerichtlicher Verfolgung oder eines Bußgeldverfahrens aussetzen würde. Detekteien unterliegen der behördlichen Nachschau, d. h. die Beauftragten der Behörde dürfen in den Geschäftsbetrieb Einsicht nehmen; zu diesem Zweck sind ihnen die Geschäftsräume sowie Aufzeichnungen, Unterlagen und Belege – ausgenommen die Decknamenliste – zugänglich zu machen.

Rechtsbeziehungen zum Auftraggeber. Die Rechtsnatur des Vertrages zwischen Detektei und Auftraggeber ist je nach dem Inhalt der Vereinbarungen unterschiedlich zu beurteilen: Sind Ermittlungen über persönliche oder Vermögensverhältnisse eines anderen vorzunehmen oder ist eine Personenbeobachtung durchzuführen, so handelt es sich um einen Dienstvertrag, der eine Geschäftsbesorgung zum Gegenstand hat. Geht es dagegen um die Beschaffung ganz bestimmter Informationen oder hat der Detektiv einen bestimmten Vorgang zu ermitteln, so liegt ein Werkvertrag mit Geschäftsbesorgungscharakter vor (Palandt, BGB 51. Aufl. Rdnr. 8 Einf. vor § 631 und Rdnr. 3 zu § 676). Dementsprechend bemessen sich jeweils die gesetzlichen Rechte und Pflichten der Vertragsparteien, doch gelten in erster Linie deren konkrete Abmachungen. *Form.* Für den Detekteivertrag ist eine bestimmte Form gesetzlich nicht vorgeschrieben, so daß auch mündliche Vereinbarungen rechtsgültig sind. Aus Gründen der Beweisbarkeit und im Interesse der Klarstellung ist jedoch schriftlicher Vertragsabschluß zu empfehlen.

Muster

Dienstleistungsvertrag
Unter ausdrücklicher Anerkennung der untenstehenden Geschäftsbedingungen (vgl. Anm. 1, 2) und nachstehenden Honorarsätze erteile ich hiermit der Detektei .... in .... (Auftragnehmerin) folgenden Auftrag (vgl. Anm. 3, 4): ....
Auftraggeber:
    Name, Vorname, Firma: ....
    Anschrift: ....
Honorarvereinbarung – zusätzlich der zur Zeit geltenden Umsatzsteuer –
(vgl. Anm. 5):

Grundhonorar	*(für detektivische Analyse, Planung und*	
	Berichterstattung)	*DM ....*
zusätzlich	*Stundenhonorar pro Detektiv*	
	(Mindestberechnung pro Tag 3 Std.)	*DM ....*
zusätzlich	*Zuschläge pro Stunde und Detektiv*	
	für Nachteinsatz von 20.00 bis 6.00 Uhr	*DM ....*
	Sonn- und Feiertagseinsatz	*DM ....*
Kfz-Einsatz	*täglich*	*DM ....*
zuzüglich	*pro gefahrenen Kilometer*	*DM ....*
Sonderkosten	*für (vgl. Anm. 6) ....*	*DM ....*
	....	*DM ....*
	....	*DM ....*
	....	*DM ....*
	....	*DM ....*
Pauschalhonorar		*DM ....*
Honorarlimit vorerst (vgl. Anm. 7)		*DM ....*

Zahl der einzusetzenden Mitarbeiter/Fahrzeuge: ....
Ich, der/die Unterzeichnende, erteile der Detektei den oben aufgeführten Auf-

trag. Von den untenstehenden Bestimmungen des § 29 Abs. 2 BDSG habe ich Kenntnis genommen und begründe mein berechtigtes Interesse wie folgt: ....

....

................., den ....

Quittung   *Anzahlung DM ....*
                erhalten

....
Unterschrift Auftraggeber

....
Unterschrift Auftragnehmerin

Allgemeine Geschäftsbedingungen

1. Die Auftragnehmerin ist verpflichtet, den ihr erteilten Auftrag nach bestem Wissen und Können zu erledigen. Nur bei Fahrlässigkeit kann sie in Haftung genommen werden (vgl. Anm. 8).

2. Art und Weise der Auftragsdurchführung bestimmt die Auftragnehmerin nach pflichtgemäßem Ermessen im Einvernehmen mit dem Auftraggeber.

3. Die Auftragnehmerin wird über alles, was ihr auf Grund des Auftrages zur Kenntnis gelangt, Schweigen gegenüber jedem Dritten wahren. Das gilt auch für Mitarbeiter und Angestellte (vgl. Anm. 9).

4. Soweit nicht anders vereinbart, verpflichtet sich die Auftragnehmerin, schriftlich Bericht zu erstatten.

5. Die Berichte sind nur für den Auftraggeber bestimmt und von diesem streng vertraulich zu behandeln. Der Auftraggeber haftet bei vereinbarungswidriger Weitergabe eines Berichtes an Dritte.

6. Der Auftraggeber hat keinen Anspruch auf Bekanntgabe der Informanten der Auftragnehmerin (vgl. Anm. 10).

7. Die Erledigung des Auftrags wird von angemessenen Vorschußzahlungen abhängig gemacht.

8. Der Auftraggeber kann jederzeit, die Auftragnehmerin nur bei Vorliegen eines wichtigen Grundes kündigen (vgl. Anm. 11). Bei vorzeitiger Kündigung des Auftrages hat der Auftraggeber alle bis dahin angefallenen Kosten zu tragen. Wird die vorzeitige Kündigung durch das vertragswidrige Verhalten der Auftragnehmerin veranlaßt, steht ihr ein Anspruch insoweit nicht zu, als die bisherigen Leistungen infolge der Kündigung kein Interesse für den Auftraggeber haben.

9. Der Auftraggeber verpflichtet sich, für die Dauer des Auftrages nach Auftragserteilung nicht selbst in der Sache tätig zu werden oder Dritte tätig werden zu lassen, sofern Gefahr besteht, daß die Tätigkeit der Auftragnehmerin behindert werden könnte (vgl. Anm. 12).

10. Nach erbrachter Leistung erteilte Rechnungen sind sofort fällig.
11. Der Auftraggeber versichert mit seiner Unterschrift, daß seine Angaben
bezüglich des berechtigten Interesses an der Auftragsdurchführung den
Tatsachen entsprechen und daß keine gesetzwidrigen, sittenwidrigen oder
staatsgefährdenden Ziele verfolgt werden (vgl. Anm. 13).
12. Sollten einzelne Positionen dieser Geschäftsbedingungen unzulässig oder
unwirksam sein, so wird hiervon die Wirksamkeit der übrigen Positionen
nicht berührt, soweit diese für sich allein noch dem Sinn und Zweck des
geschlossenen Vertrages entsprechen. Die unwirksame Position soll durch
eine solche ersetzt bzw. ergänzt gelten, die dem wirtschaftlichen Zweck des
Vertrages am nächsten kommt (vgl. Anm. 14).
13. Nebenabreden bedürfen der Schriftform (vgl. Anm. 15).
14. Erfüllungsort ist der Sitz der Auftragnehmerin. Besonderer Gerichtsstand
ist gemäß § 29 ZPO der Erfüllungsort (vgl. Anm. 16).
§ 29 Abs. 2 des Bundesdatenschutzgesetzes (vgl. Anm. 17).

Anmerkungen

1) Das Vertragsmuster und die Allgemeinen Geschäftsbedingungen für das Detektiv-
gewerbe entsprechen den Empfehlungen, die der Bundesverband Deutscher Detek-
tive (BDD), Stuttgart, gegenüber den Verbandsmitgliedern ausgesprochen und gemäß § 38 Abs. 2 Nr. 3 GWB beim Bundeskartellamt angemeldet hat (Bekm. Nr.
38/86 v. 15. 4. 1986, BAnz Nr. 79/1986 v. 26. 4. 1986). Die Empfehlungen sind
jedoch unverbindlich, so daß es den Detekteien und ihren Vertragspartnern unbenommen bleibt, im Einzelfall abweichende Vereinbarungen zu treffen.
2) Allgemeine Geschäftsbedingungen werden nur dann Vertragsbestandteil, wenn der
Verwender bei Vertragsabschluß die andere Vertragspartei ausdrücklich auf sie
hinweist, der anderen Vertragspartei die Möglichkeit zur Kenntnisnahme verschafft
und wenn die andere Vertrgspartei mit der Geltung der Geschäftsbedingungen
einverstanden ist (§ 2 Abs. 1 AGBG).
3) Nach dem Inhalt des Auftrages richtet sich der rechtliche Charakter des Detektei-
vertrages (s. einführ. Erläuterungen). Das Vertragsmuster kann sowohl für einen
Dienst- wie auch für einen Werkvertrag verwendet werden.
4) Der Inhalt des Auftrages sollte möglichst genau bezeichnet werden.
5) Da keine Gebührenordnungen, Honorarrichtlinien o. ä. bestehen, unterliegt die
Höhe der Vergütung der freien Vereinbarung. Im allgemeinen wird sie nach dem
erforderlichen Zeitaufwand bemessen.
6) Häufig wird vertraglich vereinbart, daß der Detektiv neben der Vergütung den
Ersatz solcher Aufwendungen verlangen kann, die er zur Ausführung des Auftrags
für erforderlich halten durfte (vgl. §§ 670, 675 BGB). Dabei kann es sich z. B. um
Verzehrkosten (bei Beobachtungen in einem Lokal) oder Trinkgelder (etwa an einen

Hotelangestellten für bestimmte Informationen) handeln. Unwirksam nach § 9 AGBG sind Klauseln, nach denen neben dem vereinbarten Honorar noch eine „Umlage" zu zahlen ist, oder daß ein Eilzuschlag auch für nicht eilige Dienste verlangt werden kann (Rspr.-Nachw. bei Palandt, a. a. O. Rdnr. 75 zu § 9 AGBG).

7) Ergibt sich, daß der Auftrag ohne wesentliche Überschreitung des Honorarlimits nicht ausgeführt werden kann, hat die Detektei dies dem Auftraggeber unverzüglich mitzuteilen, worauf dieser den Vertrag ggf. kündigen kann (§ 650 BGB).

8) Vernachlässigt die Detektei bei der Ausführung des Auftrages die erforderliche Sorgfalt oder macht sie sich eines groben Treueverstoßes schuldig (z. B. durch Weitergabe des für den Auftraggeber bestimmten Berichts an einen Dritten) und erwächst dem Auftraggeber hieraus ein Vermögensschaden, so ist die Detektei schadenersatzpflichtig (§§ 276, 242 BGB). Nicht jede unrichtige Feststellung oder Auskunft der Detektei stellt jedoch ein haftungsbegründendes Verschulden dar. Vielfach ist die Detektei selbst auf Mitteilungen Dritter angewiesen, deren Richtigkeit nicht immer nachgeprüft werden kann; allerdings muß dies dann dem Auftraggeber deutlich gemacht werden.

9) Eine Verletzung der Schweigepflicht ist nicht strafbar (vgl. § 203 StGB).

10) Mitunter erhält die Detektei Informationen nur dann, wenn sie sich dem Informanten gegenüber verpflichtet, seinen Namen nicht preiszugeben.

11) Vgl. die gesetzliche Regelung in § 628 BGB.

12) Der Auftraggeber, der die Detektei bei der Ausführung des Auftrages behindert, handelt vertragswidrig.

13) Die Klausel ist insofern problematisch, als der Auftraggeber oft selbst nicht beurteilen kann, ob mit seinem Auftrag gesetz- oder sittenwidrige Ziele verfolgt werden. Ergibt sich für die Detektei in dieser Richtung Anhaltspunkte, darf sie sich mit der bloßen Erklärung des Auftraggebers nicht begnügen, sondern muß weitergehenden Aufschluß verlangen.

14) Vgl. § 6 AGBG.

15) Lediglich mündlich getroffene Nebenabreden sind sonach unwirksam.

16) Eine Vereinbarung über den Erfüllungsort begründet die gerichtliche Zuständigkeit nur dann, wenn die Vertragsparteien Vollkaufleute sind (§ 29 Abs. 2 ZPO). Durch diese Bestimmung wird verhindert, daß Gerichtsstandsvereinbarungen, die nach § 38 ZPO nur unter bestimmten Voraussetzungen zulässig sind, auch ohne diese Voraussetzungen möglich wären.

17) Bundesdatenschutzgesetz (BDSG) = Art. 1 des Ges. zur Fortentwicklung der Datenverarbeitung und des Datenschutzes v. 20. 12. 1990 (BGBl I S. 2954).

60. Optionsvereinbarung

Rechtsgrundlage. Eine spezielle gesetzliche Regelung fehlt.

Erläuterungen. Der Begriff „Option" findet sich in mehreren Rechtsgebieten jeweils mit verschiedener Bedeutung. Bürgerlich-rechtlich versteht man darunter das Recht, durch einseitige Erklärung einen bestimmten Vertrag zustande zu bringen oder ein bestehendes Vertragsverhältnis zu verlängern. Es handelt sich somit um ein Gestaltungsrecht (Palandt, BGB 47. Aufl. Einf. 4 c vor § 145). Meist ergibt sich das Optionsrecht aus einem aufschiebend bedingt abgeschlossenen Vertrag, der durch die Ausübung der Option zu einem unbedingten Vertrag wird. Eine Optionsvereinbarung kann aber auch selbständig getroffen werden, nur müssen dann die Bedingungen des Vertrages, der durch die Optionserklärung zustande kommen soll, genau festgelegt sein. Von einem Optionsrecht spricht man mitunter auch, wenn dem Berechtigten ein langfristig bindendes Vertragsangebot gemacht wird (vgl. OLG Düsseldorf, Urt. v. 22. 2. 1979, BB 1979 S. 962).

Optionsvereinbarungen kommen in der Praxis häufig vor, insbesondere beim Kauf, bei Miet- und Pachtverträgen, auf dem Gebiet des gewerblichen Rechtsschutzes und im Verlagsrecht. *Beispiele:*

a) S beabsichtigt, ein größeres Grundstück zu kaufen. Da er zum sofortigen Erwerb des ganzen Grundstücks finanziell nicht in der Lage ist, kauft er zunächst nur eine Teilfläche, läßt sich aber in dem notariellen Kaufvertrag das Recht einräumen, innerhalb einer bestimmten Frist zu einem bestimmten Preis auch die restliche Fläche erwerben zu können.

b) Eine Filmgesellschaft möchte einen Roman verfilmen. Da sie zunächst noch verschiedene Voraussetzungen der Verfilmung wie Finanzierung, Besetzung der Rollen usw. klären muß, sichert sie sich vorläufig – gegen Entgelt – nur das Optionsrecht auf Erwerb des Verfilmungsrechts.

c) Eine Bergwerksgesellschaft glaubt gewisse Anhaltspunkte dafür zu haben, daß in einem bestimmten Gebiet Bodenschätze vorhanden sind, doch sind hierfür weitere Untersuchungen erforderlich. Um sich gegen Konkurrenzfirmen zu sichern, läßt sich die Gesellschaft gegen Entgeltzahlung von den betreffenden Grundstückseigentümern ein befristetes Angebot einräumen, die Grundstücke zu einem bestimmten Preis käuflich zu erwerben.

Form. An sich bedürfen Optionsvereinbarungen keiner besonderen Form, wenn auch schon aus Beweisgründen schriftlicher Abschluß regelmäßig angezeigt ist. Etwas anderes gilt aber dann, wenn der Vertrag, der durch Ausübung des Optionsrechts zustande gebracht werden soll, formbedürftig ist, also z. B. als Grundstückskaufvertrag notarieller Beurkundung bedarf (§ 313 BGB). In einem solchen Fall gilt das Formerfordernis auch für die Optionsvereinbarung; die Optionserklärung selbst kann formlos abgegeben werden, außer wenn sie sich als Annahme des Angebots darstellt, den Vertrag also unmittelbar zustande bringt (BGH, Urt. v. 28. 9. 1962, LM § 433 BGB Nr. 16, und Urt. v. 9. 11. 1966, NJW 1967 S. 153).

Muster

A. Kaufoption auf ein Gemälde

Vereinbarung (vgl. Anm. 1)
zwischen Herrn .... in .... (A) und Herrn ....,
Kunsthändler in .... (B):
1. Herr A bietet Herrn B das Gemälde .... von ...., Entstehungs-
jahr ...., zum Preis von .... DM zum Kauf an (vgl. Anm. 2). An dieses
Angebot hält sich Herr A 6 Monate, nämlich bis zum .... gebunden.
2. Für die ihm in Ziffer 1 eingeräumte Option zahlt Herr B an Herrn A sogleich
einen Betrag von .... DM.
3. Wird das Herrn B unterbreitete Angebot von diesem innerhalb der Options-
frist nach Ziffer 1 Satz 2 angenommen, so wird die von Herrn B nach Ziffer 2
geleistete Zahlung auf den festgelegten Kaufpreis voll angerechnet.
4. Die Vertragsteile sind sich darüber einig, daß im Falle der Nichtausnutzung
der Option durch Herrn B der Betrag von .... DM (Ziffer 2) von Herrn A
nicht zurückzuzahlen ist.

.................., den ....

Unterschriften

B. Kaufoption auf ein Patent

Zwischen der Firma .... in .... (Firma) und Herrn Dipl.-
Ing. .... in .... (Patentinhaber) kommt folgender

Vertrag

zustande:

1. Gegenstand dieses Vertrages ist das dem Patentinhaber unter der Nummer
.... erteilte Bundespatent mit dem Titel ....
2. Der Patentinhaber erteilt hiermit der Firma für die Dauer eines Jahres die
alleinige Option zum Erwerb des genannten Patents (vgl. Anm. 3) für einen

Kaufpreis von .... DM gemäß dem diesem Vertrag als Anlage beigenommenen Kaufvertragsentwurf (vgl. Anm. 4).

3. *Während der Optionszeit ist der Patentinhaber an vorstehendes Vertragsangebot gebunden; er darf das Patent keinem Dritten zum Kauf anbieten und auch keine hierauf bezüglichen Bindungen Dritten gegenüber eingehen. Der Patentinhaber verpflichtet sich, der Firma während der Optionszeit alle gewünschten Auskünfte zu erteilen und ihr sämtliche Konstruktionszeichnungen und -beschreibungen zu überlassen, die zur näheren Prüfung des Angebots erforderlich sind.*

4. *Die Firma ist berechtigt, während der Optionszeit alle ihr zweckmäßig oder notwendig erscheinenden Prüfungen der den Gegenstand des Patents bildenden Konstruktion vorzunehmen. Innerhalb der Optionszeit muß die Firma dem Patentinhaber erklären, ob sie die Option ausüben will oder nicht.*

5. *Für die Erteilung der Option zahlt die Firma an den Patentinhaber bei Abschluß dieses Vertrages einen einmaligen Betrag von .... DM. Bei rechtzeitiger Ausübung der Option ist der Patentinhaber verpflichtet, mit der Firma über das Patent einen Kaufvertrag nach dem anliegenden Vertragsentwurf (Ziffer 2) abzuschließen. Der Optionsbetrag wird dann auf den Kaufpreis angerechnet.*

6. *Bei Nichtausübung oder nicht rechtzeitiger Ausübung der Option verfällt der Optionsbetrag zugunsten des Patentinhabers. In diesem Fall ist die Firma verpflichtet, sämtliche vom Patentinhaber erhaltenen Erfindungs- und Patentunterlagen diesem unverzüglich zurückzugeben, ohne Duplikate zurückzubehalten.*

..............., den ....

Unterschriften

C. Verlagsoption

Vereinbarung zwischen dem Verlag .... in .... (Verlag) und Herrn .... in .... (Autor):

1. *Der Verlag hat am .... mit dem Autor einen Verlagsvertrag über dessen Werk .... abgeschlossen. Der Autor hat darin dem Verlag das ausschließliche Recht zur Vervielfältigung und Verbreitung des Werkes in Buchform für alle Auflagen und Ausgaben eingeräumt.*

2. *Der Autor räumt hiermit dem Verlag eine Option auf die in Ziffer 1 aufgeführten Rechte an seinen nächsten, von ihm zur Veröffentlichung vorgesehe-*

nen Werken ein. Demgemäß ist der Autor verpflichtet, diese Werke zuerst dem Verlag anzubieten.

3. Der Verlag hat dem Autor binnen einer Frist von .... Monaten nach Vorlage des druckreifen Manuskripts zu erklären, ob er das Werk verlegen will. Nimmt der Verlag das Werk an, so haben die Vertragsparteien unverzüglich einen Verlagsvertrag zu angemessenen Bedingungen abzuschließen; der Vertrag soll im wesentlichen dem unter Ziffer 1 erwähnten Verlagsvertrag vom .... entsprechen. Lehnt der Verlag die Annahme des Werkes ab, so kann der Autor hierüber anderweitig verfügen.

4. Das Optionsrecht des Verlages erlischt, wenn dieser .... ihm angebotene Werke des Autors abgelehnt hat, ferner, wenn in den Verhältnissen des Verlages eine derart tiefgreifende Änderung eintreten sollte, daß eine weitere, auf Dauer berechnete Zusammenarbeit der Vertragsparteien für eine von ihnen nicht mehr zumutbar ist (vgl. Anm. 5).

5. Der Verlag zahlt dem Autor für die Einräumung der Option bei Abschluß dieses Vertrags einen einmaligen Betrag von .... DM. Die Optionsgebühr ist nicht zurückzuzahlen, sie ist aber mit Ansprüchen des Autors zu verrechnen, die diesem aufgrund von Verlagsverträgen erwachsen, die durch Ausübung der Option zustande kommen.

Oder (vgl. Anm. 6):

Da die Gegenleistung des Verlags für die Einräumung der Option in der Übernahme des in Ziffer 1 erwähnten Werkes des Autors liegt, verzichtet dieser auf eine Optionsgebühr.

.................., den ....

Unterschriften

D. Verlängerungsoption in einem Pachtvertrag (vgl. Anm. 7)

Pachtvertrag
zwischen dem Grundstückseigentümer .... in .... (Verpächter) und dem Bäckermeister .... in .... (Pächter):
1. ....
2. Das Pachtverhältnis beginnt am .... und wird auf die Dauer von 5 Jahren eingegangen. Es verlängert sich um jeweils 3 Jahre, wenn es nicht zum Ablauf der vereinbarten Pachtzeit unter Einhaltung einer Kündigungsfrist von 6 Monaten von einem Vertragsteil gekündigt wird.
3. Der Pächter ist berechtigt, vom Verpächter zu verlangen, daß dieser nach Ablauf der fünfjährigen Pachtzeit mit ihm einen Pachtvertrag für weitere 10 Jahre zu den gleichen Bedingungen abschließt. Dieses Verlangen muß spätestens 6 Monate vor Ablauf der fünfjährigen Pachtzeit (vgl. Anm. 8)

433

*gestellt werden. Die Option ist nur wirksam, wenn sie schriftlich ausgeübt
wird.*

4. ....

................, den ....

Unterschriften

Anmerkungen

1) Dem Kunsthändler B bietet die Option den Vorteil, daß er Zeit hat, einen Kunden zu suchen, an den er das von A zu erwerbende Gemälde gewinnbringend weiterveräußern kann. Findet er einen solchen Kunden, wird er von seinem Optionsrecht Gebrauch machen, andernfalls wird er die sog. Optionsgebühr verfallen lassen.

2) Die Bestimmung des Kaufpreises kann auch einer späteren Einigung der Vertragsparteien vorbehalten bleiben (BGH, Urt. v. 9. 11. 1966, NJW 1967 S. 153). Dann wird aber zweckmäßigerweise vereinbart, daß, wenn sich die Parteien insoweit nicht einigen können, der Kaufpreis durch einen Schiedsgutachter verbindlich festgesetzt werden soll.

3) Der Sinn und Zweck der Option wird aus Ziffer 4 des Vertragsmusters deutlich.

4) Da beim Patentkauf zahlreiche Einzelheiten zu regeln sind, ist es notwendig, die Kaufbedingungen schon bei Abschluß der Optionsvereinbarung festzulegen.

5) Diese Abrede soll einer unangemessenen Bindung des Autors vorbeugen, die zur Nichtigkeit der Optionsvereinbarung wegen Verstoßes gegen die guten Sitten (§ 138 BGB: Knebelungsvertrag) führen könnte.

6) Im allgemeinen ist die Zahlung einer Optionsgebühr – etwa in Höhe von 10–20 v. H. des Auflagenhonorars für das bereits herausgebrachte Werk – angebracht. Nur wenn die Verlegung des Erstlingswerkes des Autors für den Verlag mit einem besonderen Risiko verbunden war, kann bereits in der Übernahme dieses Risikos die Gegenleistung für die Einräumung der Option gesehen werden.

7) Eine Verlängerungsoption gleicher Art kann auch in einem Mietvertrag vereinbart werden. Vgl. hierzu Kania, ZMR 1976 S. 1, und BGH, Urt. v. 14. 7. 1982, BB 1982 S. 1883. Zur Auswirkung einer Verlängerungsoption bei Gaststättenpacht auf eine Getränkebezugsverpflichtung s. BGH, Urt. v. 25. 11. 1987, BB 1988 S. 233.

8) Ist eine Frist für die Ausübung des Optionsrechts nicht vereinbart, so ist sie durch ergänzende Vertragsauslegung zu ermitteln. Dabei kann regelmäßig an eine vereinbarte Kündigungsfrist angeknüpft werden (OLG Düsseldorf, Urt. v. 25. 10. 1971, NJW 1972 S. 1674).

61. Schiedsvertrag

Rechtsgrundlage. §§ 1025–1047 ZPO.

Erläuterungen. Schiedsvereinbarungen können getroffen werden, soweit die Parteien berechtigt sind, über den Gegenstand ihres Streites einen Vergleich zu schließen (§ 1025 Abs. 1 ZPO). Es ist also z. B. nicht möglich, einen Ehescheidungsprozeß oder die Frage der Ehelichkeit eines Kindes durch Schiedsrichter entscheiden zu lassen. Auch ein Schiedsvertrag über Rechtsstreitigkeiten, die den Bestand eines Wohnraum-Mietverhältnisses betreffen, ist, von bestimmten Ausnahmefällen abgesehen, unwirksam (§ 1025 a ZPO). Wegen übermäßiger Einschränkung des Rechtsschutzes einer Partei kann ein Schiedsvertrag sittenwidrig und damit nichtig sein (BGH, Urt. v. 26. 1. 1989, BB 1989 S. 944). Nach § 1027 ZPO muß ein Schiedsvertrag (wegen des Unterschieds zum Schiedsgutachtenvertrag vgl. BGH, Urt. v. 4. 6. 1981, BB 1982 S. 1077) ausdrücklich und schriftlich abgeschlossen werden und die Urkunde darf andere Vereinbarungen als solche, die sich auf das schiedsgerichtliche Verfahren beziehen, nicht enthalten. Unschädlich ist es, wenn sich die Schiedsabrede räumlich im Hauptvertrag (z. B. in einem Miet- oder Pachtvertrag) befindet, sofern sie von den Parteien gesondert unterzeichnet wird. Ist diese Form gewahrt, so ist der Schiedsvertrag auch dann gültig, wenn er sich auf Rechtsstreitigkeiten aus einem Vertrag bezieht, der, wie z. B. ein Grundstückskaufvertrag (§ 313 BGB), der notariellen Beurkundung bedarf (BGH, Urt. v. 22. 9. 1977, BB 1978 S. 19). Der Formzwang gilt nicht, wenn der Schiedsvertrag für beide Parteien ein Handelsgeschäft ist und sie beide Vollkaufleute sind. Unter diesen Voraussetzungen kann sich ein Kaufmann auch stillschweigend einem Schiedsgericht unterwerfen. Es ist aber auch hier schon im Interesse der Klarstellung die Schriftform dringend zu empfehlen.

Bei Nichteinhaltung der vorgeschriebenen Form ist der Schiedsvertrag unwirksam. Der Mangel wird jedoch geheilt, wenn sich die Parteien auf die schiedsgerichtliche Verhandlung zur Hauptsache einlassen. Zur Form des Schiedsvertrages s. auch Swoboda, BB 1984 S. 504.

Das Schiedsgericht ist ein privates, aus einem oder mehreren Schiedsrichtern bestehendes Gericht, das im Einzelfall an die Stelle des staatlichen Gerichts tritt. Das schiedsgerichtliche Verfahren bietet gegenüber dem Verfahren vor den staatlichen Gerichten erhebliche Vorteile, aber auch gewisse Nachteile. Wegen Nichtbestehens eines Instanzenzuges führt das Verfahren vor dem Schiedsgericht wesentlich rascher zu einer endgültigen Entscheidung des Streitfalles und ist bei einem hohen Streitwert auch billiger. Da als Schiedsrichter Personen gewählt werden können, welche die zur Beurteilung des Falles erforderlichen speziellen Kenntnisse besitzen, erübrigt sich meist die Anhörung von Sachverständigen (im übrigen können die Schiedsrichter Berater beiziehen; OLG Düsseldorf, Urt. v. 27. 10. 1975, BB 1976 S. 251). In der Bestellung geeigneter Schiedsrichter liegen aber auch die Schwierigkeiten dieses Verfahrens. Namentlich besteht die Gefahr, daß sich der von einer Partei gewählte Schiedsrichter ausschließlich als deren Interessenvertreter fühlt. Durch eine zweckmäßige Ausgestaltung des Schiedsvertrags lassen sich solche Unzuträglichkeiten aber weitgehend vermeiden.

Der Schiedsvertrag ist beiderseits aus wichtigem Grund und wegen dadurch bedingter Undurchführbarkeit des Schiedsverfahrens kündbar (BGH, Urt. v. 10. 4. 1980, BB 1980 S. 1181).

Bei der Abtretung eines Rechts aus einem Vertrag und bei einer Vertragsübernahme gehen in der Regel die Rechte und Pflichten aus einer mit dem Vertrag verbundenen Schiedsklausel auf den Rechtserwerber bzw. den in den Vertrag Eintretenden über, ohne daß es seines gesonderten Beitritts zum Schiedsvertrag in schriftlicher Form bedarf (BGH, Urt. v. 2. 3. und 14. 12. 1978, BB 1978 S. 927 und 1979 S. 289; vgl. auch BGH, Urt. v. 28. 5. 1979, BB 1979 S. 1578, und v. 31. 1. 1980, BB 1980 S. 489).

Muster

Zwischen den Unterzeichneten ist am .... ein ....-Vertrag (vgl. Anm. 1) abgeschlossen worden. In diesem Vertrag ist bestimmt, daß über alle etwaigen Streitigkeiten, die sich über seine Gültigkeit, seine Durchführung und alle damit zusammenhängenden Fragen ergeben, ein Schiedsgericht entscheiden soll (vgl. Anm. 2 und 3). Unter Bezugnahme auf diese Vereinbarung schließen die Parteien folgenden

Schiedsvertrag:

§ 1 Ernennung der Schiedsrichter
(1) Das Schiedsgericht besteht aus zwei Schiedsrichtern und einem Obmann (vgl. Anm. 4).
(2) Jede Partei hat einen Schiedsrichter zu ernennen. Die Ernennung hat

innerhalb einer Frist von zwei Wochen zu erfolgen, nachdem die eine Partei unter Darlegung ihres Anspruchs der Gegenpartei schriftlich von der Ernennung ihres Schiedsrichters Mitteilung gemacht und die Gegenpartei zur Bestellung ihres Schiedsrichters aufgefordert hat (vgl. Anm. 5).

(3) Bei nicht fristgerechter Ernennung eines Schiedsrichters durch eine Partei ist er auf Antrag der anderen Partei durch den jeweiligen .... (vgl. Anm. 6) zu ernennen (vgl. Anm. 7).

§ 2 Wahl des Obmannes

(1) Die Schiedsrichter haben innerhalb von zwei Wochen nach der Ernennung des letzten von ihnen einen Obmann zu wählen. Dieser muß die Befähigung zum Richteramt haben (vgl. Anm. 8).

(2) Können sich die Schiedsrichter über die Person eines Obmannes nicht einigen oder kommt dessen Wahl aus einem anderen Grunde nicht fristgerecht zustande, so ist der jeweilige .... (vgl. Anm. 6) um Ernennung eines Obmannes zu ersuchen. Das Ersuchen kann von einem oder beiden Schiedsrichtern oder von einer oder beiden Parteien ausgehen (vgl. Anm. 9).

§ 3 Tätigkeitsvergütung

(1) Die Tätigkeitsvergütung (vgl. Anm. 10) für den Obmann und die Schiedsrichter wird unter Zugrundelegung der Bundesgebührenordnung für Rechtsanwälte (vgl. Anm. 11) in der jeweils gültigen Fassung festgesetzt.

(2) Obmann und Schiedsrichter erhalten die Gebühren, die einem Rechtsanwalt als Prozeßbevollmächtigtem in der Berufungsinstanz zustehen (vgl. Anm. 12 und 13).

(3) Neben den Gebühren erhalten der Obmann und die Schiedsrichter ihre Auslagen erstattet. Die Bestimmungen der Bundesgebührenordnung für Rechtsanwälte sind auch insoweit maßgebend (vgl. Anm. 14).

(4) Auf Aufforderung des Schiedsgerichts ist jede Partei verpflichtet, die Hälfte der voraussichtlich erwachsenden Kosten (vgl. Anm. 15) an die Schiedsrichter vorschußweise zu zahlen (vgl. Anm. 16).

§ 4 Zuständiges ordentliches Gericht

Für die Hinterlegung des Schiedsspruches und das sonstige Verfahren ist das Landgericht .... zuständig (vgl. Anm. 17).

§ 5 Anwendbarkeit der ZPO

Im übrigen gelten für das schiedsgerichtliche Verfahren die Bestimmungen der §§ 1025 ff. der Zivilprozeßordnung (vgl. Anm. 18).

XI.

..............., den ....

Unterschriften

Anmerkungen

1) Zum Beispiel ein Pacht-, Bau- oder Architektenvertrag.

2) Ein Schiedsvertrag über künftige Rechtsstreitigkeiten, wie er hier vorliegt, ist nur dann wirksam, wenn er sich auf ein bestimmtes Rechtsverhältnis und die daraus entspringenden Auseinandersetzungen bezieht (§ 1026 ZPO). Unzureichend wäre eine Schiedsvereinbarung „für alle Streitigkeiten aus der Geschäftsverbindung". Zur Auslegung einer Schiedsklausel vgl. BGH, Urt. v. 27. 2. 1970, MDR 1970 S. 501, zur Kündigung eines Schiedsvertrages wegen Mittellosigkeit einer Partei BGH, Urt. v. 10. 4. 1980, BB 1980 S. 1181, zum einstweiligen Rechtsschutz im Schiedsgerichtsverfahren Aden, BB 1985 S. 2277.

3) Dem Schiedsgericht kann auch die Entscheidung über die Gültigkeit der Schiedsvereinbarung überlassen werden (BGH, Urt. v. 5. 5. 1977, BB 1977 S. 1021). Falls dies beabsichtigt ist, empfiehlt es sich, das im Schiedsvertrag ausdrücklich festzulegen.

4) Das Schiedsgericht kann aus einer oder aus mehreren Personen bestehen (§ 1025 ZPO). Zweckmäßigerweise wird eine ungerade Zahl von Schiedsrichtern (einschließlich des Obmannes) vorgesehen, um Stimmengleichheit zu vermeiden (vgl. § 1033 Nr. 2 ZPO). Schiedsrichter bedürfen keiner Erlaubnis nach dem Rechtsberatungsgesetz.

5) § 1029 Abs. 1 ZPO bestimmt, daß eine Partei binnen einer Woche nach Aufforderung durch die andere Partei einen Schiedsrichter zu benennen hat; die gesetzliche Frist erweist sich aber in der Praxis als zu kurz.

6) Das Ernennungsrecht kann z. B. dem Präsidenten der zuständigen Industrie- und Handelskammer oder der Handwerkskammer übertragen werden (vgl. hierzu BGH, Urt. v. 26. 10. 1972, NJW 1973 S. 98).

7) Mitunter wird in Schiedsverträgen bestimmt, daß dann, wenn eine Partei ihren Schiedsrichter nicht fristgerecht ernennt, das Ernennungsrecht auf die andere Partei – nicht auf eine neutrale Stelle – übergeht. Eine solche Regelung ist jedoch unwirksam, da dann die Objektivität des Schiedsgerichts nicht mehr gewährleistet ist (BGH, Urt. v. 5. 11. 1970. BB 1970 S. 1504). Zum Verlust des Ernennungsrechts führt auch die Benennung eines den Vertragsbestimmungen eindeutig nicht entsprechenden Schiedsrichters in der Absicht, dadurch das Verfahren zu verzögern (OLG Bremen, Beschl. v. 25. 10. 1971, NJW 1972 S. 454).

8) Gewöhnlich wird der Wille der Parteien dahin gehen, daß das Schiedsgericht nicht allein nach Billigkeitsgesichtspunkten, sondern unter Anwendung des positiven Rechts entscheiden solle. Dieser Aufgabe kann das Schiedsgericht nur dann gerecht werden, wenn zumindest der Obmann die erforderlichen Rechtskenntnisse besitzt. Zur Gewährung rechtlichen Gehörs durch das Schiedsgericht vgl. OLG Frankfurt, Urt. v. 30. 9. 1976, BB 1977 S. 17.

9) Dadurch, daß auch den Parteien die Befugnis eingeräumt wird, die im Vertrag

vorgesehene Person um die Ernennung eines Obmanns zu ersuchen, wird eine Beschleunigung des Verfahrens erreicht und einer Untätigkeit der Schiedsrichter vorgebeugt.

10) Das Rechtsverhältnis, in dem der Schiedsrichter zu den Parteien steht, wird teilweise als Dienstvertrag, teilweise als Vertrag besonderer Art angesehen. Mit der Annahme seiner Ernennung, gleichviel von welcher Stelle sie ausgeht, wird der Schiedsrichter beiden Parteien gegenüber berechtigt und verpflichtet. Vor Erledigung seines Amtes kann er nur aus „wichtigem Grund" kündigen (Palandt, BGB 51. Aufl. Rdnr. 6 zu § 675).

11) Vom 26. 7. 1957 (BGBl I S. 907) mit spät. Änderungen.

12) Jeder Schiedsrichter erhält demnach eine Prozeßgebühr und eine Erörterungs- oder Verhandlungsgebühr, im Falle einer Beweisaufnahme ferner eine Beweisgebühr (§ 31 BRAGO) und, wenn ein Vergleich zustande kommt, auch noch eine Vergleichsgebühr (§ 23 BRAGO). Die Gebühren sind jeweils $^{13}/_{10}$-Gebühren (§ 11 Abs. 1 BRAGO). Der Obmann erhält nach dem Mustervertrag dieselben Gebühren wie ein Schiedsrichter, es kann ihm aber darüber hinaus ein zusätzlicher Pauschalbetrag zugebilligt werden.

13) Es ist empfehlenswert, im Schiedsvertrag eine Regelung wegen der Vergütung der Mitglieder des Schiedsgerichts zu treffen. Fehlt eine solche Vereinbarung, so haben die Schiedsrichter Anspruch auf diejenige Vergütung, welche am Ort ihrer Tätigkeit üblich ist; läßt sich eine „übliche Vergütung" nicht ermitteln, so bestimmen die Schiedsrichter die Höhe ihrer Vergütung nach eigenem billigen Ermessen (§§ 315 f. BGB).

14) Nach §§ 26, 28 BRAGO haben die Schiedsrichter Anspruch auf Erstattung der ihnen entstandenen Post- und Fernsprechgebühren sowie etwaiger Reisekosten. Bei Benutzung eines eigenen Kraftfahrzeugs erhalten sie ein Kilometergeld von 45 Dpf. Das Abwesenheitsgeld liegt – je nach der Dauer der Abwesenheit – zwischen 25 und 95 DM; zusätzlich sind etwaige Übernachtungskosten zu erstatten.

15) Hierzu zählen Gebühren und Auslagen. Die Höhe der Gebühren richtet sich nach dem sog. Streit- oder Gegenstandswert (§ 7 BRAGO).

16) Es ist allgemein üblich, daß die Schiedsrichter einen Vorschuß auf die ihnen zukommende Vergütung verlangen können (vgl. hierzu BGH, Urt. v. 7. 3. 1985. BB 1985 S. 1359). Wird ihnen der Vorschuß verweigert, so dürfen sie ihre Tätigkeit bis zur Zahlung einstellen. Für ihre Vergütung haften den Schiedsrichtern beide Parteien als Gesamtschuldner (BGH, Urt. v. 22. 1. 1971, NJW 1971, S. 888).

17) Nach § 1039 ZPO ist der Schiedsspruch unter Angabe des Tages der Abfassung von den Schiedsrichtern zu unterschreiben (vgl. hierzu Lörcher, BB 1988 S. 78), den Parteien in einer Ausfertigung zuzustellen und unter Beifügung der Beurkundung der Zustellung auf der Geschäftsstelle des zuständigen Gerichts niederzulegen. Auch sonst ist das ordentliche Gericht unter Umständen zu Entscheidungen in einem Schiedsverfahren berufen (§ 1045 ZPO), etwa über die Aufhebung des Schiedsspruchs (§ 1041 ZPO; z. B. wegen Unzulässigkeit des Verfahrens: BGH, Urt. v. 5. 5. 1986, BB 1987 S. 299; vgl. auch BGH, Urt. v. 12. 7. 1990, BB 1990 S. 1730), über die Ablehnung eines Schiedsrichters (§ 1032 ZPO), über das Erlöschen des Schiedsvertrages sowie zur Anordnung richterlicher Handlungen, die von den Schiedsrichtern für erforderlich gehalten werden, zu deren Vornahme sie aber nicht

selbst befugt sind (§ 1036 ZPO). Über eine Vollstreckungsabwehrklage (§ 767 ZPO)
kann das Schiedsgericht ebenfalls nicht selbst entscheiden (OLG München, Urt. v.
14. 10. 1976, BB 1977 S. 674).

18) Wichtig ist, daß sich die Parteien auch in einem Schiedsverfahren durch Rechtsanwälte vertreten lassen dürfen (§ 1034 ZPO). Wegen deren Gebühren vgl. § 67
BRAGO.

62. Aufforderungen an Schuldner

Rechtsgrundlage. §§ 241 ff. BGB.

Erläuterungen. Als „Schuldverhältnis" bezeichnet man die Rechtsbeziehung
von Person zu Person, bei der ein Teil – der Gläubiger – von dem anderen Teil –
dem Schuldner – eine bestimmte Leistung fordern kann. Diese Leistung kann
auch in einem Unterlassen bestehen (§ 241 BGB). Dem Anspruch des Gläubigers entspricht die Verpflichtung des Schuldners. Kommt ihr der Schuldner nicht
ordnungsgemäß nach, kann es notwendig werden, daß ihn der Gläubiger hierzu
oder zur Erfüllung von Nebenpflichten auffordert. Häufig werden hierdurch
gewisse Rechtswirkungen ausgelöst. Auch einer Klageerhebung sollte in der
Regel eine Leistungsaufforderung an den Schuldner vorangehen; es besteht
sonst die Gefahr, daß der Schuldner durch sofortiges Anerkenntnis des Klagean-
spruchs eine Kostenentscheidung zum Nachteil des Gläubigers herbeiführt (§ 93
ZPO).

Form. Die an den Schuldner zu richtenden Aufforderungen müssen vielfach
inhaltlich bestimmten gesetzlichen Erfordernissen entsprechen, sonst sind sie
wirkungslos. Obwohl im allgemeinen eine bestimmte Form nicht vorgeschrieben ist, also auch eine mündliche Aufforderung genügen würde, ist schon aus
Gründen eines späteren Nachweises die Schriftform unbedingt ratsam. Damit
der Gläubiger notfalls auch den Zugang der Aufforderung an den Schuldner
beweisen kann, empfiehlt es sich zumindest in den Fällen, in denen durch die
Aufforderung Rechtswirkungen herbeigeführt werden sollen, das Aufforde-
rungsschreiben „eingeschrieben" abzusenden.

Mahnungen sollten stets brieflich erfolgen; auf offener Postkarte können sie
u. U. eine strafbare Beleidigung des Schuldners darstellen.

Muster

A. Mahnung mit Inverzugsetzung (vgl. Anm. 1, 2)

Herrn

....

....

Zu unserem Bedauern müssen wir feststellen, daß der Restkaufpreis von ....
DM aus der Lieferung .... von Ihnen bisher nicht beglichen worden ist. Wir
bitten Sie deshalb, den genannten Betrag bis spätestens .... (vgl. Anm. 3) an
uns zu bezahlen. Sollten Sie wider Erwarten diesen Termin nicht einhalten,
werden wir den Betrag mittels Nachnahme einziehen.

.................., den ....

Hochachtungsvoll
gez. Unterschrift

Anmerkungen

1) Durch die nach Eintritt der Fälligkeit erfolgende Mahnung wird der Schuldner in Verzug gesetzt (§ 284 Abs. 1 BGB). Er hat dann dem Gläubiger einen etwaigen Verzugsschaden zu ersetzen und Verzugszinsen zu zahlen (§§ 286, 288 BGB). Eine Mahnung als Voraussetzung für den Eintritt des Verzuges ist nur dann nicht erforderlich, wenn die Leistungszeit nach dem Kalender bestimmt ist (z. B. „Zahlung spätestens ....'' oder „Zahlung noch im Laufe des Monats ....'', nicht aber „Zahlung binnen 2 Wochen nach Erhalt der Rechnung''; vgl. OLG Düsseldorf, Urt. v. 18. 6. 1975, MDR 1976 S. 41) oder der Leistung eine Kündigung vorauszugehen hat (§ 284 Abs. 2 BGB), ferner, wenn der Schuldner die Leistung bereits bestimmt und endgültig verweigert hat (OLG Hamm, Urt. v. 31. 10. 1977, DAR 1978 S. 104).
2) Die Mahnung muß die bestimmte und eindeutige Aufforderung des Gläubigers an den Schuldner zur Leistung enthalten, die Androhung bestimmter Folgen ist jedoch nicht nötig (Palandt, BGB 51. Aufl. Rdnr. 17 zu § 284).
3) Eine Fristsetzung ist nicht erforderlich, aber zweckmäßig. Die Verzugsfolgen treten erst mit dem Ablauf der gesetzten Frist ein.

B. Mahnung mit Klageandrohung (vgl. Anm. 1, 2)

Herrn

....

....

Leider haben Sie unsere Mahnung vom .... (vgl. Anm. 3) unbeachtet gelas-

sen und den Postauftrag zurückgehen lassen. Sie befinden sich deshalb uns gegenüber im Verzug, so daß wir Ihnen die gesetzlichen Verzugszinsen (vgl. Anm. 4) belasten und Sie für den durch Ihre Säumnis entstandenen und noch entstehenden Schaden haftbar machen werden. Für die Begleichung des noch offenen Betrages von .... DM zuzüglich Verzugszinsen in Höhe von .... DM setzen wir Ihnen hiermit eine letzte Frist bis .... Sollten Sie auch diese Frist verstreichen lassen, wären wir zu unserem Bedauern gezwungen, gegen Sie Klage zu erheben (vgl. Anm. 5).

..................., den ....

Hochachtungsvoll
gez. Unterschrift

Anmerkungen

1) Vgl. auch die Anmerkungen zum Muster A.
2) Eine weitere Mahnung vor Klageerhebung ist nicht notwendig, aber allgemein üblich.
3) Siehe Muster A.
4) Die gesetzlichen Verzugszinsen betragen 4 %, bei beiderseitigen Handelsgeschäften 5 % (§ 288 BGB, § 352 HGB).
5) Statt Klage zu erheben, kann auch ein Mahnbescheid erwirkt werden; letztere Möglichkeit sollte aber nur dann gewählt werden, wenn nicht zu erwarten ist, daß der Schuldner Widerspruch erheben wird.

C. Fristsetzung bei Lieferungsverzug (vgl. Anm. 1)

An die
Firma

....
....

Am .... habe ich bei Ihnen eine .... der Marke gekauft, die alsbald geliefert werden sollte. Auf meine Mahnung vom .... haben Sie mir mitgeteilt, daß die Lieferung in den nächsten Tagen erfolgen werde. Inzwischen sind jedoch 3 Wochen verstrichen, ohne daß ich die .... erhalten habe. Da ich die .... für meinen Betrieb dringend benötige (vgl. Anm. 2), muß ich Ihnen nunmehr eine letzte Frist zur Lieferung bis .... (vgl. Anm. 3) setzen und erkläre gleichzeitig, daß ich nach diesem Zeitpunkt die Annahme der .... ablehne (vgl. Anm. 4). Für diesen Fall behalte ich mir meine gesetzlichen Rechte ausdrücklich vor (vgl. Anm. 5).

..................., den ....

> *Hochachtungsvoll*
> *gez. Unterschrift*

Anmerkungen

1) Wichtigster Fall der Fristsetzung unter Ablehnungsandrohung: § 326 BGB. Zur Anwendbarkeit dieser Bestimmung bei Sukzessivlieferungsverträgen s. BGH, Urt. v. 6. 10. 1976, NJW 1977 S. 35, und v. 5. 11. 1980, BB 1981 S. 204. Bei endgültiger Leistungsverweigerung durch den Schuldner bedarf es keiner Nachfristsetzung (vgl. BGH, Urt. v. 30. 11. 1991, BB 1992 S. 92).
2) Ein Grund für die Fristsetzung muß nicht unbedingt angegeben werden.
3) Die Frist muß angemessen sein. Eine zu kurz bemessene Fristsetzung ist nicht wirkungslos, es wird damit eine angemessene Frist in Lauf gesetzt (Palandt, a. a. O. Rdnr. 17 zu § 326 BGB). Bei erfolglosem Fristablauf erlischt auch der Erfüllungsanspruch des Gegners (OLG Koblenz, Urt. v. 3. 7. 1980, BB 1981 S. 637).
4) Die Ablehnungsandrohung ist wesentlich.
5) In Betracht kommt Rücktritt vom Vertrag oder Schadenersatz.

D. Fristsetzung für Rückgewähr (vgl. Anm. 1)

Herrn

....

....

Wir haben Ihnen aufgrund Kaufvertrags vom .... am .... ein .... Marke .... geliefert. Von dem Ihnen vertraglich eingeräumten Rücktrittsrecht haben Sie am .... Gebrauch gemacht. Daraufhin haben wir Sie am .... um Rücklieferung des .... ersucht und gleichzeitig die Rückzahlung des Kaufpreises von .... DM angeboten. Am .... haben wir die Rücklieferung angemahnt (vgl. Anm. 2).
Leider haben Sie, obwohl inzwischen wieder 3 Wochen vergangen sind, nichts mehr von sich hören lassen. Wir sehen uns deshalb zu unserem Bedauern gezwungen, Ihnen für die Rücklieferung des .... eine Frist bis .... (vgl. Anm. 3) zu setzen und erklären gleichzeitig, daß wir nach diesem Zeitpunkt die Annahme des .... ablehnen (vgl. Anm. 4).

..................., den ....

> *Hochachtungsvoll*
> *gez. Unterschrift*

Anmerkungen

1) Der Rücktritt vom Vertrag hat zur Folge, daß die Parteien verpflichtet sind, einander die empfangenen Leistungen zurückzugewähren (§ 346 BGB). Kommt ein Teil mit der Rückgewähr des empfangenen Gegenstandes in Verzug, so kann ihm der andere Teil eine angemessene Frist mit der Erklärung bestimmen, daß er die Annahme nach dem Ablauf der Frist ablehne; wenn nicht die Rückgewähr vor Fristablauf erfolgt, wird der Rücktritt unwirksam (§ 354 BGB). Vgl. OLG Frankfurt/M., Urt. v. 18. 2. 1988 (BB 1988 S. 1488: unzulässige AGB-Rücktrittsklausel).
2) Damit ist der Käufer in Verzug gesetzt worden (§ 284 Abs. 1 BGB).
3) Vgl. Anm. 3 zum Muster C.
4) Vgl. Anm. 4 zum Muster C.

E. Aufforderung zur Auskunftserteilung (vgl. Anm. 1)

An die
Firma
....
....

Wir haben Ihnen am .... 100 Spezialleuchten .... in Kommission gegeben. Nach den getroffenen Vereinbarungen sind Sie verpflichtet, uns jeweils zum Monatsende die Verkaufszahlen mitzuteilen und die vereinnahmten Beträge – abzüglich der Ihnen zustehenden Provision – an uns zu überweisen (vgl. Anm. 2). Leider haben wir von Ihnen bisher weder eine Nachricht noch eine Überweisung erhalten. Wir ersuchen Sie deshalb höflichst, dies bis spätestens .... nachzuholen (vgl. Anm. 3).

.................., den ....

Hochachtungsvoll
gez. Unterschrift

Anmerkungen

1) Wenn bei einem Rechtsverhältnis der Berechtigte entschuldbar über Bestehen und Umfang seines Rechts in Unkenntnis ist, so ist ihm der andere Teil, sofern er hierzu unschwer in der Lage ist, zur Auskunftserteilung verpflichtet (BGH, Urt. v. 6. 2. 1962, NJW 1962, S. 731, und Urt. v. 28. 11. 1989, BB 1990 S. 98).
2) Zur Auskunftpflicht des Kommissionärs s. § 381 HGB.
3) Das Auskunftsverlangen sollte alsbald gestellt werden, sonst kann Verwirkung eintreten.

F. Aufforderung zur Urkundenvorlage (vgl. Anm. 1)

Herrn

....

....

Aufgrund des Mietvertrags vom .... beträgt die von Ihnen für die Überlassung der gewerblichen Räume zu entrichtende Miete .... % Ihres Jahresumsatzes. Für das Jahr .... haben Sie wohl die vereinbarten monatlichen Abschlagszahlungen entrichtet, es aber bisher unterlassen, mir Ihren erzielten Umsatz mitzuteilen. Ich ersuche Sie deshalb, mir Ihre für das genannte Kalenderjahr abgegebene Jahres-Umsatzsteuererklärung in Fotokopie bis spätestens .... zu übermitteln. Obwohl im Mietvertrag die Vorlage der Umsatzsteuererklärung an mich nicht ausdrücklich vorgesehen ist, habe ich hierauf Anspruch, weil ich nur auf diese Weise Ihre Umsatzzahlen nachprüfen kann.

..................*, den* ....

Hochachtungsvoll
gez. Unterschrift

Anmerkung

1) Ein Anspruch auf Vorlage von Urkunden besteht dann, wenn aus diesen die Höhe des dem Berechtigten zustehenden Entgelts ersichtlich ist (§§ 810 f. BGB). Das gilt z. B. bei Miet- oder Pachtverhältnissen, wenn eine Umsatzmiete oder -pacht vereinbart ist; der Vermieter oder Verpächter kann dann die Vorlage der Steuererklärung oder Steuerbescheide des Mieters bzw. Pächters verlangen (BGH, Urt. v. 15. 12. 1965, BB 1966 S. 99).

XII.   Besondere Rechtsgeschäfte

63.   Aufrechnung

Rechtsgrundlage. §§ 387–396 BGB.

Erläuterungen. Aufrechnung ist die wechselseitige Tilgung zweier gegenseitiger Forderungen (Hauptforderung- Gegenforderung) durch Verrechnung. Sie kann entweder durch einseitige Aufrechnungserklärung seitens des einen Schuldners oder durch Vereinbarung (Aufrechnungsvertrag) erfolgen. Gesetzlich geregelt ist nur die Aufrechnung durch einseitige Erklärung als in der Praxis häufiger vorkommender Fall. Ihre Zulässigkeit ist an folgende Voraussetzungen geknüpft:

a) *Gegenseitigkeit* der Forderungen im Zeitpunkt der Aufrechnungserklärung, d. h. der Schuldner der einen Forderung muß zugleich der Gläubiger der anderen sein. Ausnahmen: Hat der Gläubiger die Hauptforderung an einen anderen abgetreten, so kann der Schuldner mit seiner Forderung gegenüber dem ursprünglichen Gläubiger gleichwohl aufrechnen, wenn er beim Erwerb der Forderung von der Abtretung nichts wußte (§ 406 BGB). Auch durch die Beschlagnahme (Pfändung) der Hauptforderung wird die Aufrechnung mit einer Gegenforderung gegenüber dem Gläubiger nur ausgeschlossen, wenn der Schuldner seine Forderung erst nach der Beschlagnahme erworben hat oder sie erst danach fällig geworden ist (§ 392 BGB).

b) Haupt- und Gegenforderung müssen ihrem Gegenstand nach *gleichartig*, also auf Geldzahlung gerichtet sein (bei Sachforderungen kommt eine Aufrechnung kaum in Betracht).

c) Die *Gegenforderung* muß vollwirksam (d. h. klagbar), fällig und einredefrei sein; die Einrede der Verjährung schließt aber die Aufrechnung nicht aus, wenn die Forderung bei Eintreten der Aufrechnungslage noch nicht verjährt war (§ 390 BGB). Die Hauptforderung braucht weder fällig noch einredefrei zu sein, der Aufrechnende muß aber leisten dürfen (§ 271 Abs. 2 BGB).

d) Die Aufrechnung darf *weder vertraglich noch gesetzlich ausgeschlossen* sein (ein in AGB enthaltenes generelles Aufrechnungsverbot ist unwirksam; BGH, Urt. v. 16. 10. 1984, BB 1985 S. 885). Insbesondere ist die Aufrechnung gegen eine Forderung aus vorsätzlicher unerlaubter Handlung (vgl. BGH, Urt. v. 24. 11. 1976, NJW 1977 S. 529, und OLG Celle, Urt. v. 9. 6. 1980, NJW 1981 S. 766, aber auch OLG Köln, Urt. v. 23. 10. 1985, BB 1986 S. 226; das Aufrechnungsverbot gilt auch für eine jur. Person: Bay-ObLG, Beschl. v. 30. 10. 1984, BayObLGZ 1984 S. 272) sowie gegen eine unpfändbare Forderung unzulässig (§§ 393, 394 BGB), wohl aber kann mit solchen Forderungen aufgerechnet werden.

Die (einseitige) Aufrechnung erfolgt durch Erklärung gegenüber dem anderen Teil, für die eine bestimmte Form nicht vorgeschrieben ist (Schriftform ist aber stets ratsam). Die Erklärung muß unwiderruflich sein und darf nicht unter einer Bedingung oder Zeitbestimmung abgegeben werden (§ 388 BGB). Nur im Prozeß ist eine Eventualaufrechnung für den Fall, daß die anderen vorgebrachten Verteidigungsmittel nicht durchgreifen, zulässig (zur Unterbrechung der Verjährung in einem solchen Fall vgl. BGH, Urt. v. 2. 7. 1980, BB 1980 S. 1553). Die Aufrechnung bewirkt, daß die beiderseitigen Forderungen, soweit sie sich der Höhe nach decken, rückwirkend zu dem Zeitpunkt erlöschen, in dem sie sich erstmals als aufrechenbar gegenüberstanden (§ 389 BGB).

Muster

A. Aufrechnungserklärung (vgl. Anm. 1)

Herrn
Norbert Lang
....

Aus dem Bezug von .... in der Zeit vom Februar bis April 1991 schulden Sie mir einen Betrag von 2310 DM. Andererseits schulde ich Ihnen aus der Reparatur meines Personenkraftwagens am 8. 10. 1991 1810 DM (vgl. Anm. 2). Mit meinem Anspruch rechne ich hiermit gegen Ihre Forderung auf und ersuche Sie gleichzeitig um Überweisung des Differenzbetrages von 500 DM (vgl. Anm. 3).

.................., den ....

Erwin Manger

B. Widerspruch gegen Aufrechnungserklärung (vgl. Anm. 4)

Herr
Erwin Manger
....

In Ihrem Schreiben vom .... rechnen Sie mit Ihrer Kaufpreisforderung aus der Zeit vom Februar bis April 1991 gegen meine Werklohnforderung vom 8. 10. 1991 auf. Sie schulden mir aber auch noch aus der Reparatur Ihres Lieferwagens vom 4. 8. 1990 den Betrag von 2310 DM. Ich widerspreche deshalb Ihrer Erklärung mit der Folge, daß Ihre Aufrechnung gegen meine Forderung vom 4. 8. 1990 erfolgt (vgl. Anm. 5). Ich muß Sie also bitten, den vollen Rechnungsbetrag von 1810 DM an mich zu überweisen.

..................., den ....
                                     Norbert Lang

C. Aufrechnung mit verjährter Forderung (vgl. Anm. 6)

Herr
Fritz Neumann
....

Im November 1989 habe ich in Ihrer Privatwohnung Malerarbeiten ausgeführt. Hieraus schulden Sie mir noch einen Restbetrag von 200 DM (vgl. Anm. 7). Andererseits schulde ich Ihnen aus dem Kauf von .... seit 5. Dezember 1991 einen Betrag von 306 DM. Ich erkläre hiermit die Aufrechnung (vgl. Anm. 8) und überweise Ihnen mit gleicher Post den Differenzbetrag von 106 DM.

..................., den ....
                                     Karl Berger

D. Aufrechnung im Vergleichsverfahren (vgl. Anm. 9)

Herr
Rechtsanwalt ....
Vergleichsverwalter
....

Wir haben an den Vergleichsschuldner vor Eröffnung des Vergleichsverfahrens, nämlich am ...., Verpackungsmaterial zum Gesamtpreis von 1500 DM geliefert. Diese unsere Forderung steht noch offen. Andererseits haben wir vom Vergleichsschuldner ebenfalls vor der Vergleichseröffnung, nämlich am ...., Spirituosen geliefert erhalten, wofür wir ihm den Kaufpreis von 1200 DM schulden. Wir rechnen hiermit mit einem Teilbetrag unserer fälligen Forderung von 1500 DM gegenüber der genannten Forderung des Vergleichsschuldners auf. Mit dem Restbetrag unserer Forderung in Höhe von 300 DM nehmen wir als Vergleichsgläubiger an dem Vergleichsverfahren teil und bitten um Eintragung in das Gläubigerverzeichnis.

..................., den ....

Fa. Huber & Co.

E. Aufrechnungsvertrag (vgl. Anm. 10)

Zwischen Herrn Walter Fuchs in ...., dessen geschiedener Ehefrau Anna Fuchs, geb. Willert, in .... und der Fa. Karl Doppler, Möbeleinzelhandlung in ...., wird folgendes vereinbart:

1. Frau Anna Fuchs schuldet der Fa. Karl Doppler aus einem Möbelkauf vom .... einen Restkaufpreis von 600 DM.
Herr Walter Fuchs hat gegen die Fa. Karl Doppler aus der Zeit vom .... bis .... Provisionsansprüche in Höhe von 600 DM. Andererseits schuldet Herr Walter Fuchs seiner geschiedenen Ehefrau Anna Fuchs aus dem Jahre .... rückständigen Unterhalt im Gesamtbetrag von ebenfalls 600 DM.
2. Sämtliche vorgenannten Ansprüche zwischen den Vertragsbeteiligten werden hiermit gegeneinander aufgerechnet (vgl. Anm. 11).
3. Jeder der drei Vertragsbeteiligten erklärt hiermit ausdrücklich, daß ihm gegen einen anderen Vertragsbeteiligten keine Forderung mehr zusteht (vgl. Anm. 12).

..................., den ....

Walter Fuchs
Anna Fuchs
Karl Doppler

Anmerkungen

1) Da es sich um eine sog. empfangsbedürftige Willenserklärung handelt, die erst mit dem Zugehen an den Erklärungsgegner wirksam wird, empfiehlt sich die Übersendung mittels eingeschriebenen Briefes.

2) Gleicher Schuldgrund ist für die Aufrechnung nicht erforderlich. Hier wird mit einer Kaufpreisforderung gegen eine Werklohnforderung aufgerechnet.

3) Daß Hauptforderung und Gegenforderung nicht in gleicher Höhe bestehen, schließt die Aufrechnung nicht aus (vgl. Palandt, BGB 51. Aufl. Rdnr. 7 zu § 266).

4) Hat der eine oder der andere Teil mehrere zur Aufrechnung geeignete Forderungen, so kann der aufrechnende Teil die Forderungen bestimmen, die gegeneinander aufgerechnet werden sollen. Wird die Aufrechnung ohne eine solche Bestimmung erklärt oder widerspricht der andere Teil unverzüglich, so findet § 366 Abs. 2 BGB Anwendung (es wird die zunächst fällige Schuld, unter mehreren fälligen Schulden die, welche dem Gläubiger geringere Sicherheit bietet, unter mehreren gleich sicheren die dem Schuldner lästigere, unter mehreren gleich lästigen die ältere Schuld und bei gleichem Alter jede Schuld verhältnismäßig getilgt; § 396 Abs. 1 BGB).

5) Bei dem Anspruch vom 4. 8. 1990 handelt es sich gegenüber der Forderung vom 8. 10. 1991 um die ältere Schuld. Infolge des Widerspruchs bezieht sich deshalb die Aufrechnung auf diese Forderung (§ 366 Abs. 2 BGB).

6) Vgl. die Erläuterungen Buchst. c).

7) Diese Forderung ist mit Ablauf des Jahres 1991 verjährt (§§ 196 Abs. 1 Nr. 1, 201 BGB).

8) Die Forderung Neumanns ist am 5. 12. 1991 entstanden. An diesem Tag hätte Berger erstmals aufrechnen können. Da damals die Gegenforderung Bergers noch nicht verjährt war (vgl. Anm. 7), kann er mit ihr auch nach Eintritt der Verjährung noch aufrechnen und damit seine Forderung retten.

9) Vergleichsgläubiger und die mit ihren Ansprüchen nach § 29 VglO ausgeschlossenen Gläubiger können auch nach der Eröffnung des Vergleichsverfahrens aufrechnen, wobei die §§ 54, 55 der Konkursordnung anzuwenden sind (§ 54 VglO). Vgl. hierzu BGH, Urt. v. 1. 6. 1978, NJW 1978 S. 1807.

10) Die Voraussetzungen der einseitigen Aufrechnung (s. Erläuterungen) brauchen beim Aufrechnungsvertrag nicht vorzuliegen. Es ist also weder Fälligkeit noch Gegenseitigkeit der Forderungen notwendig, so daß – wie im vorliegenden Muster – auch eine vertragliche Verrechnung von Forderungen unter mehr als zwei Personen aufgrund allseitiger Vereinbarung zulässig ist (sog. Skontration). Erforderlich ist aber, daß die Forderungen gleichartig sind, denn bei fehlender Gleichartigkeit ist die Möglichkeit einer Aufrechnung schlechthin ausgeschlossen.

11) Die Vorteile der Aufrechnung können hier darin liegen, daß wegen der schlechten Vermögensverhältnisse der Schuldner die Durchsetzung der Forderungen Schwierigkeiten bieten könnte.

12) Der Aufrechnungsvertrag ist kein Erlaßvertrag (§ 397 BGB), er kann aber mit einem solchen verbunden werden.

64. Anfechtung

Rechtsgrundlage. §§ 119–124, 142–144 BGB.

Erläuterungen. Eine abgegebene Willenserklärung kann nur unter bestimmten gesetzlich festgelegten Voraussetzungen angefochten werden. Anfechtungsberechtigt ist,

a) wer bei der Abgabe einer Erklärung über deren *Inhalt im Irrtum* war oder eine Erklärung dieses Inhalts überhaupt nicht abgeben wollte (Beispiele: Ein Kaufmann legt dem Besteller einen Warenkatalog vor, in dem durch Druckfehler für einzelne Waren zu niedrige Preise angegeben sind; an Stelle der richtigen Urkunde unterzeichnet X einen früheren, in der Folge von ihm verworfenen Entwurf). Als Inhaltsirrtum gilt auch ein *Irrtum über verkehrswesentliche Eigenschaften einer Person* (z. B. Zahlungsfähigkeit oder Vertrauenswürdigkeit des Geschäftsgegners) oder einer Sache (z. B. Echtheit eines Gemäldes, Patentfähigkeit einer Erfindung, Bebaubarkeit eines Kaufgrundstücks; zur Teilanfechtung eines Grundstückskaufvertrages s. BGH, Urt. v. 5. 11. 1982, BB 1983 S. 927). Zulässig ist auch die Anfechtung wegen *Irrtums über die Geschäftsgrundlage*;

b) zu wessen Nachteil eine Willenserklärung durch die zur Übermittlung verwendete Person oder Anstalt (Bote, Post) *unrichtig übermittelt* worden ist (z. B. bei sinnentstellender Verstümmelung eines Telegramms);

c) wer zur Abgabe einer Erklärung durch *arglistige Täuschung* (z. B. betrügerisches Verhalten) oder *widerrechtlich durch Drohung* (z. B. mit der Mitteilung früherer Vorstrafen an Vorgesetzte. Das Ausnutzen einer seelischen Zwangslage genügt nicht: BGH, Urt. v. 7. 6. 1988, BB 1988 S. 1549) bestimmt worden ist (zur Beweislast in einem solchen Fall vgl. BGH, Urt. v. 20. 1. 1983, NJW 1983 S. 1266).

In jedem Falle ist weiter Voraussetzung für die Zulässigkeit der Anfechtung, daß der Irrtum, die Täuschung oder die Drohung ursächlich für die Abgabe der Willenserklärung war und bei Kenntnis der wahren Sachlage bzw. ohne die Drohung die Erklärung nicht abgegeben worden wäre.

Die Anfechtung ist nur innerhalb bestimmter *Fristen* zulässig. So muß eine Anfechtung wegen Irrtums oder unrichtiger Übermittlung unverzüglich (d. h. ohne schuldhaftes Zögern, wobei aber eine angemessene Überlegungsfrist zugestanden wird) nach Entdeckung des Irrtums oder der unrichtigen Übermittlung erfolgen (unverzügliche Absendung der Anfechtungserklärung genügt). Die Anfechtung wegen Täuschung oder Drohung kann nur innerhalb eines Jahres

nach Entdeckung der Täuschung oder Wegfall der Zwangslage ausgesprochen werden.
Die Anfechtung erfolgt durch Erklärung gegenüber dem Geschäftsgegner; sie kann nicht an eine Bedingung geknüpft werden. Eine bestimmte Form ist für die Anfechtungserklärung nicht vorgeschrieben, doch ist aus Beweisgründen regelmäßig die Schriftform angezeigt. Die Anfechtung ist ausgeschlossen, wenn das anfechtbare Rechtsgeschäft durch den Anfechtungsberechtigten bestätigt worden ist (Beispiel: Der Mieter ist vom Vermieter über Größe und Beschaffenheit der Mieträume arglistig getäuscht worden. Nichtsdestoweniger bezahlt er nach seinem Einzug regelmäßig die vereinbarte Miete. – Ein Bestätigungswille liegt nicht darin, daß der getäuschte Käufer vom Verkäufer Gewährleistung verlangt: BGH, Urt. v. 2. 2. 1990, BB 1990 S. 587). Durch die Anfechtung wird das angefochtene Rechtsgeschäft rückwirkend nichtig. Leistungen, die aufgrund des Rechtsgeschäfts schon erbracht worden sind, sind zurückzugewähren.

Muster

A. Anfechtung wegen Erklärungsirrtums

Herrn Franz Maier
in ....
Mit meinem Schreiben vom .... habe ich Ihnen einen Restposten Textilien zum Gesamtpreis von 762,50 DM angeboten. Wie ich soeben festgestellt habe, ist mir hierbei ein bedauerlicher Rechenfehler unterlaufen. Wie sich aus der Addition der einzelnen Posten ergibt, beträgt der Gesamtpreis nicht 762,50 DM, sondern 962,50 DM. Es lag nicht in meiner Absicht, Ihnen die Ware für 762,50 DM anzubieten. Ich fechte daher dieses Angebot wegen Irrtums an (vgl. Anm. 1).

.................., den ....
Franz Huber

B. Anfechtung wegen Irrtums über wesentliche Eigenschaft

Herrn Paul Schulze
in ....
Am .... habe ich von Ihnen ein Gemälde von ...., darstellend

..................., *gekauft. Ein anerkannter Sachverständiger, dem ich das Bild gezeigt habe, hat mir heute erklärt, daß das Bild nicht echt ist. Hätte ich dies früher gewußt, so hätte ich das Bild nicht gekauft. Ich fechte deshalb den mit Ihnen abgeschlossenen Kaufvertrag an. Ich werde Ihnen das Bild in den nächsten Tagen zurücksenden und bitte um Rückerstattung der geleisteten Anzahlung auf den Kaufpreis.*

..................., *den* ....

Franz Groß

C. *Anfechtung wegen falscher Übermittlung*

Herrn Georg Bichler
in ....
Ich hahe bei Ihnen vorgestern telegraphisch 100 Stück Rohre 20 cm Ø bestellt. Mit Ihrem heute bei mir eingetroffenen Schreiben vom .... *bestätigen Sie meine Bestellung von 100 Stück Rohren 30 cm Ø und stellen baldige Lieferung in Aussicht. Die abweichenden Durchmesserangaben sind, wie ich mich durch Rückfrage bei der Post überzeugt habe, darauf zurückzuführen, daß der Postanstalt bei Durchgabe meines Telegramms an Sie ein Übermittlungsfehler unterlaufen ist; es hätte dort nicht „30 cm Ø", sondern „20 cm Ø" heißen müssen (vgl. Anm. 2). Ich fechte daher meine Bestellung wegen unrichtiger Übermittlung an.*

..................., *den* ....

Leopold Weiß

D. *Anfechtung wegen arglistiger Täuschung*
S. *hierzu Nr. 30 Muster I A nebst Anmerkungen.*

Anmerkungen

1) Ob der Anfechtende den Irrtum selbst verschuldet hat, ist für sein Anfechtungsrecht ohne Bedeutung. Wer aber eine Urkunde unterzeichnet, ohne sie vorher gelesen zu haben, kann sich grundsätzlich nicht auf einen Irrtum über ihren Inhalt berufen und deshalb seine Erklärung nicht anfechten.
2) Um solche Übermittlungsfehler bei Telegrammen zu vermeiden, empfiehlt es sich, Zahlen stets in Worten anzugeben.

65. Rücktritt vom Vertrag

Rechtsgrundlage. §§ 346–361 BGB.
Erläuterungen. Häufig wird im Rechtsverkehr der Versuch unternommen, von einem abgeschlossenen Vertrag wieder loszukommen. Wem die Lust an einem Vertragsverhältnis vergangen ist, wer sich verrechnet hat oder sich übervorteilt glaubt, versucht, von dem Vertrag „zurückzutreten". Ein Rücktrittsrecht besteht aber nur dort, wo es entweder *vertraglich vereinbart* oder *vom Gesetz ausdrücklich zugelassen* ist.

Vertragliche Vereinbarungen, wonach sich eine oder beide Parteien einen Rücktritt ausdrücklich vorbehalten, kommen nicht selten vor. Hierbei kann auch festgelegt werden, daß der Zurücktretende ein bestimmtes „Reugeld" zu entrichten hat.

Die wichtigsten gesetzlichen Rücktrittsfälle sind folgende:

a) Bei *Verzug des Schuldners* kann ihm der Gläubiger zur Bewirkung der Leistung eine angemessene Frist setzen mit der Erklärung, daß er nach Fristablauf die Annahme der Leistung ablehne; läßt der Schuldner die Frist verstreichen, kann der Gläubiger vom Vertrag zurücktreten (§ 326 BGB).

b) Wird bei einem gegenseitigen Vertrag dem Schuldner die *Leistung* aus einem von ihm zu vertretenden Umstand *unmöglich*, so hat der Gläubiger ein Rücktrittsrecht (§ 325 BGB).

c) Von einem Kaufvertrag kann der Käufer wegen *Rechtsmängel der Kaufsache* zurücktreten (§§ 440, 327 BGB).

d) Beim *Abzahlungskauf* (s. Nr. 4 Muster D) kommt ein Rücktrittsrecht des Verkäufers in Betracht, wenn der Käufer seinen Zahlungsverpflichtungen nicht nachkommt (§ 13 VerbrKrG; davon zu unterscheiden ist das Widerrufsrecht, das dem Abzahlungskäufer unter bestimmten Voraussetzungen zusteht und dessen Ausübung ein Zustandekommen des Kaufvertrages überhaupt verhindert).

Der Rücktritt erfolgt durch (unbedingte) Erklärung gegenüber dem anderen Vertragteil (wegen des Zugangs durch eingeschriebenen Brief vgl. BGH, Urt. v. 27. 10. 1982, BB 1983 S. 796); sie ist nicht an eine bestimmte Form gebunden, doch sollte sich der Zurücktretende niemals mit einer bloßen mündlichen Mitteilung begnügen. Die Erklärung des Rücktritts (zur Auslegung einer solchen Erklärung vgl. BGH, Urt. v. 10. 2. 1982, NJW 1982 S. 1279, und OLG Hamm, Urt. v. 1. 12. 1986, BB 1989 S. 1438) führt zu einer rückwirkenden Aufhebung des Vertrages; deshalb kann mit einem Rücktritt keine Schadenersatzforderung wegen „Nichterfüllung des Vertrages" verbunden werden. Durch den Rücktritt entsteht für beide Parteien die Verpflichtung, einander die bereits empfangenen Leistungen zurückzugewähren. Zum Rücktritt des Verkäufers von einem Sukzessivlieferungsvertrag bei Verzug des Käufers vgl. BGH, Urt. v. 5. 11. 1980, BB 1981 S. 204.

Muster

A. Vertragliche Rücktrittsvorbehaltsklauseln

a) Herr Müller als Vermieter (Mieter, Käufer, Besteller usw.) behält sich vor, von dem abgeschlossenen Mietvertrag (Kauf-, Werkvertrag usw.) bis zum .... zurückzutreten.
b) Herr Müller behält sich das Recht vor, von dem mit Herrn Maier am .... abgeschlossenen Vertrag bis zum .... zurückzutreten. Im Falle des Rücktritts hat Herr Müller an Herrn Maier ein Reugeld von .... DM zu zahlen.

B. Ausübung eines vertraglichen Rücktrittsrechts

Herrn Georg Lohmann
in ....
In dem mit Ihnen am .... abgeschlossenen Kaufvertrag ist mir ein Rücktrittsrecht vorbehalten worden. Ich mache hiermit von diesem Recht Gebrauch und trete vom Vertrag zurück. Die geleistete Anzahlung von .... DM wollen Sie umgehend an mich zurückzahlen.

.................., den ....

Peter Kunze

C. Fristsetzung für die Ausübung des Rücktrittsrechts (vgl. Anm. 1)

Herrn Leopold Schwarz
in ....
Sie haben bei mir am .... eine Kücheneinrichtung bestellt, deren Lieferung ich Ihnen bis zum .... in Aussicht gestellt habe. Leider muß ich Ihnen mitteilen, daß sich infolge Überlastung meines Betriebes mit Aufträgen die Lieferung der Kücheneinrichtung um etwa 3–4 Wochen verzögern wird. Ich bitte Sie, mir umgehend, jedenfalls aber bis zum .... (vgl. Anm. 2)

mitzuteilen, ob Sie im Hinblick auf die eintretende Lieferungsverzögerung von Ihrem Rücktrittsrecht, das Sie sich im Kaufvertrag vorbehalten haben, Gebrauch machen wollen.

..............., den ....

Anton Weiß

D. Fristsetzung bei Schuldnerverzug

Herrn Peter Engel
in ....
Am .... habe ich von Ihnen einen Zigarettenautomaten gekauft, wobei Sie sich verpflichtet haben, diesen Automaten bis spätestens .... zu liefern (vgl. Anm. 3). Bis heute habe ich jedoch von Ihnen weder den Automaten noch eine Nachricht über den Grund der Nichtlieferung erhalten. Ich sehe mich deshalb genötigt, Ihnen für die Lieferung des Automaten eine Frist bis zum .... zu setzen. Nach Ablauf dieser Frist werde ich die Annahme des Automaten ablehnen (vgl. Anm. 4).

..............., den ....

Erich Schulze

E. Rücktrittserklärung (vgl. Anm. 5)

Herrn Peter Engel
in ....
Mit Schreiben vom .... habe ich Ihnen für die Lieferung des von mir gekauften Zigarettenautomaten eine Frist bis zum .... gesetzt und Ihnen gleichzeitig mitgeteilt, daß ich nach dem Ablauf dieser Frist die Annahme des Automaten ablehnen werde. Trotzdem haben Sie den Automaten bis heute nicht geliefert. Ich mache deshalb von dem mir gesetzlich zustehenden Recht Gebrauch und trete von dem Kaufvertrag zurück. Für die Rückzahlung der von mir geleisteten Anzahlung von .... DM setze ich Ihnen Frist bis zum .... Sollte ich bis dahin nicht im Besitz des Geldes sein, werde ich die erforderlichen gerichtlichen Schritte gegen Sie einleiten.

..............., den ....

Erich Schulze

Anmerkungen

1) Ist für die Ausübung eines vertraglichen Rücktrittsrechts eine Frist nicht vereinbart worden, so kann dem Berechtigten von dem anderen Vertragsteil für die Ausübung eine Frist bestimmt werden. Wird der Rücktritt nicht vor Ablauf dieser Frist erklärt, erlischt das Rücktrittsrecht (§ 355 BGB).
2) Das Gesetz verlangt die Bestimmung einer angemessenen Frist (vgl. hierzu Thamm, BB 1982 S. 2018). Welche Frist als angemessen anzusehen ist, richtet sich nach den Umständen des Falles. Die Setzung einer zu kurzen Frist ist jedoch nicht wirkungslos; vielmehr wird damit eine angemessene Frist in Lauf gesetzt.
3) Vor oder mindestens gleichzeitig mit der Festsetzung muß der Schuldner durch Mahnung in Verzug gesetzt werden. Hier ist jedoch eine Mahnung entbehrlich, da für die Lieferung des Automaten eine Zeit nach dem Kalender bestimmt war; in einem solchen Falle kommt der Schuldner auch ohne Mahnung in Verzug, wenn er nicht bis zu der bestimmten Zeit liefert (§ 284 Abs. 2 BGB).
4) Für die Ablehnungsandrohung empfiehlt es sich, diesen Wortlaut des Gesetzes zu wählen. Redewendungen wie „ich behalte mir alle Rechte vor", „ich werde Sie für allen Schaden verantwortlich machen" oder „ich werde meinem Rechtsanwalt übergeben" reichen nicht aus, nach Fristablauf den Rücktritt vom Vertrag zu ermöglichen. Vgl. auch Nr. 62 Muster C.
5) Vgl. auch Nr. 30 Muster C.

66. Kündigung

Erläuterungen. Das Recht zur Kündigung eines Vertragsverhältnisses kann sich aus dem Vertrag selbst oder aus dem Gesetz ergeben. Gekündigt werden kann z. B. eine Gesellschaft (§§ 723 ff. BGB), ein Miet- oder Pachtverhältnis (§§ 542 ff., 553 ff., 565 ff., 581, 584 BGB), ein Dienstvertrag (§§ 620 ff. BGB) und ein Darlehen (§§ 609, 609a BGB). Bei sog. Dauerschuldverhältnissen ist zwischen ordentlicher und außerordentlicher Kündigung zu unterscheiden: Bei der ordentlichen Kündigung ist in der Regel eine bestimmte Frist, die Kündigungsfrist, zu beachten (d. h., die Kündigung wirkt erst für einen späteren Zeitpunkt); die außerordentliche Kündigung ist dagegen fristlos (d. h., sie wirkt sofort), sie kann aber nur bei Vorliegen bestimmter Umstände (z. B. bei Zahlungsverzug des Mieters) ausgesprochen werden (vgl. hierzu BGH, Urt. v. 11. 2. 1981, BB 1981 S. 872).

Das Gesetz sieht für die Kündigung gewöhnlich keine bestimmte Form vor (Ausnahme: Kündigung eines Mietverhältnisses über Wohnraum: Schriftform nach § 564 a Abs. 1 BGB), die Parteien können aber eine solche vereinbaren. In jedem Falle ist es angezeigt, die Kündigung schriftlich vorzunehmen. Um Gewißheit darüber zu haben, daß und wann der Vertragsgegner das Kündigungsschreiben erhalten hat, empfiehlt es sich, ihm die Kündigung eingeschrieben gegen Rückschein zuzuleiten. Bei der ordentlichen Kündigung braucht ein Kündigungsgrund regelmäßig nicht angegeben zu werden (der Vermieter von Wohnraum soll jedoch im Kündigungsschreiben die Gründe der Kündigung anführen; § 564 a BGB). Dagegen ist bei der außerordentlichen Kündigung die Angabe eines Kündigungsgrundes notwendig.

Ist zwecks Einhaltung einer (gesetzlichen oder vertraglichen) Kündigungsfrist die Kündigung spätestens an einem bestimmten Tag zu erklären und ist dieser Tag ein Samstag, Sonntag oder staatlich anerkannter allgemeiner Feiertag, so muß die Erklärung – wenn sie nicht schon am vorhergehenden Werktag erfolgt – gleichwohl an diesem Tage abgegeben werden; § 193 BGB (der die Abgabe der Erklärung am nächsten Werktag genügen läßt) ist auf Kündigungserklärungen nicht anwendbar (BAG, Urt. v. 5. 3. 1970, BB 1970 S. 755, und v. 13. 10. 1976, DB 1977 S. 639; BGH, Urt. v. 28. 9. 1972, NJW 1972 S. 2083; Palandt, BGB 51. Aufl. Rdnr. 3 zu § 193). Durch die Kündigung wird das Vertragsverhältnis mit Wirkung für die Zukunft aufgelöst. Eine Rücknahme der ausgesprochenen Kündigung ist – außer mit Zustimmung des Vertragsgegners – nicht möglich.

Muster

A. *Kündigung eines Darlehens (vgl. Nr. 3 Muster I E, F und II C, D).*

B. *Kündigung eines Mietverhältnisses (vgl. Nr. 21 Muster D, F und H).*

C. *Kündigung eines Werkvertrages (vgl. Nr. 30 Muster I H, I und II K).*

D. *Kündigung eines Handelsvertretervertrages (vgl. Nr. 51 Muster I H und II G).*

XIII. Rechtliche Besonderheiten in den neuen Bundesländern

A. Rechtsangleichung

Bereits durch den am 1. 7. 1990 in Kraft getretenen Vertrag über die Schaffung einer Währungs-, Wirtschafts- und Sozialunion zwischen der Bundesrepublik Deutschland und der Deutschen Demokratischen Republik (Staatsvertrag) und das daraufhin erlassene DDR-Gesetz über die Inkraftsetzung von Rechtsvorschriften der BRD in der DDR v. 21. 6. 1990 (GBlDDR I S. 357), das sog. Mantelgesetz, wurden eine Reihe wirtschaftlich bedeutsamer Gesetze im Gebiet der DDR eingeführt, so u. a. Teile des Handelsgesetzbuches und des Bürgerlichen Gesetzbuches, ferner mit gewissen Maßgaben das Gesetz zur Regelung des Rechts der Allgemeinen Geschäftsbedingungen, das Gesetz über den Widerruf von Haustürgeschäften und ähnlichen Geschäften sowie das (inzwischen außer Kraft getretene) Abzahlungsgesetz. Durch den am 31. 8. 1990 zwischen der BRD und der DDR abgeschlossenen Vertrag über die Herstellung der Einheit Deutschland (Einigungsvertrag) und die hierzu in den beiden deutschen Staaten ergangenen Gesetze (in der BRD v. 23. 9. 1990, BGBl II Nr. 35; in der DDR v. 20. 9. 1990, GBlDDR I Nr. 64) wurde mit dem 3. 10. 1990, dem Zeitpunkt des Beitritts der DDR zur BRD, das Bundesrecht – mit gewissen Einschränkungen – im Gebiet der ehemaligen DDR in Kraft gesetzt und die Rechtseinheit zwischen beiden Staaten weitgehend verwirklicht.

B. Rechtliche Besonderheiten

Für die in diesem Buch behandelten oder erwähnten Rechtsgebiete gelten in den neuen Bundesländern folgende Besonderheiten:

1) Die Regelungen des BGB gelten erst für *Kaufverträge* und andere Schuldverhältnisse, die nach dem 3. 10. 1990 abgeschlossen werden. Für vor diesem Datum eingegangene Verträge bleibt das bis dahin geltende Recht maßgebend (Art. 232 § 1 EGBGB). Wegen Kreditverträgen s. Nr. 2 S. 26 f.

2) Für die *Verjährung* von Ansprüchen aus Kaufverträgen und anderen Schuldverhältnissen ist zu beachten, daß die Vorschriften des BGB über die Verjährung (§§ 194 ff.) auch auf die am 3. 10. 1990 schon bestandenen und

noch nicht verjährten Ansprüche anzuwenden sind. Beginn, Hemmung und Unterbrechung der Verjährung richten sich jedoch für den Zeitraum vor dem 3. 10. 1990 nach den bis dahin in Geltung gewesenen Rechtsvorschriften. Ist allerdings die Verjährungsfrist nach dem BGB kürzer als nach den früheren DDR-Bestimmungen, wird ab dem 3. 10. 1990 die kürzere Frist berechnet. Sollte aber nach den früheren DDR-Bestimmungen die Verjährungsfrist früher ablaufen als die im BGB bestimmte kürzere Frist, so ist die Verjährung erst mit dem Ablauf der längeren Frist vollendet (Art. 231 § 6 EGBGB).

3) Ausnahmebestimmungen gelten für *gewerbliche Mietverhältnisse*, die vor dem Wirksamwerden des Beitritts eingegangen worden sind. So kann der Mieter einer bis zum 31. 12. 1992 ausgesprochenen Kündigung widersprechen und die Fortsetzung des Mietverhältnisses verlangen, wenn die Kündigung für ihn eine erhebliche Gefährdung seiner wirtschaftlichen Lebensgrundlage mit sich bringt. Dies gilt jedoch nicht, wenn dem Vermieter ein Grund für eine fristlose Kündigung zur Seite steht oder ihm die Fortsetzung des Mietverhältnisses aus anderen Gründen nicht zuzumuten ist, wenn der Vermieter bei anderweitiger Vermietung eine höhere Miete erzielen könnte und der Mieter eine angemessene Mieterhöhung ab Wirksamwerden der Kündigung verweigert, und schließlich, wenn der Mieter es ablehnt, in eine Umlegung der Betriebskosten einzuwilligen. Für eine vor dem 1. 1. 1994 erklärte Kündigung verlängert sich die Kündigungsfrist um drei Monate (Art. 232 § 2 Abs. 1, 5–7 EGBGB).

4) Bei einem vor Wirksamwerden den Beitritts begründeten *Wohnungsmietverhältnis* kann sich der Vermieter für eine Kündigung nicht darauf berufen, daß er durch die Fortsetzung des Mietverhältnisses an einer angemessenen wirtschaftlichen Verwertung des Grundstücks gehindert sei und dadurch Nachteile erleide, ebensowenig auf eine beabsichtigte Veräußerung der Mieträume im Zusammenhang mit der Begründung von Wohnungseigentum (§ 564 b Abs. 2 Nr. 3 BGB). Auf Eigenbedarf kann sich der Vermieter erst nach dem 31. 12. 1992 berufen, es sei denn, daß der Ausschluß des Kündigungsrechts für ihn eine ungerechtfertigte Härte bedeuten würde (§ 564 b Abs. 2 Nr. 2 Satz 1 BGB). Vor dem 1. 1. 1993 kann der Vermieter ein Mietverhältnis über eine Einliegerwohnung (in einem Zwei- oder Drei-Familien-Haus) nur kündigen, wenn ihm die Fortsetzung des Mietverhältnisses wegen seines Wohn- oder Instandsetzungsbedarfs oder wegen sonstiger Interessen nicht zugemutet werden kann (§ 564 b Abs. 4 Satz 1 BGB): Art. 232 § 2 Abs. 1–4 EGBGB.

Das *Gesetz zur Regelung der Miethöhe (MHG)* gilt ab 3. 10. 1990 grundsätzlich auch in den neuen Bundesländern, jedoch nur mit erheblichen Einschränkungen. Durch den Einigungsvertrag (Anlage I Kapitel XIV Abschn. II Nr. 7) wurde dem MHG ein neuer § 11 angefügt, aufgrund dessen der Mietanstieg in den neuen Bundesländern gebremst wird. Durch die *Erste GrundmietenVO* vom 17. 6. 1991 (BGBl I S. 1269) wurde der höchstzulässige Mietzins für preisgebundene Wohnungen zum 1. 10. 1991 um 1,– DM monatlich pro Quadratmeter Wohnfläche erhöht. Dieser Betrag erhöht sich um 0,15 DM für Wohnungen in Städten mit mehr als 100 000 Einwohnern sowie bei Wohnungen, die am 2. 10. 1990 mit Bad oder Zentralheizung ausgestattet waren; ein Abschlag von jeweils 0,15 DM ist vorzunehmen bei Wohnungen mit Außen-WC sowie bei nicht in sich abgeschlossenen Wohnungen. Weitere Mieterhöhungen sieht die *Zweite GrundmietenVO* vom 27. 7. 1992 (BGBl I S. 1416) vor:

– Ab 1. 1. 1993 um 1,20 DM pro Quadratmeter Wohnfläche, wobei sich dieser Betrag bei Wohnungen ohne Bad und Innen-WC um 0,30 DM bzw. um weitere 0,15 DM verringert.
– Zusätzlich ab 1. 1. 1993 um 0,90 DM und ab 1. 1. 1994 um weitere 0,60 DM, wenn Gebäude und Installationen frei von erheblichen Schäden sind.
– Eine freiwillige Mieterhöhung kann bis 1. 1. 1996 nach erheblichen Instandsetzungsmaßnahmen vereinbart werden.
– Für Garagen und Einstellplätze kann der Vermieter eine Mieterhöhung um bis zu 15 DM monatlich verlangen.

Nach der Betriebskosten-UmlageVO vom 17. 6. 1991 (BGBl I S. 1270), geändert durch Verordnungen vom 13. 7. 1992 (BGBl I S. 1250) und vom 27. 7. 1992 (BGBl I S. 1415), hat der Vermieter das Recht, Betriebskosten und Vorauszahlungen hierauf – im Rahmen bestimmter Höchstbeträge – auf den Mieter umzulegen.

5) Die *Konkursordnung* und die *Vergleichsordnung* sind in den neuen Bundesländern nicht in Kraft gesetzt worden. Maßgebend bleibt insoweit – mit gewissen Abänderungen – die GesamtvollstreckungsO v. 6. 6. 1990 (GBlDDR I S. 285), jetzt i. d. F. vom 23. 5. 1991 (BGBl I S. 1185).

6) Das *eheliche Güterrecht* des Familiengesetzbuches der DDR sah als gesetzlichen Güterstand die Eigentums- und Vermögensgemeinschaft in Form einer Errungenschaftsgemeinschaft vor, bei der sowohl persönliches Eigentum eines Ehegatten als auch gemeinschaftliches Eigentum beider Ehegatten möglich war. Haben Ehegatten im Gebiet der DDR vor dem Beitritt in diesem Güterstand gelebt, so gelten für sie ab dem 3. 10. 1990 mangels ander-

weitiger Vereinbarungen die Vorschriften über den gesetzlichen Güterstand der Zugewinngemeinschaft. Allerdings kann jeder Ehegatte bis zum 2. 10. 1992 erklären, daß für seine Ehe der bisherige gesetzliche Güterstand fortgelten soll, vorausgesetzt, daß kein Ehevertrag geschlossen wurde. Die Fortgeltungserklärung muß notariell beurkundet und einem (beliebigen) Kreisgericht gegenüber abgegeben werden. Sie hat zur Folge, daß eine Überleitung des Güterstandes als nicht erfolgt gilt (Art. 234 § 4 EGBGB).

7) Das im Familiengesetzbuch der DDR geregelte *Unterhaltsrecht* wurde durch das am 1. 10. 1990, also unmittelbar vor dem Beitritt, in Kraft getretene 1. Familienrechtsänderungsgesetz v. 20. 7. 1990 (GBlDDR I S. 1038) abgeändert. Die strengen Voraussetzungen für den Geschiedenenunterhalt wurden dadurch noch verschärft. Wurde die Ehe vor dem 3. 10. 1990 geschieden – maßgebend ist der Zeitpunkt des Scheidungsausspruchs, nicht der Rechtskraft des Scheidungsurteils –, so bleibt das DDR-Recht weiterhin anwendbar. Unterhaltsvereinbarungen bleiben unberührt (Art. 234 § 5 EGBGB). Wurde dagegen die Ehe zwar vor dem 3. 10. 1990 geschlossen, aber erst danach geschieden, so gilt das Unterhaltsrecht des BGB.

8) Ein *Versorgungsausgleich* war im DDR-Recht nicht vorgesehen. Wurde die Ehe vor dem Inkrafttreten des SGB VI in den neuen Bundesländern (1. 1. 1992) geschieden, findet ein Versorgungsausgleich nicht statt. Im Falle einer Scheidung der Ehe nach dem genannten Zeitpunkt findet der Versorgungsausgleich insoweit nicht statt, als das auszugleichende Anrecht Gegenstand oder Grundlage einer vor dem 3. 10. 1990 abgeschlossenen wirksamen Vereinbarung oder gerichtlichen Entscheidung über die Vermögensverteilung war (Art. 234 § 6 EGBGB).

9) Die *elterliche Sorge* für ein Kind verbleibt weiterhin demjenigen, dem dieses Recht vor dem 3. 10. 1990 zustand. Wurde vor dem 3. 10. 1990 im Scheidungsurteil über das elterliche Erziehungsrecht keine Entscheidung getroffen oder wurde angeordnet, daß die Ehegatten das elterliche Erziehungsrecht bis zur Dauer eines Jahres nicht ausüben dürfen, so gilt § 1671 BGB entsprechend; danach hat das Familiengericht zu bestimmen, welchem Elternteil nach der Scheidung die elterliche Sorge für ein gemeinschaftliches Kind zustehen soll (Art. 234 § 11 EGBGB).

10) Für Kostenschuldner in den neuen Bundesländern ermäßigen sich die *Gerichts-, Anwalts- und Notargebühren* um 20 v. H. Der Bundesjustizminister kann durch Rechtsverordnung den Ermäßigungssatz zur Anpassung an die wirtschaftlichen Verhältnisse neu festsetzen oder aufheben.

Anhang

A. Kosten einer notariellen Beurkundung

Gewisse Verträge bedürfen zu ihrer Rechtswirksamkeit notarieller Beurkundung, so z. B. Grundstücksveräußerungen und Eheverträge betr. die Regelung güterrechtlicher Verhältnisse. Aber auch bei anderen Verträgen wird häufig die notarielle Beurkundung einer bloßen schriftlichen Vereinbarung vorgezogen, weil der Notar die Vertragsparteien rechtlich berät und die Gewähr für die ordnungsgemäße Abfassung des Vertrages übernimmt. Mitunter schreibt das Gesetz für eine Erklärung öffentliche Beglaubigung vor, z. B. für Anmeldungen zur Eintragung in das Handelsregister und für Urkunden über Forderungsabtretungen; in solchen Fällen muß die Unterschrift des Erklärenden von einem Notar beglaubigt werden.

Für seine Tätigkeit erhält der Notar Gebühren. Sie sind in der Kostenordnung i. d. F. vom 26. 7. 1957 (BGBl I S. 960, mit spät. Änderungen) geregelt und wesentlich niedriger als die Gebühren eines Rechtsanwalts für die gleiche Tätigkeit. Neben den eigentlichen Gebühren kann der Notar auch Schreibauslagen, Post- und Fernsprechgebühren sowie etwaige Reisekosten erstattet verlangen.

Die Gebühren des Notars berechnen sich nach dem im Einzelfall maßgebenden Geschäftswert und dem in Betracht kommenden Gebührensatz.

Geschäftswert ist der Wert, den der Gegenstand des Geschäfts hat; Früchte, Nutzungen, Zinsen, Vertragsstrafen und Kosten bleiben dabei im allgemeinen unberücksichtigt. Auf dem Gegenstand lastende Verbindlichkeiten werden jedoch nicht abgezogen (§ 18 KostO).

Bei der Bewertung von Grundbesitz ist im allgemeinen der letzte Einheitswert, bei der Bewertung beweglicher Sachen der Verkehrswert maßgebend (§ 19 KostO). Beim Kauf von Sachen ist grundsätzlich der Kaufpreis zuzüglich des Wertes der vorbehaltenen Nutzungen und der vom Käufer übernommenen Leistungen entscheidend; als Wert eines Vorkaufs- oder Wiederkaufsrechts ist in der Regel der halbe Wert der Sache anzunehmen (§ 20 KostO). Der Wert eines Pfandrechts, einer Bürgschaft, Sicherungsübereignung o. dgl. bestimmt sich nach dem Wert der Forderung, wenn aber das Pfandrecht usw. einen geringeren Wert hat, nach diesem (§ 23 KostO). Für den Wert eines Miet- oder Pachtrechts ist der Wert aller Leistungen des Mieters oder Pächters während der ganzen Vertragszeit, bei unbestimmter Vertragsdauer der Wert dreier Jahre maßgebend; den Höchstwert bildet der 25fache Jahresbetrag (§ 25 Abs. 1 KostO). Der Wert eines Dienstvertrages bemißt sich nach dem Wert aller Bezüge während der Vertragszeit, höchstens jedoch nach dem dreifachen Jahresbetrag (§ 25 Abs. 2 KostO). Bei erstmaligen Anmeldungen zum Handelsregister beträgt der Geschäftswert bei einem Einheitswert des Betriebsvermögens

bis zu 10 000 DM	3 000 DM
bis zu 20 000 DM	6 000 DM
bis zu 30 000 DM	10 000 DM
bis zu 50 000 DM	16 000 DM
bis zu 100 000 DM	20 000 DM
vom Mehrbetrag bis zu 1 Mill. DM für je 100 000 DM	5 000 DM
vom Mehrbetrag bis zu 3 Mill. DM für je 400 000 DM	15 000 DM
vom Mehrbetrag über 3 Mill. DM für je 500 000 DM	20 000 DM.

Hierbei sind Einheitswerte über 100 000 DM bis zu 1 Mill. DM auf volle 100 000 DM, Einheitswerte über 1 Mill. bis zu 3 Mill. DM auf volle 400 000 DM und höhere Einheitswerte auf volle 500 000 DM aufzurunden. Bei späteren Anmeldungen ist die Hälfte dieses Wertes zugrunde zu legen (§ 26 KostO). Bei der Beurkundung einseitiger Erklärungen bestimmt sich der Geschäftswert nach dem Wert des Rechtsverhältnisses, auf das sich die Erklärung bezieht; bei gegenseitigen Verträgen ist nur der Wert der Leistungen des einen Teiles und, wenn der Wert der beiderseitigen Leistungen verschieden ist, der höhere maßgebend (§ 39 KostO). Soll die Erteilung einer Vollmacht zum Abschluß eines bestimmten Rechtsgeschäfts beurkundet werden, so ist der für dieses Rechtsgeschäft maßgebende Wert zugrunde zu legen; der Wert einer allgemeinen Vollmacht ist unter Berücksichtigung ihres Umfangs und des Vermögens des Vollmachtgebers nach freiem Ermessen zu bestimmen (§ 41 KostO).

Gebührensatz

Es werden u. a. erhoben:

Das Doppelte der vollen Gebühr für die Beurkundung von Verträgen und gemeinschaftlichen Testamenten (§§ 36 Abs. 2, 46 Abs. 1 KostO);

das Eineinhalbfache der vollen Gebühr für die Beurkundung eines Antrags zum Abschluß eines Vertrages (§ 37 KostO):

die volle Gebühr für die Beurkundung einseitiger Erklärungen, auch wenn diese von mehreren Personen abgegeben werden (§ 36 Abs. 1 KostO), für die Beurkundung eines Vertrags über die Verpflichtung zur Eigentumsübertragung an einem Grundstück oder einer Eigentumswohnung, wenn sich ein Teil bereits vorher in einem beurkundeten Vertrag zur Übertragung oder zum Erwerb des Eigentums verpflichtet hatte (§ 38 Abs. 1 KostO), und für die Abnahme eidesstattlicher Versicherungen (§ 49 KostO);

die Hälfte der vollen Gebühr für die Beurkundung einer Zustimmungserklärung zu einer bereits anderweitig beurkundeten Erklärung, der Annahme eines anderweitig beurkundeten Vertragsantrags, der Wiederaufhebung eines noch nicht erfüllten Vertrages, einer Vollmacht oder deren Widerruf oder der Anmeldung zum Handelsregister (§ 38 Abs. 2 KostO), ferner für die Tätigkeit des Notars zwecks Vollzugs der Veräußerung von Grundstücken oder Erbbaurechten sowie der Bestellung von Erbbaurechten (§ 146 Abs. 1 KostO); ebenso für die ein Geschäft vorbereitende oder fördernde Tätigkeit (z. B. Beratung, Einsicht des Grundbuchs, des Handelsregisters oder von Akten), wenn diese Tätigkeit nicht schon durch andere Gebühren abgegolten wird (§ 147 Abs. 3 KostO);

ein Viertel der vollen Gebühr für die Beglaubigung von Unterschriften, wobei der Höchstbetrag 250 DM beträgt (§ 45 KostO).

Für die Beurkundung von Ergänzungen oder Änderungen einer beurkundeten Erklärung wird derselbe Gebührensatz wie für die ursprüngliche Beurkundung erhoben, jedoch nicht mehr als die volle Gebühr (§ 42 KostO). Werden in einer Verhandlung mehrere denselben Gegenstand betreffende Erklärungen beurkundet, so wird die Gebühr nur einmal, und zwar nach dem höchsten in Betracht kommenden Gebührensatz, berechnet (§ 44 Abs. 1 KostO). Fertigt der Notar den Entwurf einer Urkunde, so wird die für die Beurkundung bestimmte Gebühr erhoben; wird aufgrund des Entwurfs die Beurkundung demnächst vorgenommen, so wird die Entwurfsgebühr auf die Beurkundungsgebühren angerechnet (§ 145 Abs. 1 KostO).

Die Höhe der Gebühren ergibt sich aus der im Anhang unter C aufgeführten Tabelle.

B. Prozeßkosten

Die Kosten eines Rechtsstreits erhöhen sich durch die Mitwirkung von Rechtsanwälten. Vor den Amtsgerichten (Familiengerichten) in Scheidungssachen,
Folgesachen von Scheidungssachen und bestimmten Familiensachen, den Land-
gerichten und den höheren Gerichten besteht jedoch Anwaltszwang, d. h. die
Parteien müssen sich hier durch Rechtsanwälte vertreten lassen. In sonstigen
Verfahren vor den Amtsgerichten ist eine anwaltliche Vertretung der Parteien
nicht unbedingt erforderlich, in allen nicht einfach gelagerten Sachen aber
zweckmäßig.

Streitwert
Maßgebend für die Höhe der Gerichts- und Anwaltskosten ist der Wert des
Streitgegenstandes (Streitwert). Über dessen Berechnung finden sich Bestim-
mungen in der Zivilprozeßordnung (ZPO) und im Gerichtskostengesetz (GKG).
Bei Forderungsklagen entspricht der Streitwert der Höhe der eingeklagten Forderung, wobei Zinsen und Kosten unberücksichtigt bleiben (§ 4 ZPO). Ist der
Besitz einer Sache streitig, so ist deren Wert, und wenn es auf die Sicherstellung
einer Forderung oder ein Pfandrecht ankommt, der Betrag der Forderung bzw.
der geringere Wert des Gegenstandes des Pfandrechts maßgebend (§ 6 ZPO).
Geht es um das Bestehen oder die Dauer eines Miet- oder Pachtverhältnisses, so
kommt es auf den streitigen Zeitraum an: beträgt dieser nicht mehr als ein Jahr,
so ist der auf die streitige Zeit entfallende Zinsbetrag, bei einem längeren
Zeitraum ist der einjährige Zinsbetrag maßgebend (§ 8 ZPO, § 16 GKG). Wird
wegen Beendigung eines Miet- oder Pachtverhältnisses die Räumung eines
Grundstücks, Gebäudes oder Gebäudeteils verlangt, so entspricht der Streitwert
in der Regel der einjährigen Zinssumme (§ 16 Abs. 2 GKG).
Werden mit einer Klage mehrere selbständige Ansprüche geltend gemacht, so
werden die einzelnen Streitwerte zusammengerechnet (§ 5 ZPO); dasselbe gilt
für die Streitwerte von Klage und Widerklage, die nicht denselben Streitgegen-
stand betreffen (§ 19 GKG).

Gerichtsgebühren
Mit der Einreichung der Klage wird eine volle Gebühr für das Verfahren im
allgemeinen, die Prozeßgebühr, fällig (Kostenverzeichnis Nr. 1010). Damit wird
die gesamte Tätigkeit des Gerichts bis zur Entscheidung abgegolten. Für ein mit
Gründen versehenes Endurteil wird grundsätzlich eine doppelte Gebühr erho-

ben. Für ein Grund- oder ein Vorbehaltsurteil fällt eine volle Gerichtsgebühr an; folgt hierauf das Endurteil, so wird auch für dieses höchstens noch eine volle Gebühr erhoben. Dagegen sind Anerkenntnis-, Verzichts- und Versäumnisurteile kostenfrei (Kostenverzeichnis Nrn. 1013–1016). In der Regel fallen also im Rechtsstreit in der ersten Instanz insgesamt drei volle Gebühren an.

Die Prozeßgebühr entfällt, wenn die Klage vor Beginn des für die mündliche Verhandlung vorgesehenen Tages zurückgenommen wird und vorbereitende gerichtliche Anordnungen noch nicht ergangen sind. Erklären die Parteien übereinstimmend die Hauptsache des Rechtsstreits für erledigt, so steht dies einer Klagerücknahme nicht gleich; vielmehr fällt für die dann vom Gericht noch zu treffende Kostenentscheidung eine weitere volle oder halbe Gebühr an (Kostenverzeichnis Nrn. 1012, 1018, 1019).

In der Berufungsinstanz erhöht sich die gerichtliche Prozeßgebühr um die Hälfte. Dagegen entspricht die Urteilsgebühr der Gebühr in der ersten Instanz (doppelte Gebühr, soweit kein Grund- oder Vorbehaltsurteil vorausgegangen ist). In der Revisionsinstanz betragen die Prozeß- und die Urteilsgebühr je zwei doppelte Gebühren (Kostenverzeichnis Nrn. 1020 ff.).

Im *gerichtlichen Mahnverfahren* muß der Antragsteller bei Einbringung des Antrags auf Erlaß eines Mahnbescheids Gerichtskosten in Höhe einer halben Gebühr einzahlen. Für das weitere Verfahren ist die zweite Hälfte der Gerichtsgebühr zu entrichten (Kostenverzeichnis Nrn. 1000, 1005; § 65 GKG).

Nimmt der Antragsteller den Antrag auf Durchführung des streitigen Verfahrens oder der Antragsgegner seinen Widerspruch oder Einspruch zurück, so entfällt die zweite Hälfte der Gerichtsgebühr, sofern die Zurücknahme vor Beginn des für die mündliche Verhandlung vorgesehenen Tages oder vor Ablauf des Tages erfolgt, an dem eine vorbereitende gerichtliche Anordnung oder ein Beweisbeschluß ergangen ist (Kostenverzeichnis Nr. 1006).

Neben den Gerichtsgebühren sind noch die Auslagen zu erstatten. Hierzu zählen vor allem die Schreib-, Post- und Fernsprechgebühren sowie die Entschädigungen der vernommenen Zeugen und Sachverständigen (Kostenverzeichnis Nrn. 1900 ff.).

Anwaltsgebühren

Der von einer Partei zum Prozeßbevollmächtigten bestellte Rechtsanwalt erhält je eine volle Anwaltsgebühr

– für das Betreiben des Verfahrens einschließlich der Information (Prozeßgebühr);

– für seine Tätigkeit in der mündlichen Verhandlung (Verhandlungsgebühr). Bei sog. nichtstreitiger Verhandlung – sie liegt vor, wenn im Termin nur von einer Partei Anträge gestellt werden, z. B. bei Erwirkung eines Versäumnis- oder Anerkenntnisurteils – entsteht, von bestimmten Ausnahmefällen abgesehen, nur eine halbe Verhandlungsgebühr;

– für die Vertretung einer Partei im Beweisaufnahmeverfahren oder bei einer Parteivernehmung im Scheidungsverfahren (Beweisgebühr);

– für die Erörterung der Sache, auch im Rahmen eines Versuchs zur gütlichen Beilegung des Rechtsstreits (Erörterungsgebühr). Erörterungs- und Verhandlungsgebühr, die denselben Gegenstand betreffen und im selben Rechtszug entstehen, werden aufeinander angerechnet (§ 31, 33 BRAGO).

Für seine Mitwirkung beim Abschluß eines Vergleichs erhält der Rechtsanwalt eine volle Gebühr (Vergleichsgebühr). Das gilt auch dann, wenn sich seine Tätigkeit auf die Mitwirkung bei den Vergleichsverhandlungen beschränkt hat, es sei denn, daß sie für den Abschluß des Vergleichs nicht ursächlich war (§ 23 BRAGO).

Im Berufungs- und im Revisionsverfahren erhöhen sich die Beträge der Gebühren um $^3/_{10}$; läßt sich jedoch eine Partei in der Revisionsinstanz nur durch einen beim Bundesgerichtshof zugelassenen Rechtsanwalt vertreten, so verdoppeln sich die Gebühren (§ 11 BRAGO). Im gerichtlichen Mahnverfahren erhält der Rechtsanwalt für den Antrag auf Erlaß eines Mahnbescheids eine volle Gebühr und für den Antrag auf Erlaß eines Vollstreckungsbescheids eine halbe Gebühr (§ 43 BRAGO).

Neben seinen Gebühren hat der Rechtsanwalt Anspruch auf Ersatz seiner Auslagen (Schreib-, Post- und Fernsprechgebühren, Reisekosten).

Die Höhe der Gerichts- und der Anwaltsgebühren ergibt sich aus der nebenstehenden Tabelle.

C. Gebührentabelle*)

	volle Gebühr in DM				volle Gebühr in DM		
Wert bis zu DM	Notar-gebühr KostO	Gerichts-gebühr GKG	Anwalts-gebühr BRAGO	Wert bis zu DM	Notar-gebühr KostO	Gerichts-gebühr GKG	Anwalts-gebühr BRAGO
300		15	40	10 000	80	222	539
500	15			11 000		234	570
600		24	55	12 000		246	601
900		33	70	13 000		258	632
1 000	18			14 000		270	663
1 200		42	85	15 000	90	282	694
1 500	21	51	100	16 000		294	725
1 800		60	115	17 000		306	756
2 000	24			18 000		318	787
2 100		69	130	19 000		330	818
2 400		78	145	20 000	100	342	849
2 700		87	160	25 000	110	378	914
3 000		96	175	30 000	120	414	979
3 500		105	201	35 000	130	450	1 044
4 000	38	114	227	40 000	140	486	1 109
4 500		123	253	45 000	150	522	1 174
5 000		132	279	50 000	160	558	1 239
5 500		141	305	55 000	170	594	1 304
6 000	52	150	331	60 000	180	630	1 369
6 500		159	357	65 000	190	666	1 434
7 000		168	383	70 000	200	702	1 499
7 500		177	409	75 000	210	738	1 564
8 000	66	186	435	80 000	220	774	1 629
8 500		195	461	85 000	230	810	1 694
9 000		204	487	90 000	240	846	1 759
9 500		213	513	95 000	250	882	1 824
				100 000	260	918	1 889

*) Durch das Gesetz zur Änderung von Kostengesetzen v. 9. 12. 1986 (BGBl I S. 2326) wurden *ab 1. Januar 1987* die Notar-, Gerichts- und Anwaltsgebühren erhöht.

	volle Gebühr in DM				volle Gebühr in DM		
Wert bis zu DM	Notargebühr KostO	Gerichtsgebühr GKG	Anwaltsgebühr BRAGO	Wert bis zu DM	Notargebühr KostO	Gerichtsgebühr GKG	Anwaltsgebühr BRAGO
115 000		1 008	1 964	175 000		1 368	2 264
120 000	290			180 000	380		
130 000		1 098	2 039	190 000		1 458	2 339
140 000	320			200 000	410		
145 000		1 188	2 114	205 000		1 548	2 414
160 000	350	1 278	2 189	220 000	440	1 638	2 489

Die Gebühren aus Werten über 220 000 DM sind wie folgt zu berechnen:

Notargebühren

Vom Mehrbetrag bis 10 Mill. DM für jeden angefangenen Betrag von weiteren
20 000 DM 30 DM,
vom Mehrbetrag bis 50 Mill. DM für jeden angefangenen Betrag von weiteren
50 000 DM 33 DM,
vom Mehrbetrag bis 100 Mill. DM für jeden angefangenen Betrag von weiteren
100 000 DM 20 DM,
vom Mehrbetrag bis 500 Mill. DM für jeden angefangenen Betrag von weiteren
500 000 DM 15 DM,
vom Mehrbetrag über 500 Mill. DM für jeden angefangenen Betrag von
1 Mill. DM 15 DM.

Gerichtsgebühren

Vom Mehrbetrag bis 400 000 DM für jeden angefangenen Betrag von weiteren
15 000 DM 90 DM,
vom Mehrbetrag bis 1 Mill. DM für jeden angefangenen Betrag von weiteren
30 000 DM 180 DM,
vom Mehrbetrag über 1 Mill. DM für jeden angefangenen Betrag von weiteren
50 000 DM 150 DM.

Anwaltsgebühren

Vom Mehrbetrag bis 400 000 DM für jeden angefangenen Betrag von weiteren
15 000 DM 75 DM,
vom Mehrbetrag bis 1 Mill. DM für jeden angefangenen Betrag von weiteren
30 000 DM 120 DM,
vom Mehrbetrag über 1 Mill. DM für jeden angefangenen Betrag von weiteren
50 000 DM 150 DM.

Stichwortverzeichnis

(Die Zahlen bezeichnen die Seiten)

Vorteilhafte Vertragsgestaltung

Vertragsmuster und Winke für die Praxis

Mitbegründet von
Dr. Georg Herold,
Notar a. D. in Augsburg

Verantwortlich bearbeitet von
Bruno Romanovszky,
Richter am Bayer. Obersten Landesgericht a. D. in München

Beilage zur 9. Auflage aufgrund gesetzlicher Neuerungen und wichtiger Rechtsprechungsänderungen Stand: 20. 1. 1995

Rudolf Haufe Verlag · Freiburg i. Br.

Inhaltsübersicht

Änderungen zu

Zu Seite 72 (vorletzter Absatz):

Fehlt eine zur Veräußerung erforderliche Zustimmung, so sind die Veräußerung und das zugrundeliegende Verpflichtungsgeschäft wirksam, wenn die Eintragung der Veräußerung oder einer Auflassungsvormerkung in das Grundbuch vor dem 15. 1. 1994 erfolgt ist und es sich um die erstmalige Veräußerung dieses Wohnungseigentums nach seiner Begründung handelt, es sei denn, daß eine rechtskräftige gerichtliche Entscheidung entgegensteht (§ 61 WEG i. d. F. des **Gesetzes zur Heilung des Erwerbs von Wohnungseigentum** v. 3. 1. 1994, BGBl I S. 66).

Zu Seiten 92 ff.:

1. Der Erwerber eines bestehenden Handelsgeschäfts darf die bisherige Firma fortführen, wenn der bisherige Geschäftsinhaber oder dessen Erben in die Fortführung der Firma ausdrücklich einwilligen (§ 22 Abs. 1 HGB). Diese Einwilligung kann allein aus der Übertragung des Handelsgeschäfts nicht entnommen werden (BGH, Urt. v. 27. 1. 1994, Az.: VIII ZR 34/93; BB 1994, S. 1374).

2. Ist der Erwerber eines Handelsgeschäfts aufgrund der Firmenfortführung oder der Kundmachung der Übernahme für die früheren Geschäftsverbindlichkeiten haftbar, so haftet der frühere Geschäftsinhaber für diese Verbindlichkeiten nur, wenn sie vor Ablauf von 5 Jahren fällig und daraus Ansprüche gegen ihn gerichtlich geltend gemacht sind. Die Frist beginnt mit dem Ende des Tages, an dem der neue Firmeninhaber in das Handelsregister eingetragen bzw. die Übernahme kundgemacht wird. Einer gerichtlichen Geltendmachung bedarf es nicht, soweit der frühere Geschäftsinhaber den Anspruch schriftlich anerkannt hat (§ 26 HGB i. d. F. des **Nachhaftungsbegrenzungsgesetzes** v. 18. 3. 1994, BGBl I S. 560).

Zu Seiten 126 ff.:

I. Durch das **Gesetz über eine Sozialklausel in Gebieten mit gefährdeter Wohnungsversorgung** (= Art. 14 des Investitionserleichterungs- und Wohnbaulandgesetzes v. 22. 4. 1993, BGBl I S. 466, 487) wurden die Landesregierungen ermächtigt, ab 1. 5. 1993 durch Rechtsverordnungen bestimmte Gebiete zu bezeichnen, in denen die ausreichende Versorgung der Bevölkerung mit Mietwohnungen zu angemessenen Bedingungen besonders gefährdet ist. Hier gilt dann für den Fall, daß eine Mietwohnung in eine Eigentumswohnung umgewandelt und das Wohnungseigentum anschließend veräußert wird, die Besonderheit, daß bis zum Ablauf von **zehn Jahren** nach der Veräußerung der Vermieter nicht wegen Eigenbedarfs oder wegen Hinderung der wirtschaftlichen Verwertbarkeit des Grundstücks kündigen kann. Auch danach ist eine Kündigung ausgeschlossen, wenn die Beendigung des Mietverhältnisses für den Mieter oder einen bei ihm lebenden Familienangehörigen eine nicht zu rechtfertigende Härte bedeuten würde, es sei denn, daß der Vermieter dem Mieter angemessenen Ersatzraum zu zumutbaren Bedingungen nachweist.

II. Das zum einen Teil am 1. 7. 1993 und zum anderen Teil am 1. 9. 1993 in Kraft getretene **Vierte Gesetz zur Änderung mietrechtlicher Vorschriften** (Viertes Mietrechtsänderungsgesetz) v. 21. 7. 1993 (BGBl I S. 1257) hat eine Reihe wichtiger Neuerungen erbracht:

1. Befristet auf fünf Jahre wird die **Kappungsgrenze** von bisher 30 % auf 20 % gesenkt für vor dem 1. 1. 1981 fertiggestellten Wohnraum, wenn dessen Kaltmiete über 8,–DM/qm liegt. Ist die Kaltmiete geringer, verbleibt es bei der 30 %-Grenze, wobei jedoch dann die Kaltmiete 9,60 DM/qm nicht übersteigen darf.

2. Zur **Ermittlung der ortsüblichen Vergleichsmiete** werden die Mieten der letzten vier Jahre – bisher der letzten drei Jahre – herangezogen.

3. Durch Vereinbarung von **Mietzins-Gleitklauseln** ist künftig eine automatische Anpassung des Mietzinses an die Inflationsrate auch bei Wohnraummietverträgen möglich. Derartige Vereinbarungen müssen schriftlich getroffen werden und sind nur wirksam, wenn hierzu die nach § 3 des Währungsgesetzes erforderliche Genehmigung durch die zuständige Landeszentralbank erteilt wird.

4. Bei nicht rechtzeitiger Mitteilung einer **Modernisierungs- oder Energieeinsparungsmaßnahme** an den Mieter kann der Vermieter künftig erst nach sechs Monaten – bisher nach drei Monaten – eine Mieterhöhung verlangen.

5. **Müllabfuhr-, Wasser- und Abwassergebühren** können künftig vom Vermieter stärker als bisher verbrauchsbezogen abgerechnet werden.

6. Bei **Einschaltung eines gewerblichen Zwischenvermieters** und dessen Ausscheiden infolge Beendigung des Mietverhältnisses zwischen ihm und dem Endmieter tritt künftig der Eigentümer (Vermieter) in die Rechte und Pflichten aus diesem Mietverhältnis kraft Gesetzes ein.

7. Wird vermieteter Wohnraum, an dem nach Überlassung an den Mieter **Wohnungseigentum begründet** worden ist, **an einen anderen verkauft,** hat der Mieter ein **Vorkaufsrecht.** Das gilt nur dann nicht, wenn der Verkauf an eine zum Hausstand des Vermieters gehörende Person oder an einen Familienangehörigen des Vermieters erfolgt.

8. **Mietabstandszahlungen** an den bisherigen Mieter, soweit sie über den Ersatz nachgewiesener Umzugskosten hinausgehen, können künftig nicht mehr

4

rechtswirksam vereinbart werden; ist eine Zahlung bereits erfolgt, besteht ein Rückerstattungsanspruch. Vereinbarungen über die **Ablösung von Inventarstükken oder Einrichtungen** sind unwirksam, soweit zwischen deren Wert und dem zu zahlenden Entgelt ein auffälliges Mißverhältnis besteht.

9. Wer für die Vermietung einer Wohnung ein Entgelt fordert oder annimmt, das die **ortsübliche Vergleichsmiete um mehr als 20 % überschreitet,** begeht eine Ordnungswidrigkeit, die mit Geldbuße bis 100 000 DM geahndet werden kann.

III. Das **Bundesverfassungsgericht** hat in einer Entscheidung v. 26. 5. 1993 (Az.: 1 BvR 208/93) das Besitzrecht des Wohnungsmieters als „Eigentum" im Sinne des Art. 14 Abs. 1 des Grundgesetzes anerkannt. Das bedeutet, daß im Falle einer Eigenbedarfsklage des Vermieters die Mietgerichte künftig die gebotene Interessenabwägung unter Beachtung des beiderseitigen Eigentumsschutzes vornehmen müssen. Sie sind gehalten, der Interessenlage des gekündigten Mieters in verstärktem Maße Rechnung zu tragen.

IV. § 38 Abs. 1 Nr. 11 des Gesetzes gegen Wettbewerbsbeschränkungen verbietet es, eine Empfehlung auszusprechen, die eine Umgehung der in diesem Gesetz ausgesprochenen Verbote durch gleichförmiges Verhalten bewirkt. Vertreibt ein Vermieterverband ein Mietvertragsformular, kann nicht allein aufgrund seiner Aufgabenstellung als Interessenverband und seinem Wunsch nach einer verbreiteten Verwendung des Vertragsmusters gefolgert werden, daß der Verband das Marktverhalten der Vermieter mittels des Vertragsmusters koordinieren will (BGH, Beschl. v. 22. 3. 1994, BB 1994, S. 1035).

V. Bei einem Mangel der Mietsache kann der Mieter die monatlichen Mietzahlungen mindern (§ 537 BGB). Dieses Recht bleibt ihm auch dann unbenommen, wenn die Miete vereinbarungsgemäß im voraus bezahlt werden muß. Eine Verbotsklausel, der zufolge der Mieter nur mit einem unbestrittenen oder gerichtlich festgestellten Anspruch gegen Mietforderungen des Vermieters aufrechnen kann, ist insoweit unwirksam. Bei einer solchen Klausel muß jedenfalls eine Mietminderung ausgenommen werden (BGH, Urt. v. 26. 10. 1994, Az.: VIII ARZ 3/94).

Zu Seite 135/136 (Anmerkung 12):

Gegenteiliger Ansicht wie das OLG München war das OLG Hamm (Beschluß v. 15. 3. 1993, WM 1993, S. 176). Auch das Bayerische Oberste Landesgericht (Rechtsentscheid v. 6. 5. 1993, RE-Miet 1/93) hat die Rechtswirksamkeit einer

Mietvorauszahlungsklausel bejaht, selbst wenn sie wegen Zusammentreffens mit einer Aufrechnungsklausel zu einer Beeinträchtigung des Mieters führen kann.

Zu Seiten 152 ff.:

Für Mietverhältnisse über Geschäftsräume galt bisher bei monatlicher oder nach längeren Zeitabschnitten bemessener Miete praktisch eine dreimonatige Kündigungsfrist. Ab 1. 1. 1994 ist bei solchen Mietverhältnissen eine Kündigung spätestens am dritten Werktag eines Kalendervierteljahres für den Ablauf des nächsten Kalendervierteljahres zulässig, was auf eine sechsmonatige Kündigungsfrist hinausläuft (§ 565 Abs. 1 Nr. 3 BGB i. d. F. des Änderungsgesetzes zum BGB v. 29. 10. 1993, BGBl I S. 1838).

Zu Seiten 163 ff.:

Mit Problemen der Eigenbedarfskündigung hat sich wiederholt das Bundesverfassungsgericht beschäftigt und hierzu entschieden:

a) Eine Kündigung kann gegen den Grundsatz von Treu und Glauben verstoßen, wenn sie aus Gründen erfolgt, die schon bei Abschluß des Mietvertrages vorlagen (Beschluß v. 19. 10. 1993, NJW 1994, S. 308).

b) Für den Käufer einer vermieteten Eigentumswohnung, der noch zur Miete wohnt und die Wohnung zur Selbstnutzung erworben hat, ist bereits der Wunsch, „Herr der eigenen vier Wände" zu sein, ein vernünftiger und nachvollziehbarer Grund, der zur Kündigung wegen Eigenbedarfs berechtigt (Beschluß v. 11. 11. 1993, WM 1993, S. 729).

c) Im allgemeinen ist der Vermieter verpflichtet, dem wegen Eigenbedarfs gekündigten Mieter eine im selben Haus freigewordene bzw. freiwerdende Wohnung zur Anmietung anzubieten. Eine solche Pflicht besteht jedoch nicht, wenn der Vermieter die leerstehende Wohnung dem allgemeinen Wohnungsmarkt nicht mehr zur Verfügung stellen will (Beschluß v. 23. 11. 1993, NJW 1994, S. 435).

d) Die Fachgerichte dürfen in die Lebensplanung des Vermieters nicht korrigierend eingreifen, wenn dieser seine Wohn- und Arbeitsstätte im selben Haus hat und zwecks Empfangs und Bewirtung von Geschäftspartnern eine repräsentative Wohnung besitzen möchte (Beschluß v. 30. 6. 1994, Az.: 1 BvR 2048/93).

e) Es ist zu akzeptieren, wenn der Vermieter im Hinblick auf seine beabsichtigte Eheschließung und die Verwirklichung seines Kinderwunsches eine 150 qm große 5-Zimmer-Wohnung beziehen will und eine nur 100 qm große Alternativwohnung für zu klein hält (Beschluß v. 2. 2. 1994, Az.: 1 BvR 1422/93).

f) Der Wunsch des Vermieters nach Zusammenlegung zweier Wohnungen – der selbstgenutzten und der vermieteten Nachbarwohnung – ist grundsätzlich hinzunehmen, wenn hierfür vernünftige und nachvollziehbare Gründe vorliegen (Beschluß v. 23. 12. 1993, Az.: 1 BvR 853/93).

g) Bei Prüfung der Frage, ob der Vermieter überhöhten Wohnbedarf geltend macht, darf das Mietgericht dem Vermieter nicht seine eigenen Vorstellungen über angemessenes Wohnen aufdrängen, sondern muß die Argumente des Vermieters für die Inanspruchnahme des Wohnraums ausreichend würdigen. Es ist grundsätzlich zu akzeptieren, wenn der Vermieter mit seiner Lebensgefährtin eine 156 qm große 5 1/2-Zimmer-Wohnung beziehen will (Beschluß v. 30. 6. 1994, Az.: 1 BvR 2048/93).

h) Der Vermieter muß bereits im Kündigungsschreiben sämtliche Umstände vorbringen, die für die Inanspruchnahme des in Rede stehenden Wohnraums und gegen den Vorwurf eines überhöhten Wohnbedarfs sprechen (Beschluß v. 31. 1. 1994, Az.: 1 BvR 1465/93).

Zu Seiten 169 ff.:

Ein Mietzinserhöhungsverlangen des Vermieters ist unwirksam, wenn es dem Mieter vor Ablauf der nach § 2 Abs. 1 Satz 1 Nr. 1 MHG geltenden (einjährigen) Sperrfrist zugeht (BGH, Beschluß v. 16. 6. 1993, BB 1993, S. 1907).

Zu Seiten 266 ff.:

Zur Frage der **Sittenwidrigkeit** (§ 138 BGB) **einer Bürgschaft** vermögensloser, geschäftsunerfahrener Familienangehöriger gegenüber der kreditgebenden Bank liegen zahlreiche gerichtliche Entscheidungen vor. U. a. hat der Bundesgerichtshof entschieden:

a) Eine Bürgschaft kann schon deshalb nichtig sein, weil ein besonders grobes Mißverhältnis zwischen Verpflichtungsumfang und Leistungsfähigkeit des Bürgen besteht und dieser aus Geschäftsunerfahrenheit ohne wesentliches Eigeninteresse gehandelt hat (Urteil v. 24. 2. 1994, Az.: IX ZR 93/93; BB 1994, S. 810).

b) Leisten geschäftsunerfahrene Kinder zugunsten ihrer Eltern eine Bürgschaft, die ihre voraussichtliche finanzielle Leistungsfähigkeit bei weitem übersteigt, kann der Vertrag nichtig sein, wenn ein Angestellter des Kreditinstituts dem Bürgen gegenüber vor Unterzeichnung der Urkunde Tragweite oder Risiko der Verpflichtung verharmlost hat (Urteil v. 24. 2. 1994, Az.: IX ZR 227/93; BB 1994, S. 813).

Das Bundesverfassungsgericht (Beschluß v. 19. 10. 1993, Az.: 1 BvR 567/89; BB 1994, S. 16) hat es den Zivilgerichten zur Pflicht gemacht, bei der Anwendung von Generalklauseln (§§ 138, 242 BGB) im Rahmen der Inhaltskontrolle von Verträgen in Betracht zu ziehen, daß eventuell einer der beiden Vertragspartner ungewöhnlich stark belastet wird und dies das Ergebnis ungleicher Verhandlungsstärke der beiden Vertragspartner ist.

Zu Seiten 295 ff.:

1. Eine aufgrund eines Mietvertrages über gewerbliche Räume geleistete **Mietkaution** ist vom Vermieter regelmäßig auch dann vom Empfang an zu dem für **Spareinlagen mit dreimonatiger Kündigungsfrist üblichen Zinssatz** zu verzinsen, wenn der Vertrag keine ausdrückliche Bestimmung über eine Verzinsung enthält (BGH, Urteil v. 21. 9. 1994, Az.: XII ZR 77/93; BB 1994, S. 2234).

2. Ist in einem Geschäftsraummietvertrag eine Mietkaution in Höhe von zwei Monatsmieten vereinbart, kann die Auslegung des Vertrages eine Nachschußpflicht des Mieters ergeben, wenn der Vertrag eine lange Laufzeit hat und die Parteien bereits von Anfang an zukünftige Mietzinserhöhungen vereinbart haben (OLG Düsseldorf, Urteil v. 5. 5. 1994, Az.: 10 U 186/93; BB 1994, S. 1814).

Zu Seiten 302 ff.:

Die Abtretung der Honorarforderung eines Rechtsanwalts ist wegen der damit verbundenen umfassenden Informationspflicht (§ 402 BGB) ohne Zustimmung des Mandanten in der Regel nichtig (BGH, Urteil v. 25. 3. 1993, Az.: IX ZR 192/92; BB 1993, S. 1040). Das gilt auch dann, wenn der Abtretungsempfänger ebenfalls Rechtsanwalt ist (BGH, Urteil v. 13. 5. 1993, Az.: IX ZR 234/92; BB 1993, S. 1323). Vgl. hierzu Ring, BB 1994, S. 373.

Zu Seiten 316 ff.:

Ein **land- oder forstwirtschaftlicher Betrieb,** der bei der Berechnung des Anfangs- und des Endvermögens zu berücksichtigen ist, ist mit dem Ertragswert anzusetzen, wenn der Eigentümer auf Zugewinnausgleich in Anspruch genommen wird und eine Weiterführung oder Wiederaufnahme des Betriebes durch den Eigentümer oder einen Abkömmling erwartet werden kann (§ 1376 Abs. 4 BGB i. d. F. des Gesetzes v. 14. 9. 1994, BGBl I S. 2324).

Zu Seiten 396 ff.:

Das Handelsregister kann auch als automatisierte Datei geführt werden. Durch das **Registerverfahrenbeschleunigungsgesetz** v. 20. 12. 1993 (BGBl I S. 2182) wurden die §§ 8 a und 9 HGB geändert und § 9 a wurde neu eingefügt.

Zu Seiten 416 ff.:

Aufgrund des **Vierten Mietrechtsänderungsgesetzes** (s. oben) darf künftig die Gebühr des Wohnungsmaklers höchstens **zwei Monatsmieten** betragen; gesondert abzurechnende Nebenkosten bleiben bei der Berechnung der Wohnungsmiete unberücksichtigt. Bisher wurden verschiedentlich drei Monatsmieten verlangt.

Zu Seiten 459 ff. (Neue Bundesländer):

1. Bei **gewerblichen Mietverhältnissen,** die vor dem Wirksamwerden des Beitritts eingegangen worden sind, kann der Mieter einer bis zum 31. 12. 1994 (bisher: 31. 12. 1992) ausgesprochenen Kündigung widersprechen.

2. Bei einem vor Wirksamwerden des Beitritts begründeten **Wohnungsmietverhältnis** kann sich der Vermieter auf **Eigenbedarf** erst nach dem **31. 12. 1995** (bisher: 31. 12. 1992) berufen. Das gilt nicht, wenn

a) ihm die Räume durch ungerechtfertigte Zwangsmaßnahmen oder durch Machtmißbrauch, Korruption, Nötigung oder Täuschung seitens staatlicher Stellen oder Dritter entzogen worden sind,

b) der Mieter bei Abschluß des Vertrages nicht „redlich" i. S. von § 4 Abs. 3 des Vermögensgesetzes (i. d. F. v. 2. 12. 1994, BGBl I S. 3610) gewesen ist oder

c) der Ausschluß des Kündigungsrechts dem Vermieter angesichts seines Wohnbedarfs und sonstiger berechtigter Interessen auch unter Würdigung der Interessen des Mieters nicht zugemutet werden kann.

Vor dem 1. 1. 1996 (bisher: 1. 1. 1993) kann der Vermieter ein **Mietverhältnis
über eine Einliegerwohnung** nur unter den Voraussetzungen der Fälle a) oder b)
oder dann kündigen, wenn ihm die Fortsetzung des Mietverhältnisses wegen seines Wohn- oder Instandsetzungsbedarfs oder sonstiger Interessen nicht zugemutet werden kann. In Härtefällen kann der Mieter einer Eigenbedarfskündigung
des Vermieters widersprechen und die Fortsetzung des Mietverhältnisses verlangen.

3. Beim **ehelichen Güterrecht** ist nach der durch Art. 13 Registerverfahrenbeschleunigungsgesetz (v. 20. 12. 1993, BGBl I S. 2182) eingefügten Bestimmung
des Art. 234 § 4 a EGBGB zu unterscheiden zwischen Ehegatten, die jetzt im gesetzlichen Güterstand der Zugewinngemeinschaft leben, und solchen, die sich
für die Weitergeltung der bisherigen Regelung entschieden haben. Bei einer Zugewinngemeinschaft wird das bisher anteillose gemeinschaftliche Eigentum der
Ehegatten von Gesetzes wegen zu Eigentum nach Bruchteilen. Für Ehegatten,
die für den bisherigen Güterstand optiert haben, bleibt es weiterhin beim gemeinschaftlichen Eigentum der Ehegatten, auf das aber die Vorschriften über die Verwaltung des Gesamtgutes einer Gütergemeinschaft mit Verwaltungsrecht beider
Ehegatten Anwendung finden (§§ 1450–1470 BGB).

4. Ebenfalls zu beachten sind auch zwei umfangreiche neue Gesetze. Am 1. 10.
1994 ist das Sachenrechtsänderungsgesetz v. 21. 9. 1994 (BGBl I S. 2457) und
am 1. 1. 1995 das Schuldrechtsänderungsgesetz vom 21. 9. 1994 (BGBl I
S. 2538) in Kraft getreten.

Zu Seiten 463 ff. (Anhang):

1. Durch das am 1. 7. 1994 in Kraft getretene **Kostenrechtsänderungsgesetz
1994** v. 24. 6. 1994 (BGBl I S. 1325) wurden die in einem Rechtsstreit anfallenden Gerichtsgebühren um durchschnittlich 25 % und die Rechtsanwaltsgebühren
im Durchschnitt um 16,5 % erhöht. Das führt zu einer ganz erheblichen Verteue-
rung der Prozesse. Dagegen wurden die Gebühren nach der Kostenordnung, die
u. a. für notarielle Beurkundungen gelten, nur vereinzelt angehoben.

2. Bei den **Gerichtsgebühren** (Seiten 466 f.) ergeben sich folgende Änderungen:

Bei Einreichung der Klage ist ein Betrag in Höhe von drei Gebühren als Vorauszahlung zu entrichten; erst danach wird die Klage zugestellt (§ 65 Abs. 1 GKG). Damit sind die Verfahrenskosten für die **erste Instanz** abgegolten. Wird allerdings das Verfahren durch spätere Zurücknahme der Klage vor dem Schluß der mündlichen Verhandlung, durch ein Anerkenntnis- oder Verzichtsurteil oder durch Abschluß eines gerichtlichen Vergleichs beendet, ermäßigen sich die Verfahrenskosten auf eine Gebühr.

In der **Berufungsinstanz** fallen für das Verfahren im allgemeinen eineinhalb Gebühren an. Bei Zurücknahme der Berufung ermäßigen sich die Kosten auf eine halbe Gebühr. Ergeht ein mit Gründen versehenes Urteil, sind weitere eineinhalb Gebühren zu entrichten.

Im **gerichtlichen Mahnverfahren** hat der Antragsteller für das weitere Verfahren zweieinhalb Gebühren zu entrichten. Die Zurücknahme des Antrags auf Durchführung des streitigen Verfahrens, des Widerspruchs gegen den Mahnbescheid oder des Einspruchs gegen den Vollstreckungsbescheid seitens des Antragsgegners stehen kostenmäßig einer Klagerücknahme gleich.

3. Bei den **Anwaltsgebühren** (Seiten 467 f.) ergeben sich nachstehende Änderungen:

Für seine Mitwirkung beim Abschluß eines Vergleichs erhält der Rechtsanwalt 15/10 einer vollen Gebühr (Vergleichsgebühr). War dagegen über den Gegenstand des Vergleichs ein gerichtliches Verfahren oder ein Verfahren über Prozeßkostenhilfe anhängig, so erhält der Rechtsanwalt die Vergleichsgebühr nur in Höhe einer vollen Gebühr (§ 23 BRAGO).

Für die Erteilung eines Rates oder einer Auskunft, die nicht mit einer anderen gebührenpflichtigen anwaltlichen Tätigkeit zusammenhängt, fällt eine Gebühr in Höhe von 1/10 bis 10/10 der vollen Gebühr an; bei einer Erstberatung beträgt jedoch die Höchstgebühr 350 DM (§ 20 Abs. 1 BRAGO).

4. Die **Gebührentabelle** (Seiten 469 f.) ist mit Wirkung ab 1. 7. 1994 durch die folgende Tabelle zu ersetzen.

Wert	volle		
bis zu DM	Gerichts- gebühr	Anwalts- gebühr	Notar- gebühr
600	50	50	
1 200	70	90	
1 800	90	130	
2 000			20
2 400	110	170	
3 000	130	210	
4 000	145	265	35
5 000	160	320	
6 000	175	375	50
7 000	190	430	
8 000	205	485	65
9 000	220	540	
10 000	235	595	80
12 000	265	665	
14 000	295	735	
15 000			90
16 000	325	805	
18 000	355	875	
20 000	385	945	100
25 000	430	1 025	110
30 000	475	1 105	120
35 000	520	1 185	130
40 000	565	1 265	140
45 000	610	1 345	
50 000	655	1 425	160
60 000	715	1 565	180
70 000	775	1 705	200
80 000	835	1 845	220
90 000	895	1 985	240
100 000	955	2 125	260
120 000			290
130 000	1 155	2 285	
140 000			320
160 000	1 355	2 445	350
180 000			380
190 000	1 555	2 605	
200 000			410
220 000	1 755	2 765	440
240 000			470
250 000	1 955	2 925	

Wert	volle		
bis zu DM	Gerichts-gebühr	Anwalts-gebühr	Notar-gebühr
260 000			500
280 000	2 155	3 085	530
300 000			560
310 000	2 355	3 245	
320 000			590
340 000	2 555	3 405	
360 000			620
370 000	2 755	3 565	
380 000			650
400 000	2 955	3 725	680
420 000			710
440 000			740
460 000	3 250	3 975	770
480 000			800
500 000			830
520 000	3 545	4 225	860
540 000			890
560 000			920
580 000	3 840	4 475	950
600 000			980
620 000			1 010
640 000	4 135	4 725	1 040
660 000			1 070
680 000			1 100
700 000	4 430	4 975	1 130
720 000			1 160
740 000			1 190
760 000	4 725	5 225	1 220
780 000			1 250
800 000			1 280
820 000	5 020	5 475	1 310
840 000			1 340
860 000			1 370
880 000	5 315	5 725	1 400
900 000			1 430
920 000			1 460
940 000	5 610	5 975	1 490
960 000			1 520
980 000			1 550
1 000 000	5 905	6 225	1 580

Die Gebühren aus Werten über 1 Mio. DM sind wie folgt zu berechnen:

Gerichtsgebühren
Vom Mehrbetrag über 1 Mio. DM für jeden angefangenen Betrag von weiteren
100 000 DM   300 DM.

Anwaltsgebühren
Vom Mehrbetrag über 1 Mio. DM für jeden angefangenen Betrag von weiteren
100 000 DM   300 DM.

Notargebühren
Vom Mehrbetrag bis   10 Mio. DM für jeden angefangenen Betrag von weiteren
20 000 DM   30 DM,
vom Mehrbetrag bis   50 Mio. DM für jeden angefangenen Betrag von weiteren
50 000 DM   33 DM,
vom Mehrbetrag bis 100 Mio. DM für jeden angefangenen Betrag von weiteren
100 000 DM   20 DM,
vom Mehrbetrag bis 500 Mio. DM für jeden angefangenen Betrag von weiteren
500 000 DM   15 DM,
vom Mehrbetrag über 500 Mio. DM für jeden angefangenen Betrag von weiteren
1 Mio. DM   15 DM.

© Rudolf Haufe Verlag, Freiburg i. Br. 1995

Druck: Rudolf Haufe Verlag GmbH & Co. KG, Freiburg i. Br.

14

...damit Ihr Haus- und Grundbesitz im Ausland auf „sicheren Füßen" steht.

Der Kauf oder Besitz von Immobilien im Ausland wirft mehr Fragen auf, als man zunächst denkt. Schwierige Fragen, denn bei solchen Geschäften spielen vor allem rechtliche Erwägungen eine entscheidende Rolle.

? Wann und wie erwirbt man nach ausländischem Recht Eigentum an einem Grundstück?

? Welche Rechte bestehen für den Fall, daß z. B. die gekaufte Eigentumswohnung mit Baumängeln behaftet ist?

? Was versteht man unter einem Währungsstatut (Vertragsstatut, Ortsstatut)?

? Wie begegnet man beim Kauf ausländischer Grundstücke den Wechselkursschwankungen?

? Welche Neuerungen bringt das Umsatzsteuer-Binnenmarktgesetz für Bauleistungen in der EG?

? Ist eine Aufenthaltserlaubnis Voraussetzung für den Grundstückserwerb?

Individuelle Länderinformationen über die Rechtslage in folgenden Ländern:

- **CH** Schweiz
- **A** Österreich
- **I** Italien
- **E** Spanien
- **IRL** Irland
- **AND** Andorra
- **F** Frankreich
- **FL** Liechtenstein
- **GR** Griechenland
- **TR** Türkei
- **P** Portugal
- **GB** Großbritannien
- **S** Schweden
- **NL** Niederlande
- **USA** Vereinigte Staaten
- **CDN** Kanada
- **PY** Paraguay
- **BR** Brasilien
- **AUS** Australien
- **NZ** Neuseeland
- **TN** Tunesien

Herausgegeben von Ministerialdirigent Dr. Julius Schönhofer, Bayerisches Staatsministerium für Landesentwicklung und Umweltfragen und Reinhard Böhner, Rechtsanwalt.

Greifen Sie jetzt nach diesem neuen Informationshandbuch. Es ist verständlich geschrieben und gibt wertvolle Hinweise, nennt Vorteile und vor allem auch Gefahren bei Immobilienerwerb im Ausland. **Das interessiert** sowohl den Auslandsgrundbesitzer, den Kauflustigen, seinen Berater, Rechtsanwalt, Notar, Makler oder Steuerberater. Garantiert. Denn jetzt finden Sie in diesem Praxis-Handbuch **fundierte Antworten...**

Erhältlich in Ihrer Buchhandlung.